JN441530

에스라 -에스더

ESV 성경 해설 주석

편집자 주

- 성경의 문단과 절 구분은 ESV 성경의 구분을 기준하였습니다.
- 본문의 성경은 《성경전서 개역개정판》과 ESV 역을 주로 사용하였습니다.

ESV Expository Commentary: *Ezra-Esther*
© 2020 Crossway
Originally published as *ESV Expository Commentary*, Volume 4: *Ezra-Job*
Published by Crossway
a publishing ministry of Good News Publishers
Wheaton, Illinois 60187, U.S.A.

ESV EXPOSITORY COMMENTARY

에스라-에스더

ESV 성경 해설 주석

W. 브라이언 오커 · 에릭 오틀런드 지음
홍병룡 옮김

국제제자훈련원

추천의 글

성경은 하나님의 생명의 맥박이다. 성경은 사망에서 생명으로 옮겨 주는 생명의 책이다. 성경은 하나님의 창조와 구원 디자인에 따라 삶을 풍요롭게 하는 생활의 책이다. 성경을 바로 이해하고 적용해서 그대로 살면 우선 내가 살고 또 남을 살릴 수 있다. '하나님의 생기'가 약동하는 성경을 바로 강해하면 성령을 통한 생명과 생활의 변화가 분출된다. 이번에 〈ESV 성경 해설 주석〉 시리즈가 나왔다. 미국 필라델피아 웨스트민스터신학교의 이언 두기드 교수와 남침례교신학교의 제임스 해밀턴 교수와 커버넌트신학교의 제이 스클라 교수 등이 편집했다. 학문이 뛰어나고 경험이 많은 신세대 목회자/신학자들이 대거 주석 집필에 동참했다. 일단 개혁주의 성경신학 교수들이 편집한 주석으로 신학적으로 건전하다. 〈ESV 성경 해설 주석〉은 또한 목회와 신앙생활 전반에 소중한 자료다. 성경 내용을 총체적으로 이해하고 적용한 주석으로 읽고 사용하기가 쉽게 되어 있다. 성경 각 권의 개요와 주제와 저자와 집필 연대, 문학 형태, 성경 전체와의 관계, 해석적 도전 등을 서론으로 정리한 후 구절마다 충실하게 주석해 두었다. 정금보다 더 값지고 꿀보다 더 달고 태양보다 더 밝은 성경 말씀을 개혁주의 성경 해석의 원리에 따라 탁월하게 해석하고 적용한 〈ESV 성경 해설 주석〉이 지구촌 각 교회 지도자들과 성도들에게 널리 읽혀서 생명과 생활의 변화를 통해 하나님의 영광이 극대화되기 바란다.

권성수 | 대구 동신교회 담임목사

〈ESV 성경 해설 주석〉은 미국의 건전한 개혁주의 전통에 서 있는 젊고 탁월한 학자들을 중심으로 집필된 해설 주석이다. 이 책은 매우 읽기 쉬운 주석임에도 세세한 부분까지 놓치지 않고 해설을 집필해 놓았다. 성경 전체를 아우르는 신학적 큰 그림을 견지하면서도 난제는 간결하고 핵심을 찌르듯 해설한다. 목회자들이나 성경을 연구하는 이들은 이 주석을 통해 성경 기자의 의도를 쉽게 파악하여 설교와 삶의 적용에 적절하게 활용할 수 있을 것이다.

김성수 | 고려신학대학원 구약학 교수

ESV 성경은 복음주의 학자들이 원문에 충실하게 현대 언어로 번역한다는 원칙으로 2001년에 출간된 성경이다. ESV 번역을 기초로 한 이 해설 주석은 성경 본문의 역사적 의미를 밝힘으로써, 독자가 하나님의 영감된 메시지를 발견하도록 도울 목적으로 기획되었다. 각 저자는 본문에 대한 학문적 논의에 근거하여 일반 독자가 이해하고 적용할 수 있도록 충실하게 안내하고 있다. 또한 성경 각 권에 대한 서론은 저자와 본문을 이해하는 데 큰 도움을 준다. 이 주석은 말씀을 사모하는 모든 사람들, 특별히 말씀을 선포하고 가르치는 책임을 맡은 이들에게 신뢰할 만하고 사용하기에 유익한 안내서다.

김영봉 | 와싱톤사귐의교회 담임목사

〈ESV 성경 해설 주석〉은 성경 해석의 정확성, 명료성, 간결성, 통합성을 두루 갖춘 '건실한 주석'이다. 단단한 문법적 분석의 토대 위에 문학적 테크닉을 따라 복음 스토리의 흐름을 잘 따라가며, 구약 본문과의 연관성 속에서 견고한 성경신학적 함의를 제시한다. 성경을 이해하는 데 관심 있는 일반 독자들은 이 책을 통해 최신 해석들을 접할 수 있으며, 설교자들은 영적 묵상과 현대적 적용에 통찰을 얻을 수 있을 것이다.

김정우 | 총신대학교 명예교수, 한국신학정보연구원 원장

〈ESV 성경 해설 주석〉은 단락 개요, 주석 그리고 응답의 구조로 전개되기 때문에 독자는 성경의 말씀들을 독자 자신의 영적 형편에 적합하게 적용할 수 있다. 특히 절 단위의 분절적인 주석이 아니라 각 단락을 하나의 이야기로 묶어 해석하기 때문에 본서는 성경이라는 전체 숲을 파악하는 데 더없이 유익하다. 목회자, 성경 교사, 그리고 성경 애호적인 평신도들에게 추천할 만하다.

김회권 | 숭실대학교 기독교학과 구약신학 교수

성경 주석의 가장 중요한 사명은 하나님의 말씀을 바르게 해석하고 오늘날 청중에게 유익하게 적용할 수 있도록 안내하는 일이다. 〈ESV 성경 해설 주석〉은 목회자와 성도 모두에게 성경에 새겨진 하나님의 마음을 읽게 함으로 진리의 샘물을 마시게 할 뿐 아니라 하나님을 더욱 사랑하는 마음을 불러일으킨다. 성경과 함께 〈ESV 성경 해설 주석〉을 곁에 두라. 목회자는 강단에 생명력 있는 설교에 도움을 얻을 것이고 일반 독자는 말씀을 더 깊이 깨닫는 기쁨을 누릴 것이다.

류응렬 | 와싱톤중앙장로교회 담임목사, 고든콘웰신학교 객원교수

주석들의 주석이 아니라 성경을 섬기는 주석을, 학자들만의 유희의 공간이 아니라 현장을 섬기는 주석을, 역사적 의미만이 아니라 역사 속의 의미와 오늘 여기를 향하는 의미를 고민하는 주석을, 기발함보다는 기본에 충실한 주석을 보고 싶었다. 그래서 책장 속에 진열되는 주석이 아니라 책상 위에 있어 늘 손이 가는 주석을 기다렸다. 학문성을 갖추면서도 말씀의 능력을 믿으며 쓰고, 은혜를 갈망하며 쓰고, 교회를 염두에 두고 쓴 주석을 기대했다. 〈ESV 성경 해설 주석〉은 나를 성경으로 돌아가게 하고 그 성경으로 설교하고 싶게 한다. 내가 가진 다른 주석들을 대체하지 않으면서도 가장 먼저 찾게 할 만큼 탄탄하고 적실하다. 현학과 현란을 내려놓고 수수하고 담백하게 성경 본문을 도드라지게 한다.

박대영 | 광주소명교회 책임목사, 《묵상과 설교》 편집장

또 하나의 주석을 접하며 무엇이 특별한가 하는 질문부터 하게 된다. 먼저 디테일하고 전문적인 주석과 학문적인 논의의 지루함을 면케 해주면서도 성경 본문의 흐름과 의미 그리고 중요한 주제의 핵심을 잘 파악하게 해 준다는 점을 들 수 있다. 그래서 분주한 사역과 삶으로 쫓기는 이들의 시간과 에너지를 절약해 준다는 이점이 있다. 또한 본문에 대한 충실한 해석뿐 아니라 그 적용까지 이끌어낼 수 있도록 돕는다는 점이 유익하다. 더불어 가독성이 뛰어나다는 점에서 설교를 준비하는 이들뿐 아니라 성경을 바로 이해하기 원하는 모든 교인들에게 적합한 주석이다.

박영돈 | 작은목자들교회 담임목사, 고려신학대학원 교의학 명예교수

성경이 질문하고 성경이 답변하게 하는 방법을 찾는 것은 이 시대에 성경을 연구하거나 가르치거나 설교하는 이들의 가장 큰 고민거리라고 할 수 있다. 그동안 접했던 많은 성경 주석서들은 내용이 너무 간략하거나 지나치게 방대했다. 〈ESV 성경 해설 주석〉은 이 시대의 목회자들뿐만 아니라 진리를 갈망하는 모든 신자들, 특히 제자

훈련을 경험하는 모든 동역자들에게 매우 신선하고 깊이 있는 영감을 공급하는 주석이다. 첫째, 해석이 매우 간결하고 담백하면서도 깊이가 있다. 둘째, 영어 성경과 대조해서 본문을 폭넓게 이해할 수 있다. 셋째, 성경 원어 이해를 돕기 위한 세심한 배려는 목회자뿐만 아니라 성경의 깊이를 탐구하는 모든 신앙인들에게도 큰 유익을 준다. 넷째, 이 한 권으로 충분할 수 있다. 성경이 말하기를 갈망하는 목회자의 서재뿐만 아니라 말씀을 사랑하는 모든 신앙인들의 거실과 믿음 안에서 자라나는 다음 세대의 공부방들도 〈ESV 성경 해설 주석〉이 선물하는 그 풍성한 말씀의 보고(寶庫)가 되기를 염원한다.

故 박정식 | 전 은혜의교회 담임목사

〈ESV 성경 해설 주석〉는 성경 본문을 통해 저자가 드러내기 원하는 사고의 흐름을 따라가면서 예수님을 중심으로 하는 구원계시사적 관점에서 친절히 해설한다. 《ESV 스터디 바이블》의 묘미를 맛본 분이라면, 이번 〈ESV 성경 해설 주석〉을 통해 복음에 충실한 개혁주의 해설 주석의 간명하고도 풍성한 진미를 기대해도 좋다. 설교자는 물론 성경을 진지하게 읽음으로 복음의 유익을 얻기 원하는 모든 크리스천에게 독자 친화적이며 목회 적용적인 이 주석 시리즈를 기쁘게 추천한다.

송영목 | 고신대학교 신학과 신약학 교수

일반 성도들이 성경을 읽을 때 곁에 두고 참고할 만한 자료가 의외로 많지 않다. 그런 점에서 〈ESV 성경 해설 주석〉이 한국에 소개되는 것을 매우 기쁘게 생각한다. 학술적이지 않으면서도 깊이가 있는 성경 강해를 명료하게 담아내고 있기 때문이다. 성경을 바르고 분명하게 이해하려는 모든 성도들에게 큰 도움이 되리라 확신하며 추천한다.

송태근 | 삼일교회 담임목사, 미셔널신학연구소 대표

본 시리즈는 장황한 문법적 · 구문론적 논의는 피하고 본문의 흐름을 따라 단락별로 본문의 핵심을 파악할 수 있도록 도와주는 매우 간결하고 효율적인 주석 시리즈다. 본 시리즈는 석의 과정에서 성경신학적으로 건전한 관점을 지향하면서도, 각 책의 고유한 신학적 특성을 드러내 보여주는 것도 소홀히 하지 않는다. 특히 본 시리즈는 목회자들이 설교를 준비할 때 본문 이해의 시발점으로 사용하기에 적절하며, 평신도들이 읽기에도 과히 어렵지 않은 독자 친화적 주석이다. 본 시리즈는 성경을 연구하는 모든 이들에게 매우 요긴한 동반자가 될 것이다.

양용의 | 에스라성경대학원대학교 신약학 교수

메시아적 시각을 평신도의 눈높이로 풀어낸 주석이다. 주석은 그저 어려운 책이라는 편견을 깨뜨리고 성경을 사랑하는 모든 이의 가슴 속으로 살갑게 파고든다. 좋은 책은 평생의 친구처럼 이야기를 듣고 들려주면서 함께 호흡한다는 점에서 〈ESV 성경 해설 주석〉은 가히 독보적이다. 깊이에서는 신학적이요, 통찰에서는 목회적이며, 영감에서는 말씀에 갈급한 모든 이들에게 열린 책이라고 할 수 있다. 서사적 구조와 시의 적절한 비유적 서술은 누구라도 마음의 빗장을 해제하고, 침실의 머리맡에 두면서 읽어도 좋을 만큼 영혼의 위로를 주면서도, 말씀이 주는 은혜로 새벽녘까지 심령을 사로잡을 것으로 믿는다. 비대면의 일상화 속에서 말씀을 가까이하는 모든 이들이 재산을 팔아 진주가 묻힌 밭을 사는 심정으로 사서 평생의 반려자처럼 품어야 할 책이다.

오정현 | 사랑의교회 담임목사, SaRang Global Academy 총장

〈ESV 성경 해설 주석〉 시리즈의 특징은 신학자나 목회자들에게도 도움이 되겠지만 평신도 지도자인 소그룹 인도자들의 성경본문 이해에 대한 통찰력을 제공한다. 건강한 교회의 공통분모인 소그룹 활성화를 위하여 인도자의 영적 양식은 물론 그룹원들의 일상을 새로운 각도에서 조명하는 원리를 찾아주는 데 도움을 준다. 서로 마음이 통하는 반가운 친구처럼 손 가까이 두고 싶은 책으로 추천하고 싶다.

오정호 | 새로남교회 담임목사, 제자훈련 목회자네트워크(CAL-NET) 이사장

〈ESV 성경 해설 주석〉은 내용이 충실하여 활용성이 높고, 문체와 편집이 돋보여 생동감을 주기에 충분하다. 이와 함께 본문의 의미를 최대한 살려내는 심오한 해석은 기존의 우수한 주석들과 어깨를 나란히 할 만큼 정교하다. 또한 본 시리즈는 성경 각 권을 주석함과 동시에 성경 전체를 관통하는 그리스도 중심의 구속사적 관점을 생생하게 적용함으로써 탁월함을 보인다. 설교자와 성경 연구자에게는 본문에 대한 알찬 주석을 제공한다는 차원에서 오아시스와 같고, 실용적인 주석을 기다려온 평신도들에게는 설명이 뛰어나다는 점에서 가장 이상적인 해설서로 적극 추천한다.

윤철원 | 서울신학대학원 신약학 교수, 한국신약학회 회장

설교자들은 늘 신학적으로 탄탄하면서도 성경신학적인 주석서가 목말랐다. 학문적으로 치우쳐 부담되거나 석의가 부실한 가벼운 주석서들과는 달리 〈ESV 성경 해설 주석〉은 깊이 있는 주해와 적용에 이르기까지 여러 면에서 균형을 고루 갖춘 해설 주석서다. 한국 교회 강단을 풍성케 할 역작으로 기대된다.

이규현 | 수영로교회 담임목사

ESV 성경은 원문을 최대한 살려서 가장 최근에 현대 영어로 번역한 성경이다. 100여 명의 대표적인 복음주의 학자와 목회자들로 구성된 팀이 만든 ESV 성경은 '단어의 정확성'과 문학적 우수성뿐만 아니라 그 의미를 깊이 있게 드러내는 영어 성경이다. 2001년에 출간된 이후 교회 지도자들과 수많은 교파와 기독교 단체에서 널리 사용되었고, 현재 전 세계 수백만의 그리스도인들이 사용하고 있다. 〈ESV 성경 해설 주석〉은 무엇보다 개관, 개요, 주석이 명료하고 탁월하다. 포스트모던 시대에도 진지한 강해설교를 고민하는 모든 목회자들과 성경공부 인도자들에게 마음을 다하여 추천하고 싶다. 이 책을 손에 잡은 모든 이들은 손에 하늘의 보물을 잡은 감사를 느끼게 될 것이다.

이동원 | 지구촌교회 원로목사, 지구촌 목회리더십센터 대표

〈ESV 성경 해설 주석〉은 '성경'을 '말씀'으로 대하는 신중함과 경건함이 부드럽지만 강렬하게 느껴지는 저술이다. 본문의 흐름과 배경을 알기 쉽게 보여주면서 본문의 핵심을 명확하게 제시하는 묘한 힘을 가지고 있다. 연구와 통찰을 질서 있고 조화롭게 제공하여 본문을 보는 안목을 깊게 해 주고, 말씀을 받아들이는 마음을 곧추세우게 해 준다. 주석서에서 기대하는 바가 한꺼번에 채워지는 느낌이다. 설교를 준비하는 목회자, 성경을 연구하는 신학생, 말씀으로 하나님을 만나려는 성도 모두에게 단비 같은 주석이다.

이진섭 | 에스라성경대학원대학교 신약학 교수

ESV 성경 간행에 이은 〈ESV 성경 해설 주석〉의 발간은 이 땅을 살아가는 '말씀의 사역자'들은 물론, 모든 '한 책의 백성'들에게 주어진 이중의 선물이다. 본서는 구속사에 대한 거시적 시각과 각 구절에 대한 미시적 통찰, 학자들을 위한 학술적 깊이와 설교자들을 위한 주해적 풀이, 그리고 본문에 대한 탁월한 설명과 현장에 대한 감동적인 적용을 다 아우르고 있는 성경의 '끝장 주석'이라 할 만하다.

전광식 | 고신대학교 신학과 교수, 전 고신대학교 총장

〈ESV 성경 해설 주석〉은 처음부터 그 목적을 분명히 하고 집필되었다. 자기 스스로 경건에 이르도록 성장하기 위해서, 또 다른 사람들을 가르치기 위해서, 성경을 진지하게 연구하는 모든 사람들에게 도움을 주기 위해서라고 밝힌다. 목사들에게는 목회에 유익한 주석이요, 성도들에게는 적용을 돕는 주석이다. 또 누구에게나 따뜻한 감동을 안겨주는, 그리하여 주석도 은혜가 된다는 것을 새삼 확인할 것이다. 학적인

주석을 의도하지 않았지만, 이 주석의 구성도 주목할 만하다. 한글과 영어로 된 본문, 단락 개관, 개요, 주해, 응답으로 구성되어 있다. 만약 신구약 한 질의 주석을 곁에 두길 원하는 성도라면, 〈ESV 성경 해설 주석〉 시리즈는 틀림없이 실망시키지 아니할 것이라고 확신한다.

정근두 | 울산교회 원로목사

말씀을 깊이 연구하는 일부의 사람들에게는 원어 주해가 도움이 되겠지만, 강단에 서는 설교자들에게는 오히려 해설 주석이 더 요긴하다. 〈ESV 성경 해설 주석〉은 본문 해설에 있어 정통 신학, 폭넓은 정보, 목회적 활용성, 그리고 적용에 초점을 두었다. 이 책은 한마디로 설교자를 위한 책이다. 헬라어나 히브리어에 능숙하지 않아도 친숙하게 성경 본문을 연구할 수 있다는 점에서 주변 목회자들에게 적극적으로 추천하고 싶다. 목회자가 아닌 일반 성도들도 깊고 풍성한 말씀에 대한 갈증이 있다면, 본 주석 시리즈를 참고할 것을 강력하게 권하고 싶다.

정성욱 | 덴버신학교 조직신학 교수

입고 있는 옷이 있어도 새 옷이 필요할 때가 있다. 기존의 것이 낡아서라기보다는 신상품의 맞춤식 매력이 탁월하기 때문이다. 〈ESV 성경 해설 주석〉 시리즈는 분주한 오늘의 목회자와 신학생뿐 아니라 성경교사 및 일반 그리스도인의 허기지고 목마른 영성의 시냇가에 심길 각종 푸르른 실과나무이자 물 댄 동산과도 같다. 실력으로 검증받은 젊은 저자들은 개혁/복음주의 신학과 신앙의 깊은 닻을 내리고, 성경 각 권의 구조와 문맥의 틀 안에서 저자의 의도를 핵심적으로 포착하여 침침했던 본문에 빛을 던져준다. 아울러 구속사적 관점 아래 그리스도 중심적 의미와 교회-설교-실천적 적용의 돛을 바라보게 함으로써 본문의 지평을 한층 더 활짝 열어준다. 한글/영어 대역으로 성경 본문이 제공된다는 점은 한국인 독자만이 누리는 보너스이리라. "좋은 주석은 두껍고 어렵지 않을까"라는 우려를 씻어주듯 이 시리즈 주석서는 적절한 분량으로 구성된 '착한 성경 해설서'라 불리는 데 손색이 없다. 한국 교회 성도의 말씀 묵상, 신학생의 성경 경외, 목회자의 바른 설교를 향상시키는 데 〈ESV 성경 해설 주석〉 시리즈만큼 각 사람에게 골고루 영향을 끼칠 주석은 찾기 어려울 듯싶다. 기쁨과 확신 가운데 추천할 수 있는 이유다.

허주 | 아세아연합신학대학교 신약학 교수, 한국복음주의신약학회 회장

〈ESV 성경 해설 주석〉은 정확무오한 하나님의 말씀을 전하는 설교자와 전도자들에게 훌륭한 참고서다. 성경적으로 건전하고 신학적으로 충실할 뿐 아니라 목회 현장에 실질적인 도움이 된다. 나 또한 나의 설교와 가르침의 사역에 활용할 수 있기를 고대한다.

대니얼 에이킨(Daniel L. Akin) | 사우스이스턴침례신학교 총장

하나님은 그의 아들에 대해 아는 것으로 모든 열방을 축복하시려는 영원하고 세계적인 계획을 그의 말씀을 통해 드러내신다. 이 주석이 출간되어 교회들이 활용할 수 있게 된 것만으로 행복하고, 성경에 대한 명확한 해설로 말미암아 충실하게 이해할 수 있게 해 준 것은 열방에 대한 축복이다. 물이 바다를 덮음같이 하나님의 영광에 대한 지식이 온 땅에 충만해지는데 이 주석이 사용되길 바란다.

이언 추(Ian Chew) | 목사, 싱가포르 케이포로드침례교회

〈ESV 성경 해설 주석〉은 탁월한 성경 해설과 깊이 있는 성경신학에 바탕한 보물 같은 주석이다. 수준 높은 학구적 자료를 찾는 독자들뿐만 아니라 읽기 쉽고 이해하기 쉽도록 잘 정리된 주석을 원하는 사람들에게도 적합하다. 목회자, 성경교사, 신학생들에게 이 귀한 주석이 큰 도움이 되고 믿을 수 있는 길잡이가 되리라 확신한다.

데이비드 도커리(David S. Dockery) | 사우스웨스턴침례신학교 석좌교수

대단한 주석! 성경을 배우는 모든 학생들에게 도움이 될 수 있도록 최고 수준의 학자들이 성경의 정수를 정리하여 접근성을 높여서 빠르게 참고하기에 이상적인 주석이다. 나 또한 설교 준비와 성경 연구에 자주 참고하고 있다.

아지스 페르난도(Ajith Fernando) | 스리랑카 YFC 교육이사, *Discipling in a Multicultural World* 저자

〈ESV 성경 해설 주석〉은 성경교사들의 기초 자료로서 활용성 높은 최고의 주석 중 하나다. 일반 독자들도 쉽게 이해할 수 있는 동시에 강해설교가들에게 충분한 배움을 제공한다. 이 주석 시리즈는 성경을 제대로 배우고자 하는 전 세계 신학생들에게도 표준 참고서가 될 것이다.

필립 라이켄(Philip Graham Ryken) | 휘튼칼리지 총장

〈ESV 성경 해설 주석〉에 대하여

성경은 생명으로 맥동한다. 성령은 믿음으로 성경을 읽고 소화해서 말씀대로 살아가는 사람들에게 맥동하는 생명력을 전해 준다. 하나님께서 성경 안에 자신을 계시하셨기 때문에 성경은 꿀보다 달고 금보다 귀하며, 모든 부(富)보다 가치 있다. 주님은 온 세상을 위해 생명의 말씀인 성경을 자신의 교회에 맡기셨다.

또한 주님은 교회에 교사들을 세우셔서 하나님의 말씀이 무엇을 의미하는지를 설명해 주고 각 세대에 어떻게 적용해야 하는지를 분명하게 보여주도록 하셨다. 우리는 이 주석이 하나님의 말씀을 진지하게 공부하는 모든 사람들, 즉 다른 사람들에게 가르치기 위해 성경을 연구하는 사람들과 스스로 경건에 이르도록 성장하기 위해 성경을 공부하는 사람들에게 큰 유익을 주길 기도한다. 우리의 목표는 성경 본문을 그리스도 중심적으로 명료하고 뚜렷하게 설명하는 것이다. 모든 성경은 그리스도에 대해 말하고 있으며(눅 24:27), 우리는 성경의 각 책이 우리가 "예수 그리스도의 얼굴에 있는 하나님의 영광을 아는 빛"(고후 4:6)을 보도록 어떻게 돕고 있는지 알려주길 원한다. 그런 목표를 이루고자 이 주석 시리즈를 집필하는 저자들에게 다음과 같은 원칙을 제시했다.

- 올바른 석의를 토대로 한 주석 성경 본문에 나타나 있는 사고의 흐름과 추론 방식을 충실하게 따를 것.
- 철저하게 성경신학적인 주석 성경은 다양한 내용들을 다루지만, 그리스도 안에서 완성된 구속이라는 단일한 주제를 말하고 있다는 점에서 성경 전체를 하나의 통일된 관점으로 볼 수 있게 할 것.
- 전 세계를 대상으로 한 주석 성경과 신학적으로 신뢰할 만한 자료들을 가능한 한 많은 사람들에게 공급하겠다는 크로스웨이(Crossway)의 선교 목적에 맞게 전 세계 독자들이 공감하고 필요로 하는 주석으로 집필할 것.
- 폭넓은 개혁주의 주석 종교개혁의 역사적 흐름 안에서 오직 은혜와 오직 믿음으로 말미암아 오직 그리스도 안에서 오직 성경의 가르침을 따라 오직 하나님의 영광을 위한 구원을 천명하고, 큰 죄인에게 큰 은혜를 베푸신 크신 하나님을 높일 것.
- 교리 친화적인 주석 신학적 담론도 중요하므로 역사적 또는 오늘날 신학적으로 중요한 문제들과 성경 본문에 대한 주석을 서로 연결하여 적절하고 함축성 있게 다룰 것.
- 목회에 유익한 주석 문법적이거나 구문론적인 긴 논쟁을 피하고, 하나님을 경외하는 마음으로 '성경 본문 아래 앉아' 경청하게 할 것.
- 적용을 염두에 둔 주석 오늘날 서구권은 물론이고 그 밖의 다른 세계에서 살아가는 사람들이 처한 상황과 성경 본문이 어떻게 연결되는지를 간결하면서도 일관되게 제시할 것(이 주석은 전 세계 다양한 상황 가운데 살아가는 사람들을 대상으로 하기 때문에).
- 간결하면서도 핵심을 찌르는 주석 성경에 나오는 단어들을 일일이 분석하는 대신, 본문의 흐름을 짚어내서 간결한 언어로 생동감 있게 강해할 것.

이 주석서에서 기본적으로 사용한 영역 성경은 ESV이지만, 집필자들에게 원어 성경을 참조해서 강해와 주석을 집필하도록 요청했다. 또한 무조건 ESV 성경 번역자들의 결해(結解)를 따르라고 요구하지도 않았다.

인간이 세운 문명은 시간이 흐르면 무너져서 폐허가 되지만, 하나님의 말씀은 영원히 서 있다. 우리 또한 바로 그 말씀 위에 서 있다. 성경의 위대한 진리들은 시간과 공간을 뛰어넘어 말하고, 우리의 목표는 전 세계적으로 적용될 수 있는 방식으로 그 진리들을 전하는 것이다.

하나님께서 자신의 말씀을 연구하는 일에 복을 주시고, 그 말씀을 강해하고 설명하려는 이 시도에 흡족해 하시기를 기도한다.

차례

추천의 글 _ 4

〈ESV 성경 해설 주석〉에 대하여 _ 12

약어표 _ 16

에스라 _ 19

느헤미야 _ 217

에스더 _ 471

성경구절 찾아보기 _ 578

약어표

참고 자료 I

AB	Anchor Bible
ABCS	Asia Bible Commentary Series
ApOTC	Apollos Old Testament Commentary
AS	*Aramaic Studies*
DSBS	Daily Study Bible Series
JBL	*Journal of Biblical Literature*
NAC	New American Commentary
NCBC	New Century Bible Commentary
NIBCOT	New International Biblical Commentary on the Old Testament
NICOT	New International Commentary on the Old Testament
OTL	Old Testament Library
PNTC	Pillar New Testament Commentary
SBLDS	Society of Biblical Literature Dissertation Series
SBLMS	Society of Biblical Literature Monograph Series
SHBC	Smyth & Helwys Bible Commentary
THOTC	Two Horizons Old Testament Commentary
TOTC	Tyndale Old Testament Commentaries
UBSHS	United Bible Societies Handbook Series
WBC	Word Biblical Commentary
WTJ	*Westminster Theological Journal*
WUNT	Wissentschaftliche Untersuchungen zum Neuen Testament

성경 I

구약 ▶

창 창세기
출 출애굽기
레 레위기
민 민수기
신 신명기
수 여호수아
삿 사사기
룻 룻기
삼상 사무엘상
삼하 사무엘하
왕상 열왕기상
왕하 열왕기하
대상 역대상
대하 역대하
스 에스라
느 느헤미야
에 에스더
욥 욥기
시 시편
잠 잠언
전 전도서
아 아가
사 이사야
렘 예레미야
애 예레미야애가
겔 에스겔
단 다니엘
호 호세아
욜 요엘
암 아모스
옵 오바댜
욘 요나
미 미가
나 나훔
합 하박국
습 스바냐
학 학개
슥 스가랴
말 말라기

신약 ▶

마 마태복음
막 마가복음
눅 누가복음
요 요한복음
행 사도행전
롬 로마서
고전 고린도전서
고후 고린도후서
갈 갈라디아서
엡 에베소서
빌 빌립보서
골 골로새서
살전 데살로니가전서
살후 데살로니가후서
딤전 디모데전서
딤후 디모데후서
딛 디도서
몬 빌레몬서
히 히브리서
약 야고보서
벧전 베드로전서
벧후 베드로후서
요일 요한일서
요이 요한이서
요삼 요한삼서
유 유다서
계 요한계시록

에스라

ESV 성경 해설 주석

W. 브라이언 오커 지음

ESV EXPOSITORY COMMENTARY

ESV Expository Commentary

Ezra

에스라서 서론

개관

에스라서는 느헤미야서와 더불어 일련의 귀향에 대해 자세히 얘기한다. 에스라-느헤미야서의 저자에 대해 그리고 이 책들과 역대기의 관계에 대해서는 오랜 학술적 논쟁이 있지만 에스라-느헤미야서는 전통적으로 한 권으로 간주되어 왔고, 본 주석서도 이 입장을 취하는 바다.[1] 에스라-느헤미야서는 세 단락으로 구성되어 있다. 에스라 1:1-11, 에스라 2:1-느헤미야 7:73a 그리고 느헤미야 7:73b-13:31이다. 짧은 첫째 단락(스 1:1-11)은 페르시아의 왕 고레스가 유다인 유배자들이 약속의 땅으로 돌아가도록 허락한 최초의 공인을 서술하는 서문이다. 이는 "예레미야의 입"(1:1)에서 나온 하나님의 칙령의 결과로 일어난다.

둘째 단락(스 2:1-느 7:73a)은 가장 큰 단락으로 거의 동일한 두 명단(스

1 이 입장을 지지하는 근거로 서론의 '제목, 저자, 저작 연대'를 보라.

2:1-70; 느 7:6-73a)을 각각 앞뒤에 두고 있다.[2] 일반적으로 이 둘째 단락은 예루살렘으로의 이동과 그에 따른 각각의 역사적 맥락을 지닌 세 개의 건축 프로젝트를 묘사하고 있다. 이 프로젝트들 중에 처음 두 개는 에스라서에 나오고 나머지 한 개는 느헤미야서에서 나올 것이다(아래 내용을 보라). 보다 구체적으로 말하면, 둘째 단락은 개개인의 이름과 수를 열거하는 큰 목록(스 2장)으로 시작되고 이어서 두 번의 이동(3-6장; 7-10장)이 뒤따라온다. 첫 번째 이동은 이스라엘 백성이 "일제히 예루살렘에 모[였다]"(3:1)는 말로 시작된다. 여기서 그들은 통일된 백성으로서 스룹바벨과 예수아의 리더십 아래서 제단과 성전의 재건축을 착수한다(3장). 건축 프로젝트들에 대한 끊임없는 저항은 여러 페르시아 왕의 통치 기간 내내 넓은 연대기적 범위에 걸쳐 계속 이어진다. 이로 인해 작업이 중단된다(4장). 하지만 성전 재건축을 재개하라는 선지자의 예언을 받고, 또 그 작업을 지지하는 다리오의 칙령을 받은 결과 성전 건축이 성공적으로 완료되고(주전 516년) 봉헌식이 열린다(5:1-6:18). 첫 번째 이동은 기쁨이 충만한 유월절 행사로 마무리된다(6:19-22).

두 번째 이동(7-10장)은 57년 후에 일어나고 (1) 공인과 귀환(7-8장), (2) 갈등과 해소(9-10장)라는 두 부분으로 묘사되어 있다. 제사장 에스라에 대한 간략한 소개(7:1-10) 이후 그는 아닥사스다 왕에게서 예루살렘으로의 또 한 번의 귀환을 인도하는 권한을 받고 특히 "네 하나님의 율법"으로 하나님의 백성을 가르치는 책임을 부여받는다(7:25-26). 귀환에 대한 준비에 이어 그 여정에 관한 간략한 묘사가 나온 후 번제로 마무리된다(8장). 하지만 귀향은 항상 쉽지 않은 일이고 귀환의 기쁨도 잠시뿐이다. 귀환한 자들 가운데 많은 남자가 '외국인 아내'와 혼인함에 따라 심각한 '불충함'이 있

2 이 폭넓은 구조의 핵심 아이디어는 Tamar Cohn Eskenazi, *In an Age of Prose: A Literary Approach to Ezra-Nehemiah*, SBLMS 36(Atlanta: Scholars, 1988), 37-126에서 끌어왔다. 에스케나지는 이렇게 발한다. "이 주요 반복 대목(즉, 스 2장-느 7장)은 대표적 인물을 다시 등장시키고, 그 단락 전체의 연속성을 제공하며, 그 중간에 나오는 사건들을 통합시킨다"(39).

다는 보고와 함께 내부 위기가 발생한다. 이에 반응하여 에스라는 크게 탄식하고 죄를 고백한다(9장). 공동체 내에서 나온 제안으로 조사를 실시하고 죄 고백과 회개와 속죄를 도모하는 위원회가 구성된다(10장). 초기 출발(7:9; 10:17) 이후 최종 목록(10:18-44)에 이르는 일 년 내에 그 갈등이 해소된다. 이후 느헤미야서는 결론(느 8-13장)과 더불어 성벽 건축[세 번째 건축 프로젝트(느 1-7장)]에 관한 이야기를 상세히 서술한다.

제목, 저자, 저작 연대

에스라서와 느헤미야서의 제목은 그 책들 속에 등장하는 주요 인물 두 명의 이름에서 유래한다. 에스라서의 저자와 저작 연대를 논의할 때는 느헤미야서를 염두에 둬야 한다. 두 권이 단일한 책이라는 증거가 다수 존재하기 때문이다.[3] 두 권의 책으로 나눠진 것을 처음 증언한 사람은 오리겐(주후 185-254년)이었고 이로부터 제롬(주후 342-420년)의 라틴어 성경으로 이어졌다. 에스라서의 저자는 미지의 인물이다. 최근의 학문적 논의에서는 저자와 저술에 관해 여러 제안이 제시되었다. (1) 에스라와 느헤미야가 자기 이름을 지닌 책을 각각 저술했다. (2) 에스라가 에스라-느헤미야서와 역대

3 두 권이 본래 한 책이었다는 견해가 대다수의 입장이다. 이 입장을 지지하는 외적인 이유들은 다음과 같다. (1) 에스라-느헤미야서의 통일성은 칠십인역과 초기 랍비 및 교부 전통들을 포함한 거의 모든 고대 문서들에 입증되어 있다. (2) 우리는 성경의 책들에 대한 요세푸스의 번호 붙이기를 이해하기 위해 두 권을 하나로 계산해야 한다(*Against Apion* 1.8). (3) 중세 유대 문헌 학자들인 마소라 학자들이 두 권을 하나로 간주했다. 예컨대, 마소라의 난외주에는 두 책의 중앙 구절이 느헤미야서의 중앙이 아니라 느헤미야 3:32에 놓여있음을 주목하라. 더구나 히브리어로 쓴 성경의 각 책의 끝에 나오는 전형적인 마소라의 표기가 에스라서의 끝이 아니라 느헤미야서의 끝에 나온다. 이런 점들과 다른 점들이 다음 책에 열거되어 있다. H. G. M. Williamson, *Ezra, Nehemiah*, WBC 16(Waco, TX, 1985), xxi-xxii. 귀환자들의 거의 동일한 명단들의 사용(스 2장; 느 7장), 페르시아 왕들이 내린 칙령들의 비슷한 사용, 느헤미야서의 마지막 단락의 초반에 나오는 에스라의 존재(느 8-13장) 등 이 책들 속의 특징들도 이런 입장을 지지한다. 두 책의 통일성을 지지하는 이런 내적 특징들과 그밖의 요인들에 대해서는 다음 책을 보라. Paul L. Redditt, *Ezra, Nehemiah*, SHBC 9b(Macon, GA: Smyth & Helwys, 2014), 30.

기를 모두 저술했다. (3) 에스라-느헤미야서는 역대기와 동일한 저서의 일부이되 에스라가 아닌 어떤 사람(즉, '역대기 저자') 또는 복수의 사람들이 저술했거나 편집했다. (4) 에스라-느헤미야서는 역대기 저자와 다른 한 사람 또는 복수의 저자들/편집자들/편찬자들의 저서였다.

만장일치의 견해는 없지만 최근의 여론에서는 제4안이 제3안을 대치했다. 이 책들에 분명히 나오는 다양한 출처가 어떻게 그리고 언제 합쳐져서 전체를 형성했는지는 여전히 학술적 논의의 초점이 되고 있다. 전체가 최종적으로 저술된 정확한 연대는 알기 어렵다. 대다수는 주전 400년에서 300년 사이에 완성된 것으로 추정한다. 에스라 7-10장의 내러티브 저변에 있는 이른바 에스라 비망록, 즉 에스라의 일인칭 기사는 그 자료 중 적어도 일부는 보도된 사건들의 타이밍에 더 가까운 것을 가리킨다(서론의 '장르와 문학적 특징'에 담긴 간략한 논의를 보라).

이 책의 사건들의 연대와 배경

에스라서에 나오는 다수의 시기에 관한 정보는 종종 페르시아 왕들의 통치와 결부되어 있고 이 책에 서술된 사건들의 연대를 비교적 정확히 가늠할 수 있게 해준다. 에스라 1-6장의 사건들은 주전 538년에서 516년까지 일어났다. 바벨론의 느부갓네살(주전 605-562년)은 주전 586년에 예루살렘을 점령했다(왕하 25장). 하지만 주전 539년에 바벨론이 페르시아의 고레스 대왕(주전 559-530년)에게 무너졌다. 이 계산에 따르면, "고레스 원년"(스 1:1; 5:13; 6:3)은 주전 538년으로 유배자들이 첫 번째로 귀환한 해다. 성전 재건축이 외부와 내부의 요인들로 인해 중단된 후 다시 시작된 것은 다리오 통치(522-486년)의 제2년(주전 520년, 4:24) 동안이다. 다리오와 연관된 두 번째 언급이 다리오 왕 제6년의 "아달월 삼일"(주전 516년, 6:15)에 둘째 성전이 완공된 것을 표시했다. 에스라 7-10장에 나오는 모든 사건은 아닥사스다 왕(주전 464-423년)의 제7년인 주전 458년 한 해 동안에 발생했다.

이 책의 배경은 주요 본문들(6:14-18; 7:10; 9:8-9)로부터 추론할 수 있다. 집과 땅, 성전과 왕을 상실하는(즉, 유배) 징계 이후에도 저자는 독자들에게 그 언약의 약속이 여전히 유효하다는 것을 알려주길 원했다. 하나님은 여전히 그들의 하나님이시고, 그들은 여전히 그분의 백성이라는 것이다. 이 책은 이 기간에 지속된 백성의 존재 자체와 페르시아 왕들의 관대함과 협력을 하나님의 견고한 '한결같은' 사랑의 증거로 해석한다(9:8-9). '양자 됨에 속한'(롬 9:4, 참고. 출 4:22-23) 이 백성은 여전히 아들들과 딸들로 남아 있었다. 그런즉 율법과 선지자의 오랜 이야기들은 여전히 그들의 이야기들이었고, 구별된 백성이 되는 그들의 소명은 여전히 유효했다. 결과적으로 이 책은 또한 에스라를 본보기로 하여 제사장들에게 전심으로 하나님의 말씀을 연구하고 거룩함을 추구하도록 권면한다. 그들 자신을 위해서는 물론이고 백성을 위해서도 그렇게 하라고 격려한다(스 7:10; 10:10-11, 참고. 말 2:4-7).

장르와 문학적 특징

에스라서는 그 짝꿍인 느헤미야서(개신교 전통에서는 그 뒤에 에스더서가 나온다)와 함께 구약의 역사서들(여호수아서-에스더서)을 마감하는 유배 시대 이후 문학의 일부이다.[4] 에스라서는 많은 역사서처럼 대체로 성경의 역사편찬서로 분류될 수 있다. 이는 에스라서가 과거 사건들의 기록된 이야기를 제공한다는 뜻이다. 당시에 가능한 수많은 탐구 노선 중에서, 에스라서 저자는

4 가톨릭의 정경 순서에는 개신교 전통과 같이 에스라서와 느헤미야서가 역대기 뒤에 나온다. 히브리어 성경에서는 에스라-느헤미야서가 전통적으로 '성문서'(the Writings)로 알려진 부분에 나오는 에스더서와 다니엘서 이후에 그리고 역대기 뒤가 아니라 앞에 배치된다.

사건을 묘사할 때 분명한 신학적 목적을 위해 책에 문학적 형태를 부여할 다양한 출처를 선정해서 정리했다.

에스라서에 사용된 출처들은 그 자체로 연구할 만한 나름의 특정한 장르와 관점을 갖고 있다. 다른 어디에도 에스라-느헤미야서에 나온 사건들에 대한 일인칭 기사들보다 개인적 관점이 더 분명히 나오는 곳이 없어서 대다수 학자들은 그것을 '비망록'이라 부르는 것이다(스 7-10장).[5] 에스라서는 일인칭 출처 외에도 왕의 칙령(1:2-4; 6:3-5), 왕에게 보낸 아람어로 쓴 편지와 왕에게서 오는 칙령(4:8-16, 17-22; 5:6-17; 6:6-12; 7:12-26), 성전 그릇들의 목록(1:9-11; 8:25-27), 명단과 계보(2:1-63; 7:1-5; 8:1-14; 10:18-43) 그리고 기도(9:6-15)를 포함하고 있다.[6]

신학

징계 받은 백성을 모으시는 주권자 하나님

하나님은 유배의 경험을 통해 회개하지 않는 백성을 징계하셨다. 하지만 그분은 또한 자비를 베푸셔서 남아있던 자들['남은 자'(a remnant, 개역개정은 "백성을 남겨 주셨사오니"), 9:13]에게 그들이 70년 전에 쫓겨났던 예루살렘과 그 땅으로 되돌아가는 특권을 허락하셨다. 이 사건들은 과거 예언들, 특히 예레미야의 예언의 성취로 간주된다(스 1:1). 하나님은 '돌아온 유배자들'(2:1; 4:1; 6:16-21; 8:35; 9:4; 10:7, 16)의 귀환을 달성하기 위해 그분의 주권적 능력

5 엄밀히 말하면, 스 7:27-9:15이 일인칭 기사에 해당한다. 스 7:1-26과 10:1-44이 종종 이 범주에 포함되는 것은 일인칭 기사가 이 장들에 나오는 삼인칭 내러티브의 출처라고 가정하기 때문이다. 일부 학자들은 느 8장을 에스라 비망록의 일부로 포함하고, 다른 이들은 느 9-10장까지 더하기도 한다. Williamson, *Ezra*, *Nehemiah*, xxviii-xxxii를 보라. 느헤미야 비망록은 느헤미야서의 서론에서 다룰 예정이다.

6 이 목록은 Williamson, *Ezra*, *Nehemiah*, xxiii-xxiv에 나온 출처들을 끌어온 것이다.

으로 왕들(1:1-4; 6:14, 22; 7:27), 다른 인물들(1:5-6; 5:1-2; 7:13) 그리고 가족들(2:1-63; 7:7; 8:1-14)을 '일으키셨다'. 하나님의 능력은 사건들을 통해 일하시는 그분의 '손'에서 가장 뚜렷이 나타난다(7:6, 9, 28; 8:18, 22, 31). 백성에게 도래하는 모든 유익은 왕이신 하나님의 풍성하고 한결같은 사랑으로 여겨진다(3:11; 5:12-13; 9:8-9). 이는 외부의 위협으로부터의 보호(4:5-6; 5:3-5; 8:31)와 아닥사스다와 같은 한때 적대적이었던 통치자들의 정책 반전(4:7-22, 참고. 7:6, 27-28)을 포함한다.

구별된 백성을 만드시는 거룩한 하나님

이스라엘은 거룩한 나라요 제사장의 나라가 되도록 열방에서 따로 구별되었다(출 19:5-6; 레 11:45). 그들은 하나님의 "아들"로서(출 4:22-23) 언약적 신실함으로 그분을 섬기고 예배하도록 되어 있었다(스 5:11). 그 과업이 에스라서에 지속적으로 나온다. 첫 번째 출애굽 공동체처럼 이 '두 번째 출애굽' 공동체는 제사장의 소명을 이루기 위해 제단과 성전을 필요로 한다(1:2-4; 3:3-6; 5:15; 6:19-22; 8:35). 하나님은 그들을 거룩한 길로 인도하고 거룩함을 가르치기 위해 거의 모든 장에 언급된 '제사장과 레위인'(특히 8:15-20)을 공급하신다. 혼혈 결혼(mixed marriage)의 갈등이 "거룩한 자손"(즉, "자손", 참고. 9:2 ESV 난외주)을 위협할 때 그들에게 외국 아내들로부터 분리되라고 요구하고(10:10-11), '남은 자'를 정화시키고 보존할 목적으로 죄 고백과 회개를 중재하는 인물은 제사장 에스라다(9장). '그 땅의 백성'과 섞이는 것은 의식적(ritual) 불결함이고 유배 이전 기간을 특징짓고 애초에 그들의 몰락을 초래했던 우상숭배로 되돌아가도록 그들을 이끌 소지가 있었다(5:12; 9:7, 14). 그러나 이것은 오로지 민족적 내지는 인종적 정체성에만 기반을 둔 배타주의가 아니었다. 첫 번째 출애굽에서 그랬듯이, 주님을 예배하기 위해 자신을 구별한 사람은 누구나 유월절에 참여할 수 있기 때문이다(6:2, 참고. 출 12:48).

귀 기울이는 백성에게 말씀하시는 신실한 하나님

처음부터 이스라엘이 품은 의문은 '하나님이 참으로 말씀하셨는가?'(참고. 창 3:1)였다. 이처럼 하나님의 말씀에 의문을 제기하는 이스라엘의 모습은 그들의 역사 내내 주님의 선지자들을 통한 그분의 목소리에 늘 불순종하는 장면으로 나타났다(예. 삼상 15:19). 그런데 무언가가 달라졌다. 이스라엘 백성은 이제 그 문제를 바로잡을 기회가 있다는 것을 안다. 에스라서에서는 번영이 선지자의 목소리에 대한 순종에서 온다는 새로운 깨달음이 있다(5:1-2; 6:14-15). 기록된 "모세의 율법"에 따라 행하는 데 관심이 있다(3:2; 6:18). 율법 지식에 푹 빠진 제사장 에스라의 리더십에 대한 순종이 있다(7:6, 10; 10:3-4). 역사서에서는 찾아보기 힘든 죄에 대한 두려움과 슬픔이 여기에 있다(9:4; 10:1, 9). 물론 죄악과 싸우는 일이 남아있으나 "이스라엘에게 아직도 소망이 있[다]"(10:2).

성경의 다른 본문 및 그리스도와의 관련성

에스라서에서는 과거의 역사가 현재의 모습을 형성한다. 하나님의 언약 백성은 다음과 같이 새롭게 그려진다.

- 아브라함의 자손이 메소포타미아에서 약속의 땅으로 오는 아브라함의 옛 여정을 되풀이함(스 2:1-3:1; 8:31-32, 참고. 창 12:1-3)
- 예언의 약속에 따라 징계를 받고 약속의 땅으로 되돌아옴(스 1:1, 참고. 렘 29:10-14; 30:3; 31:27-28)
- 다른 이들이 제공한 지원을 받아 바벨론에서 나오는 새로운 출애굽을 경험함(스 1:5-11; 5:14-15; 7:20; 9:8-9, 참고. 출 12:33-36)
- 모세의 율법에 따라 초막절(스 3:2, 4; 7:10, 참고. 수 23:6; 왕상 2:3; 레

23:33-36; 신 16:13-15), 유월절 그리고 무교절을 새롭게 지키되 그 공동체의 멤버가 아닌 자들도 참여하고(스 6:19-22, 참고. 출 12:48-49; 13:3-10) 제사를 드리고 율법을 배움

- 여호수아의 날(신 7:1-3)과 같이 그 땅에 다시 들어갈 때 "그 지방 사람들"로부터 스스로를 구별하라는 부름에 응답함(스 9:1-2)
- 다윗의 가르침에 따라 예배 행습을 회복하고(스 3:10-11, 참고. 대상 16:34, 37-42) 성전을 재건하고(스 6:14-18) 그 보물을 되찾음(스 1:7-11; 7:19; 8:30, 참고. 왕상 6:1-38; 7:51).
- 그들을 몰락시키려는 적들의 위협의 받으나 그로부터 구원받음(스 4:1-3, 17-22; 8:31, 참고. 삿 2:14-16)
- 아간처럼 주님과의 신의를 깬 나머지 공동체의 불결함에 대한 하나님의 진노를 두려워하여 죄를 고백하고, 회개하고, 속죄할 필요가 있음(스 9:10-11; 10:14-15, 참고. 수 7:1, 19).

신약에는 에스라-느헤미야서를 직접 인용한 곳이 없다. 하지만 그리스도와의 관련성은 신학 부분에 시사된 주제들인 왕과 제사장과 선지자로서의 역할에서 찾을 수 있다. 이런 역할들이 에스라서의 본문에 나올 때는 그리스도와 연결되는 다리를 제공한다. 이밖에도 이 책은 최종 회복에 대한 큰 예언의 약속들의 성취(사 60:19-21; 렘 31:33; 32:37-44; 겔 36:33)를 얼핏 들여다보게 해준다. 예루살렘에서 재건된 성전에 모인 선민의 남은 자들, 여전히 지속적인 정화가 필요한 그들의 이야기는 장차 예수님이 보편적인 몸, 교회, 모든 민족에서 정화된 자들을 모아 새 예루살렘에서 하나님을 예배할 모습을 내다본다. 그때에는 땅의 모든 왕의 영광이 하나님의 도성으로 들어갈 것이다.[7]

7 이에 대해서는 다음 주석서에 나오는 매우 유익한 신학 에세이를 보라. David J. Shepherd and Christopher J. H. Wright, *Ezra and Nehemiah*, THOTC (Grand Rapids, MI: Eerdmans, 2018), 111-211.

에스라서 설교하기

본 주석서 전반에 나오는 응답 부분들이 설교의 개요와 적용을 위한 촉진제를 제공하지만, 폭넓은 여러 원리를 염두에 둘 필요가 있다. 첫째, 가능하다면 에스라-느헤미야서를 한 단원으로 삼아 설교해야 한다. 이미 언급했듯이, 이 책들은 전통적으로 한 권으로 간주되는 만큼 설교 시리즈에서 다함께 다루는 것이 최선이다. 이 책의 절정은 언약을 갱신하고 최종 행사를 거행하는 장면(느 8-12장)에 나온다. 이를 고려하지 않으면, 에스라서는 결말을 기다리는 한 편의 이야기일 뿐이다.

다음으로 여러 역사적 맥락을 염두에 둬야 한다. 에스라-느헤미야서에 관한 설교 시리즈의 초기에 두 개의 사항을 다룰 필요가 있을 것이다. (1) 페르시아 시대에 속한 에스라서의 다양한 역사적 배경이다. 많은 사람은 에스라-느헤미야서를 읽은 적이 없어서 에스라 1-6장이 제사장 에스라가 7장의 장면에 들어오기 한참 전에 일어나는 일임을 모를 것이다. 아울러 회중에게 그 내러티브 내에서 선지자 학개와 스가랴와의 상호 연결성을 주목하도록 권유할 수 있다(5:1-2; 6:14-16). (2) 어느 시점에서 역사서들(여호수아서-에스더서)의 개관을 제공하거나 적어도 열왕기하 24-25장, 즉 에스라서가 그 마지막 장들의 다음 부분으로 들어맞는 그 대목을 개관해도 좋다.

끝으로, 설교자는 이 책에서 주님의 회중에 초점을 맞춰야 한다. 에스라가 중요한 인물이고 이 책이 중요한 리더십 원리들을 제시하고 있지만, 에스라서는 무엇보다도 리더십에 관한 책이 아니다. 주된 등장인물은 에스라가 아니고 하나님과 그분의 구속된 백성이 중앙 무대를 차지한다. 일단 우리가 변화하는 역사적 맥락들을 고려한다면, 에스라서에 나온 은혜의 수단들(예배, 속죄의 제사, 기도, 유월절, 하나님의 말씀, 함께 모여서 나누는 교제)은 여전히 각 시대마다 "하나님의 이스라엘"(갈 6:16)에게 적실성이 있다.

해석상 과제

에스라와 느헤미야의 연대기적 순서

성경의 진술에 따르면, 에스라는 아닥사스다 왕(주전 464-423년) 제7년인 주전 458년에 예루살렘에 도착한다(스 7:7-8). 그 해에(7:9; 10:17) 에스라가 혼혈 결혼의 문제를 다룬다(9-10장). 그의 사역과 도착은 느헤미야가 등장하기 13년 전에 일어나고, 후자가 첫 총독을 맡은 연도는 아닥사스다의 제20년(주전 445년, 참고. 느 1:1)으로 나온다. 성벽이 완공된 후, 느헤미야와 에스라는 모세의 율법 낭독과 이후 성벽의 봉헌식에 함께 참석한다(느 8:9; 12:26, 36, 38).

그런데 에스라가 아닥사스다 1세의 제7년(주전 458년)이 아니라 아닥사스다 2세(주전 404-359년)의 제7년(주전 398년)에 도착했는지 여부에 대해 오랜 논쟁이 있어왔다. 만일 그렇다면 이는 연대기적 순서를 역전시켜서 에스라가 느헤미야보다 한참 뒤에 나올 것이다. 이 역전된 순서를 지지하는 주요 논증들은 다음과 같다.[8]

첫째, 만일 에스라와 느헤미야의 활동이 중첩된다면, 왜 그들은 성경 본문 내에서 상호작용이 그토록 적은가?

율법을 가르치는 에스라의 소명을 감안하면(스 7:10), 왜 그의 도착 이후 약 13년 간, 즉 느헤미야도 거기에 있을 때까지(느 8:9) 율법을 공개적으로 낭독하지 않는 것일까? 그와 달리, 두 사람은 성벽 봉헌 행렬에만 함께 나

8 다양한 특별 연구와 대안들은 본 주석서의 범위를 넘어선다. 이해하기 쉽고 비교적 자세한 개관은 다음 주석서에 나온다. Derek Kidner, Ezra and Nehemiah: An Introduction and Commentary, TOTC 12 (Downers Grove, IL: InterVarsity Press, 1979), 161-175. 대안적인 연대기적 순서에 관한 찬성과 반대를 간결하게 요약한 것으로는 David M. Howard Jr., *An Introduction to the Old Testament Historical Books* (Chicago: Moody Press, 1993), 321-325를 보라.

온다(느 12:31, 36, 38, 40).[9] 따라서 각 사람이 받은 특별한 소명과 목적을 감안하면 상호작용의 결여는 놀랄 일이 아니다. 더 나아가, 느헤미야 8장에 나오는 토라 교육은 '부활한 공동체에 의한 의례적 행사'[10]의 일환으로 이뤄진다. 에스라 9-10장의 본문은 율법 낭독의 증거를 전혀 제공하지 않지만, 에스라는 실제로 율법을 혼혈 결혼이라는 특정한 이슈에 적용한다. 느헤미야가 도착하기 전에 일어난 모든 일은 서술되고 있는 더 넓은 역사에 중요한 것으로 간주되지 않는다.

혼혈 결혼의 이슈와 관련해서, 만일 에스라가 이전에 이혼 감독에 의한 위기를 성공적으로 다뤘다면 어째서 훗날 느헤미야의 더 온건한 개혁의 시도가 필요했을까(느 13:23-27)? 이 견해에 따르면, 에스라는 사실상 개혁에 실패한 셈이다. 따라서 일부 학자는 에스라가 취한 바 결별을 요구하는 더 혹독한 법적 조치(스 10:11)는 처음 느헤미야가 취한 더 온건한 개혁 시도 이후에 오는 것이 더 잘 들어맞는다고 주장한다. 하지만 그 문제에 대한 느헤미야의 접근은 그보다 앞선 에스라에 의한 율법의 해석과 적용을 전제하고 있는 듯이 보인다(스 9:12; 느 13:25).[11]

끝으로, 역전된 순서를 지지하는 가장 복잡한 논증은 대제사장의 계승에서 나온다. 에스라 10:6에서 에스라가 "엘리아십의 아들 여호하난[즉, 요하난]"의 방에 있다. 느헤미야와 동시대에 활동한 대제사장은 엘리아십이다(느 3:1, 20; 13:28). 엘리아십과 관련된 인물들은 여호하난과 비슷한 이름을 가진 복수의 사람들, 곧 요나단(느 12:10-11)과 요하난(느 12:22-23)이다. 이런 본문들을 근거로 일부 해석자들은 이렇게 가정한다. (1) 요하난은 에스라 10:6과 느헤미야 12:22-23에 명시적으로 진술되어 있듯이 엘리아

9 일부 학자들은 느헤미야 8:9에 나오는 느헤미야와 12:36에 나오는 에스라는 원문의 일부가 아니라 편집상 추가했을 가능성을 제기한다. David J. A. Clines, *Ezra, Nehemiah, Esther*, NCBC (Grand Rapids, MI: Eerdmans, 1984), 232, Williamson, *Ezra, Nehemiah*, 279를 보라.

10 Mervin Breneman, *Ezra, Nehemiah, Esther*, NAC 10 (Nashville: B&H, 1993), 44.

11 Williamson, *Ezra, Nehemiah*, xliii.

십의 아들이 아니라 그의 손자였다. (2) 요나단(느 12:10-11)은 서기관이 요하난을 잘못 쓴 것이다. (3) 느헤미야 당시의 대제사장인 엘리아십은 에스라 10:6에 나오는 엘리아십과 동일 인물이다. 더 나아가, 성경 바깥의 엘레판틴 파피루스 안에 있는 한 편지는 주전 410년에 요하난을 대제사장으로 언급한다. 그러므로 느헤미야 12:22-23의 요하난은 에스라가 그 방에 들어가는 대제사장과 동일 인물이라고 주장한다. 에스라 10:6에서는 그를 '대제사장'으로 부르지 않지만 말이다. 하지만 이런 논점들 각각은 논란 중인 가정들 위에 세워져 있는 만큼 에스라가 느헤미야 뒤에 온다는 주장을 뒷받침하는 강한 근거는 아니다.

전반적으로 역전된 순서를 지지하는 이런 주장들은 유력한 반응을 받아왔다. 에스라의 도착 연대에 대한 다른 견해도 여전히 가능하지만, 어느 주장도 다양한 제안 중 어느 것을 반드시 채택하도록 요구하진 않는다. 갈수록 더 학자들은 에스라가 느헤미야보다 앞선다는 전통적 견해를 유지하고 있고, 이것이 이 주석서도 취하는 입장이다.[12]

세스바살의 정체

세스바살이란 이름은 에스라서에만 나온다. '유다 총독'으로 불리는 그는 일차 귀환의 지도자들 중 하나이고 고레스로부터 성전 그릇들을 도로 가져가는 책임을 부여받았다(1:8-11). 나중에 다리오에게 보낸 편지에 새로운 정보 두 편이 들어있다. 고레스가 세스바살을 "총독"으로 세웠고(5:14) "이 세스바살"이 성전의 기초를 놓았다(5:16)는 것을 알게 된다. 문제는 1장 직후에 따라오는 것, 곧 성전 토대를 놓는 작업(3:8, 10)이 스룹바벨의 덕분으

12 앞에서 언급한 키드너와 하워드와 함께 클라인스도 전통적인 순서를 고수한다. 그는 역전된 순서를 지지하는 13개의 논증들을 열거한 후 각 논증에 대해 간략한 반론을 편다(Clines, *Ezra, Nehemiah, Esther*, 17-20). 전통적인 순서를 고수하는 다른 이들 중에는 다음 학자들이 포함되어 있다. Williamson, *Ezra, Nehemia*, xxxix-xliv, Joseph Blenkinsopp, *Ezra-Nehemiah: A Commentary*, OTL (Philadelphia: Westminster, 1988), 139-144, 보다 최근에는 Redditt, *Ezra-Nehemiah*, 164.

로 여겨지고 있다는 것이다(2:2; 3:2, 8; 5:2, 참고. 느 7:7; 12:1). 아울러 학개서에서는 세스바살이 아니라 스룹바벨이 늘 "총독"의 호칭을 받고 있다는 것도 주목하라(학 1:1, 14; 2:2, 21). 이런 사항들을 설명하는 최선의 길은 무엇일까?

그동안 세스바살과 스룹바벨은 동일 인물이고 세스바살은 공식적인 이름이며 스룹바벨은 개인적 이름이라는 주장이 있었다. 만일 그렇다면 우리가 기대할 법하듯이(참고. 단 1:6-7) 이런 이름들의 의미가 설명된 적이 없다는 것은 이상하기 짝이 없다. 게다가 두 이름 모두 바벨론식 이름인 것 같다. 두 이름을 갖는 것이 드문 일은 아니다. 예컨대, 다니엘은 히브리 이름과 바벨론 이름을 모두 갖고 있다. 가장 중요한 점은 (닷드내가 다리오 왕에게 보낸 편지에 따르면) 장로들(스 5:9-10)과 스룹바벨(5:1-5)이 세스바살의 작업을 기술할 때 세스바살을 이전에 활동적이었던 인물이자 스룹바벨과 분명히 구별되는 인물로 묘사하는 어구를 사용한다는 것이다(5:14-16).

이보다 더 개연성 있는 입장은 두 사람을 초기 귀환의 시기(주전 538-516년)에 서로 다른 역할과 중요성을 지닌 별개의 인물들로 본다. 세스바살은 고레스로부터 총독으로 공식적 임명을 받았고(참고. 2:63) 일차 귀환자들을 지도하고 성전을 세우는 과업을 부여받았다. 이 공식적 책임과 다리오 왕과의 교신을 감안하면, 그는 고레스가 요구한 대로 성전의 기초를 놓는 그의 역할로 부각되어 있는 것이다. 성전 건축(주전 520년)이 재개되기 얼마 전에 그는 무대에서 사라진다. 귀환자들에게는 스룹바벨이 에스라 3장과 학개서에서 자기에게 맡겨진 제단과 성전 건축을 주도하는 등 더 명망 있는 지도자로 부각된다.

개요

I. 주님과 고레스가 칙령을 선포하고 공동체가 반응하다(1:1-11)

A. 주님과 고레스의 칙령(1:1-4)

1. 칙령의 시기와 칙령에 대한 예언(1:1)
2. 고레스의 칙령(1:2-4)

B. 유배자들이 반응하고 보물을 갖고 돌아가다(1:5-11)

1. "그들의 이웃 사람들"이 귀환자들에게 보물을 주었다는 기사(1:5-6)
2. 고레스가 귀환자들에게 보물을 주었다는 기사(1:7-8)
3. 세스바살이 가져온 보물의 명세(1:9-11)

II. 공동체가 칙령에 따라 성전, 토라 그리고 성벽을 재건하다 (스 2:1-느 7:73a)

A. 돌아가는 유배자들의 명단(스 2:1-70)

1. 유배 생활에서 나온 사람들과 지도자들에 대한 소개(2:1-2a)
2. 이스라엘 백성의 남자들의 수(2:2b-35)
3. 성전 담당 인사(2:36-58)
4. 자기네 가문을 입증할 수 없던 사람들(2:59-63)
5. 요약문(2:64-70)

B. 첫 번째 이동: 제단, 반대 그리고 성전(3:1-6:22)

1. 재건이 시작되다: 제단과 성전 기초(3:1-13)
2. 반대 세력이 재건 프로젝트를 끝장내려고 하다(4:1-24)
3. 예언에 따른 재건축의 재개가 성전 완공과 함께 서한의 지지를 가져오다(5:1-6:18)

4. 성전이 명절 행사와 함께 완공되다(6:19-6:22)

C. 두 번째 이동: 에스라가 토라 아래 백성을 복원시키다(7:1-10:44)

1. 에스라가 칙령을 받고 예루살렘으로의 또 다른 귀환을 인도하다(7:1-8:36)

a. 에스라가 아닥사스다로부터 칙령을 받다(7:1-28)

b. 에스라와 유배자들이 바벨론에서 예루살렘으로 이동하다(8:1-36)

2. 혼혈 결혼: 위기와 해결(9:1-10:44)

a. 위기: 에스라가 보고를 받고 슬퍼하며 죄를 고백하다(9:1-15)

b. 해결: 백성이 죄를 고백하고 회개하다(10:1-44)

D. 세 번째 이동: 느헤미야의 사역이 시작되다(느 1:1-7:4)

E. 유배자들의 명단이 되풀이되다(느 7:5-73a)

III. 공동체가 기뻐하다: 언약 갱신과 공동체 복원(느 7:73b-13:31)

A. 언약 갱신(느 7:73b-10:39)

B. 예루살렘과 그 주변 마을들에 거주하다, 제사장과 레위인의 명단(느 11:1-12:26)

C. 성벽 봉헌식과 "그날"의 행사들(느 12:27-13:3)

D. 느헤미야의 개혁: 성전, 안식일, 결별(느 13:4-31)

[1] 바사 왕 고레스 원년에 여호와께서 예레미야의 입을 통하여 하신 말
씀을 이루게 하시려고 바사 왕 고레스의 마음을 감동시키시매 그가
온 나라에 공포도 하고 조서도 내려 이르되

[1] In the first year of Cyrus king of Persia, that the word of the Lord by
the mouth of Jeremiah might be fulfilled, the Lord stirred up the spirit
of Cyrus king of Persia, so that he made a proclamation throughout all
his kingdom and also put it in writing:

[2] 바사 왕 고레스는 말하노니 하늘의 하나님 여호와께서 세상 모든 나
라를 내게 주셨고 나에게 명령하사 유다 예루살렘에 성전을 건축하라
하셨나니 [3] 이스라엘의 하나님은 참 신이시라 너희 중에 그의 백성 된
자는 다 유다 예루살렘으로 올라가서 이스라엘의 하나님 여호와의 성
전을 건축하라 그는 예루살렘에 계신 하나님이시라 [4] 그 남아 있는 백
성이 어느 곳에 머물러 살든지 그곳 사람들이 마땅히 은과 금과 그 밖
의 물건과 짐승으로 도와주고 그 외에도 예루살렘에 세울 하나님의
성전을 위하여 예물을 기쁘게 드릴지니라 하였더라

2 "Thus says Cyrus king of Persia: The Lord, the God of heaven, has
given me all the kingdoms of the earth, and he has charged me to build
him a house at Jerusalem, which is in Judah. 3 Whoever is among
you of all his people, may his God be with him, and let him go up
to Jerusalem, which is in Judah, and rebuild the house of the Lord,
the God of Israel—he is the God who is in Jerusalem. 4 And let each
survivor, in whatever place he sojourns, be assisted by the men of his
place with silver and gold, with goods and with beasts, besides freewill
offerings for the house of God that is in Jerusalem."

5 이에 유다와 베냐민 족장들과 제사장들과 레위 사람들과 그 마음이
하나님께 감동을 받고 올라가서 예루살렘에 여호와의 성전을 건축하
고자 하는 자가 다 일어나니 6 그 사면 사람들이 은그릇과 금과 물품
들과 짐승과 보물로 돕고 그 외에도 예물을 기쁘게 드렸더라 7 고레
스 왕이 또 여호와의 성전 그릇을 꺼내니 옛적에 느부갓네살이 예루
살렘에서 옮겨다가 자기 신들의 신당에 두었던 것이라 8 바사 왕 고레
스가 창고지기 미드르닷에게 명령하여 그 그릇들을 꺼내어 세어서 유
다 총독 세스바살에게 넘겨주니 9 그 수는 금 접시가 서른 개요 은 접
시가 천 개요 칼이 스물아홉 개요 10 금 대접이 서른 개요 그보다 못한
은 대접이 사백열 개요 그 밖의 그릇이 천 개이니 11 금, 은그릇이 모
두 오천사백 개라 사로잡힌 자를 바벨론에서 예루살렘으로 데리고 갈
때에 세스바살이 그 그릇들을 다 가지고 갔더라

5 Then rose up the heads of the fathers' houses of Judah and Benjamin,
and the priests and the Levites, everyone whose spirit God had stirred
to go up to rebuild the house of the Lord that is in Jerusalem. 6 And all
who were about them aided them with vessels of silver, with gold, with
goods, with beasts, and with costly wares, besides all that was freely

offered. 7 Cyrus the king also brought out the vessels of the house of the Lord that Nebuchadnezzar had carried away from Jerusalem and placed in the house of his gods. 8 Cyrus king of Persia brought these out in the charge of Mithredath the treasurer, who counted them out to Sheshbazzar the prince of Judah. 9 And this was the number of them: 30 basins of gold, 1,000 basins of silver, 29 censers, 10 30 bowls of gold, 410 bowls of silver, and 1,000 other vessels; 11 all the vessels of gold and of silver were 5,400. All these did Sheshbazzar bring up, when the exiles were brought up from Babylonia to Jerusalem.

단락 개관

에스라 1장은 두 장면을 통해 독자들에게 그 배경과 등장인물과 중요한 주제들을 제공함으로써 책의 나머지 부분에 대한 기대와 목적을 수립한다. 첫째 장면은 왕들의 선포를 묘사하고(1:1-4) 둘째 장면은 그 신하들의 반응을 묘사한다(5-11절).

첫째 장면에서 본문은 진행 중인 이스라엘 이야기의 중요한 역사적 순간을 자세히 이야기하기 위해 왕(인간과 하나님)[13]의 목소리를 이용한다. 한편, 첫 사건들은 인간 군주인 고레스가 그의 신하들에게 내린 선포를 통해 서술되어 있다(2-4절). 다른 한편, 이 선포는 더 큰 군주이신 주 하나님의 목적을 이루는 것이고, 하나님은 주권적으로 선지자 예레미야를 통해 이 사건들을 예언하신 것으로 묘사되어 있다(1:1). 왕 중의 왕이 말씀하시면 그분의 목적은 이뤄지는 법이다.

13 Eskenazi, *Age of Prose*, 42.

역대하의 마지막 장과 병행되는 에스라서의 첫 대목은 또한 주님의 백성을 소개하면서 그들이 고레스의 신하들이자 그 칙령의 수혜자들이라고 묘사한다. 그들이 주님의 집을 재건하기 위해 돌아가는 것은 주님의 공동체로서 받은 더 넓은 사명의 주요 목적에 해당하는 한편(3절), 다른 이들은 이 목적을 지지하기 위해 필요한 물질적 도움을 공급한다(4절).

이는 둘째 장면으로 이어지는데, 여기서는 고레스 치하에 있는 유배자들이 예루살렘을 향한 이동을 시작한다(5-11절). 그들은 빈손으로 가지 않고 가까이 있는 사람들(5-6절)과 고레스(7-8절)가 준 다양한 보물을 갖고 간다. 이번 장은 예전의 성전 보물에 관한 이야기로 마무리된다. 이 보물들은 그 백성처럼 유배를 당했다가 이제는 예루살렘으로 돌아갈 것이라고 한다(9-11절). 인간 신하들(왕족과 평민)의 순종은 하나님의 주권적인 '감동' 덕분으로 여겨진다. 그 감동은 그 마음을 자극하고 이 장을 빚어내는 보이지 않는 행동이다(1, 5절).

단락 개요

I. 주님과 고레스가 칙령을 선포하고 공동체가 반응하다(1:1-11)
- A. 주님과 고레스의 칙령(1:1-4)
  1. 칙령의 시기와 칙령에 대한 예언(1:1)
  2. 고레스의 칙령(1:2-4)
- B. 유배자들이 반응하고 보물을 갖고 돌아가다(1:5-11)
  1. "그들의 이웃 사람들"이 귀환자들에게 보물을 주었다는 기사(1:5-6)
  2. 고레스가 귀환자들에게 보물을 주었다는 기사(1:7-8)
  3. 세스바살이 가져온 보물의 명세(1:9-11)

주석

1:1 첫 구절은 이후의 사건들을 위한 역사적 배경을 설정하고 에스라-느헤미야서에 나오는 내러티브의 상당 부분을 위해 정치적 및 신학적 토대를 제공한다. 인간적 차원에서 보면, 그 행동을 유발하는 힘은 페르시아의 왕 고레스 2세의 구두적인 선포와 기록된 선포이다. 그는 주전 559-530년에 걸쳐 페르시아 제국을 통치했으나 주전 539년까지 신(新)바벨론 제국(이스라엘이 유배되어 살던 곳)을 무찌르지 못했다. 그래서 "원년"은 그 시점(주전539-538년)부터 시작되고 보통은 그 칙령이 주전 538년에 선포된 것으로 이해한다(참고. 서론의 '이 책의 사건들의 연대와 배경').

하나님의 백성에게 다행스러운 것은 이 인간 왕의 선포가 여호야김(유다의 끝에서 두 번째 왕, 주전 609-597년, 참고. 렘 25:1) 제4년에 선지자 예레미야를 통해 주신 주님의 말씀을 성취한다는 사실이다. 당시에 주님은 그분의 백성에게, 그들이 주님의 말씀을 듣지 않는 바람에(렘 25:7) 70년 동안 바벨론에게 종속되는 결과를 초래할 테고 이후에 그분이 그들을 집으로 돌아오게 할 것이라고 알려주셨다(렘 25:11-14; 29:10-14; 32:42-44, 참고. 대하 36:21). 이 70년 기간의 처음과 끝은 많은 논란을 불러일으킨다. 연도의 범위에 대한 제안은 다음과 같다. (1) 주전 609년에 바로 느고 2세가 여호아하스를 여호야김으로 대체한 시점(왕하 23:34)부터 고레스가 주전 539년에 바벨론을 멸망시킨 시점까지 (2) 주전 586년에 예루살렘이 함락된 시점부터 주전 516년에 성전이 완공된 시점까지 (3) 느부갓네살 2세의 통치 원년(605년)부터 주전 538년 고레스의 칙령까지(여기서는 70년을 어림수로 잡는다).

연도의 범위는 결정하기 어렵지만, 분명한 것은 주님이 예레미야를 통한 그분의 선포를 이루시기 위해 인간 왕, 고레스의 선포가 이뤄지도록 하신다는 점이다. 주님이 왕들의 마음을 움직이는 주권자로 등장하시는 모습은 성경에서 드물지 않고(출 14:8; 신 2:30; 잠 21:1) 이번이 우리가 에스라서에서 그러한 주권을 접하는 마지막 경우도 아니다(스 6:22; 7:27). 이 본문은 명시적으로 주님이 "바사[페르시아] 왕 고레스의 마음을 감동시키[셨다]"라고 말한다. 현재의 맥락에서 "감동시키시매"[선동하다]라고 번역된 단어는 인간 통치자들(대상 5:26; 렘 51:11; 학 1:14)이나 나라들(대하 21:16; 사 13:17; 렘 50:9)에게 행동을 일으키시는 하나님의 주권을 표현한다. 선지자 이사야가 예언했듯이, 주님은 특별한 힘으로 고레스를 일으키신다. "내가 공의로 그를 일으킨지라 그의 모든 길을 곧게 하리니 그가 나의 성읍을 건축할 것이며 사로잡힌 내 백성을 값이나 갚음이 없이 놓으리라 만군의 여호와의 말이니라"(사 45:13, 참고. 41:2, 25; 44:28).

1:2-4 이 선포의 중요성은 아무리 강조해도 지나치지 않다. 여기서 고레스는 자신의 통치 배후에 있는 신적 행위자, 이 책의 행동 대다수가 발생하는 주된 장소 그리고 자신이 받은 일차적 명령을 언급한다(2절). 신적 행위자에 관하여 이 칙령은 하나님을 다섯 번 언급한다. 첫 번째 언급에서 그 신적 존재는 다름 아닌 "하늘의 하나님 여호와"이시다. "하늘의 하나님"은 유배시대 이후의 본문들[스 1:2; 5:11, 12; 6:9, 10; 7:12, 21, 23(2번); 느 1:4, 5; 2:4, 20; 단 2:18, 19, 37, 44]에 흔히 나오고 특히 유다인과 페르시아인 간의 의사소통에서 그러하다.[14] 나머지 언급들은 하나님이 그분의 크신 언약적 약속을 통해 그분의 백성과 함께하시고 그 성전이 예루살렘에 있는 분으로 밝힌다. 이 칙령에서 "예루살렘"이 네 번 반복되는 것은 에스라-느헤미야서의 전반적 이야기에서 그 도성의 명성을 확증하는데, 하나님의 백성의 집, 모든 행동이 지향하는 장소 그리고 거의 모든 행동이 일어나는 곳으로써 그러하다. 가장 중요한 점은 고레스가 예루살렘에 있는 하나님의 집을 보수하라는 명령을 받은 것이고(스 1:2), 이것이 첫 번째 이동의 주요 과업이다(3-6장).

하지만 이 구절들에 나오는 표현을 주님이 그분의 백성을 위해 세운 언

14 Williamson, *Ezra, Nehemiah*, 12.

약을 고레스가 받아들인 것으로 보면 안 된다. 그 대신, 이는 고레스 원통 비문(왕의 주장을 변호하기 위해 쓰인 고대의 진흙 원통)에 비추어 읽어야 하는데, 거기서는 바벨론의 으뜸 신, 마르둑(Marduk)의 공로로 고레스가 '모든 세상의 왕'으로 세워진다고 한다. 그 비문은 또한 이전에 바벨론으로 가져갔던 그들 신들의 형상들(즉, 조상들)을 신전으로 되돌리는 페르시아의 정책을 묘사한다. 고레스는 (이스라엘뿐 아니라) 다양한 백성의 신들을 회복시킴으로써 그 신들을 향한 그의 자비심과 그 백성들의 기도에 대한 그의 염원을 강조한다. 더 나아가, 그는 자기가 현재 다스리는 도시들에 거주하는 백성을 향한 관대함을 선언한다. 그러므로 1:2-4의 선포는 한 마디로 정치적 편의주의에 해당한다. 고레스는 다른 나라들에 행하는 일을 유다에도 행하는 것이다.[15] 하지만 이 경우에 살아계신 하나님의 섭리가 그의 마음을 움직여서 행동하게 하신 것이다. 주님은 통치자들이 미처 의식하지 못하는 목적을 위해 통치자들을 세우고 또 폐위시키신다.

이 경우, 주님의 첫 번째 목적은 그분의 집(즉, 성전)을 재건시키려고 집 없는 그분의 백성을 집으로 데려오는 것이다. 그러나 이보다 더 심오한 목표가 있다. 하나님의 백성은 언약을 버림으로써 그들의 제사장 역할(출 19:5-6)을 버렸었다. 이제 주님은 그분의 성전을 재건하도록 그들을 예루살렘으로 복귀시킴으로써 세상에서의 그들의 제사장 역할을 되살리신다.

에스라서의 저자는 고레스의 선포를 자신의 자료 중 하나로 채택하고 그것을 자신의 청중에게 적절한 방식으로 표현한다. 왕의 말은 집 없는 자를 보다 상세하게 정의할 뿐 아니라 그의 신하들 가운데("너희 중에") 스스로를 주님의 백성("그의 백성")으로 밝히는 사람을 붙잡고 또 그들로 성전 재건을 수행하도록 격려하는 하나의 그물 역할을 한다(스 1:3). 한편, 청중들은 스스로 '나는 그분의 백성에 속하는가?'라고 묻지 않을 수 없을 것이다.[16] 이 질문에 대한 답변은 매우 중요하다. 긍정적 응답은 그 수령자가 예

15 Blenkinsopp, *Ezra-Nehemiah*, 75.

루살렘에서 하나님의 회복 작업에 능동적으로 참여하도록 할 것이기 때문이다. 다른 한편, 반드시 돌아가야 하는 것은 아니다. 고레스의 칙령은 권유하고 격려하는 것이지 요구하는 것이 아니다.

바람직한 행동은 세 가지 요청에 초점을 둔다. 첫째 요청은 인간 통제 바깥에 있는 하나님의 임재에 대한 희망을 표현한다. 변함없는 성경적 증언은 그분의 백성을 위한 하나님의 계획의 성공은 오직 그분이 그들과 함께하시는 것을 통해서만 이뤄지는 것임을 보여준다(출 33:15-16; 신 31:6; 수 1:5; 왕상 8:57; 마 1:23). 하나님 나라의 확장을 위한 인간의 노력은 이 중심적인 언약적 확신이 없이는 진정한 열매를 맺지 못한다. 둘째와 셋째 요청은 "예루살렘에 성전을 건축하라"(스 1:2)라는 고레스의 명령을 이행하는 데 필수적이다. 청중은 예루살렘으로 '올라가고' 또 재건 공사를 시작하는 움직임을 실행해야 한다(3절).

4절에 담긴 해석상의 질문은 주님의 백성을 위한 도움이 고레스의 유다인 신하들이나 이방인 신하들 중 어디서 오느냐와 관련이 있다. 이 주석은 후자를 지지한다. "남은 자"[샤아르(*sha'ar*)]로 번역된 히브리어는 보통 '남은' 것을 묘사한다. 에스라 1장의 맥락에서는 그 단어가 '살아남은' 사람을, 더 나아가 '남은 자'를 언급한다. 따라서 '각 생존자'(4절, ESV 참고)란 어구는 보다 정확히 "그의 백성"(3절), 곧 이제 도와주라는 요청으로부터 유익을 얻는 공동체를 묘사한다. 이와 비슷한 맥락을 지닌 여러 본문이 이 접근을 지지한다(느 1:3; 학 2:3, 참고. 학 1:12, 14). 우리는 수혜자들이 누군지 밝힌 만큼 이제는 이 도움의 출처 문제로 눈을 돌린다. 고레스는 주님의 백성을 광범위한 인구로부터 골라내기(3절) 전에 먼저 "온 나라"(스 1:1)를 향해 선포한다. 이어서 그는 돌아가는 생존자들, 나중에 "사로잡힌 자"(11절)로 불리는 사람들을 지원하도록 각 지방의 인구, 즉 "그곳 사람들"에게 요

16 일부 번역들(KJV)과 주석가들은 1:3의 첫 부분을 "너희 중에 그의 백성에 속하는 사람이 있는가?"라는 질문으로 번역한다. Jacob M. Myers, *Ezra-Nehemiah: Introduction, Translation, and Notes*, AB 14 (Garden City, NY: Doubleday, 1965), 3.

청한다. 이 "그곳 사람들"(4절)은 응답을 묘사하는 대목에 나오는 "그 사면 사람들"(6절)에 상응한다. 달리 말하면, 주님의 백성에게 준 선물은 그분의 백성이 아닌 사람들, 즉 이방인 이웃으로부터 온다는 것이다. 이 입장을 뒷받침하는 것이 또 있다. 이는 첫 번째 출애굽과 일맥상통한다는 것이다. 하나님의 일하심이 유배상태에서의 해방과 예상치 못한 출처로부터의 은혜로운 지원을 불러오는 장면이다(참고. 1:5-6 주석).[17]

1:5-6 선포에 대한 반응은 올라가려고 일어선 네 그룹(유다, 베냐민, 제사장들 그리고 레위인들)에 대한 언급으로 시작된다(5절). 주로 전쟁 상황에서 행동하라는 명령에 사용된 언어 조합(수 8:1; 삿 18:9; 렘 6:4)이 여기서는 예배 장소의 건축을 향한 첫 움직임을 묘사하는 데 사용되고 있다(참고. 창 35:1, 3).[18] 유다와 베냐민, 즉 느부갓네살에 의해 유배된 남쪽 왕국의 남은 지파 사람들이 그 땅에 심겨질 새로운 씨로 특별히 언급된다(참고. 렘 31:27). 베냐민은 역사적으로 북쪽 왕국의 일부였으나 북쪽 지파들이 떠나서 그 왕국을 분열시켰을 때 남쪽에 기반을 둔 다윗 왕조에 충성하기로 했다(대하 11:1-4). 이스라엘을 부분적으로 언급하는 것은 모든 이스라엘에 대한 염려를 드러내고(스 6:17; 8:35) 이어서 백성을 강화하는 데 불가결한 역할을 하는 제사장과 레위인을 언급한다(대하 11:13-17). 평신도들, 성전 담당 인사 그리고 다른 모든 사람이 반응을 보이는 것은 하나님이 그들의 마음을 '움직여서' 행동하게 하시기 때문이다. 하나님이 고레스를 움직이셔서 그의 백성이 돌아가도록 허락하게 하셨듯이(스 1:1), 이제는 그들이 반응하도록 그들을 움직이신다. 그들이 예루살렘으로 돌아가도록 동기를 부여하신 것이다. 네 그룹에 대한 언급은 독자로 하여금 2장에 나올 상세한 명단을 접

17 Philip A. Noss and Kenneth J. Thomas, *A Handbook on Ezra and Nehemiah*, UBSHS (New York: UBS, 2005), 38-39. 다른 견해는 그 선포가 이방인 이웃이 아니라 예루살렘으로 돌아가지 않기로 결정하는 유다인들에게 물질적 지원을 하도록 요청하는 것으로 본다(Williamson, *Ezra, Nehemiah*, 4-5, 14-15). 어느 견해이든 그 요청은 유다인과 이방인을 막론하고 돌아가지 않는 이들에게 하는 것이다.

18 참고. 3:1-3 주석.

하도록 준비시킨다.

왕의 칙령(1:4)에 걸맞게 귀환자들의 이방인 이웃들이 '그들의 손을 강하게 했다'(참고. KJV). 이는 히브리어 관용구로 정확히 번역하면 '도왔다'("aided", ESV) 또는 '격려했다'("encouraged", NASB)가 된다.[19] 그들에게 준 물질의 범위(귀금속, 짐승, 물품 그리고 다른 선물들, 6절)는 앞서 대체로 "은"(4절)으로 묘사된 것이지만 이제는 보다 구체적으로 "은 그릇"으로 밝혀진다. 이 어구는 출애굽 이야기의 비슷한 맥락에서도 나오는데, 거기서는 하나님이 이집트 사람들이 그분의 백성에게 호의를 베풀도록 그들을 움직이신다(출 3:21-22; 11:1-3; 12:35-36). 에스라 1장에 나오는 이 장면이 새로운 출애굽임을 시사한다(사 43:14-21; 48:20-21). 주님이 그분의 백성에게 행동하도록 부르실 뿐 아니라 그 소명을 이루는 데 필요한 것도 공급하시기 때문이다.

한편, 주어진 도움과 물품을 묘사하기 위해 사용된 언어는 이 소명이 성전 재건을 포함한다는 것을 분명히 한다. 예컨대, '금과 함께'로 번역된 어구는 늘 그렇지는 않지만 자주 그런 맥락에 나오곤 한다(출 31:4; 35:32; 왕상 9:11; 대하 2:7, 14; 9:18). 이와 비슷하게, "자원예물"(스 1:4, 새번역)이란 명사형과 "기쁘게 드렸[다]"(6절)란 동사형도 종종 성막(출 35:29)과 첫째 성전[대상 29:5, 6, 9(2번), 14, 17(2번)]을 위해 드린 예물을 가리킨다. 따라서 성경을 폭넓게 살펴보면 여기에 언급된 물품들이 일차적으로 일반적인 지원이 아니라 두 번째 출애굽 공동체의 제2성전 재건을 위한 지원임을 알 수 있다.

1:7-8 7절을 좀 더 직역하면 고레스를 바벨론의 왕 느부갓네살(주전 605-562년)과 대비시키는 언어유희가 드러난다. 이전에 유다 왕 여호야긴이 통치하는 동안 느부갓네살이 예루살렘에서 '끌어낸' 성전 그릇(왕하 24:13)을 고레스가 '끌어냈다'.[20] 느부갓네살은 어떤 백성을 무찌를 때마다 그들의 우상들을 가져다가 자기 신들의 신전에 두어서 그들이 바벨론의 신들에게

19 에스라-느헤미야서에서 이 관용구가 나오는 다른 곳은 스 6:22과 느 2:18이다.

종속되고 속박되었음을 보여주려고 했다.[21] 그러나 이스라엘 백성은 성전에 우상을 갖고 있지 않았으므로(출 20:4-5) 느부갓네살은 그 대체물로 성전 그릇을 옮겨서 자기 신들의 신전에 둠으로써 주님이 패배했다는 것을 보여주려고 했다.

그러나 사실 느부갓네살의 승리를 주도하신 분은 바로 주님이셨다. 에스라서의 저자는 여기서 "성전 그릇"(스 1:7, 참고. 렘 27:16; 28:3, 6)이란 동일한 어구를 사용하고 또 주님이 느부갓네살을 세워서 믿음 없는 이스라엘에 대한 징벌로 그 그릇을 가져가게 할 것이라는 진술(렘 27:6, 16-22)을 상기시킴으로써 예레미야 27장을 암시한다. 주님이 주권적으로 한 왕에 의해 그릇의 이전을 감독하셨듯이, 이제 주권적으로 다른 왕에 의해 그릇의 복귀를 감독하고 계신다.

이스라엘의 경우에는 고레스가 돌려줄 성전 우상이 없기 때문에 그 대신 "창고지기 미드르닷"과 "유다 총독 세스바살"의 감독 아래 성전 그릇을 되돌려준다(1:8). 이 이름들은 바벨론-페르시아의 맥락에서 일어난 사건들의 근거를 제공한다. 미드르닷은 잘 알려진 페르시아 이름이고, "창고지기"[기즈바르(*gizbar*)]에 해당하는 단어는 그 어원이 페르시아어에 있고 구약에서 여기에만 나온다. 다른 한편, 세스바살은 바벨론식 이름을 받은 유다 사람인 것 같다.[22]

1:9-11 이번 장은 8절에 언급된 그릇들의 명칭과 수치로 마감된다. 일차

20 느부갓네살의 첫 해(주전 605년)는 유다의 왕, 여호야김의 제4년(주전 609-597년, 참고. 렘 25:1)과 딱 들어맞는다. 이때 성전 그릇들의 일부가 옮겨졌다(단 1:2). 여호야김이 죽은 후, 대다수의 성전 그릇이 옮겨진 것은 느부갓네살의 제8년(주전 598년/597년), 여호야김의 아들 여호야긴의 짧은 통치 기간에 일어났다(왕하 24:8).

21 윌리암슨은 "그들이 승리자의 신의 신전에 보관된 것은 그들의 신봉자들에게 그들의 신이 구원할 능력이 없음을 강조하기 위해서였다"고 한다(*Ezra, Nehemiah*, 16). 이와 비슷한 사건이 사무엘상 4-6장에 나온다. 주님은 언약궤가 팔레스타인 사람들에게 탈취되어 다곤의 집에 보관되도록 허용하셨다가 거기서 그분이 팔레스타인의 신을 넘어뜨리신다.

22 세스바살의 정체에 관한 논의는 서론의 '해석상 과제' 중 '세스바살의 정체'를 참고하라.

적인 해석상의 과제는 다음과 같다. (1) 구약에서 여기에만 나오는 용어들의 해석, (2) 열거된 물품의 분량, (3) 이 목록의 적실성.

"접시"와 "향로"(9절, ESV와 현대인의성경 참고)에 해당하는 용어들은 드물고 고대어 어휘 사전, 영어(와 한국어) 번역본 그리고 주석에 다양한 번역어가 나온다. ESV의 번역("basins and censers")은 타당한 편이다. 수치와 관련해서는 열거된 물품의 총계(2,499)가 최종 합계(5,400)와 맞지 않는다.[23] 이는 본문 변질의 결과일 수 있고, 또는 9-10절의 목록은 부분적이지만 11절은 모든 물품의 총계를 알려주기 때문일 수도 있다. 어느 쪽이든, 11절은 그릇의 상황을 그 백성의 상황과 연결시킴으로써 목록의 적실성을 보여주려고 한다. 각 경우에 '데리고 가다, 가지고 가다'란 동사를 사용해서 하나님의 돌보시는 손길을 강조하고 있다. 주님이 주권적으로 고레스를 감독하신 덕분에 그릇을 "가지고 [가는]" 세스바살의 과업은 주님의 주권적인 손으로 "바벨론에서 예루살렘으로 데[려감]"을 받는 유배자들과 병행한다. 나라가 나라의 뒤를 잇지만, 하나님의 백성은 그분의 언약에 신실하신 하나님을 통해 여전히 그분의 집을 건축하고 예배하는 그들의 소명을 보존하게 된다.

응답

에스라-느헤미야서는 하나님의 백성이 이집트와 아시리아 등 강력한 나라들 가운데 흩어진 시대에 이제는 바벨론의 치하에서, 이후에는 페르시아의 치하에서 혼란스러운 실향민이 된 모습으로 시작된다. 본인의 자리와 목적을 잃는 것이야말로 인간이 겪는 가장 어려운 경험 중 하나다. 성경은 이런 상실을 '사로잡힌 상태'라고 부른다(애 1:1-3, 참고. 스 4:20; 시 137편). 그러나

23 이 수치는 RSV와 같은 영어 번역본들과 다른데, 후자의 물품 총계가 5,469개인 것은 제2정경에 속하는 제1 에스드라서 2:13-14에 나오는 수치를 따르기 때문이다.

성경이 특히 선지자들을 통해 주장하는 바가 있다. 주님이 회개하지 않는 백성을 징계하기 위해 유배자로 잡혀가게 하셨지만(렘 7:3-7; 20:4-5; 21:3-7; 겔 39:23-24) 그와 더불어 그들을 고향으로 돌아오게 하길 원하셨다는 것이다(렘 29:10-14; 애 4:22; 겔 39:25-28).

하지만 에스라 1장에서는 아직 이런 일이 일어나지 않았다. 예루살렘의 함락, 성전 파괴 그리고 왕권 상실 등의 여파로 주님의 백성은 주님의 통치에 대해 끊임없는 혼동에 빠지게 된다. 그분은 과연 관심이 있으신가? 그분은 떠나셨는가? 그분은 잠자고 계신가? 임박한 응답이 없는 가운데 하나님이 그분의 백성을 해방시키려고 행동하실 것이란 외침이 계속 이어졌다. 선지자 이사야는 첫 번째 출애굽에서 이미지를 끌고 와서 예전에 하나님 백성의 기도를 전형적으로 보여줬다. "여호와의 팔이여 깨소서 깨소서[24] 능력을 베푸소서 옛날 옛 시대에 깨신 것같이 하소서"(사 51:9). 진정 이 대목은 "여호와께 구속받은 자들"이 시온으로 돌아올 것(사 51:11)을 말한다. 훗날 하나님은 선지자 예레미야를 통해 그분의 백성이 예루살렘으로 돌아올 것이라고 선언하셨다(렘 30:1-3, 18). 물론 하나님은 주무시지 않는다(시 121:3). 오히려 하늘의 하나님은 국제적인 사건들을 다스리는 그분의 주되심을 확증하기 위해 행동하신다. 이 약속의 성취는 주전 538년에 주님이 고레스를 '깨우셔서' 첫 번째 유배자 귀환을 기꺼이 허락하게 하시는 장면으로 시작된다.

유배자들을 집으로 데려오고 그들을 약속의 땅으로 돌아오게 하는 은혜로운 행동은 다시 한번 핵심적인 언약의 약속을 표현한다. 하나님은 그들의 하나님으로 남아계시고 그들은 여전히 그분의 백성이라는 것이다(슥 10:8-10). 그 공동체를 향한 주님의 자비는 각 구성원으로 하여금 그분의 백성과 동일시되고(스 1:3) 회개의 열매를 받아들이도록(렘 31:17-20) 자극해야 한다. 한때 언약적 불충함 때문에 유배자로 잡혀간 백성이 이제는 새

24 에스라서 1:1, 5에서 '움직였다'(감동시켰다)로 번역된 동사.

롭게 되어 그분의 집을 재건하려고 되돌아온다(렘 11:9-11; 스 5:12). 따라서 구속받은 백성은 하나님이 그들을 일으키시고 기꺼이 그들의 의무를 다할 수 있는 마음을 창조해달라고 호소해야 한다.

정치적 상황과 역사적 상황은 변하게 마련이다. 통치자들과 나라들은 흥망성쇠를 겪는다. 교회가 때로는 관용되고 때로는 억압된다. 그럼에도 불구하고, 하나님은 열방을 다스리는 왕이시고 그분의 백성이 각 시대마다 그분의 목적에 참여하도록 허락하신다. 출애굽기는 이집트에서의 자유의 목표가 경배하는 공동체를 세우는 것임을 거듭해서 말한다(출 5:1; 7:16; 8:1; 10:3). 제사장의 나라가 될 의무(출 19:5-6)는 "내가 그들 중에 거할 성소를…짓[게]"(출 25:8) 하라는 성막의 건축에 포함되어 있었다. 솔로몬 치하에서 보다 영구적인 성전을 건축한 것은 그들의 언약이 지속적인 것임을 반영한다(왕상 8:1-11; 스 5:11). 하나님의 구속받은 종들로서 그들의 주된 과업은 현재까지 지속된다. 경배하는 공동체를 세우는 것이다. 하지만 주님은 그분의 집을 짓는 주권적 건축자이시고, 다윗의 자손인 예수 그리스도를 모퉁잇돌로 삼고 그분의 백성을 살아있는 돌과 제사장으로 삼아서 그 집을 지으신다(벧전 2:4-6, 9-10; 고전 3:10-11, 16-17; 엡 2:19-22). 속박에서 자유로, 바벨론에서 예루살렘을 거쳐 새 예루살렘으로, 주님은 그분의 백성을 그들의 본래 목적과 궁극적 운명에 따라 집으로 데려오신다. 그 새로운 창조세계에서 주님은 그분의 백성과 함께 영원토록 거주하실 것이고(계 21:1-4) 그들은 삶으로 그분을 경배할 것이다(계 21:22-27).

에스라 2:1-느헤미야 7:73a 개관

이 책의 두 번째 단락(스 2:1-느 7:73a)으로 이동하면 여러 사항을 관찰하게 된다. 에스라 2:1-70과 느헤미야 7:6-73a에 배치된 길고 거의 동일한 '인구 조사표들'이 이번 단락의 처음과 끝을 장식한다.[25] 폭넓게 말하면, 이 단락은 '저기서'(즉, 바벨론) 시작해 '여기서'(즉, 예루살렘) 끝나는 유배자들의 이동을 묘사하는 세 편의 에피소드로 구성되어 있다.[26] 그런 의미에서 이 목록은 하나님의 버림을 받지 않고 이 중요한 구속(救贖)적 이동에서 핵심 역할을 맡은 단일한 공동체를 묘사한다. 각각의 에피소드와 관련된 세 가지 재건 과업이 보여주듯이, 대다수의 행동은 이 두 번째 단락에서 일어난다. '성전'(스 3-6장), '토라'(스 7-10장) 그리고 '성벽'(느 1:1-7:73a)이란 단어들은 각 에피소드가 다루는 완수된 과업을 단순한 방식으로 생각하게 해준다.

25 거의 동일한 이 장들의 문학적 기능에 관해서는 느헤미야 7:5-73a 단락 개관을 보라. 그리고 두 장을 나란히 비교해서 도움을 주는 주석을 참고하라. C. F. Keil, *The Books of Ezra, Nehemiah, and Esther*, trans. Sophia Taylor, *Biblical Commentary on the Old Testament* by C. F. Keil and F. Delitzsch (1873, repr. Grand Rapids, MI: Eerdmans, 1966), 33-45.

26 이 구조적 관찰은 Eskenazi, *Age of Prose*, 37-40에 빚진 것이다.

1 옛적에 바벨론 왕 느부갓네살에게 사로잡혀 바벨론으로 갔던 자들
의 자손들 중에서 놓임을 받고 예루살렘과 유다 도로 돌아와 각기 각
자의 성읍으로 돌아간 자 2 곧 스룹바벨과 예수아와 느헤미야와 스라
야와 르엘라야와 모르드개와 빌산과 미스발과 비그왜와 르훔과 바아
나 등과

1 Now these were the people of the province who came up out of the
captivity of those exiles whom Nebuchadnezzar the king of Babylon
had carried captive to Babylonia. They returned to Jerusalem and
Judah, each to his own town. 2 They came with Zerubbabel, Jeshua,
Nehemiah, Seraiah, Reelaiah, Mordecai, Bilshan, Mispar, Bigvai,
Rehum, and Baanah.

함께 나온 이스라엘 백성의 명수가 이러하니 3 바로스 자손이 이천백
칠십이 명이요 4 스바댜 자손이 삼백칠십이 명이요 5 아라 자손이 칠
백칠십오 명이요 6 바핫모압 자손 곧 예수아와 요압 자손이 이천팔백
십이 명이요 7 엘람 자손이 천이백오십사 명이요 8 삿두 자손이 구백

사십오 명이요 9 삭개 자손이 칠백육십 명이요 10 바니 자손이 육백사
십이 명이요 11 브배 자손이 육백이십삼 명이요 12 아스갓 자손이 천
이백이십이 명이요 13 아도니감 자손이 육백육십육 명이요 14 비그왜
자손이 이천오십육 명이요 15 아딘 자손이 사백오십사 명이요 16 아델
자손 곧 히스기야 자손이 구십팔 명이요 17 베새 자손이 삼백이십삼
명이요 18 요라 자손이 백십이 명이요 19 하숨 자손이 이백이십삼 명이
요 20 깁발 자손이 구십오 명이요 21 베들레헴 사람이 백이십삼 명이요
22 느도바 사람이 오십육 명이요 23 아나돗 사람이 백이십팔 명이요
24 아스마웻 자손이 사십이 명이요 25 기랴다림과 그비라와 브에롯 자
손이 칠백사십삼 명이요 26 라마와 게바 자손이 육백이십일 명이요
27 믹마스 사람이 백이십이 명이요 28 벧엘과 아이 사람이 이백이십삼
명이요 29 느보 자손이 오십이 명이요 30 막비스 자손이 백오십육 명이
요 31 다른 엘람 자손이 천이백오십사 명이요 32 하림 자손이 삼백이십
명이요 33 로드와 하딧과 오노 자손이 칠백이십오 명이요 34 여리고 자
손이 삼백사십오 명이요 35 스나아 자손이 삼천육백삼십 명이었더라
The number of the men of the people of Israel: 3 the sons of Parosh,
2,172. 4 The sons of Shephatiah, 372. 5 The sons of Arah, 775. 6 The
sons of Pahath-moab, namely the sons of Jeshua and Joab, 2,812.
7 The sons of Elam, 1,254. 8 The sons of Zattu, 945. 9 The sons of
Zaccai, 760. 10 The sons of Bani, 642. 11 The sons of Bebai, 623. 12 The
sons of Azgad, 1,222. 13 The sons of Adonikam, 666. 14 The sons of
Bigvai, 2,056. 15 The sons of Adin, 454. 16 The sons of Ater, namely
of Hezekiah, 98. 17 The sons of Bezai, 323. 18 The sons of Jorah, 112.
19 The sons of Hashum, 223. 20 The sons of Gibbar, 95. 21 The sons of
Bethlehem, 123. 22 The men of Netophah, 56. 23 The men of Anathoth,
128. 24 The sons of Azmaveth, 42. 25 The sons of Kiriath-arim,
Chephirah, and Beeroth, 743. 26 The sons of Ramah and Geba, 621.

27 The men of Michmas, 122. 28 The men of Bethel and Ai, 223. 29 The
sons of Nebo, 52. 30 The sons of Magbish, 156. 31 The sons of the other
Elam, 1,254. 32 The sons of Harim, 320. 33 The sons of Lod, Hadid, and
Ono, 725. 34 The sons of Jericho, 345. 35 The sons of Senaah, 3,630.

36 제사장들은 예수아의 집 여다야 자손이 구백칠십삼 명이요 37 임멜
자손이 천오십이 명이요 38 바스훌 자손이 천이백사십칠 명이요 39 하
림 자손이 천십칠 명이었더라

36 The priests: the sons of Jedaiah, of the house of Jeshua, 973. 37 The
sons of Immer, 1,052. 38 The sons of Pashhur, 1,247. 39 The sons of
Harim, 1,017.

40 레위 사람은 호다위야 자손 곧 예수아와 갓미엘 자손이 칠십사 명
이요 41 노래하는 자들은 아삽 자손이 백이십팔 명이요 42 문지기의 자
손들은 살룸과 아델과 달문과 악굽과 하디다와 소배 자손이 모두 백
삼십구 명이었더라

40 The Levites: the sons of Jeshua and Kadmiel, of the sons of
Hodaviah, 74. 41 The singers: the sons of Asaph, 128. 42 The sons of the
gatekeepers: the sons of Shallum, the sons of Ater, the sons of Talmon,
the sons of Akkub, the sons of Hatita, and the sons of Shobai, in all 139.

43 느디님 사람들은 시하 자손과 하수바 자손과 답바옷 자손과 44 게로
스 자손과 시아하 자손과 바돈 자손과 45 르바나 자손과 하가바 자손
과 악굽 자손과 46 하갑 자손과 사믈래 자손과 하난 자손과 47 깃델 자
손과 가할 자손과 르아야 자손과 48 르신 자손과 느고다 자손과 갓삼
자손과 49 웃사 자손과 바세아 자손과 베새 자손과 50 아스나 자손과
므우님 자손과 느부심 자손과 51 박북 자손과 하그바 자손과 할훌 자

손과 52 비슬룻 자손과 므히다 자손과 하르사 자손과 53 바르고스 자손
과 시스라 자손과 데마 자손과 54 느시야 자손과 하디바 자손이었더라
43 The temple servants: the sons of Ziha, the sons of Hasupha, the sons
of Tabbaoth, 44 the sons of Keros, the sons of Siaha, the sons of Padon,
45 the sons of Lebanah, the sons of Hagabah, the sons of Akkub, 46 the
sons of Hagab, the sons of Shamlai, the sons of Hanan, 47 the sons of
Giddel, the sons of Gahar, the sons of Reaiah, 48 the sons of Rezin, the
sons of Nekoda, the sons of Gazzam, 49 the sons of Uzza, the sons of
Paseah, the sons of Besai, 50 the sons of Asnah, the sons of Meunim,
the sons of Nephisim, 51 the sons of Bakbuk, the sons of Hakupha, the
sons of Harhur, 52 the sons of Bazluth, the sons of Mehida, the sons of
Harsha, 53 the sons of Barkos, the sons of Sisera, the sons of Temah,
54 the sons of Neziah, and the sons of Hatipha.

55 솔로몬의 신하의 자손은 소대 자손과 하소베렛 자손과 브루다 자
손과 56 야알라 자손과 다르곤 자손과 깃델 자손과 57 스바댜 자손과
하딜 자손과 보게렛하스바임 자손과 아미 자손이니
55 The sons of Solomon's servants: the sons of Sotai, the sons of
Hassophereth, the sons of Peruda, 56 the sons of Jaalah, the sons of
Darkon, the sons of Giddel, 57 the sons of Shephatiah, the sons of Hattil,
the sons of Pochereth-hazzebaim, and the sons of Ami.

58 모든 느디님 사람과 솔로몬의 신하의 자손이 삼백구십이 명이었더라
58 All the temple servants and the sons of Solomon's servants were 392.

59 델멜라와 델하르사와 그룹과 앗단과 임멜에서 올라온 자가 있으나
그들의 조상의 가문과 선조가 이스라엘에 속하였는지 밝힐 수 없었더

라 60 그들은 들라야 자손과 도비야 자손과 느고다 자손이라 모두 육
백오십이 명이요 61 제사장 중에는 하바야 자손과 학고스 자손과 바르
실래 자손이니 바르실래는 길르앗 사람 바르실래의 딸 중의 한 사람
을 아내로 삼고 바르실래의 이름을 따른 자라 62 이 사람들은 계보 중
에서 자기 이름을 찾아도 얻지 못하므로 그들을 부정하게 여겨 제사장
의 직분을 행하지 못하게 하고 63 방백이 그들에게 명령하여 우림과 둠
밈을 가진 제사장이 일어나기 전에는 지성물을 먹지 말라 하였느니라
59 The following were those who came up from Tel-melah, Tel-harsha,
Cherub, Addan, and Immer, though they could not prove their fathers'
houses or their descent, whether they belonged to Israel: 60 the sons of
Delaiah, the sons of Tobiah, and the sons of Nekoda, 652. 61 Also, of
the sons of the priests: the sons of Habaiah, the sons of Hakkoz, and the
sons of Barzillai (who had taken a wife from the daughters of Barzillai
the Gileadite, and was called by their name). 62 These sought their
registration among those enrolled in the genealogies, but they were not
found there, and so they were excluded from the priesthood as unclean.
63 The governor told them that they were not to partake of the most holy
food, until there should be a priest to consult Urim and Thummim.

64 온 회중의 합계가 사만 이천삼백육십 명이요 65 그 외에 남종과 여
종이 칠천삼백삼십칠 명이요 노래하는 남녀가 이백 명이요 66 말이 칠
백삼십육이요 노새가 이백사십오요 67 낙타가 사백삼십오요 나귀가
육천칠백이십이었더라
64 The whole assembly together was 42,360, 65 besides their male and
female servants, of whom there were 7,337, and they had 200 male and
female singers. 66 Their horses were 736, their mules were 245, 67 their
camels were 435, and their donkeys were 6,720.

2장

68 어떤 족장들이 예루살렘에 있는 여호와의 성전 터에 이르러 하나
님의 전을 그곳에 다시 건축하려고 예물을 기쁘게 드리되 69 힘 자라
는 대로 공사하는 금고에 들이니 금이 육만 천 다릭이요 은이 오천 마
네요 제사장의 옷이 백 벌이었더라

68 Some of the heads of families, when they came to the house of the
Lord that is in Jerusalem, made freewill offerings for the house of
God, to erect it on its site. 69 According to their ability they gave to the
treasury of the work 61,000 darics[1] of gold, 5,000 minas[2] of silver, and
100 priests' garments.

70 이에 제사장들과 레위 사람들과 백성 몇과 노래하는 자들과 문지기들과 느디님 사람들이 각자의 성읍에 살았고 이스라엘 무리도 각자의 성읍에 살았더라

70 Now the priests, the Levites, some of the people, the singers, the gatekeepers, and the temple servants lived in their towns, and all the rest of Israel[3] in their towns.

1 A *daric* was a coin weighing about 1/4 ounce or 8.5 grams *2* A *mina* was about 1 1/4 pounds or 0.6 kilogram *3* Hebrew *all Israel*

단락 개관

인구 조사표는 이전 장의 이야기를 이어주고 돌아가는 공동체를 따로 구분하는 역할을 한다. 이 명단은 단번의 귀환을 묘사하기보다 페르시아 제국 초기(주전 538-516년)에 여러 번에 걸친 일련의 귀환들을 반영할 가능성이 가장 많다.[27]

에스라 2장에 나오는 개별적인 이름들은 그 땅에 심겨질 준비가 된 '거룩한 자손'으로서 최적화된 공동체를 구성한다(스 9:2). 이름과 수의 목록이 처음에는 두서없이 작성된 것처럼 보인다. 하지만 ESV에 나온 문단 나누기가 이번 장의 구조를 잘 지지해준다. 유배생활에서 돌아가는 각각의 지도자들에 관한 소개문(2:1-2a)은 온 회중(64-67절), 자원 예물(68-69절) 그리고 최종 요약(70절)에 관한 마지막 대목과 균형을 이루고, 이 모든 내용은 3장을 위한 준비에 해당한다.

이어서 2장의 본론은 세 개의 그룹에 따른 최초의 귀환자들에 대해 말한다. 평신도에 해당하는 사람들(2b-35절), 다양한 계층의 성전 일꾼들(36-58절) 그리고 자신들이 이스라엘의 합법적인 구성원임을 입증할 수 없는 사람들(59-63절)이다. 유배 공동체의 폭넓고 다양한 계층에 초점을 두는 장(章)은 목적에 관한 물음을 불러일으킨다. 예루살렘으로 돌아가는 하나님 백성의 공동체 가운데 거의 알려지지 않은 사람들과 제사장들의 명단을 거론하고 수치를 알려주는 이유가 무엇일까? 이 질문에 대해서는 이후에 나올 응답 부분에서 다룰 예정이다.

27 윌리암슨은 이 평가를 내리는 여러 이유를 제시한다. 세스바살은 최초의 귀환에서 중요한 인물인데도(1:8, 11; 5:14-16) 리더십에 포함되어 있지 않다(*Ezra, Nehemiah*, 30-31). 클라인스도 비슷한 입장을 취하며 유사한 이유들을 제시한다(*Ezra, Nehemiah, Esther*, 43-44).

단락 개요

II. 공동체가 칙령에 따라 성전, 토라 그리고 성벽을 재건하다(스 2:1-느 7:73a)

A. 돌아가는 유배자들의 명단(스 2:1-70)

1. 유배생활에서 나온 사람들과 지도자들에 대한 소개(2:1-2a)
2. 이스라엘 백성의 남자들의 수(2:2b-35)
3. 성전 담당 인사(2:36-58)
4. 자기네 가문을 입증할 수 없던 사람들(2:59-63)
5. 요약문(2:64-70)

주석

2:1-2a 2장의 첫 구절들은 이전 장에서 마무리된 바벨론에서 예루살렘으로의 지리적 이동에 대해 부연하는 만큼 그 맥락에 잘 들어맞는다. "놓임을 받고…돌아간 자…가 이러하니"라는 표현은 앞장을 마무리하는 어구인 "사로잡힌 자를 바벨론에서 예루살렘으로 데리고 갈 때"(1:11)와 연결되는데, 이는 언어 반복에 해당한다. 이 어구는 또한 다음에 나오는 사람들의 상세한 명단을 내다본다. 앞장은 그 사건들이 하나님에 의해 뒷받침된 것으로 해석했다. 그분이 이 사람들의 마음을 '감동시키셨고'(1:5) 그들에게 예루살렘으로 돌아가서 기꺼이 역경을 견딜 마음을 불러일으키셨다고 한다. 이제 미래의 주민들이 새로운 지도자들 아래서 새로운 장소와 지위를 받을 새로운 날이 동터온다.

인생의 새로운 출발은 한 장소에서 다른 장소로의, 한 지역에서 다른 지역으로의 지리적 이동을 요구할 수 있다. "도"[메디나(*medinah*), 지역, ESV는

"province"]라는 용어는 더 작은 행정 구역을 가리키는 아람어 외래어이며, 페르시아 제국에는 127개의 도가 있었다(참고. 에 1:1). 에스라-느헤미야서에서 "도"라는 용어는 바벨론(스 7:16)에 적용될 뿐 아니라 유다(즉, 예후드) 지역에도 적용된다(스 5:8; 느 1:3). 후자는 "강 건너편"[28]이라 불리는 더 넓은 지방에 있다. 학술적 논의에서 항상 사용되는 것은 아니더라도, '관할구'(satrapy)란 전문 용어가 더 넓은 지방을 가리킬 때 사용되었다. 에스라 1:11에 비춰보면, 2:1-2의 즉각적인 문학적 맥락은 바벨론에서 예루살렘으로의 이동을 강조하고 그 "도"는 바벨론 지역을 출발 장소로 일컫는 것 같다. 이와 달리, 유다를 목적지 지역으로 염두에 두고 있을 수도 있다. 어느 쪽이든, 바벨론에서 유다로 돌아가는 이동인 것만은 분명하다.

새로운 장소로의 지리적 이동 이외에도 그 백성은 사로잡힌 상태에서 놓임을 받는 자들로서 새로운 지위를 얻고 있다. 느부갓네살이 유배자로 잡아간('사로잡아 갔던') 자들은 추방된 예루살렘 주민들이었고(왕하 24:14; 렘 29:1), 그들이 이제 '사로잡힌 상태'(스 3:8; 8:35; 느 1:2, 3; 8:17)에서 풀려난 것이다.[29]

옛 지역에서 새 지역으로 그리고 사로잡힌 장소에서 자유로운 장소로 이동한 사람이 놀랍도록 많아진 것은 하나님의 인자하심을 증언한다. 고향과 자유를 되찾으려면 고레스의 선포가 맡긴 과업에 대해 순종의 반응을 보여야 한다. 앞장은 그 중심 과업을 하나님의 집을 재건하는 것으로 밝힌 바 있다. 이름으로 열거된 새로운 지도자들은 그분의 백성이 새로운 사명을 이루도록 계속해서 도와주시는 주님의 인자하심의 증거에 해당한다. 그러므로 과거에 주님의 백성을 대표하고 가르치기 위해 지도자들을 공급하신 것이 유배시대 이후에도 계속 이어지는 셈이다. 우리는 이스라엘의 열두 지파를 보완하려고 열두 지도자를 언급할 것으로 기대하겠지만(참고. 스 6:17; 8:24, 35) 에스라 2:2의 텍스트는 열한 명의 이름만 열거한다.

28 스 4:10, 11, 16, 17, 20; 5:3, 6; 6:6, 13; 7:21, 25; 8:36; 느 2:7, 9; 3:7.

29 ESV는 때때로 '유배에서 살아남은'("survived the exlile", 느 1:2, 3)이란 어구로 번역한다.

하지만 수적인 기대는 느헤미야 7:7에 나오는 병행 명단으로 채워진다. 이 구절은 여러 점에서 다르지만 특히 열두 번째 이름인 나하마니를 포함시킨 점이 가장 다르다.[30] 그 이름들 가운데 스룹바벨과 예수아는 그들의 지위, 에스라-느헤미야서 내러티브에서 그들의 역할 그리고 유배시대 이후의 선지자인 학개와 스가랴가 그들을 언급한다는 점으로 인해 이 명단의 맨 앞에 놓여 있다.

스룹바벨의 이름('바벨론의 씨')이 그 명단에서 첫째로 나온다. 그는 에스라서, 느헤미야서, 학개서 그리고 스가랴서에서 20번 언급되는 등 구약에서 유배시대 이후의 책들에서만 크게 부각되어 있다. 성경 텍스트들은 스룹바벨을 스알디엘의 아들이자 여호야긴(즉, 여고냐, 대상 3:16-19)의 손자로서 다윗의 혈통이라고 주장한다.[31] 그의 가문은 이스라엘의 과거 그리고 미래와 불가분의 관계에 있는 왕족 조상과 역사를 드러낸다(참고. 겔 1:2). 이 때문에 그는 다윗의 왕위 계승의 제1순위다. 느부갓네살은 주전 597년에 열여덟 살밖에 안 된 여호야긴을 유배자로 잡아갔고(왕하 24:12), 느부갓네살의 아들 에윌므로닥(주전 562-560년)이 주전 561년에 그를 감옥에서 풀어주었다(왕하 25:27-30). 이제 그의 조부가 감옥에서 풀려난 지 불과 23년 후에 스룹바벨은 유배상태에서 해방된 초기 그룹을 인도한다.

예루살렘으로 귀환하는 전체 과정은 성전을 재건하라는 칙령에 주의를 기울이는 것을 중심으로 삼는다. 에스라서에서 스룹바벨의 언급은 이 목적을 확증하고, 보통은 귀환할 때 그의 리더십에(스 2:2) 초점을 맞추고 더 구체적으로는 주님에 대한 예배를 새롭게 하는 그의 역할에 집중된다. 이는 제단을 세우고(3:2, 8), 재건에 반대하는 세력에 저항하고(4:2-3), 성전

30 지도자들의 이름의 차이점은 주목할 만한 차이들에서 철자상의 작은 변형에 이르기까지 다양하다.

31 역대상 3:19은 구약에서 스룹바벨이 언급되는 다른 유일한 구절이다. 역대기는 유배시대 이후에 기록되었기에 유배시대 이후의 책으로 간주될 수 있다. 하지만 그 역사는 에스라서의 유배시대 이후의 이야기가 시작되는 지점에서 끝난다(대하 36:22-23). 역대기에 따르면, 스룹바벨은 스알디엘의 남동생인 브다야의 아들이다. 일부 학자는 브다야가 스알디엘의 과부와 혼인했다고 추측함으로써 계대 결혼을 암시한다(참고. 신 25:5-10). 간략한 논의를 보려면 Kidner, *Ezra and Nehemiah*, 41n15를 참고하라.

건축을 재개하라는 예언에 순종하는 것(5:1-2; 6:14, 참고. 학 1:12)을 통해 이뤄진다. 학개서는 나중에 느헤미야에게 주어진 호칭(느 5:14), 즉 "총독"[페하(*pekhah*), 학 1:1, 14; 2:2, 21]이란 호칭을 그에게 적용함으로써 스룹바벨의 리더십 역할을 분명히 한다. 스가랴의 다섯째 환상(슥 4장)에 나오는 스룹바벨에 대한 언급에 따르면, 그는 반대 세력의 위협에도 불구하고 성전 재건을 완수할 것이라는 약속을 하나님께로부터 받는다. 신약에서는 스룹바벨이란 이름이 다윗의 자손, 예수 그리스도의 족보에만 나온다(마 1:12-13; 눅 3:27).

예수아는 지도자 명단의 두 번째 인물로서 성경의 여러 인물과 이름을 공유하는데, 이는 이따금 한 사람을 다른 사람과 구별하기 어렵게 한다. 예수아라는 이름은 항상 동일한 사람을 지칭하는 스룹바벨이란 이름의 빈도를 능가하여 에스라-느헤미야서에서 28번 나오는데 언제나 철자는 '예수아'(Jeshua)이다. 에스라-느헤미야서에서 여러 차례 등장하는 예수아는 명시적으로나 암시적으로 예루살렘으로 돌아가는 초기 유배자들을 스룹바벨과 함께 지도하는 제사장을 가리킨다(스 2:2; 3:2, 8, 9; 4:3; 5:2; 10:18; 느 7:7; 12:1, 7, 10, 26). 그의 집안은 "요사닥의 아들"(스 3:2; 5:2; 10:18; 느 12:26) 내지는 "여호사닥의 아들"(학 1:1, 12, 14; 2:2, 4; 슥 6:11)로 나온다. 스룹바벨의 조부 여호야긴과 마찬가지로, 예수아의 조상 요사닥도 제사장으로서 느부갓네살의 손에 유배자로 잡혀갔던 사람이다(대상 6:15). 유배시대 이후의 선지자들이 스룹바벨의 역할을 총독으로 분명히 밝혔듯이, 학개와 스가랴는 보다 흔한 철자인 '여호수아'(Joshua)를 사용하면서 자주 예수아를 "대제사장"으로 부른다(학 1:1, 12, 14; 2:2, 4; 슥 3:1, 8; 6:11). 스룹바벨과 예수아 둘 다 유배생활이 무엇인지를 깊이 경험하면서 자라났다.

성경에 두 번 넘게 언급되는 다른 이름들도 짧게 논의할 필요가 있다. 에스라 2:2에 언급된 느헤미야는 나중에 예루살렘 성벽을 재건하는 훗날의 느헤미야와 다르고, 여기에 언급된 모르드개는 에스더서에서 알려진 모르드개와 다른 인물이다. [오늘날과 마찬가지로 고대 이스라엘에서도 동명이인(同名異人)인 경우가 드물지 않았다.] 에스라 2:2의 스라야 그리고 나중에 스룹바벨과 예수아와 함께 돌아오는 제사장과 레위인의 명단에 언급되는 스라야(느 12:1)는 다른 경우들(스 7:1; 느 10:2; 11:11; 12:12)에 나오는 동일한 이름의 인물과 다르다.[32] 스라야처럼 르훔도 나중에 첫 귀환자의 명단에 있고 제사장과 레위인과 동일시되어 있다(느 12:3).[33] 비그왜와 바아나란 이름을 가진 사람들은 나중에 언약 문서에 서명하는 동일한 이름의 사람들(느 10:16, 27)과 다르다. 이 명단에 나오는 다른 이름들은 오직 이곳이나 느헤미야 7:7에 나오는 병행 본문에만 언급되어 있어서 달리 알려진 바가 없다.

2:2b-35 지도자들에 대한 첫 언급과 신원 확인(1-2a절)에 이어 '이스라엘 백성의 남자들의 수'(2b절, ESV 참고)로 불리는 돌아가는 평신도로 이뤄진 첫째 목록이 나온다. 많은 문화는 가족 배경과 출신 지역을 정체성과 공동체 소속의 중요한 표지들로 보존하고(참고. 욘 1:8),[34] 이 두 표지가 이 목록의 구조를 만든다. 사람들이 18개의 가족 이름(스 2:3-20)과 21군데의 지리적 장소(21-35절)에 따라 분류되어 있다. 다수의 동일한 이름들이 에스라-느헤미야서의 다른 곳에 나오고, 특히 언약 문서를 봉인하는 사람들의 명단에 나온다(느 10:1-27). 여기에 언급된 거의 모든 장소가 유다 지역 안에 있고 대다수가 베냐민의 옛 영토 내에 속하는 만큼 이 지리적 이름들은 유다와 베냐민에 대한 이전의 언급과 일관성이 있다.[35]

32 에스라의 조상인 스라야(스 7:1)는 느부갓네살이 립나에서 쓰러뜨린 비슷한 이름의 제사장일지 모른다(왕하 25:18-21//렘 52:24-27). 역대상과 예레미야서는 모두 스라야란 이름을 여러 번 언급한다(예. 대상 4:13, 14, 35; 렘 36:26; 40:8; 51:59, 61).

33 느헤미야 7:7에 나오는 병행구절에는 "르훔"이 아니라 "느훔"으로 나오는데, 이는 필사의 오류 때문인 듯하다. 다른 곳에서는 르훔이 아닥사스다 통치 기간(주전 464-423년)에 "사령관"(스 4:8, 9, 17, 23)의 역할을 하고, 성벽 보수를 돕는 레위인이고(느 3:17), 봉인된 언약 문서에 적힌 이름(느 10:25)이다.

34 Joseph Too Shao and Rosa Ching Shao, *Ezra & Nehemiah*, ABCS (Singapore: Asia Theological Association, 2007), 26.

35 John D. Currid and David P. Barrett는 *Crossway ESV Bible Atlas* (Wheaton, IL: 2010)에서 이 모든 장소를 표시하는 지도를 제공한다. 이 명단에 나오는 구체적인 항목들에 대한 상세한 논의를 보려면 Blenkinsopp, *Ezra-Nehemiah*, 85-87을 참고하라.

2:36-58 개요

귀환을 결심한 사람들에 대한 이전 언급에서는 유다와 베냐민에 이어 제사장과 레위인을 언급한다(1:5). 동일한 순서가 2장에도 나온다. 먼저 '이스라엘 백성의 남자들'[2b절, 이들은 유다와 베냐민의 주민들로 밝혀진다(21-35절)]이 열거된 뒤에 제사장과 레위인과 다른 성전 일꾼들이 나온다(36-58절). 구체적으로 말하면, 이번 장은 제사장들(36-39절)로부터 그들의 일을 돕는 사람들로 진행된다. 후자는 레위인들(40-42절), 성전 일꾼들(43-54절) 그리고 솔로몬 신하의 자손(55-57절)이다. 성전 인사에 대한 논의는 요약문으로 마무리된다(58절).

2:36-39 제사장과 레위인이 에스라-느헤미야서에서 두드러지게 나타난다.[36] 성전 예배와 제사의 일차적 책임은 제사장들에게 주어지는데, 그것은 아론의 자손에게 국한되는 역할이다(민 3:10). 또한 역대상 24:7-18에 따르면 여다야와 하림과 임멜이라는 이름은 다윗이 조직한 24개의 제사장 분과들 중 셋을 지도한다. 바스훌이란 이름(스 2:38)은 이런 제사장 분과들 중 하나의 지도자로 나오지 않지만 그의 아버지 말기야는 나온다(참고. 대상 24:9, 느 11:12). 제사장의 역할이 성전 인사들의 목록 맨 처음에 언급된 것과 에스라 2:36-38과 느헤미야 7:39-42에 동일한 수치(4,289명)가 나온 것은 이스라엘의 공동체 생활에서 제사장의 중요성을 증언한다.

2:40-42 레위인은 아론 자손에 속하지 않은 레위 지파의 구성원들이다.[37] 하나님 백성의 공동체 생활에서 레위인들은 성막을 지키고 성막의 물리적 운송과 필요를 돌보는 역할을 했다. 이밖에도 그들은 제사장을 도왔

36 제사장과 레위인은 4장과 5장을 제외하고 에스라서의 모든 장에 함께 나온다(스 1:5; 2:70; 3:8, 10, 12; 6:20; 7:7; 8:15, 29, 30, 33; 9:1; 10:5). 느헤미야서에서는 7:73에 언급된 후 마지막 단락에 지배적으로 나온다(느 8:9, 13; 9:38; 10:28, 34, 38; 11:3, 20; 12:1, 22, 30, 44; 13:5, 13, 30).

37 J. G. McConville, *Ezra, Nehemiah, and Esther*, DSBS (Louisville: Westminster John Knox, 1985), 16.

다(민 3:6-9). 더 나아가, 다윗은 일부 레위인들에게 주님의 집에서 문지기와 음악가와 같은 특정한 역할을 맡겼고, 다른 이들에게는 성전 그릇과 예배 준비를 책임지게 했다(대상 9:14-34).[38] 문지기와 노래하는 자의 수에 74명의 레위인을 더해도 그 합계(341명)는 제사장의 수보다 훨씬 적다. 레위인의 부족과 그 수가 적은 이유는 에스라가 그 문제를 직면하는 에스라 8:15-20 주석에서 다룰 예정이다.

2:43-54 이 구절들은 성전 일꾼들을 그 다음에 나오는 솔로몬 신하의 자손(55-58절)과 구별한다. 역대상 9:2을 제외하면, '성전 일꾼들'[네티님(*netinim*), '주어진 자들', 개역개정은 "느디님"]로 번역된 히브리어는 제사장들, 레위인들, 노래하는 자들, 또는 문지기들과 다른 별개의 그룹을 분류하기 위해 에스라-느헤미야서에만 나온다.[39] 그들의 정확한 역할과 지위는 여전히 불확실하다. 레위인이 성전의 일에서 제사장을 지원하도록 주어졌듯이(민 3:9; 8:19) 성전 일꾼들 역시 다윗과 그의 관료들에 의해 레위인의 일을 지원하도록 주어졌고(스 8:20), 그들은 비천한 과업을 수행한 것 같다. 아마 그들은 기브온 족속의 후손이었고 "나무를 패며 물을 긷는 자"(수 9:23, 27)로 징용되었을 것이다.[40] 여기에 열거된 서른다섯 가족 가운데 이스라엘의 이름이 아닌 사람들이 많이 포함된 것은 그들이 이스라엘 사람이 아닐 수

38 레위인과 노래하는 자/문지기 간의 관계는 불확실하다. 2:40-42에서 후자는 레위인과 구별되는 듯하다. 하지만 다른 곳에서는 문지기들과 노래하는 자들이 레위인으로 간주되고 있다(대상 9:26, 33-34; 23:3-6; 스 3:10). "노래하는 자들"이란 용어는 역대상과 역대하, 에스라서 그리고 느헤미야서에 나오는 모든 경우에 폭넓은 의미의 음악가들을 가리킨다(참고. 대상 15:16, 19, 27; 대하 5:12-13; 23:13). 노래하는 자들은 에스라 2장에 나오는 다른 경우들[41, 65(2번), 70절] 외에도 에스라 7:7; 10:24; 느헤미야 7:1, 44, 67(2번), 73; 10:28, 39; 11:22, 23; 12:28과 특히 성벽의 봉헌식에 나온다(느 12:28, 29, 42, 45, 46, 47; 13:5, 10). "문지기"에 대해서는 다음 구절들을 보라. 스 2:42, 70; 7:7; 10:24; 느 7:1, 45, 73; 10:28, 39; 11:19; 12:25, 45, 47; 13:5.

39 스 2:43, 58, 70; 7:7, 24; 8:17, 20; 느 3:26, 31; 7:46, 60, 73; 10:28; 11:3, 21.

40 역대상 9장에 나오는 돌아온 유배자들의 명단은 성전 일꾼들과 기브온 족속 간의 연관성을 시사한다. 이 장은 에스라 2장에 나온 성전 인사와 비슷한 순서를 따른 후 성전 일꾼들이 에스라 2장에 언급된 바로 그 위치, 즉 노래하는 자들과 문지기들 뒤에 나오는 기브온 계보로 마무리된다(대상 9:35-44).

있음을 보여준다. 군주제 동안 패배한(대상 4:41; 대하 20:1; 26:7) 므우님(스 2:50)에 대한 언급은 일부가 전쟁 유배자로 잡힌 역사를 시사할 수 있다. "온 회중"(스 2:64) 가운데 성전 일꾼들과 솔로몬 신하의 자손을 둔 것 그리고 그들을 자산으로 열거된 남종과 여종(65절)에서 분리시킨 것은 확실히 이 두 그룹이 노예가 아닌 자유인임을 시사한다.[41] 그들은 훗날에 언약 갱신에 참여하는 것(느 10:28-29)에서 알 수 있듯이 회중에 속한 멤버십을 누리고 있다.

2:55-58 열 가족의 이름들이 "솔로몬의 신하의 자손"으로 분류되는데, 이 그룹은 에스라 2장과 느헤미야 7장에 나오는 목록 외에는 거의 나오지 않는다(참고. 느 11:3). 성전 일꾼들처럼 그들의 시초와 역할도 불확실한데, 일부 학자는 그들의 근원을 가나안의 남은 자들에게 부과한 솔로몬의 강제 노역(왕상 9:20-21)에서 찾는다.[42] 어쩌면 그들이 에스라 2장에서 성전 인사의 끝에 언급된 것은 그들이 성전 일꾼들보다 더 초보적인 일을 수행한다는 견해를 권유할 수도 있다. 성전 일꾼들과 솔로몬 신하의 자손을 합친 단일한 수(392명, 58절)는 그들 간의 연관성을 보여주지만, 그 연관성의 구체적 성격은 여전히 불분명하다.

2:59-62 성경은 땅이 주님의 것이라고 변함없이 주장한다(출 9:28; 시 24:1; 고전 10:26). 그렇기에 하나님이 특정한 장소를 땅의 유산으로 허락하셨는데, 그것은 그분의 구속받은 백성이 세상을 향해 그분의 영광을 반영하는 그들의 소명을 이행할 공간이었다(창 12:7; 출 32:13; 레 20:24; 수 1:6). 이 때문에 귀환자들 가운데 멤버십의 정통성은 유배시대 이후 시기에 자산과 땅에 대한 권한에 비추어 생기게 된다(스 2:70; 느 11:3). 특히 평신도의 경우,

41 이들이 자유인이었다는 주장에 대해서는 Baruch A. Levine, "The Netûnîm," *JBL* 82/2 (1963): 207-212를 보라. 이 명단에 나오는 이름들에 관한 이슈와 논의에 대해서는 Clines, *Ezra, Nehemiah, Esther*, 56-57을 보라.

42 Blenkinsopp, *Ezra-Nehemiah*, 91.

혈통을 확증할 수 없는 이들은 땅의 유산을 잃어버릴 뿐 아니라 공동체 멤버십의 권리와 특권까지 상실하게 될 것이다. 평신도 계층 가운데 세 가족(스 2:59-60)과 제사장 계층 가운데 세 가족(61-63절)은 '그들이 이스라엘에 속하였는지' 여부를 족보의 기록으로 입증할 수 없다.[43] 제사장 계층 가운데 그럴 수 없던 이들에게는 위험부담이 더 크다. 높은 소명, 자격 그리고 유배시대 이전 제사장직의 실패는 유배시대 이후의 공동체에서 성별된 제사장직의 필연성을 다시금 일깨운다. 재건된 성전의 제단에서 새로운 제사장의 직무를 수행할 필요성은 이 점을 더욱 중요하게 만든다. 또 다른 조사가 있을 때까지 이 제사장들은 제사장의 직무와 특권을 누리기에 의례적으로 부적합한 것으로 선언된다.

2:63 "방백"[티르샤타(*tirshata'*), 총독, 참고. KJV, 새번역]의 명백한 신분은 불확실하다. 보통은 세 가지 선택이 주어진다. (1) 이와 다른 역사적 맥락에서는 이 용어가 느헤미야에게 적용되므로(느 8:9; 10:1, 참고. 제1 에스드라스 5:40) 여기서도 그럴 것이다. (2) 공동체의 예물을 언급하는 병행 구절에서는 총독이 예물을 제공함으로써 그의 유다인 신분을 시사한다.[44] 그러므로 그 호칭이 스룹바벨을 가리킬 수도 있다. 그는 에스라-느헤미야서에서 "총독"으로 불린 적이 없으나 다른 곳에서는 보다 흔한 용어인 '페하'(학 1:1, 14; 2:2, 21)를 사용해 그를 "총독"으로 밝힌다. (3) 하나님께 대한 문의가 제한되었던 귀환의 초창기를 반영한다면 그 역시 '페하'란 용어를 사용하여 "총독"(스 5:14)으로 불린 세스바살을 가리킨다고 보는 것이 최선이다(1:11).

어쨌든 총독은 한 제사장이 우림과 둠밈을 사용해 문제에 대한 하나님의 판결을 구할 때까지 기다리는 기간을 설정한다. 우림과 둠밈은 하나님

43 "바르실래 자손"(2:61)에 대한 특별한 언급은 그 아내가 길르앗 사람 바르실래의 딸들 중 하나인 한 제사장의 자손을 가리킨다. 그 가족은, 압살롬의 반란 동안 다윗을 지지했던 늙은 남자, 바르실래의 이름을 취했다(왕상 2:7, 참고. 삼하 17:27-29; 19:31-40).

44 Williamson, *Ezra, Nehemiah*, 37.

의 뜻을 분별하는 세 개의 합법적인 수단 중 하나다(다른 수단은 선지자와 꿈이다. 삼상 28:6). 주님은 주님의 존전으로 들어가는 대제사장이 입는 "판결 흉패" 안에 우림과 둠밈을 넣도록 모세에게 명령하셨다(출 28:28-30; 레 8:8; 민 27:21; 신 33:8). 사무엘상 14:41-42에 따르면, 그것들을 사용하면 직접적인 문의에 대해 '예' 또는 '아니오'의 답변을 받았다고 하고, 이는 제비뽑기에 비견되는 것이다. 그러므로 제대로 사용하려면 제사장이 아니라 우림과 둠밈을 지닌 대제사장이 필요하고 그 대제사장이 흉패를 입고 주님 앞에 나아갈 수 있는 재건된 성전도 필요했다.[45] 제사장 예수아의 귀환과 성전의 완공이 아직 이뤄지지 않았기 때문에 이런 조건들이 성취될 날을 기다리고 있다.

2:64-70 개요

이번 장의 요약부분은 미래의 작업을 위한 예물의 계산(68-69절)과 더불어 돌아가는 사람들과 짐승들의 수의 총계(64-67절)를 제공한다. 이번 장은 바벨론에서 예루살렘으로의 첫 이동이 개시된 장면으로 시작해 유배자들이 "각자의 성읍에" 도착한 장면(70절)으로 끝난다.

2:64-67 이 구절들, 느헤미야서의 병행 목록 그리고 제2정경의 제1에스드라스 5:41 사이에 차이점이 존재한다. 하지만 이 세 부분 모두 42,360명을 돌아가는 유배자들의 수로 산정한다(스 2:64, 참고. 느 7:66). 분명 하나님 백성의 공동체에는 수많은 사람이 있다. 허다한 세포들이 합쳐져서 한 몸을 이루듯이, 이번 장에 열거된 사람들이 "온 회중"으로 알려진 단일한 실체를 형성한다. 주님은 각 사람의 이름을 알고 계시고, 각자는 더 넓은 언약 공동체의 구성원으로서 하나님의 회복 계획에서 하나의 역할을 담당한다.

45 이에 대한 추론은 Keil, *Ezra, Nehemiah, and Esther*, 43을 보라.

2:68-69 이번 장은 핵심적인 과업을 다룬다. "성전 터에" 재건된 집에서 주님을 예배하는 일을 다시 시작하는 것이다. 성전이 파괴된 상태인 데다 개인적인 경제적 어려움이 있음에도, "족장들"은 과거의 유사한 성경 사건들과 일관성 있는 방식으로 믿음과 결단을 발휘하며 행동을 취한다. 성경에 따르면, 항상 '자원 예물'의 드림이 개인과 공동체의 영적 건강을 보여주고 성막(출 35:29)과 첫째 성전(대상 29:5-6, 9)의 건립을 가능케 해준다. 하나님의 영속적인 선교를 향한 기부는 요구나 세금 부과로부터 나오지 않고(대하 24:6) 자발성에서 나오며, 그분이 다시 한번 그들 가운데 거주하실 것을 목표로 삼는다. 여기서 드린 통화(通貨)를 이해하는 방식에 관해서는 논쟁이 계속되고 있다. 하지만 금의 전체 무게는 약 514킬로그램이고 은의 무게는 2,835킬로그램이다.[46]

2:70 이번 장은 집합적 실체, 곧 '그 지역의 사람들'("people of the province", ESV 참고)이 "각자의 성읍으로" 돌아가는 장면을 묘사하는 것으로 시작한다(1절). 마지막 구절은 이 이동을 다시 언급해서 틀에 넣는 기능을 한다. 이 새로운 구속적 순간에 참여하는 자들은 지도자들과 성전 직무와 연관된 사람들(제사장들과 레위인들 등)과 더불어 '각자의 성읍에 사는 이스라엘 무리'도 포함한다. 아브라함의 자손이 이제 메소포타미아에서 약속의 땅으로 돌아온 것이다.

46 Clines, *Ezra*, *Nehemiah*, *Esther*, 61. 페르시아의 "다릭"은 무게가 약 8.5그램인 금화를 말한다. 이는 페르시아의 왕 다리오(주전 522-486년)와 관계가 있다. 그 대신에 이것은 그리스어 외래어라서 "드라크마"(NASB, NJB)로 번역될 수도 있다. "마네"(*maneh*)란 용어는 동전이 아니라 측량 단위를 가리키고, 한 미나는 약 570그램에 상당한다.

응답

이 명단의 목적은 논쟁의 여지가 있고,[47] 에스라 2장에 열거된 이름들과 수치들은 너무 어려운 문제라서 종종 그냥 넘어가곤 하지만, 여기에 여러 중요한 신학적 주제들이 나온다. 그 주제들은 이렇게 요약할 수 있다. '주님은 세계를 위해 각 구성원이 진심으로 그 언약을 받아들이는 구속받은 공동체에 그분의 약속을 지키신다.'

첫째, 이 명단은 구속받은 공동체에 그분의 약속을 지키시는 하나님을 가리킨다. 하나님은 선지자들을 통해 그분 백성의 씨, 곧 남은 자가 살아남고 다시 한번 그 땅에 심겨질 것이라고 약속하셨다(호 2:23; 렘 31:27). 그 씨는 살아남을 뿐만 아니라 '생육하고 번성할 것이다'(렘 23:3, 참고. 렘 31:8; 겔 37:26). 에스라서와 느헤미야서는 모두 재정착을 내다보는 한편, 에스라 2장은 아브라함의 씨가 모든 위험을 감수하며 성전을 재건하려고 예루살렘으로 돌아가는 신실한 반응에 대해 자세히 얘기한다. 궁극적으로 유다인과 이방인으로 구성될(스 6:21; 갈 3:28-29) 아브라함의 자손은 부활한 메시아에 대한 사도적 증언을 통해 크게 증가한다(행 6:1, 7; 12:24; 16:5; 19:18-20). 그리고 새 하늘과 새 땅, 하나님의 도시, 새 예루살렘이 하늘로부터 땅에 내려올 것이고, 하나님과 어린양이 성전이 되며 "사람들이 만국의 영광과 존귀를 가지고" 새 예루살렘으로 들어갈 것이다(계 21:26, 참고. 렘 33:9).

이 명단은 또한 각 구성원이 하나님께 중요한 존재이고 그 언약 공동체 속에 자기 자리가 있다는 것을 확증한다. 고귀한 성전 그릇들이 번호가 매겨져서 예루살렘으로 운송되었듯이(스 1:7-11), 에스라 2장에서 고귀한 사람들 개개인이 번호가 매겨지고 운송되어 언약 공동체를 구성한다. 이는 성경 이야기의 나머지 부분과 일맥상통한다. 여기서 우리는 주님이 그분과 함께 상호 의무와 언약적 충실성의 관계에 들어가도록 선택하신 이 특

47 주석가들은 그런 목록의 목적에 대해 일반적인 인구조사 목록, 세금이나 땅의 배분에 필요한 목록, 참된 이스라엘 사람과 다른 이들을 구별하는 목록 등의 다양한 답변을 내놓는다.

별한 공동체에 늘 그분의 사랑을 부어주실 것을 결단하신 모습을 보게 된다(출 24:3-8; 수 24:14-28). 점점 더 분명해지겠지만, 이 사람들의 명단은 부분적으로는 거룩하고 보배로운 소유가 되도록 부름 받은 그 고대 공동체(신 7:6-11)의 남은 자에 해당한다.

이야기의 이 시점에서 그 백성에 속하려면 적어도 중요한 혈통 증명서가 필요하다(스 2:59-62). 하지만 성경을 폭넓게 살펴보면 개개인이 단순한 외적 증거나 신체적 현존 때문에 언약 백성에 속하는 것은 아니다. 그분의 백성에 속하려면 하나님의 언약을 진심으로 받아들이는 진정한 믿음이 반드시 필요하다(출 20:5-6; 신 6:1-9; 7:9-11). 사실은 유배생활에서의 귀환을 내다보는 또 다른 맥락에서도(신 30:1-3) 진정한 믿음의 외적 표현이 내적인 마음의 할례에서 발생해야 한다는 것(신 10:16; 30:6)은 놀랄 일이 아니다. 훗날 사도 바울은 이 관점이 신약 시대까지 이어진다고 주장할 것이다. 하나님의 언약 백성의 참된 구성원은 마음의 할례를 그 특징으로 삼는다고 한다(롬 2:28-29; 9:6-8, 참고. 마 13:24-30).

끝으로, 교회와 마찬가지로 이 회복된 언약 공동체는 그 자체를 위해 존재하지 않는다. 각 시대마다 구속받은 공동체는 하나님의 형상을 지닌 자들로서 무거운 짐을 진 세상을 향해 그분의 성품을 반영하기 위해 애써야 한다. 에스라 2장과 느헤미야 7장에 나오는 공동체의 명단들이 수행할 주된 과업을 중심으로 앞뒤의 틀을 이루는 것은 우연이 아니다. 그 과업은 성전과 성벽을 재건하는 일이다(스 3장-느 6장). 바로 '이 시기'에 '이런 일'(성전과 성벽 재건)을 수행해야 할 인물은 바로 '이 사람들'(스 2장; 느 7장)이다. 그리고 구체적으로 이런 과업을 행하는 이유는 한 마디로 요약된다. 바로 '예배'이다. 첫 번째 출애굽 공동체는 예배를 드릴 목적으로 이집트에서 불려 나왔다(출 4:23; 5:1; 7:16; 8:1, 20; 9:1). 이와 비슷하게, 이 새로운 출애굽 공동체가 행할 주된 일(사 48:20-21; 52:8-12; 렘 23:7-8)은 재건된 성전에서 주님을 예배하는 것이며, 이는 새로운 도성(성벽)의 보호를 받으며 그분의 명령(토라)에 기쁘게 순종하는 것을 동기로 삼는다. 오늘날 회중의 구성원 명부처럼, 이 명단은 한때 거명되고 알려졌으나 대다수가 역사적 관점에서 퇴

색될 사람들을 포함하고 있다. 이는 상관없다. 하나님은 각 시대마다 책임을 맡고 행동하도록 그분의 사람들을 풀어놓으신다. 지속적인 예배 행위에 투자하려면 각 사람이 하나님의 나라를 진전시키는 일에서 자신의 역할을 신실하게 담당하는 것이 필요하다. 주님이 필요한 것을 공급하실 줄 알면서 담대하게 그렇게 하는 것이다.

1 이스라엘 자손이 각자의 성읍에 살았더니 일곱째 달에 이르러 일제
히 예루살렘에 모인지라 2 요사닥의 아들 예수아와 그의 형제 제사장
들과 스알디엘의 아들 스룹바벨과 그의 형제들이 다 일어나 이스라
엘 하나님의 제단을 만들고 하나님의 사람 모세의 율법에 기록한 대
로 번제를 그 위에서 드리려 할새 3 무리가 모든 나라 백성을 두려워
하여 제단을 그 터에 세우고 그 위에서 아침저녁으로 여호와께 번제
를 드리며 4 기록된 규례대로 초막절을 지켜 번제를 매일 정수대로 날
마다 드리고 5 그 후에는 항상 드리는 번제와 초하루와 여호와의 모든
거룩한 절기의 번제와 사람이 여호와께 기쁘게 드리는 예물을 드리되
6 일곱째 달 초하루부터 비로소 여호와께 번제를 드렸으나 그때에 여
호와의 성전 지대는 미처 놓지 못한지라 7 이에 석수와 목수에게 돈을
주고 또 시돈 사람과 두로 사람에게 먹을 것과 마실 것과 기름을 주고
바사 왕 고레스의 명령대로 백향목을 레바논에서 욥바 해변까지 운송
하게 하였더라

1 When the seventh month came, and the children of Israel were in
the towns, the people gathered as one man to Jerusalem. 2 Then arose

Jeshua the son of Jozadak, with his fellow priests, and Zerubbabel the son of Shealtiel with his kinsmen, and they built the altar of the God of Israel, to offer burnt offerings on it, as it is written in the Law of Moses
the man of God. 3 They set the altar in its place, for fear was on them
because of the peoples of the lands, and they offered burnt offerings on
it to the Lord, burnt offerings morning and evening. 4 And they kept the
Feast of Booths, as it is written, and offered the daily burnt offerings
by number according to the rule, as each day required, 5 and after that
the regular burnt offerings, the offerings at the new moon and at all the
appointed feasts of the Lord, and the offerings of everyone who made a
freewill offering to the Lord. 6 From the first day of the seventh month
they began to offer burnt offerings to the Lord. But the foundation of
the temple of the Lord was not yet laid. 7 So they gave money to the
masons and the carpenters, and food, drink, and oil to the Sidonians
and the Tyrians to bring cedar trees from Lebanon to the sea, to Joppa,
according to the grant that they had from Cyrus king of Persia.

8 예루살렘에 있는 하나님의 성전에 이른 지 이 년 둘째 달에 스알디
엘의 아들 스룹바벨과 요사닥의 아들 예수아와 다른 형제 제사장들과
레위 사람들과 무릇 사로잡혔다가 예루살렘에 돌아온 자들이 공사를
시작하고 이십 세 이상의 레위 사람들을 세워 여호와의 성전 공사를
감독하게 하매 9 이에 예수아와 그의 아들들과 그의 형제들과 갓미엘
과 그의 아들들과 유다 자손과 헤나닷 자손과 그의 형제 레위 사람들
이 일제히 일어나 하나님의 성전 일꾼들을 감독하니라

8 Now in the second year after their coming to the house of God at Jerusalem, in the second month, Zerubbabel the son of Shealtiel and Jeshua the son of Jozadak made a beginning, together with the rest

of their kinsmen, the priests and the Levites and all who had come to Jerusalem from the captivity. They appointed the Levites, from twenty years old and upward, to supervise the work of the house of the Lord.
9 And Jeshua with his sons and his brothers, and Kadmiel and his sons, the sons of Judah, together supervised the workmen in the house of God, along with the sons of Henadad and the Levites, their sons and brothers.

10 건축자가 여호와의 성전의 기초를 놓을 때에 제사장들은 예복을
입고 나팔을 들고 아삽 자손 레위 사람들은 제금을 들고 서서 이스라
엘 왕 다윗의 규례대로 여호와를 찬송하되 11 찬양으로 화답하며 여호
와께 감사하여 이르되

주는 지극히 선하시므로 그의 인자하심이 이스라엘에게 영원하시도다

하니 모든 백성이 여호와의 성전 기초가 놓임을 보고 여호와를 찬송
하며 큰 소리로 즐거이 부르며 12 제사장들과 레위 사람들과 나이 많
은 족장들은 첫 성전을 보았으므로 이제 이 성전의 기초가 놓임을 보
고 대성통곡하였으나 여러 사람은 기쁨으로 크게 함성을 지르니 13 백
성이 크게 외치는 소리가 멀리 들리므로 즐거이 부르는 소리와 통곡
하는 소리를 백성들이 분간하지 못하였더라

10 And when the builders laid the foundation of the temple of the Lord,
the priests in their vestments came forward with trumpets, and the Levites, the sons of Asaph, with cymbals, to praise the Lord, according
to the directions of David king of Israel. 11 And they sang responsively,
praising and giving thanks to the Lord,

" For he is good,

for his steadfast love endures forever toward Israel."

And all the people shouted with a great shout when they praised the Lord, because the foundation of the house of the Lord was laid. 12 But many of the priests and Levites and heads of fathers' houses, old men who had seen the first house, wept with a loud voice when they saw the foundation of this house being laid, though many shouted aloud for joy, 13 so that the people could not distinguish the sound of the joyful shout from the sound of the people's weeping, for the people shouted with a great shout, and the sound was heard far away.

단락 개관

성경의 많은 책의 첫 장은 서문의 기능을 한다. 에스라 1장은 이 역사적 기사에 필수적인 배경과 등장인물을 설정했다. 인간 왕과 신적인 왕의 선포가 주님의 신실함에 초점을 둔 채 사건들을 유발했다. 그분의 백성을 회복시키겠다는 하나님의 약속은 확고하다. 하지만 그들 이전의 조상 아브라함처럼, 주님의 백성은 반응을 보이고 바벨론에서 이스라엘까지 이동해야 하고, 그곳에 이르면 주님의 집을 재건해야 한다(스 1:3).

에스라-느헤미야서의 두 번째 큰 단락(스 2:1-느 7:73a)은 에스라 2장의 명단과 함께 시작된다. 이 명단은 왕과 하나님의 선포에 반응해 유배상태에서 나온(스 2:1) 남은 자 공동체를 상세히 기술한다. 이 사람들은 주님이 심으신 씨앗으로서(렘 31:27; 호 2:23) 홀로 성장케 하시는 하나님(고전 3:7)을 바라봐야 한다. 이어서 에스라 3장은 이 단락(스 2:1-느7:73a)의 첫째 에피소드(스 3-6장)를 구성하는 네 편의 발췌 대목(3:1-13; 4:1-24; 5:1-6:18; 6:19-22) 중 첫째이다. 이 에피소드에서 남은 자 공동체는 우선적인 사명을 수행하기 시작한다. 그것은 성전을 재건함으로써 그 땅에서 주님을 예배하는 교두보를 다시 세우는 일이다.

첫 장면들은 구조를 분명히 하는 시간 표시와 함께 두 개의 중요한 건축 프로젝트에 대해 말한다. 첫째 장면은 일곱째 달에 제단을 재건했다고 알려주며 그에 수반되는 제사와 행사, 특히 초막절 행사가 거행되었음을 보여준다(스 3:1-7). 이어서 둘째 장면은 '둘째 해'에 성전 기초가 재건되었음을 묘사한다(3:8-9). 제단과 기초의 성공적인 건축은 자연스럽게 최종 장면에서 기쁨과 우울함이 합쳐진 채 공동의 찬송으로 이어진다(3:10-13).

단락 개요

II. 공동체가 칙령에 따라 성전, 토라 그리고 성벽을 재건하다(스 2:1-느 7:73a)

B. 첫 번째 이동: 제단, 반대, 그리고 성전(3:1-6:22)

1. 재건이 시작되다: 제단과 성전 기초(3:1-13)

a. 일곱째 달: 제단과 제물, 초막절 거행(3:1-7)

b. 둘째 해, 둘째 달: 성전 건축이 시작되다(3:8-9)

c. 기초를 놓게 되어 주님을 찬양하다(3:10-13)

주석

3:1-3 단어와 어구는 에스라서의 여러 장을 연결하는 접착제 기능을 한다. "바벨론"과 "예루살렘"(1:11; 2:1)은 1장과 2장을 연결하는 한편, "성읍"(2:70; 3:1)에 대한 언급은 2장과 3장을 연결시킨다. 그 단어들은 다함께 유배에서 귀환으로의 중요한 이동을 보여준다. 자원 예물의 수집(2:68-69)

을 제외하고 이 본문은 구체적인 시기 또는 귀환과 재정착 사이에 일어나는 행동에 관해 아무것도 말하지 않는다. 하지만 3장에 나오는 행동은 구체적으로 일곱째 달에 시작된다(1절). 이는 분명하진 않아도 아마 고레스의 원년(1:1)에 해당할 것이다.

제사를 드리려면 제단이 필요하다. '일어나다'[쿰(*qum*)]와 '만들다'[바나(*banah*)]란 동사들은 부분적으로 처음부터 유배시대 이후 공동체가 맡은 과업(1:5)을 요약하고, 장차 그런 일을 할 것이다(5:2; 느 2:18, 20; 3:1). 예수아와 스룹바벨 등 여러 지도자가 일하기 시작한다(스 3:2). 에스라-느헤미야서의 배경에서 일어나는 것과 만드는 것은 솔로몬의 성전부터(대상 22:19; 대하 6:10) 시작된 이전의 정경적 패턴을 반복할 뿐 아니라,[48] 이 동사들은 이전의 하나님의 약속과 명령을 이행하기도 한다. 고레스를 통해 하나님은 반드시 예루살렘이 거주지가 되게 하고 또 재건되게 하실 것이다(사 44:26-28; 58:12). 하지만 아직은 아니다. 예루살렘을 둘러싼 성벽의 보안은 그 백성의 번영에 필요한 안전감을 북돋워주는 한편, 재건된 성전은 합당한 예배를 드릴 장소를 제공할 것인즉 귀환자들이 먼저 일어나서 '본래의 터'에 제단을 세운다(스 3:3). 이전의 터 위에 제단과 성전을 세우는 것은 과거와의 연속성을 수립하며, 이는 이번 장의 중요한 특징이다.[49] 제단 재건에 대한 언급과 "무리가 모든 나라 백성을 두려워[한다]"(3절)는 말은 연결성이 결여되어 있는 듯하다.[50] 이러한 적들에게 둘러싸인 환경에서의 제단 세우기 패턴을 우리가 이전에 어디서 보았던가?

귀환자들은 그 땅에 들어가서 첫 번째로 이룬 일들 중 하나로 제단을 재건함으로써 아브라함(창 12:6-7)과 여호수아(수 8:30-35, 참고. 신 27:1-8)가 처음 가나안에 들어가서 행한 제단 건축의 패턴을 반복한다. 이런 이전의 제

48 이 동사들은 주님을 도발시키는 건축 프로젝트를 묘사할 수도 있다(왕상 16:32-33; 왕하 21:2-3)!

49 Williamson, *Ezra, Nehemiah*, 45, Blenkinsopp, *Ezra-Nehemiah*, 97.

50 "그 땅에 사는 백성들"(새번역)에 대한 추가 조사는 4:4-5 주석을 참고하라.

단 공사는 각각 실제적인 또는 잠재적인 적들에게 둘러싸인 환경에서 진행되었다(창 12:6; 수 8:28-29; 9:1-2). 그런데 에스라서에서 그 땅으로 귀환한 직후 '본래의 터'에 제단을 세우는 일은 다소 비슷한 사례가 있다. "일제히" 모이는 것은 보통 인간적인 갈등(삿 6:16; 20:1, 8, 11; 삼상 11:7; 삼하 19:14)이나 주님의 심판(민 14:15)의 맥락에서 일어나는 일이다. 에스라-느헤미야서에서 두 차례 "일제히" 모이는 것(스 3:1; 느 7:73a-8:1)은 일곱째 달의 집회 동안 다함께 기뻐하고 제사를 드리는 맥락에 나온다. 하지만 아브라함과 여호수아의 사례와 같이 제단 건축과 제사의 맥락은 외적 갈등과 내적 고통의 전조가 된다(스 4:1-5, 6, 7-23; 9:1-2; 10:2; 느 2:10, 19; 4:1, 7; 6:1-2, 7; 13:3, 23-27). 이는 에스라-느헤미야서와 성경 전체에서 줄곧 울려 퍼지는 미묘하지만 중요한 신학적 요점을 제공한다. 현 시대에 하나님의 백성은 참되고 살아계신 하나님을 예배하기 위해 그들의 사명을 수행해야 하지만, 그렇게 할 때 일어날 갈등을 예상할 뿐만 아니라 그 가운데서도 주님을 신뢰해야 한다는 것이다.

3:4-6a 이 행사들은 일곱째 달, 곧 이스라엘의 가장 거룩한 달, 티슈리(Tishri, 9-10월)로 알려진 달에 거행된다.[51] 이 달은 한 해의 가장 신성한 명절들을 일부 포함하고 있었다. 이 달의 첫째 날에 지키는 나팔절(레 23:23-25), 열째 날에 지키는 속죄일(레 23:26-32) 그리고 열다섯째 날에 지키는 초막절[52](레 23:33-36; 39-43; 신 16:13-15) 등이다. 이 경축월의 첫째 날(나팔절)과 스물두째 날(레 23:36)에는 '거룩한 집회'(레 23:24, 민 29:1)를 소집했다. 후자의 모임은 칠일 간의 초막절 이후 여덟째 날에 열렸고,[53] 이는 에스라

51 유배 이전에는 티슈리가 페니키아 이름인 에다님(왕상 8:2)으로 알려지기도 했다. 히브리 달력을 보여주는 차트를 보려면 *ESV Study Bible*, 34를 참고하라.

52 일부 영어/한국어 번역본은 "초막절"로 번역한다. 또 다른 이름은 "수장절"(출 23:16)이다.

53 이 경축 행사는 다음 구절들에 언급되어 있다. 레 23:34; 신 16:13, 16; 31:10; 대하 8:13; 스 3:4; 슥 14:16, 18, 19; 요 7:2.

서와 느헤미야서에서 사람들이 "일제히" 모인다고 명백히 언급한 경축 행사다(스 3:1, 4; 느 8:14). 예전에 이 중요한 명절은 언약궤를 영구적인 장소에 안치하는 날과 첫째 성전을 봉헌하는 날과 일치했다(왕상 8:2, 65). 이제 에스라 3장은 제단의 재건을 둘째 성전의 기초를 놓는 것과 묶고 첫 번째 봉헌의 노래를 반복할 것이다(11절, 참고. 대하 5:13).

초막절은 유월절/무교절, 맥추절과 나란히 이스라엘의 3대 명절 중 하나다(레 23장; 신 16:16-17; 대하 8:13). 그 이름은 이스라엘 백성이 이집트에서 구출되는 동안 짓고 살았던 임시 거처 내지는 "초막"의 사용에서 유래한다(레 23:43). 이 명절은 하나님을 창조주이자 구속자로 경축한다. 첫째, 하나님이 한 해를 마감하고 새로운 해를 시작하는 가을 추수의 소출로 그 백성에게 해마다 축복하시는 만큼 그들이 하나님의 창조 사역을 기뻐한다(신 16:13-15). 하지만 그 명절은 또한 현 세대와 미래 세대에 구속의 기억을 불러일으키는 역할도 한다. 그 명절을 경축하는 가운데 언약 공동체의 모든 구성원은 하나님이 베푸신 양식 공급뿐만 아니라 광야의 순례 기간에 취하신 구속적 행동도 기억하게 된다(레 23:43).

이 첫 장면의 거의 모든 구절(스 3:2, 3, 4, 5, 6)에 "번제"가 반복되는 것은 날마다 드리는 번제(출 29:38-42; 민 28:6)를 주목하게 할 뿐 아니라 초막절의 팔일 동안에 드릴 더 많은 제사(참고. 민 29:12-38)를 암시하기도 한다. 더 나아가 이번 장은 또한 다른 네 유형의 제사가 재개되는 것도 언급한다. 매일 그리고 매달 드리는 제사(민 28:11-15), 다른 '지정된 명절들' 그리고 자원 예물(레 7:16-18; 22:17-23)이다. 그런즉 성벽이나 성전 공사가 시작되기 전에 이스라엘 백성은 먼저 번제를 드리기 위해 제단을 보수해야 한다.

하지만 성공하려면 또 다른 종류의 회복이 필요하다. "모세의 율법에 기록한 대로"와 "기록된 규례대로"(스 3:2, 4; 대하 23:18) 행하라는 하나님의 말씀이 동기를 부여한다. 모세의 가르침(토라)이 회복된 언약 공동체에서 우선적인 자리를 차지해야 한다. 출애굽 기간과 이후에도 그랬듯이 유배시대 이후의 세대도 마찬가지다. 하나님 홀로 그들의 필요를 공급하시고, 하나님 홀로 그들을 유배생활에서 이끌어내시고, 하나님 홀로 토라를 통해 그들이 어떻게 열방 가운데 "지혜와 지식이 있는 백성"으로 살아야 할지를 보여주신다(신 4:5-8).

3:6b-7 3:1-6a에 관한 주석에 인용된 많은 성경 구절들은 유배시대 이후의 현 상황을 관통하는 만큼 과거의 깊은 뿌리를 드러낸다. 중요한 일곱째 달에 시행된 제단 재건과 제사의 재정립은 재건축과 갱신의 첫 단계를 제공할 뿐이다. 이야기가 이제 멈추더니(6b절) 이번 장의 나머지 부분을 점유하는 다음 건축 프로젝트를 소개한다. 성전의 기초를 놓을 필요성이다(8-13절). 솔로몬의 시대(왕상 6:37)뿐 아니라 유배시대 이후의 선지자들에게도(학 2:18; 슥 8:9-13) 기초를 놓는 일은 돌아오는 공동체를 위한 의미심장한 이정표가 된다.

성전 기초의 필요성은 "사람이 여호와께 기쁘게 드리는 예물을 드[렸다]"(3:5)[54]는 언급과 더불어 건축을 위한 물질적 예물의 기부(7절)로 자연스럽게 이어진다. 5절에서 "자원 예물을 바[쳤다]"(새번역)는 단어는 섬김을 위해 자신을 바치는 것(삿 5:2, 9; 느 11:2)이나 성전 건축을 위해 기꺼이 자기 자원을 바치는 것(스 1:6; 2:68)을 묘사하는데, 현재의 맥락에서는 후자인 듯하다. 돌아오는 자들은 둘 다 행한다. 그들은 예루살렘으로 돌아가기 위해 그들 삶의 근거지를 떠나고 다시 한번 물질적으로 기여한다. 사람들은 새로운 출발을 하지만, 그들의 행동은 과거 그들 선조의 행동과 일맥상통한다. 모세 시대에 성막을 위해 진심으로 예물을 바쳤던 사람들(출 35:20-29)이나 첫째 성전을 위해 기쁘게 예물을 드렸던 다윗과 다른 이들(대상 29:1-9)과 마찬가지다. 이 후자의 비교는 성전 건축을 준비하려고 "백향목"을 운송하는 "시돈 사람과 두로 사람"의 존재(스 3:7)에 비춰볼 때 더욱 타당하다. 그런 조합은 다른 곳에서 다윗이 성전을 준비하기 위해 행한 일(대상 22:4)과 관련해서만 나온다. 확실히 그 공사는 고레스 왕의 '허락'에

54 개역개정의 번역은 문자적인 번역이다.

의해 진전된다. 이 단어는 인가와 권한 부여를 표현하기 위해 구약 가운데 여기서만 사용되는 것이다. 하지만 다윗의 존재가 그 배경에 있고 그 존재가 곧 보다 명시적인 표현에서 나타날 것이다(참고. 스 3:10). 이는 다시 한번 이전 성전과의 연속성을 보여준다.

3:8-9 첫째 대목처럼 둘째 대목도 "이 년"과 "둘째 달"(8절)에 일어난 사건들을 묘사하는 시간 표시와 함께 시작된다. 후자는 솔로몬이 성전을 짓기 시작했던 때와 같은 달이다(왕상 6:1). "이 년"의 역사적 시기에 대해서는 논쟁이 계속되고 있다. 이는 고레스의 둘째 해(주전 537년)인가, 아니면 다리오의 둘째 해(주전 520년)인가? 일부 학자가 후자라고 주장하는 것은 스룹바벨과 예수아(즉, 요수아)를 향한 학개의 첫 예언이 다리오 왕 제2년 여섯째 달(학 1:1)에 전달되었기 때문이라고 한다. 학개서는 또한 성전이 아직 "황폐하였[다]"(학 1:4, 9)는 것을 알려주고, 성전이 스룹바벨과 예수아의 리더십 아래 완공되었다는 에스라서에 동의한다(스 5:1-2; 6:15; 학 1:1, 12). 이를 바탕으로 학개 2:15-18은 표면적으로 학개가 활동한 시기에 성전 기초가 놓였다고 말하고, 이는 스가랴 4:9이 확증한다. 이 해석에 따르면, 에스라 3:8, 10에서 기초가 놓인 사실에서는 고레스의 제2년을 언급할 수 없고 기초가 완공된 다리오의 제2년을 언급하는 것이 틀림없다.[55]

그런데 일부 성전 공사는 그해 이전에 시작되었다. 어느 시점에 그 공사가 중단되었고 고레스의 통치 내내 그리고 다리오의 통치 기간 일부에 이르기까지 중단되었기 때문이다(스 4:3-5, 24). 학개의 묘사가 반드시 그 시기에 완전히 새로운 건축이 진행되었음을 말하는 것은 아니다. 사람들이 '성전에'(2:68; 3:8) 이르렀다는 두 번의 언급은 성전이 아직 건축되지 않았기에 성전의 위치에 도착했다는 뜻일 뿐이다. 이 주석의 입장은 3:8이 자

55 윌리암슨은 다른 고려사항들에 비추어 그의 입장을 이렇게 설명한다. 에스라 3:1-6은 고레스의 시대에 세운 제단을 언급하는 한편, 3:7-4:3은 다리오의 시대에 있었던 성전 공사의 착수를 묘사한다는 것이다(*Ezra, Nehemiah*, 44, 47, 64). 윌리암슨에 따르면, 다리오가 통치할 때까지는 성전 공사가 전혀 진행되지 않았다고 한다.

연스럽게 2:68을 재개하고 그들이 세스바살 아래(1:8; 5:16) 처음 돌아온 지(약 주전 537년) 2년째 둘째 달에 아예 성전 재건을 시작했다고 말한다는 것이다. 이후 학개서는 한참 연기된 후(학 1:14-15, 참고. 스 5:1-2) 이번에는 스룹바벨의 지도하에 주전 520년 여섯째 달 스물넷째 날에 재개된 것을 언급한다.[56]

돌아온 사람들이 유배시대 이전 공동체와 동일한 목적을 가진 것은 각 시기에 성전 건축이라는 비슷한 과업을 맡게 되었기 때문만이 아니다. 각 공동체는 또한 그 작업을 위해 기꺼이 예물을 드릴 뿐 아니라 페니키아 사람들로부터 물자를 받기 때문이기도 하다. 건축 프로젝트가 "둘째 달"(Ziv, 시브월)에 시작되었다는 언급이 이 묘사에 더해진 것은 솔로몬이 성전 건축을 시작한 때(왕상 6:1)도 시브월이었고 성전의 기초가 세워진 때(왕상 6:37)도 시브월이었기 때문이다. 이 패턴이 여기서도 되풀이된다.

보수의 부담은 지도자들인 예수아와 스룹바벨에만 부과되는 것이 아니다. 에스라-느헤미야서에 나오는 모든 건축 프로젝트는 동일한 목적을 품은 하나님의 모든 백성과 관계가 있다. 이는 다른 "제사장들"과 "친척들"("형제들"로도 번역된, 스 3:2, 8, 9)과 온 공동체가 제단 건축과 성전 공사 착수에 참여하도록 요구한다. 구체적으로, 이 대목의 나머지 부분은 비슷한 표현을 사용해서 레위인의 단합된 노력을 보여주는 기능을 한다. 그들은 "성전 공사를 감독하게"(8절) 임명될 뿐 아니라 레위 가족들을 대표하는 특정한 사람들이 "일제히 일어나[서]" 성전 일꾼들을 "감독하[기]"도 한다(9절). 여기에 언급된 가족 이름들[예수아, 갓미엘, 호다위(유다)][57]은 에스라-느헤미야서에 줄곧 나오는 여러 레위인 명단에 등장한다(스 2:40//느 7:43; 9:4-5; 10:9). 이 모든 것은 유배시대 이후 레위인들이 담당했던 성전 공사의 감

56 이와 비슷한 주장이 다음 주석에 나온다. Leslie C. Allen and Timothy S. Laniak, *Ezra*, *Nehemiah*, *Esther*, NIBCOT 9 (Peabody, MA: Hendrickson, 2003), 31-32.

57 에스라 3:9에 대한 본문 비평 이슈들로 인해 주석가들은 유다를 에스라 2:40에 기초해 호다위의 변조로 간주하게 되었다(ESV 참고. 개역개정은 '유다'로 번역함).

독 역할을 강조한다(대상 23:2-6; 대하 34:12-13).

3:10-11a 세 개의 명사(건축자들, 제사장들 그리고 레위인들)가 이번 장의 중요한 측면들을 요약해주고 이후에 나오는 기쁨이 충만한 찬송의 반응에 대비하게 해준다. 유배시대 이후 공동체는 이전에 히스기야나 요시야가 기울였던 노력을 따르지 않는다. 그 노력은 주님에 대한 국민적 헌신을 다시 활성화시키는 데 매우 중요했지만 말이다. 오히려 역대기와 에스라-느헤미야서는 다윗의 이전 가르침, 특히 레위인 음악가들의 조직(대상 6:31; 25:6)에 따라 둘째 성전에서 새로운 예배를 드리는 모습을 묘사한다. 그래서 유배시대 이전 공동체와 이후 공동체는 예배를 통해 이상적인 왕의 지도를 따르는 모습에서 하나가 된다.[58] 이어서 인용되는 찬송의 내용을 보면 하나님의 선하심을 들이쉬고 그분의 한결같은 사랑을 내쉬는 것을 알게 된다(스 3:11). 이 후렴이 나오는 다른 유명한 맥락들을 보면 그 적용에 대해 깊이 이해할 수 있다. 이 찬송은 언약궤가 첫째 성전에 들어올 때 불렸을 뿐 아니라(대하 5:13) 그 이전에 다윗이 언약궤를 예루살렘으로 운반하면서 "우리를 구원하여 만국 가운데에서 건져내시고 모으[시도록]"(대상 16:34-35) 간구하라고 요청할 때도 불렀다. 돌아오는 남은 자는 이제 이 기도가 응답된 것을 보는 특권에 기뻐하며 동일한 찬송을 부른다. 이와 가장 적실한 장면은 예레미야서에 나오는 것 같다. 예레미야가 예루살렘의 번영이 회복되고 다시 한번 하나님의 집에서 감사의 예물이 발견될 때 부르게 될 노래로 바로 이 노래를 인용하는 장면이다(렘 33:10-11).[59]

3:11b-13 기초가 완공됨에 따라 공동의 찬송이 "크게 외치는 소리"로 울려 퍼지게 된다(11b, 13절). 다른 곳에서는 전시 중에 언약궤의 존재와 함께

58 이 중요한 관점에 관해서는 Dean R. Ulrich, "David in Ezra-Nehemiah," *WTJ* 78/1 (2016): 49-64를 보라. 다윗이 거명된 구절은 다음과 같다. 스 3:10; 8:2, 20; 느 3:15, 16; 12:24, 36, 37(2번), 45, 46.

59 이 찬송의 일부는 또한 시편 118편과 136편에 나오는 후렴이다.

바로 이 표현이 나오는 것을 볼 수 있을 뿐이다(수 6:4-5, 20; 삼상 4:5). 예배는 종종 인간 감정의 범위를 반영하여 다양한 반응을 불러일으킨다. 일부 사람에게는 이 큰 소리가 오랫동안 고대하던 순간의 도래로 인한 큰 기쁨을 의미한다. 반면에 과거의 기억에 사로잡힌 다른 이들에게는 그 찬송이 예전 영광에 도달할 희망을 잃은 채 황폐해진 성전에 대한 해결되지 않은 슬픔을 자아낸다(참고. 학 2:3). 그래서 이번 장이 시작한 장면으로 끝나게 된다. 하나님의 백성이 다함께 모여 아마 충돌에 대비하면서도 약속의 땅에서 주님의 새로운 임재를 열망하는 모습이다.

응답

기뻐하는 유배자들의 물리적 귀환에는 영적 귀환도 수반되어야 한다. 일어나서 세우라는 명령과 그에 수반되는 제사의 회복은 우리가 그분의 말씀에 순종하여 회개하길 하나님이 원하신다는 것을 보여준다. 모든 사람이 "회개하고 복음을 믿[어야]"(막 1:15) 한다. 하나님이 그분의 백성에게 고통을 허락하시는 목적은 그들이 그분과 함께 살기 위해 그분께 돌아오게 하려는 것이다(암 4:6-11). 그분의 존전에 들어가려면 그들은 정결케 되어야 하고, 이는 처음 모세를 통해 세우신 제사를 통해 가능하다. 이런 이유로 귀환자들의 첫 행동은 제사를 드릴 제단을 보수하는 일이다. 그리스도의 오심과 함께 하나님은 마침내 그분의 백성이 정결케 되는 길과 흠 없는 메시아의 단번의 제사를 통해 그분의 보좌에 들어가는 길을 마련해 주신다(히 9:11-14; 10:10). 십자가에서의 그리스도의 승리를 기뻐하고 또 우리의 지난 반역에 대해 슬퍼하여 크게 외치는 소리가 저 멀리서도 들려야 한다(스 3:13).

이 유배시대 이후 공동체는 영광스러운 결말을 지닌 영속적인 이야기의 일부다. 그들의 유배는 분명 하나님의 선하심을 의심하게 만든 절박한 낙담의 시기를 초래했다(시 79편; 137편). 그 모든 과정 내내 하나님이 주권적으로 그들의 길을 인도하셨다. 비록 이 영속적인 시련의 한복판에서 종종 그분이 어떻게 인도하시는지가 불분명했지만 말이다(시 77:19-20). 이제 그들이 열방에서 예루살렘으로 모이는 것을 필두로 하나님은 이미 약속하신 대로(신 30:3; 렘 30:3; 33:10-11) 그들의 번영을 회복시켜주기 시작하셨다. 그 공동체는 새로이 성전 재건을 착수할 때(스 3:8) 기쁨과 슬픔이 교차하는 것을 경험한다. 현재의 회복에서 오는 기쁨과 이미 잃은 것에 대한 슬픔이다(11-12절). 그들은 먼저 건축을 위해 예물을 드리고(7절) 이후 기초가 완공될 때 경배의 찬송을 부르는(11절) 반응을 보인다. 그 찬송으로 서로를 향해 주님의 변함없는 선하심과 한결같은 사랑을 노래한다.

각 시대마다 하나님의 백성은 환희와 낙담의 시기를 직면할 것이다. 우리는 귀환자들처럼 우리의 환경이 어떠하든지 간에 하나님의 신실하심이 우리의 소망인즉 영원까지 이어진다는 것을 서로 상기시켜주며 경배의 반응을 보여야 한다. 물론 "그 땅 백성"에 대한 두려움이 줄곧 느껴질 수 있다(3절; 4:4). 혼동과 어둠과 환난의 시기가 개인적으로나 집단적으로 닥칠 수 있다. 하지만 그리스도와 그분의 대의에 전심으로 헌신한 이들은 결코 그런 경험을 결말로 생각하면 안 된다. 다윗은 성전 건축을 위해 레바논에서 백향목을 구입했을 뿐 아니라(대상 22:4, 참고. 스 3:7) 신실한 자들이 주님의 알현실로 나아간다고 노래했다(시 24편). 우리가 하나님의 보호 아래 참고 견디는 것은 다윗의 더 큰 아들(우리의 목자이기도 하신 어린양)을 통해 우리의 찬송이 환난을 넘어 하나님의 알현실로 들어갈 것임을 알기 때문이다. 언젠가는 만국의 부가 끊임없는 기쁨의 찬송 가운데 주님께 바쳐질 것이다(사 60:10-13; 계 21:24-27).

1 사로잡혔던 자들의 자손이 이스라엘의 하나님 여호와의 성전을 건
축한다 함을 유다와 베냐민의 대적이 듣고 2 스룹바벨과 족장들에게
나아와 이르되 우리도 너희와 함께 건축하게 하라 우리도 너희 같이
너희 하나님을 찾노라 앗수르 왕 에살핫돈이 우리를 이리로 오게 한
날부터 우리가 하나님께 제사를 드리노라 하니 3 스룹바벨과 예수아
와 기타 이스라엘 족장들이 이르되 우리 하나님의 성전을 건축하는
데 너희는 우리와 상관이 없느니라 바사 왕 고레스가 우리에게 명령
하신 대로 우리가 이스라엘의 하나님 여호와를 위하여 홀로 건축하리
라 하였더니

1 Now when the adversaries of Judah and Benjamin heard that the
returned exiles were building a temple to the Lord, the God of Israel,
2 they approached Zerubbabel and the heads of fathers' houses and said
to them, "Let us build with you, for we worship your God as you do,
and we have been sacrificing to him ever since the days of Esarhaddon
king of Assyria who brought us here." 3 But Zerubbabel, Jeshua, and
the rest of the heads of fathers' houses in Israel said to them, "You have

nothing to do with us in building a house to our God; but we alone will build to the Lord, the God of Israel, as King Cyrus the king of Persia has commanded us."

4 이로부터 그 땅 백성이 유다 백성의 손을 약하게 하여 그 건축을 방
해하되 5 바사 왕 고레스의 시대부터 바사 왕 다리오가 즉위할 때까지
관리들에게 뇌물을 주어 그 계획을 막았으며
4 Then the people of the land discouraged the people of Judah and made
them afraid to build 5 and bribed counselors against them to frustrate
their purpose, all the days of Cyrus king of Persia, even until the reign
of Darius king of Persia.

6 또 아하수에로가 즉위할 때에 그들이 글을 올려 유다와 예루살렘 주
민을 고발하니라
6 And in the reign of Ahasuerus, in the beginning of his reign, they
wrote an accusation against the inhabitants of Judah and Jerusalem.

7 아닥사스다 때에 비슬람과 미드르닷과 다브엘과 그의 동료들이 바
사 왕 아닥사스다에게 글을 올렸으니 그 글은 아람 문자와 아람 방언
으로 써서 진술하였더라 8 방백 르훔과 서기관 심새가 아닥사스다 왕
에게 올려 예루살렘 백성을 고발한 그 글에 9 방백 르훔과 서기관 심
새와 그의 동료 디나 사람과 아바삿 사람과 다블래 사람과 아바새 사
람과 아렉 사람과 바벨론 사람과 수산 사람과 데해 사람과 엘람 사람
과 10 그 밖에 백성 곧 존귀한 오스납발이 사마리아 성과 유브라데강
건너편 다른 땅에 옮겨 둔 자들과 함께 고발한다 하였더라 11 아닥사
스다 왕에게 올린 그 글의 초본은 이러하니 강 건너편에 있는 신하들
은 12 왕에게 아뢰나이다 당신에게서 우리에게로 올라온 유다 사람들

이 예루살렘에 이르러 이 패역하고 악한 성읍을 건축하는데 이미 그
기초를 수축하고 성곽을 건축하오니 13 이제 왕은 아시옵소서 만일 이
성읍을 건축하고 그 성곽을 완공하면 저 무리가 다시는 조공과 관세
와 통행세를 바치지 아니하리니 결국 왕들에게 손해가 되리이다 14 우
리가 이제 왕궁의 소금을 먹으므로 왕이 수치 당함을 차마 보지 못하
여 사람을 보내어 왕에게 아뢰오니 15 왕은 조상들의 사기를 살펴보시
면 그 사기에서 이 성읍은 패역한 성읍이라 예로부터 그중에서 항상
반역하는 일을 행하여 왕들과 각 도에 손해가 된 것을 보시고 아실지
라 이 성읍이 무너짐도 이 때문이니이다 16 이제 감히 왕에게 아뢰오
니 이 성읍이 중건되어 성곽이 준공되면 이로 말미암아 왕의 강 건너
편 영지가 없어지리이다 하였더라

7 In the days of Artaxerxes, Bishlam and Mithredath and Tabeel and
the rest of their associates wrote to Artaxerxes king of Persia. The letter
was written in Aramaic and translated.[1] 8 Rehum the commander and
Shimshai the scribe wrote a letter against Jerusalem to Artaxerxes the
king as follows: 9 Rehum the commander, Shimshai the scribe, and
the rest of their associates, the judges, the governors, the officials, the
Persians, the men of Erech, the Babylonians, the men of Susa, that is,
the Elamites, 10 and the rest of the nations whom the great and noble
Osnappar deported and settled in the cities of Samaria and in the rest of
the province Beyond the River. 11 (This is a copy of the letter that they
sent.) "To Artaxerxes the king: Your servants, the men of the province
Beyond the River, send greeting. And now 12 be it known to the king
that the Jews who came up from you to us have gone to Jerusalem.
They are rebuilding that rebellious and wicked city. They are finishing
the walls and repairing the foundations. 13 Now be it known to the king
that if this city is rebuilt and the walls finished, they will not pay tribute,

custom, or toll, and the royal revenue will be impaired. 14 Now because
we eat the salt of the palace[2] and it is not fitting for us to witness the
king's dishonor, therefore we send and inform the king, 15 in order that
search may be made in the book of the records of your fathers. You
will find in the book of the records and learn that this city is a rebellious
city, hurtful to kings and provinces, and that sedition was stirred up in it
from of old. That was why this city was laid waste. 16 We make known
to the king that if this city is rebuilt and its walls finished, you will then
have no possession in the province Beyond the River."

17 왕이 방백 르훔과 서기관 심새와 사마리아에 거주하는 그들 동관
들과 강 건너편 다른 땅 백성에게 조서를 내리니 일렀으되 너희는 평
안할지어다 18 너희가 올린 글을 내 앞에서 낭독시키고 19 명령하여 살
펴보니 과연 이 성읍이 예로부터 왕들을 거역하며 그중에서 항상 패
역하고 반역하는 일을 행하였으며 20 옛적에는 예루살렘을 다스리는
큰 군왕들이 있어서 강 건너편 모든 땅이 그들에게 조공과 관세와 통
행세를 다 바쳤도다 21 이제 너희는 명령을 전하여 그 사람들에게 공
사를 그치게 하여 그 성을 건축하지 못하게 하고 내가 다시 조서 내리
기를 기다리라 22 너희는 삼가서 이 일에 게으르지 말라 어찌하여 화
를 더하여 왕들에게 손해가 되게 하랴 하였더라

17 The king sent an answer: "To Rehum the commander and Shimshai
the scribe and the rest of their associates who live in Samaria and in the
rest of the province Beyond the River, greeting. And now 18 the letter
that you sent to us has been plainly read before me. 19 And I made a
decree, and search has been made, and it has been found that this city
from of old has risen against kings, and that rebellion and sedition
have been made in it. 20 And mighty kings have been over Jerusalem,

who ruled over the whole province Beyond the River, to whom tribute, custom, and toll were paid. 21 Therefore make a decree that these men be made to cease, and that this city be not rebuilt, until a decree is made by me. 22 And take care not to be slack in this matter. Why should damage grow to the hurt of the king?"

23 아닥사스다 왕의 조서 초본이 르훔과 서기관 심새와 그의 동료 앞에서 낭독되매 그들이 예루살렘으로 급히 가서 유다 사람들을 보고 권력으로 억제하여 그 공사를 그치게 하니 24 이에 예루살렘에서 하나님의 성전 공사가 바사 왕 다리오 제이년까지 중단되니라

23 Then, when the copy of King Artaxerxes' letter was read before Rehum and Shimshai the scribe and their associates, they went in haste to the Jews at Jerusalem and by force and power made them cease.
24 Then the work on the house of God that is in Jerusalem stopped, and it ceased until the second year of the reign of Darius king of Persia.

1 Hebrew *written in Aramaic and translated in Aramaic*, indicating that 4:8–6:18 is in Aramaic; another interpretation is *The letter was written in the Aramaic script and set forth in the Aramaic language* *2* Aramaic *because the salt of the palace is our salt*

단락 개관

에스라-느헤미야서의 첫 번째 이동(스 3-6장)을 구성하는 네 편의 발췌 대목 중 둘째인 이번 장은 기초 완공에 수반되는 혼합된 감정(3:13) 뒤에 나온다. 이는 '반대'라는 큰 주제를 소개한다. 두려움("그 땅에 사는 백성들"로 인한, 3:3, 새번역)에 대한 언급은 4장에 나오는 이 주제에 대한 상세한 해설의 전조가 된다. 하나님에 대한 그분 백성의 신뢰와 더불어 그 백성의 노력에

대한 끝없는 적대 행위는 이 책과 성경 이야기 전체의 주요한 주제들이다.

그리고 그 내러티브의 장소와 역사적 내용에 관한 의문이 생긴다. 그 내러티브는 고레스(주전 559-530년)와 다리오(주전 522-486년)의 시대(4:4-5)에 근거를 두고 있는데 왜 갑자기 수십 년을 건너뛰어 아하수에로 통치(주전 486-465년)의 스냅 사진(6절)과 아닥사스다 치하의 사건들(7-23절)을 포함했다가 다시 마지막에 다리오의 통치(24절, 참고. 5절)로 돌아오는 것일까? 이와 비슷하게, 성전 건축의 주제가 느헤미야의 시기에 적합한 프로젝트인 성벽과 도성 재건(12절)으로 바뀌고 있다. 이런 특징들은 해석상의 과제에 해당할 수 있지만, 일단 이번 장의 취지가 엄밀한 역사적 순서를 묘사하는 것이 아니라 돌아온 유배자들이 유배시대 이후의 기간 내내 거듭된 반대에 직면한다는 메시지를 전하는 것임을 우리가 받아들인다면 이번 장의 입장과 내용을 이해할 수 있다.[60]

그 메시지는 그것을 전달하는 매체와 마찬가지로 중요하다. 아닥사스다의 통치 기간에 발생한 반대의 실례는 이야기가 아니라 일련의 편지들을 통해 전달된다. 대적들이 아닥사스다에게 건축자들을 고소하고(7-16절) 이후 그 답변으로 그의 칙령을 받는다(17-22절). 이번 장은 우리를 줄거리로 되돌아가게(24절) 하기 전에 왕의 조서의 위력을 보도하면서(23절) 마무리된다. 이 편지들은 에스라-느헤미야서에서 왕의 칙령(참고. 스 1:1; 느 2:7-8)의 중요성을 상기시킬 뿐 아니라 첫 번째 이동(스 4:8-6:18)을 마감하는 긴 텍스트의 시발점이 되기도 한다. 이 텍스트는 히브리어가 아니라 아람어로 쓰였는데, 후자가 그 제국의 우두머리에게 적합한 언어라서 그렇다.

60 Kidner, *Ezra and Nehemiah*, 53. "이 지점부터 느헤미야서의 끝까지 갈등이 존재한다. 이제는 하나님을 위한 노력 가운데 도전을 받지 않는 것이 없을 테고 반대파가 탐색하지 않는 전술이 거의 없을 것이다."

4장

단락 개요

II. 공동체가 칙령에 따라 성전, 토라 그리고 성벽을 재건하다(스 2:1-느 7:73a)

B. 첫 번째 이동: 제단, 반대 그리고 성전(3:1-6:22)

2. 반대세력이 재건 프로젝트를 끝장내려고 하다(4:1-24)

a. 지도자들이 성전 재건을 돕겠다는 대적들의 제안을 거부하다(4:1-3)

b. 고레스와 다리오의 통치 기간에 생긴 반대(4:4-5)

c. 아하수에로의 통치 기간에 발생한 반대(4:6)

d. 아닥사스다의 통치 기간에 발생한 반대: 실례(4:7-23)

e. 성전 건축이 다리오의 둘째 해까지 중단되다(4:24)

주석

4:1-3 이번 장의 첫 장면은 이어지는 갈등을 전형적으로 보여준다. '돌아온 유배자들'(1절, ESV 참고, 문자적으로 '유배자의 자손', 개역개정은 "사로잡혔던 자들의 자손")[61]이 유배 공동체의 일부가 아닌 자들의 반대에 직면한다. 더 나아가, 유배자들은 "유다와 베냐민"(참고. 1:5) 지파들로 명시되어 있다. 이 두 지파는 오래 전 왕국이 분열될 때 다윗 혈통의 왕에게 변함없이 충성을 바쳤다가(왕상 12:20-21; 대하 11:12) 이제는 성전을 재건하는 책임을 기꺼이 떠

61 바로 이 어구가 나오는 다른 구절들은 에스라 6:19, 20; 8:35; 10:7, 16이고 ESV에는 '돌아온 유배자들'("returned exiles")로 번역되어 있다. 이와 연관된 어구들도 보라. 에스라 2:1//느헤미야 7:6('그 지역의 사람들', ESV 참고), 에스라 6:21("사로잡혔다가 돌아온 이스라엘 자손").

맡는다.

다음 내용에서는 스룹바벨과 예수아가 "대적"과 대화할 때 이스라엘을 대표한다. 저자는 이 그룹이 어째서 그런 호칭을 받아야 마땅한지 그 명시적인 이유를 제공하지 않는다. 그 부류가 "우리도 너희와 함께 건축하게 하라 우리도 너희 같이 너희 하나님을 찾노라"고 제안했다가 "우리가…홀로 건축하리라"(스 4:2-3)는 배타적인 답변을 듣는 이유가 무엇일까?[62] 고레스의 칙령을 엄밀히 해석하면 이스라엘 백성이 아닌 사람들은 건축 과정에서 배제시킬 수밖에 없다(참고. 1:3).[63] 하지만 애초의 청중에게 적실한 신학적 응답을 하려면 더 많은 설명이 필요하다.

때로는 '적'[차르(*tsar*)]으로 번역되는 "대적"은 성경 전체에 나온다.[64] 이 용어는 멜기세덱이 아브라함을 축복하는 장면(창 14:20)에서 처음 나오고 이스라엘을 억압하는 자를 폭넓게 지칭한다(민 10:9; 24:8).[65] 이번 장에서 대적은 "그 땅 백성"(스 4:4)과 동일시된다. 느헤미야서의 다른 곳에서는 "대적"이란 용어가 성벽을 재건하는 사람들을 죽이려는 자들을 가리키고(느 4:11, "원수"), 느헤미야 9:27은 이스라엘이 사사 시대에 '그들의 대적'의 손에 넘겨진 것은 하나님의 말씀에 대한 반역 때문이었다고 그들에게 상기시켜준다.[66] 요컨대, 역사적으로 대적은 시기에 따라 변하지만, 사사 시대에 "대적"(즉, '적')에게 넘겨지는 경우와 이제 "그 땅 백성"(참고. 스 4:4-5 주석)에게 넘겨지는 경우는 유사점이 있다.

62 "너희는 우리와 상관이 없느니라"(4:3)라는 답변과 비슷한 다른 진술이 주님께 대한 배타적인 헌신의 맥락에 나온다(수 22:24; 왕하 3:13) (Clines, *Ezra*, *Nehmiah*, *Esther*, 75).

63 Williamson, *Ezra*, *Nehemiah*, 50.

64 이 용어는 시편에 가장 자주 나온다. 에스라-느헤미야서에서 '적'을 가리키는 다른 용어는 '오예브'(*'oyeb*)이다(스 8:22, 31; 느 4:15; 5:9; 6:1, 16; 9:28). 윌리암슨은 에스라 4:1-3에 나오는 대적들을 "불분명한" 호칭이라 부른다(Williamson, *Ezra*, *Nehemiah*, 49).

65 놀랍게도 성경에서 유사어인 "적"[오예브(*'oyeb*)]이 처음 사용되는 곳은 그와 비슷하게 의미심장한 창세기 22:17이다.

66 중요한 점은 느헤미야 9:30에 나오는 비슷한 진술도 다시금 대적을 "열방 사람들"과 동일시한다는 것이다(참고. 스 4:1, 4).

더 나아가, "대적"은 자신들이 앗수르 왕 에살핫돈(주전 681-669년)에 의해 다른 장소로 이전되어 그때부터 주님께 제사를 드려온 사람들의 자손이라고 밝힌다(2절). 패배한 지역들을 비(非)현지인들로 다시 채우는 앗수르의 관행은 사마리아의 몰락(주전 722년), 즉 사르곤 2세(주전 721-705년)로 추정되는 익명의 '앗수르 왕'이 비현지인들을 사마리아의 성읍들로 이전시킨 후 오랫동안 지속되었던 것 같다.[67] 나중에 그는 그들에게 "그 땅 신의 법"에 관해 가르칠 수 있는 한 제사장을 보냈다(왕하 17:24-28). 불행하게도, 이로 인해 주님을 위한 예배와 이런 대적들의 출신지인 열방의 신들을 위한 예배가 결합된 혼합주의적 관행을 초래하고 말았다. 바로 이런 사실에 비추어 우리는 리더십이 도움의 제안을 거부한 결정을 이해해야 한다. 그들의 평가에 따라 유해한 종교적 혼합을 나타냈던 자들의 자손과 협력한다면 타협이 불가피하고 어쩌면 성전에 대한 통제권까지 허락하지 않을 수 없을 것이다.[68]

4:4-5 이 구절들은 "그 땅 백성"을 "유다 백성"과 뚜렷이 대조시킨다. "그 땅 백성"[69]이란 어구는 성경의 다양한 맥락에서 나오고 다양한 대상을 가리킨다. 어떤 맥락에서는 하나님이 "땅의 모든 백성"이 그분과 이스라엘과의 관계를 알기를 원하신다(수 4:24; 왕상 8:43, 60). 다른 경우에는 그분의 특별한 백성에 대한 하나님의 보호의 손길과 특별한 관계가 그 땅 백성에 대한 그들의 두려움을 없애버린다(민 14:9; 신 28:10). 열왕기하에서는 이따금 이 어구가 열방(외부인들)이 아니라 다윗 혈통의 왕에게 충성하는 사람들을

67 재정착의 관행은, 한동안 내전을 치른 후 그의 아버지를 좇아 왕좌에 오른 오스납발(아슈르바니팔로 추정됨, 주전 669-627년)의 통치 때까지 이어진다(스 4:10).

68 후자에 관해서는 Blenkinsopp, *Ezra-Nehemiah*, 108을 보라. 이 사람들을 훗날의 사마리아-유다인 갈등의 사마리아인들로 여기면 안 된다. 그런 입장은 시대착오적이다(Clines, *Ezra*, *Nehemiah*, *Esther*, 73, Williamson, *Ezra*, *Nehemiah*, 49, Blenkinsopp, *Ezra-Nehemiah*, 107).

69 이따금 "평민"(레 4:27), "그 땅에 사는 백성들"(스 3:3, 새번역), 또는 "땅의 만민"(왕상 8:43)과 같이 약간 다른 형태와 번역으로 나온다.

가리킨다(예. 왕하 11:14, 18-20).

그런데 에스라-느헤미야서에서 이 어구가 나오는 열두 번의 경우는 어떠한가(스 3:3; 4:4; 9:1, 2, 11; 10:2, 11; 느 9:24, 30; 10:28, 30, 31)? 이 구절들을 빨리 훑어보면 이스라엘이 그 땅 백성과 동일시되지 않는 것(또는 거꾸로, 그들로부터 분리되는 것)은 돕겠다고 하는 친절한 제안을 거절하는 것, 자만한 배제의 행위, 또는 심한 민족주의의 사례를 훨씬 넘어서는 일이다(참고. 스 6:21). 귀환자들이 새로운 출발을 할 때 그 땅의 사람들과 협력한다면, 그것은 지속적인 불충함과 하나님의 구별된 백성이 될 그들의 소명에 신실하지 못한 모습, 애초에 그들을 이런 지경까지 이끈 그런 타협을 시사할 것이다.

게다가 에스라 4장에서는 "그 땅 백성"이 성전 재건을 좌절시키려고 한다(참고. 1, 4절). 이 적대자들은 공격한 후 그냥 물러서는 유형이 아니다. 그들은 세 개의 비슷한 동사형이 표현하듯이 끊임없이 압력을 가한다. 즉, 손을 약하게 하고(참고. 렘 38:4), 건축자들을 두렵게 만들고, 그 백성의 계획을 와해시키려고 자문관들(아마 정부 관리들)에게 뇌물을 준다(문자적으로, '그들의 자문을 좌절시키려고 그들에 반대하는 자문관들을 고용한다'). "바사 왕 고레스의 시대부터 바사 왕 다리오가 즉위할 때까지"란 표현은 그 반대의 기간이 거의 20년이나 된다는 것(약 주전 538년부터 520년까지)을 보여준다.

4:6 6-23절에는 그들의 반대가 네 편의 고발 편지 형태로 표현되어 있다. 6절은 연대기적으로 앞으로 이동하여 아하수에로 왕의 통치 때에 올린 고발장을 짧게 언급한다. 아하수에로(주전 486-465년)는 크세르크세스(Xerxes)로도 알려져 있고 에스더서에 두드러지게 등장하는 왕이다. 구체적인 혐의와 역사적 쟁점은 언급되어 있지 않다.

4:7 다른 두 편의 고반 편지(7, 8-16절)는 아닥사스다의 통치 기간(주전 464-423년)에 올린 것이고 이후에 둘째 편지에 대한 그의 답장이 나온다(17-22절). 아닥사스다는 이 내러티브에서 에스라 7장부터 느헤미야 13장

까지 다스리는 왕으로 묘사되어 있다(참고. 스 7:1; 느 2:1; 13:6).[70] 첫째 편지(스 4:7)는 매우 짧게 언급되고, 이 텍스트는 다만 송신자들과 수신자를 명시할 뿐 더 이상의 설명이 없다. 우리는 여기에 언급된 사람들에 대해 아는 바가 거의 없다.[71] 이 편지가 '아람 문자로 쓰였다'(7b절)는 말은 상당히 명백하다. 하지만 '그리고 번역되었다'는 마지막 언급의 뜻은 불확실하다(ESV 참고). 히브리어에는 7절의 끝에 '아람어'(Aramaic)란 단어가 두 번 나온다. 일부 학자는 아람어에 대한 두 번의 언급이 모두 아람 문자와 아람 언어를 가리킨다고 해석한다(NIV, 참고. NIV 난외주). 그 대신에, 아람어에 대한 첫 언급은 그 편지가 아람어로 쓰였다가 왕을 위해 아람어(NEB)나 페르시아어로 번역되었다(즉, '낭독되었다')는 뜻일 수도 있다.[72] 이 견해에 따르면, 7절 끝에 나오는 두 번째 '아람어'는 독자에게 에스라 4:8-6:18에 나오는 내용이 아람어로 쓰였다는 것을 알려주는 서기관의 통지이다(참고. ESV 난외주. 그리고 NET, NJPS를 보라).[73]

4:8-11a 이보다 긴 둘째 편지는 여러 요소를 담고 있다. 내러티브의 틀(8, 11a절)과 서문(9-10절), 인사(11b절) 그리고 정보와 요청(12-16절) 등이다. "방백"(사령관)과 "서기관"이란 서술어를 제외하고는 우리에게 르훔[74]이나 심새에 관한 다른 정보가 없다(8절). 9-10절은 그들의 이름을 반복하고 다른

70 서론의 '해석상 과제' 중 '에스라와 느헤미야의 연대기적 순서'를 보라.

71 고레스의 시대에 언급된 미드르닷(스 1:8)은 에스라 4:7에 나오는 사람과 동일한 인물이 아니다(미드르닷은 흔한 페르시아 이름이었다). 비슬람과 다브엘은 에스라-느헤미야서에서 여기에만 나온다.

72 Kidner, *Ezra and Nehemiah*, 57n47, 그는 NEB를 부각시킨다. "아람어로 쓰였다가 아람어로 크게 낭독되었다." 클라인스(*Ezra, Nehemiah, Esther*, 77)와 블렌킨솝(*Ezra-Nehemiah*, 112)은 페르시아어를 선택한다. 윌리암슨에 따르면, "그리고 번역되었다"는 것은 저자 앞에서 그 편지가 이전에 아람어에서 히브리어로 번역되었었다는 것을 시사한다고 한다(*Ezra, Nehemiah*, 61).

73 아람어는 7:12-26에도 나온다.

74 르훔은 대적이므로 이 사람은 스룹바벨과 함께 돌아온 르훔이나 언약의 서명인(느 10:25)일 수는 없다. "방백"(사령관)이란 번역어는 군사적 의미를 지닐 수 있으나 여기서는 반드시 그렇지는 않다. 이 단어는 관찰사나 총독의 조수와 같은 고위 관리를 지칭한다.

'동료들'(참고. 17절)을 더하는데, 여기서는 장소와 연관된 구체적인 인종 집단들(예. '엘람 사람')과 더불어 관리들(예. '재판관들')을 가리키는 일곱 용어를 사용한다(ESV 참고).[75] 이 편지의 필자들은 아닥사스다가 자신들이 표현한 충성심이 예루살렘의 유다인을 제외한 모든 사람을 포함하고 있다고 믿기를 바란다. 요컨대, 모든 나라가 다시 한번 예루살렘을 대항해 완전히 동맹을 맺은 것이다(참고. 시 2:2; 렘 34:1). 예전에 앗수르 왕 오스납발(아슈르바니팔로도 알려진, 스 4:10)이 유배시킨 자들의 자손까지 반대파에 합류한다.

4:11b "신하"("your servants", ESV)의 자격을 가진 사람들, 자기네 지역을 "강 건너편"으로 밝히는 사람들이 명백히 아닥사스다에게 인사를 전한다. "강 건너편"이란 호칭은 10절에서 처음 언급된 것으로 시리아와 나란히 유대와 사마리아를 포함한 관할구(즉, 총독이 다스리는 지역, 참고. 5:3)를 가리킨다.[76]

4:12-16 이 편지 자체는 효과적인 수사를 보여준다. 놀랍게도, 편지를 쓴 자들은 왕에게 건축 프로젝트를 중단시키라고 직접 요구하지 않는다. 그 대신 그들은 먼저 진행 중인 예루살렘의 재건축이 제국에 불리한 경제적 영향을 줄 것이라고 시사한다. 분명 여기에 언급된 재건축 공사는 훗날 느헤미야가 아닥사스다의 승인을 받아 재개하기(주전 445년경, 참고. 느 1:3; 2:1) 얼마 전의 것을 가리키는 것이 틀림없다. 번역문에 늘 분명히 나오지는 않지만, '알다'(예. '알려지다')란 동사의 어떤 형태가 각 구절마다 나오고 그것은 종종 그리 교묘하지 않은 고발의 기능을 한다. 예루살렘이 이전의 왕들

75 이 가운데 일부의 정확한 지시 대상에 관해서는 여전히 불확실성이 존재한다. 이는 그 용어들의 다양한 번역에 반영되어 있다. 예컨대, ESV가 KJV와 다른 점은 KJV가 4:9에 나오는 일곱 이름들이 마치 인종 집단들(소위 특정 장소의 주민들)을 언급하는 것처럼 취급하고 있다는 것이다. 예를 들어 디나 사람, 아바삿 사람, 다블래 사람 등이다(개역개정도 KJV처럼 번역한다-옮긴이 주).

76 "강 건너편"(스 4:10, 11, 16, 17, 20; 5:3, 6; 6:6, 8, 13; 7:21, 25; 8:36; 느 2:7, 9; 3:7)은 이따금 '유프라테스 저쪽'으로 번역된다(참고. NIV). ESV에 나오는 '지역'(province)이란 용어는 더 자세한 서술어로 사용된 것이다.

에게 반역했다(왕하 18:19-20; 24:20)는 주장은 단지 부분적인 진실을 표현할 뿐이다(왕하 16:7-9). 이 수사는 경제적인 이유와 자존심 때문에 아닥사스다로 하여금 조치를 취하게 하려고 한다. 핵심적인 요청(스 4:14-15절)을 둘러싼 반복적인 언어(13, 16절)는 왕의 국고에 미칠 조세 회피[77]의 부정적 영향을 부각시킴으로써 현재 일어나는 '일'을 넘어 그것이 '왜' 중요한지로 이동한다. 이는 반역에 대한 왕의 두려움을 이용해서 아닥사스다가 공사의 중단을 요구해야 하고 그렇지 않으면 소득의 상실뿐 아니라 그 지역 전체에 대한 장악력을 잃을 수 있는 것까지 감수해야 한다는 뜻이다(16절).

이 때문에 대적들은 왕을 구워삶아서 그들 편지의 추론을 듣게 해야 한다. 14절의 '그러므로'(ESV 참고) 앞에 나오는 요소들이 그들의 표면적 동기를 세움으로써 그런 역할을 한다. 첫째, "우리가 이제 왕궁의 소금을 먹으므로"란 어구는 한 부분("소금")이 전체를 상징하는 비유적 표현이다. 이는 왕의 식탁에서 정기적으로 먹는 것을 말한다. 기본적으로 그들은 왕궁에서의 습관적인 식사가 그 편지의 작성으로 표현된 충성심을 불러일으킨다고 주장한다.[78] 둘째, 그들은 그들 편에서의 무위(無爲)로 인해 왕이 불명예스럽게 되는 것으로 끝날 것을 우려한다고 말하면서 왕의 자존심에 대한 배려에 호소한다. 이런 동기를 밝힌 후 왕에게 과거와 현재의 기록 보관소를 살펴보라는 일차적인 요청을 한다(15절). 그렇게 함으로써 왕이 그 도성이 애초에 무너진 여러 이유를 '발견하고' 또 '알게' 될 것이라고 그들이 주장한다. 바이러스가 그 숙주를 무너뜨리기 위해 스스로를 끊임없이 재생산하는 것처럼, 반란을 선동하는 예루살렘의 과거 역사는 오직 파멸로만 해결될 수 있다고 그들이 주장한다. 그러므로 왕은 즉시 도성과 성벽 재건을 정지시켜야 한다.

77 이 어구는 Kidner, *Ezra and Nehemiah*, 59에서 가져온 것이다.

78 이 때문에 일부 번역본은 4:14에서 '소금-먹는 것' 대신에 '충성심', '섬김', 또는 '의무'(NIV, NASB, 새번역) 등의 단어를 사용한다. 왕의 식탁에서의 변함없는 식사와 그와 연관된 의무는 또한 "소금 언약"(민 18:19; 대하 13:5)이란 어구에 표현된 영구성과 관계가 있을 수 있다.

4:17-22 기록문서가 그 도성의 상습적인 반란을 확증함에 따라(19절) 앞의 요청(15절)이 바라던 결과를 낳았다. '명백히'[메파라쉬(*meparash*), ESV는 "plainly", 개역개정은 "낭독시키고"]로 번역된 아람어 동사가 무슨 뜻인지에 대해서는 약간의 논쟁이 있다. 그 편지가 '명료하게', '정확하게', '번역되어' 또는 '축어적으로'(요약된 보고와 상반되는) 낭독되었다는 것 중 어느 것일까?[79] 어쨌든 아닥사스다는 자기가 그 메시지를 들었다고 전달하고 이제 칙령으로 조치를 취한다. 일부 학자는 "예루살렘을 다스리는 큰 군왕들"(20절)이 다윗과 솔로몬(왕상 4:21; 시 72:10) 또는 어쩌면 후대의 왕들의 권세와 소득을 가리킨다고 해석한다. 이렇게 생각할 수도 있으나, "조공과 관세와 통행세"에 대한 앞선 언급은 아닥사스다가 잃을 수도 있는 수입을 가리켰다(스 4:13). 따라서 20절(참고. 7:24)에 반복되는 "조공과 관세와 통행세"란 어구는 이전의 막강한 앗수르와 바벨론의 왕들이 획득한 징세를 가리킬 가능성이 더 많다. 아닥사스다는 그들의 후계자인 셈이다. 어느 쪽이든, 아닥사스다가 이제 그 공사의 중단을 요구하는 권한을 허락하는 만큼(4:21) 대적의 편지가 효과를 발휘하는 셈이다. 그럼에도 불구하고, 아닥사스다는 "다음에 내가 다시 명령을 내릴 때까지"(21b절, 새번역) 보류시킴으로써 훗날의 가능한 반전을 위한 여지를 남겨놓는다. 사실은 훗날 마침내 느헤미야에게 허락이 주어지게 된다(느 2:7-8).

4:23 아닥사스다의 통치 기간에 있었던 반대에 관한 기사는 최종적인 일련의 사항들로 마무리된다. 대적은 마침내 왕의 권한을 부여받고 ("급히 가서", 참고. 22절) 건축을 중단시킬 뿐 아니라(참고. 21절) "[무력과] 권력으로" 그렇게 함으로써 왕의 바람을 이행한다. 후자는 무력적 위협을 언급하는 듯

79 ESV는 느헤미야 8:8에 나오는 어원이 같은 히브리어 동사[메포라쉬(*meporash*)]를 '명백히'(clearly)로 번역하고 있음을 주목하라.

하다.[80] 적대자들이 왕의 명령을 넘어서 이미 어느 정도 쌓아올린 성벽(참고, 12절)을 실제로 파괴했다고 추측하는 학자들도 있다. 이는 아마 느헤미야 1:3에 언급된 파괴와 상관관계가 있을 것이다.[81] 어쨌든, 본래의 청중은 성전과 성벽과 도성의 재건이 지연된 것이 부분적으로 유배자들이 직면한 끝없는 외부의 저항 때문이었다는 것을 더 잘 이해한다.

4:24 연대기적으로 고레스, 다리오, 아하수에로 그리고 아닥사스다의 통치를 다 거친 후, 이 구절의 맨 앞에 나오는 "이에"(그래서)란 단어는 아닥사스다의 통치 기간, 즉 23절 직후에 일어난 무언가를 언급하지 않는다. 그 대신 우리는 5절에 언급된 더 앞선 시기와 다리오 치하에서의 성전 재건축의 재개, 즉 다음 장에 충분히 서술되는 사건으로 되돌아간다. 성벽과 관련해 '중단하다', '그치게 했다'(21, 23절)로 번역된 동사가 이제는 성전과 관련해 두 번 나온다('중단했다', '그쳤다', ESV 참고). 다리오의 통치 기간으로 돌아가면서 이 내러티브의 주제가 다시금 강조된다. 앞으로 나아가려는 모든 노력은 저항에 직면한다는 것을 말이다.

80 클라인스는 제1 에스드라스 2:30 (NEB)을 인용한다. "기병대와 대규모 부대들과 함께 건축자들을 막았다"(*Ezra, Nehemiah, Esther*, 82).

81 Clines, *Ezra*, *Nehemiah*, *Esther*, 82, Blenkinsopp, Ezra-Nehemiah, 115.

응답

어려운 곳에서 섬기고 있는 선교사들은 이번 장에 묘사된 외부의 위협과 저항을 잘 이해할 것이다. 그리고 지역적 상황에서 반대에 직면하는 회중들도 마찬가지일 것이다. 두 경우 모두 교회의 증언과 행습에 대한 반대를 평가할 때 균형 잡힌 접근 방식이 지혜롭다. 그 한편에는 모든 사람과 모든 것을 개인적인 신학적 대적으로 보게 되는 실질적인 위험이 있다. 그렇게 함으로써 우리는 세상을 배척하고 세상과 끊임없이 갈등관계에 있게 될 위험을 감수한다. 우리는 엘리야처럼 우리 자신과 우리 부족을 악의 세력에 대항하여 정렬된 유일한 정통의 수호자라고 본다(왕상 19:10, 14). 그러나 다른 한편으로 하나님의 통치와 그분의 백성을 대적하는 적들, 으르렁거리며 살을 찢으려는 적들을 부인하거나 무시하거나 과소평가하는 것은 어리석다. 성경은 마귀를 우리 믿음을 위한 싸움의 대표적인 대적이자 교회의 고난 배후에 있는 권세로 명백히 지적한다(마 4:1-10; 벧전 5:8-9; 계 2:10-11).

교회의 근본적인 적들은 일차적으로 영적인 존재(엡 6:12)이지만 물리적 측면도 갖고 있다. 성경-신학적 이야기의 어느 순간에 나오는 작은 충돌도 여자의 후손과 뱀의 후손 간의 큰 원초적 갈등의 물리적 현상이다(창 3:15; 히 2:14; 계 12:9). 특히 하나님의 백성이 세상을 위해 그들의 소명을 계속 이루어갈 때 저항이 발생한다. 이는 구약에서 거듭해서 나오고(창 14:17-24; 출 1:12; 수 10:10) 신약에서도 마찬가지다. 주 예수님의 말씀과 경험(요 15:18-25; 마 26:3-4; 행 2:23)과 더불어 사도의 증언과 경험(행 9:1, 23; 빌 1:28; 딤전 1:13)은 혈과 육을 가진 대적들로부터 오는 저항을 입증한다(그리고 우리에게 오늘날 똑같은 것을 예상하도록 가르친다). 우리는 이와 똑같은 저항을 에스라서의 앞부분에서 보게 된다. 하나님의 백성이 하나님의 적들의 한복판에서 그들의 소명을 이루기 위해 깨어진 세계를 재건해야 할 때 그 적들이 온갖 수단을 동원해 그 진보를 좌절시키려고 하는 모습이다. 이는 특히 에스라 4장에서 분명하게 드러나고 적대자들이 하나님의 일을 중단시키려

고 갈수록 더 강도 높게 여러 수단을 동원하는 장면에 나타난다.[82]

첫째, 적들은 도움을 주고 싶다는 것을 강조하면서 '침투하려고' 시도한다. 말로는 그들이 구별하기 어려운 목적, 하나님께 대한 헌신 그리고 제사 의식을 공유한다고 주장한다(2절). 이 경우에 지도자들은 그 제안이 성실하지 않다는 것을 감지하고 현명하게 거절한다. 그렇다고 해서 거절이 항상 취할 방도라는 뜻은 아니다. 어쨌든 외부 왕들의 지원과 도움이 애초에 성전 재건이 성사되는 데 필수적이지 않았던가(6:22)? 그러나 우리가 세상으로부터 적절한 거리를 유지해야 할 때가 상당히 많다(10:11; 롬 12:2; 고후 6:14-7:1).[83] 따라서 '지혜롭고 순결하라'는 주님의 요구는 그분의 첫 제자들에게 중요했듯이 오늘날에도 여전히 중요하다(마 10:16).

대적들의 둘째 전술은 '낙담'이다. 이번 장에서 이스라엘 백성이 반대자들에 대한 첫 번째 대응에 성공해서(스 4:3) 안도의 숨을 쉬었을지 몰라도, 그들은 이제 안식할 수는 없다. 앞에서 언급했듯이(참고. 4:4-5 주석), 그 백성의 방어 조치는 적들이 그들을 낙담시키기 위해 이점을 활용할 때 그들의 진정한 동기를 노출시킬 뿐이다. 이것이 우리 영혼의 대적(사탄)이 이날까지 이용하는 주요한 무기다. 우리 중 다수는 최선을 다해 일했으나 결국 우리의 통제 밖에 있는 요소들로 인해 우리의 노력이 망쳐지거나 파괴되거나 좌절된 경우를 경험한 적이 있다. 그런 순간에는 욕구불만이 쌓이고 우리는 계속 추진할 용기를 잃고 만다. 하지만 인간의 손은 약해지고 실패할지라도 하나님의 손은 그렇지 않다(예. 스 7:6, 9, 28). 주님은 더듬거리는 우리의 부르짖음을 들으신다. "이는 그들이 다 우리를 두렵게 하고자 하여 말하기를 그들의 손이 피곤하여 역사를 중지하고 이루지 못하리라 함이라 이제 내 손을 힘 있게 하옵소서 하였노라"(느 6:9).

대적들의 마지막 전술은 '협박'이다. 르훔과 그 일행은 신체적 손상을

82 이 개념은 McConville, *Ezra, Nehemiah, and Esther*, 26ff에 빚진 것이다.

83 특히 바울이 고린도후서 6:16-18에서 고린도 교회에 적용하는 일단의 구약 구절들을 주목하라.

입히진 못하지만, 고발장과 무력의 위협으로 강권을 쓰는 데 성공한다(스 4:13, 23). 예루살렘의 반란 역사와 표면적 수익 손실에 관한 그들의 반쪽 진실은 그들에게는 유리하고 이스라엘 백성에게는 불리한 왕의 칙령으로 귀결된다. 대적들은 더 이상 그들이 하나님의 백성과 비슷함을 보여주는 데는 관심이 없고 이제는 자신들을 제국의 유일한 적으로 묘사된 문젯거리 예루살렘과 상반되는 편, 즉 왕에게 충성하는 세상 편(9-10절)에 소속시킨다.[84] 해결책을 보려면 다음 장에 일어나는 사건까지 기다려야 한다. 현재로선 모든 외적인 반대에 대한 해결책이 주님의 기름부음 받은 자에게 있다는 것을 상기할 필요가 있다.

> 여호와를 대적하는 자는 산산이 깨어질 것이라 하늘에서 우레로 그들을 치시리로다 여호와께서 땅끝까지 심판을 내리시고 자기 왕에게 힘을 주시며 자기의 기름부음을 받은 자의 뿔을 높이시리로다 하니라(삼상 2:10. 참고. 시 72:8-11).

바로 이것이 교회가 오늘날 붙잡고 있는 희망이다. 그런 승리는 하나님의 궁극적인 기름부음을 받은 자 예수 그리스도 안에 있고, 언젠가 모든 무릎이 그분 앞에 꿇고 그분을 만유의 주님으로 고백할 것임을 알기 때문이다(빌 2:10-11).

84 McConville, *Ezra, Nehemiah, and Esther*, 27-28.

1 선지자들 곧 선지자 학개와 잇도의 손자 스가랴가 이스라엘의 하나
님의 이름으로 유다와 예루살렘에 거주하는 유다 사람들에게 예언하
였더니 2 이에 스알디엘의 아들 스룹바벨과 요사닥의 아들 예수아가
일어나 예루살렘에 있던 하나님의 성전을 다시 건축하기 시작하매 하
나님의 선지자들이 함께 있어 그들을 돕더니

1 Now the prophets, Haggai and Zechariah the son of Iddo, prophesied
to the Jews who were in Judah and Jerusalem, in the name of the God
of Israel who was over them. 2 Then Zerubbabel the son of Shealtiel
and Jeshua the son of Jozadak arose and began to rebuild the house
of God that is in Jerusalem, and the prophets of God were with them,
supporting them.

3 그때에 유브라데강 건너편 총독 닷드내와 스달보스내와 그들의 동
관들이 다 나아와 그들에게 이르되 누가 너희에게 명령하여 이 성전
을 건축하고 이 성곽을 마치게 하였느냐 하기로 4 우리가 이 건축하는
자의 이름을 아뢰었으나 5 하나님이 유다 장로들을 돌보셨으므로 그

들이 능히 공사를 막지 못하고 이 일을 다리오에게 아뢰고 그 답장이
오기를 기다렸더라

3 At the same time Tattenai the governor of the province Beyond the
River and Shethar-bozenai and their associates came to them and spoke
to them thus: "Who gave you a decree to build this house and to finish
this structure?" 4 They also asked them this:[1] "What are the names of
the men who are building this building?" 5 But the eye of their God
was on the elders of the Jews, and they did not stop them until the
report should reach Darius and then an answer be returned by letter
concerning it.

6 유브라데강 건너편 총독 닷드내와 스달보스내와 그들의 동관인 유
브라데강 건너편 아바삭 사람이 다리오 왕에게 올린 글의 초본은 이
러하니라 7 그 글에 일렀으되 다리오 왕은 평안하옵소서 8 왕께 아뢰
옵나이다 우리가 유다 도에 가서 지극히 크신 하나님의 성전에 나아
가 본즉 성전을 큰 돌로 세우며 벽에 나무를 얹고 부지런히 일하므로
공사가 그 손에서 형통하옵기에 9 우리가 그 장로들에게 물어보기를
누가 너희에게 명령하여 이 성전을 건축하고 이 성곽을 마치라고 하
였느냐 하고 10 우리가 또 그 우두머리들의 이름을 적어 왕에게 아뢰
고자 하여 그들의 이름을 물은즉 11 그들이 우리에게 대답하여 이르기
를 우리는 천지의 하나님의 종이라 예전에 건축되었던 성전을 우리가
다시 건축하노라 이는 본래 이스라엘의 큰 왕이 건축하여 완공한 것
이었으나 12 우리 조상들이 하늘에 계신 하나님을 노엽게 하였으므로
하나님이 그들을 갈대아 사람 바벨론 왕 느부갓네살의 손에 넘기시매
그가 이 성전을 헐며 이 백성을 사로잡아 바벨론으로 옮겼더니 13 바
벨론 왕 고레스 원년에 고레스 왕이 조서를 내려 하나님의 이 성전을
다시 건축하게 하고 14 또 느부갓네살이 예루살렘 하나님의 성전 안에

서 금, 은그릇을 옮겨다가 바벨론 신당에 두었던 것을 고레스 왕이 그
신당에서 꺼내어 그가 세운 총독 세스바살이라고 부르는 자에게 내주
고 15 일러 말하되 너는 이 그릇들을 가지고 가서 예루살렘 성전에 두
고 하나님의 전을 제자리에 건축하라 하매 16 이에 이 세스바살이 이
르러 예루살렘 하나님의 성전 지대를 놓았고 그때로부터 지금까지 건
축하여 오나 아직도 마치지 못하였다 하였사오니 17 이제 왕께서 좋게
여기시거든 바벨론에서 왕의 보물전각에서 조사하사 과연 고레스 왕
이 조서를 내려 하나님의 이 성전을 예루살렘에 다시 건축하라 하셨
는지 보시고 왕은 이 일에 대하여 왕의 기쁘신 뜻을 우리에게 보이소
서 하였더라

6 This is a copy of the letter that Tattenai the governor of the province
Beyond the River and Shethar-bozenai and his associates, the governors
who were in the province Beyond the River, sent to Darius the king.
7 They sent him a report, in which was written as follows: "To Darius
the king, all peace. 8 Be it known to the king that we went to the
province of Judah, to the house of the great God. It is being built
with huge stones, and timber is laid in the walls. This work goes on
diligently and prospers in their hands. 9 Then we asked those elders and
spoke to them thus: 'Who gave you a decree to build this house and
to finish this structure?' 10 We also asked them their names, for your
information, that we might write down the names of their leaders.[2]
11 And this was their reply to us: 'We are the servants of the God of
heaven and earth, and we are rebuilding the house that was built many
years ago, which a great king of Israel built and finished. 12 But because
our fathers had angered the God of heaven, he gave them into the hand
of Nebuchadnezzar king of Babylon, the Chaldean, who destroyed this
house and carried away the people to Babylonia. 13 However, in the first

year of Cyrus king of Babylon, Cyrus the king made a decree that this house of God should be rebuilt. 14 And the gold and silver vessels of the house of God, which Nebuchadnezzar had taken out of the temple that was in Jerusalem and brought into the temple of Babylon, these Cyrus the king took out of the temple of Babylon, and they were delivered to one whose name was Sheshbazzar, whom he had made governor; 15 and he said to him, "Take these vessels, go and put them in the temple that is in Jerusalem, and let the house of God be rebuilt on its site." 16 Then this Sheshbazzar came and laid the foundations of the house of God that is in Jerusalem, and from that time until now it has been in building, and it is not yet finished.' 17 Therefore, if it seems good to the king, let search be made in the royal archives there in Babylon, to see whether a decree was issued by Cyrus the king for the rebuilding of this house of God in Jerusalem. And let the king send us his pleasure in this matter."

1 Septuagint, Syriac; Aramaic *Then we said to them*, *2* Aramaic *of the men at their heads*

단락 개관

에스라 5:1-6:18은 에스라서의 첫 번째 이동(3-6장)에서 절정의 순간에 해당한다. 주님은 끈질긴 반대에 대한 응답으로 두 방향에서 희망을 주신다. 첫째, 주님은 낙담한 백성이 성전 건축을 재개하도록 촉구하기 위해 선지자들을 보내신다. 이로 인해 어떤 관리들이 그 활동에 이의를 제기하지만, 다리오에게 보낸 편지는 고레스의 칙령을 확증하게 할 뿐 아니라 재건축을 허락하고 지지하는 다리오의 선포로 귀결된다.

이 단락 전체는 교차구조로 구성되어서 첫째 절반(5:1-17)은 둘째 절반(6:6-18)을 반영하고 중앙(6:1-5)에는 중심축이 있다. 이 구조는 5:1-6:18을 일곱 '장면들'을 가진 한 발췌 대목으로 읽도록 격려한다(다음 장의 단락 개요를 보라).[85]

서로 짝을 이루는 첫 번째 장면(a)과 마지막 장면(a')에는 선지자의 활동에 대한 명시적인 언급이 있다. 이 단락의 처음과 끝에 놓인 선지자들의 사역은 성전의 초석과 지붕과 비슷한 역할을 하고 진정한 번영은 계시된 예언의 말씀에 대한 순종을 통해서만 일어난다는 것을 강조한다. 아울러 과업의 완수가 하나님과 인간의 칙령으로 이뤄지는 만큼(6:14) 인간 행동을 통한 하나님의 주권적인 역사(役事)에 대한 강조도 주목하게 된다.

예언에 따른 건축 과정의 재개에 대한 반응으로, 두 번째 장면(b)에서 페르시아 당국이 유배자들을 조사해서 권한(그들이 왜 건축하는지)과 신분을 판단하려고 한다(5:3-5). 그 조사를 유발한 장본인들이 다리오의 명령을 명백히 수행함에 따라 그들의 문의가 마감된다(b', 6:13).

이 발췌 대목의 핵심은 세 편의 왕실 교신으로 구성되어 있다. 닷드내가 다리오 왕에게 보낸 편지(c)는 조사한 사항들을 보고하고 이스라엘 장로들의 답변을 자세히 기술한다(5:6-17). 이와 짝을 이루는 장면(c')에서 다리오는 성전의 재건을 지지하는 자신의 칙령과 함께 닷드내에게 응답을 보낸다(6:6-12). 그 중간에 있는 중앙 장면(d)은 고레스의 칙령을 찾고 발견하는 모습을 상세히 기술한다(6:1-5). 이는 귀환자들이 예언의 말씀에 순종하고 페르시아 당국에 순응하는 모습을 입증한다(참고. 4:15).

이어지는 주석은 초점을 첫 세 장면(스 5장)에 둘 것이고, 나머지 네 장면은 다음 장(6:1-18)의 초점이 될 것이다.

85 필자는 이 구조를 지적해준 필자의 학생 캐리 스미스에게 감사하는 바이다.

단락 개요

II. 공동체가 칙령에 따라 성전, 토라 그리고 성벽을 재건하다(스 2:1-느 7:73a)

B. 첫 번째 이동: 제단, 반대 그리고 성전(3:1-6:22)

3. 예언에 따른 재건축의 재개가 성전 완공과 함께 서한의 지지를 가져오다(5:1-6:18)

a. 선지자들이 스룹바벨과 예수아의 재건축을 지지하다(5:1-2)

b. 닷드내와 동료들이 지도자들의 재건축 권한에 의문을 제기하다(5:3-5)

c. 닷드내의 편지가 고레스 칙령의 확증을 요청하다(5:6-17)

d. 기록 보관소 검색으로 고레스의 칙령을 찾다(6:1-5)

c′. 닷드내에게 보낸 편지가 다리오의 칙령으로 재건축을 지지하다(6:6-12)

b′. 닷드내와 동료들이 다리오의 명령에 주의를 기울이다(6:13)

a′. 선지자의 지지가 성전 완공과 봉헌으로 이어지다(6:14-18)

주석

5:1-2 구약의 선지자들은 하나님의 권위를 부여받고 그분께 임명받은 대변인들로서 구속사의 특정한 순간에 등장한다. 여기서는 유배시대 이후 선지자인 학개와 스가랴가 지도자들과 백성과 함께 있으면서 '그들을 돕는다'(2절). 선지자들은 처음 주전 538년에 시작되었다가 다리오 통치의 둘째 해인 주전 520년까지 중단되었던 공사(4:24; 학 1:15)를 재개하게 하는 등 백성에게 생명력을 불어넣는다. 산소가 부족하고 영양분이 바닥난 마라톤 선수처럼, 귀환자들은 탈진되고 약해지고 허둥대고 있는 중이다. 적대자들의 괴롭힘을 당한 그들은 지치고 쇠약해진 상태인 데다 그들의 의지와 목적도 표류하고 있었다. 그들은 자기 앞에 있는 성전 시체를 보고 하나님이 그들에 대한 다스림을 포기하셨다고 믿기에 이른다(사 63:17-19).

이 선지자들을 소개하자면, 그들은 하나님 말씀의 양분을 공급하고 그들의 존재를 통해 낙담한 자들에게 이스라엘의 하나님이 아직도 "그들 위에"(5:1, ESV 참고) 계신다는 것을 상기시켜주는 사람들이다. 그들은 여전히 하나님의 이름으로, 하나님의 소유로 불리는 그분의 백성이다(출 19:5). 그분은 여전히 그들을 축복하시고 지키시며, 그들에게 그분의 평안을 주신다(민 6:24-27). 사실 학개는 그들의 현재 서글픈 상태에 기여한 이기적인 모습에 대한 책망(학 1:3-6)과 주님이 여전히 그들의 하나님으로 현존하신다는 위로를 섞어놓는다. 앞서 고레스와 그 공동체에게 그랬듯이(스 1:1, 5), 이제는 하나님이 예언의 말씀으로 다시 한번 스룹바벨과 예수아와 남은 자 공동체의 마음을 "움직이셔서"(학 1:12-15; 슥 4:8-9) 그들이 일어나서 건축하게 하신다. 제단을 제자리에 두고(스 3:3) 성전 기초를 세우는 것(3:10)과 함께 하나님의 집을 건축하는 일이 재개된다(5:2).

5:3-5 이 사건들이 여기서 동시에 일어난다(3절). 4장에서 그랬듯이, 도움이 되는 예언의 말씀이 스룹바벨과 예수아에게 전달되자마자 그 건축 프로젝트에 대한 즉각적인 도전이 일어난다. 그 도전은 '총독' 닷드내와 스

달보스내의 문의 형식으로 오는데, 이 중에 후자는 달리 알려진 바가 없고 그의 역할도 밝혀지지 않는다(그는 조수 내지는 비서였던 것 같지만, 참고. 4:9). '그들의 동료들'로 알려진 그룹이 당국의 아귀를 맞춘다.[86] 이 삼위일체(닷드내, 스달보스내 그리고 동료들)는 앞에서 언급한 스룹바벨, 예수아 그리고 선지자들의 삼위일체에 맞서고 있다(5:2).

'총독'(아람어, 페하)이란 호칭은 다양한 수준의 책임을 맡은 많은 사람에게 주어진 것으로 입증되었듯이 무척 유연한 칭호였다.[87] 다른 곳에서 '총독'으로 불린 사람은 세스바살(14절)과 다리오의 응답에 나오는 익명의 "유다 총독"(6:7) 등이다. 이 역사적 맥락에서 학개에 따르면, 스룹바벨을 가리키는 것이 틀림없다(학 1:1, 14; 2:2, 21). 훗날 아닥사스다 치하에서 느헤미야도 '총독'으로 불릴 것이다(느 5:14; 12:26).[88] 에스라 5:3의 문맥에서는 이 호칭이 닷드내에게 건축 프로젝트를 조사하는 데 필요한 권한을 부여한다. 특히 "강 건너편"(5:3, 6; 6:6, 13) 지역의 총독으로서 그가 감독하는 대상은 유다 지역을 포함하기 때문이다(5:8).[89]

총독 "닷드내"가 이끄는 그룹이 조사 권한을 갖고 스룹바벨이 이끄는 그룹에게 "나아[왔다]". 앞장에 나온 르훔과 달리, 닷드내는 질문을 던진

86 5:3(4:7, 9, 17, 23; 5:3, 6; 6:6, 13)에 나오는 '동료'(개역개정은 "동관")라는 용어는 아람어로 작성된 당시의 관료 교신에 자주 나온다. 5:6과 6:6에서 이런 '동료들'은 그 뒤에 나오는 단어, 곧 '아바삭 사람들'[아파르세카예(*'afarsekaye'*), ESV에서는 '총독들'로 번역됨]로 명시되어 있다. 이들은 제국을 위해 문제를 해결하고 처벌을 실행하는 권한을 가진 조사자들이다(Clines, *Ezra*, *Nehemiah*, *Esther*, 85-86). 이 용어는 다양하게 번역되는, 비슷한 단어 아파르사트카예(*'afarsatkaye'*)와 다르다. 이는 '총독들'(ESV), '작은 총독들'(NASB), '지배자들'(NET), '관리들'(NJPS, NIV), '사절'(NRSV) 등으로 번역된다. '총독'으로 번역되는 다른 용어들로는 티르샤타(*tirshata'*, 2:63)와 페하(*pekhah*)가 있고, 후자는 이 문맥에서 닷드내에게 사용된 호칭이다(5:3).

87 Williamson, *Ezra*, *Nehemiah*, 77.

88 에스라-느헤미야서에서 '총독'(페하)으로 번역된 용어가 다음 구절들에서 단수나 복수로 나온다. 에스라 8:36; 느헤미야 2:7, 9; 3:7; 5:14(2번), 15, 18; 12:26. 이에 해당하는 페르시아어는 항상 정관사와 함께 나오고 ['그 총독', 핫티르샤타(*hattirshata'*)], 에스라 2:63과 느헤미야 7:65, 70에 나오며, 느헤미야 8:9; 10:1에서 느헤미야에게 적용되었다.

89 닷드내를 거명하는 한 성경 외적 설형문자 문헌에 따르면 그는 총독이었음이 분명하고 주전 520년에 다리오 1세의 임명을 받은 우쉬타니란 인물의 부관이었다고 한다.

후 선동을 주장하지 않고 답변을 보고한다. 그럼에도 불구하고, 그의 질문이 성전 재건을 격려하는 예언과 '동시에' 제기된 것을 감안하면, 우리는 다시 한번 하나님의 능력과 사람의 능력 간의 대결을 목격하고 있는 것 같다. 더구나 "나아와"(came to)로 번역된 동사와 전치사구의 조합이 성경의 아람어 부분 어디에도 나오지 않지만, 이와 비슷한 히브리어 어구는 종종 공격을 표현하곤 한다. 그래서 다른 곳에서 ESV는 '대항해서 왔다'(came against) 또는 '들이닥쳤다'(came upon)로 번역하는 것이다(예. 창 34:25, 27; 삼상 12:12; 30:23; 왕하 7:6; 대하 20:2, 12, 22; 28:20; 슥 12:9; 14:16).[90] 가장 중요한 점은, 오직 지켜보시는 하나님의 눈이 건축 프로젝트가 한시적으로라도 중단되는 것을 방지한다고 내레이터가 말한다는 것이다(스 5:5, 참고. 신 11:12; 시 33:18). 만일 닷드내가 건축을 중단시키려는 어떤 시도를 하지 않는다면 굳이 이처럼 강한 신학적 해석을 제공할 이유가 있을까?

다행스럽게도 그는 어떤 무력시위도 하지 않고(참고. 스 4:23) 다만 두 개의 질문을 던질 뿐이다. 누가 당신들에게 건축하도록 허락했는가? 그리고 당신들은 누구인가?(참고. 5:9-10) 그는 첫째 질문을 통해 바로 누가 유대 지도자들에게 그 구조물을 "건축하고" 또 "마치게"(완공하도록) 허락했는지 알려고 한다(3절). '구조물'[아람어 우샤르나(*usharna*), "structure", 개역개정은 "성곽"]이란 단어는 공사가 상당히 진행된 상태임을 증언한다. 이는 고대 근동에서 흔한 건축 방법에 따라 성벽 속에 사용된 목재를 가리키는 듯하다(5:8; 6:4, 참고. 왕상 6:36; 7:12). 이 '구조물'을 설명하는 다른 방법은 솔로몬의 성전(왕상 6:14-18)의 경우와 비슷한 내벽에 늘어선 목재를 가리키거나 성전 비품들을 가리킨다고 보는 것이다(스 6:5). 보고와 다리오의 공식 답변에 대한 언급(5:5)은 우리로 하여금 이어지는 에스라 5:6-6:18의 중요한 내용을 기대하게 만든다.

90 Joshua Berman, "The Narratological Purpose of Aramaic Prose in Ezra 4:8-6:18," *AS* 5/2 (2007): 165-191.

5:6-10 아닥사스다에게 보낸 이전 편지와 다른 중요한 왕의 문서들(4:23; 7:11)과 마찬가지로, 다음 내용은 닷드내와 다른 이들이 왕에게 보낸 문서의 사본임을 알게 된다. 다리오에게는 생소하겠지만, 그 편지에 대한 내러티브 소개문(5:6-7a)에 담긴 대다수 정보와 그 질문들조차 이전의 정보를 되풀이하고 있다(9-10절, 참고. 3-4절).

8절에 나온 새로운 정보는 건축 프로젝트가 완공을 향해 빠르게 진행되는 상태를 묘사하는 동사형(분사)을 사용하여 닷드내의 진정한 관심을 보여준다. 폭넓은 성경적 용법을 살펴보면, '형통하는' 작업에 대한 언급은 보통 하나님의 백성이 그분께 받은 사명을 성공적으로 수행하는 모습을 가리킨다(창 24:40; 39:2, 3; 수 1:8; 대하 7:11). 또한 에스라-느헤미야서에서 형통하는 것이나 성공하는 것은 예언의 말씀에 대한 순종을 통해(스 6:14) 또는 기도에 대한 응답으로(느 1:11; 2:20) 얻어진다. '성벽에 얹은' 나무에 대한 언급은 에스라 5:3에 나온 "구조물"과 일관되는 한편, "큰 돌"(참고. 6:4)로 번역된 어구는 규모를 가리키거나 그것들을 제자리에 맞게 빚어낸 테크닉을 가리킬 것이다.[91] 끝으로, "지극히 크신 하나님"이란 외교적 어구는 이스라엘의 하나님을 다른 모든 신보다 높이는 것이라기보다는 존경심을 반영하는 것이다.

5:11-17 인용된 편지에 담긴 이 구절들은 처음 제기된 질문들에 대한 "그 장로들"의 답변을 보고한다(9-10절, 참고. 3-4절). 5:1-6:18에만 나오는 장로들의 온전한 호칭은 "유다 장로들"(5:5; 6:7, 8, 14)이며 백성의 대표로서 그들의 역할을 가리키는 듯하다. 그들의 응답은 간접적이긴 해도 둘째 질문(당신들은 누구인가?)에 대한 답변으로 시작된다. 그 집단은 요청받은 개개인

91 "큰 돌"(5:8)이란 어구는 다른 곳에서 돌의 규모를 묘사하는 전형적인 형용사를 사용하지 않는다(참고. 창 29:2; 신 27:2; 수 10:11). 에스라 5:8에 나오는 용어는 직역하면 '구르는 돌'이다. 그 돌들은 굴릴 필요가 있어서 큰 것임에 틀림없다고 가정한다. 윌리암슨은 '다듬은 돌'을 선호하면서 규모보다 준비 테크닉에 강조점을 둔다(*Ezra, Nehemiah*, 70). 이를 근거로 일부 번역본은 '깎은' 돌이나 '자른' 돌로 번역한다(NJPS, NAB). Blenkinsopp, *Ezra-Nehemiah*, 118에는 '가공된 돌'로 되어 있다.

의 이름들을 내놓기보다는 그들 자신을 "천지의 하나님의 종"(5:11)이라고 밝힌다.

11-12절에 나오는 다음 내용은 첫째 질문(누가 당신들에게 건축하도록 허락했는가?)에 대한 답변으로 시작된다. 이 구절들은 성경 역사의 놀랄 만한 개요로, 천지의 창조주로서 하나님이 하신 일(창 1-2장)로부터 솔로몬 아래 성전 건축의 절정적인 순간(왕상 6-8장)을 거쳐 느부갓네살의 성전 파괴와 인구 추방이라는 이스라엘 역사의 낮은 시점(왕하 25:8-11)에 이른다.[92] 큰 하나님을 섬기는 큰 왕으로 솔로몬을 언급한 것은 이 맥락에서 완전히 타당하다. 솔로몬의 첫째 성전 공사에 대한 장로들의 묘사가 성전의 "건축"[아람어. 베나(*benah*)]과 "완공"[켈랄(*kelal*)]을 모두 포함하는데, 이는 현재와 이전의 발췌 대목들 내내 나오는 '건축' 프로젝트와 '완공' 프로젝트를 함께 묶어주기 때문이다(스 4:12, 13, 16; 5:3, 9, 11; 6:14).

12절 맨 앞에 나오는 반의적인 '그러나…때문에'(ESV 참고)는 느부갓네살 군대의 예루살렘 약탈(참고. 삿 6:1; 13:1; 왕하 17:20; 대상 6:15; 렘 21:7; 느 9:30)에 대한 신학적 근거를 제공한다. 이는 르훔의 반쪽 진실, 곧 예루살렘이 무너진 것은 왕들에 대한 반역 때문이라는 주장(스 4:15, 참고. 왕하 18:7; 24:1, 19-20)에 균형을 잡아준다. 요컨대, 장로들은 신분의 질문에 어떻게 대답하는가? 그들의 답변은 사실상 이렇다. "우리는 유명한 왕의 역사와 성전을 모두 가졌던 하나님의 종들인데, 지금은 우리의 불충함 때문에 층층이 부서진 재와 나무와 돌만 남은 상태다."

하나님은 성전과 사람들을 파손상태로 그냥 내버려두지 않으신다(스 5:13-16). 로마서 8:1에 나오는 사도 바울의 "그러므로"처럼, 반의적인 '하지만'(스 5:13, ESV 참고)은 12절의 '그러나…때문에'에 은혜의 강력한 반격을 날린다. 비록 산산이 부서진 성전과 유배가 죄에 대한 하나님의 분노를

92 솔로몬 아래 성전 완공이 구약 역사에서 절정의 순간이라는 주장에 대해서는 다음 책을 보라. Graeme Goldsworthy, *Christ-Centered Biblical Theology: Hermeneutical Foundations and Principles* (Downers Grove, IL: IVP Academic, 2012), 24-27.

보여주지만, 주님은 고레스의 칙령을 통해 그분의 백성에게 성전을 재건하고 예루살렘을 다시 사람들로 채우라고 명하신다. 그 칙령의 시기와 내용과 더불어 예전에 느부갓네살이 약탈해 바벨론의 신전에 두었던 성전 그릇들을 세스바살에게 돌려주었다는 정보는 에스라서의 첫 부분에 나오는 것을 반복하고, 이곳은 세스바살의 이름이 나오는 다른 유일한 구절이다(13-14절, 참고. 1:8, 11). 이제 약 18년 후에 반복되는 그 정보는 그들이 누구의 권한 아래 재건하느냐는 질문에 대한 답변이다. 이전에는 진술되지 않고 추정되기만 했던 세스바살에 관한 새로운 사항들이 그의 초상화를 채운다. 첫째, 우리는 고레스가 그에게 '총독'(페하)[93]의 호칭과 권한을 부여했다는 것을 알게 된다. 이 권한과 함께, "가지고 가서…두고"라는 명령은 귀중한 성전 그릇들을 장차 지을 집에 되돌리는 것과 관련된 그의 과업을 부각시킨다.

문법상 "이 세스바살"의 두드러진 위상과 5:16에 나오는 성전 상태는 두 개의 질문을 제기한다. 첫째, 3장에서는 세스바살이 언급되지 않고 성전 기초를 놓는 일을 스룹바벨과 예수아의 덕분으로 돌리는데, 어째서 이 본문은 그 공사에서 세스바살의 역할을 부각시키는가? 둘째, 앞선 내러티브는 하나님의 집에 대한 공사가 고레스의 통치 기간 중 어느 시점부터 다리오의 둘째 해까지 그쳤다고 말했다(4:4-5, 24; 학 1:1-2). 이는 다음 사항, 즉 여기에 나오는 "그때로부터 지금까지"란 시간 표시와 마지막 동사형들은 그 기간 전체에 걸쳐 줄곧 건축 공사가 진행되었다고 시사하는 것과 상반되는 듯하다.

첫째 질문에 대한 답변은 세스바살의 신원 확인과 그와 스룹바벨의 관계에 달려 있다(참고. 서론의 '해석상 과제' 중 '세스바살의 정체'). 여기서 취하는 입장은 세스바살과 스룹바벨은 별개의 인물들이고 각각 자신의 영향권 내에서 활동한다고 보는 것이다. 성전 기초를 놓은 것을 스룹바벨이 아니라 세

93 앞서 세스바살은 "유다 대표자"(1:8, 공동번역)로 불렸고 그 텍스트는 익명의 총독(티르샤타, 2:63, 개역개정은 "방백")을 언급하는데, 후자는 그를 지칭할 수 있다. 5:3-5 주석과 각주 86을 보라.

스바살의 공로로 여기는 것은 세스바살의 총독 역할을 강조하는 공식적인 행정 문서에서는 의미가 통한다.[94] 둘째 쟁점과 관련하여, 가장 간단한 설명은 선의의 의사소통으로 보는 것이다. 건축 프로젝트는 시작되었다가 완공 이전에 긴 공사 정지를 겪을 수 있고, 그래도 지연 기간에 여전히 '건축 중'인 것으로 정확히 묘사될 수 있다. 장로들이 스스로 재건하라는 고레스의 요구에 순응하는 모습을 보이려고 하는 것은 이해할 만하다. 그러므로 "그때로부터 지금까지"란 평가를 그 프로젝트 내 정체의 순간들을 부인하지 않은 채 더 넓은 과업에 해당되는 것으로 여기는 입장은 이치에 맞다(참고. 스 4:4-5).

영어 번역본들은 하나같이 5:16을 11절에서 시작된 인용 대목의 끝으로 취급한다(한국어 번역본은 다르다-옮긴이 주). 17절에서 닷드내와 친구들이 다리오에게 하는 최종 호소는 그에게 왕의 기록 보관소[95]를 살펴보고 이 문제에 대한 왕의 뜻을 알려달라고 간청한다. 경의를 표하며 요청하는 모습은 아닥사스다의 통치 기간에 있었던 르훔의 고발성 어조(4:15)와 대비된다. 현재 예루살렘에서 건축하는 이들이 예전 거주지가 바벨론이었음을 감안할 때, 만일 고레스의 칙령이 존재한다면, 그것은 그 도시에서 발견될 것이라는 닷드내의 생각은 타당하다.

94 Clines, *Ezra*, *Nehemiah*, *Esther*, 89.

95 ESV는 '왕의 기록 보관소'(royal archives)로 번역하는데, 이를 직역하면 "왕의 보물전각"(개역개정)이다. 때로는 '왕의 보물 창고'(NAB)나 '왕의 보고'(NJB)로 번역된다.

응답

이번 장에서 정보가 반복되고 있는 것은 확실하다. 닷드내의 처음 질문(5:3-4)이 그 편지에서 되풀이되고(9-10절) 장로들이 보고한 일부 사항은 에스라서의 초반부에 나온 자료를 반복한다. 이 반복 요소들은 우리로 하여금 새로운 요소들에 주목하게 만든다. 그리고 이 책 전체의 맥락을 고려하면, 이런 사실들은 닷드내나 다리오에게 알려지지 않은 것을 밝히기 위해 부각된 것은 아니다. 그 대신, 저자는 유배시대 이후의 청중을 위해 행동을 다시 활성화시키고 정체성을 고취시키려고 한다. 그렇게 함으로써 그는 모든 시대의 하나님 백성에게 연장되는 중요한 교훈들을 제공한다.

귀환자들은 두려움을 일으키는 반대에 직면해 다양한 건축 프로젝트의 공사를 중단한다. 그러나 그들의 선교적 동기의 결여는 이번 장에서 올바른 해독제에 의해 처방된다. 그동안 귀환자들은 물이 필요하고 하나님의 상쾌한 개울이 절실히 필요한 것을 알지 못한 채 시들어가는 식물처럼 살아왔다. 하나님은 실망시키지 않으신다. 1절에 나오는 뜻밖의 "이제 선지자들"(ESV 참고)은 하나님이 백성에게 그분의 현존을 상기시키고 끊임없는 반대에도 불구하고 그들이 행동하도록 자극하심으로써 그 사명을 되살리기 위해 학개와 스가랴를 보내셨다는 신호이다. 그분이 그들과 함께하시므로 그들은 두려워할 필요가 없다(학 1:12-15).

오늘날에도 하나님의 백성에 반대하는 실례는 상당히 많다. 교회는 세계 곳곳에서 다양한 방식으로 복음 전파를 중단하라는 정부들의 압력을 받는다. 그리스도인 개개인은 관계 유지나 안전을 위해 중요한 성경 진리를 설명하길 회피할 수 있다. 목사들은 그들이 통제할 수 없는 삶의 문제로 인해 사역을 못하게 된다. 그러나 하나님은 여전히 우리와 함께하신다. 우리는 하나님이 공급하신 선지자적 및 사도적 칙령, 즉 우리가 행동하도록 자극하시려고 성도들에게 단번에 전하신 그 칙령을 결코 당연시하면 안 된다(엡 4:11-12; 벧후 3:1-3). 우리는 반대에 직면할 때 사도적 증언으로 무장해야겠다는 결의를 다져야 마땅하다. 그 증언은 "너희가 무슨 권세와 누구의 이름으로 이 일을 행하였느냐"는 질문을 받을 때 지극한 온유함과 설득력으로 사람보다 하나님께 순종하겠다고 응답하도록 촉구한다(행 4:7, 참고. 행 4:19-21; 고후 5:11; 벧전 3:14-16).

사명을 이루기 위해서는 심문과 대립에 직면할 것이다. 앞에서 언급했듯이, 이런 일이 발생할 때 귀환자들은 그들의 행동과 행동할 권한을 모두 정당화해야 한다. 보다 근본적으로는 "당신들은 누구인가?"(스 5:4, 10)라는 정체성의 질문에도 답변해야 한다. 저자는 그들의 답변을 총독이 왕에게 보내는 공식 편지 속에 넣음으로써 후대의 신자들이 그들의 핵심 정체성을 기억하도록 격려하려고 한다. 이 논증은 더 큰 것에서 더 작은 것으로 움직이는 것이다. 만일 연약한 유배자들이 강력한 지방의 지배자들과 제국의 지배자들 앞에서 그들의 정체성을 용기 있게 주장할 수 있다면, 우리 역시 두려워하기보다는 단호하게 그럴 수 있다. 그러면 우리는 누구인가? 이 본문은 무슨 진리를 심어주려 하는가?

무엇보다 먼저 우리는 사람을 두려워하기보다 주님을 사랑하도록 부름받은 "천지의 하나님의 종[들]"(11절)이다. 장로들은 우리가 모든 것을 창조하신 하나님을 경배하며 그분께 붙어있도록 격려한다. 하나님을 향한 사랑이나 사람에 대한 두려움 중 어느 자세로 세상에서 살아갈지 선택해야 할 때, 우리는 큰 계명(신 6:5; 11:1)에 걸맞게 전자를 선택해야 한다. 사실 장로들이 "종"이란 호칭을 사용한 것도 의미심장하다. 이 호칭은 성경에서 위대한 지도자들[아브라함, 모세, 여호수아, 다윗 그리고 바울로부터 이사야가 예언한 메시야적 인물(예. 사 52:13-53:12)과 선지자 계보(예. 렘 7:25)까지]을 일컫는 데 사용되는 한편 이스라엘 전체에도 적용된다. 대선지서에 나오는 권면, 곧 종 야곱(즉, 이스라엘)에게 '두려워하지 말고' 하나님의 구원의 능력을 믿으라고 명하는 권면은 손쉽게 돌아가는 유배자들에게도 적용될 것이다(사 44:1-5; 겔 28:25-26; 렘 30:10). 그리고 바로 이 명령은 오늘날의 하나님 백성에게도 똑같이 적용된다. 우리는 자유로운 종으로 살라는 사도적 권면에 순종해야 한다는 뜻이다(벧전 2:13-16).

그런데 종은 종종 부끄러운 과거가 있다. 다윗이 준비했다가 그의 아들 솔로몬이 "건축하여 완공한"(스 5:11) 성전은 영광스러웠으나 이스라엘의 죄로 인한 하나님의 분노로 무너지고 말았다. 영광스러운 땅의 선물, 왕권 그리고 성전을 모두 빼앗긴 것은 언약적 신실함으로 부름 받았던 그 왕들이 저지른 언약적 반역 때문이다(신 17:18-20; 왕상 11:9-10; 왕하 17:19-23). 이와 비슷하게, 우리 역시 거룩한 하나님께 반역했고 이는 죽어야 마땅한 반역이라고 성경은 말한다(신 24:16; 롬 3:23; 5:12; 6:23).

그러나 이스라엘 백성의 죄가 그 이야기의 끝이 아니었듯이 우리의 이야기도 아직 끝나지 않았다! 우리는 하나님의 진노를 받아야 마땅한 하나님의 종인데도 그분의 인자한 사랑을 받았다. 에스라 5장에서 은혜는 12-13절, 즉 하나님의 분노를 표현하는 '그러나…때문에'가 고레스의 칙령 앞에 나오는 "하지만"을 만나는 지점에서 선언되어 있다. 그 칙령은 하나님의 주도권으로 인해 주어진 것이다(1:1). 이것이 바로 그분의 자비이고, 그 결과 장차 성전이 재건되고 그 땅에 사람이 다시 살게 될 것인즉 귀환자들에게 미래가 있게 된다. 하나님의 자비는 그들이 과거에 실패했다고 풍성한 섬김이 끝장난 것은 아님을 의미한다. 이는 오늘날에도 동일하게 해당된다. 회개하고 예수 그리스도의 좋은 소식을 믿는 자들의 경우, 과거의 실패는 그리스도 안에 있는 하나님의 자비에 의해 삼켜지고 주님은 우리로 하여금 하나님을 신실하고 풍성하게 섬길 수 있게 하는 분이다.

솔로몬, 스룹바벨, 예수아 그리고 세스바살은 각각 자신의 상황 속에서 성전 건축과 관련해 그 나름의 역할을 담당한다. 세스바살은 성전 기초를 놓았고, "그때로부터 지금까지 건축하여 오나 아직도 마치지 못하였다"(5:16). 이 빛나는 진술은 계속되는 구속의 이야기에서 우리에게도 해당된다. 우리는 주 예수, 곧 우리의 큰 왕, 다윗의 자손, 대제사장 그리고 기초 건축자인 분의 종들이다. 그리스도는 그분의 교회의 기초를 놓은 모퉁잇돌이시다. 하지만 아직 완공되지 않았다. 세계 전역에서 그분은 계속해서 교회를 영적인 집으로 짓고 계시고(엡 2:19-22; 고전 3:16; 고후 6:16; 벧전 2:4-6) 이 집이 온 땅을 가득 채울 때까지 그분 편에서 신실하게 수고할 것을 우리에게 말씀하신다.

1 이에 다리오 왕이 조서를 내려 문서창고 곧 바벨론의 보물을 쌓아
둔 보물전각에서 조사하게 하여 2 메대도 악메다 궁성에서 한 두루마
리를 찾았으니 거기에 기록하였으되 3 고레스 왕 원년에 조서를 내려
이르기를 예루살렘에 있는 하나님의 성전에 대하여 이르노니 이 성전
곧 제사 드리는 처소를 건축하되 지대를 견고히 쌓고 그 성전의 높이
는 육십 [1]규빗으로, 너비도 육십 규빗으로 하고 4 큰 돌 세 켜에 새 나
무 한 켜를 놓으라 그 경비는 다 왕실에서 내리라 5 또 느부갓네살이
예루살렘 성전에서 탈취하여 바벨론으로 옮겼던 하나님의 성전 금,
은그릇들을 돌려보내어 예루살렘 성전에 가져다가 하나님의 성전 안
각기 제자리에 둘지니라 하였더라

1 Then Darius the king made a decree, and search was made in
Babylonia, in the house of the archives where the documents were
stored. 2 And in Ecbatana, the citadel that is in the province of Media,
a scroll was found on which this was written: “A record. 3 In the first
year of Cyrus the king, Cyrus the king issued a decree: Concerning the
house of God at Jerusalem, let the house be rebuilt, the place where

sacrifices were offered, and let its foundations be retained. Its height
shall be sixty cubits[1] and its breadth sixty cubits, 4 with three layers of
great stones and one layer of timber. Let the cost be paid from the royal
treasury. 5 And also let the gold and silver vessels of the house of God,
which Nebuchadnezzar took out of the temple that is in Jerusalem and
brought to Babylon, be restored and brought back to the temple that
is in Jerusalem, each to its place. You shall put them in the house of
God."

6 이제 유브라데강 건너편 총독 닷드내와 스달보스내와 너희 동관 유
브라데강 건너편 아바삭 사람들은 그곳을 멀리하여 7 하나님의 성전
공사를 막지 말고 유다 총독과 장로들이 하나님의 이 성전을 제자리
에 건축하게 하라 8 내가 또 조서를 내려서 하나님의 이 성전을 건축
함에 대하여 너희가 유다 사람의 장로들에게 행할 것을 알리노니 왕
의 재산 곧 유브라데강 건너편에서 거둔 세금 중에서 그 경비를 이 사
람들에게 끊임없이 주어 그들로 멈추지 않게 하라 9 또 그들이 필요로
하는 것 곧 하늘의 하나님께 드릴 번제의 수송아지와 숫양과 어린 양
과 또 밀과 소금과 포도주와 기름을 예루살렘 제사장의 요구대로 어
김없이 날마다 주어 10 그들이 하늘의 하나님께 향기로운 제물을 드려
왕과 왕자들의 생명을 위하여 기도하게 하라 11 내가 또 명령을 내리
노니 누구를 막론하고 이 명령을 변조하면 그의 집에서 들보를 빼내
고 그를 그 위에 매어달게 하고 그의 집은 이로 말미암아 거름더미가
되게 하라 12 만일 왕들이나 백성이 이 명령을 변조하고 손을 들어 예
루살렘 하나님의 성전을 헐진대 그곳에 이름을 두신 하나님이 그들을
멸하시기를 원하노라 나 다리오가 조서를 내렸노니 신속히 행할지어
다 하였더라

6 "Now therefore, Tattenai, governor of the province Beyond the

River, Shethar-bozenai, and your[2] associates the governors who are
in the province Beyond the River, keep away. 7 Let the work on this
house of God alone. Let the governor of the Jews and the elders of
the Jews rebuild this house of God on its site. 8 Moreover, I make a
decree regarding what you shall do for these elders of the Jews for the
rebuilding of this house of God. The cost is to be paid to these men
in full and without delay from the royal revenue, the tribute of the
province from Beyond the River. 9 And whatever is needed—bulls,
rams, or sheep for burnt offerings to the God of heaven, wheat, salt,
wine, or oil, as the priests at Jerusalem require—let that be given to
them day by day without fail, 10 that they may offer pleasing sacrifices
to the God of heaven and pray for the life of the king and his sons.
11 Also I make a decree that if anyone alters this edict, a beam shall be
pulled out of his house, and he shall be impaled on it, and his house
shall be made a dunghill. 12 May the God who has caused his name to
dwell there overthrow any king or people who shall put out a hand to
alter this, or to destroy this house of God that is in Jerusalem. I Darius
make a decree; let it be done with all diligence."

13 다리오 왕의 조서가 내리매 유브라데강 건너편 총독 닷드내와 스
달보스내와 그들의 동관들이 신속히 준행하니라 14 유다 사람의 장로
들이 선지자 학개와 잇도의 손자 스가랴의 권면을 따랐으므로 성전
건축하는 일이 형통한지라 이스라엘 하나님의 명령과 바사 왕 고레스
와 다리오와 아닥사스다의 조서를 따라 성전을 건축하며 일을 끝내되
15 다리오 왕 제육년 아달월 삼일에 성전 일을 끝내니라
13 Then, according to the word sent by Darius the king, Tattenai, the
governor of the province Beyond the River, Shethar-bozenai, and their

associates did with all diligence what Darius the king had ordered.
14 And the elders of the Jews built and prospered through the
prophesying of Haggai the prophet and Zechariah the son of Iddo. They
finished their building by decree of the God of Israel and by decree of
Cyrus and Darius and Artaxerxes king of Persia; 15 and this house was
finished on the third day of the month of Adar, in the sixth year of the
reign of Darius the king.

16 이스라엘 자손과 제사장들과 레위 사람들과 기타 사로잡혔던 자의
자손이 즐거이 하나님의 성전 봉헌식을 행하니 17 하나님의 성전 봉헌
식을 행할 때에 수소 백 마리와 숫양 이백 마리와 어린 양 사백 마리
를 드리고 또 이스라엘 지파의 수를 따라 숫염소 열두 마리로 이스라
엘 전체를 위하여 속죄제를 드리고 18 제사장을 그 분반대로, 레위 사
람을 그 순차대로 세워 예루살렘에서 하나님을 섬기게 하되 모세의
책에 기록된 대로 하게 하니라

16 And the people of Israel, the priests and the Levites, and the rest
of the returned exiles, celebrated the dedication of this house of God
with joy. 17 They offered at the dedication of this house of God 100
bulls, 200 rams, 400 lambs, and as a sin offering for all Israel 12 male
goats, according to the number of the tribes of Israel. 18 And they set
the priests in their divisions and the Levites in their divisions, for the
service of God at Jerusalem, as it is written in the Book of Moses.

1) 히, 암마

1 A *cubit* was about 18 inches or 45 centimeters *2* Aramaic *their*

단락 개관

첫 번째 에피소드(3-6장)의 세 번째 발췌 대목(스 5:1-6:18)은 일곱 장면 내지는 부분들(참고. 단락 개요)로 구성된 동심 구조로 이뤄져 있고 성전 완공으로 절정에 이른다. 앞장은 왕의 두 가지 요청으로 마무리된다. 첫째, 다리오가 장로들의 주장, 즉 성전 재건이 고레스 칙령의 후원 아래 진행되고 있었다는 것을 확인하기 위해 기록 보관소를 검색하도록 지시한다(5:13). 둘째, 다리오는 그의 결정을 전달한다. 이런 이슈들이 6장에 대한 기대감을 품게 한다. 과연 다리오는 에스라서의 초반부에서 그토록 중요했던 고레스의 칙령을 찾아낼 수 있을까? 다리오는 훗날의 아닥사스다처럼(4:21) 이 재건축 프로젝트를 허락할까, 아니면 중지시킬까? 이런 질문들은 곧 답변을 얻는다(6:1-18).

먼저 첫째 질문은 고레스의 칙령을 찾고 그것을 발견함으로써 답변을 얻는다(d, 6:1-5). 이 사건의 중요성을 감안할 때, 그 대목이 단락 개요에 나온 구조의 중앙에 적절하게 배치되어 있다. 이는 또한 5장의 사건들을 반영하는 일련의 사건들을 촉발한다. 다리오에게 보낸 이전 편지(c, 5:6-17)는 다리오가 보낸 그의 칙령을 묘사하는 편지(c′, 6:6-12)로 균형이 맞춰진다. 이에 반응하여 지명된 당국자들이 한때 의문을 품었던(b, 5:3-5) 건축 공사를 허락하게 된다(b′, 6:13). 이 발췌 대목은 내레이션을 통해 앞서 표현된 예언의 지지(a, 5:1-2)와 함께 성전이 완공되는 것(a′, 6:14-18)을 부각시킴으로써 마무리된다.

단락 개요

II. 공동체가 칙령에 따라 성전, 토라 그리고 성벽을 재건하다(스 2:1-느 7:73a)

B. 첫 번째 이동: 제단, 반대 그리고 성전(3:1-6:22)

3. 예언에 따른 재건축의 재개가 성전 완공과 함께 서한의 지지를 가져오다(5:1-6:18)

a. 선지자들이 스룹바벨과 예수아의 재건축을 지지하다(5:1-2)

b. 닷드내와 동료들이 지도자들의 재건축 권한에 의문을 제기하다(5:3-5)

c. 닷드내의 편지가 고레스 칙령의 확증을 요청하다(5:6-17)

d. 기록 보관소 검색으로 고레스의 칙령을 찾다(6:1-5)

c′. 닷드내에게 보낸 편지가 다리오의 칙령으로 재건축을 지지하다(6:6-12)

b′. 닷드내와 동료들이 다리오의 명령에 주의를 기울이다(6:13)

a′. 예언적 지지가 성전 완공과 봉헌으로 이어지다(6:14-18)

주석

6:1-5 다리오는 예상된 다음 행동을 취하고 바빌로니아, 말하자면 바벨론이 수도였던 더 넓은 지역(즉, 관할구)에서 고레스의 칙령을 찾아보라고 지시한다(1절, 참고. 5:17).[96] 그것을 찾는 과정은 바벨론 북동쪽 약 450킬로미터에 위치한 엑바타나(Ecbatana, 악메다)에서 마감된다.[97] 칙령이 엑바타나에서 발견되는 것은 이해할 만하다. 예전에(주전 550년) 고레스가 이 요새화된 메대의 수도('성채')를 점령해서 그곳을 페르시아 왕의 여름 별장으로 만들어 공식 문서를 보관하는 장소로 삼았기 때문이다.

그 칙령은 연대를 밝히는 것으로 시작된다. "고레스 왕 원년"(6:3), 즉 고레스가 바벨론을 점령하고(538-537년) "바벨론 왕"(5:13)이란 칭호를 취한 후인 즉립 제1년이다. 이전에 묘사된 칙령(1:2-4)과 비교하면 기록 보관소에 있던 칙령(6:3-5)은 여러 독특한 특징을 보여준다. '집'(3절, 개역개정은 "성전")이라는 단어가 두 번 반복된 것을 통해 입증하듯이, 성전 재건이 일차적인 주제가 된다. 세부사항은 성전의 규모, 왕실 자원에서 자금을 제공하는 것, 솔로몬의 성전(왕상 6:36)에 걸맞은 돌과 나무의 비율 그리고 성전의 그릇들을 되돌려주라는 명시적인 명령 등을 묘사한다. "지대[기초]를 견고히 쌓[게]" 하라는 구절은 본래의 성전 공간을 그대로 유지하도록 격려하고, 성전이 "제자리에"(스 2:68; 5:15-16; 6:7) 건축되었다는 다른 기록들과 일치한다. 이런 세부사항의 언급 그리고 특히 성전의 경계에 관한 기록은 건물의 최종 규모를 제한함으로써 필요한 재정 지원의 금액을 제한하는 역할을 할 수 있다.

성전의 규모에 관련해서는 두 가지 문제가 있다. 첫째, 그 규모가 개방형이다. 그 높이와 넓이는 각각 60규빗(3절, 약 27미터×27미터)으로 고정되

96 동일한 아람어 용어[바벨(*babel*)]가 바벨(Babel)과 바빌로니아(참고. 2:1)에 사용되고 있어서 때로는 어느 것을 염두에 두고 있는지 불분명하다. 여기서는 어느 쪽으로 번역해도 무방하다.

97 Noss and Thomas, *Ezra and Nehemiah*, 129.

어 있으나 그 길이는 명시되어 있지 않다. 둘째, 첫째 성전은 높이 30규빗, 넓이 20규빗 그리고 길이 60규빗(약 13.5미터×9미터×27미터, 왕상 6:2)이었다. 따라서 새로운 성전이 솔로몬의 첫 성전 규모보다 여섯 배나 크다. 이는 예전의 기초를 보존하라는 지침과 상충될 뿐 아니라 재건된 성전의 범위가 훨씬 작다는 생각(스 3:12; 학 2:3)과 모순되기도 한다.

이 문제에 대해 반박할 수 없는 해결책은 없다. 첫 번째로 일부 주석가들은 서기관의 잘못으로 첫째 성전의 규모(왕상 6:2)를 채택했다는 주장으로 이 문제를 풀려고 한다. 하지만 이 해결책은 고대 판본들의 강한 지지를 받지 못한다.[98] 두 번째로 다른 주석가들은 열거된 높이와 넓이는 외관의 규모이기에 더 작은 내부 구조가 가능하다고 합리적으로 추정한다. 세 번째로는 그 규모가 유배시대 이후 청중에 미칠 영향을 고려한다고 한다. 이 견해는 고레스의 칙령이 실제로 건축한 규모보다 더 큰 구조물을 짓도록 허락했다는 것을 수용한다. 만일 명시되지 않은 길이도 60규빗(첫째 성전의 길이)이었다면, 그에 따른 구조물은 더 작은 지성소의 정육면체 구조(왕상 6:20)와 비슷한 완벽한 정육면체였을 것이다. 이는 또한 에스겔의 환상에 나타난 성전(겔 42:15-20), 땅(겔 47:13-48:29) 그리고 성읍(겔 48:30-35)의 이상적 규모와 일맥상통할 것이다.

요컨대 건물의 공간은 본래 성전의 모습을 따랐겠지만, 여기에 주어진 이상화된 규모는 본래 청중에게 그 공간의 거룩함을 시사하고, 더 나아가 에스겔이 약속한 갱신의 시기가 가까웠다는 사실도 알려주었을 것이다. 뿐만 아니라 에스라-느헤미야서의 폭넓은 관점에서 보면, 나무와 돌로 만든 성전의 재건축은 단지 '하나님의 집' 확장의 첫 단계에 불과하다. 온전히 완공된 거룩한 공간은 재건된 성전을 넘어 토라 아래 '거룩한 백성'의 복원(스 7-10장, 특히 8:28)과 예루살렘의 재건(느 1-7장)까지 포함하게 될 것이다. 그때에 이르러야 비로소 이 '완성된' 공간은 회복된 공동체가 '거룩

98 블렌킨솝은 "이는 상당히 과감한 텍스트의 수술이 필요하게 만든다"라고 말한다(*Ezra-Nehemiah*, 125).

한 도성'에서 언약 갱신 기념식을 시작할 준비를 갖추도록 할 것이다. 사실 이 장면으로 느헤미야서가 끝난다(느 11:1).[99]

6:6-12 다리오는 이전의 질문에 응답하여 그것을 상쇄시킨다(5:6-17). 고레스의 칙령을 찾았으나 그 내용은 닷드내에게 간접적으로 전달된다. 그 대신 다리오는 자신의 결정사항을 알리는데(6:6-7), 이는 경비 지불에 대한 칙령(8-10절), 불순종에 대한 가혹한 경고의 언급(11-12a절) 그리고 행동의 촉구(12b절) 등을 포함한다.

'이제 그러므로'(ESV는 "Now therefore", 개역개정은 "이제")는 당국자들에 대한 다리오의 지시가 시작되는 부분이다. 그는 성전 재건에 관해 어떻게 할지에 대한 질문에 명백한 말로 답변한다. 그의 응답은 마치 금지 명령과 같은 기능을 한다. 그들은 그곳을 "멀리하[고]" 재건축 공사를 "그대로 두어[야]"(새번역) 한다. 이는 그 공사를 막고 싶어 하는 당국의 유혹을 차단한다. 긍정적으로는 '유다 장로들'(참고. 5:9)과 익명의 '유다 총독'(여기서는 스룹바벨, 참고. 5:3-5 주석)이 재건축 허락을 다시 받는다. 이 긍정적 결과는 '그들의 하나님'의 보호하시는 눈길이 그들 위에 있다(5:5)는 실제적인 증거가 된다.

다시 다리오의 칙령으로 돌아가 살펴보면, 그가 마지막을 위해 최선의 것을 남겨두고 있음이 분명하다(6:8-10). 그는 놀라운 일련의 명령을 통해 기대를 뒤집고 단지 외부인의 괴롭힘을 제거하는 데만 그치지 않는다. 다리오는 닷드내와 그의 동료들에게 그들이 한때 방해했던 이들을 위해 일하라는 놀라운 명령을 내린다. 그런데 어떻게 해야 하는가? 다리오는 이전 명령을 재진술하면서(6:4b) 제국이 그 프로젝트의 재정을 공급할 것이라고 되풀이한다. 여기서 한 가지 아이러니를 놓치면 안 된다. 훗날의 편지에서

99 여기에 제시된 해결책은 에스케나지의 저서에 나온 이상화된 구조의 개념에 영감을 받았다. 에스케나지는 고레스의 개방형 칙령이 '하나님의 집'이 확장될 여지를 남겨놓는다고 하면서 그 확장 공사가 아닥사스다의 통치 기간에 에스라와 느헤미야 아래서 진행된다고 말한다. Eskenazi, *Age of Prose*, 56-57.

는 아닥사스다가 예루살렘 성벽의 재건이 왕실 수입에 영향을 미칠 것이란 경고를 받을 것이다(4:13).[100] 요컨대, 왕실 세금이 이제 경비를 '전부' 지불하는 데 사용될 것이고, 이는 닷드내에 의해 분배될 것 같은 느낌이 든다!

더구나 이 재건축 공사는 빠르게 진행되어야 한다. "멈추지 않게"(6:8)로 번역된 어구는 경비 지불이 지연되지 않게 하라는 뜻일 수도 있으나 재건축이 방해를 받지 않게 하라는 뜻으로 보는 편이 더 나은 해석이다. 이 해석은 여기에 사용된 특정한 동사[아람어. 베텔(*betel*)]의 지지를 받는다. 이 동사는 에스라서에서 언제나 건축 프로젝트의 중단을 가리킨다[4:21, 23, 24(2번); 5:5; 6:8].[101] 9절의 시작과 8절의 끝("또 그들이 필요로 하는 것"을 "끊임없이 주어 그들로 멈추지 않게 하라")은 예배 장소뿐만 아니라 제사에 필요한 짐승과 다른 물질들도 공급하는 왕의 풍성한 관대함을 확대시킨다. 그러나 다리오가 '모든 신의 친구'[102]로 알려졌더라도, 그는 여전히 정치적 동기를 지닌 왕이었기에 자기 자신과 자손의 장수를 위해 기도하도록 요청한다(10절). 이전의 고레스처럼 다리오는 자신의 경건한 행동이 신들로 하여금 자신의 통치를 호의적으로 보게 할 것이라는 희망을 품는다.[103]

이 편지는 11-12절에서 주제를 바꾼다. 성경과 다른 고대 텍스트들은 왕의 칙령이나 언약에 대한 불순종 또는 변조에 대해 징벌의 위협을 담고 있다(예. 신 28:15-68). 구체적으로, 다리오에 반역하는 자들은 몸이 들보위에 매달려서 공개적인 치욕과 죽음을 당할 것이라는 위협에 직면한다

100 에스라 4:8 이하에 나오는 아닥사스다에게 보낸 편지를 상기하라. 이 책의 앞부분에서 연대기적으로 미래에 속한 아닥사스다 아래서의 반대 기간에 대해 얘기하고 있다.

101 문맥상 이 동사(*btl*)는 '멈추게 하다', '끝나게 하다', '중단시키다' 등으로 폭넓게 번역될 수 있다. NET는 6:8을 번역할 때 원문의 단어 순서를 그대로 유지하고 있다(새번역도 참고하라).

102 이 호칭은 그의 은혜를 받았던 이집트인들이 붙인 것이다. John H. Walton, Victor H. Matthews, and Mark W. Chavalas, *The IVP Bible Background Commentary: Old Testament* (Downers Grove, IL: IVP Academic, 2000), 466.

103 고레스 원통 비문에는 이런 글이 적혀있다. "내가 그들의 신성한 센터들에 정착시킨 모든 신들이 날마다 벨(Bel)과 나부(Nabu)에게 나의 날이 길도록 요청하고 그들이 나의 안녕을 위해 중보하기를 바라노라." "Cyrus Cylinder," trans. Mordechai Cogan (COS 2.124: 315-316).

(스 6:11). 성경에는 이런 섬뜩한 행습의 증거가 있고(예. 신 21:22-23; 수 8:29; 10:26-27), 고대 근동은 물론 고전 시대까지도 로마의 십자가형을 비롯한 그런 관행이 있었다. 에스라 6:11에 묘사된 몸을 매다는 페르시아 행습은 다른 곳에 묘사된 다리오의 행동과 일관성이 있다.[104] 게다가 다리오는 "거기[예루살렘 성전]에 이름을 두신"(12b절) 하나님(즉, "하늘의 하나님", 9-10절)께 감히 자신의 칙령을 고치려는 "어떤 왕이나 어떤 민족"(12a절)도 없애버려 달라고 요청한다(이상 새번역). 성전을 하나님의 이름이 거하는 장소로 묘사하는 것은 유다인의 전형적인 모습이고(신 12:5, 11; 왕상 14:21), 그것은 다리오가 아닌 하나님이 예루살렘을 소유한다는 뜻이므로 다리오가 그 파생된 결과를 이해할 가능성은 별로 없다. 요컨대, 에스라 6:11-12의 논리는 누구든지 왕의 칙령을 고치거나 위반하는 것은 하나님의 '집'도 위협하는 것이므로 그 자신의 '집'이 더럽혀질 뿐 아니라 중대한 결과를 초래할 것이라는 뜻이다(참고. 왕하 10:27).

6:13 12절에서 다리오는 "신속히 행할지어다"라고 진술함으로써 자신의 칙령과 불순종에 대한 위협을 마무리한다. 이렇듯 그는 다른 왕의 칙령(7:21, 26)과 일관되게 그것을 철저하게 준수할 것을 기대한다. 그가 말한 대로 13절에서 그의 신하들은 "신속히 준행[한다]".

6:14-18 에스라 1-6장에 나오는 여러 주제의 반복은 6:14-15이 핵심 구절들임을 보여준다. 성전은 "이스라엘 하나님[신성한 왕]의 명령[칙령]"을 따라 완공되었다. 이 하나님의 칙령은 예언의 말씀으로 중재된 것이다. 사실 유배에서 돌아온 것은 처음부터 예레미야의 말의 성취였다(1:1). 이제 첫

104 이란 서부에 위치한 베히스툰 비문은 다리오의 즉위와 네 명의 반란자들을 말뚝으로 관통하는 형을 집행한 것에 대해 얘기한다. 19세기에 이 비문은 설형문자의 해독에 핵심적 역할을 했다. 일반적인 몸 매달기의 관행에 관한 논의는 다음 책을 보라. David W. Chapman and Eckhard J. Schnabel, *The Trial and Crucifixion of Jesus*, WUNT 344 (Tubingen: Mohr Siebeck, 2015), 322-324. 페르시아와 메대의 관행에 대해서는 376-390을 보라. 아울러 에스더 2:23; 5:14; 6:4; 7:9-10; 8:7; 9:13-14, 25을 보라.

번째 이동(3-6장)의 끝에 가까워지면서 재건축 노력에 활력을 불어넣었던 학개와 스가랴 선지자의 복귀 이야기는 적합한 결론이다. 성경 전체에 걸쳐 그렇듯이, 하나님의 백성에게 진정한 성공은 오직 예언의 말씀에 대한 순종을 '통해' 이뤄진다.[105] 그리하여 성전 공사가 재개되었고, 성전의 완공은 예언의 말씀대로 이뤄진다. 이는 이 선지자들이 하나님으로부터 왔다는 것을 확증해준다(참고. 슥 4:9).

그러나 에스라-느헤미야서는 아울러 인간 행동의 중요성도 인정한다. 인간 왕들은 신성한 왕(하나님)의 뜻과 상관없이 행동하지 않고, 그들의 칙령은 성전 재건과 더불어 남은 건축 프로젝트에도 기여한다. 이는 특히 아닥사스다에게 해당된다. 그는 성전 건축과는 아무런 관계가 없지만 훗날 그의 칙령은 에스라(스 7-10장, 토라 아래 있는 백성)와 느헤미야(느 1-6장, 예루살렘 도성)의 '재건축' 프로젝트를 허락하는 데 중요한 역할을 담당한다. 이 프로젝트들 역시 하나님이 명하신 것들이다.[106] 현재 첫 번째 건축 프로젝트(성전)가 다리오 왕의 여섯째 해 달력의 마지막 달(아달월)에 마무리된다. 이는 예레미야가 약속한 70년에 가까운 시기다(스 1:1; 렘 25:11-12; 29:10-14).[107]

성전 완공은 기쁨으로 거행되는 "봉헌식"[하누카(*khanukkah*)]으로 이어진다(스 6:16-18).[108] 이는 귀환자들이 예전의 슬픔을 배경으로 한없는 환희를 경험하는 처음도 아니고 마지막도 아니다[3:12, 13; 6:16, 22; 느 8:10, 12, 17;

105 일부 영어 번역본들은 선지자의 사역과 최후의 긍정적 결과 간의 연관성을 약화시키는 것 같다(참고. NET, NJPS, NIV).

106 저자가 아닥사스다를 언급한 것과 관련해 알렌과 라니악이 적절하게 주석한 것을 주목하라. "그는 이 이야기의 최종 단계, 곧 새로운 성전의 필연적 결과인 거룩한 도성을 재건하는 느헤미야의 건축 공사로 뛰어 넘어갔다" (*Ezra, Nehemiah, Esther*, 50).

107 아달월은 2월/3월에 해당한다. 즉립 연도의 계산법에 따라 다리오의 여섯째 해는 주전 515년이나 516년으로 확인된다. 건축 공사는 다리오의 둘째 해(4:24), 520년 9월 21일(학 1:15)에 시작되었다.

108 아람어 용어 하누카(*khanukkah*)는 나중에 오늘날 하누카(Hanukkah)로 알려진 12월 공휴일과 동의어가 된다. 후자는 안티오쿠스 아피파네스 4세가 성전을 더럽힌 후 성전의 정화와 보수를 기념하는 날이다(마카베오상 4:36-61).

12:27, 43(2번), 44]. 그들은 예배를 회복하는 순간 그들의 심오한 정체성과 소명과 성취를 찾게 된다. 제물의 수는 확실히 첫째 성전의 봉헌식에 비하면 하찮게 보이지만, 그 당시의 제물(왕상 8:62-63) 또는 성막의 완공 때 드린 제물(민 7장)을 본보기로 삼는 듯하다. "온 이스라엘을 위한"(새번역, ESV) 속죄 제물로 이스라엘 지파의 수를 따라 숫염소 열두 마리를 드리는 것은 여러 이유로 의미심장하다. 첫째, 이는 "유다와 베냐민"(스 1:5; 4:1; 10:9)에만 초점을 두지 않고 이스라엘을 하나로 보고 있다는 증거가 된다. 이 통합된 '이스라엘 백성'은 제사장들, 레위인들 그리고 돌아오는 모든 유배자를 포함한다(6:16). 둘째, 가장 중요한 점은 '속죄' 제물 또는 '정화(淨化)' 제물이 언약을 위반해서 유배자로 잡혀갔던 백성을 위해 은혜롭게 드려진 것이다(렘 11:6-11). 따라서 속죄 제물의 피는 그동안 삶의 모든 측면에 영향을 주었던 더러움과 불명예를 안고 있는 백성을 정결케 한다.[109]

이 제물이 성전 자체의 정화(레 4:3-12)를 포함하는지는 분명하지 않지만 과거의 역사와 현재의 맥락을 감안하면 포함한다고 해도 놀랍지 않을 것이다. 수송아지나 암염소나 어린양보다 '숫염소'를 명시적으로 언급한 것은 백성의 대표로서 지도자들을 위한 속죄 제물(레 4:22-26)을 가리킬 수 있다. 본질적으로 정화 제물은 재건된 성전의 더러움을 없애줄 것이다(레 15:31; 학 2:14).[110]

마지막 구절(스 6:18)은 모세를 언급하고 다윗을 암시하되 모두 첫째 성전과의 관계에 비추어서 한다. 모세는 에스라-느헤미야서에서 주로 율법의 전달자로 등장하는데, 여기에 나온 "모세의 책"(6:18; 느 13:1)은 첫째 성전에서 따랐을 제사장과 레위인의 일반적 의무를 모세가 제정한 것을 가리키는 듯하다(출 29장; 레 8장; 민 18장). 다윗에 대해 말하자면, 다윗이 첫째

109 정화 제물에 관한 일차적 텍스트는 레위기 4:1-5:13에 나온다. 이에 관한 뛰어난 논의는 다음 책을 참고하라. Jay Sklar, *Leviticus*, TOTC 3 (Downers Grove, IL: IVP Academic, 2014), 107-118 (특히 108).

110 클라인스는 속죄 제물이 "성전이나 제단이 건축되는 동안 초래하는 불결함을 제거하기 위해 드려졌을 것(참고. 겔 43:18-27)"이라고 말한다 (*Ezra, Nehemiah, Esther*, 96).

성전에서 제사장과 레위인과 다른 이들에게 설정한 구분과 분할을 언급하면서 예배와 관련된 그의 역할을 암시한다(스 3:10; 대상 23-26장, 참고. 대상 22:13). 이 두 경우에 첫째 성전과의 연관성은 이 둘째 성전이 합법적인 예배의 집임을 입증한다.

응답

유배자 공동체는 도무지 이해할 수 없는 상실과 마음의 고통을 겪었다. 그리고 이제는 태양이 떠오르는 중이다. 추방 또는 정체성과 사업, 직업과 집, 물질적 소유와 사랑하는 사람의 상실로 인한 고난에 빛이 비치기 시작하고 희망이 다시 찾아오는 그 놀라운 순간이 가슴에 와 닿을 것이다. 인간이 된다는 것은 다양한 차원의 슬픔을 맛보는 것이지만, 이것이 하나님의 양 떼의 최종 운명은 아니다. 돌아오는 공동체가 모든 시대의 교회에 보여주는 진리는 아니다. 우리가 어떤 역경을 겪든지 간에 하나님 은혜의 여러 양상을 기쁨으로 맞이할 수 있다는 것이다.

하나님의 은혜는 희망을 놓아버리고자 하는 유혹을 무너뜨린다. 그 유혹은 우리나 타인이 만든 환경(스 5:12)이 아무것도 변하지 않을 것이라고 믿는 냉혹한 비관주의를 초래할 수 있다. 그러나 감사하게도, 끊임없는 환난조차 하나님의 은혜로 인하여 기쁨으로 귀결될 수 있다(고후 8:1-2). 귀환자들의 경우, 하나님은 페르시아 왕들의 조치를 통해서도 일하신다. 고레스 칙령의 발견은 보장된 적이 없는 결과로서 그들에게 용기를 주어 성전을 완공하게 한다. 그러나 아직 제사장 에스라, 총독 느헤미야 그리고 모든 백성에게는 온 예루살렘에 큰 기쁨을 가져오기 위해 건축 프로젝트를 성전 이상으로 확장시켜야 하는 더 많은 과업이 남아있다(느 12:27-43). 그리고 우리도 마찬가지다. 온 세계에 걸쳐 제자를 만드는 우리의 사명(마 28:19-20)은 구속받은 공동체를 위한 이상적인 예루살렘에서 마무리된다(계 21:15-16).

하지만 하나님은 우리의 기대를 채우고도 남으시는 은혜로 우리가 간구하거나 생각할 수 있는 것보다 더 많은 일을 행하신다(엡 3:20). 귀환자들의 경우, 고레스의 칙령으로 정당함과 지지를 얻어서 건축을 계속하는 것으로 충분할지 몰라도, 하나님은 다리오가 더 나아가 제국의 재정으로 성전을 재건하도록 명령하게 하기 위해 자극하신다(스 6:8). 하나님의 주권적 사역으로 인해, 제국을 대표하는 닷드내와 동료들은 성전 건축 공사를 지원하라는 명령을 받는다. 어쩌면 하나님 백성의 선교적 사업과 그들의 권한에 의문을 제기하는 이들이 갑작스럽게 그 사업에 필요한 물질을 공급하게 되는 사례가 있을 수 있다(참고. 4:13, 21-22; 느 2:7-8). 사실 다리오는 예배에 필요한 제물은 "무엇이든지" 제공하기까지 한다(스 6:9, 새번역). 하나님의 백성은 그런 제물을 사람의 손에서 받아서 다시 하나님께 돌려드린다(17절). 이런 것들은 하나님이 그분의 중개자를 통해 그분의 백성에게 주신 선물이고, 그분의 은혜는 사실 우리의 기대를 채우고도 남는다.

끝으로, 반대에 직면할 때 하나님의 은혜는 그분의 말씀을 통해 그분의 백성을 번영시킨다. 주전 520년에 하나님의 말씀이 선지자 학개와 스가랴를 통해 도래하여 낙담한 백성에게 인내하며 그들의 과업을 수행하도록 권면했다. 성전 완공('건축하고 번영하는 것')이라는 과업은 예언의 말씀에 순종한 결과였다(14절, 참고. 5:1-2). 이 진리는 성경 전반에 걸쳐 반영된다. 하나님의 백성은 하나님의 뜻과 말씀에 순종할 때만 그분의 백성이 되어 그들의 사명을 성공적으로 이루고 온 땅에서 그분께 영광을 돌리게 된다는 진리다(수 1:8; 대상 22:11-13; 느 1:11; 2:20; 시 1:3).

마지막 예언의 말씀은 예수 그리스도의 오심으로 나타났고, 그분은 우리의 선지자(요 6:14, 참고. 신 18:15-19)이실 뿐만 아니라 우리의 제사장이며 왕이시다. 예수님은 "회개하고 복음을 믿으라"(막 1:15)는 신성한 칙령을 발표하신다. 만일 다리오 시대에 왕의 칙령을 저버리고 그분의 백성을 향한 하나님의 목적에 반대하는 행동이 가혹한 심판의 경고를 초래한다면(스 6:11), 신성한 왕의 최후의 말씀에 반역하는 이들은 과연 어떻게 되겠는가(살후 1:4-10)? 그런데 그리스도께서 나타나셔서 우리 때문에 수치와 형벌을 기꺼이 감당하셨다(롬 6:23; 히 12:2; 요일 4:10). 우리는 그분의 말씀에 순종하고 그분의 희생을 받아들여야 번영할 수 있다. 위대한 선지자요 제사장이요 왕이신 예수님은 회개하고 믿는 사람들을 큰 성전으로 세우고 계시고 그들이 온 세계에서 "[그분의] 아름다운 덕을 선포하[도록]"(벧전 2:4-9) 하신다.

19 사로잡혔던 자의 자손이 첫째 달 십사일에 유월절을 지키되 20 제사
장들과 레위 사람들이 일제히 몸을 정결하게 하여 다 정결하매 사로
잡혔던 자들의 모든 자손과 자기 형제 제사장들과 자기를 위하여 유
월절 양을 잡으니 21 사로잡혔다가 돌아온 이스라엘 자손과 자기 땅에
사는 이방 사람의 더러운 것으로부터 스스로를 구별한 모든 이스라엘
사람들에게 속하여 이스라엘의 하나님 여호와를 찾는 자들이 다 먹고
22 즐거움으로 이레 동안 무교절을 지켰으니 이는 여호와께서 그들을
즐겁게 하시고 또 앗수르 왕의 마음을 그들에게로 돌려 이스라엘의
하나님이신 하나님의 성전 건축하는 손을 힘 있게 하도록 하셨음이었
더라

19 On the fourteenth day of the first month, the returned exiles kept the
Passover. 20 For the priests and the Levites had purified themselves
together; all of them were clean. So they slaughtered the Passover lamb
for all the returned exiles, for their fellow priests, and for themselves.
21 It was eaten by the people of Israel who had returned from exile, and
also by every one who had joined them and separated himself from the

uncleanness of the peoples of the land to worship the Lord, the God of Israel. 22 And they kept the Feast of Unleavened Bread seven days with joy, for the Lord had made them joyful and had turned the heart of the king of Assyria to them, so that he aided them in the work of the house of God, the God of Israel.

단락 개관

이 단락은 에스라 3-6장, 곧 바벨론에서 예루살렘으로의 세 차례 이동 중 첫 번째 이동을 구성하는 네 장의 네 번째이자 마지막인 발췌 대목이다. 에스라서의 나머지 부분은 두 번째 이동을 묘사하고(7-10장) 느헤미야서는 세 번째 이동을 묘사한다(느 1:1-7:4).

좀 더 구체적으로 말하자면, 에스라 6:19-22은 절정에 해당하는 성전 완공과 봉헌식(13-18절)이 거행된 지 약 한 달 후에 도래한다. 이 본문은 이스라엘 백성이 어떻게 두 가지 중요한 명절, 즉 유월절(19-21절)과 무교절(22절)을 지키는지 묘사한다. 그뿐만 아니라 본문은 그들이 기쁘게 그 명절들을 지켰다는 사실을 강조한다. 왜냐하면 주님이 인간 왕들을 통해 그분의 뜻을 이루심으로써 그들에게 기쁨을 주셨고 또한 그들을 격려하셨기 때문이다.

단락 개요

II. 공동체가 칙령에 따라 성전, 토라 그리고 성벽을 재건하다(스 2:1-느 7:73a)

B. 첫 번째 이동: 제단, 반대 그리고 성전(3:1-6:22)

4. 성전이 명절 행사와 함께 완공되다(6:18-6:22)[111]

a. 유월절을 지키다(6:19-21)

b. 무교절을 지키다(6:22)

6장

주석

6:19-21 이 구절들과 함께 내러티브는 페르시아 왕들과 교신을 주고받는 모습을 상세히 묘사하는 긴 아람어 텍스트(4:8-6:18) 이후에 히브리어로 되돌아간다. 히브리어로 돌아가는 것은 이 대목을 아람어 부분의 결론으로 삼을 뿐 아니라 에스라 1-6장에 대한 마무리 기능도 하게 한다. 시간 표시는 이 단락을 그 자체의 발췌 대목으로 구별하게 해준다. 다음 장에 나오는 아닥사스다가 에스라에게 보내는 편지가 에스라-느헤미야서에서 아람어 텍스트의 마지막 본보기(스 7:12-26)가 될 것이다.

유월절을 지키는 자들은 '돌아온 유배자들'이다.[112] 지금까지 에스라서에서 회복된 공동체는 또한 '그 지역의 사람들'(2:1), "이스라엘 백성"[2:2, "이

111 5:1-6:18의 문학적 구조와 6:19에 나온 시간 표시는 6:19-22을 따로 떼어놓도록 권장한다.

112 히브리어는 '유배자의 자손'[베네 학골라(*bene haggolah*)] 또는 단순히 '유배자(들)'[학골라(*haggolah*)]이고 에스라-느헤미야서에서 거의 에스라서에만 나온다(스 1:11; 2:1; 4:1; 6:19, 20, 21; 8:35; 9:4; 10:6, 7, 8, 16; 느 7:6).

스라엘 자손"(6:16)[113]의 동의어], "온 회중"(2:64) 또는 '그 백성'(3:1, 11)으로 불린다. 공동체의 언어는 이 결론적인 발췌 대목에서뿐 아니라 에스라-느헤미야서 전체에서도 중요한 '등장인물'인 온 공동체의 역할을 부각시킨다.

우리는 이미 이스라엘 백성이 일곱째 달(티슈리)인 가을에 거행되는 초막절을 지키는 장면(스 3:4)을 살펴본 바 있다. 이제 수십 년 후 성전이 완공되어 이스라엘이 유월절/무교절을 지키는데, 이는 이스라엘의 큰 명절들 중 하나다. 이 행사는 첫째 달, 곧 지난해의 마지막 달(즉, 아달월, 6:15)에 성전이 완공된 지 한 달 남짓 지난 후에 거행되었다. 이 첫째 달은 유배 이전에는 아빕월(Abib, 출 13:4; 23:15; 34:18; 신 16:1)로 그리고 바벨론 유배기 이후에는 니산월(느 2:1; 에 3:7)으로 알려졌다.[114]

절차에 대해 말하자면, 장로들이 첫째 달 제14일 황혼 무렵에 유월절 양을 잡고(출 12:6, 21) 그 피를 문설주에 바르도록(출 12:22) 되어 있었다. 그날부터 제21일까지 칠일 동안 이스라엘은 무교병을 먹게 되어 있었다(출 12:18).

유월절의 상징성은 출애굽 당시 최후의 재앙이 이집트에 내려서 처음 태어난 것이 모두 죽고 이스라엘은 심판에서 보호받은 것(출 12:12-13, 26-27)을 기념하는 의미심장한 것이다. 무교절과 함께 유월절은 이집트에서의 탈출에 나타난 하나님의 큰 구속 행위, 노예상태로부터의 자유(출 12:17) 그리고 그들이 광야에서 예배하기 위해 서둘러 이집트를 떠난 것(신 16:3)을 이스라엘에게 상기시켜주었다.[115] 에스라서의 맥락에서 유월절이 돌아오는 공동체에게 적실한 것은 너무나 분명하다. 그들이 새로운 출애굽을 통해 부분적이나마 새로이 찾은 자유를 생각할 때(참고. 1:6), 그들은 완공되

113 영어(와 한국어) 번역본은 종종 더 포괄적인 '이스라엘 백성'과 더불어 '이스라엘 자손'으로 번역한다.

114 그레고리역(양력)의 1월이 아니라 3월/4월이다. 클라인스는 이 경우의 날짜가 주전 515년 4월 21일경이라고 생각한다(*Ezra, Nehemiah, Esther*, 96). 다른 주석가들은 그 해가 주전 516년이라고 믿는다. 예. F. Charles Fensham, *The Books of Ezra and Nehemiah*, NICOT (Grand Rapids, MI: Eerdmans, 1982), 95.

115 구약에 나오는 다른 유월절 행사는 모세가 명령한 대로 약속의 땅에 들어간 것(출 12:27; 수 5:10-11), 히스기야 왕 치하에서 성전을 정결케 한 것(대하 29-30장) 그리고 요시야 왕이 주도한 개혁(왕하 23:12-23) 등과 관련이 있다.

고 봉헌된 성전에서 그들의 언약의 주님을 예배하기 위해 약속의 땅에 돌아온 것을 기뻐한다. 달리 말하면, 유월절이 첫 번째 출애굽과 연관되어 지켜졌듯이, 그 명절이 두 번째 출애굽과 관련하여 다시 지켜지는 것이다.

에스라 6장에서는 예배 인도의 책임을 맡은 제사장들과 레위인들만 '그들 자신을 정결하게 하는' 것으로 유월절이 지켜진다. 이와 비슷한 정결 예식은 나중에 성벽 봉헌식(느 12:30)과 느헤미야가 제정한 전반적 개혁(13:22)의 기간에 반복된다. 특히 유월절 거행을 위한 의례적 불결함에 대한 관심과 정화의 필요성(민 9:6 이하)은 신약 시대까지 계속 이어진다(요 11:55). 에스라 6장에 제사장들과 레위인들을 위한 정결 예식이 명시되어 있지 않아도 이전에 각 그룹을 위해 세운 의례를 따랐을 것이다(제사장은 레 22:1-9, 레위인은 민 8:5-22). 에스라 6:20에서 제사장과 레위인 둘 다 유월절 양을 잡았는지 혹은 레위인들만 잡았는지는 다소 모호하다. ESV 번역은 일부 제사장들과 레위인들이 더 넓은 공동체와 다른 제사장들(그리고 그들 자신)을 위해 유월절 양을 잡는 데 관여했다고 시사한다. 이를 지지하는 사례가 있다. 히스기야가 유월절을 되찾는 기간에 다시 성별된 제사장들과 레위인들이 그 행사에서 중요한 역할을 담당했다는 사실이다(대하 30:13-22). 하지만 당시에도 레위인들이 성별되지 않은 사람들을 위해 유월절 양을 잡았던 자들로 구별되었고(대하 30:17), 요시야의 개혁 기간에는 레위인들이 홀로 유월절 양을 잡는 책임을 맡았다(대하 35:3-6). 오직 레위인들만이 작업을 수행했을 가능성이 여기에도 여전히 존재한다.

전반적으로, 앞에 언급된 "속죄제"(스 6:17)와 재건되고 봉헌된 성전에서 드리는 새로운 공중 예배는 레위기에서 그 옛날 성막 완공에 이어 제사장과 회중의 성별 예식이 있었던 유사한 순간을 상기시킨다. 레위기 8장에서 성막의 성별 직후 제사장들은 온 공동체가 주님을 만나도록 준비시키기 위해 그들 자신과 백성을 위해 속죄 제물을 드린다(레 9:1-7).[116] 레위기

116 Sklar, *Leviticus*, 149. 거룩함, 순결함 그리고 불결함 등 의례적 상태란 주제에 관해서는 44-50페이지를 보라.

에서는 이 제물을 드린 후 주님이 영광 가운데 나타나신다(레 9:22-24, 참고. 출 40:34-38). 이 장면은 첫째 성전이 완공된 후(왕상 8:10-11) 다시 나타나고, 에스겔은 주님의 영광이 성전을 떠나는 환상(겔 11:22-25)을 본 후 그 영광이 다시 돌아올 날에 대해 말한다(겔 43:1-10). 그러나 슬프게도, 에스라서에는 그처럼 돌아오는 모습이 다시 나타난다는 증거가 없다.

에스라 6장이 계속되면서, 21절은 유월절 식사에 참여하는 사람들을 한 그룹이 아니라 두 그룹으로 묘사한다. 예상한 대로 유월절 음식은 유배상태에서 돌아오고 있는 이스라엘 백성이 먹는다(참고. 출 12:47). 그런데 '이스라엘이 아닌'듯 보이는 또 한 그룹이 언급되고 그 그룹은 이스라엘의 하나님, 여호와를 예배하기 위해 "자기 땅에 사는 이방 사람"의 "더러운 것"으로부터 "스스로를 구별[하는]" 모든 사람을 포함한다.[117] 여기서 "더러운 것"은 이방인의 우상숭배와 그것과 연루된 행습(스 9:1-2)을 가리키고, "스스로를 구별[하다]"[니브달(*nibdal*)]라는 단어는 물리적 분리를 가리킬 뿐 아니라 깨끗한 것과 더러운 것, 거룩한 것과 속된 것을 구별하는 것까지 지칭할 수 있다(레 10:10; 11:47).[118]

이 단어의 사용은 여러 기능을 한다. 이 맥락에서 그런 행동은 그들이 의례적 순결함과 도덕적 순결함을 다루는 주님의 율법을 고수함으로써 주님의 거룩한 백성임을 보여주고, 이로써 스스로를 열방으로부터 구별하는 것을 의미한다(레 20:24-26; 왕상 8:53). 그들이 유월절 행사에 참여하기 위해 할례를 받아 스스로를 언약 공동체의 멤버들로 만들 필요가 있는 것도 당연하다(출 12:48-49; 민 9:14). 하지만 이스라엘이 아닌 사람들도 그럴 수 있다는 사실은 언약 공동체에 들어가는 진정한 입문 조건이 혈통이 아닌 신앙임을 보여주고, 이스라엘과 주님의 예배에 합류하려는 이스라엘이 아닌 사람들에 대한 언급은 에스라 4:1-3의 외견상의 배타성과 반대가 된다.[119]

117 이 그룹이 유배자로 잡혀가지 않은 유다인을 확실히 포함할 수 있다(Clines, *Ezra*, *Nehemiah*, *Esther*, 97).

118 이 단어의 사용은 또한 우리가 9-10장에 나오는 중요한 갈등을 대비하게 해준다. 이에 관한 주석은 나중에 나올 것이다.

6:22 돌아온 유배자들은 유월절과 같이 무교절도 지키는데, 이 명절은 그들을 이집트에서 해방시키신 하나님의 큰 구속 행위를 상기시키기 위해 하나님이 제정하신 것이다(출 12:14-20; 13:3-10; 신 7:8). 지금 이 순간 70여 년에 걸친 그 모든 트라우마와 유배, 적대감과 무력증이 새로운 마음 상태로 변화된다. 그 백성이 고향으로 돌아온 것이다. 그들을 하나님의 백성으로 특징짓는 성전과 명절이 회복되었다. 그들은 단지 내면에서 생기는 기쁨뿐만 아니라 하나님이 주시는 새로운 즐거움으로 자유로이 예배하고 이 명절을 지킨다(대하 30:21; 시 92:4).

하지만 그들은 하나님의 또 다른 주권적 사역을 기뻐한다. 그 사역은 에스라-느헤미야서에 중심이 되는 또 다른 주제를 가리킨다. 이스라엘을 향한 이방 왕들의 긍정적 행동, 여기서는 '앗수르 왕'의 행동이 언급되지만 인간의 마음을 선한 쪽으로(스 6:22; 잠 21:1, 참고. 왕상 18:37) 또는 악한 쪽으로(출 4:21; 7:3-4; 사 10:5-11) 움직이시는 하나님의 주권적 선택 말고는 다른 설명이 없다.[120] 주님이 성전 건축의 재개를 도우려고 선지자적 지원을 보내셨고(스 5:1-2), 이 구절은 이 에피소드 전체에 걸친 그분의 전반적인 주권을 명백히 한다. 말하자면, 맨 처음 귀환을 유발하도록 왕의 마음을 자극하셨던 하나님이 이제는 이스라엘을 향한 왕의 마음을 변화시켜서 그 왕이 그들로 하나님의 집을 짓도록 힘을 실어주게 하시는 것이다.[121] 다음 장에서 분명히 드러나듯이, 이것은 왕들이 그분의 집을 짓도록 하나님의 종들에게 힘을 실어주는 마지막 경우가 아닐 것이다.

119 Kidner, *Ezra and Nehemiah*, 68.

120 앗수르에 대한 언급은 이상하지만 굳이 필사의 오류나 시대착오로 여길 필요는 없다. 오히려 지금은 페르시아 왕들이 예전의 앗수르와 바벨론의 영토를 다스리고 있는 만큼 그 예전 정권들의 상속인들로 간주될 수 있다. 유추하건대, 페르시아 왕들이 바벨론 왕들의 명단에 포함되었다는 증거가 있다. Fensham, *Ezra and Nehemiah*, 96.

121 '그가 그들을 도왔다'(ESV), '그들을 격려하다'(NASB), '그들에게 지원을 해주다'(NJPS)로 번역된 절은 직역하면 '그들의 손을 힘 있게 하다'가 된다.

응답

이 발췌 대목의 구절들은 다시 한번 기뻐하라는 요청을 표현하는데, 이번에는 다른 이유에서다. 이전 발췌 대목에서는 성전 완공에 비춰 본 하나님 은혜의 여러 측면에 대한 반응으로 기쁨이 생겼다(6:16). 하지만 유배 이전에 예레미야는 그의 위대한 '성전 설교'(렘 11:1-17)에서 성전의 존재는 만성적이고 단호한 회개가 부족할 때 거의 가치가 없다고 경고했었다. 하나님의 백성이 된다는 것은 멋진 건물의 존재와 필요한 직무의 회복보다 훨씬 많은 것을 의미한다. 물론 공동 예배의 장소를 갖는 것은 진정 기뻐할 만한 이유이지만, 하나님 백성의 진정한 일원이 되어 그분을 성실한 믿음으로 예배하는 것은 더 깊은 기쁨으로 이끌어준다.

오늘날 주님의 만찬은 그렇게 할 수 있는 기회를 정기적으로 마련해준다. 그 만찬을 통해 주님은 우리에게 죄의 노예에서 구속된 것을 기억하고 기념하며 그분을 예배할 수 있는 기회를 제공하신다. 이스라엘의 시대에 유월절과 무교절은 그 백성이 출애굽, 곧 구약에 나오는 위대한 구속의 사건을 기억하도록 일깨웠다. 에스라 6:21에서 유월절에 참여하는 사람들은 '그 땅 사람들의 더러운 것'에서 스스로를 구별하고 이스라엘에 합류한 자들이다. 이 요구는 이스라엘(사 52:11-12)과 더불어 교회에도(고전 6:14-18) 적실한 것이다. 우리 주님은 유월절을 기념하실 때 다가오는 자신의 죽음과 부활, 곧 세계 역사의 위대한 구속 사건에 비추어 제자들을 위한 식사를 제정하셨다(마 26:19-30). 이 "주의 만찬"(고전 11:20-29)은 부분적으로 그분 몸의 지체들을 세상에서 구별된 존재로 표시한다(고전 10:16-21). 하나님은 우리에게 그분의 약속을 확증하시고, 우리는 가시적 말씀으로 우리에게 나타나신 "우리의 유월절 양 곧 그리스도"(고전 5:7)의 희생을 볼 때 믿음으로 그 약속을 깨닫게 된다. 우리는 진정한 이스라엘로서 우리의 속박에서 벗어난 구속을 기념하고 그분과 맺은 언약을 새롭게 한다.

1 이 일 후에 바사 왕 아닥사스다가 왕위에 있을 때에 에스라라 하는
자가 있으니라 그는 스라야의 아들이요 아사랴의 손자요 힐기야의 증
손이요 2 살룸의 현손이요 사독의 오대 손이요 아히둡의 육대 손이요
3 아마랴의 칠대 손이요 아사랴의 팔대 손이요 므라욧의 구대 손이요
4 스라히야의 십대 손이요 웃시엘의 십일대 손이요 북기의 십이대 손
이요 5 아비수아의 십삼대 손이요 비느하스의 십사대 손이요 엘르아
살의 십오대 손이요 대제사장 아론의 십육대 손이라 6 이 에스라가 바
벨론에서 올라왔으니 그는 이스라엘의 하나님 여호와께서 주신 모세
의 율법에 익숙한 학자로서 그의 하나님 여호와의 도우심을 입음으로
왕에게 구하는 것은 다 받는 자이더니

1 Now after this, in the reign of Artaxerxes king of Persia, Ezra the
son of Seraiah, son of Azariah, son of Hilkiah, 2 son of Shallum,
son of Zadok, son of Ahitub, 3 son of Amariah, son of Azariah, son
of Meraioth, 4 son of Zerahiah, son of Uzzi, son of Bukki, 5 son of
Abishua, son of Phinehas, son of Eleazar, son of Aaron the chief
priest— 6 this Ezra went up from Babylonia. He was a scribe skilled in

the Law of Moses that the Lord, the God of Israel, had given, and the king granted him all that he asked, for the hand of the Lord his God was on him.

7 아닥사스다 왕 제칠년에 이스라엘 자손과 제사장들과 레위 사람들
과 노래하는 자들과 문지기들과 느디님 사람들 중에 몇 사람이 예루
살렘으로 올라올 때에 8 이 에스라가 올라왔으니 왕의 제칠년 다섯째
달이라 9 첫째 달 초하루에 바벨론에서 길을 떠났고 하나님의 선한 손
의 도우심을 입어 다섯째 달 초하루에 예루살렘에 이르니라 10 에스라
가 여호와의 율법을 연구하여 준행하며 율례와 규례를 이스라엘에게
가르치기로 결심하였었더라

7 And there went up also to Jerusalem, in the seventh year of Artaxerxes
the king, some of the people of Israel, and some of the priests and
Levites, the singers and gatekeepers, and the temple servants. 8 And
Ezra[1] came to Jerusalem in the fifth month, which was in the seventh
year of the king. 9 For on the first day of the first month he began to go
up from Babylonia, and on the first day of the fifth month he came to
Jerusalem, for the good hand of his God was on him. 10 For Ezra had
set his heart to study the Law of the Lord, and to do it and to teach his
statutes and rules in Israel.

11 여호와의 계명의 말씀과 이스라엘에게 주신 율례 학자요 학자 겸
제사장인 에스라에게 아닥사스다 왕이 내린 조서의 초본은 아래와 같
으니라 12 모든 왕의 왕 아닥사스다는 하늘의 하나님의 율법에 완전한
학자 겸 제사장 에스라에게 13 조서를 내리노니 우리 나라에 있는 이
스라엘 백성과 그들 제사장들과 레위 사람들 중에 예루살렘으로 올라
갈 뜻이 있는 자는 누구든지 너와 함께 갈지어다 14 너는 네 손에 있는

네 하나님의 율법을 따라 유다와 예루살렘의 형편을 살피기 위하여
왕과 일곱 자문관의 보냄을 받았으니 15 왕과 자문관들이 예루살렘에
거하시는 이스라엘 하나님께 성심으로 드리는 은금을 가져가고 16 또
네가 바벨론 온 도에서 얻을 모든 은금과 및 백성과 제사장들이 예루
살렘에 있는 그들의 하나님의 성전을 위하여 기쁘게 드릴 예물을 가
져다가 17 그들의 돈으로 수송아지와 숫양과 어린 양과 그 소제와 그
전제의 물품을 신속히 사서 예루살렘 네 하나님의 성전 제단 위에 드
리고 18 그 나머지 은금은 너와 너의 형제가 좋게 여기는 일에 너희 하
나님의 뜻을 따라 쓸지며 19 네 하나님의 성전에서 섬기는 일을 위하
여 네게 준 그릇은 예루살렘 하나님 앞에 드리고 20 그 외에도 네 하나
님의 성전에 쓰일 것이 있어서 네가 드리고자 하거든 무엇이든지 궁
중창고에서 내다가 드릴지니라

11 This is a copy of the letter that King Artaxerxes gave to Ezra the
priest, the scribe, a man learned in matters of the commandments of the
Lord and his statutes for Israel: 12 "Artaxerxes, king of kings, to Ezra
the priest, the scribe of the Law of the God of heaven. Peace.[2] And now
13 I make a decree that anyone of the people of Israel or their priests
or Levites in my kingdom, who freely offers to go to Jerusalem, may
go with you. 14 For you are sent by the king and his seven counselors
to make inquiries about Judah and Jerusalem according to the Law of
your God, which is in your hand, 15 and also to carry the silver and gold
that the king and his counselors have freely offered to the God of Israel,
whose dwelling is in Jerusalem, 16 with all the silver and gold that you
shall find in the whole province of Babylonia, and with the freewill
offerings of the people and the priests, vowed willingly for the house of
their God that is in Jerusalem. 17 With this money, then, you shall with
all diligence buy bulls, rams, and lambs, with their grain offerings and

their drink offerings, and you shall offer them on the altar of the house
of your God that is in Jerusalem. 18 Whatever seems good to you and
your brothers to do with the rest of the silver and gold, you may do,
according to the will of your God. 19 The vessels that have been given
you for the service of the house of your God, you shall deliver before
the God of Jerusalem. 20 And whatever else is required for the house of
your God, which it falls to you to provide, you may provide it out of the
king's treasury.

21 나 곧 아닥사스다 왕이 유브라데강 건너편 모든 창고지기에게 조
서를 내려 이르기를 하늘의 하나님의 율법 학자 겸 제사장 에스라가
무릇 너희에게 구하는 것을 신속히 시행하되 22 은은 백 달란트까지,
밀은 백 고르까지, 포도주는 백 밧까지, 기름도 백 밧까지 하고 소금
은 정량 없이 하라 23 무릇 하늘의 하나님의 전을 위하여 하늘의 하나
님이 명령하신 것은 삼가 행하라 어찌하여 진노가 왕과 왕자의 나라
에 임하게 하랴 24 내가 너희에게 이르노니 제사장들이나 레위 사람들
이나 노래하는 자들이나 문지기들이나 느디님 사람들이나 혹 하나님
의 성전에서 일하는 자들에게 조공과 관세와 통행세를 받는 것이 옳
지 않으니라 하였노라

21 "And I, Artaxerxes the king, make a decree to all the treasurers in
the province Beyond the River: Whatever Ezra the priest, the scribe of
the Law of the God of heaven, requires of you, let it be done with all
diligence, 22 up to 100 talents[3] of silver, 100 cors[4] of wheat, 100 baths[5]
of wine, 100 baths of oil, and salt without prescribing how much.
23 Whatever is decreed by the God of heaven, let it be done in full for
the house of the God of heaven, lest his wrath be against the realm of
the king and his sons. 24 We also notify you that it shall not be lawful to

impose tribute, custom, or toll on anyone of the priests, the Levites, the singers, the doorkeepers, the temple servants, or other servants of this house of God.

7장

25 에스라여 너는 네 손에 있는 네 하나님의 지혜를 따라 네 하나님의
율법을 아는 자를 법관과 재판관을 삼아 강 건너편 모든 백성을 재판
하게 하고 그중 알지 못하는 자는 너희가 가르치라 26 무릇 네 하나님
의 명령과 왕의 명령을 준행하지 아니하는 자는 속히 그 죄를 정하여
혹 죽이거나 귀양 보내거나 가산을 몰수하거나 옥에 가둘지니라 하였
더라

25 "And you, Ezra, according to the wisdom of your God that is in your
hand, appoint magistrates and judges who may judge all the people in
the province Beyond the River, all such as know the laws of your God.
And those who do not know them, you shall teach. 26 Whoever will
not obey the law of your God and the law of the king, let judgment be
strictly executed on him, whether for death or for banishment or for
confiscation of his goods or for imprisonment."

27 우리 조상들의 하나님 여호와를 송축할지로다 그가 왕의 마음에
예루살렘 여호와의 성전을 아름답게 할 뜻을 두시고 28 또 나로 왕과
그의 보좌관들 앞과 왕의 권세 있는 모든 방백의 앞에서 은혜를 얻게
하셨도다 내 하나님 여호와의 손이 내 위에 있으므로 내가 힘을 얻어
이스라엘 중에 우두머리들을 모아 나와 함께 올라오게 하였노라

27 Blessed be the Lord, the God of our fathers, who put such a thing as
this into the heart of the king, to beautify the house of the Lord that is
in Jerusalem, 28 and who extended to me his steadfast love before the
king and his counselors, and before all the king's mighty officers. I took

courage, for the hand of the Lord my God was on me, and I gathered leading men from Israel to go up with me.

1 Aramaic *he* *2* Aramaic *Perfect* (probably a greeting) *3* A *talent* was about 75 pounds or 34 kilograms *4* A *cor* was about 6 bushels or 220 liters *5* A *bath* was about 6 gallons or 22 liters

단락 개관

구조상으로 보면 우리는 여전히 이 책의 둘째 단락에 머물러 있다(스 2:1-느 7:73a). 제단과 성전의 재건이 첫 번째 에피소드(스 3-6장)의 주요 건축 프로젝트들이었다. 두 번째 에피소드(7-10장)는 그 자체의 '건축 프로젝트', 곧 하나님의 백성을 토라 아래 복원시키는 일을 묘사한다. 세 개의 발췌 대목, 곧 배경과 갈등 그리고 해소로 정의되는 대목들이 이 에피소드를 구성한다. 이 에피소드의 첫째 발췌 대목(7-8장)은 에스라가 아닥사스다의 칙령에 의해 두 번째 귀환을 인도하는 인물로 소개되면서 무대를 마련한다. 이후에 다룰 대표적인 갈등은 둘째 발췌 대목(9장)에서 소개되는데, 그 내용은 이스라엘의 "거룩한 자손"이 혼혈 결혼을 통해 "그 지방 사람들"과 섞였다는 보고였다(9:2). 마지막 발췌 대목(10장)에서는 공동의 고백과 회개를 통해 그 갈등이 해소되기에 이른다. 이 모든 과정을 통해 에스라는 자신의 양 떼를 위해 기도하고 그들과 함께 고난을 받는 헌신된 제사장이요 목회적 돌봄의 모델임을 보여준다.

두 편의 큰 '장면들'(7장과 8장)이 첫째 발췌 대목을 구성하고 이는 고레스 치하의 귀환처럼 바벨론에서 시작하여 예루살렘에서 끝난다. 첫 장면은 에스라를 중앙 무대로 데려오고 그의 직업의 기반을 제사장 족보에 두고 있다(7:1-6). 이어서 에스라와 함께 바빌로니아에서 돌아온 사람들을 묘사한 후(7:7-9) 핵심 구절(7:10)로 마무리하는 짧은 요약문이 나온다. 첫 장면에서는 에스라의 과업을 위탁하는 아닥사스다의 편지(7:11-26)가 지면을 점유하기에 활동은 거의 나오지 않는다. 일인칭 서술이 결론임을 알려주는데, 그 내용은 에스라가 하나님의 주권과 한결같은 사랑으로 인해 그분을 찬송하는 것이다(7:27-28). 이 주석은 먼저 7장을 논의한 후 둘째 장면(8장), 곧 예루살렘으로의 여정을 둘러싼 사건들을 묘사하는 대목을 분석할 예정이다.

단락 개요

II. 공동체가 칙령에 따라 성전, 토라 그리고 성벽을 재건하다(스 2:1-느 7:73a)
- C. 두 번째 이동: 에스라가 토라 아래 백성을 복원시키다(7:1-10:44)
  - 1. 에스라가 칙령을 받고 예루살렘으로의 또 다른 귀환을 인도하다(7:1-8:36)
    - a. 에스라가 아닥사스다로부터 칙령을 받다(7:1-28)
      - (1) 에스라 소개: 그의 족보와 직업(7:1-6)
      - (2) 예루살렘으로의 귀환에 관한 요약문(7:7-10)
      - (3) 아닥사스다의 편지를 통한 공인(7:11-26)
      - (4) 에스라가 하나님의 주권과 한결같은 사랑을 송축하다(7:27-28)

주석

7:1-6 "이 일 후에"(1절)로 말문을 여는 이 구절들은 새로운 등장인물과 배경으로 새로운 에피소드를 시작한다. 다리오의 여섯째 해에 성전 완공(6:14-18)과 유월절 행사(6:19-22)를 거친 후, 그 이야기가 아닥사스다의 일곱째 해인 458년에 새로운 역사적 순간에 진입할 때까지 무려 57년이 지나간다.[122] 새로운 에피소드들은 새로운 참여자들이 필요할 것이며 이 경우가 바로 그와 같다. 에스라의 이름 뒤에 열거된 제사장 족보(1-5절)는 그 주제를 지연시키고, 마침내 주제에 도달하는 것은 6절이다. "이 에스라가 바벨론에서 올라왔으니." '올라가다'라는 표현이 예루살렘을 목적지로 삼고 있다(참고. 1:3)는 생각은 곧 확증될 것이다(7:7; 8:32).

에스라의 족보는 그를 "스라야의 아들이요 아사랴의 손자"(7:1)로 부르는 것으로 시작한다. 이는 스라야가 그의 실제 아버지이거나 그의 조상들 중의 하나임을 의미하는데, 만일 "스라야"가 유배시대 이전에 바벨론 사람들에게 처형당한 동일한 이름의 제사장(왕하 25:18-21)을 가리킨다면 후자일 것이다. 에스라란 이름은 히브리어 '아사랴'의 한 형태이고 그 뜻은 '여호와께서 도우셨다'이기에 지금껏 이 책에서 줄곧 예증된 중요한 주제를 강조한다. 계속 시간을 거슬러 올라가는 이 족보는 대제사장 계보를 "대제사장 아론"(스 7:5)까지 추적한다. 에스라는 대제사장이 아니지만 그를 16대의 제사장들로 이뤄진 존경받는 계보에 합류시키는 것은 장차 그가 율법의 가르침 아래 그 백성을 복원시키는 중요한 역할을 할 것임을 내다보게 한다.[123]

122 에스라와 느헤미야란 인물들의 연대기적 순서에 관해서는 논쟁이 있다(참고. 서론의 '해석상 과제' 중 '에스라와 느헤미야의 연대기적 순서'). 만일 여기에 언급된 아닥사스다가 아닥사스다 1세(주전 464-423년)라면, 에스라는 그의 일곱째 해(주전 458년), 그러니까 그의 스무째 해의 느헤미야(주전 445년, 느 2:1)보다 앞서 도착하는 셈이다. 이 주석은 그 입장을 견지한다. 만일 이 왕이 아닥사스다 2세(주전 404년-359년)라면, 에스라는 느헤미야보다 한참 뒤인 398년에 돌아오는 셈이다. 일부 학자들은 세 번째 입장을 취하는데, 이에 따르면 아낙사스나 1세의 "일곱째" 해를 "서른일곱째 해"로 읽어야 하고 따라서 에스라가 느헤미야 이후에 도착한다고 한다(참고. 느 1:1).

내레이터는 이 긴 족보 문장의 끝에 이르러 그저 어떤 에스라가 아니라 이 에피소드 궤도의 중심인물로서 '이런' 자격을 갖춘 '이' 에스라를 우뚝 세운다. 마침내 한 동사가 나타나서 이 에스라가 "바벨론에서 올라왔[다]"는 것을 알려준다. 이 동사를 거듭 사용하는 것(6, 7, 9, 28절)은 고레스의 칙령(1:3)을 돌아보게 하고 뒤따르는 주요 행동을 내다보게 한다. 더 나아가, 에스라가 '서기관'(ESV 참고. 개역개정은 "학자")의 기술을 갖고 있다는 말은 우리의 해석에 더 많은 영향을 미친다. 이 단어는 그가 단순히 신속한 필사자 이상의 인물임을 시사하기 때문이다. 이 용어는 페르시아의 행정 관료 가운데 성직자의 역할을 담당했거나 문서 해석에서 왕을 돕는 외교관/법률가로 일했던 사람에게 적용된다(참고. 4:8).[124] 그리고 에스라가 유다인 문제와 관련하여 페르시아 왕을 섬겼을 수 있지만(참고. 느 11:24) 여기에 표현된 서기관의 기술은 명시적으로 모세의 율법(토라)에 대한 그의 전문 지식에 초점을 맞춘다. 대다수 평가에 따르면 그 율법은 아마 모세오경을 가리킬 것이다.[125]

에스라의 율법 교육은 그가 신성한 왕(하나님)의 외교관으로서 모세에게 주신 율법을 해석하면서도 아닥사스다가 목표로 삼는 왕국의 안정을 지지할 수도 있다.[126] 번역문을 보면 에스라 7:6에 나오는 '주다'[나탄(*natan*)]란

123 Shepherd and Wright, *Ezra and Nehemiah*, 30. 때때로 성경 족보에 나오는 경우에 걸맞게 에스라서에 나오는 명단도 여러 세대를 빠뜨리고 있다. 이보다 상세한 제사장 명단은 역대상 6:1-15에서 볼 수 있다.

124 Walton, Matthews, and Chavalas, *IVP Bible Background Commentary: Old Testament*, 468. 서기관 내지 비서는 이스라엘에서도 일정한 역할을 담당했다(예. 삼하 8:17; 20:25). 서기관들은 텍스트 생산뿐 아니라 협상도 하고(왕하 18:18-27), 메신저의 역할도 하고(왕하 19:2-7), 성전 보물을 감독하기도 했다(왕하 12:10-11). Blenkinsopp, *Ezra-Nehemiah*, 136을 보라.

125 Clines, *Ezra, Nehemiah, Esther*, 103. 유다인 전통에서는 에스라가 "제2의 모세"로서 높은 지위를 갖고 있고 다른 누구보다 더 "이스라엘에 그 책의 백성이란 영구적인 특성의 도장을 찍었다"(Kidner, *Ezra and Nehemiah*, 70). 제2성전 유대교에서 이런 개념들의 발전과정에 대해서는 특히 제2에스드라스 14를 보라. 신약 시대에 들어오면 서기관은 성경의 학생과 교사로 알려져 있다(마 2:4; 눅 5:17; 딤전 1:7).

126 이집트에서 주전 460년에 발생한 반란은 주전 456-454년 사이에 진압되었다. 에스라의 여정은 그 최고조에 추진되고, 아닥사스다는 북쪽에 대한 추가 반란을 제한하기 위해 최선을 다할 것이었다. Walton, Matthews, and Chavalas, *IVP Bible Background Commentary: Old Testament*, 469 (7:23 주석).

동사의 이중적 사용의 병행현상을 놓치기 쉽다. 이 동사는 하나님의 율법(“이스라엘의 하나님 여호와께서 ‘주신’”)과 인간의 법(“왕은 에스라가 요청하는 것은 무엇이나 다 ‘주었다’”, 새번역)의 근원을 묘사하여 후자가 전자에 의존하고 있다는 느낌을 준다. ‘손이…위에’란 어구가 에스라 7-8장에서 여섯 번(7:6, 9, 28; 8:18, 22, 31) 그리고 느헤미야서에서 두 번(느 2:8, 18) 나온다. 인간적 호의를 베푸는 일은 오직 하나님의 은혜로운 손으로만 설명될 수 있다. 에스라가 바벨론을 떠나는 정확한 목적이 무엇이든 간에 그의 삶과 능력 그리고 왕의 호의와 같은 특징들은 염두에 둘 필요가 있다.

7:7-10 주전 458년에 에스라와 함께 예루살렘에 “올라[간]” 이들로 열거된 사람들의 주요 범주(7절, 참고. 8:1-14)들은 이전의 명단(2:2, 36, 40-42, 43)과 동일한 순서를 보여준다.[127] “에스라”(7:8)라는 이름이 원문에는 나오지 않지만(참고. ESV 난외주) 그것을 추가하면 그가 그 동사의 단수 주어임이 분명해진다. 첫째 달 첫 날에 출발해서 다섯째 달 첫 날에 도착했다는 것(9절)은 니산월(3월/4월)에 시작해서 아브월(7월/8월)에 끝나는 봄철 여행이라는 것을 의미한다.[128] 이는 유프라테스강을 따라 북서쪽으로 오는 경로와 일치하고, 그 여행은 약 1,450킬로미터로 네 달이 걸렸다. 에스라의 안전한 도착을 설명하기 위해 ‘하나님의 손’(6, 9절)이란 관용구와 함께 다시 한 번 그분의 풍성한 은총에 주목한다.

마지막 구절(10절)이 에스라 7-10장 전체를 이해하는 열쇠다. 접속사 “왜냐하면”(ESV 참고)이 7:9의 은혜가 사실인 이유를 설명해줄 수도 있다. 즉, 에스라의 헌신 ‘때문에’ 하나님이 그분의 은총을 베푸셨다는 것이다.[129] 그러나 10절은 에스라의 마음의 동기와 그에 따른 행동이 기꺼이 예루살

127 구체적인 범주들, 즉 제사장들, 레위인들 등에 관한 논의는 2:1-70 주석을 보라.

128 만일 그 해가 주전 458년이었다면, 출발과 도착 날짜는 각각 4월 8일과 8월 4일이었던 셈이다.

129 Fensham, *Ezra and Nehemiah*, 101.

렘으로 가서 이상적 제사장으로서 그의 소명을 이루는 모습의 기반이 된다는 하나의 요약문으로 보는 것이 더 적절하다. 에스라가 "결심하였었더라"는 것은 무슨 뜻인가? 부정적으로 보면, 결심하지 않는다는 것은 반역, 완고함, 우유부단함 그리고 악행을 의미하고, 이는 불신에 해당한다(시 78:8; 대하 12:1, 14; 20:33). 이와 달리 결심한다는 것은 순종을 좋아하는 것, 배우려는 정신, 주님께 대한 헌신 그리고 주님의 법을 열망하는 삶의 열매로의 의로움을 추구하는 것을 의미한다(시 112편; 119편; 행 2:42). "여호와의 율법"은 나중에 나오는 "율례와 규례"와 비슷하고 하나님의 모든 율법을 요약하는 것이다.[130] 그의 마음이 지향하는 세 가지 대상(연구하고, 준행하고, 가르치는 것)은 그가 모범적인 제사장임을 보여준다.

7:11-26 개요

아닥사스다(참고. 4:11, 17, 23)의 두 번째 교신을 통해 에스라는 왕의 칙령에 의해 광범위한 권한을 받는다. 내러티브 서문(7:11) 이후에 나오는 이번 장의 대다수(12-26절)는 당시의 공식 언어인 아람어로 쓴, 에스라에게 보낸 편지에 할애되었다.[131] 이 편지는 명확한 구조를 갖고 있고 에스라에게 예루살렘으로의 귀환을 공인하고 기금 사용을 기대하게 하는 내용이다(12-20절). 이어서 아닥사스다가 그의 국고 출납관들에게 지시를 내리고(21-24절) 에스라의 과업에 필요한 마지막 세부사항으로 마무리된다(25-26절).

7:11-20 에스라의 활동이 풍부한 이인칭 단수 호칭("너," "네")의 사용으로 분명히 드러난다.[132] 서문(11-12절) 이후 에스라에게 귀환을 이끌 권한을 주

130 이는 출애굽기 20-23장 뿐 아니라 "율례와 규례"란 어구를 폭넓게 사용하는 레위기(레 26:46)와 신명기를 포함할 것이다(참고. 신 4:1, 5, 8, 14, 45; 5:1, 31; 6:1, 20; 7:11; 11:32; 12:1; 26:16, 17).

131 이 편지의 진정성은, 그것이 비록 암묵적인 유다인 문제로 작성되었지만, 거의 모든 학자가 수용하고 있다(Williamson, *Ezra, Nehemiah*, 98-99). 이에 대한 찬반 논쟁의 간략한 요약은 Fensham, *Ezra and Nehemiah*, 103-104을 보라.

132 7:13-20에는 구체적으로 에스라를 지칭하는 "너"와 "네"란 단어가 13번 나온다.

는 것, 그 여행의 목적 그리고 성전을 위한 자금 공급이 설명되어 있다(14-16절). 예물 사용에 관한 지시가 필요하면 국고에서 더 갖다 쓰라는 허락(20절)과 함께 이 대목(17-19절)이 마무리된다.

제사장 겸 서기관이라는 에스라의 소명은 왕의 편지 '사본'[11절(개역개정은 "초본"), 참고. 4:11, 23; 5:6]에서 떼려야 뗄 수 없는 관계에 있고 이것은 다시 "주님의 계명"에 대한 그의 학식과 연관된다.[133] 그러므로 아닥사스다의 에스라에 대한 묘사(7:12)는 내레이터의 묘사(11절)와 비슷하고 앞에 나온 에스라의 소개(1-10절)뿐 아니라 에스라서와 느헤미야서의 나머지 부분과도 어울린다(스 7:21; 느 8:9; 12:26). 이러한 반복은 돌아오는 유배자들에게 필수적인 관심을 불러일으켜야 한다. 에스라의 본분, 즉 공동체를 가르치는 일과 더불어 행정 업무와 성전 직무는 개인적인 자기 확대에서 나오지 않고 하나님과 인간 왕이 부여한 것이다.

앞서 에스라는 "왕에게 구하는 것은 다 받는 자"(스 7:6)라고 했는데, 그의 구체적인 요청은 기록되지 않았다. 이제 이 편지가 그 공백을 채운다. 훗날의 느헤미야처럼(느 2:5, 8) 에스라가 아닥사스다에게 예루살렘으로 돌아가도록 허락해달라고 요청하는 모습을 충분히 상상할 수 있다. 왕은 에스라에게 "예루살렘으로 올라갈 '뜻이 있는' 자는 누구든지"(스 7:13) 데려가라고 허락한다. 이번 장의 다른 곳과 이 책에서는 이 동사가 자원 예물을 가리킨다(15, 16절; 1:6; 2:68; 3:5). 그런데 7:13에서는 이 동사가 예루살렘을 다시 주민으로 채우려고 스스로를 '살아있는 제물'로 드리는 평신도나 성직자를 지칭한다(참고. 느 11:2; 스 1:3).

에스라가 돌아가려는 이유는 그 편지에 담긴 명백한 두 편의 언어적 보완에 비추어 거꾸로 유추할 수 있다. 첫째, 에스라는 "네[그의] 손에 있는[134]

133 7:6, 10도 보라. 블렌킨솝은 이 두 호칭(즉, 제사장과 서기관)이 에스라의 사명의 두 과업을 요약해준다고 말한다. 예배의 평가(제사장)와 사법적 제도의 확립(서기관)이다(*Ezra-Nehemiah*, 148).

134 실제로 두루마리를 가져간다는 의미에서 '그의 손에 있는' 것이 아니다. 오히려 이것은 비유적 표현으로 '숙달'이나 '손쉽게 이용할 수 있는'이란 뜻이다. 7:25도 보라.

네[그의] 하나님의 율법을 따라 유다와 예루살렘의 형편을 살피기"(7:14) 원한다. 이는 모세의 율법에 비추어 성전 행습을 평가하는 것을 포함해 '유다와 예루살렘' 공동체에 대한 영적 점검을 시행하고 싶다는 뜻이다. 이 영적 평가를 통해 실제로 특효약이 필요한 심각한 질병을 노출할 것이기에(9-10장) 에스라는 왕에게 자신의 과업을 완수하는 데 필요한 것을 더 요청해야 한다. 이는 두 번째 언어적 보완과 더불어 그 편지 자체를 포함한다.[135] 에스라는 성전 예배의 필요를 채우기 위해 일단의 자원 예물을 "가져가[도록]" 파견된다. 이 예물은 왕과 그의 자문관들, 에스라의 공동체 그리고 더 넓은 지역에서 온 것이다(7:15-16, 참고. 1:4-6)![136]

요청한 예물을 받은 후 에스라는 처음 도착한 후에 취할 그것들의 용도에 관한 추가 지시를 받는다(7:17-19).[137] 온갖 제물을 사서 드리는 것, 남은 자금의 사용에 관한 (인간이 결정하나 하나님이 제한하는) 경계, 의례적 직무를 위해 주어진 추가 그릇을 운반하라는 명령, 필요한 대로 왕의 재정에서 갖다 쓰는 옵션 등 이 모두는 에스라의 성품에 대한 왕의 무언(無言)의 신뢰를 보여준다. 이 신뢰는 나중에 8장이 보여주듯이 잘못된 것이 아니다(8:25 이하).

7:21-24 아닥사스다가 두 번째 칙령과 함께 자신의 국고 출납관들에게 조서를 내린다(21절, 참고. 13절). 그는 은과 밀 등의 분량에는 상한선을 두지만 그래도 공급에는 관대하다.[138] 이런 물품 중 일부가 여행에 사용될 수 있

135 느헤미야도 이와 비슷하게 아닥사스다에게 통과와 그의 사명에 필요한 물품을 승인하는 편지를 요청한다(느 2:7-8). 물론 추측이긴 해도 그런 중요한 편지를 작성할 때 에스라나 다른 유다인 관리가 참여한 듯 보인다는 것은 엉뚱한 발상이 아니다.

136 에스라 1장에 나오듯이, 지역의 선물은 유다인이 아닌 사람들로부터 온 것인 듯하다. "왕과 자문관들"(7:15)과 "일곱 자문관"(7:14)에 대한 언급은 믿을 만한 고문들의 투입을 가리킨다(참고. 에 1:14). 외적인 페르시아 비문 가운데 이런 자문관을 언급하는 곳은 없으나 다른 고대 텍스트는 사적 자문이란 페르시아의 관행을 기록하고 있다.

137 Williamson, *Ezra, Nehemiah*, 102.

는지 여부는 미해결 문제로 남아있으나 성전 필수품이 23절에서 주 관심사로 나타난다. 이 구절은 왜 페르시아 왕이 애초에 이런 일에 동의했는지 그 이유를 제공한다. 그의 행동은 정복된 백성들 사이에서 신전과 합당한 예배를 회복시키는 페르시아의 관행을 반영하고 있다. 그는 성전 '그릇들'의 복원(19절, 참고. 1:7-8; 5:14-15; 6:5)을 명령하는 점에서 고레스와 비슷하고 제사용 제물을 공급하는 점에서(7:17, 참고. 6:9-10) 다리오와 비슷하다. 이러한 행동은 그 지역 공동체를 달래고 자신의 제국과 자손을 향한 신들의 잠재적 분노를 회유하기 위한 목적을 가지고 있다. 성전 인사를 위한 세금 면제(7:7, 24) 역시 예전 왕들의 선례를 따른다.

7:25-26 15-20절이 에스라의 "가져가[는]" 과업을 상세히 표현했다면, 25-26절은 더 나아가 '살펴보다'(14절)라는 것이 무슨 뜻인지를 설명한다. 아닥사스다는 다시 에스라를 직접 부르며 하나님의 율법에 대한 그의 전문 지식으로 인해 그에게 확장된 관할권을 부여한다. 여기서는 그의 지식을 "네 손에 있는 네 하나님의 지혜"라고 부른다. 신명기에 나오는 선례(신 1:16-17; 16:18; 17:8-13)에 근거를 둔 이 지혜는 하나님의 율법에 대한 지속적인 가르침과 순응을 보장하기 위해 '법관과 재판관'을 임명하게 한다.[139] 하지만 에스라의 직무는 "하늘의 하나님"(스 7:12, 21, 23)께 더 많이 속해 있다. 공동체를 평가할 때 에스라는 법적 명령에 대한 외적인 준수를 넘어서는 가르침을 전한다.[140] 유배가 보여주었듯이, 이런 명령들은 주님을 향한 믿음과 사랑이라는 내적 동기와 결부되지 않는다면 거의 가치가 없다(신

138 주석가들과 번역본들이 서로 다른 추정치를 내놓는 것은 고대 성경의 측량에 상당하는 현대의 등가치를 제시하는 것이 위험하기 때문이다. 블렌킨솝은 이 측량을 은 3.75톤, 밀 23,400리터, 포도주와 기름은 각각 2,271리터로 추정한다(*Ezra-Nehemiah*, 149-150). 클라인스는 은이 아닌 물품의 수치를 더 낮게 잡고 그것들을 합리적인 연례 기부금으로 생각한다. 두 학자 모두 은의 분량을 특별한 것으로 꼽는다(*Ezra*, *Nehemiah*, *Esther*, 104).

139 Shepherd and Wright, *Ezra and Nehemiah*, 34.

140 에스라의 가르치는 사역의 중요성은 '알다'란 동사로 표현되는데, 이 단어가 7:25에 세 번 나온다(이 가운데 마지막 단어는 "가르치라", 즉, '알게 하라'로 번역되어 있다).

6:4-9; 대하 29:31; 시 51:16-17; 마 23:23). 에스라의 과업은 너무나 중요해서 에스라와 그가 임명한 관리들은 하나님이나 왕의 법에 불순종하는 모든 사람에게 페르시아의 형벌을 그대로 집행하는 권한을 갖게 된다(스 7:26; 10:8).

7:27-28 마지막 대목은 히브리어로 되돌아가고 이른바 에스라 회고록의 일인칭 서술을 시작한다(7:28-9:15). 에스라는 자기 목소리로 하나님을 찬양하고 "우리 조상들의 하나님"을 두 방식으로 묘사함으로써 7장의 내용을 신학적으로 해석한다. 첫째, 주님은 왕의 마음속에서 일하신다. 아닥사스다의 사적인 관심과 동기가 하나님의 집을 '아름답게 하고픈' 열망으로 꽃피는 것은 그분의 목적의 씨앗을 왕의 내면에 심으시는 하나님을 떠나서는 도무지 설명할 길이 없다(참고. 사 60:7, 13).[141] 둘째, 에스라는 하나님이 자신을 사용하시는 것을 기뻐한다. 이 과정을 통틀어 주님은 에스라를 '한결같은 사랑'[헤세드(*hesed*)]의 수령자로 삼으신다. 왕과 궁전이 이 말씀의 종에게 보여준 호의는 그의 어깨에 임한 하나님의 은혜로운 손의 가시적 표현으로서만 이해할 수 있다.

141 7:27에서 "아름답게" 하다는 것이 무슨 뜻인지는 불분명해도 그 맥락은 아닥사스다가 제사용 제물을 공급하는 모습을 가리킨다. 이사야서의 구절들은 제사용 제물(사 60:7)과 레바논에서 온 나무(사 60:13) 둘 다를 성전을 '아름답게 하는' 요소들로 지칭한다.

응답

하나님이 회복시키신 공동체의 기복은 무려 57년에 걸친 정체기에 의해 진정된다(참고. 7:1-6 주석). 우리는 이 긴 침묵의 기간에 하나님이 더 이상 그분의 백성에게 관심이 없다고 믿고 싶은 유혹을 받는다. 이런 유혹은 물리쳐야 한다. 운명은 신속히 바뀔 수 있다. 에스라와 함께 우리가 하나님을 찬양하는 것은 그분이 모든 일에서 그분의 주권을 나타내고 특히 그분의 교회를 세우려는 관심을 계속 보여주시기 때문이다.

우리는 지도자들을 보내셔서 그분의 교회를 세우시는 하나님을 찬양한다. 하나님은 그분의 때에 에스라를 보내셔서 그렇게 하셨는데, 에스라라는 이름의 긴 형태(아사랴, Azariah)는 '주님이 도우셨다'란 뜻이다. 사실 그분이 도움을 주셨다. 주님은 에스라를 지도자로서 뿐만 아니라 "모세의 율법에 능통한"(6절, 새번역) 제사장과 서기관으로 데려오셨다. 그래서 그는 "여호와의 율법을 연구하여 준행하며 율례와 규례를 이스라엘에게 가르치기로 결심하였[다]"(10절). 이 결의는 에스라를 마치 사역의 태풍에 저항하는 요지부동의 울타리 기둥, 곧 동결선 아래 깊숙이 시멘트를 바른 그런 기둥처럼 만들었다. 목사 직분에는 중요하고 주목할 만한, 주의를 산만하게 하는 것들로 가득하다. 하지만 에스라는 우리에게 중요한 한 가지를 보여준다. 오직 하나님의 말씀을 연구하겠다는 끊임없고 끈질긴 불굴의 결단을 겸비한 하나님에 대한 깊은 사랑만이 사역의 신실한 적용(즉, '실천')을 빚어낼 수 있다. 그때에 비로소 우리는 겸손하게 가르칠 수 있다. 그리고 그것이 제사장 직무의 핵심 요소였던 가르치는 사역(신 17:9-11; 겔 44:23; 말 2:7-9)이고, 가장 유사한 것은 성경 강해 사역이다. 최근의 여론조사가 시사하는 것처럼, 믿는다고 하는 그리스도인들 가운데 성경과 신학 지식의 상태가 매우 심각하다면 교회에서 해박하고 건전한 목사의 가르침이 얼마나 필요한지는 두말할 필요가 없다. 하나님의 말씀을 가르치는 사역은 단지 구약의 관심사만이 아니다(행 6:4; 딤후 2:15).

우리는 또한 왕의 마음을 움직여서 그분의 교회를 세우시는 하나님을 찬양한다. 성벽 공사를 멈추라는 아닥사스다의 칙령(스 4:21-22, 참고. 느 2:1)은 적어도 주전 445년 느헤미야가 도착하기 여러 해 전에 내려진 것 같다. 그러한 배경에서 나타난 자기의 경제적 손실에 대한 아닥사스다의 염려(스 4:13, 21-22)는 그가 에스라 7장에서 쏟아 붓는 호의와 뚜렷한 대조를 이룬다. 그의 명시적 예물(15, 21절), 다른 출처들로부터 예물을 거두게 허락하는 모습(16절), 보물이 성전에 사용되는 것을 보고 싶은 마음(17절) 그리고 에스라의 성실함에 대한 전폭적 신뢰(18, 20절) 등이 그것이다. 이 모든 호의는 "여호와의 성전[집]을 아름답게"(27절) 하고자 하는 왕의 기꺼운 마음으로 요약되어 있다. 정치인들의 선의는 지역적 관습이나 행습에서 선례를 찾을 수 있을지 몰라도 궁극적으로는 하나님이 권세 있는 정치인의 결정까지 인도하신다(잠 21:1). 교회를 향한 사람들의 모든 헌금도 그 궁극적 근원은 주님께 있다. 복음에 적대적인 환경에서 누군가가 교회나 목사나 선교사에게 베푸는 선의에 관한 극적인 이야기가 이를 증명한다.

끝으로, 우리는 우리 위에 임하는 하나님의 한결같은 사랑과 은혜로운 손을 통해 그분의 교회를 세우시는 하나님을 찬양한다. 에스라는 왕, 그의 자문관들(참고. 스 7:14-15) 그리고 "권세 있는 모든 방백"(28절)의 공적이고 호의적인 성향을 자기에게 임하시는 하나님의 풍성한 손, 하나님의 '한결같은 사랑'의 진정한 표현으로 해석한다. 이 모든 복은 에스라에게 용기를 주고 그로 하여금 예루살렘으로 귀환하기 위해 '인도하는 사람들'을 모을 수 있게 한다. 그러므로 하나님의 선하심은 에스라에게 용기를 북돋워주고 8장에 서술된 그 나라 증진의 다음 단계를 위해 에스라를 준비시킨다. 주님은 궁극적으로 예수 그리스도의 공적인 삶, 죽음 그리고 부활을 통해 그분의 백성에게 한결같은 사랑과 선하심을 보여주셨다(벧전 1:3-5). 이처럼 하나님의 한결같은 사랑과 선한 손에 대한 명확한 표현은 우리에게 용기를 북돋워 주어 그분의 나라를 증진시키는 우리의 다양한 소명을 이루어가게 한다.

1 아닥사스다 왕이 왕위에 있을 때에 나와 함께 바벨론에서 올라온 족
장들과 그들의 계보는 이러하니라 2 비느하스 자손 중에서는 게르솜
이요 이다말 자손 중에서는 다니엘이요 다윗 자손 중에서는 핫두스
요 3 스가냐 자손 곧 바로스 자손 중에서는 스가랴니 그와 함께 족보
에 기록된 남자가 백오십 명이요 4 바핫모압 자손 중에서는 스라히야
의 아들 엘여호에내니 그와 함께 있는 남자가 이백 명이요 5 스가냐
자손 중에서는 야하시엘의 아들이니 그와 함께 있는 남자가 삼백 명
이요 6 아딘 자손 중에서는 요나단의 아들 에벳이니 그와 함께 있는
남자가 오십 명이요 7 엘람 자손 중에서는 아달리야의 아들 여사야니
그와 함께 있는 남자가 칠십 명이요 8 스바댜 자손 중에서는 미가엘의
아들 스바댜니 그와 함께 있는 남자가 팔십 명이요 9 요압 자손 중에
서는 여히엘의 아들 오바댜니 그와 함께 있는 남자가 이백십팔 명이
요 10 슬로밋 자손 중에서는 요시뱌의 아들이니 그와 함께 있는 남자
가 백육십 명이요 11 베배 자손 중에서는 베배의 아들 스가랴니 그와
함께 있는 남자가 이십팔 명이요 12 아스갓 자손 중에서는 학가단의
아들 요하난이니 그와 함께 있는 남자가 백십 명이요 13 아도니감 자

손 중에 나중된 자의 이름은 엘리벨렛과 여우엘과 스마야니 그와 함
께 있는 남자가 육십 명이요 14 비그왜 자손 중에서는 우대와 사붓이
니 그와 함께 있는 남자가 칠십 명이었느니라

1 These are the heads of their fathers' houses, and this is the genealogy
of those who went up with me from Babylonia, in the reign of
Artaxerxes the king: 2 Of the sons of Phinehas, Gershom. Of the sons
of Ithamar, Daniel. Of the sons of David, Hattush. 3 Of the sons of
Shecaniah, who was of the sons of Parosh, Zechariah, with whom were
registered 150 men. 4 Of the sons of Pahath-moab, Eliehoenai the son of
Zerahiah, and with him 200 men. 5 Of the sons of Zattu,[1] Shecaniah the
son of Jahaziel, and with him 300 men. 6 Of the sons of Adin, Ebed the
son of Jonathan, and with him 50 men. 7 Of the sons of Elam, Jeshaiah
the son of Athaliah, and with him 70 men. 8 Of the sons of Shephatiah,
Zebadiah the son of Michael, and with him 80 men. 9 Of the sons of
Joab, Obadiah the son of Jehiel, and with him 218 men. 10 Of the sons
of Bani,[2] Shelomith the son of Josiphiah, and with him 160 men. 11 Of
the sons of Bebai, Zechariah, the son of Bebai, and with him 28 men.
12 Of the sons of Azgad, Johanan the son of Hakkatan, and with him
110 men. 13 Of the sons of Adonikam, those who came later, their
names being Eliphelet, Jeuel, and Shemaiah, and with them 60 men.
14 Of the sons of Bigvai, Uthai and Zaccur, and with them 70 men.

15 내가 무리를 아하와로 흐르는 강가에 모으고 거기서 삼일 동안 장
막에 머물며 백성과 제사장들을 살핀즉 그중에 레위 자손이 한 사람
도 없는지라 16 이에 모든 족장 곧 엘리에셀과 아리엘과 스마야와 엘
라단과 야립과 엘라단과 나단과 스가랴와 므술람을 부르고 또 명철
한 사람 요야립과 엘라단을 불러 17 가시뱌 지방으로 보내어 그곳 족

장 잇도에게 나아가게 하고 잇도와 그의 형제 곧 가시뱌 지방에 사는
느디님 사람들에게 할 말을 일러 주고 우리 하나님의 성전을 위하여
섬길 자를 데리고 오라 하였더니 18 우리 하나님의 선한 손의 도우심
을 입고 그들이 이스라엘의 손자 레위의 아들 말리의 자손 중에서 한
명철한 사람을 데려오고 또 세레뱌와 그의 아들들과 형제 십팔 명과
19 하사뱌와 므라리 자손 중 여사야와 그의 형제와 그의 아들들 이십
명을 데려오고 20 다윗과 방백들이 레위 사람들을 섬기라고 준 느디님
사람 중 성전 일꾼은 이백이십 명이었는데 그들은 모두 지명받은 이
들이었더라

15 I gathered them to the river that runs to Ahava, and there we camped
three days. As I reviewed the people and the priests, I found there
none of the sons of Levi. 16 Then I sent for Eliezer, Ariel, Shemaiah,
Elnathan, Jarib, Elnathan, Nathan, Zechariah, and Meshullam, leading
men, and for Joiarib and Elnathan, who were men of insight, 17 and
sent them to Iddo, the leading man at the place Casiphia, telling them
what to say to Iddo and his brothers and[3] the temple servants at the
place Casiphia, namely, to send us ministers for the house of our God.
18 And by the good hand of our God on us, they brought us a man of
discretion, of the sons of Mahli the son of Levi, son of Israel, namely
Sherebiah with his sons and kinsmen, 18; 19 also Hashabiah, and with
him Jeshaiah of the sons of Merari, with his kinsmen and their sons, 20;
20 besides 220 of the temple servants, whom David and his officials had
set apart to attend the Levites. These were all mentioned by name.

21 그때에 내가 아하와강가에서 금식을 선포하고 우리 하나님 앞에서
스스로 겸비하여 우리와 우리 어린아이와 모든 소유를 위하여 평탄한
길을 그에게 간구하였으니 22 이는 우리가 전에 왕에게 아뢰기를 우리

하나님의 손은 자기를 찾는 모든 자에게 선을 베푸시고 자기를 배반
하는 모든 자에게는 권능과 진노를 내리신다 하였으므로 길에서 적군
을 막고 우리를 도울 보병과 마병을 왕에게 구하기를 부끄러워하였음
이라 23 그러므로 우리가 이를 위하여 금식하며 우리 하나님께 간구하
였더니 그의 응낙하심을 입었느니라

21 Then I proclaimed a fast there, at the river Ahava, that we might
humble ourselves before our God, to seek from him a safe journey for
ourselves, our children, and all our goods. 22 For I was ashamed to ask
the king for a band of soldiers and horsemen to protect us against the
enemy on our way, since we had told the king, “The hand of our God is
for good on all who seek him, and the power of his wrath is against all
who forsake him.” 23 So we fasted and implored our God for this, and
he listened to our entreaty.

24 그때에 내가 제사장의 우두머리들 중 열두 명 곧 세레뱌와 하사뱌
와 그의 형제 열 명을 따로 세우고 25 그들에게 왕과 모사들과 방백들
과 또 그곳에 있는 이스라엘 무리가 우리 하나님의 성전을 위하여 드
린 은과 금과 그릇들을 달아서 주었으니 26 내가 달아서 그들 손에 준
것은 은이 육백오십 달란트요 은그릇이 백 달란트요 금이 백 달란트
며 27 또 금잔이 스무 개라 그 무게는 천 다릭이요 또 아름답고 빛나
금같이 보배로운 놋그릇이 두 개라 28 내가 그들에게 이르되 너희는
여호와께 거룩한 자요 이 그릇들도 거룩하고 그 은과 금은 너희 조상
들의 하나님 여호와께 즐거이 드린 예물이니 29 너희는 예루살렘 여호
와의 성전 골방에 이르러 제사장들과 레위 사람의 우두머리들과 이스
라엘의 족장들 앞에서 이 그릇을 달기까지 삼가 지키라 30 이에 제사
장들과 레위 사람들이 은과 금과 그릇을 예루살렘 우리 하나님의 성
전으로 가져가려 하여 그 무게대로 받으니라

24 Then I set apart twelve of the leading priests: Sherebiah, Hashabiah,
and ten of their kinsmen with them. 25 And I weighed out to them the
silver and the gold and the vessels, the offering for the house of our
God that the king and his counselors and his lords and all Israel there
present had offered. 26 I weighed out into their hand 650 talents[4] of
silver, and silver vessels worth 200 talents,[5] and 100 talents of gold,
27 20 bowls of gold worth 1,000 darics,[6] and two vessels of fine bright
bronze as precious as gold. 28 And I said to them, "You are holy to the
Lord, and the vessels are holy, and the silver and the gold are a freewill
offering to the Lord, the God of your fathers. 29 Guard them and keep
them until you weigh them before the chief priests and the Levites and
the heads of fathers' houses in Israel at Jerusalem, within the chambers
of the house of the Lord." 30 So the priests and the Levites took over
the weight of the silver and the gold and the vessels, to bring them to
Jerusalem, to the house of our God.

31 첫째 달 십이 일에 우리가 아하와강을 떠나 예루살렘으로 갈새 우
리 하나님의 손이 우리를 도우사 대적과 길에 매복한 자의 손에서 건
지신지라 32 이에 예루살렘에 이르러 거기서 삼일 간 머물고 33 제사
일에 우리 하나님의 성전에서 은과 금과 그릇을 달아서 제사장 우
리아의 아들 므레못의 손에 넘기니 비느하스의 아들 엘르아살과 레
위 사람 예수아의 아들 요사밧과 빈누이의 아들 노아댜가 함께 있어
34 모든 것을 다 세고 달아 보고 그 무게의 총량을 그때에 기록하였느
니라
31 Then we departed from the river Ahava on the twelfth day of the
first month, to go to Jerusalem. The hand of our God was on us, and
he delivered us from the hand of the enemy and from ambushes by

the way. 32 We came to Jerusalem, and there we remained three days.
33 On the fourth day, within the house of our God, the silver and the
gold and the vessels were weighed into the hands of Meremoth the
priest, son of Uriah, and with him was Eleazar the son of Phinehas, and
with them were the Levites, Jozabad the son of Jeshua and Noadiah the
son of Binnui. 34 The whole was counted and weighed, and the weight
of everything was recorded.

35 사로잡혔던 자의 자손 곧 이방에서 돌아온 자들이 이스라엘의 하
나님께 번제를 드렸는데 이스라엘 전체를 위한 수송아지가 열두 마리
요 또 숫양이 아흔여섯 마리요 어린 양이 일흔일곱 마리요 또 속죄제
의 숫염소가 열두 마리니 모두 여호와께 드린 번제물이라 36 무리가
또 왕의 조서를 왕의 총독들과 유브라데강 건너편 총독들에게 넘겨주
매 그들이 백성과 하나님의 성전을 도왔느니라
35 At that time those who had come from captivity, the returned exiles,
offered burnt offerings to the God of Israel, twelve bulls for all Israel,
ninety-six rams, seventy-seven lambs, and as a sin offering twelve male
goats. All this was a burnt offering to the Lord. 36 They also delivered
the king's commissions to the king's satraps[7] and to the governors of
the province Beyond the River, and they aided the people and the house
of God.

1 Septuagint; Hebrew lacks of *Zattu* *2* Septuagint; Hebrew lacks *Bani* *3* Hebrew lacks *and* *4* A *talent* was about 75 pounds or 34 kilograms *5* Revocalization; the number is missing in the Masoretic Text *6* A *daric* was a coin weighing about 1/4 ounce or 8.5 grams *7* A *satrap* was a Persian official

단락 개관

앞장은 현재의 에피소드(스 7-10장)를 소개하는 장이었고, 이 에피소드는 배경(7-8장), 갈등(9장) 그리고 해소(10장)를 다루는 세 개의 발췌 대목들로 이뤄져 있다. 7장은 에스라를 소개하고(7:1-10) 아닥사스다의 편지를 제시하는(7:11-26) 제1막의 기능을 했다. 그 모든 과정을 통해 에스라 위에 임한 하나님의 풍성하고 섭리적인 손길이 주님을 향한 찬양과 에스라의 용기를 북돋우는 것(7:27-28)으로 이끌었다. 배경의 제2막에 해당하는 8장에서는 에스라가 직접 회중의 준비와 예루살렘으로의 도착 과정에 대해 상세히 이야기한다.

네 개의 명사가 이번 장을 요약해준다. '회중', '선포', '분리' 그리고 '절정'이다. 에스라는 바빌로니아에서 출발하기 전에 자신과 함께 올라갈 "이스라엘 중에 우두머리들"(7:28b)을 찾아 나서서 '회중'(8:1-20)을 모은다. 이후 그 노력의 결과가 계보(8:1-14)로 제시되어 있다. 불행하게도, 레위인의 부족으로 인해 회중의 출발이 지연되고 에스라는 그 결점을 보완하기 위해 조치를 취해야 한다(15-20절). 그들의 여정에 내재된 위험을 고려하여, 에스라는 하나님의 돌보심을 구하기 위해 금식을 '선포'한다(21-23절). 그리고 에스라는 거룩한 그릇들을 지키도록 거룩한 제사장들을 따로 세운다(24-30절). 이것이 '분리'다. 앞으로 살펴볼 것처럼, 이는 에스라서의 마지막 부분과 느헤미야서의 첫 부분뿐 아니라 모든 시대의 하나님 백성에게도 적실한 주제들을 미리 보여준다. 끝으로, 그 여정과 도착을 묘사하는 에스라 7-8장의 '절정'은 마지막 두 대목에 나온다(8:31-36). 이 대목은 주님의 보호와 성전 보물들의 전달에 대해 상술하고(31-34절) 예물과 아닥사스다 조서의 전달을 요약한다(35-36절).

단락 개요

II. 공동체가 칙령에 따라 성전, 토라 그리고 성벽을 재건하다(스 2:1-느 7:73a)

C. 두 번째 이동: 에스라가 토라 아래 백성을 복원시키다(7:1-10:44)

1. 에스라가 칙령을 받고 예루살렘으로의 또 다른 귀환을 인도하다(7:1-8:36)

b. 에스라와 유배자들이 바벨론에서 예루살렘으로 이동하다(8:1-36)

(1) 회중: 에스라가 귀환자들을 모으다(8:1-20)

(2) 선포: 에스라가 금식과 기도를 요구하다(8:21-23)

(3) 분리: 거룩한 제사장들이 거룩한 그릇들을 지키다(8:24-30)

(4) 절정: 출발과 전달(8:31-36)

주석

8:1-14 에스라는 먼저 자신과 함께 여행할 회중을 모으는데, 이는 지도자들(1-14절)과 레위인들(15-20)로 구성되어 있다.[142] 전자는 "족장들"(1절)로 불리는데, 이는 7:28b에 언급된 "우두머리들"[143]을 가리키며 제사장과

142 일단 에스라와 느헤미야가 그 역사에 진입하면 집회를 위해 사람들을 '모으는 것'이 두 책에 종종 나온다(스 7:28b; 8:15; 10:1, 7, 9; 느 1:9; 5:16; 7:5; 13:11). 이는 그 백성이 공동의 실체로 존재함이 중요하다는 것을 보여준다.

평신도를 막론하고 중요한 지배자들로 구성되어 있다. 이 명단은 1-2장을 상기시킨다. 거기서는 고레스의 첫 칙령(1:2-4)에 이어 2장에 열두 지도자(2:2)[144]와 열일곱 가문의 이름(2:3-19) 목록이 나왔다. 이제 80년이 흐른 후(주전 458년)에는 아닥사스다의 칙령에 이어 에스라와 함께 예루살렘으로 돌아간 사람들의 계보에 기초한 약간 작은 명단이 나온다(8:1-14).

공식적 패턴은 'X의 자손 중에서는'으로 시작되고 'X'는 주목할 만한 친족 그룹을 지칭한다. 15개의 이름 중에서 처음 셋(비느하스, 이다말 그리고 다윗)은 이스라엘의 과거에 속한 제사장과 왕족 유명 인사들을 밝혀준다. 아론의 제사장 계보에 속한 이들은 그의 손자 비느하스, 엘르아살의 아들(참고. 7:5; 민 4:16; 25:7-8; 신 10:6; 수 24:33) 그리고 아론의 아들 아다말(스 8:2; 출 6:23)을 포함한다. 엘르아살과 이다말과 그들의 자손들은 다윗의 제사장 조직에서 중요한 분과를 보여주는 대표적인 인물들이다(대상 24:1-6).[145] 아마도 이것은 이어지는 다윗에 대한 언급을 이해하는 데 도움이 될 것이다. 이스라엘의 예배를 인도하고 형성하는 데 있어서 다윗의 역할이 에스라-느헤미야서에서 그가 언급되는 일차적 취지라서 그렇다(스 3:10; 8:20; 느 12:24, 36, 45, 46).[146] 여기서 놓치기 쉬운 것은 바로스(스 8:3)부터 비그왜(14절)까지 이르는 나머지 이름들이 2:3-15에 이미 거명된 열두 가문 지도자들을 가리킨다는 사실이다. 달리 말하면, 이제 에스라와 함께 돌아가는 이들 중 일부는 제사장 및 왕족과 연결된 사람들이고 다른 이들은 이전 세대가 스룹바벨과 예수아와 함께 돌아갔던 가문 출신이라는 것이다.

'X의 자손 중에서는'이라는 패턴에 이어서 구체적으로 거명된 족장과

143 두 구절에 나오는 히브리어 단어는 동일하다.

144 엄밀하게 말하면 에스라 2:2에는 열한 지도자가 언급되어 있으나 만일 우리가 병행구절인 느헤미야 텍스트(7:7)에 나오는 나하마니를 포함시키면 열둘이 된다.

145 이 두 아들은 아론의 다른 아들들인 나답과 아비후가 죽은 후 아론에게 남아있었다(레 10:1-15).

146 에스라 8:2에 나오는 족보상의 언급 이외에도 다윗에 대한 언급들은 "성" 내지는 "다윗의 궁"(느 3:15; 12:37) 또는 "다윗의 묘실"(느 3:16)을 거론하는 맥락에 나온다.

그의 아버지의 이름이 나온다. 이는 에스라와 함께 예루살렘으로 돌아가는 "족장들"(8:1, '그들 가문의 우두머리들', ESV 참고)을 밝혀준다. 여기에 나오는 게르솜이나 다니엘(선지자가 아닌), 에벳이나 여사야 등이다. 이 사람들과 에스라-느헤미야서에 나오는 비슷한 이름을 가진 사람들 간의 관계가 항상 분명한 것은 아니다(예. 스 8:2에 나오는 다니엘, 느 10:6). 스가랴와 같은 다른 이름들은 구약에서만 흔한 것이 아니라 에스라-느헤미야서에 훨씬 자주 나오는 만큼 그 연관성은 더욱 모호하게 남아있다.

이 공식 패턴은 가문 지도자와 함께 돌아가는 남자들의 수를 제공하는 것으로 마무리된다. 대표적인 남자들(1,496명)에 확대 가족을 포함하면 총합이 5,000명 남짓 된다는 것을 보여주는데, 이는 첫 번째 귀환에 열거된 42,360명(스 2:64)에 훨씬 못 미친다.[147]

이 계보는 유배시대 이후 공동체에게, 이 가문들이 역사적으로 서로 다른 귀환 단계를 경험하지만 그들이 하나님의 한 백성으로 다함께 묶여있다는 것을 상기시켜준다. 8장에 나오는 열두 가문의 "족장들"은 2장에서 스룹바벨과 함께 돌아갔던 사람들의 가문 이름을 되풀이한다. 이러한 '온 이스라엘' 관점은 8장이 끝날 때(8:35)에 이르면 더욱 분명해진다. 만일 제사장이자 모세의 율법에 정통한 전문가인 에스라가 이 명단을 편찬했다면(참고. 34절), 비느하스와 이다말과 다윗을 맨 앞에 두는 것이 이해가 된다. 이는 온 이스라엘을 위한 제사장의 리더십, 합당한 예배 그리고 모세의 율법에 대한 순종 등과 관련된 에스라의 사명과 관심을 드러낸다. 그리고 이런 사안들은 8장과 에스라서의 나머지 부분에 계속 나타난다.

8:15-20 에스라가 아하와로 흐르는 "강"(또는 '운하', NET, NIV)에서 삼일 동안 평가를 진행할 때 "레위 자손" 또는 다른 성전 도우미(참고. 7:7)가 하나도 없다는 사실을 알게 된다. 레위인이 제사장의 직무를 도왔기 때문에

147 Williamson, *Ezra, Nehemiah*, 110. 1,496이란 수는 가문의 우두머리들과 함께 가는 남자들만 계산한 것이다. 이는 나중에 추가된 사람들을 포함하지 않는다(8:18-20).

레위인이 없으면 제사장의 일상 업무의 효율성이 떨어질 것이다. 현재의 관심사와 관련하여, 에스라는 왕의 예물을 예루살렘으로 가져가는 사명을 수행하는 데 레위인이 필요하다(7:15; 8:24-30). 끝으로, 레위인은 백성을 가르치는 일(느 8:7-8)과 하나님의 집에서 일하는 일꾼들이 소홀히 여겨지지 않도록 하는 데도 필요하다(느 10:38-39). 하나님의 집을 버린 것이 애초에 유배를 당한 중요한 원인 중 하나였다(대하 24:18-19).

이전에는 등록된 제사장의 수(4,289명)가 레위인, 노래하는 자 그리고 문지기의 수(341명, 참고. 스 2:36-39, 40-42)를 훨씬 능가했다. 레위인의 수가 왜 적은지는 알 수 없다. 다만 이렇게 추측할 수 있다. 레위인들이 약속의 땅에 남은 가난한 자들(렘 39:9-10) 속에 포함되어 있어서 유배당한 사람이 적었을 수 있다. 또는 유배당한 레위인들은 바벨로니아에 성전이 없어서 그동안 가족을 부양할 새로운 수단을 찾지 않을 수 없었기에 예전의 성전 직무로 돌아가길 망설였거나 원치 않았을 수 있다.

레위인의 부족 문제를 해결하기 위해 에스라가 아홉 명의 "족장"(우두머리, 스 8:16, 참고. 7:28; 8:1)으로 구성된 위원회를 만들고 다른 두 명을 참가시킨다. 후자는 "명철한 사람"으로 불리지만 위원회의 멤버들 중에는 레위인으로 밝혀진 사람도 없고 가르칠 능력이 있는 사람도 없다.[148] 그들은 잇도에게 "하나님의 성전을 위하여 섬길 자"의 필요성을 알리도록 파견되는데, 잇도는 가시뱌 지방의 "족장"이라는 것 말고는 알려진 바가 없다.[149] '섬기는 자들'이란 용어는 예배 이외의 상황에서 종들이나 조력자들에게 폭넓게 적용될 수 있으나(출 24:13; 수 1:1; 왕상 19:21), 현재의 맥락은 하나님의 집을 위한 에스라의 관심을 분명히 밝혀준다. 에스라는 자신과 함께할 레위인이 필요한 것이다(대상 16:4; 대하 13:10; 23:6).

148 이 "명철한 사람[들]"은 레위인은 아니라도 '교사'(NASB, NET) 또는 '강사'(NJPS)로서 특별한 역할을 갖고 있다. 역대기에서는 이 용어[메빈(*mebin*)]가 레위인의 가르치는 역할을 가리킨다(대상 25:8; 대하 35:3; 느 8:7-8). Blenkinsopp, *Ezra-Nehemiah*, 165를 보라.

149 가시뱌는 아하와 근처에 있을 것 같지만 그 정확한 위치는 아하와(8:15)와 마찬가지로 알 수 없다.

'우리에게 임한 우리 하나님의 손' 덕분에 38명의 레위인이 기꺼이 그들의 삶을 뒤엎고 섬기기로 한다. 이와 비슷하게, 220명의 "성전 일꾼"은 첫 번째 귀환 때의 392명(스 2:58)에 비하면 상당한 숫자다.[150] 그런데 숫자만큼 자질도 중요하다. 그래서 세레뱌가 도착하는데(8:24; 느 8:7; 9:4-5), 그는 하사뱌와 야사야와 더불어 지혜와 능숙한 직무수행으로 평판이 높았다(스 8:24; 느 8:7, 참고. 대하 30:22). 각 사람은 므라리(레위의 아들)까지 거슬러 올라가는 레위인의 깊은 뿌리를 가지고 있었다. 이 점이 적실하다는 사실은 적절한 때에 분명해질 것이다(스 8:24-30).

8:21-23 '구하다'[바카쉬(*baqash*)]라는 동사의 한 형태는 이 대목의 핵심 단어로 각 구절에 한 번씩 나온다(23절에서는 '간구했다'). 에스라는 백성들이 그들의 필요를 놓고 하나님께 겸손히 구하도록 준비시키기 위해 금식을 선포하며 준비 작업을 계속한다(사 58:2-14). 가족과 재산과 보물(스 7:15; 8:25)을 방대한 거리에 걸쳐 수송하는 데는 위험이 뒤따르게 된다. 따라서 그들은 '안전한 여행'[문자적으로 "평탄한 길"(개역개정), 참고. 사 40:3-4; 렘 31:9]을 간구하는 모습으로 주님의 보호를 구하고 받게 된다(스 8:23, 31b).

22절에서 에스라는 그분의 백성의 믿음을 어떻게 키우는지 보여준다. 아닥사스다는 이스라엘의 하나님이 은혜롭고 공의로워서 "자기를[하나님을] 찾는 모든 자"에게 선을 베푸시고 "자기를 배반하는[버리는] 모든 자"에게 진노를 내리신다는 것(참고. 출 20:5-6; 34:6-7; 대상 28:9; 대하 15:2)을 들어서 알고 있었다. 이 경우에 군대의 수반을 포기함으로써 에스라는 그의 공동체를 하나님을 전적으로 신뢰하고 그분의 은총을 받는, 하나님을 구하는 자들로 규정한다. "보병과 마병"에 의지하는 것이나 대비책을 강구하는 것은 본질상 죄악된 행위가 아니다(참고. 스 8:29, 34; 느 2:9). 그러나 주님이 '우리의 간구를 들으셨다'(ESV 참고, 개역개정은 "응낙하심을 입었느니라")는 말은

150 이 수는 "솔로몬의 신하의 자손"(스 2:58)을 포함한다. 8:20에 이르러야 우리는 다윗이 성전 일꾼들[네티님(*netinim*)]을 세운 것을 알게 된다.

페르시아 왕 앞에서 하나님을 향한 그들의 공적 신뢰를 입증하고(스 8:23, 참고. 시 20:7) 더 나아가 그들의 믿음을 강화시킨다는 뜻이다.

8:24-30 이스라엘이 그들의 사명을 받아들이는 것은 순종과 신뢰로 나타나게 된다. "따로 세우[는]"(24절) 행위는 신학적 및 선교적 중요성이 가득 실린 행동이다. 하나님은 창조를 시작하실 때부터 어느 하나를 다른 것과 구별하셨다(창 1:4, 6, 7, 14, 18). 더 나아가 그분은 그분이 만드신 다른 모든 민족으로부터 이스라엘을 구별하시고 그들에게 그들의 거룩한 지위를 나타내는 외적 표현으로 음식 법을 주셨다(레 20:24-26; 왕상 8:53). 한 지파인 레위인들은 성막을 수송하도록 다른 지파들로부터 구별되었다(민 3:1-4:49; 8:5-19). 훗날 다윗은 성전 건축에 비추어 레위인들이 제사장의 예배 집전을 돕도록 그들을 조직했다(대상 23:24-32). 더 나아가, 레위인들 가운데 아론과 그의 아들들이 제사장으로 구별되었고(출 29:1) 거룩한 것과 속된 것 사이에 의례적 분리를 행할 뿐만 아니라(즉, '구별하다') 이런 것을 주님의 백성에게 가르치라는 명령을 받았다(레 10:8-11; 대상 23:13).

이 배경을 고려할 때, 에스라가 열두 명의 레위인과 나란히 "제사장의 우두머리들"을 구별한 것(스 8:24)[151]은 매우 중요한 과업을 위해 그들을 따로 떼어놓은 것을 시사한다. "우리 하나님의 성전을 위[한]"(25절, 참고. 7:15-16) 폭넓은 기부 물품의 목록을 작성하고 수송하는 책임을 설정한 후, 에스라는 이제 그 과업을 이 사람들에게 위임하고 구체적으로 세리야와 하사뱌, 곧 므라리의 자손이자 최근에 레위인의 수에 추가된 두 사람의 이름을 밝힌다(8:24, 참고. 18-19절). 에스라가 달아서 "그들 손"에 주는(즉, 그들에게 맡기는, 26절) 분량은 육체적으로 부담스러운 과업임을 시사한다. 레위

151 세레뱌와 하사뱌는 에스라 8:24에서 열두 제사장과 나란히 거명되지만 틀림없이 레위인들이다(8:18-20, 느 10:11-12). 그러므로 이 본문이 열두 레위인(즉, 세레뱌와 하사뱌와 그의 형제 열 명)과 '함께하는'(NET) 열두 제사장을 가리키는 것으로 읽는 편이 더 낫다. 이 대목의 끝에서는 "제사장들과 레위인들"이 보물을 예루살렘으로 수송하는 책임을 맡는 만큼(30절) 이 독법이 정확한 듯하다. Kidner, *Ezra and Nehemiah*, 75, Williamson, *Ezra*, *Nehemiah*, 114를 보라.

인들이 이 무거운 짐을 수송하는 것이 적절한 것은 역사적으로 므라리 자손들이 성막 수송 때 가장 무거운 물품들을 책임지는 레위인들이었기 때문이다(민 7:6-9, 참고. 3:36-37).

에스라는 이어서 이 사람들을 선정한 이유를 밝힌다(스 8:28-29). 오직 거룩한 종들(출 39:30; 레 21:6; 왕상 8:4)만 거룩한 하나님의 거룩한 집을 위해 속된 용도에서 따로 떼어놓은 이 성별된 그릇들과 예물들(대하 5:1, 5)을 운반할 수 있다. 이스라엘의 역사는 이와 상반되는 행동이 낳은 결과를 보여준다(레 10:1-3; 수 7:1; 삼하 6:6-8). 이 노력이 성공을 거두려면 신체적 노동이 필요할 뿐 아니라 이 물품들이 목적지인 둘째 성전의 저장실에 안전하게 도착할 때까지 부지런히 지키는 일도 필요하다.

8:31-34 이 마지막 대목에서 에스라는 사람들을 예루살렘으로 인도하여 그의 사명을 완수한다(31-32절, 참고. 7:13). 첫째 달의 "12일"에 아하와에서 출발한 것은 7:9에 나오는 "첫째 달 초하루"와 그 날짜가 다르다. 실제적으로 이 차이는 아하와에서 처음 삼일 간의 캠프(8:15), 레위인들을 모으는 일(15-20절), 금식의 선포(21-23절) 그리고 제사장들과 레위인들을 구별하는 일(24-30절) 등으로 설명될 수 있다. 더 나아가, 이 날짜들은 신학적 중요성을 지니고 있다. 첫째 달(니산월)에 출발하는 것은 이집트에서 탈출한 때(출 12:2; 민 33:3)를 반영한다. 그리고 에스라가 실제로 출발한 날짜인 12일은 그달의 14일에 열릴 유월절 행사의 이틀 전에 해당한다. 이는 첫 번째 출애굽처럼 여행자들이 그들 여정의 초기에 유월절을 지킬 것임을 의미한다. 이것은 또한 이 내러티브가 전례력(the liturgical calendar)에서 지난 에피소드가 남겨둔 지점(스 6:19-22)으로 돌아간다는 것을 의미한다. 모세처럼, 에스라의 '출애굽'은 율법의 적용과 그 백성과의 언약으로 이어질 것이다(7:14, 25-26; 10:5).[152]

152 그 날짜들의 의미에 관한 이런 의견과 다른 의견들에 대해서는 Blesnkinsopp, *Ezra-Nehemiah*, 138-139를 보라.

에스라는 지시받은 대로 성전 우두머리들에게 제물을 전달한다(8:33, 참고. 7:15-16, 19). 그가 가져가는 제물에 대한 신중한 계산은 앞서 "달아서 주[다]"[샤칼(*shaqal*)]란 동사 또는 어원이 같은 명사 '무게'로 표현된 바 있다(8:25, 26, 29, 30). 이 거룩한 보물을 처음 받은 사람들이 이제 그것을 직접 므레못과 엘르아살이라는 두 제사장과 요사밧과 노아댜라는 두 레위인의 "손"에 넘긴다(33절, 참고. 느 13:13). 에스라 8:33-34에 "달아서" 또는 "무게"가 세 번 더 나오는 것과 모든 것을 다 세고 총량을 기록했다는 언급(34절)은 정확성을 강조한다.

8:35-36 끝으로, 아닥사스다의 이전 명령에 순종하여(7:17) 하나님께 제물을 드린다(8:35). 첫째 귀환 이후 80년이나 지났는데도 남은 자가 여전히 '유배상태에서'(35절, 참고. 2:1; 3:8) 돌아온 자들이자 '돌아온 유배자들'(8:35, 참고. 4:1; 6:16)로 간주되고 있는 것이 눈에 띈다. 이밖에도 수송아지 열두 마리를 "이스라엘 전체를 위[해]" 번제물[153]로 드림에 따라 8장을 여는 계보와 열두 제사장과 열두 레위인을 구별하는 에스라의 모습(8:24)에서 암시된 이스라엘의 통일성이 이제 중앙 무대로 이동한다. 이 열둘이라는 수는 모두 이스라엘의 열두 지파를 상징한다. 이전의 기도와 금식(21-23절)과 안정한 여행에 대한 감사를 감안하면, 이 번제물은 하나님의 신실하심으로 인해 그분께 찬양을 드리는 것으로 보인다.[154] 속죄 제물에 해당하는 숫염소 열두 마리는 온 회중을 정결케 하는 효과가 있다(참고. 6:14-18 주석). 이 모든 것은 복원된 백성, 곧 주님께 온전히 헌신한 '온 이스라엘'을 밝히 보여준다.

153 번제물은 다른 곳에서 제단 재건 이후 드려진다(3:2-6). 다리오는 또한 그의 칙령의 일부로 번제물을 공급하고 (6:9) 이런 제물이 봉헌식의 일부로 간주되는 듯하다(6:16-17).

154 만일 제1 에스드라스 8:66에 나오는 '어린 양 일흔두 마리'의 독법을 받아들인다면, 모든 번제물은 열둘로 나눠질 수 있다.

"왕의 조서"(8:36) 전달은 그 지역에서 에스라에게 부여된 폭넓은 법적 권한(7:25-26) 그리고 아닥사스다의 편지(7:12-26)와 특히 "창고지기"(국고 출납관들, 7:21-24)에게 준 지시를 가리킨다. 이것들이 지방과 지역의 행정관들(즉, 태수들과 총독들)에게 전달됨으로써 그 백성과 하나님의 집에 도움의 손길이 닿고(8:36, 참고. 7:23), 이 발췌 대목은 적절한 결말에 도달한다.

응답

이번 장은 주님이 그분의 백성을 모으고 그들에게 목자들을 공급하시며, 긴 여행 동안 그들을 보호하시고 그들을 예루살렘의 집으로 안전하게 인도하시는 모습을 보여준다. 이 가운데 첫 번째 경우는 주님의 종인 에스라가 예루살렘으로 향하는 긴 여정을 시작하기 위해 회중을 모으는 것이다(8:15). 이와 같이 주님은 유배된 남은 자를 귀환시키겠다는 약속을 이루기 위해 ('내가 모으리라'라는 어구를 사용하신) 많은 성경 예언을 성취하기 시작하신다. 이 약속은 대선지서(사 43:5-7; 54:7; 56:8; 렘 32:37; 겔 11:17)에서 소선지서(미 2:12; 4:6; 습 3:19; 슥 10:8-10)로 이어진다. 이 모으는 일은 이 시대(요 11:51-52, 참고. 요 10:16; 행 15:15-18)에 그리고 마침내 다가오는 시대(마 3:12; 13:30, 47-50; 25:31-32; 살후 2:1)에 유대인과 이방인을 막론하고 흩어진 백성을 모으시는 그리스도 예수 안에서 완료된다.

목양과 관련하여, 에스라는 이 모인 사람들을 목양할 레위인이 필요하다는 것을 알아챘다. 레위인의 부재는 합당한 예배와 백성 교육을 위협하는 요인이고, 더 나아가 하나님의 백성으로서 그들의 사명(8:15)을 위협하는 것이기도 하다. 필요한 목자들, 곧 "우리 하나님의 성전을 위하여 섬[기는] 자[들]"(17-18절)을 공급하는 분은 바로 주님이시다. 그러나 행위자는 '내 하나님'이 아니라 "우리 하나님"임을 주목하라. 이 어구는 이번 장에서 줄곧 반복되고 있다(17, 18, 21, 22, 23, 25, 30, 31, 33절). 이는 하나님, 참된 목자(the true Shepherd) 그리고 그분의 모든 양 떼 사이의 필연적 연관성을 보여줄 뿐 아니라 그분의 '집'인 성전을 위해 섬기는 자들을 공급하시려는 주님의 관심도 보여준다. 이 작업을 위해 '분리된' 또는 '따로 구별된'(24절) 사람들은 매우 엄숙하게 그들의 거룩한 지위에 따라 일관성 있게 살아야 한다. 그들은 그럴 때에만 거룩한 그릇들, 그들이 책임지는 보물을 성실하게 "삼가 지[킬]"(29절) 수 있다. 우리에게 적용하자면, 목자들의 거룩함과 그가 이끄는 교회의 거룩한 그릇들(즉, 하나님의 백성) 간의 연관성은 바울이 디모데에게 준 가르침(딤후 2:15-21)에서 명확하게 드러난다.[155] 더욱이 우리에게는 큰 대제사장이신 예수 그리스도, 곧 우리를 그분의 거룩한 그릇들로 깨끗케 하시고 그분의 존전에 세우기 위해 우리를 지키고 보호하시는 분이 계시다(롬 15:16; 고전 1:2; 살전 5:23; 벧전 1:15-16; 5:1-3).

끝으로, 에스라는 하나님의 보호 아래 회중이 바벨론에서 예루살렘의 집까지 안전하게 도착하도록 인도해야 한다. 앞에서 언급했듯이, 거룩한 제사장들과 레위인들이 거룩한 그릇들을 운반해서 주님의 집으로 돌아온 것(스 8:28, 참고. 사 52:11-12)은 예전에 이 거룩한 백성이 예루살렘의 집으로 돌아왔던 것(스 1:11-2:1)을 상기시킨다. 이처럼 긴 여정에 내재된 여러 위험 앞에서, 준비 단계는 기도와 금식을 통해 겸손하게 하나님의 선하신 손을 간구하는 일을 포함한다(참고. 8:21-23). 주님은 "평탄한 길"(즉, '안전한 여행', 21절, 참고. 사 40:3-4; 시 5:7-8; 잠 3:5-6)을 제공하심으로써 보호하심을 구하는 기도에 기쁘게 응답하신다. 애초에 아닥사스다의 허락을 받는 것이든 마침내 백성이 예루살렘에 안전하게 도착하는 것이든 간에, 시종일관 하나님의 은혜로운 손이 예루살렘으로 향하는 여행을 지켜주신다(스 7:6, 9, 28; 8:22, 31). 우리 역시 새 예루살렘에 있는 하나님의 존전으로 안전하게 귀향하는 것의 근거를 우리의 족보(1-14절), 우리의 섬기려는 자세(18-20절), 우리의 기도(21절) 또는 우리의 거룩한 지위(28절)에 두는 것이 아니라 오직 우리 하나님의 자비(눅 15:17-24)와 그분의 아들의 제사장 사역(히

155 Robert W. Yarbrough, *The Letters to Timothy and Titus*, PNTC (Grand Rapids, MI: Eerdmans, 2018), 392-394.

10:10-14)에 둔다. 존 뉴턴이 그토록 아름답게 표현하듯이, "이제껏 내가 산 것도 주님의 은혜라, 또 나를 장차 본향에 인도해주시리."

[1] 이 일 후에 방백들이 내게 나아와 이르되 이스라엘 백성과 제사장들
과 레위 사람들이 이 땅 백성들에게서 떠나지 아니하고 가나안 사람
들과 헷 사람들과 브리스 사람들과 여부스 사람들과 암몬 사람들과
모압 사람들과 애굽 사람들과 아모리 사람들의 가증한 일을 행하여
[2] 그들의 딸을 맞이하여 아내와 며느리로 삼아 거룩한 자손이 그 지방
사람들과 서로 섞이게 하는데 방백들과 고관들이 이 죄에 더욱 으뜸
이 되었다 하는지라 [3] 내가 이 일을 듣고 속옷과 겉옷을 찢고 머리털
과 수염을 뜯으며 기가 막혀 앉으니 [4] 이에 이스라엘의 하나님의 말씀
으로 말미암아 떠는 자가 사로잡혔던 이 사람들의 죄 때문에 다 내게
로 모여오더라 내가 저녁 제사 드릴 때까지 기가 막혀 앉았더니 [5] 저
녁 제사를 드릴 때에 내가 근심 중에 일어나서 속옷과 겉옷을 찢은 채
무릎을 꿇고 나의 하나님 여호와를 향하여 손을 들고

[1] After these things had been done, the officials approached me and said,
"The people of Israel and the priests and the Levites have not separated
themsel[illegible] from the peoples of the lands with their abominations,

from the Canaanites, the Hittites, the Perizzites, the Jebusites, the
Ammonites, the Moabites, the Egyptians, and the Amorites. 2 For they
have taken some of their daughters to be wives for themselves and for
their sons, so that the holy race[1] has mixed itself with the peoples of
the lands. And in this faithlessness the hand of the officials and chief
men has been foremost." 3 As soon as I heard this, I tore my garment
and my cloak and pulled hair from my head and beard and sat appalled.
4 Then all who trembled at the words of the God of Israel, because of
the faithlessness of the returned exiles, gathered around me while I sat
appalled until the evening sacrifice. 5 And at the evening sacrifice I rose
from my fasting, with my garment and my cloak torn, and fell upon my
knees and spread out my hands to the Lord my God, 6 saying:

6 말하기를 나의 하나님이여 내가 부끄럽고 낯이 뜨거워서 감히 나의
하나님을 향하여 얼굴을 들지 못하오니 이는 우리 죄악이 많아 정수
리에 넘치고 우리 허물이 커서 하늘에 미침이니이다 7 우리 조상들의
때로부터 오늘까지 우리의 죄가 심하매 우리의 죄악으로 말미암아 우
리와 우리 왕들과 우리 제사장들을 여러 나라 왕들의 손에 넘기사 칼
에 죽으며 사로잡히며 노략을 당하며 얼굴을 부끄럽게 하심이 오늘날
과 같으니이다 8 이제 우리 하나님 여호와께서 우리에게 잠시 동안 은
혜를 베푸사 얼마를 남겨 두어 피하게 하신 우리를 그 거룩한 처소에
박힌 못과 같게 하시고 우리 하나님이 우리 눈을 밝히사 우리가 종노
릇하는 중에서 조금 소생하게 하셨나이다 9 우리가 비록 노예가 되었
사오나 우리 하나님이 우리를 그 종살이하는 중에 버려두지 아니하시
고 바사 왕들 앞에서 우리가 불쌍히 여김을 입고 소생하여 우리 하나
님의 성전을 세우게 하시며 그 무너진 것을 수리하게 하시며 유다와
예루살렘에서 우리에게 울타리를 주셨나이다

“O my God, I am ashamed and blush to lift my face to you, my God,
for our iniquities have risen higher than our heads, and our guilt has
mounted up to the heavens. 7 From the days of our fathers to this day
we have been in great guilt. And for our iniquities we, our kings, and
our priests have been given into the hand of the kings of the lands, to
the sword, to captivity, to plundering, and to utter shame, as it is today.
8 But now for a brief moment favor has been shown by the Lord our
God, to leave us a remnant and to give us a secure hold[2] within his holy
place, that our God may brighten our eyes and grant us a little reviving
in our slavery. 9 For we are slaves. Yet our God has not forsaken us in
our slavery, but has extended to us his steadfast love before the kings
of Persia, to grant us some reviving to set up the house of our God, to
repair its ruins, and to give us protection[3] in Judea and Jerusalem.

10 우리 하나님이여 이렇게 하신 후에도 우리가 주의 계명을 저버렸
사오니 이제 무슨 말씀을 하오리이까 11 전에 주께서 주의 종 선지자
들에게 명령하여 이르시되 너희가 가서 얻으려 하는 땅은 더러운 땅
이니 이는 이방 백성들이 더럽고 가증한 일을 행하여 이 끝에서 저 끝
까지 그 더러움으로 채웠음이라 12 그런즉 너희 여자들을 그들의 아들
들에게 주지 말고 그들의 딸들을 너희 아들들을 위하여 데려오지 말
며 그들을 위하여 평화와 행복을 영원히 구하지 말라 그리하면 너희
가 왕성하여 그 땅의 아름다운 것을 먹으며 그 땅을 자손에게 물려주
어 영원한 유산으로 물려주게 되리라 하셨나이다 13 우리의 악한 행실
과 큰 죄로 말미암아 이 모든 일을 당하였사오나 우리 하나님이 우리
죄악보다 형벌을 가볍게 하시고 이만큼 백성을 남겨 주셨사오니 14 우
리가 어찌 다시 주의 계명을 거역하고 이 가증한 백성들과 통혼하오
리이까 그리하면 주께서 어찌 우리를 멸하시고 남아 피할 자가 없도

록 진노하시지 아니하시리이까 15 이스라엘의 하나님 여호와여 주는
의로우시니 우리가 남아 피한 것이 오늘날과 같사옵거늘 도리어 주께
범죄하였사오니 이로 말미암아 주 앞에 한 사람도 감히 서지 못하겠
나이다 하니라

10 "And now, O our God, what shall we say after this? For we have
forsaken your commandments, 11 which you commanded by your
servants the prophets, saying, 'The land that you are entering, to take
possession of it, is a land impure with the impurity of the peoples of
the lands, with their abominations that have filled it from end to end
with their uncleanness. 12 Therefore do not give your daughters to
their sons, neither take their daughters for your sons, and never seek
their peace or prosperity, that you may be strong and eat the good
of the land and leave it for an inheritance to your children forever.'
13 And after all that has come upon us for our evil deeds and for our
great guilt, seeing that you, our God, have punished us less than our
iniquities deserved and have given us such a remnant as this, 14 shall we
break your commandments again and intermarry with the peoples who
practice these abominations? Would you not be angry with us until you
consumed us, so that there should be no remnant, nor any to escape?
15 O Lord, the God of Israel, you are just, for we are left a remnant that
has escaped, as it is today. Behold, we are before you in our guilt, for
none can stand before you because of this."

1 Hebrew *offspring* *2* Hebrew *nail*, or *tent-pin* *3* Hebrew *a wall*

9장

단락 개관

바빌로니아에서 예루살렘으로 가는 두 번째 귀환은 두 편의 막(幕, 스 7장과 8장)에 서술되어 있다. 공동체는 그 여정의 모든 단계(7:6, 9, 28; 8:18, 22, 31)에 언급되어 있는 하나님의 선하신 손에 힘입어 많은 어려움을 극복한다. 앞장이 안전한 도착으로 인하여 하나님께 찬양하는 모습으로 마무리된 것은 적절한 결말이다. 이제 무대가 마련된 만큼 귀환한 유배자들은 그 땅에서 새로운 삶을 영위할 준비를 갖추었다.

그런데 갈등이 생긴다. 또 다른 두 막에 발생하는 사건, 곧 9장과 10장이 서술하는 사건은 혼혈 결혼의 위기로, 에스라의 사역에 대한 사례 연구를 제공한다. 에스라가 하나님께로부터 받은 소명에 비춰보면, 그의 전공은 하나님의 율법이고 그는 율법 연구와 실천 그리고 율법을 남들에게 가르치는 일에 전념했다(7:10). 그래서 아닥사스다 왕이 그에게 "네 하나님의 율법을 따라 유다와 예루살렘의 형편을 살피[도록]"(7:14) 권한을 준 것이다. 이제 혼혈 결혼의 위기(9장)는 그에게 이 지식과 기술을 적용할 수 있는 기회를 제공한다.

이번 장은 세 부분으로 이뤄져 있다. 관리들은 돌아온 유배자들이 혼혈 결혼으로 인해 "이 땅 백성들"과 섞이게 되었다고 에스라에게 알려준다(9:1-2). 그 소식을 듣고 크게 낙심한 에스라가 애도한다(3-4절). 그의 고백 기도가 9장의 나머지 부분(5-15절)을 차지하고, 이는 네 부분(5-7절, 8-9절, 10-11절, 12-15절)으로 나눠진다. 에스라는 "이로 말미암아 주 앞에 한 사람도 감히 서지 못하겠나이다"라고 마무리한다. 이로써 우리는 다음에 나오는 마지막 장에서 해결되는 장면을 대비하게 된다.

단락 개요

II. 공동체가 칙령에 따라 성전, 토라 그리고 성벽을 재건하다(스 2:1-느 7:73a)
C. 두 번째 이동: 에스라가 토라 아래 백성을 복원시키다(7:1-10:44)
2. 혼혈 결혼: 위기와 해결(9:1-10:44)
a. 위기: 에스라가 보고를 받고 슬퍼하며 죄를 고백하다(9:1-15)
(1) '거룩한 씨'가 구별되지 못한 것을 에스라에게 보고하다(9:1-2)
(2) 에스라의 반응: 애도의 행위(9:3-4)
(3) 에스라의 기도: 저녁 제사 때의 고백(9:5-15)

9장

주석

9:1-2 "이 일 후에"는 에스라 8:35-36에 묘사된 사건들 이후의 새로운 발췌 대목을 표시한다. 에스라가 도착한 지 네 달이 지났고(7:8을 10:9과 비교하라),[156] 에스라가 일인칭 내러티브로 그 이야기를 서술한다.

'일부 지도자들', 곧 '관리들'[핫사림(*hassarim*)]은 위기를 맞이하여 에스라에게 다가간다. 이 사람들은 '조상의 가문들의 우두머리들'(8:29) 또는 행정 구역들의 '관원들'(느 3:9)로 이미 세워진 이들과 동의어일 수 있다. 그 위기

156 많은 해석자가 에스라의 가르치는 사역과 율법 낭독(느 8장)이 본래는 다섯째 달에 일어난 그의 예루살렘 도착(스 7:8)과 아홉째 달에 생긴 혼혈 결혼의 위기(10:9) 사이에 위치해 있었다고 생각한다. 이 견해에 따르면, 에스라의 율법 낭독은 일곱째 달(느 8:1-2)에 속한 시간적 간격 동안에 일어났고 혼혈 결혼에 대한 고백을 촉구했다. 이런 주장에 대해서는 Williamson, Ezra, *Nehemiah*, 127-128, 283-286을 보라.

는 분명히 온 공동체를 포함하지만 특히 "방백들"(관리들)과 "고관들"(지도자들)을 따로 집어서 고발한다(스 9:2).[157] 후자는 더 낮은 등급의 지도자들을 지칭한다. 요컨대, 이전에 유배생활에서 돌아온 사람들과 특히 지도자들이 스스로 "이웃의 이방 민족들과 구별된 생활을 하지 않[는다]"(1절, 현대인의 성경)[158]고 해서 지탄을 받는다.

이 섞이는 행위가 금지된 것은 그로 인해 귀환자들이 "이 땅 백성들"의 가증한 짓, 즉 이스라엘의 과거로부터 내려오는 적들과 연루된 가증한 짓과 접촉하게 되기 때문이다.[159] 귀환자들에게 이 적들의 목록은 이스라엘을 그 땅으로 인도하고 그들을 위해 싸우겠다는 하나님의 원초적 약속(출 3:8, 17; 23:23; 수 3:10)을 떠오르게 할 것이다. 이스라엘은 이 족속들을 내쫓고 그 땅을 선물로 물려받으라는 명령을 받았다(신 31:3-6; 수 1:1-6; 21:43-45). 그들과의 인종 간 결혼이 본래 금지된 것은 부분적으로 이 족속들의 가증한 짓 때문이었다(출 34:11-16; 신 7:1-5; 삿 3:5-6). 이 맥락에서 '가증한 일'은 주님이 역겹게 여기시는 거짓 예배와 관련된 행습들을 가리키는 듯하다(신 12:31; 20:18; 왕하 21:1-7). 슬프게도, 이스라엘 사람들이 혼혈 결혼을 하고 외국인 배우자에게 정절과 헌신을 표현하는 것은 그들의 남편이신 주님과의

157 '관리들'[사림(*sarim*), 9:1, 2, 참고. 8:20; 10:8, 14]로 번역된 이 복수 명사는 폭넓은 뜻을 갖고 있다. 에스라서에 나오는 다른 경우에는 "방백들"[7:28(관리들), 8:25], (제사장의) "우두머리들"[8:24; 10:5; 8:29(대표들)], "족장들"(8:29)로 번역되어 있다. "지도자[들]"[세가님(*seganim*), 9:2, 새번역]로 번역된 복수 명사는 에스라서에서 여기에만 나오지만 느헤미야서에는 자주 나오고[느 2:16(2번); 4:14, 19; 5:7, 17; 7:5; 12:40; 13:11], 거기서는 거의 언제나 '관리들'(ESV)로 번역된다. 그리고 느헤미야 2:11-16에 나오는 "귀족들과 관리들"(새번역)에 관한 주석도 보라.

158 '분리되다'는 것의 신학적 의미에 대해서는 8:24-30 주석을 보라. 만일 에스라를 찾아온 사람들 역시 그 악행에 가담했다면, 이것은 단지 고발이 아니라 고백이다.

159 "이 땅 백성들"을 돌아오는 유배자들과 구별되는 대적들과 비(非)이스라엘 사람들로 보는 논의에 대해서는 4:1-5 주석, 6:19-21 주석을 보라. 해석상의 과제 중 하나는 9:1에 열거된 모든 족속이 다 에스라의 시기에 존재하지는 않았다는 점이다. 하나의 해결책은 그 목록이 천편일률적으로 이스라엘의 역사를 상기시키는 말로 여러 족속을 의도적으로 묘사한다고 보는 것이다. 또 다른 해결책은 9:1을 NIV의 노선을 따라 번역하는 번역본들을 따르는 것이다. '그들 스스로를 가나안 사람들과 헷 사람들의 행습과 같은 가증스러운 행습을 가진 이웃 백성들로부터 분리시키지 않았다'(NET도 비슷하다). 이 경우에는 에스라 당시의 족속들이 이스라엘의 과거의 적들에 비유되고 있는 셈이다.

신의를 깨는 것이자 간음하는 것을 의미한다(호 2:16-20).

'믿음 없음'(스 9:2, 4; 10:6, ESV 참고)이라는 핵심 단어와 그것과 비슷한 동사(10:2, 10, '신의를 깨다' 또는 '배반하다'로 번역됨)는 다양한 용도를 갖고 있다. 이 단어들은 거룩한 것을 무심코 속되게 취급하는 것(레 5:15), 계명을 노골적으로 불순종하는 것(수 7:1; 22:16-20), 또는 "그 땅 백성의 신들"(대상 5:25)을 좇는 것을 언급할 수 있고 목이 곧은 불신과 나란히 나오는 것을 볼 수 있다(대하 30:7-8). 솔로몬 왕은 외국 여자들과 혼인함으로써(느 13:23-27; 왕상 11:1-13) '배반'의 행동을 한 최고 모델이었다. 여기서 실제 관심사는 인종이나 종족이 아니다. 그 대신 핵심적인 동력은 주님의 것이 되겠다는 전심어린 약속이다(신 6:4-9). 사실 "자기 땅에 사는 이방 사람의 더러운 것으로부터 스스로를 구별한" 외부인들은 이스라엘과 함께하고 그 공동체의 유익에 참여하도록 허락을 받았다(스 6:21-22, 참고. 출 2:21; 12:38; 수 6:25; 룻 1:4; 4:13-22; 왕하 5:1-19).[160]

혼혈 결혼에 대한 또 다른 염려는 제의적 불결함이다. 혼혈 결혼으로 '거룩한 인종'(문자적으로, '거룩한 씨', '자손')이 불경스럽게 된다. 유전적 이유에서가 아니라 의례적으로 불결한 사람과 섞임으로써 그들 스스로 불결하게 되기 때문이다(참고. 신 23:2; 시 106:34-39). 결과적으로 불경스럽게 되는 것, 곧 주님이 따로 구별하신 것을 함께 섞는 일은 아브라함의 자손으로서 선택받은 그들의 지위를 위협한다(창 17:7-9; 신 7:6-8). 그뿐만 아니라 '거룩한 씨'는 심판으로 인해 유배된 후 보존되고 다시 심어진 남은 자들(사 6:13; 렘 31:27-28; 느 9:2)을 가리키고 '그' 자손, 곧 예수 그리스도, 그 거룩한 씨를 다스릴 것으로 약속된 그분(창 3:15; 22:17-18; 렘 33:25-26; 갈 3:16)을 의미한다. 이스라엘은 언제나 이 거룩한 씨를 지키도록 주의해야 했다.

160 이를 가장 잘 보여주는 실례는 모압 여자인 룻과 다윗 왕의 증조부인 보아스의 결혼이다.

9:3-4 에스라는 즉시 성전 앞에서 일련의 공개적인 행동으로 반응을 보인다(참고. 10:1). 그는 슬픔에 젖어서 자기 옷을 찢고(9:3, 5) 자신의 머리털을 제거하는데, 이는 치욕, 죽음 그리고 애도를 나타내는 행동이다(욥 1:20; 사 15:2; 욥 2:12-13).[161] 여기에 언어유희가 있을지 모른다. 백성의 '마알'(*ma'al*, '믿음 없음', 스 9:2)이 에스라의 '메일'(*me'il*, "겉옷", 3절) 찢기로 이어지기 때문이다. 한 사람이 지나친 슬픔에 압도당할 때는 그 적절한 반응이 망연자실한 침묵일 수 있다(욥 2:13). 그래서 에스라 역시 "기가 막[힌]" 채 앉아서 믿음을 저버린 배신으로 인한 이 공동의 죽음을 슬퍼하고 있다(참고. 수 7:1, 6).

이전 모임의 흥분(스 7:28; 8:15)과 대조적으로, 사람들은 이제 에스라의 애도와 연대하여 그 주변에 계속해서 모인다(9:4b).[162] 그들이 모이는 것은 하나님의 말씀이 두려워서 '떨고 있기' 때문이다(참고. 사 66:2, 5). 그들은 아마 에스라 9:2에 나오는 말의 영향을 생각하고 있을 것이다(참고. 신 7:3). 또한 그들은 돌아온 유배자들의 '믿음 없음'도 슬퍼한다. 과거에 믿음이 없어서 발생한 유배 트라우마의 신체적 및 정신적 고통을 겪었기에(대하 36:14-20) 그들이 또 다시 믿음이 없어서 발생한 사건에 직면하여 두려워서 떨고 있는 것을 누가 탓할 수 있겠는가?

9:5-15 개요

서론적 진술(5절) 이후 에스라의 공개적인 고백은 네 부분으로 나눠진다. 그는 먼저 그의 백성의 과거 죄악들을 고백한다(6-7절). 나머지 부분들은 모두 히브리어 접속사 '웨아타'[*we'attah*, '그러나 이제'(8절), '그리고 이제'(10절), '그러므로'(12절)]로 시작한다(ESV 참고). 이 대목에 줄곧 나오는 핵심 단어들은 '주다/승낙하다'[7절, 8절(2번), 9절(2번), 12, 13절], '죄/죄악'(6, 7, 13, 15절) 그리

161 옷을 찢는 것은 벌거벗음의 이미지이고 따라서 죽음과 치욕을 의미하는 한편, 머리털을 뽑는 것은 삭발하는 것의 변형에 해당하는데, 삭발은 이스라엘이 주변 나라들처럼 애도하지 않게 하려고 그들에게 금지한 행동(신 14:1-2)이다(Clines, *Ezra, Nehemiah, Esther*, 121). 여기서 에스라는 그 공동체의 죽음을 애도하고 있다(Williamson, *Ezra, Nehemiah*, 133).

162 이 텍스트는 동사형을 사용하여 계속 확대되는 '함께 슬퍼하는 자들'의 모임이란 인상을 준다.

고 '남은 자'(8, 13, 14, 15절) 등이다.

9:5-7 에스라가 과거의 죄악을 고백하고 그 결과를 묘사한다. 시간의 표시("저녁 제사를 드릴 때")[163]와 새로운 행동("내가…일어나서")은 5절을 기도에 대한 서문으로 만든다. 금식에서 일어나는 에스라는 자기 고뇌의 행동을 뒤로 하고 번민에 찬 고백을 한다. 옷을 찢고 머리털을 뽑는 행동에 이어 그는 무릎을 꿇고 그의 "하나님 여호와를 향하여 손을 [든다]"(참고. 왕상 8:54). 이는 에스라의 개인적 심정이다. "내가 부끄럽고 낯이 뜨거워서"[164]라는 동사들은 함께 자주 나오는데(사 45:16, 17; 50:7), 이는 이 공동의 실패에 직면한 에스라의 일인칭 감정적 고통의 실재를 표현한다. 만일 그 공동체가 예레미야 시대에 이와 같이 반응했더라면, 어쩌면 유배를 지연시키거나 피할 수도 있었을 것이다(렘 6:13-15; 8:8-12; 겔 36:25).

하나님 앞에서 에스라의 수치와 불명예는 "우리 죄악"(스 9:6, 7, 13)에서 나오고, 이는 "우리 허물"(죄책, 9:6, 7, 13, 15; 10:10, 19)을 낳았다. 에스라는 은유를 사용하여 그들의 죄악(즉, 하나님의 표준에 대한 위반)이 "[우리의] 정수리에 넘[친다]"라고 특징짓는 한편, 그에 따른 죄책(즉, 형벌을 받을 책임)은 하늘에까지 닿는다고 한다. 9:7에 나오는 그의 역사적 개요는 이전의 심판에 초점을 둔다. 그들의 '큰 죄책'은 조상들의 과거로부터 현재까지 길게 뻗어 있다. 그 죄책을 불러일으켰던 그 '축적된 죄악들'[165]이 정복("손에 넘기사")으로 귀결되었고 이는 죽음, 노예 상태(유배) 그리고 재정적 손실 등으로 상술되어 있다.[166] 이는 모세오경에 나오는 언약의 위반으로 인한 광범위한 결

163 이는 제9시(오후 3시, 참고. 시 141:2; 단 9:21; 행 3:1)였다.

164 여기서 '낯이 뜨겁다'로 번역된 히브리어 동사 '칼람'(*kalam*)은 다른 곳에서 '수치를 당하다'(시 35:4), '욕을 받다'(사 45:16, 17, '굴욕을 당하다', NASB), 또는 '망신을 당하다'(사 50:7)로 번역되어 있다.

165 Fensham, *Ezra and Nehemiah*, 128.

166 아마 에스라는 사사 시대로부터 앗수르와 바벨론의 지배를 거쳐 현재 페르시아 시대에 이르는 긴 기간을 염두에 두고 있을 것이다.

과들을 요약한다(레 26:14-39; 신 28:15-68). 개인적인 수치심은 '오늘날과 같이 [공동의] 심한 수치심'으로 끝난다. 비록 심판의 열기는 지나갔을지라도 그 결과는 남아있다. 이 고백문의 거의 모든 구절에서 에스라는 자신을 "우리"에 포함시킴으로써 스스로 그의 백성의 죄악과 죄책과 형벌과 완전히 동일시되는 신실한 제사장임을 보여준다.

9:8-9 "[그러나] 이제"[웨아타]는 하나님의 은혜를 받는 '잠시 동안'으로 묘사된 폭풍의 눈을 나타낸다. 이는 고레스에서 아닥사스다에 이르는 짧은 80년을 가리킨다. 하나님의 선하심으로 흠뻑 적셔진 이 구절들은 하나님의 성품과 이스라엘의 최근 역사를 해석하기 위해 수사적으로 작동한다. "은혜"(8절)와 '한결같은 사랑'(헤세드, 9절, 개역개정은 "불쌍히 여김을 입고")이라는 단어들은 거기서 네 개의 바퀴살이 나오는 두 개의 중추에 해당한다.

8절에서 주님은 은혜를 베푸신다. 남은 자를 '남겨두는 것', 안전한 손잡이를 '주는 것', 눈을 '밝히는 것' 그리고 소생을 '주는 것' 등이 그것이다. 이 "은혜"는 종종 '기도'와 나란히 나오는데, 그런 경우에는 자비에 대한 간구처럼 "간구"로 번역된다(왕상 8:28, 30, 45, 49). "우리 하나님 여호와"를 원천으로 삼는 "은혜"는 이스라엘이 계속해서 한 백성으로 존재할 수 있었던 이유를 설명해준다. 에스라의 기도에 줄곧 나오는 여러 명사는 '남은 자'[펠레타(*peletah*, 스 9:8, 13, 14, 15), 쉐에리트(*she'erit*, 14절)]로 번역해도 무방하다. 이 용어는 어떤 재난을 피하거나 살아남는 사람을 가리킬 수 있다. 여기서는 구출을 경험한 유배시대 이후의 공동체를 가리키는 전문 용어다(느 1:2; 학 1:12; 슥 8:6). '안전한 손잡이를 주는 것'이라는 두 번째 언어적 보완과 함께, 에스라는 그들에게 안정감을 제공한 재건된 성전의 존재("그 거룩한 처소", 참고. 시 24:3; 레 10:17; 14:13)를 알리기 위해 "박힌 못"('안전한 손잡이', 참고. ESV 난외주)에 해당하는 용어를 사용한다. 이로부터 마지막 두 개의 언어적 보완이 나온다. 한때 슬픔과 죽음이 있던 곳(참고. 시 13:2-3; 38:9-10; 겔 37:1-14)에 이제는 소생된 공동체("우리가…소생하게 하셨나이다") 속 회복된 활력("우리 눈을 밝히사", 참고. 삼상 14:29)이 있다.

9절의 전반부는 8절의 주요 주제들을 반복하면서 중요한 진리를 제공한다. 하나님의 백성이 가장 억압받을 때 그분의 한결같은 사랑(헤세드)이 가장 뚜렷하게 나타난다는 것이다. 앞서 그랬던 것처럼(참고. 7:27-28; 호 2:19-20), 페르시아 왕들의 호의적인 행동은 하나님의 언약적 헌신이 확증된 모습이다. 소생을 '주는 것', 그 집을 '세우는 것', 그 무너진 것을 '보수하는 것', 울타리(벽)를 '주는 것' 등이 그렇다. 유배로 나타난 심판(스 9:7)의 모든 요소 가운데 페르시아 왕들에 대한 예속은 여전히 존재하지만 하나님은 그들을 버리지 않으셨다. 만일 "보호"[가다르(*gadar*), 참고. NASB, 새번역, 개역개정은 "울타리"]가 느헤미야가 재건한 성벽으로 해석된다면, 에스라는 느헤미야에 의해 성벽이 세워진 후(주전 445년)에 도착한 것이 틀림없다. 하지만 이 단어가 다른 곳에서 비유적 표현(예. '보호의 벽', 참고. 호 2:6; 겔 13:5; 22:30)으로 쓰인 것을 고려하면 여기서도 비유적으로 사용되는 듯하다.[167] 여기서 보호는 페르시아 왕들의 보호를 포함하지만, 주님의 신실하심이라는 맥락은 그분의 백성 가운데 일어나는 모든 복구 작업의 근원으로 남아 있다(사 31:5; 슥 8:1-5).

9:10-11 '그리고 이제'[웨아타. 개역개정은 중간 부분에 "이제"로 나옴]는 이 고백의 셋째 하부구획을 구분 짓는다. "이렇게 하신 후"라는 표현을 사용하여 에스라는 앞으로 나아갈 길을 찾느라 애쓰고 있다. 하나님이 그분의 백성을 그토록 명백히 버리지 않으셨는데, 어떻게 그들은 계속해서 그분의 계명들을 '버릴 수' 있었는가? 이 '계명들'은 성경의 특정 장소에서 나오지 않는다. 그 대신 에스라는 모세로부터 시작된 언약적 충실성에 대한 끊임없는 선지자적 메시지를 요약한 성경 어구 모음을 제시한다(신 18:15; 왕하

167 물론 비유적으로 해석하는 다른 이유들도 제시할 수 있다. 유다는 분명히 그 둘레에 벽이 없으므로 "울타리"(벽)를 비유적으로 해석하는 것이 자연스럽다. 둘째, 앞서 "박힌 못"(안전한 손잡이)을 사용한 것이 은유적 용법을 보여준다. 끝으로, 히브리어 단어 가다르(*gadar*, '벽')는 포도원을 둘러싸는 벽이나 울타리를 가리킨다. 이 용어가 "성벽"을 가리킬 수 있는 유일한 언급이 미가 7:11에 나오지만, 그런 해석조차 확실한 것은 아니다(Williamson, *Ezra, Nehemiah*, 136).

17:13, 23; 21:10-12; 24:2; 렘 7:25-26).[168]

에스라 9:11에 나오는 진술은 이어지는 구체적인 계명(12절)을 소개하는 이유를 제공한다. "더러운"이란 단어는 월경의 제의적 더러움(레 15:19-24)을 가리키는 경우가 가장 많다. 이것이 매우 더럽게 여겨지는 이유는 인간의 피를 상실하기 때문이다.[169] 정상적인 몸의 기능들은 도덕적인 문제가 아니었다. 하지만 '땅'과 '더러움'을 묶으면, 제의적 더러움이 도덕적 더러움의 은유가 된다(겔 36:17-18, 참고. 사 64:6; 애 1:17).[170] 거짓 신들을 숭배하는 것과 이와 연루된 "가증한 일"(신 18:9, 참고. 왕하 16:3; 21:2; 겔 16:47)은 그 땅과 그곳 사람들을 더럽게 만들었고, 결국에는 그 원주민들(레 18:24-30)뿐 아니라 이스라엘과 유다까지 쫓겨나게 했다.

9:12-15 "그런즉"[웨아타, 12절]이란 표현은 에스라의 기도와 11절에서 시작된 에스라의 성경 구절 모음을 계속 이어가고 있지만, 그것과 더불어 혼혈 결혼 금지에 대한 구체적인 내용(12, 14절, 참고. 신 7:3; 느 10:30)과 그의 결론에 나오는 회개에 대한 암묵적 촉구로 전환시키기도 한다. 다른 인종과 혼인하지 말라는 계명과 연관된 것은 "그들을 위하여 평화와 행복을 영원히 구하지 말라"(스 9:12)는 명령이다. 거의 축어적인 내용에 가까운 이 인용은 본래 불법적인 관계의 맥락에서 모압 사람과 암몬 사람에게 적용된 것이었다(신 23:2-6). 두 족속 모두 불법적인 관계에서 태어난 자손들이다(창 19:30-38). 이 명령에 순종할 때 이스라엘은 그 땅을 물려받고 그들의 자손에게 물려주는 소명을 이루게 될 것이고 또한 ('왕성하게') 그 땅의 산물

168 에스라 9:11과 구약에서 줄곧 나오는 핵심 어구는 '나의[또는 그의] 종 선지자들'(왕하 17:13, 23; 렘 25:4; 29:19; 35:15; 암 3:7)이다.

169 Sklar, *Leviticus*, 202-203.

170 에스라 9:11과 에스겔 36:17은 여기서 '더러움'으로 번역된 단어가 '땅'으로 번역된 단어들과 함께 나오는 유일한 구절들이다.

의 복을 경험하게 될 것이다(신 6:11; 11:8-12; 수 1:6-9; 5:12; 14:9; 대상 28:8).

이 계명들은 그분의 백성을 향한 하나님의 사랑과 거룩해야 하는 그들의 선교적 소명 때문에 주어졌다. 즉, 그 계명들에 대한 순종은 그들이 그분을 향한 사랑을 표현하는 하나의 방식이었다(신 7:1-8; 수 23:11-13; 요 14:15). 에스라 9:13 중간에 나오는 감형("우리 죄악보다 형벌을 가볍게 하시고 이만큼 백성을 남겨 주셨사오니")은 13-14절의 이유를 설명해준다. 심판이 끝이 아니라는 것이다. 하나님의 풍성한 자비는 그들이 한 백성으로 존속되어온 것으로 분명히 드러났다. 이보다 더 나빠질 수도 있었다. 이러한 자비에 비춰볼 때, 그들이 어떻게 계속 혼혈 결혼을 하면서 남은 자의 멸망의 위험을 감수할 수 있겠는가? 15절에 나오는 에스라의 마지막 진술은 주님이 '의롭다'["just", NASB는 "righteous"(옳다)]는 것과 그들을 남은 자로만 남겨놓은 그분의 과거 심판이 옳고 정당했다는 것(신 32:4-6; 대하 12:6; 시 119:137)을 명백하게 고백한다. 또한 에스라는 무조건 그들의 죄책을 고백하면서 의로우신 하나님이 그들을 완전히 멸망시키시는 것이 정당화될 것이라고 시사한다. 그들이 계속 존재하는 것에 비춰보면 희망은 아직 남아있다. 그들은 에스라의 공적인 고백 기도와 암묵적인 회개의 촉구에 어떻게 반응할 것인가?

응답

죄는 애통함을 불러온다. 이전의 즐거움이 탄식으로 변함(8:35-36; 암 8:10)에 따라 에스라는 외적인 애통 행위로 스스로를 분리시키고 "기가 막[힌 채]"(9:4) 앉아있다. 그는 혼혈 결혼이 남은 자를 주변 문화에 동화시킬 위험이 있다는 것을 시인한다. 그리고 그는 파탄에 빠진 채 죽음을 슬퍼하듯이 자기 옷을 찢고 머리털을 뽑고 있다. 물론 고대 근동과 달리 오늘날에 많은 문화는 더 이상 죽음의 정신적 고통에 반응하여 옷을 찢거나 머리털을 뽑지는 않는다. 그러나 우리 죄의 깊이를 그런 반응을 요구하는 일종의 죽음으로 이해하는 것은 우리가 죄의 존재에 대하여 더욱 적절하게 애통해하도록 도울 것이다.

혼혈 결혼의 금지와 "그들을 위하여 평화와 행복을 영원히 구하지 말라"(스 9:12)는 명령은 구약을 획일적으로 묵살하려는 이들의 손쉬운 표적이 된다. 하지만 세상에서 구별되고 거룩하게 되라는 부르심은 모든 시대의 교회를 위한 중요한 원리로 남아있다. 이는 예수님의 가르침(마 5:14; 요 17:14-17)과 사도적 제자도(고후 6:14-7:1; 엡 1:4; 5:27; 벧전 1:15-16; 요이 1:10)에도 해당된다. 아울러 이런 명령들이 오늘날 서로 다른 부족이나 인종, 또는 나라에 속한 사람들 간의 결혼을 금지하는 것을 정당화하는 것은 아니다. 오히려 핵심은 궁극적인 마음의 헌신과 관계가 있다(고후 2:15-16). 더욱이 이런 명령들은 그리스도를 좇지 않는 이들로부터 완전히 분리되라는 뜻이 아니다(고전 5:9-10). 우리가 "하나님이 계획하시고 지으실" 또 다른 도시를 구하고 있는 만큼(히 11:8-10, 참고. 빌 3:20) 문화적 참여와 분리 간의 적절한 균형을 찾으려면 개인적으로 그리고 공동체적으로 하나님의 지혜가 필요하다.

이번 장에 나온, 죄악의 한복판에서 순종의 동기를 유발하는 것은 하나님의 한결같은 사랑이고 또 이 사랑이 새로운 삶의 유일한 원천이다(스 9:8-9). 우리가 살아있는 동안에는 여전히 희망이 있다. 하나님은 우리의 죄에 마땅한 방식으로 우리를 대하지 않으시고 우리의 유익과 그분의 영광을 위해 백성을 보존하신다. 에스라는 도피한 남은 자가 그분의 백성을 향한 하나님의 신실한 사랑의 증거라고 두 번이나 말한다. 에스라는 회개를 요구하는 대신 그들에게 하나님의 자비에 반응하여 어떻게 살아야 할지 곰곰이 생각하도록 촉구한다(8, 13-14절). 사도 바울 시대의 역사적 상황은 달랐으나 그 원리는 여전히 존재한다. 세상에서 구별되고 우리 자신을 "산 제물"로 드리는 것은 하나님의 은총을 얻어내기 위한 것이 아니라 그리스도 안에서 우리에게 베푸신 자비로운 사랑에 대한 반응이고, 그 사랑은 거룩한 삶을 살도록 동기를 유발한다(롬 12:1-2).

끝으로, 에스라가 자기 백성을 대신해 어떻게 중재자의 역할을 모범적으로 담당하는지 주목할 필요가 있다. 신실한 목회자처럼 에스라는 회중의 죄와 고난과 관련하여 언제 그들과 동일시되어야 할지 알고 있다. 때로는 선지자 엘리야의 경우처럼 "나"와 "그들"이 백성의 배신을 다룰 때 거리를 만들 수 있다(왕상 19:10). 이와 반대로, 에스라는 공동체를 위해 중보기도를 드리며 그의 고백 내내 "우리"라는 말을 사용해서 (그는 혼혈 결혼에 가담하지 않았지만) 자신을 범법자들과 동일시한다. 그들의 죄악과 죄책은 그의 것이고, 그는 그들의 거룩함을 간절히 바란다. 이러한 중보자의 결정적 모습은 '유일한 중보자' 그리스도 예수(딤전 2:5-6), 범법자들의 하나로 간주되고 그들의 죄와 완전히 동일시된 신실하신 대제사장을 통해 나타난다(사 53:12). '믿음이 없는 상태'(스 9:2, 참고, 롬 4:16)로는 아무도 하나님 앞에 설 수 없다. 하지만 예수 그리스도와 연합할 때는 우리의 죄가 제거되고 그분의 의로움이 우리의 것이 되고, 우리는 살아계신 하나님의 도시에서 의로운 남은 자와 함께 서게 된다(고후 5:21; 히 12:22-24). 따라서 우리 모두 얼른 죄를 고백하고, 죄로부터 돌이키고, 예수님 안에서 우리에게 값없이 자비를 베푸시는 하나님을 바라보자.

1 에스라가 하나님의 성전 앞에 엎드려 울며 기도하여 죄를 자복할 때
에 많은 백성이 크게 통곡하매 이스라엘 중에서 백성의 남녀와 어린
아이의 큰 무리가 그 앞에 모인지라 2 엘람 자손 중 여히엘의 아들 스
가냐가 에스라에게 이르되 우리가 우리 하나님께 범죄하여 이 땅 이
방 여자를 맞이하여 아내로 삼았으나 이스라엘에게 아직도 소망이 있
나니 3 곧 내 주의 교훈을 따르며 우리 하나님의 명령을 떨며 준행하
는 자의 가르침을 따라 이 모든 아내와 그들의 소생을 다 내보내기로
우리 하나님과 언약을 세우고 율법대로 행할 것이라 4 이는 당신이 주
장할 일이니 일어나소서 우리가 도우리니 힘써 행하소서 하니라 5 이
에 에스라가 일어나 제사장들과 레위 사람들과 온 이스라엘에게 이
말대로 행하기를 맹세하게 하매 무리가 맹세하는지라

1 While Ezra prayed and made confession, weeping and casting himself
down before the house of God, a very great assembly of men, women,
and children, gathered to him out of Israel, for the people wept bitterly.
2 And Shecaniah the son of Jehiel, of the sons of Elam, addressed Ezra:
"We have broken faith with our God and have married foreign women

from the peoples of the land, but even now there is hope for Israel in
spite of this. 3 Therefore let us make a covenant with our God to put
away all these wives and their children, according to the counsel of
my lord[1] and of those who tremble at the commandment of our God,
and let it be done according to the Law. 4 Arise, for it is your task, and
we are with you; be strong and do it." 5 Then Ezra arose and made the
leading priests and Levites and all Israel take an oath that they would
do as had been said. So they took the oath.

10장

6 이에 에스라가 하나님의 성전 앞에서 일어나 엘리아십의 아들 여호
하난의 방으로 들어가니라 그가 들어가서 사로잡혔던 자들의 죄를 근
심하여 음식도 먹지 아니하며 물도 마시지 아니하더니 7 유다와 예루
살렘에 사로잡혔던 자들의 자손들에게 공포하기를 너희는 예루살렘
으로 모이라 8 누구든지 방백들과 장로들의 훈시를 따라 삼일 내에 오
지 아니하면 그의 재산을 적몰하고 사로잡혔던 자의 모임에서 쫓아내
리라 하매

6 Then Ezra withdrew from before the house of God and went to the
chamber of Jehohanan the son of Eliashib, where he spent the night,[2]
neither eating bread nor drinking water, for he was mourning over the
faithlessness of the exiles. 7 And a proclamation was made throughout
Judah and Jerusalem to all the returned exiles that they should assemble
at Jerusalem, 8 and that if anyone did not come within three days, by
order of the officials and the elders all his property should be forfeited,
and he himself banned from the congregation of the exiles.

9 유다와 베냐민 모든 사람들이 삼일 내에 예루살렘에 모이니 때는 아
홉째 달 이십일이라 무리가 하나님의 성전 앞 광장에 앉아서 이 일과

큰 비 때문에 떨고 있더니 10 제사장 에스라가 일어나 그들에게 이르
되 너희가 범죄하여 이방 여자를 아내로 삼아 이스라엘의 죄를 더하
게 하였으니 11 이제 너희 조상들의 하나님 앞에서 죄를 자복하고 그
의 뜻대로 행하여 그 지방 사람들과 이방 여인을 끊어 버리라 하니
12 모든 회중이 큰 소리로 대답하여 이르되 당신의 말씀대로 우리가
마땅히 행할 것이니이다 13 그러나 백성이 많고 또 큰 비가 내리는 때
니 능히 밖에 서지 못할 것이요 우리가 이 일로 크게 범죄하였은즉 하
루 이틀에 할 일이 아니오니 14 이제 온 회중을 위하여 우리의 방백들
을 세우고 우리 모든 성읍에 이방 여자에게 장가든 자는 다 기한에 각
고을의 장로들과 재판장과 함께 오게 하여 이 일로 인한 우리 하나님
의 진노가 우리에게서 떠나게 하소서 하나 15 오직 아사헬의 아들 요
나단과 디과의 아들 야스야가 일어나 그 일을 반대하고 므술람과 레
위 사람 삽브대가 그들을 돕더라

9 Then all the men of Judah and Benjamin assembled at Jerusalem
within the three days. It was the ninth month, on the twentieth day of
the month. And all the people sat in the open square before the house
of God, trembling because of this matter and because of the heavy rain.
10 And Ezra the priest stood up and said to them, "You have broken
faith and married foreign women, and so increased the guilt of Israel.
11 Now then make confession to the Lord, the God of your fathers and
do his will. Separate yourselves from the peoples of the land and from
the foreign wives." 12 Then all the assembly answered with a loud
voice, "It is so; we must do as you have said. 13 But the people are
many, and it is a time of heavy rain; we cannot stand in the open. Nor
is this a task for one day or for two, for we have greatly transgressed
in this matter. 14 Let our officials stand for the whole assembly. Let all
in our cities who have taken foreign wives come at appointed times,

and with them the elders and judges of every city, until the fierce wrath of our God over this matter is turned away from us." 15 Only Jonathan the son of Asahel and Jahzeiah the son of Tikvah opposed this, and Meshullam and Shabbethai the Levite supported them.

16 사로잡혔던 자들의 자손이 그대로 한지라 제사장 에스라가 그 종족을 따라 각각 지명된 족장들 몇 사람을 선임하고 열째 달 초하루에 앉아 그 일을 조사하여
17 첫째 달 초하루에 이르러 이방 여인을 아내로 맞이한 자의 일 조사하기를 마치니라

16 Then the returned exiles did so. Ezra the priest selected men,[3] heads of fathers' houses, according to their fathers' houses, each of them designated by name. On the first day of the tenth month they sat down to examine the matter;
17 and by the first day of the first month they had come to the end of all the men who had married foreign women.

18 제사장의 무리 중에 이방 여인을 아내로 맞이한 자는 예수아 자손 중 요사닥의 아들과 그의 형제 마아세야와 엘리에셀과 야립과 그달랴라
19 그들이 다 손을 잡아 맹세하여 그들의 아내를 내보내기로 하고 또 그 죄로 말미암아 숫양 한 마리를 속건제로 드렸으며
20 또 임멜 자손 중에서는 하나니와 스바댜요
21 하림 자손 중에서는 마아세야와 엘리야와 스마야와 여히엘과 웃시야요
22 바스훌 자손 중에서는 엘료에내와 마아세야와 이스마엘과 느다넬과 요사밧과 엘라사였더라

18 Now there were found some of the sons of the priests who had married foreign women: Maaseiah, Eliezer, Jarib, and Gedaliah, some of the sons of Jeshua the son of Jozadak and his brothers.
19 They pledged themselves to put away their wives, and their guilt offering was a ram of the flock for their guilt.[4]
20 Of the sons of Immer: Hanani and

Zebadiah. 21 Of the sons of Harim: Maaseiah, Elijah, Shemaiah, Jehiel,
and Uzziah. 22 Of the sons of Pashhur: Elioenai, Maaseiah, Ishmael,
Nethanel, Jozabad, and Elasah.

23 레위 사람 중에서는 요사밧과 시므이와 글라야라 하는 글리다와
브다히야와 유다와 엘리에셀이었더라 24 노래하는 자 중에서는 엘리
아십이요 문지기 중에서는 살룸과 델렘과 우리였더라
23 Of the Levites: Jozabad, Shimei, Kelaiah (that is, Kelita), Pethahiah,
Judah, and Eliezer. 24 Of the singers: Eliashib. Of the gatekeepers:
Shallum, Telem, and Uri.

25 이스라엘 중에서는 바로스 자손 중에서는 라먀와 잇시야와 말기야
와 미야민과 엘르아살과 말기야와 브나야요 26 엘람 자손 중에서는 맛
다냐와 스가랴와 여히엘과 압디와 여레못과 엘리야요 27 삿두 자손 중
에서는 엘료에내와 엘리아십과 맛다냐와 여레못과 사밧과 아시사요
28 베배 자손 중에서는 여호하난과 하나냐와 삽배와 아들래요 29 바니
자손 중에서는 므술람과 말룩과 아다야와 야숩과 스알과 여레못이요
30 바핫모압 자손 중에서는 앗나와 글랄과 브나야와 마아세야와 맛다
냐와 브살렐과 빈누이와 므낫세요 31 하림 자손 중에서는 엘리에셀과
잇시야와 말기야와 스마야와 시므온과 32 베냐민과 말룩과 스마랴요
33 하숨 자손 중에서는 맛드내와 맛닷다와 사밧과 엘리벨렛과 여레매
와 므낫세와 시므이요 34 바니 자손 중에서는 마아대와 아므람과 우엘
과 35 브나야와 베드야와 글루히와 36 와냐와 므레못과 에랴십과 37 맛
다냐와 맛드내와 야아수와 38 바니와 빈누이와 시므이와 39 셀레먀와
나단과 아다야와 40 막나드배와 사새와 사래와 41 아사렐과 셀레먀와
스마랴와 42 살룸과 아마랴와 요셉이요 43 느보 자손 중에서는 여이엘
과 맛디디야와 사밧과 스비내와 잇도와 요엘과 브나야더라 44 이상은

모두 이방 여인을 아내로 맞이한 자라 그중에는 자녀를 낳은 여인도
있었더라

25 And of Israel: of the sons of Parosh: Ramiah, Izziah, Malchijah,
Mijamin, Eleazar, Hashabiah,[5] and Benaiah. 26 Of the sons of Elam:
Mattaniah, Zechariah, Jehiel, Abdi, Jeremoth, and Elijah. 27 Of the sons
of Zattu: Elioenai, Eliashib, Mattaniah, Jeremoth, Zabad, and Aziza.
28 Of the sons of Bebai were Jehohanan, Hananiah, Zabbai, and Athlai.
29 Of the sons of Bani were Meshullam, Malluch, Adaiah, Jashub,
Sheal, and Jeremoth. 30 Of the sons of Pahath-moab: Adna, Chelal,
Benaiah, Maaseiah, Mattaniah, Bezalel, Binnui, and Manasseh. 31 Of
the sons of Harim: Eliezer, Isshijah, Malchijah, Shemaiah, Shimeon,
32 Benjamin, Malluch, and Shemariah. 33 Of the sons of Hashum:
Mattenai, Mattattah, Zabad, Eliphelet, Jeremai, Manasseh, and Shimei.
34 Of the sons of Bani: Maadai, Amram, Uel, 35 Benaiah, Bedeiah,
Cheluhi, 36 Vaniah, Meremoth, Eliashib, 37 Mattaniah, Mattenai, Jaasu.
38 Of the sons of Binnui:[6] Shimei, 39 Shelemiah, Nathan, Adaiah,
40 Machnadebai, Shashai, Sharai, 41 Azarel, Shelemiah, Shemariah,
42 Shallum, Amariah, and Joseph. 43 Of the sons of Nebo: Jeiel,
Mattithiah, Zabad, Zebina, Jaddai, Joel, and Benaiah. 44 All these
had married foreign women, and some of the women had even borne
children.[7]

1 Or *of the Lord* *2* Probable reading; Hebrew *where he went* *3* Syriac; Hebrew *And there were selected Ezra...* *4* Or *as their reparation* *5* Septuagint; Hebrew *Malchijah* *6* Septuagint; Hebrew *Bani, Binnui* *7* Or *and they put them away with their children*

10장

단락 개관

살아남은 자가 다섯째 달에 예루살렘에 도착한다(스 7:9). 약 4개월 후 관리들이 에스라에게 위기를 알린다. 돌아온 유배자들이 그 땅의 백성들과 혼혈 결혼을 자행하고 있다는 것이다(9:1-2). 이에 반응하여 에스라가 슬퍼하고(9:3-4) 도피한 남은 자의 죄를 공개적으로 고백한다(9:5-15). 에스라는 회개를 요구하는 대신, 자신을 백성의 죄악과 동일시하고 온유한 목회적 돌봄을 제공하며 백성의 양심을 자극하기 위해 하나님의 자비를 묘사한다(9:8-9, 13-14). 이번 장은 두 번째 '막'에 나오는 해결을 보여주고 에스라-느헤미야서 두 번째 이동(스 7-10장)의 막을 내린다.

이번 장은 동심(同心) 구조를 갖고 있다.[171] 외국인 아내를 내보내기 위해 주님 앞에서 언약을 맺자는 공동체의 제안과 이것이 성사되도록 에스라가 격려하는 장면으로 시작하여(10:1-4) "모두 손을 들어서, 아내를 내보내겠다고 서약하[는]"(19절, 새번역) 사람들의 명단으로 끝난다(18-44절). 이 바깥 틀 안에서 에스라는 먼저 공동체로 하여금 그들이 언약한 대로 행할 것을 맹세하게 한 후(5-6절) 뒤로 물러나서 금식하고 애도한다. 이후 16-17절에서 조사가 간략한 형태로 진행된다. 중앙으로 이동하면, 7-8절은 "방백들과 장로들"이 삼일 내에 예루살렘에 '오라'고 공포하는 모습을 보고한다. 이와 비슷한 말로, 범법자에게 '정해진 시간에 오라'는 것에 대한 반대 제안이 나온다(12-15절). 이번 장의 중심부에서 에스라는 그들을 기소하고 죄의 고백과 회개를 촉구한다(9-11절).

171 동심 구조는 단 하나의 중심(A-B-C-B'-A')을 가진 반면, 이중-중심 구조는 교차구조(A-B-C-C'-B'-A')로 가장 잘 알려져 있다. Jerome T. Walsh, *Style and Structure in Biblical Hebrew Narrative* (Collegeville, MN: Liturgical Press, 2001).

단락 개요

II. 공동체가 칙령에 따라 성전, 토라 그리고 성벽을 재건하다(스 2:1-느 7:73a)

C. 두 번째 이동: 에스라가 토라 아래 백성을 복원시키다(7:1-10:44)

2. 혼혈 결혼: 위기와 해결(9:1-10:44)

b. 해결: 백성이 죄를 고백하고 회개하다(10:1-44)

(1) 스가냐가 죄를 고백하고 언약을 제안하다(10:1-4)

(2) 에스라가 공동체로 맹세하게 하고 물러나다(10:5-6)

(3) 예루살렘에서 집회를 열기로 공포하다(10:7-8)

(4) 에스라가 공개적인 고백과 분리를 요구하다(10:9-11)

(3′) 회중이 죄를 고백하고 범죄자들이 나아오게 하다(10:12-15)

(2′) 당국이 혼혈 결혼의 위기를 해결하다(10:16-17)

(1′) 외국인 아내와 혼인한 사람들의 명부(10:18-44)

주석

10:1-4 '고백', '언약' 그리고 '회개'는 이번 장을 요약하는 용어들이다. 에스라의 이전 활동은 주로 자신의 목소리로 들려주었다(7:27-9:15). 이 본문은 이제 삼인칭 내러티브로 되돌아간다. 하지만 에스라의 행동이 새로운 것은 아니다. 이 어법은 앞장에 나온 에스라의 끊임없는 기도와 고백과 울부짖음을 강조한다. 그가 "엎드[리는]" 것은 이전 행동(9:4-5)과 비슷하고

이번에는 그 모든 행동이 "하나님의 성전[집] 앞에[서]"(10:1) 일어난 것임을 분명히 한다. 에스라가 취한 주된 행동은 여전히 "죄악"(9:6, 7, 13, 참고. 느 9:2)과 '믿음 없음'(스 9:2, 4)[172]에 대한 고백이다. 과거에 온갖 심판을 자초하다가 결국 유배까지 초래한 것은 공동체의 끈질긴 범죄와 언약의 위반이었다(레 26:14-39). 하지만 유배 중에도 주님은 앞으로 나아갈 길을 마련해주셨다. 속죄 제물을 드리는 것과 더불어 죄악과 믿음 없음에 대한 고백이 그 관계를 회복시킬 것이라고 하신 것이다(레 16:21; 26:40-45).[173]

에스라의 매우 공개적인 슬픔의 표현에 반응하여 '큰 무리'로 규정된 군중, 곧 계속 늘어나는 애절한 고백자들이 모이게 된다(스 10:1, 참고. 9:4).[174] 스가냐는 에스라와 함께 돌아온 70명의 "엘람 자손"(8:7) 중 하나로서 공동체를 대표해 앞으로 나아갈 길을 제안한다. 그의 고백은 좋은 모델이다. 첫째, 그는 마음의 문제를 시인한다. '우리가 신의를 깼다'(10:2). 둘째, 그는 그들의 믿음 없음의 근본적인 표출, 말하자면 외국인 여자들과 혼인한 것을 명시한다.[175] 그의 친족 중에 여섯 남자가 연루되어 있고 어쩌면 그의 아버지까지 연결되는 듯한[176] 사실(26절)을 감안하면, 스가냐의 고통과 위험 부담은 매우 크다. 셋째, 앞에서 에스라의 기도는 "이로 말미암아"(9:15) 그들이 하나님 앞에 매우 위험한 처지에 있다는 말로 마무리되었다. 스가냐는 바로 이 어구를 골라내어 "이스라엘에게 '아직도'[이것에도 불구하고] 소망이 있나니"라고 말한다. 그런 소망은 언약의 형태로 제안된 해결책을 통해

172 9:1-2에 관한 논의에서 이 단어가 '신의를 깨다' 또는 '배반하다'로 번역될 수도 있다고 말한 것을 기억하라.

173 레위기 26:40은 구약에서 '고백하다', '죄악' 그리고 '배반'을 가리키는 명사와 동사를 다함께 묶어주는 유일한 장소다.

174 '무리'[카할(*qahal*), 10:1, 12, 14]로 번역된 명사가 10:8에서는 "모임"(회중)으로 번역될 것이다. 이 모임은 예배를 위한 것(예. 대하 30:25)이 아니지만 이 용어는 종교적 목적을 위한 모임에 사용되고 있다(신 9:10, 10:4).

175 외국인 여자들과 혼인하는 것을 묘사하는 동사의 사용은 이례적이고 이 대목(10:2, 10, 14, 17, 18)과 느헤미야서(13:23, 27)에만 나온다. 이 이례적인 사용은 이런 합일의 비합법성을 가리킬 수 있다(Williamson, *Ezra, Nehemiah*, 150).

176 스가냐의 아버지, 여히엘(10:2)이 10:26에 나오는 여히엘과 동일 인물인지 여부는 말하기가 어렵다.

서 온다.

이 모든 것의 저변에는 모든 것을 "율법대로"(10:3) 행할 필요성이 있다. 이혼은 이스라엘에서 알려져 있고 규제되어 있었으나(신 24:1-4) 이런 부부 관계에 대한 특정한 율법은 존재하지 않았다.[177] 스가냐는 공동체가 이 새로운 상황에서 고대의 언약적 의무를 적용하기로 약속하여 "끊어 버리[겠다]"(결별하겠다, 스 10:11, 참고. 출 23:32-33; 34:15-16; 신 7:1-3)는 그들의 엄숙한 약속의 증인으로 하나님을 불러오도록 제안해야 한다. 이 가혹한 조치를 취하자는 제안은 에스라의 요구 때문이 아니라 스가냐의 고백과 슬픔(즉, "내 주의 교훈", 스 10:3) 때문에 나온다. 아울러 이 제안은 지난 4개월에 걸친 에스라의 가르침이 낳은 열매일 것이다.

10장

이 제안을 수용하는 사람들은 하나님의 말씀과 거룩하게 되라는 촉구를 지극히 존중하는 자들(즉, '우리 하나님의 명령에 떠는 자들', 3절, 참고. 9:4; 사 66:2)이다. 외국인 아내들과 자녀들을 '내보낸다'는 것이 무슨 뜻인지를 분명히 말하는 것은 불가능하다. 적어도 이는 혼인 관계의 취소와 공동체에서의 완전한 참여 제외를 의미하는 것이 틀림없다. 마지막 명령어들("일어나소서", "힘써" 그리고 "행하소서")은 에스라에게 서둘러 추진하도록 간청한다. 그럼으로써 그는 이스라엘이 그 땅을 물려받고 토라를 따르는 사명을 이루도록 도울 것이다(수 1:6, 7, 9; 23:6). 이 일과 관련해 에스라는 공동체의 전적인 지지를 받는다.

10:5-6 5절과 6절 모두 동일한 히브리어 동사[6절에서 "물러 나와"(새번역)로 번역된]로 시작하고 에스라는 "일어나소서"(4절)라는 스가냐의 요청에 응답한다. 에스라가 그들을 하나님의 길로 인도하기 위해 행동을 취함에 따라 신성한 왕(하나님) 아래서 자신의 제사장 직무의 일부를 이행하고 있는 것이다. 하지만 이런 행동은 아닥사스다에게 받은 일차적인 과업과 일맥상통

177 만일 신명기 24:1-4이 이런 결별을 염두에 두고 있다면, 그 아내들의 외국 배경이 남자들에게 '더럽혀진 것'으로 간주되어 이혼이 정당화될 수 있을 것이다(Williamson, *Ezra, Nehemiah*, 151).

하기도 한다. 하나님의 율법을 적용하는 것이 그가 행하도록 명령받은 일이었기 때문이다(7:14, 25-26). 그가 취한 첫 단계 중 하나는 왕에게 받은 권한을 사용하여 다양한 구성원이 "맹세하[고]"(10:5) 순종을 약속하도록 이끄는 것이다. 이는 스가냐가 제안한 언약을 맺는 데 중요한 첫 단계이다(3절, 참고. 출 19:8; 24:3, 7).

인간의 변덕스러운 본성과 죄가 두드러질 때 내려야 할 냉철한 선택을 감안하면, 그 결과를 확신하기는 어렵다. 이 사실을 아는 에스라는 계속해서 금식하고 기도하되 이번에는 성전과 연결된 방에서 보다 개인적으로 한다(10:1, 참고. 9:3-4). 그런 방들은 저장실로 쓰이며(8:29; 느 10:38) 레위인들이 근무 후에 사용하는 곳이기도 하다(대상 9:27, 33; 23:28). 에스라가 기도로 온 밤을 지새우든지,[178] 아니면 그보다 짧은 시간을 보내든지 간에 그가 홀로 앉아서 금식하고 묵상하고 이 위기와 관련된 모든 것을 위해 힘과 지혜를 달라고 하나님께 간구하는 모습을 쉽게 상상할 수 있다.

10:7-8 1-6절과 집회의 선언 사이에 흐른 시간은 알 수 없다. 그럼에도 불구하고 사흘 안에 모이도록 하는 것은 빨리 해결하고픈 심정을 드러낸다. 이 선언은 그것을 무시하는 사람이 초래할 심판을 분명히 밝힌다. 첫째, 재산을 "적몰하[다]"(빼앗다)라는 위협은 '하람'(*haram*)의 한 형태를 사용하는데, 이 히브리어 동사는 파멸이나 섬김을 위해 주님께 영구히 성별된 사람들이나 재산을 가리키는 데 종종 사용된다(예. 출 22:20; 레 27:29; 수 2:10; 6:17-18, 21; 7:1). 이 맥락에서는 재산의 몰수가 파멸보다는 성전 사용에 헌납한다는 뜻인 듯하다(레 27:21, 28; 민 18:14). 이 분리의 문제를 논의하기 위해 집회에 참석하길 거부하는 사람은 누구나 회중으로부터 분리될("쫓아내

178 ESV는 여기서 간단하고 문맥상 적절한 수정을 받아들였다(참고. ESV 난외주, 개역개정에는 없음). 아울러 여호하난, 요하난, 요나단 그리고 엘리아십이란 이름들이 에스라-느헤미야서에 많이 나오고 있음을 주목하라. 그래서 에스라 10:6에 거명된 두 사람과의 연관성을 알아내기가 어렵다. 에스라와 느헤미야의 연대기적 순서에 관한 논쟁에서 여호하난과 엘리아십의 정체성과 그들의 역할에 대해서는 Williamson, *Ezra, Nehemiah*, 151-154를 보라.

리라") 것이다.

10:9-11 이 구절들이 이번 장의 절정의 순간에 해당한다. '열린 광장'에 모이는 백성은 에스라의 공개적인 기도 장소(1절)로 돌아가는 셈이다. 돌아온 유배자들 가운데 눈에 띄는 지파들(1:5; 4:1)인 유다와 베냐민 사람들이 지정된 시간 내에 모이라는 부름에 주의를 기울인다.[179] 아홉 째 달(기슬래월, 11월/12월)은 장마철과 겹친다. 호우와 기온 강하는 이미 다가오고 있는 맞닥뜨림에 대한 염려로 떨고 있는 회중을 더욱 덜덜 떨며 움츠리게 만든다.

에스라는 이전의 주제들로 돌아가서 이제는 고발하고 또 권면한다.[180] 에스라가 백성에게 거룩함을 촉구할 때 7장 이후 처음으로 "제사장 에스라"로 불린다(10:10, 참고. 7:21). 에스라는 예전에 대명사 "우리"를 사용하여 제사장으로서 그들의 죄악과 동일시되는 모습(참고. 9:5-7 주석)을 보여주었지만, 이번에는 "너희"라는 대명사를 분명히 사용하면서 그들을 고발한다. 그들 마음의 병에 대한 그의 외과적 진단은 그에 따른 증상을 분명히 밝히는 것으로 이어진다(즉, "'너희'가 신의를 깨트렸고 '너희'가 혼인했다", 10:10, 필자의 번역). 그는 훌륭한 외과 의사처럼 그들의 현재 상태의 위험에 대해서도 경고한다. 만일 이스라엘의 '죄책'이 이미 하나님의 진노를 초래했다면(9:13-14), 그들이 계속해서 이스라엘의 죄책을 더한다면 얼마나 더 큰 진노를 초래하겠는가(10:10)?

"이제"(ESV는 Now then)라는 말과 함께 에스라는 서로 엮인 세 개의 명령어를 사용해서 회개를 명한다. "그의 뜻대로 행하[라]"는 중심 명령은 단순한 외적인 행위로는 충분하지 않음을 보여준다. 이것은 추위와 유죄 판

179 이 지파들의 언급이 지리적 영역으로 해석되는 편이 나을 수 있다. 페르시아 시대에 유다의 규모가 축소된 것을 감안하면, 이 작은 지역에 사는 사람들은 예루살렘에서 32킬로미터 이내에 있을 것이라서 지정된 시간 내에 쉽게 올 수 있다(Clines, *Ezra*, *Nehemiah*, *Esther*, 128-129).

180 이 구절들에 줄곧 '분리하다'(끊다), '혼혈 결혼', '죄책', '믿음 없음'(신의를 깨다), '그 땅의 백성들', '외국인 아내들'과 같은 단어들과 주제들이 나오는 것을 주목하라. 이 모든 것은 9:1-2, 6-7, 13; 10:2-3에 어떤 형태로든 명시적으로 또는 암시적으로 나온다.

결의 무게에 짓눌려 떨고 있는 에스라의 청중들에게 하나님을 기쁘게 하는 행동(참고. 시 40:8; 50:14)을 하게 하는데, 특히 결별하라는 실제적 요구(레 20:22-26)에 순종하기 위해 필요한 동기를 부여해준다.[181] 회중은 "죄를 자복하[라]"는 명령에 순종함으로써 과거와 현재의 하나님이 공의로운 하나님이심(참고. 9:15)을 인정하게 된다. 끝으로, 마지막 명령 "끊어버리라"(너희 자신을 분리시키라)에 순종하는 것은 첫 두 명령을 실현하는 것이다. 이는 분명히 외국인 아내들과 결별하는 것을 가리키지만 다른 곳에서 이 언어가 사용된 것을 보면 혼혈 결혼이 '그 땅의 백성들'(6:21, 9:1)과 더 넓게 동화되는 것의 징후임을 알게 된다. 그렇다면 온 공동체의 제의적 정결함이 위태로운 것이다.

10:12-15 회중은 내용("옳으신 말씀입니다", 새번역)과 어조("큰 소리로")로 간결하게 응답하면서 에스라의 권면에 동의하고 변명을 늘어놓지 않는다. 하지만 백성은 정상 참작 요인들 때문에 연기해달라고 제안한다. 그들은 사람들의 수, 날씨, 체력 부족, 그 과업이 길어질 수 있을 가능성 등 고려사항에 고려사항을 덧붙여서 자신들의 입장을 강조한다.[182] 자주 나오는 '내가 범죄했다'(예. 수 7:20; 삼상 15:24; 삼하 12:13; 눅 15:18)라는 말처럼, "우리가…크게 범죄하였은즉"이라는 말은 그들의 반복된 잘못을 분명히 밝힌다(참고. 스 9:6-7).[183] 이와 비슷한 표현은 다른 곳에서 반역의 행위, 특히 정치 영역에서의 반역 행위를 표현한다(왕상 12:19; 왕하 1:1; 8:22). 주님과 관련하여 '여러 차례의 범죄' 또는 '크게 범죄한 것'은 그분의 권위에 대한 전적인 경멸(사 59:12-13)을 보여주고, 만일 회개하지 않으면 불가피한 심판(렘 5:6)을 초래하게 된다.

181 Blenkinsopp, *Ezra-Nehemiah*, 193.

182 좀 더 우아하고 읽기 쉬운 번역을 위해 '그리고'란 접속사가 번역되지 않거나 다른 식으로 번역된다.

183 이전에는 에스라가 점증하는 죄악과 죄책을 거론할 때 은유적인 표현을 사용했다(9:6-7).

이 제안은 한 위원회를 포함한다(스 10:14). 참여자들은 '설' 수 있을 '관리들'로서(참고. 9:1, 10:8), "서지 못할"(참고. 13절) 온 회중을 대표하는 사람들이다. 이 위원회에는 "각 고을의 장로들과 재판장"이 함께 참여할 것이고, 이는 아마 피고인을 위해 증거를 제공하거나 공의를 보증하기 위해서일 것이다. 가장 중요한 점은 혼혈 결혼의 죄를 지은 사람은 누구나 소환을 받은 때에 와야 한다는 것이다. 남은 자의 근절에 대한 두려움(9:14-15)은 하나님의 진노를 피하기 위한 노력으로 이 제안의 동기를 제공한다. 중대한 죄가 심판을 통해 온 백성의 존재 자체를 위협할 때도 이와 비슷한 어휘가 사용되고 있다(출 32:12, 14; 민 25:4; 수 7:1, 26; 왕하 23:26; 대하 29:10; 30:6-9; 욘 3:9).

이 제안은 상당한 지지를 받으나 만장일치는 아니다. ESV는 이 장면의 마지막 구절에서의 애매모호함을 잘 포착한다. 네 명의 남자와 공동체의 결정 간에 대조적 모습을 강하게 시사하는 "오직"이라는 단어가 시선을 사로잡는다. 거기에는 '이 일을 반대한' 두 사람(요나단과 야스야)과 '그들을 도왔던' 다른 두 사람(므술람과 삽브대)이 있다. 그러므로 "그 일"이 무엇을 가리키느냐에 많은 것이 달려있다. 어쩌면 "그 일"은 제안된 이혼 자체를 가리키고, 따라서 네 명 모두 그 공동체의 결정에 반대하며 보다 관대한 접근을 바라는 입장일 수 있다. 이와 달리 "그 일"은 이혼의 촉구가 아니라 실행 계획(스 10:14)을 가리킬 수도 있다. 이 견해에 따르면, 그들은 더 엄격한 접근을 선호해서 더 빠르게 또는 더 가혹하게 실행하거나 또는 둘 다를 원한다고 한다. 이 사람들은 더 엄격한 실행을 선호할 가능성이 크다. 이 결론의 근거는 삽브대가 레위인이라는 사실 그리고 므술람이 지도자이고 에스라와 함께 귀환했다는 사실(8:16)에 있다.[184]

184 이 결론을 지지하는 입장과 긴 분석에 관해서는 Williamson, *Ezra, Nehemiah*, 156-157을 보라. 이들 중 아무도 외국인 아내를 취한 사람들의 명단(10:18-44)에서 언급되지 않으므로 그들이 원칙적으로 분리를 반대할 이유가 없다. "므술람"이란 이름을 가진 사람이 이어지는 명단에 언급되긴 하지만(10:29) 동일한 인물일 가능성은 적다. 최근에 에스라와 함께 돌아온 므술람이 도착한 지 불과 네 달 안에 결혼했을 가능성은 희박하다. 이에 대한 긴 분석은 Williamson, *Ezra, Nehemiah*, 156-157을 보라.

10:16-17 첫 맹세(5-6절)는 이제 총괄적 결론에 도달한다. 돌아온 유배자들이 "그대로 한지라"라는 말은 그들이 그 제안을 실행했다는 것(14절)을 암시한다. 위원회가 시행한 조사의 세부사항은 상상에 맡길 수밖에 없고 이혼 율법이나 신명기 24:1-4이 어떻게 적용되는지는 도무지 알 수 없다. 적어도 조사가 신중하게 진행되는 것처럼 보인다.

"제사장 에스라"는 "거룩한 자손"(스 9:2)을 정결케 하는 과업을 계속 수행한다. '분리하다'[바달(*badal*)]라는 동사가 마지막으로 사용되면서 그는 위원회에서 섬길 관리들을 "선임[했다]"(10:16).[185] 대표적인 "방백들"(14절)은 이제 "족장들"(참고. 1:5; 2:68; 4:2, 3; 8:1, 29)로 밝혀지고 종족별로 신중하게 선정되고 구체적으로 지정된다. 이 장면은 위원회가 "열째 달 초하루에"(참고. 10:9) 거의 즉시 업무를 시작하고 대충 세 달만에 끝난다는 말로 마무리되는데, 이는 그 과정에 상당한 시간이 걸릴 것이라는 염려(13절)를 정당화한다.[186]

10:18-44 개요

이 책의 마지막 명단(참고. 2:1-70; 8:1-14)은 외국인 여자들과 결혼한 죄를 지은 백 명이 넘는 남자들을 공개한다.[187] 첫 귀환과 연관된 사람들의 수(2:64)이 비해 얼마 안 되는 숫자는 혼혈 결혼의 행습이 처음 생각한 것보다 더 적다는 것을 시사할 수 있다.[188] 8:1-14에서 그랬듯이, 여기서도 제사장들(10:18-22)과 레위인들(23-24절)이 평신도들("이스라엘", 25-43절)보다 먼

185 ESV는 에스라가 스스로 선임한다는 약간의 본문 수정을 받아들인다. 하지만 마소라 본문은 그 위원회가 어떻게 선임되는지에 대해 침묵한다(참고. ESV 난외주).

186 Kidner, *Ezra and Nehemiah*, 81.

187 ESV 본문은 27명의 제사장들과 레위인들과 84명의 평신도들을 열거한다. 블렌킨솝은 뛰어난 논의를 제공한다(*Ezra-Nehemiah*, 195-201).

188 이 명단은 약간의 편집 작업의 증거를 보여줄지 모르지만 그것이 본래는 더 길었는데 여기서 단축되었다는 제안을 받아들일 이유는 없다. 이 견해를 지지하는 엄밀한 논증은 Williamson, *Ezra, Nehemiah*, 157-158을 참고하라. 클라인스 역시 이 명단이 완성판이라고 주장한다(*Ezra, Nehemiah, Esther*, 131).

저 등장한다. 이번 장은 단 하나의 요약문으로 마무리된다(44절).

10:18-22 맨 처음 언급된 사람들은 첫 번째 귀환에서 중요한 지도자였던 대제사장 예수아(예. 2:2, 36; 3:2; 5:2)의 친척들이다. 임멜, 하림 그리고 바스훌의 "자손"을 열거한 것(10:20-22, 참고. 2:36-39)은 모든 제사장 가문에 죄가 있음을 시사한다. 당시에 제사장들이 직무 유기를 범한 것은 말라기 1:6과 2:1-4과 일치한다. 결혼에 대해 특별한 의무가 있는 지도자들(참고. 레 21:7, 13-14)의 무거운 죄는 무시되지 않는다. 명단에 있는 모든 사람의 회개는 두 가지 행동을 포함한다(스 10:19). 첫째는 반드시 언약적 약속을 지키고 외국인 아내를 내보내기로 약속하는 서약(문자적으로, '그들이 손을 주었다')이다(참고. 대상 29:24). 둘째는 속건 제물로 죄가 있음을 인정하는 것이다(참고. 레 5:14-19). 외국인 아내를 취하는 것은 믿음 없음의 행위(참고. 레 5:15)이고 속죄를 위해 속건 제물을 드려야 하는 심각한 언약의 위반이다.[189]

10:23-24 레위인의 수가 적은 것은 다른 명단들에 나타나듯이 상대적으로 인원수가 축소되었기 때문일 것이다(2:36-42; 8:15). 2:43-58과 8:20과 달리, "솔로몬의 신하의 자손"이나 '성전 일꾼들'(느디님 사람, 2:55-58)은 전혀 언급되지 않는다. 그 이유는 그들 중에서는 혼혈 결혼이 발견되지 않거나 혹은 이 명단이 고위직 성전 인사에 초점을 두었기 때문이다.

10:25-43 평신도 이름의 다수는 느헤미야서의 명단들에 다시 나타나는데, 양자 간의 연관성은 불확실하다. 11명의 가문 우두머리의 이름이 나온다(ESV). 혹시 설명할 수 없는 히브리 이름 "막나드배"(40절)를 '앗술의 자손에 속한'이나 '삭개의 자손에 속한'(참고. 2:9, 예. NAB)으로 읽는다면 12명

189 Keil, *Ezra, Nehemiah, and Esther*, 133. 언약적 충성에 대한 심각한 배신에 요구되는 속건 제물 내지는 배상 제물에 관해서는 Sklar, *Leviticus*, 118-123을 보라.

이 나오는 셈이다(후자일 가능성이 더 많다).[190] 이 이름들 중에서 빅누이와 막나드배만 2장에 나오지 않는다. 2장에 비해 8장에 나오는 이름들과 겹치는 경우는 더 적다.

10:44 갑작스럽게 끝나는 마지막 구절은 이 가족들에게 무슨 일이 일어나는지에 대한 통찰을 주지 않는다. 이 구절의 전반부는 분명한 사실을 말하고, 후반부는 여자들과 자녀들 둘 다 영향을 받는다고("그중에는 자녀를 낳은 여인도 있었더라") 언급할 뿐이다.[191] 여자들과 자녀들이 스스로 분리될 절차를 밟고 "이스라엘의 하나님 여호와를 찾는[예배하는]"(6:21) 것은 여전히 하나의 가능성으로 남는다. 고대 근동에서는 친족 관계를 중요시했기 때문에 그들은 예전 공동체로 서둘러 되돌아갈 수 있다. 이처럼 불확실하게 종결되는 것은 우리가 느헤미야서에서 이 문제를 다시 접할 준비를 하게 한다.

응답

주님은 그분의 백성이 온전히 그분에게 헌신하기를 원하신다. 때때로 다른 이들을 목양할 책임이 있는 사람들(예. 목사, 장로와 집사, 교사, 부모 등)은 신실한 제자도를 위협하는 행동이나 관계에 대해 회중을 도전할 필요가 있다. 이번 장에서는 그런 도전이 죄를 고백하고, 하나님의 뜻을 행하고, 회개하라는 에스라의 촉구를 통해 나타난다. 따라서 공동체는 그들이 어떻게 '신의를 깼고'(10:10) 하나님 앞에서 신앙고백과 상반되게 살았는지를 깊이

190 10:25-43과 관련된 텍스트의 이슈들은 Williamson, *Ezra*, *Nehemiah*, 144에 다뤄져 있다. 하나의 예는 두 번 나오는 "바니"(10:29, 34)란 이름인데, 일부 학자는 후자를 "비그왜"(참고. 2:14)로 읽도록 제안한다.

191 후반부는 많은 번역상의 과제를 내놓는다. 제1 에스드라스 9:36에 기초한 또 다른 번역문은 다음과 같다. '그리고 그들이 그들을[즉, 아내들을] 그들의 자녀들과 함께 내보냈다'(RSV).

생각할 필요가 있다. 신실한 반응은 하나님의 말씀에 나타난 그분의 뜻에 순종하는 것이며 우리 마음이 죄악된 문화적 규범에 어떻게 익숙해졌는지 기꺼이 평가하려는 의지를 포함한다.

여기에 묘사된 것처럼 구약에서 공동체가 하나님의 명령에 이처럼 본능적인 반응을 보이는 경우는 드물다. 특히 죄에 대해 통곡하고(1절) 단호하게 고백하고 그 땅의 백성들 및 외국인 아내들과 결별하기로 확고히 동의하는 모습(11-12절)이 그렇다. 이 원리는 고린도 교회에 비신자들과의 위험한 관계를 경계하라는 바울의 가르침과 비슷하다(고후 6:14-7:1, 참고. 마 18:7-9). 만일 고백하면 범법자들 속에 포함될 소지가 있다(스 10:18-44). 그러나 우리는 주님의 종 역시 우리를 위해 범법자들 속에 포함되었다는 것을 기억할 필요가 있다(사 53:12).

주님은 이처럼 분리되라는 요구와 함께 진리와 은혜, 심판과 자비를 모두 나타내신다. 하나님을 사랑하려면 우리는 세상의 사람들과 문화들을 사랑으로 수용하는 한편, 동시에 세상적인 정서를 버릴 필요가 있다. 따라서 거룩함을 추구하고 보존하라는 부르심은 모든 시대의 신자들에게 요구되는 것이다(레 11:44-45; 벧전 1:15-16). 예수 그리스도를 따르는 자는 한편으론 세상으로부터의 분리와 배타성, 다른 한편으론 세상에 대한 선교적 책임과 참여 간의 긴장 가운데 살아간다. 세상의 유일한 구원자라는 예수님의 주장은 무자비할 만큼 엄격한 것이다(마 10:5-6; 15:22-28; 요 10:7-8; 14:6, 참고. 행 4:12). 만약 예수님이 하신 이런 주장이 오늘날의 일부 사람에게 불관용이라는 비난을 받는다면, 에스라 역시 이와 비슷한 고발을 피하기가 어려울 것이다.

일부 학자가 에스라의 포용성 부족을, 또는 적어도 그의 율법 해석이 이혼으로 귀결되는 것을 혐오스럽게 여기는 것은 이해할 만하다. 하지만 에스라는 그 배후에 제국의 권한을 가진 자로서(스 7:14, 26) 공손하게 접근하고, 뜨겁게 기도하고, 죄로 비통해 하고, 이상적 제사장으로서 신실하고, 위원회가 그 문제에 최종 결론을 내리도록 기꺼이 허락한다. 그 공동체의 순결함에 대한 에스라의 관심은 그들이 '외국인'이라는 이유로 회중에서 쫓겨나는 여자들과 자녀들의 무게에 눌려 신음한다. 에스라의 성품을 감안하면, 그는 분리시키는 결정을 두 개의 나쁜 선택 중에 덜 나쁜 것으로 보고 있음이 틀림없다.

이는 마지막 논점으로 이어진다. 주님이 세상을 위해 그분의 백성을 거룩하게 보존하신다는 것이다. 에스라서를 마무리하는 외국인 아내들로부터의 분리와 그들의 배제는 느헤미야서의 결말(느 13:23-27)이기도 하다. 범위를 정경으로 넓히면, 이 어려운 도덕적 이슈는 역사서를 여는 사건들과 약간의 유사점이 있다. 여호수아서에서 그 땅에 들어가는 이들은 그 땅의 백성들이 "너희에게 올무가 되며 덫이 되[지]" 않도록 그들로부터 분리되라는 명령을 받는다(수 23:12-13, 참고. 출 23:23-33; 레 20:23-24, 26; 신 20:16-18). 이는 제사장직과 백성, '주님께 성별된' "거룩한 자손"(스 9:2)을 보존하는 것이 바로 이스라엘의 존재 이유라는 사실(출 28:36; 신 7:6; 14:2; 26:16-19)을 부각시킨다. 이스라엘은 제사장의 나라가 되고(출 19:6), 세상에 주님을 알고 예배하는 법을 가르치고 세상을 위해 중재하기 위해 존재한다. 죄로부터의 분리는 사실상 열방을 포용하기 위한 것이다(수 6:25; 왕상 17:8-9; 왕하 5:15; 사 56:1-8). 이 때문에 돌아온 공동체를 거룩하게 보존하는 일이 그토록 중요한 것이다.

에스라의 공동체와 마찬가지로, 제사장의 나라가 되라는 소명과 "거류민과 나그네"로서의 지위는 오늘날 주님의 백성에게도 계속 이어진다(벧전 2:9-12). 그리스도를 따르는 사람은 이런 명령을 받는다. "이 세상이나 세상에 있는 것들을 사랑하지 말라 누구든지 세상을 사랑하면 아버지의 사랑이 그 안에 있지 아니하니"(요일 2:15). 하지만 염두에 두고 있는 목표가 있다. "너희가 이방인 중에서 행실을 선하게 가져 너희를 악행한다고 비방하는 자들로 하여금 너희 선한 일을 보고 오시는 날에 하나님께 영광을 돌리게 하려 함이라"(벧전 2:12, 참고. 마 5:16). 세상을 위한 사명과 죄로부터 분리되라는 요구는 열방을 주님과의 관계로 인도하려는 목적이 있다. 궁극적으로 구약에서 '그 땅의 백성들'을 배격하는 것은 남은 자를 보존하기 위함이며, 이 "거룩한 자손"(스 9:2 ESV 난외주)으로부터 '거룩한 자손'(갈 3:16,

19)인 예수 그리스도가 도래하게 된다. 그분의 삶, 죽음, 부활 그리고 통치는 결국 (이방인으로부터의 분리가 아니라) 이방인들의 포용을 의미한다(사 49:6; 눅 4:25-27; 행 1:8; 13:46-48; 롬 11:17-24; 갈 3:16, 19; 골 3:11).

10장

느헤미야

ESV 성경 해설 주석

W. 브라이언 오커 지음

ESV EXPOSITORY COMMENTARY

ESV Expository Commentary

Nehemiah

느헤미야서 서론

개관

느헤미야서는 에스라서에서 시작된 하나님 백성의 귀향과 귀환의 이야기를 완성한다. 이 책은 예루살렘에 있는 사람들이 "큰 환난을 당하고 능욕을 받[고]" 있고 성벽이 파손되었다는 소식과 함께 말문을 연다(1:1-3). 느헤미야는 신성한 왕(1:4-11)과 인간 왕(2:1-8) 앞에서 이 문제를 놓고 한탄하고, 성벽을 재건하기 위해 예루살렘으로 여행할 수 있는 허락을 받는다. 성벽 재건이 완공되는 이야기는 느헤미야 3-6장에 실려 있다. 하지만 에스라서에서 그랬듯이(예. 스 4:9), 외부의 대적들(느 2:10, 19-20; 4:1-23; 6:1-19)과 공동체 내부의 불순종(5장)으로 인해 난관에 봉착한다. 성벽 완공의 놀라운 속도는 '우리 하나님의 도우심'(6:16)의 증거이지만, 느헤미야가 그 백성의 계보를 생각하는 시점(7:5-73a)에 이르면 그 도성을 주민으로 채울 필요성이 분명해진다(7:1-4).

느헤미야서와 에스라-느헤미야서 전체의 클라이맥스는 7:73b-13:31에 서술되어 있다. 신학적인 최고점은 언약 갱신 행사와 함께 도달하고(7:73b-10:39) "우리가 우리 하나님의 전을 버려두지 아니하리라"(10:39)라는 중요한 서약으로 마무리된다. 예루살렘이 다시 주민으로 채워진 후(11:1-12:26), 에스라-느헤미야서의 절정은 정화된 공동체가 정화된 도성 안에 거주하는 순간인 12:27-13:3에서 도달한다(12:30). 이후 결론 부분은 성전, 안식일 그리고 분리와 연관된 일련의 개혁들을 서술한다(13:4-31). 이런 개혁들은 백성들에게 주님께 성별된 백성이 되는 소명에 늘 깨어있어야 한다는 것을 상기시킨다.

제목, 저자, 집필 연대

이 책은 이것이 본서의 대표 인물인 "느헤미야의 말"이라고 독자에게 알려주면서 서두를 연다(1:1). 그는 "왕의 술 관원"(1:11b)이고 "유다 땅 총독"(5:14)으로 임명을 받는다. 저자와 최종 저작의 연대에 관한 논의는 에스라-느헤미야서의 편찬에 사용된 자료들 및 역대기와 에스라-느헤미야서의 관계를 포함한 저작의 문제들과 불가분의 관계에 있다. 에스라서의 일인칭 기사들(즉, '에스라 비망록')과 같이, 전통적 제목인 '느헤미야 비망록'(느 1:1-7:5a; 12:27-43; 13:4-31)은 그것이 서술하는 사건들의 시기와 가까운 연대로 잡을 수 있다(참고. 장르와 문학적 특징). 느헤미야 13:6은 가장 빨리 추정하면 주전 433년이 되는 시기를 제공하므로 '비망록'이란 입장을 강화시켜준다. 만일 12:1-26에 나오는 제사장과 레위인의 명단이 나중에 추가된 것이라면(그럴 가능성이 많다), 주전 5세기 말엽에 현직에 있었던 대제사장 요하난에 대한 언급(12:23)은 편집자의 작업이 그와 비슷한 시기에 수행되었음을 가리킨다. 따라서 우리는 적어도 자료들의 일부는 400년경에 묶어졌다고 추론할 수 있다.[1] 이 주석은 에스라-느헤미야서를 문학적 통일체의 두 부분으로 간주하는 바다. 이것과 저자에 관한 논의는 에스라서 서론의 '제목, 저자, 집필 연대'를 보라.

이 책의 사건들의 연대와 배경

두 편의 기록이 느헤미야의 행동을 페르시아 왕 아닥사스다 1세의 통치(주전 464-423년)와 연계시킨다. 첫째 기록은 느헤미야가 성벽을 재건하도록 예루살렘으로 돌아가게 해달라고 허락을 요청하는 아닥사스다 통치 제20년(주전 445년)을 언급한다(2:1). 둘째 기록은 느헤미야가 그 왕을 알현한(그 목적과 체류 기간은 명시되지 않아도, 13:6) 아닥사스다의 제32년(주전 433년)을 언급한다. 이 연대기적 범위는 또한 성경외적 본문에 근거해 산발랏에 대해 알려진 바와 잘 들어맞는다. 산발랏은 느헤미야의 사명에 반대하는 자들을 이끌었던 인물이다(느 2:10, 19; 4:1; 6:1-2, 5, 12, 14; 13:28). 그의 이름은 엘레판틴 파피루스(Elephantine papyri)에 나온다. 이 아람어 교신 모음집은 이집트의 남쪽 국경 근처에 위치한 유다인 식민지인 엘레판틴에서 발굴되었다. 407년에 쓰인 그 편지는 '유다의 바가바하 총독'에게 보낸 것이다. 그는 느헤미야 직후의 유다 총독이었다. 이 편지의 부록은 "사마리아 총독 산발랏의 아들 들라야와 셀레먀"[2]에게 보낸 이전 편지를 언급한다. 주전 5세기의 마지막 10년에 이르러 산발랏이 늙어서 그의 아들들이 총독직의 행정 책임을 물려받았던 것으로 보인다. 이와 비슷하게, 그 편지는 대제사장 여호난을 언급하는데, 이는 "엘리아십의 아들 요하난"(느 12:22-23)과 동일 인물임이 거의 확실하다. 이는 또한 엘리아십이 대제사장이었을 당시 아닥사스다 1세 아래 느헤미야의 이전 직무에 관한 연대기와 일치한다(3:1).[3]

1 H. G. M. 윌리암슨은 에스라 비망록과 느헤미야 비망록이 주전 400년경에 함께 묶어졌고 에스라 1-6장은 주전 300년 경에 작문의 최종 단계로 추가되었다고 주장한다[*Ezra, Nehemiah*, WBC 16 (Waco, TX: Word, 1985), xxxvi]. 이 후자의 입장은 Joseph Blenkinsopp, *Ezra-Nehemiah: A Commentary*, OTL (Philadelphia: Westminster, 1988), 43-44에서 도전을 받는다. 그는 또한 역대상-역대하와 에스라-느헤미야서가 동일 저자의 작품이라고 주장하기도 한다(47-54). David J. A. Clines도 역대기 저자가 에스라-느헤미야서에 책임이 있다고 주장하고 연대를 주전 400년경으로 추정한다. *Ezra, Nehemiah, Esther*, NCBC (Grand Rapids, MI: Eerdmans, 1984), 12-14.

2 "Request for Letter of Recommendation (First Draft)," trans. Bezalel Porten (*COS* 3.51:130).

에스라-느헤미야서의 집필 계기는 그 내용으로부터 추론해야 한다. 이 책은 느헤미야가 예루살렘의 성벽을 재건하기 위해 아닥사스다의 허락을 받은 경위(느 1-2장), 외적인 반대와 내적인 불의에 직면해 성공적으로 완공한 것(3-6장) 그리고 이 업적이 공동체에 미친 영향(7-13장)에 관한 기사를 제공한다. 그러므로 이 계기는 성벽 재건이 선동 행위이고 문화적, 정치적, 또는 경제적 이유로 이뤄졌다는 혐의(스 4:11-16; 느 2:19, 6:5-9)에 반박하는 변호로 볼 수 있다.[4]

그런데 이 책의 배경을 순전히 세속적 이유들로만 추정하는 것은 불만족스럽다. 하나님의 말씀, 특히 그분의 율법은 한 백성을 빚어내기 위해 존재한다. 느헤미야서는 "사로잡힘을 면하고 남아 있는 자들"(1:3)에게 하나님은 여전히 그들의 하나님이시고 그들이 그분과 함께 거주하길 갈망하신다는 것을 가르친다. 느헤미야와 그 공동체의 모범적인 기도는 하나님이 어떻게 그분의 언약에 신실하셨는지 그리고 그들의 간구에 귀 기울이셨는지 후대에 잘 보여준다(1:5-6; 9:32). 아직도 지속되는 그들의 어려움, 수치 그리고 괴로움은 여전히 주님께 중요하다(1:3, 7; 9:33-34, 37). 신자들은 또한 하나님이 그분 백성의 사업을 번영시키신다는 것도 배울 것이다(2:20; 6:16). 그러므로 그들은 그분의 자비에 반응하여 죄를 고백하고(1:6-7; 9:2, 29, 37) 하나님의 말씀을 듣고 순종해야 한다(8:1-3, 8, 14, 18; 9:3; 10:29). 언약을 충실히 지키겠다는 그들의 서약(9:38-10:39)은 성전의 기능과 신실한 예배에 대한 지지(10:32-39; 12:44-47; 13:10-14) 그리고 그들을 거룩한 백성으로 구별하는 일의 실천을 수반한다. 이는 안식일 준수(10:31; 13:15-18)와 열방으로부터의 적절한 분리(10:30; 13:1-3, 23-28)를 포함한다. 그런 문제들은 다음에 논의되는 신학적 특징으로 이어진다.

3 Williamson, *Ezra, Nehemiah*, 151, 168.

4 Manfred Oeming, "The Theological Ideas behind Nehemiah's Wall," in *New Perspectives on Ezra-Nehemiah: History and Historiography, Text, Literature, and Interpretation*, ed. Isaac Kalimi (Winona Lake, IN: Eisenbrauns, 2012), 131-149.

장르와 문학적 특징

느헤미야서는 에스라와 마찬가지로 역사편찬(historiography)이라는 개략적인 장르에 속하는데, 이 장르는 과거 사건의 기록을 신학적 목적을 위해 문학적으로 구성한 것이다.[5] '에스라 비망록'과 비슷하게, 이 책의 두드러진 특징은 느헤미야의 일인칭 서술로 편의상 '느헤미야 비망록'(느 1:1-7:5a; 12:27-43; 13:4-31)이라 불리는 것이다.[6] 이 자서전적 자료의 대다수는 느헤미야의 귀환 첫 해 안에 일어난 사건들을 서술하고 십여 년 후에 있었던 여러 개혁의 시도는 간략하게 다룰 뿐이다.

아울러 에스라서처럼, 느헤미야서는 이 단일한 문학 작품의 일부로 제시된 다수의 하부장르를 담고 있다. 여기에는 역사 내러티브(1:1-3; 2:1-20; 4:1-3, 6-23; 5:1-18; 6:10-13, 15-19; 7:1-5; 7:73b-8:18; 9:1-5a; 11:1-2; 12:27-47; 13:1-13, 15-22a, 23-28, 30-31a), 교신의 보도(6:1-9a), 긴 기도(1:4-11a; 9:5b-37)와 짧은 기도(4:4-5, 5:19; 6:9b, 14; 13:14, 22b, 29, 31b), 백성이 받아들인 언약에 관한 일인칭 기사(9:38; 10:28-39) 등이 포함된다. 이와 더불어 많은 목록도 포함하고 있다. 그것은 성벽에서 일한 사람들(3:1-32), 돌아온 유배자들의 계보(7:6-73a), 언약에 서명한 사람들(10:1-27), 다시 예루살렘의 주민이 된 사람들(11:3-24), 예루살렘 바깥에 정착한 마을들(11:25-36) 그리고 제사장들과 레위인들(12:1-26)의 명단이다. 기록물과 서로 엮인 일인칭과 삼인칭 내러티브의 조합은 성경 문학의 독특한 특징이다.[7]

5 느헤미야서의 정경상의 위치에 대해서는 에스라서 서론의 '장르와 문학적 특징'을 참고하라.

6 3:1-32과 7:6-72a 역시 종종 이 비망록에 포함되긴 하지만 이 대목들의 기원과 포함된 경위에 대해서는 논쟁이 있다.

7 Michael W. Duggan, *The Covenant Renewal in Ezra-Nehemiah* (Neh. 7:72b-10:40), *An Exegetical, Literary, and Theological Study*, SBLDS 164 (Atlanta: SBL, 2001), 37, Tamara Cohn Eskenazi, *In an Age of Prose: A Literary Approach to Ezra-Nehemiah*, SBLMS 36 (Atlanta: Scholars, 1988), 180.

신학, 성경의 다른 본문 및 그리스도와의 관련성

느헤미야서는 구약 정경의 거의 모든 부분과 많은 연관성을 보여주는데 특히 모세오경, 역사서 그리고 선지서와 연관성을 드러낸다. 신약에는 느헤미야서를 직접 인용한 구절이 없다(참고. 9:6; 행 4:24).

하나님이 성벽으로 둘러싸인 도성에서 그분의 유배된 백성을 안전하게 보호하시다

제단과 성전의 재건(스 3-6장)에 이어 하나님의 율법 아래 백성의 복원과 회개(스 7-10장)가 나온다. 이후 느헤미야와 백성의 노력을 통해 하나님은 두 번째 물리적 구조, 곧 성벽을 재건하시되 다시 한번 페르시아 왕의 결정을 통해 그분의 목적을 이루어 가신다(느 2:1-8; 6:16, 참고. 스 1:1; 6:14). 한때 불에 탔던 하나님의 집이 재건되었다. 한때 유배자로 잡혀갔던 사람들이 집으로 돌아왔다(왕하 25:9-11; 느 7:4; 11:1-2). 한때 바벨론 사람들에게 헐렸다가(왕하 25:10) 훗날 아닥사스다의 명령으로 공사가 멈춰졌던(참고. 스 4:21-24) 예루살렘 성벽이 동일한 왕의 명령으로 재건축된다. 이 모든 작업은 기도로 뒷받침되고(느 2:4-5; 6:15-16),[8] 이런 기도에 대한 응답은 하나님이 그분의 백성이 겪고 있는 지속적인 '어려움과 수치'(1:3)에 주목하고 계심을 보여준다.

물론 느헤미야가 언급될 때는 예루살렘의 성벽이 떠오른다. 그러나 성벽의 중요성은 그것이 하나님의 백성을 예루살렘, 곧 그분의 거처에 살 수 있게 해준다는 것이다. 이곳은 그분의 성전이 있는 장소이고 그분이 이름을 두려고 선택하신 장소다(1:9; 신 12:5, 11, 14, 18, 26; 왕상 8:27-30; 사 60:14).

8 Oeming, "Theological Ideas," 141.

달리 말하면, 성벽이 이루는 일은 그 백성이 다시 한번 그들 가운데 계신 하나님과 함께 삶으로써 모세오경에서부터 선지서까지 흐르는 성경적 주제들과 약속들을 성취하게 하는 것이다. 모세오경에서 하나님은 그분의 백성과 함께 살고 또 그들 가운데 행하겠다고 약속하셨다(레 26:11-12). 유배의 저주마저 끝이 아니라 은혜로운 회복을 맞게 될 것이었다(신 30:1-5).

게다가 예언의 말씀은 에스라-느헤미야서의 처음부터 유배의 확실성(렘 25:8-11)과 귀환해서 재건하라는 명령(스 1:1; 6:14, 참고. 사 41:2; 44:26-45:1; 58:12; 61:4; 렘 25:12-14; 29:10-14)의 저변에 깔려있다. 주님은 오랜 고통을 받는 남은 자를 '모을' 것이라고 약속하셨는데(느 1:9),[9] 이는 대선지서(사 54:7; 56:8; 렘 32:37; 겔 11:16-17)와 소선지서(미 2:12; 4:6; 습 3:18-20; 슥 10:8-10) 모두에 나오는 약속이다. 이 회복의 약속과 더불어 하나님이 다시 모인 백성 가운데 거주하실 것이란 약속이 느헤미야서의 첫 기도(느 1:8-9)의 토대를 이루고 있다.

하나님이 회개하는 백성과의 언약을 지키시다

하지만 에스라-느헤미야서의 관심사는 성전과 성벽의 물리적 구조물을 넘어선다. 사실 에스라와 느헤미야는 중요한 지도자들이지만 강조되는 것은 회복된 공동체의 역할이다. 이는 느헤미야서의 후반부에 나오는 사람들의 명단(7:6-73a; 10:1-27; 12:1-26)에 뚜렷이 나타난다.[10] 성벽은 이스라엘의 과거 죄악에 대한 징계의 일환으로 파괴되었다. 성벽의 재건은 하나님의 언약적 신실함과 그분의 백성의 회복을 가리키는 신호일 것이다. 그러므로 물리적 성벽의 완공 직후에 백성이 언약을 갱신하기로 결정하고 율법 낭독(8장)으로 시작해 갱신된 언약적 약속으로 끝나는 것은 우연이 아

9 참고. 에스라서 서론의 '신학'과 에스라 8장의 '응답'.

10 Eskenazi는 *Age of Prose*에서 백성의 역할에 특별히 주목하게 한다. 특히 96-111쪽에 나오는 갱신된 언약(8-10장)에 대한 논의를 보라.

니다. 언약은 공동 정체성의 중요한 표지들을 세우는 것인 만큼 성벽과 같은 기능을 한다. 이는 하나님의 율법에 대한 순종(10:29), 분리와 안식일 행습에 대한 재헌신(10:30-31) 그리고 "하나님의 전을 버려두지" 않겠다는 약속(10:39)을 포함한다. 그런 놀라운 공동의 회개와 하나님의 규례를 따라 행하겠다는 결정은 이전의 선지자적 약속에 암시된 바 있다(렘 32:39-40; 겔 11:19; 36:26-28).

에스라-느헤미야서에서 언약과 영적 정점의 문학적 및 신학적 중심은 첫 율법 낭독(느 8:1-8, 18) 다음에 나오는 레위인들의 위대한 구속-역사적 기도이다(9:5-37). 그 낭독은 극적인 영향을 미쳐서 회개, 더 많은 율법 낭독 그리고 예배의 증거를 낳게 된다(9:1-5a). 영적 갱신의 움직임이 그 기도를 낳고, 그 기도의 주제들은 에스라(스 9:6-15)와 느헤미야(느 1:5-11)의 참회 기도를 이어간다. 창조부터 현 시점까지를 망라하는 그 기도는 구약의 나머지 부분과의 거의 무한한 연관성과 함께 이스라엘의 이야기 전체에 대한 요약과 신학적 해석을 제공한다. 수사적으로 보면, 그 기도는 노예 상태와 억압에 직면한 공동체의 구원을 향한 부르짖음(9:36-37)과 주님과 그분의 말씀에 대한 암묵적 재헌신을 표시한다. 비록 백성의 조상들은 지속적인 불신의 모습을 보였을지라도(9:16-17, 26, 29-30), 느헤미야가 이전에 기도했듯이(1:5) 하나님은 여전히 "언약과 인자하심을 지키시는"(9:32) 하나님이다. 그들의 역사에 너무나 분명히 나타나는 그분의 자비(9:17, 19, 27-28, 31)가 여전히 그분의 언약을 지키는 자들에게 가능한 상황이다.

하나님이 정결케 된 백성에게 기쁨을 주시다

성벽 봉헌식은 완공된 건축 프로젝트를 기념하는 행사다. 하지만 그것은 그 이상이기도 하다. 피날레를 지배하는 제사와 특히 기뻐하는 모습(12:43)은 신실하신 하나님이 그들에게 약속을 지켜주셨음에 감사하는 백성이 올려드리는 것이다. 그들은 정화된 백성, 참된 이스라엘로 회복되어 하나님의 거룩한 도성인 예루살렘에 거주하는 것을 기뻐한다(11:1, 18; 12:27-30). 하지만 느헤미야서의 마지막 장이 보여주듯이, 그들은 회개와 신실함 가운데 인내하고(13:4-31) 또 하나님의 집을 버려두지 않도록(13:11, 참고. 10:39) 늘 깨어있어야 한다.

정화된 공동체가 하나님의 거룩한 도시에서 하나님과 함께 거주할 희망을 그리는 이 초상화는 그리스도 예수 안에서 완성된다. 그리스도 안에서 하나님은 처음 아브람과 맺은 영원한 언약(창 12:1-3; 17:7, 13, 19; 갈 3:16)에 신실하신 분임을 보여주셨기 때문이다. 그분은 유배된 백성을 위해 집과 유산을 모두 보증하셨다(마 5:5; 요 14:2-3; 벧전 1:1, 17; 2:11). 그리스도는 그분의 구속적 죽음을 통해 유다인과 이방인 둘 다 믿음으로 깨끗케 하셨다(엡 5:26; 딛 2:14; 요일 1:7-9). 그분은 이 시대에(요 10:16; 11:51-52; 행 15:15-17) 그리고 결국에는 다가오는 시대에(마 3:12; 13:30, 47-50; 25:31-32; 살후 2:1) 그분의 흩어진 백성을 모으신다. "여호와의 속량함을 받은 자들"의 운명은 그들이 하나님과 함께 거주할 시온(사 35:10), 곧 "거룩한 성 새 예루살렘"(계 21:2-4)이다. 그날까지 구속받은 자들은 계속해서 하나님의 사명을 수행하고 그분의 선하심을 증언하며, 그분의 나라를 확장하게 된다. 이 모든 것은 '우리 하나님의 도우심'으로 이뤄져서 열방이 그분의 말씀을 듣고 두려워하여 그분께 돌아오게 하려는 것이다(느 6:16; 12:43).

느헤미야서 설교하기

느헤미야서는 주로 내러티브로 구성된 열세 장인만큼 비교적 짧은 설교 시리즈로 다룰 수 있다. 하지만 에스라서 서론에서 언급했듯이, 회중은 정경의 순서대로 두 권 모두를 읽을 때 유익을 얻을 수 있을 것이다. 에스라-느헤미야서의 클라이맥스는 느헤미야 7:73b-13:3에 나오는 언약 갱신과 최종 기념행사이기 때문이다. 설교할 때마다 두어 장을 다룬다면 두 권을 시리즈로 설교하는 데 반년 정도가 걸릴 것이다(예. 스 1-2장; 느 11:1-12:26).

한 전래 동요는 "여기는 교회이고 여기는 첨탑이다, 문을 열고 모든 사람을 봐라"라고 시작한다. 자칫하면 교회와 첨탑 같은 물리적 구조물에 초점을 두고 그 속의 사람들은 소홀히 하기가 쉽다. 느헤미야서를 처음부터 끝까지 설교할 때도 그런 위험이 있다. 건축 프로그램의 리더십과 회중의 지원이 이 책의 중요한 특징이라서 금방 설교 시리즈의 주안점이 될 수 있다. 물론 이 주제를 신중하게 다룬다면 부적절하지는 않겠지만 그것이 이 책의 일차적 강조점은 아니다.[11] 좋은 설교가 모두 그렇듯이, 에스라-느헤미야서에 관한 어떤 설교 시리즈이든지 그 시선을 늘 주님의 인격과 사역에 두어야 한다. 그분의 주권적 능력을 통해 참회하는 남은 자가 성전과 성벽을 모두 재건하게 된다. 하나님은 그분의 큰 자비와 언약적 신실함으로 이 남은 자를 살려두시고, 그들은 언약을 갱신하는 모습으로 반응을 보인다. 그 중심에는 위대한 언약적 약속, 곧 "너희가…내 백성이 되고 나는 너희 하나님이 되리라"(겔 36:28)라는 약속이 있다. 이처럼 정화된 백성의 모임이라는 핵심적인 언약적 주제가 그리스도의 인격과 사역에서 절정에 이르고 거룩한 백성이 거룩한 도성에서 하나님과 함께 살며 기뻐하는 모습으로 끝나는 최종 결말을 가리킨다(느 11:1; 12:30, 43; 계 21:1-4).

성경의 모든 책이 그렇듯이, 느헤미야서도 설교할 때 어려움과 보상을 안겨준다. 특히 이 책에 나오는 다양한 목록이 도전을 줄 것이다(참고. 장르와 문학적 특징). 이런 대목들을 무시하면 안 된다. 이 주석의 '응답' 부분에서 필자는 이 주석의 사용자들의 성찰을 자극하기 위해 설교에 유익한 내용을 담으려고 노력했다. 보다 긍정적으로 보면, 기도문들(느 1:4-11; 9:5b-37)은 성경의 다른 본문과의 풍부한 연관성을 보여준다. 이 대목들은 회중에게 율법에 대한 긍정적 견해가 어떻게 하나님의 고대 백성의 회개와 예배(9:1-5a)에 영향을 미쳤는지 그리고 어떻게 계속해서 구속받은 공동체를 안내해야 하는지를 보여준다.

11 다음 책의 마지막 에세이인 "리더십과 에스라-느헤미야서"를 보라. David J. Shepherd and Christopher J. H. Wright, *Ezra and Nehemiah*, THOTC (Grand Rapids, MI: Eerdmans, 2018), 188-211.

해석상 과제

에스라와 느헤미야는 동시대인이었는가?

느헤미야 7:73b-10:39에 나오는 언약 갱신의 장면에서 에스라와 느헤미야가 처음으로 함께 등장한다(8:9).[12] 이는 에스라의 예루살렘 도착(주전 458년, 참고. 스 7:8)과 수문에서의 율법 낭독(느 8:2-3) 사이에 적어도 13년의 간격이 있다는 것을 의미한다. 후자는 가장 빨리 잡아도 주전 445년이기에 그렇다(참고. 느 2:1). 이 상호작용의 결여와 13년의 간격은 에스라서와 느헤미야서의 연대기적 순서에 관한 큰 논쟁거리의 일부다(참고. 에스라서 서론). 많은 주석가에게 있어서 문제의 핵심은 어떻게 에스라가 "네 하나님의 율법"(스 7:14, 25-26)을 시행하라는 아닥사스다의 명시적인 첫 명령(스 7:12)에 그토록 오랫동안 주의를 기울이지 않을 수 있었는가 하는 것이다. 달리 말하면, 에스라가 아닥사스다에게 받은 명령을 실제로 이행했다는 증거가 없다. 한 주석가는 느헤미야 12:27-43에 관한 글을 쓰면서 이렇게 명백히 말한다. "에스라와 느헤미야가 과연 예루살렘에서 함께 있었던 적이 있는지 여부가 이 책들과 관련된 중요한 논쟁거리 중 하나가 되어왔다."[13]

이 협력의 결여로 인해 많은 사람이 느헤미야 7:73b-8:18(일부는 느 9:1-37을 포함시킨다)에 나오는 에스라의 율법 낭독은 에스라의 이전 개혁의 일부였고 본래 느헤미야서가 아니라 에스라 8장과 9장 사이에 위치해 있었

12 다른 곳에서는 성벽 봉헌식이 열릴 때에만 그들이 함께 나타난다(12:31, 33, 36). 그들은 또한 12:26에서 제사장과 레위인의 명단의 끝부분에 함께 언급되어 있다. 언약 서명인들의 명단에 언급된 아사랴(10:2)가 에스라일 수도 있으나 이는 논쟁거리다. 만일 이 사람이 에스라라면, 이는 느헤미야가 10:1에 언급된 후 두 사람이 함께 명단에 나오는 또 다른 경우가 될 것이다. 클라인스에 따르면, 12:26에 나오는 에스라의 이름은 편집상의 삽입이란 것이 대다수 학자의 견해이고 "매우 타당하다"고 한다(*Ezra, Nehemiah, Esther*, 232). 하지만 그는 또한 "에스라의 참여가 비(非)역사적임을 입증할 수는 없다"고 말한다. 에스라의 이름이 편집상 삽입된 것이란 주장을 블렌킨솝도 지지한다(Ezra-Nehemiah, 346).

13 Williamson, *Ezra, Nehemiah*, 372.

다고 믿는다.[14] 달리 말하면, 느헤미야 8장의 사건들은 에스라가 예루살렘에 도착한 해에 일어났던 것이라고 믿는 것이다. 이것은 에스라가 아닥사스다의 요구대로 실제로 율법을 가르쳤다는 것을 의미하는 데 그치지 않는다. 이 사건을 에스라서 안에 두는 것은 또한 연대기적으로도 적합하다. 예컨대, 에스라는 다섯째 달에 예루살렘에 도착했고(스 7:8) 아홉째 달에 그의 결혼 개혁을 시작했으며(10:9), 그런 개혁이 일곱째 달에 있었던 율법 낭독에 대한 반응으로 일어났다고 보는 것이 무척 타당하다. 아울러 일곱째 달은 어쩌다가 느헤미야 8:2, 14에 언급된 시기(다른 해이긴 해도)와 일치한다.[15]

그러므로 이 접근 방식을 지지하는 사람들은 에스라의 율법 낭독이 편집상 느헤미야서에 놓인 것이 우발적인 일이거나 주제상의 또는 신학적 목적 때문이라고 주장한다. 즉, 언약의 갱신이 에스라-느헤미야서의 클라이맥스였다는 것을 보여주기 위해서라고 한다.[16] 그 결과, 8:9에 나오는 느헤미야의 이름은 어떤 편집자나 서기관이 그 본문을 현재의 위치에 넣고 또한 에스라의 일인칭 내러티브를 삼인칭 내러티브로 바꾼 것임에 틀림없다.[17] 게다가 만일 느헤미야 8장이 본래 에스라 7-10장의 일부였다면, 그 본문과 느헤미야 8장에 나오는 앞부분과의 연관성(참고. 느 9:1)을 감안하여 느헤미야 9-10장의 역사적 배경 역시 다뤄야 한다.[18] 블렌킨솝이 9:1-5에 관한 주석을 쓸 때 주석가들의 수만큼 많은 의견이 있다고 말했는데, 이는 7:73b-10:39 전체에 해당되는 말인 것 같다.[19]

14 같은 책, 283-286. 이 견해는 "널리 퍼져있고 완전히 정확한 학문적 합의"(283)라고 한다. 클라인스(*Ezra, Nehemiah, Esther*, 180-182)와 블렌킨솝(*Ezra-Nehemiah*, 45)은 의견이 일치한다.

15 이와 다른 견해는 느헤미야 8장이 에스라 10장 다음에 나온다고 보는 것이다. 제1 에스드라스에는 느헤미야 7:73-8:13이 결혼 개혁에 대한 보다 낙관적인 결말로서 에스라 10:44 직후에 나오기 때문이다.

16 Williamson, *Ezra, Nehemiah*, 286.

17 같은 책, 147.

18 Duggan, *Covenant Renewal*, 8-9.

서로 맞물리는 많은 주장을 여기서 충분히 다루는 것은 불가능하다.[20] 하지만 우리가 고려해야 할 사항들이 있다. 첫째, 에스라가 에스라 7-10장에서 율법을 낭독하지 않은 것은 사실이지만 그렇다고 그가 율법을 적용하지 않았다는 뜻은 아니다. 이 점은 그의 기도(스 9:10-12)에 분명히 나타난다. 둘째, 일곱째 달의 초하루(느 8:2)에 율법을 낭독한 것은 연대기적으로 느헤미야서에 잘 맞는다. 그 낭독은 성벽이 여섯째 달(엘룰월, 느 6:15)에 완공되었다는 이전 시간 표시 다음에 일어나기 때문이다. 셋째, 에스라와 느헤미야가 실제로 동시대인이었을 가능성을 아예 무시한 채 그들의 동시대적 사역들에 의문을 제기하는 경향이 있다.[21] 만일 에스라와 느헤미야의 사역들이 겹치지 않았다면, 사건들의 사실적 흐름(즉, 그들이 동시대인이 아니었다는 것)이 어떻게 양자를 함께 두는 현재의 정경적 모양을 낳게 되었을까? 최종 편집자가 단지 신학적 목적을 위해 에스라와 느헤미야를 동시대인으로 함께 묶었다는 견해는 그럴 듯하나 수용하기 어렵다. 끝으로, 클라인스가 말하듯이 누구든지 재구성을 받아들이고 8:9에 나오는 느헤미야의 이름을 편집자의 작업으로 보길 원치 않는다면, 대안은 (1) 에스라의 도착 연대(스 7:7-8)를 수정하거나 (2) 느헤미야가 도착할 때까지 에스라가 율법을 낭독하지 않았다고 가정하는 것이다.[22] 후자의 입장은 합리적이다. 에스라와 느헤미야의 협력이 에스라-느헤미야서에서 충분히 논의되지 않고 있다는 사실은 그 이상의 협력이 없었다는 뜻은 아니다. 다만 그 협력을 상세히 다루는 것이 보존된 이야기에 중요하지 않았다는 것을 의미할 뿐이다.

19 Blenkinsopp, *Ezra-Nehemiah*, 294.

20 에스라와 느헤미야가 동시대인들이었다는 성경의 묘사를 지지하는 논증들에 대해서는 다음 주석을 보라. Derek Kidner, *Ezra and Nehemiah: An Introduction and Commentary*, TOTC 12 (Downers Grove, IL: InterVarsity Press, 1979), 161-175. 키드너는 에스라가 연대기적으로 느헤미야 다음에 등장했다는 견해로 이끈 네 차례의 "외견상의 변칙들"의 첫째 경우로, "드문 협력"의 문제를 다룬다(참고. 에스라서 서론).

21 예컨대 다음 주석들을 보라. Williamson, *Ezra, Nehemiah*, 282, Clines, *Ezra, Nehemiah, Esther*, 232.

22 Clines, *Ezra, Nehemiah, Esther*, 185.

개요

I. 주님과 고레스가 칙령을 선포하고 공동체가 반응하다(스 1:1-11)

II. 공동체가 칙령에 따라 성전, 토라 그리고 성벽을 재건하다(스 2:1-느 7:73a)

A. 돌아가는 유배자들의 명단(스 2:1-70)[23]

B. 첫 번째 이동: 제단, 반대 그리고 성전(3:1-6:22)

C. 두 번째 이동: 에스라가 토라 아래 백성을 복원시키다(7:1-10:44)

D. 세 번째 이동: 느헤미야의 사역이 시작되다(느 1:1-7:4)

1. 느헤미야가 기도하면서 요청하다(1:1-11)
2. 느헤미야가 허락을 받고 예루살렘에 도착하다(2:1-20)
3. 성벽-성문을 재건하다(3:1-3:32)
4. 건축자들이 약간 두려워하면서 진도를 나가다(4:1-24)
5. 총독 느헤미야가 모두에 대한 "관심"을 보여주다(5:1-19)
6. 대적이 느헤미야를 두렵게 하려 해도 성벽 공사를 중단시킬 수 없다(6:1-7:4)

E. 유배자들의 명단이 되풀이되다(느 7:5-73a)

1. 느헤미야가 감동을 받아 계보에 따라 등록시키다(7:5)
2. 유배상태에서 풀려나서 올라온 그 지방 사람들(7:6-7a)
3. 이스라엘 백성의 남자들의 수(7:7b-38)
4. 성전 담당 인사(7:39-60)
5. 자기네 가문을 입증할 수 없던 사람들(7:61-65)
6. 요약문(7:66-73a)

III. 공동체가 기뻐하다: 언약 갱신과 공동체 복원(느 7:73b-13:31)

A. 언약 갱신(느 7:73b-10:39)

1. 율법을 낭독하고 초막절을 지키다(느 7:73b-8:18)

2. 구속-역사적 언약 고백(9:1-37)

3. 갱신된 언약의 봉인과 약속(9:38-10:39)

B. 예루살렘과 주변 마을들에 거주하다, 제사장과 레위인의 명단(느 11:1-12:26)

1. 예루살렘과 주변 마을들에 주민이 거주하다(11:1-36)

2. 제사장과 레위인의 명단(12:1-26)

C. 성벽 봉헌식과 "그날"의 행사들(느 12:27-13:3)

1. 성벽 봉헌식(12:27-43)

2. "그날"에 열린 두 행사: 양식 공급과 정결 예식(12:44-13:3)

D. 느헤미야의 개혁: 성전, 안식일, 결별(느 13:4-31)

1. 성전에 관한 개혁(13:4-14)

2. 안식일에 관한 개혁(13:15-22)

3. 외국인 아내와의 결별에 관한 개혁(13:23-29)

4. 개혁의 요약: 정결 예식과 양식 공급(13:30-31)

23 본 주석서는 에스라서와 느헤미야서를 한 권으로 취급한다. 전체가 어떻게 결합되어 있는지를 보여주기 위해 개요의 II. D에는 느헤미야서를 시작하기에 앞서 에스라서의 큰 본문 단락들이 포함되어 있다. 이 전반적 구조의 중심 아이디어들은 Eskenazi, *Age of Prose*, 37-126에 빚진 것이다. 그녀는 이렇게 말한다. "이 중요한 반복(즉, 스 2장-느 7장)은 대표적인 인물을 다시 묘사하고, 이 단락 전체에 연속성을 제공하고 둘 사이의 사건들을 묶어준다"(39). 다른 주석가들은 느헤미야서를 에스라서와는 별도의 문학 작품으로 취급해야 한다고 주장한다. Mark J. Boda, "Prayer as Rhetoric in the Book of Nehemiah," in *New Perspectives on Ezra-Nehemiah: History and Historiography, Text, Literature, and Interpretation*, ed. Isaac Kalimi (Winona Lake, IN: Eisenbrauns, 2012), 267-284 (esp. 276, 284).

1 하가랴의 아들 느헤미야의 말이라

1 The words of Nehemiah the son of Hacaliah.

아닥사스다 왕 제이십년 기슬르월에 내가 수산 궁에 있는데 2 내 형제
들 가운데 하나인 하나니가 두어 사람과 함께 유다에서 내게 이르렀
기로 내가 그 사로잡힘을 면하고 남아 있는 유다와 예루살렘 사람들
의 형편을 물은즉 3 그들이 내게 이르되 사로잡힘을 면하고 남아 있는
자들이 그 지방 거기에서 큰 환난을 당하고 능욕을 받으며 예루살렘
성은 허물어지고 성문들은 불탔다 하는지라

Now it happened in the month of Chislev, in the twentieth year, as I
was in Susa the citadel, 2 that Hanani, one of my brothers, came with
certain men from Judah. And I asked them concerning the Jews who
escaped, who had survived the exile, and concerning Jerusalem. 3 And
they said to me, "The remnant there in the province who had survived
the exile is in great trouble and shame. The wall of Jerusalem is broken
down, and its gates are destroyed by fire."

4 내가 이 말을 듣고 앉아서 울고 수일 동안 슬퍼하며 하늘의 하나님
앞에 금식하며 기도하여 5 이르되 하늘의 하나님 여호와 크고 두려우
신 하나님이여 주를 사랑하고 주의 계명을 지키는 자에게 언약을 지
키시며 긍휼을 베푸시는 주여 간구하나이다 6 이제 종이 주의 종들인
이스라엘 자손을 위하여 주야로 기도하오며 우리 이스라엘 자손이 주
께 범죄한 죄들을 자복하오니 주는 귀를 기울이시며 눈을 여시사 종
의 기도를 들으시옵소서 나와 내 아버지의 집이 범죄하여 7 주를 향하
여 크게 악을 행하여 주께서 주의 종 모세에게 명령하신 계명과 율례
와 규례를 지키지 아니하였나이다 8 옛적에 주께서 주의 종 모세에게
명령하여 이르시되 만일 너희가 범죄하면 내가 너희를 여러 나라 가
운데에 흩을 것이요 9 만일 내게로 돌아와 내 계명을 지켜 행하면 너
희 쫓긴 자가 하늘 끝에 있을지라도 내가 거기서부터 그들을 모아 내
이름을 두려고 택한 곳에 돌아오게 하리라 하신 말씀을 이제 청하건
대 기억하옵소서 10 이들은 주께서 일찍이 큰 권능과 강한 손으로 구
속하신 주의 종들이요 주의 백성이니이다 11 주여 구하오니 귀를 기
울이사 종의 기도와 주의 이름을 경외하기를 기뻐하는 종들의 기도를
들으시고 오늘 종이 형통하여 이 사람 앞에서 은혜를 입게 하옵소서
하였나니

4 As soon as I heard these words I sat down and wept and mourned for
days, and I continued fasting and praying before the God of heaven.
5 And I said, "O Lord God of heaven, the great and awesome God who
keeps covenant and steadfast love with those who love him and keep
his commandments, 6 let your ear be attentive and your eyes open, to
hear the prayer of your servant that I now pray before you day and
night for the people of Israel your servants, confessing the sins of the
people of Israel, which we have sinned against you. Even I and my
father's house have sinned. 7 We have acted very corruptly against you

and have not kept the commandments, the statutes, and the rules that
you commanded your servant Moses. 8 Remember the word that you
commanded your servant Moses, saying, 'If you are unfaithful, I will
scatter you among the peoples, 9 but if you return to me and keep my
commandments and do them, though your outcasts are in the uttermost
parts of heaven, from there I will gather them and bring them to the
place that I have chosen, to make my name dwell there.' 10 They are
your servants and your people, whom you have redeemed by your great
power and by your strong hand. 11 O Lord, let your ear be attentive
to the prayer of your servant, and to the prayer of your servants who
delight to fear your name, and give success to your servant today, and
grant him mercy in the sight of this man."

그때에 내가 왕의 술 관원이 되었느니라

Now I was cupbearer to the king.

단락 개관

오늘날의 히브리어 성경에는 느헤미야서의 첫 장이 에스라서의 끝에서 구분 없이 바로 이어진다. 이는 에스라서와 느헤미야서가 역사적으로 한 책으로 취급되었기에 그렇다. 에스라-느헤미야서의 소개 부분(스 1장)은 페르시아 왕 고레스의 권위로 스룹바벨과 예수아의 지도 아래 이스라엘 사람들의 첫 귀환을 서술하는 것으로 시작된다(주전 538년).

둘째 부분(스 2:1-느 7:73a)은 주전 516년에 완공된 성전을 재건축한 귀환자들의 명단과 함께 시작된다. 반세기 이상이 흐른 후 에스라가 아닥사스다의 제7년(주전 458년, 스 7-8장)에 왕의 권위 아래 예루살렘으로 가는 두 번째 귀환을 인도했다. 이후에 혼혈 결혼의 위기에 직면했고 외국인 아내들을 내보내기로 서약한 사람들의 최종 명단이 나온다(스 9-10장). 에스라-느헤미야서의 이 둘째 부분(스 2:1-느 7:73a)이 느헤미야서에서 마무리된다. 느헤미야라는 새로운 인물이 직면하는 큰 갈등은 예루살렘의 성벽 재건을 중심으로 일어난다(느 1:1-7:4). 이 에피소드는 파손된 예루살렘의 성벽과 성문으로 시작해서 그 도성이 안전하게 지켜지는 장면으로 끝난다(1:3; 7:1-4). 아울러 느헤미야가 스룹바벨과 에스라처럼 페르시아 왕으로부터 활동의 권한을 부여받는다는 것을 주목할 필요가 있다. 현재는 그 왕이 통치한 지 "제이십년"(1:1; 2:1)으로 에스라의 귀환 이후 13년의 기간이 흐른 시점(445년)이지만 말이다.

이 책의 제목(1:1a)에 이어 서술이 시작된다. 느헤미야가 예루살렘 방어벽의 비참한 상태와 귀환자들에게 닥친 수치에 관한 제보를 받는다(1b-3절). 그는 즉시 에스라-느헤미야서에 나오는 두 번째 주된 기도(4-11절, 참고. 스 9:6-15)로 반응하는데, 이 기도는 신명기에 대한 암시로 가득하다. 이 대목은 느헤미야의 지위에 대한 뜻밖의 통지로 마무리된다(느 1:11b).

단락 개요

II. 공동체가 칙령에 따라 성전, 토라 그리고 성벽을 재건하다(스 2:1-느 7:73a)
  D. 세 번째 이동: 느헤미야의 사역이 시작되다(느 1:1-7:4)
    1. 느헤미야가 기도하면서 요청하다(1:1-11)
      a. 제목: 느헤미야의 말(1:1a)
      b. 느헤미야가 예루살렘이 황폐한 상태라는 소식을 듣다(1:1b-3)
      c. 느헤미야가 금식하고 기도를 드리다(1:4-11a)
      d. 통지: 느헤미야의 직업(1:11b)

주석

1:1a 서두는 여러 선지서의 서문(렘 1:1; 암 1:1)과 특정한 인물의 것으로 여겨지는 지혜의 글(잠 30:1; 31:1; 전 1:1)과 비슷하다. 느헤미야라는 이름은 '여호와께서 위로하셨다'란 뜻이고, 하가랴의 아들(느 1:1; 10:1)이라 불리는 것과 하나니란 형제가 있다는 것(1:2)을 제외하면 느헤미야의 성장이나 가족 배경에 관한 것은 알려져 있지 않다. 그는 에스라보다 일인칭 내러티브(느 1:1-7:5; 12:31-43; 13:4-31)[24]를 훨씬 많이 사용해서 무척 개인적인 느낌이 들게 한다.

24 이 부분들은 이차 문헌에서 '느헤미야 비망록'으로 알려져 있다.

1:1b-3 느헤미야는 그의 형제 하나니(7:2)를 포함하여 "유다에서 내게 이르[른]" 어떤 사람들의 접근을 받았을 때의 시기와 장소를 말하는 것으로 시작한다. 이 사람은 그의 실제 형제이거나 가까운 친척(이는 동료 유다인을 가리키는 '형제'와 상반된다)인 듯하다. 하나니가 그 집단과 함께 수산에 도착했는지, 아니면 단지 그들을 느헤미야에게 소개했는지는 불확실하다. 수산(Susa)은 거의 언제나 '그 도성'(성채)으로 불리는 높은 지역으로서 그 위에 왕의 궁전이 있었다(예. 에 1:2, 5; 2:3). 그것은 그 성읍의 이름이기도 했다(에 3:15). 성읍과 성채 모두 바벨론의 동쪽 약 362킬로미터에 위치해 있었다. 그 성채는 아케메네스 왕조(즉, 페르시아) 왕들의 겨울 거처 기능을 했다.[25] 현재 그 성채를 겨울에 사용하고 있는 것을 감안하면 그 그룹이 아홉째 달(참고. 스 10:9)인 기슬르월(11월/12월)에 도착하는 것과 잘 들어맞는다.[26] 이 사건들이 "제이십년"에 일어났다는 말은 아닥사스다 1세(464-423년, 참고. 느 2:1)의 이십 년째 해(주전 445년), 에스라가 도착한 지 십삼 년째를 가리키는 듯하다.[27] 본문은 느헤미야가 수산에 있는 특별한 목적이나 유다로부터 그를 만나러 온 이 그룹의 목적에 대해 말하지 않는다.

느헤미야가 그 그룹에게 몇 가지 우려를 표명한다. 첫째, 그는 유다("그 지방")에 살고 있는 사람들에 관해 궁금해 하지만 "사로잡힘을 면하고 남아

25 페르시아 왕들의 통치를 지칭하는 '아케메네스 왕조'란 용어는 그 왕조의 최초 창설자인 아케메네스로부터 나온다. 이 왕조는 고레스(주전 559-530년) 이전 한 세기에 약간 못 미치는 기간까지 거슬러 올라간다. 페르시아 왕들의 여름 거처는 에스라 6:2에 악메다로 언급되어 있다.

26 Ran Zadok, "Some Issues in Ezra-Nehemiah," in *New Perspectives on Ezra-Nehemiah: History and Historiography, Text, Literature, and Interpretation*, ed. Isaac Kalimi (Winona Lake, IN: Eisenbrauns, 2012), 161.

27 니산월(3월/4월)은 페르시아와 유대 달력에서 한 해를 시작하는 시기였다. 그러므로 아홉째 달인 기슬르월(1:1b-4)의 만남은 2:1에 언급된 대로 같은 해에 일어날 수 없었고 아닥사스다의 제19년이었음이 틀림없다. 하지만 만일 느헤미야가 달력이 아니라 즉위 연도를 따르고 있다면 양자 모두 아닥사스다의 제20년에 해당될 것이다. 가장 좋은 대안은 새해가 가을에 시작되었다고 보는 것인데, 그런 경우에는 기슬르월과 니산월이 같은 해에 속할 것이다. F. Charles Fensham, *The Books of Ezra and Nehemiah*, NICOT (Grand Rapids, MI: Eerdmans, 1982), 150. 하지만 일찍이 느헤미야의 시대에 이런 훗날의 유대의 전례 행습이 있었다는 증거가 없다. 윌리암슨은 다양한 제안에 대한 탄탄한 논의를 제공한다(*Ezra, Nehemiah*, 169-170).

있는"이라는 말은 약간 애매모호하다. 이는 그 땅에 남아서 유배자로 잡혀 간 적이 없는 사람들, 또는 바벨론에서 예루살렘으로 돌아간 사람들, 또는 아마도 둘 다를 가리킬 수 있다. "사로잡힘을 면[한]…자"로 번역된 명사는 에스라 9:8, 13, 15에서 '남아있는 자'로 번역되고, 다른 곳을 보면 단지 에스라 9:8, 13, 15에서만 "살아남[다]"(새번역)로 번역된 동사와 함께 나온다. 그곳에서 '남아있는 자'는 바벨론에서 돌아온 공동체를 가리키는 전문 용어다. 여기서는 느헤미야가 그 지시 대상을 넓혀서 현재 유다에 있는 모든 유다인 생존자를 가리키는 것 같다.[28] 그가 예루살렘 도성에 대해 품은 우려의 성격은 더 이상 명시되지 않는다.

사람들과 장소에 관한 문의는 느헤미야의 반응과 이후 모든 이야기를 불러일으키는 응답을 받는다. "사로잡힘을 면하고 남아있는 자들"이 "큰 환난을 당하고 능욕을 받[는]"(느 1:3) 것으로 묘사된다. 그런데 왜 그럴까? 첫째, 그들은 파괴된 도성이 계속 눈에 보일뿐더러 과거의 죄책과 패배와 죽음을 줄곧 상기시키는 것을 도무지 피할 수 없다(참고. 스 9:7). 이뿐만 아니라, 무너진 성벽과 성문으로 인한 그들의 무방비 상태가 이 이야기를 줄곧 누비고 반드시 해결되어야 한다(느 1:3; 2:8, 13, 15, 17; 3:13, 15; 6:1; 7:1; 12:30, 31, 37). 끝으로, 적대자들은 그들의 하나님이 그들을 구출하기에 무능하거나 구출을 원치 않으신다고 지적하곤 한다(참고. 왕하 18:28-35). "능욕"(수치심, ESV 참고)은 여러 이유로 생길 수 있으나, 이 맥락에서는 그들의 약해진 상태로 인해 적들로부터 당하는 조롱과 모욕을 가리킨다(렘 24:9). 다음 장은 "곤경"과 "수치"가 예루살렘의 성문과 성벽의 비참한 상태에서 생긴다는 것을 분명히 함으로써 이 점을 확증해준다(느 2:17).

1:4 느헤미야의 행동하려는 의지는 먼저 고뇌에 찬 반응으로 표현된다. 에스라의 경우처럼(스 9:3-5) 느헤미야의 반응은 즉각적이고, 감정적이며,

28 Clines, *Ezra*, *Nehemiah*, *Esther*, 137, Williamson, *Ezra*, *Nehemiah*, 171.

하나님을 지향한다. 느헤미야는 "주저앉아서 울었다"(새번역). 과거 시제로 번역했다고 해서 마치 그런 행동이 시작되었다가 금방 끝난 것처럼 보면 안 된다.[29] 오히려 이어지는 두 개의 동사형("금식하며 기도하여")은 이 모든 행동을 포함해서 느헤미야의 행동이 '며칠 동안' 지속되었다고 요약한다. 이런 식으로 이어지는 기도는 느헤미야가 여러 달에 걸쳐 기도하는 내용을 요약해준다.

느부갓네살의 맹공격으로 인해 예루살렘의 무너진 방어가 느헤미야에게 새로운 소식이 아니라는 것을 주목할 필요가 있다. 그 트라우마는 오랜 과거의 일이고 그 결과는 유배시대 이후 공동체의 마음에 새겨져 있었다(참고. 예레미야애가). 이밖에도 "유다에서…이르[른]"(느 1:2) 그룹의 존재와 더불어 에스라서에 나오는 편지들(스 5:6-17; 6:1-12; 7:7-26, 참고. 렘 29:1)도 예루살렘과 페르시아 간에 교신이 있었다는 증거다. 그렇다면 왜 느헤미야는 그토록 강한 반응을 보이는가? 본문은 말하지 않는다. 아마도 느헤미야는 그 중간 기간에 재건 작업에서 구체적인 진전이 없는 것을 슬퍼할 것이다. 또는 첫 공사가 르훔의 강력한 반대로 방해를 받거나 역전되고 있어서일 것이다(스 4:11-16, 23). 이 견해에 따르면, 그 사건은 최근에 일어난 것이어서 느헤미야가 열정적인 반응을 보이고 있다는 것이다.

1:5 에스라의 기도는 일차적으로 혼혈 결혼이라는 특정한 문제에 초점을 맞추었다(스 9:6-15). 전반적으로 느헤미야의 기도는 특히 신명기에 나오는 성경 구절들로 흘러넘치고 "하늘의 하나님 여호와"[30]와 이스라엘의 언약 관계에 중점을 두는 더 일반적 성격을 지닌다. 이 기도는 하나님께 "귀를 기울[여]" 달라고 간구하는 말로 시작하고 또 끝난다(느 1:6, 11a). 중앙에 나오는 '기억해달라'(8-10절)는 간구는 언약의 복과 저주의 중요한 일람

29 참고. 개역개정은 "내가 이 말을 듣고 앉아서 울고 수일 동안 슬퍼하며."

30 "하늘의 하나님"이란 어구에 대해서는 에스라 1:2-4 주석을 참고하라.

을 제공한다.

느헤미야가 먼저 하나님의 성품을 상기하는 것(5절)은 적절하다. 느헤미야는 "크고 두려우신 하나님"이란 호칭과 함께 주님의 권능과 공의, 특히 이스라엘의 대적들을 다루시는 그분의 사역(느 4:14; 9:32; 신 7:21; 10:17; 시 66:3; 단 9:4)에 호소한다. 예루살렘에 성벽과 성문이 없어서 적대자들이 계속해서 이스라엘의 안전을 위협할지 몰라도, 이스라엘은 과거의 트라우마 때문에 그들을 위해 크고 두려운 일을 행하신 하나님(삼하 7:23) 안에서 위안을 찾는 것을 포기해서는 안 된다. 이러한 과거의 구원은 단지 하나님의 압도적인 능력을 보여줄 뿐 아니라 그분의 백성에게 성실하시고 헌신하시는 하나님이라는 자기 인식의 핵심을 제공하기도 한다. 하지만 헌신적인 결혼생활에서처럼 각 배우자는 서로의 의무와 책임을 통해 상호간의 사랑을 표현해야 한다. 그래서 느헤미야는 한결같은 사랑을 품고 언약을 지키시는 하나님의 은총이 "주를 사랑하고 주의 계명을 지키는" 자들 위에 머물러 있다는 것을 강조한다(느 1:5, 참고. 신 7:9; 수 22:5; 왕상 8:23; 단 9:4). 자신의 백성에게 신실하신 하나님은 그들의 하나님께 헌신하는 백성을 찾으신다(출 6:7; 렘 7:23; 11:4; 24:7; 31:33).

1:6-7 느헤미야는 인간의 신체적 특징을 사용하여, 그의 말을 듣고 그의 고뇌를 보는 데 특별히 하나님의 귀와 눈을 기울여 주시기를 요청한다(왕상 8:28-29; 대하 6:40; 7:15; 시 130:2; 사 37:17). "[주님 앞에] 주야로" 드리는 그의 기도는 그가 네 달에 걸쳐 드리는 간구의 전형적인 예에 해당한다(참고. 느 1:1; 2:1). 자신의 언약적 실패와 유배시대 이후 공동체의 실패를 아는 만큼 그의 기도가 죄의 고백으로 시작하는 것은 옳다(스 10:1; 단 9:4, 20). 죄를 고백하는 것은 주님이 기뻐하시는 일이고 그분의 백성을 "주의 종들"(느 1:6, 10, 11)로 밝히는 자격을 박탈하지 않으신다. 에스라처럼 느헤미야도 "우리"란 말을 사용해서 그의 공동체의 죄와 동일시하고 더 나아가 그의 집안의 죄를 시인하기까지 한다. 비록 구체적인 죄들을 언급하진 않지만, "계명과 율례와 규례"의 조합은 모세의 포괄적 가르침이 그분의 백성에

게 주신 하나님의 뜻을 나타내는 표현임을 가리킨다. 모세의 가르침에 대한 순종은 하나님에 대한 사랑을 반영하고 참된 이스라엘을 구별해준다(레 26:15; 신 5:31; 6:1; 7:11; 8:11; 11:1; 26:17; 30:16; 왕상 8:58; 왕하 17:34, 37; 느 9:13; 10:29). 불행하게도, 하나님의 백성은 이 점에서 처참하게 실패했고, 느헤미야는 그들이 모세의 가르침에 귀를 기울이지 않아서 "크게 악을 행[했다]"라고 강조체로 표현한다. 이러한 일반적인 고백은 죄가 초래하는 위험을 잊어버리기 쉽다. 거룩한 하나님 앞에서는 이런 계명을 지키지 못하는 것이 하나님을 미워하는 것과 마찬가지고, 심판은 여전히 회개와 속죄를 차단한 결과로 남는다(출 20:5-6; 신 7:10; 9:18-19; 사 6:5).

1:8-10 이 구절들은 기도의 핵심과 이 대목의 은혜를 표현하며 '주의 말씀을 기억하옵소서'(8-9절)와 '주의 백성을 기억하옵소서'(10절)로 요약될 수 있다.

대체로 8-9절은 전형적인 언약 문서의 끝부분을 요약하는데, 그런 문서에는 순종을 거부하는 자들에게는 저주가, 언약을 받아들이고 지키는 자들에게는 복이 선언되어 있다(예. 레 26장; 신 27-28장). 보다 구체적으로 말하면, 이 구절들은 신명기 30:1-5[31]의 언어를 사용해서 그 대목의 특별한 약속을 가리키고 있다. 주의 백성이 회개하면 주님이 그들을 유배에서 돌아오게 하실 것이란 약속이다.

이 구절들은 주님의 경고를 상기하는 것으로 시작된다. 8b절은 대명사를 강조하고["'너희'가 배신하면"(공동번역)] 백성의 죄를 묘사하기 위해 '배신하다'[마알(*ma'al*)]란 강한 동사를 사용한다. 이 동사(스 10:2, 10; 느 1:8; 13:27)와 관련 명사('믿음 없음', 스 9:2, 4; 10:6)는 아주 최근에 에스라서의 끝부분에서 슬픈 사건들을 특징지은 적이 있다.[32] 이 단어들은 주님을 배반하는 행위를

31 '흩으시다'(신 30:3), '모으시다'(신 30:3), '하늘 끝에 가 있는 쫓겨간 자들'(신 30:4), 그리고 '돌아오다'와 '계명에 순종하다'(신 30:2). Shepherd and Wright, *Ezra and Nehemiah*, 51.

32 이 용어에 대한 좀 더 상세한 논의는 에스라 9:1-2 주석을 참고하라.

묘사하고, 이 조건이 충족되면 심판을 초래한다. 이 심판 역시 또 하나의 강조체 대명사로 묘사되어 있다. "'내'가 너희를 여러 민족 중에 흩을 것이요"(참고. 레 26:33; 신 4:27-28; 28:64; 렘 9:13-16; 겔 12:15; 20:18-26; 22:15). 주님이 이런 위협을 이행하셨다는 것을 그들의 최근 경험을 통해 알고 있다.

하지만 남은 자에게 심판은 결코 그 이야기의 끝이 아니고, 느헤미야 1:9이 금방 방향을 희망으로 바꾼다. 하나님의 자비로운 바로잡음에 의해 믿음 없는 배반이 죄의 고백과 회개로 바뀔 수 있다. '만일 너희가 돌아오면'(참고. 레 26:40-45; 신 4:29-31) 바로 그때 흩으시는 하나님이 또한 모으시는 하나님이심을 스스로 보여주신다. 사실 그분은 회개하는 자를 구속하기 위해 "하늘 끝"까지라도 가실 것이다. 이 약속은 신명기 30:1-5을 요약할 뿐 아니라 선지서들 전체에 엮여있는 희망의 서곡이기도 하다(사 43:5; 렘 23:3; 29:14; 31:8, 10; 32:37; 겔 11:16-20; 34:11-16; 36:24; 37:21; 미 4:6-7; 습 3:18-20; 슥 10:8-10). 더 나아가 신명기에 나와 있듯이, 주님은 그들을 "내 이름을 두려고 택한 곳", 즉 예루살렘에 있는 그분의 성전 집으로 돌아오게 하겠다고 약속하셨다(느 1:9, 참고. 신 12:5-6, 11; 14:23; 왕상 12:27). 그리고 문제는 여기에 있다. 예루살렘의 현 상태는 '큰 환난과 수치'(느 1:3)를 초래하고 있다는 것이다.

요컨대, 긍정적으로 말하면 이스라엘 백성은 더 이상 '8절의 백성', 즉 언약의 저주 아래 징계 받고 흩어져서 고향을 그리워하는 백성으로 특징지어지지 않는다는 것이다. 그 대신 그들은 '9절의 백성'이라서 언약의 복을 경험하고 이제 죄 고백을 통해 하나님께 돌아가고 계명을 지키겠다는 결심을 다시 단언하는, 하나님이 모으시고 회복하신 은총의 순간(스 9:8)에 있다. 부정적으로 말하면, 그들은 예루살렘의 재건이 완공되고 다시 주민들로 가득 차는 날을 기다리는 중이다.

느헤미야는 이어서 하나님의 구속의 은총을 경험하는 이들을 이렇게 정의한다. 그들은 "주의 종들"이자 "주의 백성"이라고 한다(느 1:10). 달리 말하면, 그들은 단지 종들일 뿐 아니라 이스라엘, 곧 족장들의 자손이요 언약적 약속의 상속자들이기도 하다는 것이다. 이는 모세가 주님께 그 백성의 배신에 직면해 그들을 파멸시키지 말고 진노를 거두시도록 여러 차례 간구했던 사실이다(출 32:13-14; 신 9:29). 보다 구체적으로, 느헤미야는 솔로몬이 드렸던 이전 기도를 반영한다. 후자는 귀를 기울이시는 하나님께 "만일 [그들이] 돌아[오면]" 그의 종들의 죄 고백을 "하늘에서 들으시고" 용서와 유배 이후의 회복을 베푸시도록 간구한다(왕상 8:27-36). 사실 주의 "큰 권능과 강한 손"으로 구속하신 사람들은 바로 "주의 종들"이자 "주의 백성"이다. 이런 언어를 줄곧 사용하는 모습은 이집트에서의 탈출을 둘러싼 수많은 구원 사건들을 상기시킨다.[33] 그래서 느헤미야는 하나님께 그들을 구속하신 그 권능을 다시 한번 보여 달라고 호소한다.

1:11a 느헤미야는 하나님께 "귀를 기울이[시도록]"(11절, 참고. 6절) 다시 한번 간구함으로써 자신의 기도를 요약한다. 그는 "종"인 자신뿐 아니라 "종들"인 모든 자와 연대하여 기도에 응답해달라고 마지막으로 호소한다. 그들의 특징은 더 이상 "주께 범죄한"(6절) 자들이 아니라 "주의 이름을 경외하기를 기뻐하는"(참고. 스 9:4; 10:3) 자들이라는 점에 있다. 말하자면, 주님을 경외하는 자세로, 그분을 예배할 분으로 그리고 그분의 계명에 신실하게 순종해야 함을 인정하기를 기뻐하는 사람들이라는 뜻이다(참고. 신 6:13; 10:20; 28:58). 느헤미야가 "오늘"의 성공을 요청하는 모습은 독자로 하여금 다가오는 왕과의 알현(느 2:1-8)을 준비하게 해준다. 그는 오직 하나님의 자비만이 "이 사람"의 마음을 바꾸는 데 성공할 수 있다는 것을 안다. "이 사람"이 아닥사스다임이 곧 드러난다. 아닥사스다의 이전 칙령이 성벽 재건을 중단시켰다는 사실(스 4:21)을 우리가 기억하면 느헤미야가 어려운 상황에 처해 있음이 분명해진다.

33 출애굽과 관련된 "큰 권능"과 "강한 손"은 다음 구절들을 참고하라. 출 6:1; 13:3, 9, 14, 16; 14:31; 32:11; 신 4:37; 7:8; 9:26, 29; 왕하 17:36; 렘 32:21. 이 둘은 때때로 주님의 "편 팔"과 연관되기도 한다. 출 6:6; 신 4:34; 5:15; 7:19; 9:29; 11:2; 26:8; 왕하 17:36; 시 136:10-15; 렘 32:21.

1:11b 뜻밖의 결말에서 "이 사람"(11a절)은 느헤미야가 술 관원으로 섬기는 왕과 연결되어 있는 듯하다. 고대 근동에서 이 영향력 있는 직책은 왕의 포도주를 맛보도록 신뢰를 받고 막역한 친구로서 왕에게 접근이 가능한 사람에게 주어졌다.[34] 이 구절의 첫 부분에서 느헤미야는 아닥사스다 앞에서 "형통하[게]" 되고 "은혜를 입게" 해달라고 하나님께 호소한다(참고. 2:8; 스 1:1; 5:5; 6:14; 7:27). 현재로서는 이것이 무엇을 의미하는지 불확실해도 충분히 짐작할 수 있다. 아닥사스다는 한때 성벽 건축을 중단시킨 적이 있다(스 4:21-23). '환난과 수치'(느 1:3)를 줄이기 위해 바로 그 성벽들을 재건하라는 부르심을 받아들인다는 것은 느헤미야가 이를 위해 아닥사스다에게 허락을 요청해야 한다는 것을 의미하고, 이는 선동과 위협으로 보일 수 있는 위험한 요청이다(스 4:16, 22; 느 6:6-7). 이는 다음 장에 이어지는 내용을 위해 우리를 준비시킨다.

응답

느헤미야는 남은 자의 '큰 환난과 수치'(3절)에 대해 끈질기고(4절) 참회하고(6-7절) 합목적적인(8-11절) 기도로 반응한다. 그가 담대히 주님께 다가갈 수 있는 것은 하나님의 언약적 신실하심과 한결같은 사랑(5절)에 근거를 두고 있다. 우리가 겪은 '환난과 수치'의 경험이 각각 다를지라도, 우리 역시 우리 자신의 필요와 하나님의 한결같은 사랑을 알 필요가 있는 이들을 위해 은혜의 보좌에 나아갈 수 있다(히 4:16).

첫째, 우리는 느헤미야의 끈질긴 기도를 볼 수 있다. 그의 눈물과 애도는 일회성 사건이 아니라 '며칠 동안' 계속 이어진다(느 1:4). 느헤미야는 남은 자를 위해 자신이 성벽을 재건하기 위한 행동을 취해야 한다는 것을 알고

34 느헤미야가 왕궁에서 내시였을 개연성은 여러 칠십인역 사본들을 제외하면 별로 지지를 받지 못한다. 후자는 "술 관원"을 '내시'로 잘못 읽었는데, 두 단어를 헬라어로 읽으면 형태상의 유사점이 있어서다.

있으나, 자신의 영속적인 슬픔과 필요가 영속적인 간구를 요구한다는 것을 깨닫고 있다. 그러므로 그는 계속해서 호소하면서 과거를 대면하고 아닥사스다 앞에서의 향후 경로를 하나님께 의탁한다. 그가 주님께 자신의 기도에 "귀를 기울이시[도록]"(6절) 요청하는 것은 하나님의 무관심을 우려하기 때문이 아니다. 오히려 그는 자기가 "크고 두려우신 하나님"(5절, 참고. 9:32)의 은혜를 당연시하면 안 된다는 것을 안다. 느헤미야는 또한 과거에 하나님의 "큰 권능"과 "강한 손"이 이집트에서의 구속에서 나타났다는 것도 알고 있다(1:10). 그리고 우리는 마지막 날에 이 구속의 능력이 우리 주 예수 그리스도의 사역과 죽음, 부활과 현재의 다스림에 드러났다는 것을 알고 있다(눅 4:36; 행 10:38; 고전 1:18, 24; 6:14; 엡 1:19-21; 빌 3:10; 히 1:3). 우리는 하나님이 과거에 구원의 능력을 나타내셨듯이 우리의 현 상황에서도 다시 한번 그분의 능력을 발휘하실 것을 아는 가운데 기도하며 인내한다(느 1:11).

하지만 우리의 괴로움이 과거의 불충함 때문인 경우도 있다. 느헤미야는 남은 자를 위해 과거를 대면하고, 그들의 타락한 행위를 매우 폭넓은 말을 사용하여 언약의 "계명과 율례와 규례"를 지키지 못한 실패로 고백한다(7절; 출 34:1; 렘 31:32). 그는 다른 이들의 죄를 고백할 뿐 아니라 자신의 집안을 유배를 초래한 집합적인 범죄에 연루시키고 있다(느 1:6). 느헤미야의 논리의 핵심은 6-7절의 고백이 하나님께로 돌아가는 것에 해당하고 따라서 하나님을 감동시켜서 한때 시작된 선한 일이 완수될 수 있다는 그의 신념이다.[35]

느헤미야는 기도할 때 합목적적으로 기도하고, 성경적으로 기도하며, 특히 하나님께 "[그] 말씀을…기억하옵소서"(9절)라고 간구한다. 그 언약의 말씀에서 주님은 회개하는 추방당한 자들을 재건된 예루살렘으로 모으겠다고 약속하셨다(9절, 참고. 신 30:1-5). 느헤미야는 하나님이 막강하시다는

35 존 골딩게이는 느헤미야의 기도의 역할에 관한 탁월한 성찰을 제공한다. *Old Testament Theology*, vol. 1, *Israel's Gospel* (Downers Grove, IL: InterVarsity Press, 2003), 766-768.

것을 알고 있기에 주님이 행동하실 수 있다는 것을 믿고, 하나님이 그분의 말씀에 신실하시다는 것을 알고 있기에 그분이 행동하실 것으로 믿는다(느 1:10-11).

요컨대, 회개하는 하나님의 백성은 한편으로는 하나님을 사랑하고 그분의 계명에 순종하는 것으로써 그분의 한결같은 사랑에 반응한다(5, 9절). 다른 한편, 우리 역시 그 계명들을 지키지 못했다고 시인함으로써 우리의 죄를 고백한다. 그럴 경우 우리는 갈망하는 귀향에 이를 수 있는 우리의 자격을 박탈당할 것처럼 보일지 모른다. 그러나 사실 진정한 회개는 우리의 삶 속에 하나님의 은혜와 자비가 있다는 증거이고 그분의 사랑에 신실하게 반응하고픈 마음을 불러일으킨다(9절, 참고. 신 30:6; 요일 1:9).[36] 그리고 그 증거는 우리가 그분이 모은 추방당한 자들 중에 속해 있고 그분이 거주하시는 집으로 영접 받게 된다는 것을 의미한다.

36 느헤미야의 신명기 30:1-5에 관한 언급에 결여되어 있으나 함축되어 있는 것이 있다. 바로 유배 공동체가 능력을 주시는 하나님의 은혜, 곧 전심어린 헌신과 생명으로 귀결되는 "마음에 할례"(신 30:6)를 경험할 필요가 있다는 것이다.

1 아닥사스다 왕 제이십년 니산월에 왕 앞에 포도주가 있기로 내가 그
포도주를 왕에게 드렸는데 이전에는 내가 왕 앞에서 수심이 없었더니
2 왕이 내게 이르시되 네가 병이 없거늘 어찌하여 얼굴에 수심이 있느
냐 이는 필연 네 마음에 근심이 있음이로다 하더라 그때에 내가 크게
두려워하여 3 왕께 대답하되 왕은 만세수를 하옵소서 내 조상들의 묘
실이 있는 성읍이 이제까지 황폐하고 성문이 불탔사오니 내가 어찌
얼굴에 수심이 없사오리이까 하니 4 왕이 내게 이르시되 그러면 네가
무엇을 원하느냐 하시기로 내가 곧 하늘의 하나님께 묵도하고 5 왕에
게 아뢰되 왕이 만일 좋게 여기시고 종이 왕의 목전에서 은혜를 얻었
사오면 나를 유다 땅 나의 조상들의 묘실이 있는 성읍에 보내어 그 성
을 건축하게 하옵소서 하였는데 6 그때에 왕후도 왕 곁에 앉아 있었더
라 왕이 내게 이르시되 네가 몇 날에 다녀올 길이며 어느 때에 돌아오
겠느냐 하고 왕이 나를 보내기를 좋게 여기시기로 내가 기한을 정하
고 7 내가 또 왕에게 아뢰되 왕이 만일 좋게 여기시거든 강 서쪽 총독
들에게 내리시는 조서를 내게 주사 그들이 나를 용납하여 유다에 들
어가기까지 통과하게 하시고 8 또 왕의 삼림 감독 아삽에게 조서를 내

리사 그가 성전에 속한 영문의 문과 성곽과 내가 들어갈 집을 위하여
들보로 쓸 재목을 내게 주게 하옵소서 하매 내 하나님의 선한 손이 나
를 도우시므로 왕이 허락하고

1 In the month of Nisan, in the twentieth year of King Artaxerxes,
when wine was before him, I took up the wine and gave it to the king.
Now I had not been sad in his presence. 2 And the king said to me,
"Why is your face sad, seeing you are not sick? This is nothing but
sadness of the heart." Then I was very much afraid. 3 I said to the king,
"Let the king live forever! Why should not my face be sad, when the
city, the place of my fathers' graves, lies in ruins, and its gates have
been destroyed by fire?" 4 Then the king said to me, "What are you
requesting?" So I prayed to the God of heaven. 5 And I said to the king,
"If it pleases the king, and if your servant has found favor in your sight,
that you send me to Judah, to the city of my fathers' graves, that I may
rebuild it." 6 And the king said to me (the queen sitting beside him),
"How long will you be gone, and when will you return?" So it pleased
the king to send me when I had given him a time. 7 And I said to the
king, "If it pleases the king, let letters be given me to the governors of
the province Beyond the River, that they may let me pass through until
I come to Judah, 8 and a letter to Asaph, the keeper of the king's forest,
that he may give me timber to make beams for the gates of the fortress
of the temple, and for the wall of the city, and for the house that I shall
occupy." And the king granted me what I asked, for the good hand of
my God was upon me.

9 군대 장관과 마병을 보내어 나와 함께 하게 하시기로 내가 강 서쪽
에 있는 총독들에게 이르러 왕의 조서를 전하였더니 10 호론 사람 산

발랏과 종이었던 암몬 사람 도비야가 이스라엘 자손을 흥왕하게 하려
는 사람이 왔다 함을 듣고 심히 근심하더라
9 Then I came to the governors of the province Beyond the River and
gave them the king's letters. Now the king had sent with me officers
of the army and horsemen. 10 But when Sanballat the Horonite and
Tobiah the Ammonite servant heard this, it displeased them greatly that
someone had come to seek the welfare of the people of Israel.

11 내가 예루살렘에 이르러 머무른 지 사흘 만에 12 내 하나님께서 예
루살렘을 위해 무엇을 할 것인지 내 마음에 주신 것을 내가 아무에게
도 말하지 아니하고 밤에 일어나 몇몇 사람과 함께 나갈새 내가 탄 짐
승 외에는 다른 짐승이 없더라 13 그 밤에 골짜기 문으로 나가서 용정
으로 분문에 이르는 동안에 보니 예루살렘 성벽이 다 무너졌고 성문
은 불탔더라 14 앞으로 나아가 샘문과 왕의 못에 이르러서는 탄 짐승
이 지나갈 곳이 없는지라 15 그 밤에 시내를 따라 올라가서 성벽을 살
펴본 후에 돌아서 골짜기 문으로 들어와 돌아왔으나 16 방백들은 내가
어디 갔었으며 무엇을 하였는지 알지 못하였고 나도 그 일을 유다 사
람들에게나 제사장들에게나 귀족들에게나 방백들에게나 그 외에 일
하는 자들에게 알리지 아니하다가
11 So I went to Jerusalem and was there three days. 12 Then I arose in
the night, I and a few men with me. And I told no one what my God
had put into my heart to do for Jerusalem. There was no animal with
me but the one on which I rode. 13 I went out by night by the Valley
Gate to the Dragon Spring and to the Dung Gate, and I inspected the
walls of Jerusalem that were broken down and its gates that had been
destroyed by fire. 14 Then I went on to the Fountain Gate and to the
King's Pool, but there was no room for the animal that was under me

to pass. 15 Then I went up in the night by the valley and inspected the
wall, and I turned back and entered by the Valley Gate, and so returned.
16 And the officials did not know where I had gone or what I was doing,
and I had not yet told the Jews, the priests, the nobles, the officials, and
the rest who were to do the work.

17 후에 그들에게 이르기를 우리가 당한 곤경은 너희도 보고 있는 바
라 예루살렘이 황폐하고 성문이 불탔으니 자, 예루살렘 성을 건축하
여 다시 수치를 당하지 말자 하고 18 또 그들에게 하나님의 선한 손이
나를 도우신 일과 왕이 내게 이른 말씀을 전하였더니 그들의 말이 일
어나 건축하자 하고 모두 힘을 내어 이 선한 일을 하려 하매 19 호론
사람 산발랏과 종이었던 암몬 사람 도비야와 아라비아 사람 게셈이
이 말을 듣고 우리를 업신여기고 우리를 비웃어 이르되 너희가 하는
일이 무엇이냐 너희가 왕을 배반하고자 하느냐 하기로 20 내가 그들에
게 대답하여 이르되 하늘의 하나님이 우리를 형통하게 하시리니 그의
종들인 우리가 일어나 건축하려니와 오직 너희에게는 예루살렘에서
아무 기업도 없고 권리도 없고 기억되는 바도 없다 하였느니라
17 Then I said to them, "You see the trouble we are in, how Jerusalem
lies in ruins with its gates burned. Come, let us build the wall of
Jerusalem, that we may no longer suffer derision." 18 And I told them
of the hand of my God that had been upon me for good, and also of
the words that the king had spoken to me. And they said, "Let us rise
up and build." So they strengthened their hands for the good work.
19 But when Sanballat the Horonite and Tobiah the Ammonite servant
and Geshem the Arab heard of it, they jeered at us and despised us and
said, "What is this thing that you are doing? Are you rebelling against
the king?" 20 Then I replied to them, "The God of heaven will make

us prosper, and we his servants will arise and build, but you have no portion or right or claim[1] in Jerusalem."

1 Or *memorial*

단락 개관

앞장의 사건들이 자연스럽게 이후의 사건들로 이어진다. 느헤미야는 남은 자가 직면하는 '큰 환난과 수치'에 대해 알게 된 후(느 1:1-3) 죄를 고백했고 또 회개하는 백성에 대한 하나님의 언약적 신실함에 기초하여 그분의 은총을 간청했다(1:6-10). 보다 구체적으로 말하면, 느헤미야는 "이 사람" 앞에서 성공하도록 간구했는데, 그는 느헤미야가 술 관원으로 섬기는 왕으로 추정된다(1:11).

시간적으로 이 내러티브는 여러 달을 건너뛰고 두 편의 큰 장면으로 서술되어 있다. 첫째, 느헤미야는 아닥사스다로부터 유다로 돌아갈 수 있는 허락을 받는다(2:1-8). 다음으로, 느헤미야가 예루살렘에 도착한 후 며칠 동안 행동을 취한다(9-20절). 각 장면은 어떤 성공을 하든 모두 하나님께 영광을 돌리는 모습으로 끝난다(8b, 20절).

이 장면들을 좀 더 면밀하게 살펴볼 수 있다. 이번 장에 대한 소개(1절) 다음에 나오는 첫째 장면은 왕의 세 질문(2, 4, 6절)에 따른 느헤미야의 즉각적인 답변(3, 5, 7-8a절)으로 시작된다. 마지막 구절들은 간단한 답변을 넘어 느헤미야가 자신의 작업에 필요한 권한 위임 편지와 공급품을 요청하는 모습으로 이어진다.

둘째 장면(9-20절)은 "강 서쪽"(9절) 지방에서 일어나고 더욱 세분화될 수 있다. 느헤미야의 도착은 왕의 지원을 받는데도 불구하고 특정한 인물들의 반대에 직면한다(9-10절). 이후에 느헤미야가 밤중에 예루살렘을 두루 돌면서 도성의 성벽과 성문을 조사하는 내용이 나온다(11-16절). 이 장은 느헤미야가 그의 계획을 지도자들과 공개적으로 논의하고 "일어나 건축하자"라고 요청하는 장면으로 마무리된다(17-18절). 이 장면은 재건 프로젝트에 반대했던 특정한 인물들을 언급하면서 시작했던 대로 끝난다(19-20절, 참고. 10절).

단락 개요

II. 공동체가 칙령에 따라 성전, 토라 그리고 성벽을 재건하다(스 2:1-느 7:73a)

D. 세 번째 이동: 느헤미야의 사역이 시작되다(느 1:1-7:4)

2. 느헤미야가 허락을 받고 예루살렘에 도착하다(2:1-20)

a. 느헤미야가 유다로 갈 수 있도록 요청하고 허락을 받다(2:1-8)

b. 느헤미야가 도착하고, 성벽을 검사하고, 재건축을 제안하다(2:9-20)

(1) 느헤미야가 예루살렘에 도착하고, 대적들이 소식을 듣다(2:9-10)

(2) 느헤미야가 밤중에 성벽을 시찰하다(2:11-16)

(3) 느헤미야가 공동체에 일어나서 재건하도록 권면하다(2:17-18)

(4) 대적들이 소식을 듣고 느헤미야를 반역죄로 고발하다(2:19-20)

주석

2:1 역사적 맥락을 제공하는 이 구절의 시간 표시는 아홉째 달인 기슬르월(11월/12월, 1:1)에서 첫째 달인 니산월(3월/4월, 2:1)까지 대충 네 달을 건너뛴다. 하지만 두 달 모두 "제이십년째"(1:1; 2:1)에 해당된다. 그래서 두 달(기슬르월, 니산월) 모두 달력상의 시기보다 아닥사스다의 즉위 20년째 해(주전 445년경)[37]에 속하는 듯하다. 이 본문은 배경을 "그 포도주를 왕에게 드[릴]" 때라고 설정한다. 사적인 만찬이나 잔치 중 어느 것을 염두에 두는지는 진술되지 않고 있으나, '포도주 잔치'가 페르시아인들에게 중요한 제도로 자리 잡은 것을 감안하면 후자일 가능성이 더 많다. 지난 네 달 동안 느헤미야는 계속해서 기도하면서(참고. 1:4 주석) 자신의 필요를 왕에게 내어놓을 적절한 때를 찾고 있었다.[38]

우리는 또한 다음의 대화가 만찬 도중 느헤미야가 왕에게 포도주를 올리는 그 순간에 일어난다는 것을 알게 된다.[39] 앞장의 끝부분이 "그때에"(now, 1:11b)라는 말로 배경 정보를 표시했듯이, 여기서도 내러티브가 잠시 중단되고 '그때에'(ESV 참고, 개역개정에는 없음)라는 말로 표시된 적절한 사항을 제공한다. 느헤미야는 이제까지 "왕 앞에서 수심이 없었[다]." 이 순간까지 느헤미야는 그의 백성과 그 성읍으로 인한 무거운 감정적 타격과 목회적 염려를 조용히 견디고 있었던 것 같다.

37 참고. 각주 27

38 새해 첫날 밤(자라투스트라의 생일)은 페르시아인들이 관례적으로 왕이 은총을 베푸는 잔치로 기념하는 날이었다. 느헤미야가 이 적절한 때를 자신의 요청을 제시하는 날로 선택했을 가능성이 있다. "Nehemiah's Request on Behalf of Jerusalem," in *New Perspectives on Ezra-Nehemiah: History and Historiography, Text, Literature, and Interpretation*, ed. Isaac Kalimi (Winona Lake, IN: Eisenbrauns, 2012), 249.

39 Herbert Edward Ryle, *The Books of Ezra and Nehemiah with Introduction, Notes and Maps*, Cambridge Bible for School and Colleges (Cambridge: Cambridge University Press, 1897), 159, cited in Williamson, *Ezra, Nehemiah*, 177.

2:2-3 왕의 세 번의 간결한 질문(2, 4, 6절)에 이어 느헤미야의 응답(3, 5, 7-8절)이 나온다. 느헤미야가 각각 응답하기 직전에 자신의 독자들을 위해 추가 정보를 제공한다.

느헤미야의 얼굴에 나타난 실마리를 보고 왕이 그의 "마음[의] 근심"에 관한 첫째 질문을 던진다. 그 근심은 분명히 질병에서 생긴 것이 아니라서 그렇다(2절). '슬픈', '슬픔' 그리고 다음 절에서 '슬프다'로 번역된 세 단어(ESV 참고, 개역개정은 "수심", "근심")는 모두 동일한 히브리어 어원[라(*ra'*), '악한, 슬픈, 불행한']을 갖고 있고 느헤미야의 고조된 슬픔의 상태를 강조한다. 중요한 점은 그의 내적 괴로움이 예루살렘의 현 상태인 외적 '곤경'[라아(*ra'ah*), 1:3; 2:17]과 어울린다는 것이다. 이 단어들은 아래편에 정반대의 뿌리[토브(*tob*), '선함']를 두고 "좋게 여기[다]"(5, 7절), "은혜를 얻[다]"(5절), "좋게 여[겼다]"(6절) 그리고 하나님의 "선한"(8절) 손으로 번역된 단어들과 상반된다. 이런 표현의 적실성은 10절에 나타날 것이다.[40]

느헤미야가 응답하기 전에 독자들은 그가 "크게 두려워[한다]"는 것을 알게 된다. 왜 그런지는 말하지 않지만 말이다. 일반적으로 말하면, 그는 단지 왕의 부정적 반응을 두려워할 수 있다. 그러나 보다 구체적으로 말하면, 그의 수심은 왕궁 예절을 심각하게 위반한 것이라서 책망을 받거나 좌천을 당할 위험이 있다(참고. 에 4:11). 아닥사스다와 같은 조로아스터교도 왕에게는 쾌활함이 그들의 신(神)인 아후라 마즈다(Ahura Mazda)에 대한 감사로 여겨지기 때문이다. 반면에 아닥사스다는 슬픔을 악의 신에 기인하는 '배은망덕과 악한 의향의 표시'로 생각할 것이다. 슬픔은 '악의 무기'로, 조로아스터교도들이 지닌 핵심적인 종교적 가치를 공격할 것이다.[41] 마찬가지로 불리한 점이 있다. 예루살렘을 재건하려는 느헤미야의 목표가 곧 판

40 이 해석은 J. G. McConville의 지지를 받는다. 그는 "선[토브(*tob*)]과 악[라(*ra'*)]의 대조가 번역본에서는 금방 눈에 띄지 않아도 이번 장에 가득하다"고 말한다. *Ezra, Nehemiah, and Esther*, DSBS (Louisville: Westminster John Knox, 1985), 82.

41 Fleishman, "Nehemiah's Request," 250-251. 아닥사스다가 조로아스터교도란 사실에 대해서는 247쪽을 보라.

명될 것처럼 반란 선동으로 비칠 수 있다는 것이다(느 2:19; 6:6). 아닥사스다는 예전에 바로 이런 이유로 예루살렘의 성벽 공사를 중단시킨 적이 있다(스 4:12-13, 21-22).

관례이긴 해도 왕의 장수를 기원하는 것(느 2:3; 단 2:4; 3:9; 5:10; 6:6, 21)이 더욱더 적절한 것은 무엇보다 술 관원은 의심할 여지없는 충성을 보여야 하기 때문이다. 이는 또한 왕이 보기에 '자비'를 얻게 해달라는 느헤미야의 기도(느 1:11)에 대한 통찰을 제공하기도 한다. 그는 왕에게 독자들이 이미 알고 있는 내용을 말한다. 그의 슬픈 안색은 그 도성의 불행한 상태 때문이라고 한다. 그는 그 도성을 자기 조상들이 묻혀 있는 장소로 묘사할 뿐이다(참고. 2:5). "패역하고 악한 성읍"(스 4:12)으로 비난의 초점이던 '예루살렘'을 언급하지 않은 것은 현명하다. 느헤미야는 죽은 자들("내 조상들의 묘실")에 대한 의무에 호소하면서 왕의 동정적 반응을 불러일으키길 바라고 스스로 정치적 동기로부터 거리를 둔다.

2:4-5 왕의 둘째 질문은 느헤미야가 정확히 무엇을 원하는지 물어보고 그 막간에 두 번째 정보로 넘어간다. 느헤미야는 대화의 결정적 전환점을 인식하고 기도로 '형통하고 은혜를 입는 것'(참고. 1:11)보다 약간 더 올려드리는 듯하다.[42] 그런 간결한 기도는 느헤미야의 특징(4:4-5, 9; 5:19; 6:9)이고 특히 하나님께 "기억하[시기를]"(5:19; 6:14; 13:14, 22, 29, 31) 간구하는 기도의 경우에 그렇다. 첫째 응답처럼, 느헤미야는 높은 경의를 표하고 스스로를 왕의 바람에 순복하며 그 자신을 분명히 왕 앞에 선 종이라고 밝히고 있다. 느헤미야의 대답으로 아닥사스다는 느헤미야가 유다에 있는 익명의 성읍에 파송되고 그 성읍을 재건하길 원한다는 것을 알게 된다.

2:6-8a 왕비도 있는 자리에서 왕은 마침내 느헤미야의 체류 기간과 돌아

42 Shepherd and Wright, *Ezra and Nehemiah*, 53.

올 시기에 대해 묻는다.[43] 느헤미야는 자신의 응답을 서술할 때 그 대화에서 떠나 왕의 호의적 반응만 기록하고, 느헤미야가 '그에게 기한을 정했다'라고만 알려준다. 이 어구는 느헤미야의 마지막 담대한 요청(7-8a절) 이전에 나오는 셋째 막간의 기능을 한다. "왕이…좋게 여기시기로"라는 어구는 이전 칙령(스 4:21)의 놀라운 반전이고 느헤미야의 요청에 대한 지지를 표명하는 강한 진술이다.

기회를 포착한 느헤미야는 아닥사스다에게 두 편의 특정한 편지를 요청함으로써 한 걸음 더 나아간다. "총독들에게 내리[는]" 첫째 편지는 안전한 통과와 더불어 아마 여행에 필요한 물품까지 제공할 것이다. "총독들"로 번역된 단어는 약간 유연한 용어로, 더 큰 지방의 통치자들이나 한 지방 내 더 작은 구역의 통치자들에게 똑같이 적용된다(느 3:7, 참고. 스 8:36).[44] 이 관리들은 앞에 나온 르훔과 심새(스 4:8)와 비슷하며 느헤미야의 권한에 도전할지도 모르는 고위 행정관들이다. 느헤미야는 자기가 반대에 대비해야 한다는 것을 안다.

아삽이라는 유다인 관리에게 보내는 둘째 편지는 세 개의 건축 프로젝트를 위해 아닥사스다의 삼림에서 목재를 쓸 수 있도록 요청한다.[45] 첫째, 나무는 "성전 옆에 있는 성채 문짝"(새번역)을 짜는 데 필요하다. 이 방어용 구조물은 성전 복합체의 방어력이 떨어지는 북쪽 면에 세워진 함메아 망대나 하나넬 망대(느 3:1, 참고. 7:2)와 연관될 수 있고 헤롯 성전의 안토니

43 느헤미야가 왕비의 현존을 회상하는 목적은 불확실하다. 여자들이 페르시아 왕의 포도주 잔치에 배석했는지 여부는 여전히 논쟁거리다(Fleishmans, "Nehemiah's Request," 252-253). "왕비"[쉐갈(*shegal*)]로 번역된 히브리어 명사는 왕비를 가리키는 통상적인 단어가 아니고 다른 곳에서는 시편 45:9에만 나온다(참고. 단 5:2-3, 23, 아람어. *shegal*, ESV, "wives"). 헤로도투스에 따르면 이 기간에 왕비들이 강력한 힘을 가졌기 때문에 그녀의 현존이 어떤 면에서 느헤미야에게 유익을 주었을 것이다. John H. Walton, Victor H. Matthews, and Mark W. Chavalas, *The IVP Bible Background Commentary: Old Testament* (Downers Grove, IL: IVP Academic, 2000), 473. 이와 달리, 그녀의 현존은 그 대화가 잔치자리가 아니라 사적인 곳에서 나눠진 것임을 시사할 수도 있다.

44 에스라 5:3-5 주석을 참고하라.

45 아삽은 달리 알려진 바가 없다. 이 삼림의 위치도 불확실하다. 일부 주석가들은 레바논이 페르시아 시대 초기에 백향목의 원산지라는 이유로 그곳을 제안한다(스 3:7).

아 요새의 전신이었을 가능성이 있다.[46] 그리고 나무는 성벽 내의 다른 여러 문의 들보용으로 그리고 성문 재건을 위해서도 필요하다(참고. 3:3, 6; 스 5:8). 끝으로, 느헤미야는 자신의 거처를 위해 나무가 필요한데, 아마 예전에 지은 집을 보수하기 위한 것일 테다.

2:8b 느헤미야의 긴 기도 끝에 표현된 고조된 염려(1:11), 4절의 간명한 기도, 느헤미야의 담대한 요청 그리고 이전 성벽 건축에 대한 아닥사스다의 반감 등은 왕의 호의적인 응답을 더욱더 놀랍게 만든다. 에스라서에 줄곧 나오듯이(스 7:6, 9, 28; 8:18, 22, 31) 여기 느헤미야서에도 나오는 것이 있다. 인간의 관대함을 풍성한 복으로 표현되는 하나님의 주권 덕분으로 여기는 모습이다. 이는 느헤미야가 나중에 마지막으로 얘기할 사실이다(느 2:18).

2:9-10 느헤미야가 아닥사스다를 알현한 뒤(8b절)에 나오는 지리적 표시는 새로운 단락의 시작을 알려준다. 이 짧은 하부장면은 아닥사스다의 편지(7절)와 그의 호위 병력에서 나오는 느헤미야의 권위를 세워준다. 이런 힘의 과시는 느헤미야가 이미 총독 직책을 갖고 있음을 시사할 수 있다(5:14).

호론 사람 산발랏(2:10, 19; 4:1, 7; 6:1, 2, 5, 12, 14; 13:28)이 소개되는 것을 감안하면, 권위의 증거가 필요한 상황이다. 엘레판틴 지역에서 나온 성경 밖의 편지는 산발랏의 직책을 훨씬 후대(주전 407년)의 사마리아 총독으로 증언하지만, 그가 느헤미야 시대에 이미 그 직책을 갖고 있었을 수도 있다.[47] 그의 딸은 대제사장 엘리아십의 집안과 혼인했다(13:28).

46 Blenkinsopp, *Ezra-Nehemiah*, 215.

47 엘레판틴에서 나온 편지의 시기에 이르면, 산발랏은 이미 늙었고 그의 아들들이 그의 자리에서 활동하고 있다. 산발랏이란 이름은 바빌로니아 이름['신(Sin, 달의 신)이 생명을 주셨다']이지만 그가 과연 그쪽 사람인지는 분명치 않다(스룹바벨 역시 바빌로니아 이름이지만 그 본인은 유다인임을 주목하라). 그의 아들들은 들라야와 셀레먀인데, 여호와의 축약형인 '야'(Yah)가 있는 히브리식 이름은 산발랏이 주님을 예배하는 자임을 가리키는 듯하다. "호론 사람"이라는 호칭으로 보아 산발랏은 호론이라는 이름을 가진 여러 지역 중 한 곳 출신으로 여겨지는데, 아마도 예루살렘 남서쪽에 위치한 아래 벧호론과 윗 벧호론(수 16:3,5)일 수 있다.

느헤미야에 반대하여 산발랏에 합류하는 인물은 "그의 심복인 암몬 사람"(2:10, 공동번역) 도비야다. 도비야는 유다의 귀족들과 좋은 연줄을 갖고 있고(6:17-18) 또 다른 제사장인 엘리아십과도 인척관계를 맺고 있었다(13:4, 7).[48] 도비야는 동료 유다인이자 산발랏과 동등한 인물로서 요단 동편의 암몬 총독으로 페르시아의 임명을 받았을 수 있다. 이와 달리, 그는 페르시아의 지위를 가진 암몬 사람(느 13:1, 참고. 삿 11장; 삼하 10:1-14)이되 궁극적으로 산발랏에 종속된 인물일 수도 있다.[49] 어느 경우이든 이 사람들은 어느 정도의 권력과 권위를 누리고 있다.

그들의 반응이 묘사된 방식이 의미심장하다. 앞에서는 느헤미야의 감정 상태를 묘사하던 '악'에 어원을 둔 단어들이 이제는 주님이 느헤미야의 기도에 응답하시고 그에게 은총을 베푸시는 방식을 묘사하는 '선'에 어원을 둔 단어들에 밀려났다(참고. 느 2:2-3 주석). 그런 선을 불러오는 것은 분명히 주님의 뜻이다. 이제는 반전이 일어난다. 느헤미야가 그 성읍의 '안녕'(이 역시 '선'에 어원을 둔 단어다)을 구하려고 하자 이는 산발랏과 도비야의 큰 불쾌함을 낳고[50](10절) 그들이 느헤미야뿐 아니라 주님과도 적대관계에 놓이게 된다. 이는 도비야의 이름의 뜻('여호와는 선하시다')에 비춰보면 특히 아이러니하다. 그리고 왜 그토록 강한 반응을 보일까? 왜냐하면 느헤미야의 권위가 이제 산발랏과 도비야의 정치적, 경제적 또는 종교적 지위를 위협하기 때문일 것이다.[51]

48 주석가들은 13:4, 7의 엘리아십이 같은 이름을 가진 대제사장(3:1; 13:28)과 다른 인물이라는 데 대체로 동의한다. 도비야와 산발랏이 함께 언급될 때는 언제나 산발랏의 이름이 먼저 나오다가 느헤미야 6:12, 14에 이르면 순서가 역전된다. 이후에는 도비야가 홀로 언급되거나(6:17, 19; 13:5, 8) 엘리아십과 관련되어 언급된다(13:4, 7). 에스라 2:60//느헤미야 7:62에 나오는 도비야는 느헤미야의 대적의 조상일 수 있다(Blenkinsopp, *Ezra-Nehemiah*, 92).

49 전자의 입장에 대해서는 Kidner, *Ezra and Nehemiah*, 89, 110과 Blenkinsopp, *Ezra-Nehemiah*, 219를 보고, 후자에 대해서는 Williamson, *Ezra*, *Nehemiah*, 183을 보라. 도비야와 주전 3세기에 암몬을 통치했던 유명한 '토비아스'와의 관계는 불확실하다.

50 문자적으로, '그리고 그것은 그들에게 큰 불쾌함으로 불쾌하게 했다'(참고. 욘 4:1).

51 Clines, *Ezra*, *Nehemiah*, *Esther*, 145.

2:11-16 또 다른 지리 및 시간 표시와 함께 새로운 단락이 시작된다(11절, 참고. 스 8:32). 이어지는 내용에서 느헤미야는 자신의 사명의 평가 단계에 해당하는 성벽과 성문들의 시찰에 대해 얘기한다. 이 시찰의 묘사[이 모든 일이 "밤"에 일어난다는 것(느 2:12, 13, 15절), 그와 함께한 "몇몇 사람"이 있었다는 것, 거기에 느헤미야가 탄 짐승만 있었다는 것 등 삼중적인 기억 요소]는 모두 은밀한 활동의 이미지를 그려준다. 하나님이 그의 내면에("내 마음에," 12절) 두신 계획이 다른 모든 사람은 물론 그와 함께한 사람들에게도 말하지 않은 채 있는 듯하고, 비밀의 주제가 또한 이 단락을 마무리한다(16절). 느헤미야는 만일 자신의 계획이 너무 빨리 노출되면 대적들에게 피해를 입거나 예루살렘 공동체의 저항을 받을지 몰라서 우려하는 듯하다.

느헤미야는 골짜기 문을 통해 나가는데, 이는 예루살렘의 남서쪽에 위치해 있는 듯하고 중부(또는 두로베온) 골짜기로의 접근이 가능한 문이다.[52] 그는 남쪽을 향해 가다가 다윗 성의 최남단에 있는 분문(또는 거름 문)까지 여행한다. 동사형은 이 두 문 사이에 뻗어있는 약 450미터를 줄곧 시찰했다고 알려준다(참고. 3:13). 용정(Dragon Spring)의 위치는 불확실하지만 단어 순서로 보건대 두 문 사이 어딘가에 위치해 있었을 것이다.[53] 샘문과 왕의 못의 위치는 여전히 논쟁의 대상이지만 전자는 남동쪽 모퉁이 근처, 곧 도성의 남쪽 200미터에 있었던 '엔로겔'이란 수원지로 통하는 곳에 위치했던 것으로 추정된다. 파괴된 잔해가 점점 많아지자 느헤미야는 걷기로 한다(2:14).

"올라가[다]"와 "살펴[보다]"의 동사형은 비록 그가 돌무더기 때문에 성벽의 길은 포기했지만 도성의 동쪽에 있는 기드론 골짜기의 바닥을 따라 북쪽으로 이동하면서 검사 작업을 계속한다는 것을 시사한다.[54] 갑작스러

52 이 단락에 나오는 장소들의 위치는 map, *ESV Study Bible*, 827을 참고하라.

53 이는 '용의 우물'(NASB), '자칼의 샘'(NJPS), 또는 '자칼 우물'(NIV)로도 번역된다. 이 샘은 흔히 실로암 연못과 엔로겔(En-rogel)로 추정되기도 한다.

54 Williamson, *Ezra, Nehemiah*, 190, Blenkinsopp, *Ezra-Nehemiah*, 222.

운 지형적 세부사항의 상실을 감안하면, '그리고 내가 돌아왔다'(15절)라는 말은 도성을 일주하기 위해 북쪽으로 계속 걷지 않고 발걸음을 되돌린다는 뜻이다. 이 장면은 다시금 느헤미야가 일반 시민들("유다 사람들"), 제사장들, "귀족들"과 "방백들"[55] 그리고 다른 모든 이에게 자신의 활동을 숨기는 데 성공했다는 점을 강조하는 것으로 끝난다.

2:17-18 다음 사건의 시기는 언급되어 있지 않다. 하지만 갑작스러운 인용문("후에 [내가] 그들에게 이르기를")과 앞서 느헤미야의 행동을 촉발했던 용어들("곤경", "성문이 불탔으니", "수치"="조롱", 참고. 1:3)의 반복은 "우리"의 사용과 더불어 공동체로부터 즉각적인 반응을 유도하기 위한 수사적 전략임을 시사한다. 게다가 결론적인 수사로, 느헤미야는 주님의 선한 손 덕분에 아닥사스다가 성벽에 관한 왕의 정책을 바꾸었다고 증언한다(참고. 2:8b). 공동체는 느헤미야가 하나님과 왕의 승인을 모두 받고 온다는 것을 명료하게 들어야 한다.

"[우리가] 일어나 건축하자"라는 즉각적이고 통일된 반응은 확실한 성공을 보여준다. 이 동사들은 유배시대 이후 공동체의 건축 작업이 에스라와 느헤미야 시대의 사람들을 스룹바벨과 예수아 아래 돌아왔던 사람들(스 1:5; 3:2; 5:2)과 묶어준다는 것만을 가리키지 않는다. 그것들은 또한 다윗이 솔로몬에게 한 첫 지시(대상 22:19)를 반영하고 또 장래의 메시아적 종의 사역(사 61:4; 암 9:11)까지 내다본다. 백성이 정말로 일어나서 건축할 것이다(느 2:18; 3:1).

끝으로, 다른 맥락들에서는 '손을 약화시키다'라는 관용구가 적대감으로 인한 작업 중단을 초래하는 낙담을 묘사한다(스 4:4; 느 6:9). 이번에는 정반

55 복수형[세가님(*seganim*), 2:16]은 언제나 ESV가 "offcials"(관리들)로 번역한다. 이 유연한 용어는 페르시아의 행정관들, 지방 총독들 또는 그저 공동체 지도자들을 묘사할 수 있다[2:16(2번); 4:14, 19; 5:7, 17; 7:5; 12:40; 13:11]. 그들의 정확한 기능은 명시된 적이 없다. 종종 관리들은 "귀족들"[호림(*khorim*), 2:16; 4:14, 19; 5:7; 7:5]과 함께 나오는데, 후자의 리더십은 때때로 관리들의 그것과 구별하기가 어렵다(그들이 Blenkinsopp, *Ezra-Nehemiah*, 252에서는 "세습된 유다인 귀족"으로 불리지만 말이다).

대의 일이 일어난다. 느헤미야를 통해 상승하는 하나님의 사역이 공동체의 결의를 다지게 해서 그들이 "모두 힘을 내어[그들의 손을 강하게 해서] 이 선한 일을 하[게]" 했다.[56] 그 공동체가 주님의 일을 추진하기로 용기 있는 결의를 다질 때, 그들은 또한 그분에게서 '선한 것'을 받기 위해 인내하며 기다린다. 이제 2:20이 보여줄 것처럼, 그들의 일이 저항에 직면하여 번창하는 것은 오직 하나님의 자비를 통해서만 이뤄진다(삼하 10:12).

2:19-20 산발랏과 도비야는 예루살렘을 재건하겠다는 결의에 대한 소식을 듣고 불쾌함(10절)에서 조롱하는 소리로 움직인다. 그들에게 합류하는 자는 강력하지만 덜 관여하는 "아라비아 사람 게셈"이다(19절; 6:1, 2, 6). 여러 성경 외적 비문은 북서부 아라비아에서의 그의 유명세와 영향력을 증언하고, 한 비문은 그를 '게달의 왕'(참고. 사 21:13-17)으로 부른다.[57] 그러므로 예루살렘은 북쪽(사마리아 사람), 동쪽(암몬 사람), 남동쪽(아라비아 사람) 그리고 서쪽(아스돗 성읍, 참고. 느 4:7)[58]으로 적들에게 둘러싸인 셈이다. 2:19에서 그들은 그 공동체 전체(복수형인 "너희"를 주목하라)를 반역의 죄로 고발하는데, 이는 이전에도 제기되었던 견해다(스 4:12-13, 21-23, 참고. 느 6:5-6).

느헤미야는 "왕의 조서[편지]"(2:9)를 언급하며 스스로를 변호하기보다 "우리"와 "너희" 사이에 확고한 선을 긋는다(20절). 그의 말은 최근에 "일어나 건축하[기로]" 결의한 하나님의 '종들'에게 그들의 일을 번창시키려면 "하늘의 하나님"(참고. 1:5; 2:4)을 신뢰해야 한다는 것을 상기시킨다. 이와 동시에, 느헤미야는 법적인 용어를 사용해서 자신의 대적들을 배제시키고 독립성을 선언한다. 첫째, 그들은 "몫이 없[다]"(새번역). 그들이 그 나라 안

56 이 히브리어 구문은 '그 선한 것을(즉, 선한 일을) 위해'라고 읽을 수 있다. ESV는 의미를 분명히 하기 위해 '일'("work")을 덧붙인다.

57 게셈의 이름은 그의 아들(카이누)이 기증했고 이집트의 텔 엘-마스쿠타에서 발굴된 주전 5세기의 은그릇에 새겨져 있다. 게셈의 영향력은 에돔, 네게브 그리고 북부 이집트까지 미쳤다(Clines, *Ezra, Nehemiah, Esther*, 148).

58 이는 서쪽으로 아스돗 성읍까지 더하는 블렌킨솝의 지지하는 견해다(*Ezra-Nehemiah*, 226).

에서 정치적 연고가 없다는 뜻이다(참고. 삼하 20:1; 왕상 12:16). 그들에게 "권리"가 없다는 말은 법적인 권한을 잃었다는 것을 가리킨다. '자격'[또는 "기억되는 바"(개역개정), 참고. ESV 난외주]의 뜻은 불분명하지만 이 맥락에서는 아마도 예배 참여를 부인하는 것을 지칭할 것이다(참고. 스 4:3). 요컨대, 느헤미야는 대적들에게 그들이 그 성읍에 대한 '어떤 시민적, 법적, 종교적 권리'도 없다는 것을 알게 한다.[59]

응답

느헤미야의 기도가 결실을 맺는다. 왕 중의 왕은 예전에 그분의 종들을 구속하셨고, 느헤미야는 그분이 다시 그렇게 하실 것으로 믿는다(1:10-11, 참고. 2:20). 느헤미야가 용기를 품고 아닥사스다에게 말하고, 그의 백성을 도전하기 위해 현실적으로 상황을 평가하고, 반대 세력에 의해 위협받을 때도 흔들리지 않는 것은 모두 하나님의 선하심 덕분이다.

느헤미야가 큰 두려움 없이 말하는 것은 아니다. 그러나 하나님이 주신 용기는 두려움과 그의 염려를 표명하는 것 사이의 간격을 메워준다(2-3절). 아닥사스다가 느헤미야의 직무에서 그를 해방시켜주고 뜻밖에 그의 사명을 지원하는 모습은 느헤미야가 간구하거나 상상할 수 있는 것보다 더 많은 일을 행하시는 하나님의 선한 손길의 증거다(8, 20절). 이는 하나님이 우리의 짧고 열정적인 호소(4절)를 들어주신다는 것을 우리에게 확신시켜준다. 하나님의 섭리를 통해, 이 세계의 권세들이 한때 그토록 완강하게 저항했던(스 4:8-22) 그 나라의 진보를 결국 지원하게 될 것이라고 우리는 믿는다.

하나님이 이 놀라운 문들을 열어주시고 느헤미야는 예루살렘의 수치를

59 Philip A. Noss and Kenneth J. Thomas, *A Handbook on Ezra and Nehemiah*, UBSHS (New York: UBS, 2005), 294. 윌리암슨(*Ezra, Nehemiah*, 192)과 블렌킨솝(*Ezra-Nehemiah*, 226-227)은 여기에 묘사된 성경적 용어의 뜻에 대해 의견이 일치한다.

완화시켜서 하나님의 영광을 회복할 사명을 받아들임으로써 그 문들을 통과한다(느 2:17; 사 62:6-7). 여기서 그의 동기를 유발하는 것은 개인적인 자기 확대가 아니라 그의 백성의 "흥왕"(안녕)이다(느 2:10). 더 중요한 점은 느헤미야가 "내 하나님께서 예루살렘을 위해 무엇을 할 것인지 내 마음에 주신 것"(12절)에 의거하여 행동했다고 말한다는 것이다. 하나님을 위한 효과적인 섬김은 무엇을 행해야 하는지 알고 그것을 수행하는 것을 의미한다. 이는 우리가 실제로 우리의 돌봄 아래 있는 이들을 위해 최선의 것을 추구하고 있는지 그리고 우리가 구상하는 행동이 주님의 뜻과 일치하는지 여부를 평가하는 일을 포함한다. 이는 상황에 대한 정직한 분석과 우리의 과업에 대한 기획을 요구한다.

느헤미야의 눈에 띄지 않는 밤 중 평가(11-16절)에 뚜렷이 나타나듯이, 성령의 인도와 경건한 동기부여는 신중한 태도와 정직한 평가와 일맥상통한다. 느헤미야가 온 도성을 일주한 것 같지는 않으나(참고. 2:11-16 주석), 그는 "우리가 당한 곤경"(17절)을 알기에 충분한 만큼 도성의 몰락 상태를 목격한다. 교회가 우리 시대에 번창하든지 어려움을 겪든지 간에, 오로지 그 상황과 도전에 대한 현실적인 평가만이 교인들로 하여금 "일어나 건축하[도록]"(17-18절) 능력을 부여할 것이다. 이것이 하나님의 백성이 행하도록 부름 받은 일차적 과업이다.

에스라 4장에서 적대자들은 침투에서 낙담을 거쳐 전면적인 협박에 이르는 점진적인 전략을 채택했다. 느헤미야 2장에는 그런 위장 전략이 없다. 하나님의 대적들은 그 나라가 진보하는 기미를 느끼자마자 즉시 불쾌함과 고발로 반응한다(10, 19절). 때로는 주님과의 친구 관계가 세상과의 적대 관계를 의미할 때가 있고, 하나님 백성의 안녕을 추구하는 일이 결국 조롱을 받을 때가 있다(19절, 참고. 약 4:4). 느헤미야는 적대 세력을 직면할 때, 하나님의 선하신 손길이 그분의 종들을 번영케 하실 것이고 대적들을 거룩한 도성에서 배제시키실 것이라는 희망을 품고 결코 흔들리지 않는다(느 2:8, 18, 20, 참고. 수 1:8). 우리 역시 주님을 섬기다가 반대에 직면할 때 그와 같은 도움을 확신할 수 있다.

1 그때에 대제사장 엘리아십이 그의 형제 제사장들과 함께 일어나 양
문을 건축하여 성별하고 문짝을 달고 또 성벽을 건축하여 함메아 망
대에서부터 하나넬 망대까지 성별하였고 2 그다음은 여리고 사람들이
건축하였고 또 그 다음은 이므리의 아들 삭굴이 건축하였으며
1 Then Eliashib the high priest rose up with his brothers the priests, and
they built the Sheep Gate. They consecrated it and set its doors. They
consecrated it as far as the Tower of the Hundred, as far as the Tower
of Hananel. 2 And next to him the men of Jericho built. And next to
them[1] Zaccur the son of Imri built.

3 어문은 하스나아의 자손들이 건축하여 그 들보를 얹고 문짝을 달고
자물쇠와 빗장을 갖추었고 4 그다음은 학고스의 손자 우리야의 아들
므레못이 중수하였고 그다음은 므세사벨의 손자 베레갸의 아들 므술
람이 중수하였고 그다음은 바아나의 아들 사독이 중수하였고 5 그다
음은 드고아 사람들이 중수하였으나 그 귀족들은 그들의 주인들의 공
사를 분담하지 아니하였으며

3 The sons of Hassenaah built the Fish Gate. They laid its beams and
set its doors, its bolts, and its bars. 4 And next to them Meremoth the
son of Uriah, son of Hakkoz repaired. And next to them Meshullam the
son of Berechiah, son of Meshezabel repaired. And next to them Zadok
the son of Baana repaired. 5 And next to them the Tekoites repaired, but
their nobles would not stoop to serve their Lord.[2]

6 옛 문은 바세아의 아들 요야다와 브소드야의 아들 므술람이 중수하
여 그 들보를 얹고 문짝을 달고 자물쇠와 빗장을 갖추었고 7 그다음은
기브온 사람 믈라댜와 메로놋 사람 야돈이 강 서쪽 총독의 관할에 속
한 기브온 사람들 및 미스바 사람들과 더불어 중수하였고 8 그다음은
금장색 할해야의 아들 웃시엘 등이 중수하였고 그다음은 향품 장사
하나냐 등이 중수하되 그들이 예루살렘의 넓은 성벽까지 하였고 9 그
다음은 예루살렘 지방의 절반을 다스리는 후르의 아들 르바야가 중수
하였고 10 그다음은 하루맙의 아들 여다야가 자기 집과 마주 대한 곳
을 중수하였고 그다음은 하삽느야의 아들 핫두스가 중수하였고 11 하
림의 아들 말기야와 바핫모압의 아들 핫숩이 한 부분과 화덕 망대를
중수하였고 12 그다음은 예루살렘 지방 절반을 다스리는 할로헤스의
아들 살룸과 그의 딸들이 중수하였고

6 Joiada the son of Paseah and Meshullam the son of Besodeiah repaired
the Gate of Yeshanah.[3] They laid its beams and set its doors, its bolts,
and its bars. 7 And next to them repaired Melatiah the Gibeonite and
Jadon the Meronothite, the men of Gibeon and of Mizpah, the seat of
the governor of the province Beyond the River. 8 Next to them Uzziel
the son of Harhaiah, goldsmiths, repaired. Next to him Hananiah, one
of the perfumers, repaired, and they restored Jerusalem as far as the
Broad Wall. 9 Next to them Rephaiah the son of Hur, ruler of half the

district of[4] Jerusalem, repaired. 10 Next to them Jedaiah the son of Harumaph repaired opposite his house. And next to him Hattush the son of Hashabneiah repaired. 11 Malchijah the son of Harim and Hasshub the son of Pahath-moab repaired another section and the Tower of the Ovens. 12 Next to him Shallum the son of Hallohesh, ruler of half the district of Jerusalem, repaired, he and his daughters.

13 골짜기 문은 하눈과 사노아 주민이 중수하여 문을 세우며 문짝을 달고 자물쇠와 빗장을 갖추고 또 분문까지 성벽 천 [1)]규빗을 중수하였고

13 Hanun and the inhabitants of Zanoah repaired the Valley Gate. They rebuilt it and set its doors, its bolts, and its bars, and repaired a thousand cubits[5] of the wall, as far as the Dung Gate.

14 분문은 벧학게렘 지방을 다스리는 레갑의 아들 말기야가 중수하여 문을 세우며 문짝을 달고 자물쇠와 빗장을 갖추었고

14 Malchijah the son of Rechab, ruler of the district of Beth-haccherem, repaired the Dung Gate. He rebuilt it and set its doors, its bolts, and its bars.

15 샘문은 미스바 지방을 다스리는 골호세의 아들 살룬이 중수하여
문을 세우고 덮었으며 문짝을 달고 자물쇠와 빗장을 갖추고 또 왕의
동산 근처 셀라 못 가의 성벽을 중수하여 다윗 성에서 내려오는 층계
까지 이르렀고 16 그다음은 벧술 지방 절반을 다스리는 아스북의 아
들 느헤미야가 중수하여 다윗의 묘실과 마주 대한 곳에 이르고 또 파
서 만든 못을 지나 용사의 집까지 이르렀고 17 그다음은 레위 사람 바
니의 아들 르훔이 중수하였고 그다음은 그일라 지방 절반을 다스리는

하사뱌가 그 지방을 대표하여 중수하였고 18 그다음은 그들의 형제들
가운데 그일라 지방 절반을 다스리는 헤나닷의 아들 바왜가 중수하였
고 19 그다음은 미스바를 다스리는 예수아의 아들 에셀이 한 부분을
중수하여 성 굽이에 있는 군기고 맞은편까지 이르렀고 20 그다음은 삽
배의 아들 바룩이 한 부분을 힘써 중수하여 성 굽이에서부터 대제사
장 엘리아십의 집 문에 이르렀고 21 그다음은 학고스의 손자 우리야의
아들 므레못이 한 부분을 중수하여 엘리아십의 집 문에서부터 엘리아
십의 집 모퉁이에 이르렀고 22 그다음은 평지에 사는 제사장들이 중수
하였고 23 그다음은 베냐민과 핫숩이 자기 집 맞은편 부분을 중수하
였고 그다음은 아나냐의 손자 마아세야의 아들 아사랴가 자기 집에서
가까운 부분을 중수하였고 24 그다음은 헤나닷의 아들 빈누이가 한 부
분을 중수하되 아사랴의 집에서부터 성 굽이를 지나 성 모퉁이에 이
르렀고 25 우새의 아들 발랄은 성 굽이 맞은편과 왕의 윗 궁에서 내민
망대 맞은편 곧 시위청에서 가까운 부분을 중수하였고 그다음은 바로
스의 아들 브다야가 중수하였고 26 (그때에 느디님 사람은 오벨에 거
주하여 동쪽 수문과 마주 대한 곳에서부터 내민 망대까지 이르렀느니
라) 27 그다음은 드고아 사람들이 한 부분을 중수하여 내민 큰 망대와
마주 대한 곳에서부터 오벨 성벽까지 이르렀느니라

15 And Shallum the son of Col-hozeh, ruler of the district of Mizpah,
repaired the Fountain Gate. He rebuilt it and covered it and set its
doors, its bolts, and its bars. And he built the wall of the Pool of Shelah
of the king's garden, as far as the stairs that go down from the city
of David. 16 After him Nehemiah the son of Azbuk, ruler of half the
district of Beth-zur, repaired to a point opposite the tombs of David,
as far as the artificial pool, and as far as the house of the mighty men.
17 After him the Levites repaired: Rehum the son of Bani. Next to him
Hashabiah, ruler of half the district of Keilah, repaired for his district.

18 After him their brothers repaired: Bavvai the son of Henadad, ruler of half the district of Keilah. 19 Next to him Ezer the son of Jeshua, ruler of Mizpah, repaired another section opposite the ascent to the armory at the buttress.[6] 20 After him Baruch the son of Zabbai repaired[7] another section from the buttress to the door of the house of Eliashib the high priest. 21 After him Meremoth the son of Uriah, son of Hakkoz repaired another section from the door of the house of Eliashib to the end of the house of Eliashib. 22 After him the priests, the men of the surrounding area, repaired. 23 After them Benjamin and Hasshub repaired opposite their house. After them Azariah the son of Maaseiah, son of Ananiah repaired beside his own house. 24 After him Binnui the son of Henadad repaired another section, from the house of Azariah to the buttress and to the corner. 25 Palal the son of Uzai repaired opposite the buttress and the tower projecting from the upper house of the king at the court of the guard. After him Pedaiah the son of Parosh 26 and the temple servants living on Ophel repaired to a point opposite the Water Gate on the east and the projecting tower. 27 After him the Tekoites repaired another section opposite the great projecting tower as far as the wall of Ophel.

28 마문 위로부터는 제사장들이 각각 자기 집과 마주 대한 부분을 중수하였고 29 그다음은 임멜의 아들 사독이 자기 집과 마주 대한 부분을 중수하였고 그다음은 동문지기 스가냐의 아들 스마야가 중수하였고 30 그다음은 셀레먀의 아들 하나냐와 살랍의 여섯째 아들 하눈이 한 부분을 중수하였고 그다음은 베레갸의 아들 므술람이 자기의 방과 마주 대한 부분을 중수하였고 31 그다음은 금장색 말기야가 함밉갓 문과 마주 대한 부분을 중수하여 느디님 사람과 상인들의 집에서부터 성 모퉁이 성루에 이르렀고 32 성 모퉁이 성루에서 양문까지는 금장색

과 상인들이 중수하였느니라

[28] Above the Horse Gate the priests repaired, each one opposite his own house. [29] After them Zadok the son of Immer repaired opposite his own house. After him Shemaiah the son of Shecaniah, the keeper of the East Gate, repaired. [30] After him Hananiah the son of Shelemiah and Hanun the sixth son of Zalaph repaired another section. After him Meshullam the son of Berechiah repaired opposite his chamber. [31] After him Malchijah, one of the goldsmiths, repaired as far as the house of the temple servants and of the merchants, opposite the Muster Gate,[8] and to the upper chamber of the corner. [32] And between the upper chamber of the corner and the Sheep Gate the goldsmiths and the merchants repaired.

1) 히, 암마

1 Hebrew *him* *2* Or *lords* *3* Or *of the old city* *4* Or *foreman of half the portion assigned to*; also verses 12, 14, 15, 16, 17, 18 *5* A cubit was about 18 inches or 45 centimeters *6* Or *corner*; also verses 20, 24, 25 *7* Some manuscripts *vigorously repaired* *8* Or *Hammiphkad Gate*

단락 개관

이번 장은 "일어나" 예루살렘의 성벽과 문들을 "건축하자"라는 부름(느 2:17-18)에 대한 신실한 공동체의 반응에 대해 얘기한다. 이 내러티브는 마치 건축이 이미 완수된 것처럼 서술되어 있다. 하지만 건축되는 동안 적대적인 행동이 실제로 일어나고(4:1, 7-8) 이번 장에서 문짝을 제자리에 다는 일(참고. 3:1, 3, 6, 13, 14, 15)이 실제로는 나중에야(6:1) 이뤄진다는 사실을 우리가 알게 될 것이다. 비록 열 개의 문, 네 개의 망대 그리고 다른 구조물들이 이번 장에 줄곧 나오지만 대다수의 정확한 위치는 미지의 것으로 남아있다.[60] 그럼에도 불구하고, 이번 장이 없으면 느헤미야 당시 예루살렘의 지형을 추정하는 데 필요한 필수적인 정보가 결여된다(참고. 2:13-15).

일찍이 히스기야 아래(주전 715-686년경) 예루살렘의 성벽들은 서쪽으로 중부 골짜기를 가로질러 서쪽 언덕을 둘러쌀 정도로 확장되었다. 다음에 나올 주석은 현재의 합의, 즉 느헤미야의 성벽은 둘 다 중부 골짜기의 오른쪽에 있는 동부 언덕 위에 위치한, 북쪽으로 성전 산과 남쪽으로 다윗성으로 구성되는 훨씬 더 작은 도성을 둘러싸고 있었다는 견해를 따른다.[61] 이번 장에 나오는 많은 세부사항 가운데 우리는 50명도 넘는 사람들의 이름, 가족들, 마을들 그리고 건축에 종사하는 다양한 직업군을 만나게 될 것이다. 세부사항은 특정한 사람들의 집들 근처에서 이뤄진 보수(예. 3:10, 23)를 포함할 정도로 구체적이고, 심지어 대제사장의 집의 문에서 모퉁이에 이르는 작업까지도 기록하고 있다(20-21절)!

다음에 제시된 단락 개요는 "문"이라는 명사의 존재를 단락 표지로 여기는 ESV의 결정을 따른다[3:1, 3, 6, 13(2번), 14, 15, 28]. 이번 장을 지배하는 것이 문의 보수라서 그렇다.[62] 은유적으로 말하면, 이 일곱 대목은 한 구획씩 작업이 진전되는 만큼 문학적 건축 블록과 같은 기능을 한다. 북쪽 성벽을 따라 위치한 양문에서 시작된 작업이 시계 반대방향으로 도성의 서쪽 측면으로 진전되어 어문(3-5절)과 옛 문(6-12절)을 보수한 후 남쪽으로 향해 골짜기 문(13절)과 분문(14절)으로 이동한다. 이후 이 최남단에서 동쪽 측면으로, 즉 샘문에서 수문으로(15-27절) 작업이 진행된다. 마문의 보수로

60 가능한 위치를 보려면 map, *ESV Study Bible*, 827을 참고하라.

61 유배시대 이후 시대의 남서쪽 언덕도 포함하는 보다 튼튼한 성벽 재건에 대한 논증을 보려면 다음 책을 참고하라. David Ussihkin, "On Nehemiah's City Wall and the Size of Jerusalem during the Persian Period: An Archaeologist's View," in *New Perspectives on Ezra-Nehemiah: History and Historiography, Text, Literature, and Interpretation*, ed. Isaac Kalimi (Winona Lake, IN: Eisenbrauns, 2012), 101-130.

62 "문"이란 명사는 3:26과 3:29, 31, 32에도 나온다. 하지만 이런 경우들에서는 지시 대상이 문의 명시적 수선을 묘사하기보다는 작업의 위치나 한계를 표시한다.

시작되는 마지막 대목은 이번 장이 출발한 양문에 도달함으로써 2.4킬로미터에 걸친 순환이 완료된다(28-32절, 참고. 1절).

단락 개요

II. 공동체가 칙령에 따라 성전, 토라 그리고 성벽을 재건하다(스 2:1-느 7:73a)

D. 세 번째 이동: 느헤미야의 사역이 시작되다(느 1:1-7:4)

3. 성벽-성문을 재건하다(3:1-3:32)

a. 양문의 재건(3:1-2)

b. 어문의 재건(3:3-5)

c. 옛 문에서 화덕 망대까지의 재건(3:6-12)

d. 골짜기 문에서 분문까지의 재건(3:13)

e. 분문의 재건(3:14)

f. 샘문에서 내민 망대까지의 재건(3:15-27)

g. 마문에서 양문까지의 재건(3:28-32)

주석

3:1-2 '누가' 작업을 시작하고, '어디서' 작업이 시작되고, 또 '어떻게' 작업이 진행되는지를 고려하는 것은 중요하다. 이 내러티브는 독자들에게 그 작업이 지체 없이 착수된다는 인상을 준다. 그 작업이 대제사장 엘리아십과 그의 동료 제사장들("그의 형제")과 함께 시작되는 것은 적절하다. 엘리아십은 예전의 대제사장(12:10; 학 1:12)이었던 그의 조부 예수아(또는 요수아)

의 행동, 즉 '일어나서' 제단과 성전을 '건축했던' 그 행동(참고. 스 3:2; 5:2)을 되풀이한다. 엘리아십의 가족은 나중에 느헤미야의 주의가 필요한 의심스러운 관계를 형성하지만(느 13:28-29), 이 시점에서는 대제사장이 예루살렘의 복구 작업에 헌신하는 모습을 분명히 보인다.

제사장들의 재건 작업이 성벽의 북쪽 구획을 따라 위치한 양문에서 시작하여 지명된 망대들을 향해 서쪽으로 이동하는 것은 우연이 아니다.[63] 양문(the Sheep Gate)이란 이름은 제사에 바쳐질 양들이 그 문을 통과했기 때문에 붙여진 것이다(참고. 요 5:2). 맨 먼저 수행되는 제사장들의 작업과 성전으로의 접근성은 백성에게 그들이 예배하고 제사하는 백성으로 부름 받았다는 것을 상기시켜줄 터이다. 이는 또한 대제사장의 역할이 남은 자로 하여금 거룩한 백성과 제사장 나라가 되는 소명(출 19:5-6)을 삶으로 실천하도록 돕는 것임을 시사한다. 이런 삶을 온전히 영위하려면 먼저 예루살렘이 안전한 곳이 되어야 한다. 이와 더불어, 도성의 북쪽 측면은 공격에 가장 노출되어 있었기에 바벨론 사람들에게 심하게 파괴되었을 것이다.[64] 이 내러티브는 여기서 시작함으로써 목회 사역의 한 중점을 부각시킨다. 회복 작업은 가장 큰 필요가 있는 지점에서 시작해야 한다는 것이다.

이런 이유로 작업은 문과 망대의 '성별'과 함께 시작된다. 제사장들은 그들의 몫을 성별함으로써 장차 "거룩한 성"(느 11:1, 18)을 복구하는 프로젝트를 위한 어조를 설정한다. 이 서술은 서로 연관된 작업으로서 시계 반대 방향으로 움직인다. 처음으로 우리가 "그다음은"과 '그들 다음은'(3:2, 개역개정은 모두 "그다음은"으로 번역함) 둘 다를 읽게 되고, 이 어구는 2절에서 15절까지(참고. 17, 19절) 거의 모든 구절에 어떤 형태로든 나온다. 이어서 16절

63 "함메아 망대"는 아마 일백 명의 본부였을 것이고, "하나넬 망대"(3:1; 12:39; 렘 31:38; 슥 14:10)는 "성전에 속한 영문[성채]"(느 2:8)과 "영문"(7:2)과 동일한 것 같다. 로마 시대에 이르면 그 부지를 안토니아 요새가 차지했다(Clines, *Ezra*, *Nehemiah*, *Esther*, 151).

64 일부 주석가들은 동사의 빈도에서 3:1-3(참고. 3:13-15)에 나오는 '건축하다'란 동사의 사용으로부터 다른 곳에 사용되는 '보수하다'(중수하다)란 동사로 은근히 바뀌는 것을 주목하고 이 구간이 더 심하게 파괴되었다는 것을 강조한다.

에서 31절까지는 거의 모든 구절이 이와 비슷한 '그 이후에'("after him", ESV 참고)로 시작된다.[65] 구획별로 성벽이 서로 연결되고 건축 공사를 하는 이들이 나란히 작업한다.

3:3-5 이어서 "하스나아의 자손들"(참고. 스 2:35)의 "어문"(Fish Gate) 재건 공사가 나온다. 이 문의 위치는 불확실하지만 북서쪽 모퉁이에 있었던 듯하고 수산 시장에 접근할 수 있도록 했을 것이다(참고. 느 13:16). 문의 구조에 관해서는 처음으로 일꾼들이 "그 들보를 얹고[3:3, 6, 참고. 2:8] 문짝을 달고 자물쇠와 빗장을 갖추었고"(3:3, 6, 13, 14, 15)라는 후렴이 나온다. "보수하였다"(새번역)로 번역된 핵심 동사는 이번 장의 거의 매 구절에 나오고, 모두 35번이나 나온다.[66] 일부 해석자들은 특히 북쪽 성벽에서 필요한 완전한 재건에 못 미치는 수준을 시사한다고 본다.[67]

건축자들에 관해서는, "우리야의 아들" 므레못은 앞서 에스라로부터 예물을 받는 제사장으로 밝혀져 있다(스 8:33). 그는 또한 대제사장의 집 근처에 있는 성벽의 둘째 구획을 보수하게 될 것이다(느 3:21). "베레갸의 아들" 므술람에게는 도비야의 아들과 혼인한 딸(6:18)이 있는데, 이는 그의 높은 사회적 지위를 시사한다. "여리고 사람들"(3:2, 참고. 스 2:34)에 대한 언급이 그랬듯이, "드고아 사람들"(느 3:5)에 대한 언급은 특정한 성읍(참고. 7, 13절) 출신의 작업반을 강조한다. 그들 집안의 일부 유력한 자들이 "그들의 주인들의 공사를 분담하지 아니[했다]"는 것은 교만하여 하나님의 목적에 반대하는 것을 의미할 수 있다.[68] 이와 달리, 그들이 작업을 거부하는 것은 느

65 이 구분에 대한 가능한 설명은 3:15-27 주석을 참고하라.

66 이 동사가 나오지 않는 곳은 3:1, 2, 3, 25, 26 뿐이다.

67 Blenkinsopp, *Ezra-Nehemiah*, 234.

68 '그들의 귀족들이 그들의 주인을 섬기는데 그들의 목을 가져오지 않았다'(필자의 번역)라는 관용어는 황소가 멍에에 종속되기를 거부하는 이미지를 사용한다(렘 27:11-12). 만일 이것이 '목이 곧은' 것과 동의어라면(Williamson, *Ezra, Nehemiah*, 196), 그들의 거부는 교만을 넘어 불신으로 이동한다.

헤미야를 포함한 인간 지도자들 아래 진행되는 건축 프로젝트의 어떤 측면을 거부하는 것을 시사할 수도 있다(참고. "주인들", 3:5 ESV 난외주). 느헤미야서의 다른 곳에 나오는, '주인'으로 번역된 단어의 용례를 감안하면 전자일 가능성이 더 높다(1:11; 4:14; 8:10; 10:29). 본문은 작업 보이콧의 동기가 무엇인지에 대해 모호하지만, 이를 제외하면 이번 장에 표현된 목적의 통일성은 놀랍기만 하다. 아마도 그들의 귀족들의 태만에 자극을 받아서인지 드로아 사람들은 동쪽 성벽을 따라 또 하나의 구획을 보수하려고 한다(3:27).

3:6-12 이 대목은 서쪽 성벽을 따라 남쪽으로 이동하는 작업을 묘사한다. 여러 구조물이 언급되어 있다. "옛 문"(참고. 12:39)은 벧엘 근처에 위치한 별로 알려지지 않은 성읍인 예샤나(Yeshanah)로 접근하는 통로에 있었을 것이다. 문법적 및 다른 이유들로 인해 일부 번역본은 이를 "옛 문"(Old Gate, 개역개정, RSV, NASB) 또는 본문을 약간 수정해서 '미쉬네 문'(Mishneh Gate, NAB)으로 번역한다. '미쉬네'는 때때로 "둘째 구역"(왕하 22:14; 습 1:10)이나 '새 구역'(NJB)으로 번역된 성읍의 새로운 구획을 가리킨다. 페르시아 시대에는 이 구획에 사람이 살지 않았던 것 같다.[69] 다음에 언급되는 구조물인 "넓은 성벽"(느 3:8)은 유배시대 이전의 미쉬네를 요새화했다.[70] "[그리고] 그들은…예루살렘을 복구하였다"(8절, 새번역)라는 묘사는 "[그리고] 그들은 예루살렘을 포기했다"로도 번역될 수 있고, 이는 이 시점에 유배시대 이전의 성벽 선(線)이 포기되었다는 뜻일 수도 있다.[71] "화덕 망대"로 언급된 마지막 장소의 위치는 불확실하지만 넓은 성벽과 골짜기 문 사이의 어딘가에 있었다(참고. 12:38). 흔히 해석자들은 화덕을 제빵사들과 연관시키면서 그들이 왕궁과 성전 가까이 살고 있는 것으로 가정한다(참고. "떡 만드는

69 미쉬네 문은 예루살렘의 '새로운' 또는 '둘째' 구역으로 들어가는 입구였고, 후자는 히스기야와 므낫세의 시대에 확장된 적이 있다(Williamson, *Ezra*, *Nehemiah*, 205).

70 Philip J. King and Lawrence E. Stager, *Life in Biblical Israel* (Louisville: Westminster John Knox, 2001), 219.

자의 거리", 렘 37:21).

여기에 거명된 여러 사람과 그룹들은 언급할 가치가 있다. 므레못(느 3:4)처럼 "하림의 아들 말기야"(11절)는 에스라서와 강한 연결점을 가진 또 다른 인물이다. 그는 외국인 아내와 이혼하기로 동의했던 사람이다(스 10:31). 아울러 므레못과 여러 다른 건축자들처럼, 말기야는 성벽의 둘째 구역을 보수한다. 하지만 그들의 경우와는 달리(참고. 느 3:4, 21; 3:5, 27; 아마도 3:18, 24), 11절에 나오는 본문은 말기야가 성벽의 첫째 구역을 보수했다고 말하지 않는다. 이 점은 첫째 구역에 대한 언급 없이 '또 다른 구역'을 보수하는 다른 여러 사람에게도 해당될 것이다(참고. 19, 20, 30절). 어떤 일꾼들은 가족이나 지리의 연고가 없이 직업으로 묘사되어 있다. "금장색"(8, 31, 32절), "향품 장사"(8절) 그리고 "상인"(31, 32절) 등은 아마 그들이 예전에 열심히 사업을 했거나 물품을 팔았던 장소와 인접한 곳에서 공사를 하고 있을 것이다. 살룸과 그의 딸의 구체적인 작업에 대한 언급(12절)은 아마도 그에게 아들이 없다는 것을 가리키는 한편, 재건축 프로젝트에 폭넓은 공동체가 협력하고 있는 전반적인 그림에 잘 들어맞는다.

이번 장에 담긴 여러 항목은 당시의 정부 행정에 관한 세부사항을 제공한다. 바벨론이 예전에 미스바에서 그달리야를 총독으로 세운 것(왕하 25:23; 렘 40:7 이하)에 걸맞게, 그 성읍은 정부의 중심지이자 페르시아 총독의 공식 방문 시 거처로 명시되어 있다(느 3:7).[72] 아울러 처음으로 한 '구역'의 '통치자들' 중 하나가 언급되어 있다. 실제로 여러 구역이 더 작은 행정적 '절반 구역들'로 나눠지는 가운데 다섯 명의 그러한 통치자가 언급되어 있다(9, 12, 14, 15, 16, 17, 18절). 이 구절들을 면밀히 살펴보면 도움이 예루살렘 내부에서 올 뿐 아니라 그 밖의 많은 장소에서도 온다는 것을 알게 된

71 여기서 "[그리고] 그들은…복구하였다"(새번역)로 번역된 히브리어 동사 '아자브'(*'azab*)의 존재는 4:2에서 산발랏의 의문에 나오는 것과 같이 계속되는 논쟁의 주제다. 보통은 이 동사가 '포기하다' 또는 '버리다'로 해석된다. 하지만 이 문맥에서는 대다수 번역본과 해석자들이 우가릿어 어원(참고. 출 23:5)를 받아들여서 '복구하다'로 번역하는 편을 택한다.

72 Blenkinsopp, *Ezra-Nehemiah*, 235.

다. 예컨대, 기브온 사람들과 미스바 사람들과 더불어 이런 여러 하부구역의 통치자들도 도움을 제공했다. 이는 벧학게렘의 말기야(14절), 미스바의 살룬(15절), 벧술의 느헤미야(16절) 그리고 그일라의 하사뱌와 바왜(17-18절) 등을 포함한다. 우리는 또한 '미스바를 다스리는' 에셀도 포함할 수 있는데, 그는 동일한 이름의 더 넓은 구역이 아니라 그 성읍 자체를 관리하는 사람이다(참고. 15절).

3:13 느헤미야가 먼저 한밤중의 시찰을 시작했던 곳은 "골짜기 문"이었다(2:13). 그곳은 주전 8세기에 웃시야 왕이 요새화했던 장소다(대하 26:9). 동쪽 언덕의 다윗 성과 성전 산을 포함하되 서쪽 언덕은 포함하지 않는 더 제한된 범위를 가진 재건 사업은 그 문이 중부 골짜기를 내려다본 것으로 보인다.[73] 본문은 남쪽으로 약 450미터 떨어진 분문에 이를 때까지 더 이상 문의 보수를 언급하지 않는다.

3:14 힌놈의 골짜기에 있는 도성 쓰레기장에 접근하는 통로인 "분문"의 보수에 관한 보도는 건축 작업을 도성의 최남단까지 이르게 한다. 그 문은 종종 "하시드 문"(렘 19:2)과 동일시된다.

3:15-27 개요

이번 장의 후반부는 도성의 동쪽 측면을 따라 작업한 것을 묘사한다. "샘문"(15절)은 마지막 문이라서 그 보수가 명백히 언급되어 있다. 이 후반부에서 '그/그들 다음에'보다는 '그/그들 이후에'(ESV 참고)라는 지배적인 어구가 마지막 두 대목(15-27절, 28-32절)의 거의 모든 구절의 맨 앞에 나온다

73 Williamson, *Ezra, Nehemiah*, 188, Blenkinsopp, *Ezra-Nehemiah*, 221-222. 재건 당시 서쪽 언덕을 포함하는 이들에게는 그 문이 힌놈의 골짜기에 위치할 것이다(Ussishkin, "Nehemiah's City Wall," 124). 남동쪽 언덕의 서쪽 경사면을 따라 위치한 페르시아 시대의 유물이 20세기 초에 크라우풋(Crowfoot)에 의해 발굴되었다. 이것들은 잠정적으로 골짜기 문의 유물로 밝혀졌으나 이 견해는 우시스킨에 의해 도전을 받아왔다("Nehemiah's City Wall," 109-114).

(개역개정은 모두 "그다음은"으로 번역되어 이 차이가 드러나지 않는다-옮긴이 주). 성벽 자체의 특징을 밝히는 것에서(3:1-15) 이제는 성벽 너머에 있는 표지들(예. "다윗의 묘실", 16절)에 기초한 작업의 위치로 시선을 바꾼다. 종종 초기 청중에게 잘 알려진 명소들(16, 19, 25, 26, 27절) 또는 문들과 관련하여(28, 29, 31절), 또는 특정한 집들의 위치(16, 20, 21, 23, 24, 25절)의 "맞은편"에서 공사가 진행된다. 바로 이 지점에 나오는 묘사의 전환은 유배시대 이전의 성벽 선이 그 문들과 더불어 포기되고 동쪽 산등성이의 경사면으로 올라가는 새로운 성벽 선이 그어지는 장소와 일치한다(참고. 2:14).[74]

3:15-16 "샘문"(15절)은 엔로겔에 있는 물에 접근하는 통로라서 그런 이름이 붙은 것 같다.[75] "왕의 동산 근처 셀라 못" 또는 "파서 만든 못"(16절)이 이전에 언급된 '왕의 못'과 동일시되어야 하는지 여부는 전혀 확실치 않다. 전자가 더 개연성이 있는 듯하다.[76] 이번 장에서 이곳에만 문을 "덮었[다]"는 말이 나온다. 아울러 이것은 이 동사가 구약에 나오는 유일한 경우다. 이는 문 위에 지붕이나 나무를 올린다(참고. NET의 '그가…그 지붕을 올렸다')는 것을 의미할 수 있어서 "[그들이] 그 들보를 얹[었다]"(3:3, 6)는 말과 비슷할 수 있다. 다윗 혈통의 왕들은 동쪽 산등성이의 남쪽 부분에 위치한 다윗 성 내 "다윗의 묘실"(16절)에 안치되어 있었다(왕상 2:10; 11:43; 14:31; 15:8 등). 하지만 그 정확한 위치는 여전히 알 수 없다.

3:17-21 여기에 묘사된 모든 사람이 다 레위인은 아니라도, 이 구절들은 여러 성벽 구획을 따라 수행된 그들의 작업을 전반적으로 묘사한다. 일부 레위인들은 절반 구역의 통치자로서 행정 직책을 갖고 있다. 하사뱌(17절)

74 Williamson, *Ezra, Nehemiah*, 200, Blenkinsopp, *Ezra-Nehemiah*, 231.

75 샘문과 엔로겔의 위치에 대해서는 2:11-16 주석을 참고하라.

76 Blenkinsopp, Ezra-Nehemiah, 222. 윌리암슨은 긴 논의를 제공한다(*Ezra, Nehemiah*, 189-190, 207).

는 아마도 10:11의 레위인이고 어쩌면 에스라 8:19의 귀환자일 수 있다. 대제사장 엘리아십의 집 근처에서의 건축공사인 것(느 3:20-21)을 감안하면 레위인의 지원을 언급하는 것은 적절하다. 제사장인 므레못(21절, 참고. 스 8:33)은 현재 엘리아십 집의 측면을 따라 모퉁이에 이르기까지 성벽의 둘째 구획(참고. 느 3:4) 공사를 진행하는 한편, 엘리아십과 다른 제사장들은 북쪽 성벽을 따라 재건 공사를 수행하고 있다(참고. 1절).

3:22-26 여러 제사장이 자신의 거처 근처를 보수한다(23절, 참고. 28절). "굽이"(19, 24, 25절)[77]와 "모퉁이"(24, 31, 32절)의 지형학적 특징에 대해서는 불확실한 면이 있다. "망대"와 "시위청"과 같은 건물들은 오벨의 어딘가에 위치한 왕의 궁전과 관련하여 언급되어 있다(25절, 참고. 렘 32:2). 레위인일 가능성이 있는 브다야(느 13:13, 참고. 스 2:3; 8:3; 10:25; 느 10:14)는 성전 일꾼들(참고. 스 2:43-54 주석)과 합류하여 "수문"(느 3:26) 맞은편 지점에서 끝나는 보수 공사에 참여한다. 그 문은 기혼 샘, 곧 도성에 물을 공급하는 옛 샘에 접근하는 통로를 제공했다. 그 문이 만일 성벽의 "동쪽" 측면에 서 있었다면, 그것은 옛 성벽의 일부로서 느헤미야 성벽의 새로운 선의 바깥에 있었던 반면, "내민 망대"는 그 안쪽에 있었다.[78]

3:27 오벨에 대한 언급(26절)은 오벨 성벽까지 보수공사를 한 드고아 사람들(참고. 5절)의 작업으로 넘어간다. "오벨"은 흔히 다윗 성의 북쪽에서 성전 산을 향해 상승하는 언덕을 일컫는다. 한때는 그 성벽이 다윗 성 최북단의 요새화를 상징했을 수 있는데, 이는 솔로몬의 성전 건축과 함께 그 도성이 북쪽으로 확장되기 이전의 일이다.[79]

77 또는 '모퉁이'(참고. 3:19 ESV 난외주, NJPS는 '귀퉁이'). 이 용어는 성벽에서 어떤 방향 전환을 가리킬 수 있다. 이 단어는 3:24, 31, 32에서 "모퉁이"[핀나(*pinnah*)]로 번역된 단어와 다르다.

78 Clines, *Ezra, Nehemiah, Esther*, 156, Williamson, *Ezra, Nehemiah*, 287.

3:28-32 이 마지막 성벽 구획은 도성의 북동쪽 모퉁이에 위치해 있다. 여기서 제사장들은 성전 구역에 인접한 그들의 집 근처를 보수한다. "마문"(28절)은 유배시대 이전 성벽의 일부로서 경사면의 낮은 곳에 위치해 있었을 것이다(참고. 렘 31:40). 만일 그렇다면 "마문 위"는 그 경사면의 높은 곳을 보수한 것을 가리킬 테다. 이와 다른 견해는 그것이 왕궁-성전 복합체 내에 위치해 있었다고 추정한다(참고. 왕하 11:16).

다른 한편, "동문"(느 3:29)은 성전 복합체의 벽 안에 있었고, 따라서 그 문지기인 스마야는 레위인일 가능성이 높다(참고. 대하 31:15). 이어서 므술람이 "자기의 방과 마주 대한"(느 3:30, 참고. 4절) 두 번째 공사 구획을 묘사하는 언어는 한 제사장이 성전 구역 내에 거주했다는 것(스 10:6; 느 12:44; 13:7, 참고. 렘 35:2, 4)을 시사하고, 므술람과 사돈 관계를 맺은 도비야와 '방'으로 인한 갈등(6:18)을 예상할 수도 있다.

"함밉갓 문"(3:31, ESV는 "Muster Gate", 새번역은 "점호 문")은 성전 마당의 문으로 생각할 수도 있으나 만일 도성의 문이었다면 그것은 동쪽 측면에 있는 최북단의 문이었다.[80] 그리고 두 번 언급된 "성 모퉁이 성루[누각]"는 아마 파수대인 듯한데, 도성의 모퉁이에 있는 마지막 북동쪽 경계표에 해당하고 성벽의 북부 선과 만나는 곳이다. 금장색(참고. 8절)은 이 지역에 사는 상인들과 나란히 보수공사를 하고(31-32절), 아마 성전 북쪽에 있는 시장과 가까울 것이다. 이 상인들이 서쪽 방향으로 보수 공사를 해서 성벽 일주로(circuit)를 닫게 되고 양문에서 이번 장을 시작했던 제사장들(1절)과 합류하게 된다.

79 만일 오벨의 성벽이 동에서 서로 통한다면, 느헤미야의 성벽은 그것과 직각으로 교차할 것이다. 이와 달리, 오벨의 성벽이 수문 북쪽에 있던 느헤미야의 성벽의 남북 진행 속에 통합되었을 수도 있다. 이 오벨의 성벽과 요담 왕(대하 27:3)과 훗날의 므낫세 왕(대하 33:14)의 건축 프로젝트에 언급된 것과 정확히 어떤 관계에 있었는지는 불확실하다(Blenkinsopp, *Ezra-Nehemiah*, 238).

80 Williamson, *Ezra, Nehemiah*, 211. 아울러 그 이름의 의미도 미지의 것임을 주목하라. 예컨대, ESV 각주에서 *Hammiphkad*는 그 히브리어(참고. KJV는 *Miphkad*)의 음역이다(그래서 개역개정은 '함밉갓'으로 번역함).

응답

이번 장의 지형적 특징들을 한 구절씩 열심히 따라가다 보면 어느새 돌을 하나씩 쌓아서 성벽을 재건하는 힘겨운 공사와 비슷해진다. 중요한 질문은 왜 이번 장이 이곳에 놓여있는가 하는 것이다. 어째서 재건 프로젝트 전체를 연속적으로 또 점진적으로 얘기하기보다 전부를 단번에 서술했는가? 이번 장의 존재는 분명히 내러티브의 진행을 방해한다. 이는 느헤미야가 재빨리 이전의 순간, 즉 성벽이 완공되지 않은 채 반대가 심할 때(4:1-9; 6:1-14)로 되돌아간다는 사실을 입증해준다. 그런데 시작 부분에서 독자들에게 남은 자 공동체가 '일어나서 건축하려는'(2:18) 결의를 다져 결국 성공했다고 말해줌으로써 그 긴장을 해소하는 이유는 무엇일까? 몇 가지 이유를 들 수 있다.

우리는 성벽이 재건된다는 것을 분명히 알게 된다. (반대를 포함해) 성벽 건축에 관한 점진적인 기사에 앞서 완결된 이야기를 읽음으로써, 하나님의 백성은 주님의 목적이 좌절될 수 없다는 것을 알게 될 것이다. 주님은 결국 예루살렘을 보수하실 것이다(2:20). 그분은 이스라엘의 창조자이실 뿐 아니라 이스라엘의 구속자이시기도 해서 이렇게 말씀하신다. "예루살렘을 보시고는 '여기에 사람이 살 것이다' 하시며, 유다의 성읍들을 보시고는 '이 성읍들이 재건될 것이다. 내가 그 허물어진 곳들을 다시 세우겠다' 하신다"(사 44:26, 새번역). 이는 예루살렘과 그 성전을 모두 재건하기 위해 고레스를 통치자로 임명하시는 것(사 44:28)도 포함하는 예언이다. 이와 같이 우리는 하나님 나라의 진보와 반대의 한복판에서도 성경 이야기의 결말을 알고 있다. 새 예루살렘이 건축될 것이고 하나님이 그분의 백성과 함께 거주하실 것이다(계 21:1-4).

둘째, 공사의 완료는 주님이 선택하신 종의 작업을 통해 예루살렘을 재건하실 것임을 확증해준다. 하나님이 예루살렘을 재건하시기 위해 (어떤 것을) "내 마음에 주[셨다]"(느 2:12, 참고. 2:18)는 느헤미야의 주장은 사람들이 확증하거나 부인하기 어려울 것이다. 하지만 주님은 성공적인 완공을 전면에 보여줌으로써 독자에게 느헤미야가 하나님의 믿을 만한 종임을 입증하신다. 다시 한번 이사야서를 인용하자면, 주님은 "그의 종의 말을 세워 주[신다]"(사 44:26). 이와 똑같은 모습을 하나님의 궁극적인 종인 예수님에게서도 볼 수 있다. 하나님이 재건된 예루살렘을 통해 느헤미야를 승인하시듯이, 그 종인 예수님 역시 부활과 승천을 통해 승인을 받는다. 정복하는 교회는 이런 사건들에 대한 사도적 증언을 통해 세워지고, 이는 지금도 교회가 계속 수행하는 사명이다(행 2:29-33; 마 16:18).

끝으로, 이 본문은 (통합되기도, 다양하기도 한) 복구 작업을 위해 남은 자 공동체 전체를 동원하는 모습을 묘사한다. 놀라운 협력이 폭넓은 일꾼들 가운데 존재한다. 일꾼들은 실로 남자와 여자, 제사장과 평신도, 레위인과 상인, 현지인과 비거주자, 행정관과 시민 등 그 범위가 넓다. 어떤 해석자는 상인들이 양문에서 제사장들과 연결되는 마지막 구절(느 3:32)에 관한 주석에서 이 장면이 어떻게 '그 프로젝트 전체를 상징하는지'[81]에 대해 말한다. 다양한 관심과 능력을 가진 다채로운 사람들로부터 그처럼 지속적인 지원과 노력을 얻는 데 필요한 리더십과 조직력은 하나님의 선물이 아닐 수 없다. 이로 인해 하나님은 찬송을 받으심이 마땅하다(엡 4:11-16). 여기서 사람들을 각각 개인적인 이해관계가 가장 높은 위치, 즉 그들의 집 근처에 배치하는 것은 느헤미야의 현명한 목회적 전략이라고 강조해도 무방하겠다.[82] 역사적 시기마다 주님을 섬기도록 부름 받은 그리스도의 한 몸은 그 다채로운 지체들 가운데 다양한 은사와 재능과 역할을 부여받았다(롬 12:3-8; 고전 12장). 지체들은 주 예수 그리스도 안에서 승리할 것을 확신하면서 그 나라의 진보를 위해 나란히 일하고 그들에게 맡겨진 성벽 구획을 신실하게 보수하도록 권면을 받는다.

81 Kidner, *Ezra and Nehemiah*, 98.

82 Williamson, *Ezra, Nehemiah*, 212.

1 산발랏이 우리가 성을 건축한다 함을 듣고 크게 분노하여 유다 사
람들을 비웃으며 2 자기 형제들과 사마리아 군대 앞에서 일러 말하되
이 미약한 유다 사람들이 하는 일이 무엇인가, 스스로 견고하게 하려
는가, 제사를 드리려는가, 하루에 일을 마치려는가 불탄 돌을 흙 무더
기에서 다시 일으키려는가 하고 3 암몬 사람 도비야는 곁에 있다가 이
르되 그들이 건축하는 돌 성벽은 여우가 올라가도 곧 무너지리라 하
더라 4 우리 하나님이여 들으시옵소서 우리가 업신여김을 당하나이다
원하건대 그들이 욕하는 것을 자기들의 머리에 돌리사 노략거리가 되
어 이방에 사로잡히게 하시고 5 주 앞에서 그들의 악을 덮어 두지 마
시며 그들의 죄를 도말하지 마옵소서 그들이 건축하는 자 앞에서 주
를 노하시게 하였음이니이다 하고

1[1] Now when Sanballat heard that we were building the wall, he was
angry and greatly enraged, and he jeered at the Jews. 2 And he said in
the presence of his brothers and of the army of Samaria, "What are
these feeble Jews doing? Will they restore it for themselves?[2] Will they
sacrifice? Will they finish up in a day? Will they revive the stones out of

the heaps of rubbish, and burned ones at that?" 3 Tobiah the Ammonite
was beside him, and he said, "Yes, what they are building—if a fox
goes up on it he will break down their stone wall!" 4 Hear, O our God,
for we are despised. Turn back their taunt on their own heads and give
them up to be plundered in a land where they are captives. 5 Do not
cover their guilt, and let not their sin be blotted out from your sight, for
they have provoked you to anger in the presence of the builders.

6 이에 우리가 성을 건축하여 전부가 연결되고 높이가 절반에 이르렀
으니 이는 백성이 마음 들여 일을 하였음이니라
6 So we built the wall. And all the wall was joined together to half its
height, for the people had a mind to work.

7 산발랏과 도비야와 아라비아 사람들과 암몬 사람들과 아스돗 사람
들이 예루살렘 성이 중수되어 그 허물어진 틈이 메꾸어져 간다 함을
듣고 심히 분노하여 8 다 함께 꾀하기를 예루살렘으로 가서 치고 그곳
을 요란하게 하자 하기로 9 우리가 우리 하나님께 기도하며 그들로 말
미암아 파수꾼을 두어 주야로 방비하는데
7 [3] But when Sanballat and Tobiah and the Arabs and the Ammonites
and the Ashdodites heard that the repairing of the walls of Jerusalem
was going forward and that the breaches were beginning to be closed,
they were very angry. 8 And they all plotted together to come and fight
against Jerusalem and to cause confusion in it. 9 And we prayed to our
God and set a guard as a protection against them day and night.

10 유다 사람들은 이르기를 흙 무더기가 아직도 많거늘 짐을 나르는
자의 힘이 다 빠졌으니 우리가 성을 건축하지 못하리라 하고 11 우리

의 원수들은 이르기를 그들이 알지 못하고 보지 못하는 사이에 우리
가 그들 가운데 달려 들어가서 살륙하여 역사를 그치게 하리라 하고
12 그 원수들의 근처에 거주하는 유다 사람들도 그 각처에서 와서 열
번이나 우리에게 말하기를 너희가 우리에게로 와야 하리라 하기로
13 내가 성벽 뒤의 낮고 넓은 곳에 백성이 그들의 종족을 따라 칼과 창
과 활을 가지고 서 있게 하고 14 내가 돌아본 후에 일어나서 귀족들과
민장들과 남은 백성에게 말하기를 너희는 그들을 두려워하지 말고 지
극히 크시고 두려우신 주를 기억하고 너희 형제와 자녀와 아내와 집
을 위하여 싸우라 하였느니라

10 In Judah it was said,[4] "The strength of those who bear the burdens is
failing. There is too much rubble. By ourselves we will not be able to
rebuild the wall." 11 And our enemies said, "They will not know or see
till we come among them and kill them and stop the work." 12 At that
time the Jews who lived near them came from all directions and said to
us ten times, "You must return to us."[5] 13 So in the lowest parts of the
space behind the wall, in open places, I stationed the people by their
clans, with their swords, their spears, and their bows. 14 And I looked
and arose and said to the nobles and to the officials and to the rest of the
people, "Do not be afraid of them. Remember the Lord, who is great
and awesome, and fight for your brothers, your sons, your daughters,
your wives, and your homes."

15 우리의 대적이 우리가 그들의 의도를 눈치챘다 함을 들으니라 하
나님이 그들의 꾀를 폐하셨으므로 우리가 다 성에 돌아와서 각각 일
하였는데 16 그때로부터 내 수하 사람들의 절반은 일하고 절반은 갑
옷을 입고 창과 방패와 활을 가졌고 민장은 유다 온 족속의 뒤에 있었
으며 17 성을 건축하는 자와 짐을 나르는 자는 다 각각 한 손으로 일을

하며 한 손에는 병기를 잡았는데 18 건축하는 자는 각각 허리에 칼을
차고 건축하며 나팔 부는 자는 내 곁에 섰었느니라 19 내가 귀족들과
민장들과 남은 백성에게 이르기를 이 공사는 크고 넓으므로 우리가
성에서 떨어져 거리가 먼즉 20 너희는 어디서든지 나팔 소리를 듣거든
그리로 모여서 우리에게로 나아오라 우리 하나님이 우리를 위하여 싸
우시리라 하였느니라

15 When our enemies heard that it was known to us and that God had
frustrated their plan, we all returned to the wall, each to his work.
16 From that day on, half of my servants worked on construction, and
half held the spears, shields, bows, and coats of mail. And the leaders
stood behind the whole house of Judah, 17 who were building on the
wall. Those who carried burdens were loaded in such a way that each
labored on the work with one hand and held his weapon with the other.
18 And each of the builders had his sword strapped at his side while he
built. The man who sounded the trumpet was beside me. 19 And I said
to the nobles and to the officials and to the rest of the people, "The work
is great and widely spread, and we are separated on the wall, far from
one another. 20 In the place where you hear the sound of the trumpet,
rally to us there. Our God will fight for us."

21 우리가 이같이 공사하는데 무리의 절반은 동틀 때부터 별이 나기
까지 창을 잡았으며 22 그때에 내가 또 백성에게 말하기를 사람마다
그 종자와 함께 예루살렘 안에서 잘지니 밤에는 우리를 위하여 파수
하겠고 낮에는 일하리라 하고 23 나나 내 형제들이나 종자들이나 나를
따라 파수하는 사람들이나 우리가 다 우리의 옷을 벗지 아니하였으며
물을 길으러 갈 때에도 각각 병기를 잡았느니라

21 So we labored at the work, and half of them held the spears from the

break of dawn until the stars came out. 22 I also said to the people at that time, "Let every man and his servant pass the night within Jerusalem, that they may be a guard for us by night and may labor by day." 23 So neither I nor my brothers nor my servants nor the men of the guard who followed me, none of us took off our clothes; each kept his weapon at his right hand.[6]

1 Ch 3:33 in Hebrew *2* Or *Will they commit themselves to God?* *3* Ch 4:1 in Hebrew *4* Hebrew *Judah said* *5* The meaning of the Hebrew is uncertain *6* Or *his weapon when drinking*

단락 개관

느헤미야 4-6장의 주제 흐름은 더 작은 차원에서 에스라 2장-느헤미야 7장의 흐름을 반영하고 있다. 책 전체가 건축 프로젝트에 대한 반대(스 3-6장; 느 2-6장)를 이야기하며 그 사이에 공동체 내부의 도전이 나오듯이, 느헤미야서의 이 세 장을 살펴보면 공동체 내부의 경제적 문제(느 5장)을 둘러싸고 있는 성벽 건축에 대해 두 장(느 4장; 6장)에서 이야기한다.

느헤미야 3장은 독자들에게 성벽이 건축되었다는 것을 말하려고 이야기 줄거리의 흐름을 잠시 멈췄다.[83] 하나님이 그 도성과 사람들을 위해 행하도록 느헤미야의 마음에 주신 것(2:8, 12, 18)은 이미 들보가 얹히고 문짝이 달리고 자물쇠와 빗장이 갖춰진 채(3:3, 6 등, 참고. 6:1) 성취된 것으로 묘사되어 있었다. 백성이 실제로 성공적으로 '일어나서 건축할' 수 있었던 것은 하나님이 이미 그렇게 될 것이라 약속하셨기 때문이다(사 44:26-28). 이는 그분의 백성이 찬송하는 하나의 진실이다(시 147편).[84] 이 결말이 이미 서술된 지점에서 이제 느헤미야 4:1-23은 성벽 건축의 진행과 더불어 적들의 적대적인 반응을 이야기하려고 되짚어 간다. 재건축 진행의 성쇠에 이은 반대 행동이 이번 장을 형성한다. 사실 이 중요한 주제는 느헤미야 2, 4, 6장에 나온다(참고. 표1). 표1은 그 나라가 진보할 때 반대세력의 전술도 바뀔 것(특히 4:6-14)이라는 원리를 잘 보여준다. 모든 경우에 반대세력은 그들이 무엇을 '들었는지'(4:1, 7; 6:1)에 따라 반응한다. 대적의 전술은 구두적 야유(4:1-6)에서 공동체에 대한 심각한 물리적 협박(7-14절)을 거쳐 리더십을 위협하려는 시도(6:1-14)로 바뀐다. 이번 장에서 이것은 공동체의 방어태세 수립과 하나님이 적의 행동을 좌절시켰다는 깨달음(4:15-23)으로 귀결된다.

83 클라인스가 말하듯이, 이 내러티브는 여기서 느헤미야 2:20로부터 이어지는 서술을 재개한다(*Ezra, Nehemiah, Esther*, 158).

84 하나님은 각 시대마다 그분의 구속 목적을 이루기 위해 그분의 백성을 전진시키고 지탱하실 것이다. 이 진리는 신자들로 하여금 다양한 소명의 영역에서 참고 견디도록 북돋운다.

행동	대적	대적이 "듣고" 반응하다	대응
느헤미야가 도착하다(2:9)	산발랏, 도비야(2:10)	심히 근심하다(2:10)	행동: 느헤미야가 예루살렘에 이르다(2:11)
백성이 건축하기로 결의하다(2:17–18)	산발랏, 도비야, 게셈(2:19)	업신여기고, 비웃고, 고발하다(2:19)	구두적 반응: "하나님이 우리를 형통하게 하시리니"(2:20)
성벽을 건축하다(4:1)	산발랏, 도비야(4:1, 3)	크게 분노하고 비웃다(4:1, 3)	느헤미야가 하나님께 적들을 물리치시도록 기도하다(4:4, 5)
성벽이 다함께 연결되고[카샤르(*qashar*)] 높이가 절반에 이르다(4:6)	산발랏, 도비야, 아라비아 사람들, 암몬 사람들, 아스돗 사람들(4:7)	심히 분노하고, 예루살렘을 치기 위해 다함께 꾀하다(카샤르)(4:7–8)	공동체가 기도하고 파수꾼을 세우다(4:9)
		공동체에 대한 살해 협박(4:11)	느헤미야가 백성에게 상기시키다: "주를 기억하고"(4:14)
하나님이 적들의 계획을 좌절시키시다(4:15)	적들(4:15)	하나님이 그들의 계획을 좌절시켰다는 것을 듣다(4:15)	방어태세를 증강하고 작업을 재개하다(4:15–23)
성벽은 완공했으나 문짝은 아직 달지 못하다(6:1)	산발랏, 도비야, 게셈(6:1)	느헤미야를 해치려고 음모를 꾸미다(6:1–9)	느헤미야가 힘을 달라고 기도하다(6:9)
	스마야가 산발랏과 도비야에게 고용되다(6:10, 12)	느헤미야의 평판을 떨어뜨리려고 음모를 꾸미다(6:10–13)	느헤미야가 하나님의 개입을 위해 기도하다(6:14)
문짝을 달고 성벽 건축이 완공되다(6:15, 7:1)	모든 적들, 도비야(6:16–17)	"다 두려워하여 크게 낙담하였으니"(6:16)	하나님의 도우심으로 작업이 완수되다(6:16)

표1. 느헤미야서에 나오는 진전과 대적들의 반응 패턴[85]

단락 개요[86]

II. 공동체가 칙령에 따라 성전, 토라 그리고 성벽을 재건하다(스 2:1-느 7:73a)

D. 세 번째 이동: 느헤미야의 사역이 시작되다(느 1:1-7:4)

4. 건축자들이 약간 두려워하면서 진도를 나가다(4:1-23)

a. 대적들이 듣고 야유하다, 기도와 진전(4:1-6)

b. 대적들이 듣고 음모를 꾸미다, 기도와 보호(4:7-14)

c. 대적들이 듣다, 무기와 일꾼들(4:15-23)

주석

4:1-6 개요

성벽 건축을 전반적으로 서술한 후(3:1-32), 이번 장은 진행 중인 성벽 건축과 함께 시작된다. ESV는 이 장면을 두 대목(4:1-5, 6)으로 나눈다. 그리고 첫 대목은 산발랏과 도비야의 분노와, 구두적 조롱(1-3절)과, 구출을 위한 느헤미야의 짧은 기도(4-5절)로 나뉘질 수 있다. 마지막 구절(6절)은 별도의 대목으로서 건축 프로젝트에 관한 요약문을 제공한다.

4:1-3 세 번째로 도비야와 함께 나오는 산발랏의 등장(참고. 2:10, 19)은 유

85 표1의 개념을 품게 된 계기는 Blenkinsopp, *Ezra-Nehemiah*, 225에 나오는 이런 주제들에 대한 해설이었다.

86 이 멋진 구조는 Kidner(*Ezra and Nehemiah*, 98-102)와 Blenkinsopp(*Ezra-Nehemiah*, 242-253)의 지지를 각각 받는다. 히브리어에서는 이 시적 형태가 3:33-4:17에 해당한다.

배시대 이후 공동체에 곤경을 예시한다.[87] 처음에 느헤미야의 등장과 예루살렘에 유익을 주려는 그의 결의에 심히 근심하고(2:10) 나중에 반란이라는 망령을 제기한(2:19) 산발랏은 실질적인 진전에 관한 소식을 듣고 화를 낼 뿐 아니라 "크게 분노하[기도]"(4:1) 한다. 이는 모두 '야유'로 분류된 수사적 질문의 형태로 나타나는 장황한 폭언으로 이어지고, 그 폭언의 목표는 건축자들의 사기를 꺾는 것으로 보인다.[88] 이 질문들은 "자기 형제들"(2절) 앞에서 행한 더 긴 연설의 요약인 것 같고, 그 형제들은 반드시 친척을 가리키는 게 아니라 개선된 예루살렘의 전망에 대한 그의 경멸을 공유하는 동맹들을 지칭한다. 전반적으로, 산발랏의 분노는 하나님의 백성에 대한 조롱으로 이어지며, 이는 주님에 대한 도발에 해당한다(5절).[89]

첫째, 산발랏은 그들을 "미약한 유다 사람들"로 묘사하며 개인적 공격으로 공동체를 조롱한다. 한때는 이 묘사가 정확한 평가였을 수 있다. 이와 관련된 동사형[아말('*amal*), '미약해지다, 쇠약해지다']이 다른 곳에서는 바벨론의 파괴로 인한 예루살렘 성벽과 문들의 약해진 상태를 묘사하기 때문이다(애 2:8-9). "사마리아 군대"의 존재가 조직화된 전투 부대를 지휘하는 산발랏의 권한을 시사하든지 또는 느헤미야의 "군대 장관과 마병"(느 2:9)에 대항하는 무력의 과시를 의미하든지 상관없이, 그 군대의 언급은 그의 근본적인 목표가 조롱하는 것을 넘어 예루살렘에 대한 물리적 위협을 가하기 위해 그의 청중들을 동원하는 것일 수 있음을 암시한다(참고. 4:8, 11).

개인적인 공격을 넘어서 그들이 "이 성벽을 다시 쌓는다고?"(새번역) 하고 묻는 것은 그들의 능력에 의문을 제기한다. 전문 하도급자들이 아니라 성직자, 평신도 그리고 상인으로 구성된 41개의 작업팀이 과연 제대로 작

87 이 사람들에 대한 자세한 소개는 2:9-10 주석을 참고하라.

88 J. I. 패커는 이를 "심리전"으로 부른다[*A Passion for Faithfulness: Wisdom from the Book of Nehemiah* (Wheaton, IL: Crossway, 1995), 99].

89 산발랏의 분노(4:1)와 주님의 도발(4:5)을 묘사하기 위해 히브리어 동사 '카아스'(*ka'as*)의 다른 형태들이 사용되어 있다.

동하는 방어구조물을 건축할 수 있겠는가?[90] 셋째 질문("여기에서 제사를 지내겠다는 거냐?", 새번역)은 그들이 도대체 완수할 수 있을지 여부를 간접적으로 묻는다. 이전에 두 차례 절정의 순간(스 6:16-17; 8:35)에 그랬듯이, 제사는 결국 마지막 기념식(느 12:27, 38, 43) 때 주님께 드려지는 것이기에 그렇다. 이는 자연스럽게 다음 질문으로 이어진다. "[그들이] 하루에 일을 마치려는가" 하는 것은 건축자들의 편에서 그 작업의 힘든 성격에 대해 현실주의가 부족하다는 것을 의미한다. 끝으로, 건축자들이 까맣게 탄 석회암 무더기를 '소생시킬' 것인지 질문하는 것은 약해진 돌들로 성벽을 재건축하려는 사람들의 정신 상태를 의심한다. 최종 산물의 (추정된) 취약성은 여우처럼 작은 짐승도 그것을 무너뜨릴 수 있을 것이라고 한 도비야의 덧붙인 조롱에 의해 요약된다(3절).

4:4-5 신자들은 하나님께로 돌이켜서 그들의 필요를 시인하고 그들의 방어를 그분께 맡긴다. 이는 느헤미야가 점증하는 반대에 비추어 하나님의 도움을 호소하는 첫째 경우이다(참고. 6:14; 13:28-29). 적들이 '들었기'(4:1) 때문에 이제는 느헤미야가 하나님께 그들의 조롱을 "들으시[고]"(4절) 그의 "미약한"(2절) 사람들을 옹호해달라고 간청한다. 주님의 백성을 모욕하는 것은 곧 주님을 모욕하는 것이다(삼상 17:26, 45). 처음에 느헤미야가 행동하도록 만든 것은 바로 이 모욕("수치")이었다. 그는 시적인 공의를 열망하는데, 이는 그 공동체가 "업신여김을 당하[도록]"[부자(*buzah*)] 만든 그 악한 말이 언젠가 산발랏과 도비야에게 되돌아가서 그들이 "노략거리"[비자(*bizzah*)]와 유배자가 될 것임을 의미한다. 이 유배자들이 최근에 경험했던 것과 같이 말이다. 다윗(시 109:6-20)과 특히 예레미야(렘 18:18-23)처럼, 느

90 아울러 동사 '아자브'(*'azab*)의 비슷한 용례에 대해서는 3:6-12 주석과 각주 71을 보라. 이는 '복구하다'(보수하다)로 번역되어 있다(ESV는 "restore"). '포기하다' 또는 '버리다'란 동사의 지배적인 해석에 기초를 둔 다른 번역 대안들은 다음과 같다. (1) '그들은 포기하려고(즉 '버리려고') 하는가?'(느 3:34, NJB). 또는 전치사구를 약간 수정하여 (2) '그들은 스스로를 하나님께 의탁할(즉 '버릴') 것인가?' 참고. ESV 각주 그리고 Williamson, *Ezra, Nehemiah*, 213과 Blenkinsopp, *Ezra-Nehemiah*, 242에 나오는 논의.

헤미야는 하나님께 자신의 대적이 죄가 있음을 발견하시되 죄악에 대한 사함 또는 이 범죄로 인한 그들의 죄가 제거되는 것을 바랄 수 없게 해달라고 간구한다. 이는 하나님이 회개하는 그분의 백성에 대해 행하시는 일의 정반대에 해당한다(시 85:1-3). 그러나 이것은 개인적인 보복이 아니다. 그들이 그분의 백성을 조롱함으로 하나님을 도발시킨 것이고[91], 느헤미야는 하나님의 양 떼에 대한 옹호를 하나님의 손에 맡기고 있다.

4:6 산발랏이 자신의 지지자들을 선동하는 데는 성공했을지 몰라도 사기를 떨어뜨리려는 그의 첫째 시도는 비참하게 실패한다. 느헤미야의 짧은 기도에 응답하여 하나님은 백성의 마음을 새롭게 해서 일하게 만드신다. 사실 "우리가 성을 건축하여"라는 말은 이전 자료에 대한 갑작스러운 요약을 제공하고, 하나님을 믿고 반대에 저항하는 행위로 공사가 진척되어 "높이가 절반에" 이르렀다는 것을 강조한다.

4:7-14 개요

이 둘째 장면은 첫째 장면처럼 대적들이 '들었다'(7-8절, 참고. 1절)는 보도로부터 공동체가 기도로 반응하는 모습(9절, 참고. 4-5절)으로 이동한다. 이어서 마지막 대목(10-14절)은 각 그룹에서 나온 추가 평가와 건축자들의 방어 전략의 진보에 대해 알려준다. 이 대목은 "주를 기억하[라]"고 상기시키는 말로 끝난다.

4:7-9 부러진 뼈의 접합처럼, 성벽의 갈라진 틈을 메우는 진행이 치유의 이미지를 사용하여 은유적으로 묘사되어 있다. 여기서 '보수되다'(7절의

91 '그들이 당신을 도발시켰다'(4:5, ESV 참고)는 절에 나오는 '당신'이란 목적어 대명사는 히브리어에 없으나, 그것을 추가하면(참고. ESV, KJV) 동사의 목적어를 분명히 알 수 있다. 이 동사는 주로 주님을 도발하는 것에 사용되고, 간헐적으로 그 목적어가 명시되어야 한다[예. 왕상 21:22("나를"), 왕하 21:6('그를'), 왕하 23:19("여호와를")]. "앞에서"란 전치사 어구는 그 동사의 직접 목적어로 "건축하는 자"를 배제시킨다. Williamson, *Ezra, Nehemiah*, 214를 보라.

"중수되어", 대하 24:13; 사 58:8; 렘 8:22; 30:17; 33:6)로 번역된 드문 명사 '아루카'('arukah)는 예레미야서에서 유배 이후 건강 회복의 약속을 묘사하고, 놀랍게도 그 앞에는 대적이 사로잡혀 갈 것이고 노략질한 자는 노략물이 될 것이라고 약속하는 구절이 나온다(렘 30:16-17). 이는 느헤미야가 최근에 기도한 내용(느 4:4)과 똑같다.

6-8절에 나오는 사건들 간의 관계는 둘 다 동사 '카샤르'(*qashar*, '연결되다, 함께 뭉치다, 공모하다')의 한 형태를 사용하는 성벽에 관한 묘사("전부가 연결되고", 6절)와 대적들에 관한 묘사("다 함께 꾀하기를", 8절)에 의해 굳어진다. 그 집단은 건축의 진척에 관해 듣고는 이제 "심히 분노하[는데]"(7절), 이는 앞서 나온 산발랏의 개인적 감정(1절)을 그대로 반영한다. 북쪽의 사마리아 출신의 적들에 이어 이제는 남쪽의 동맹(아라비아 사람들), 동쪽의 동맹(암몬 사람들) 그리고 서쪽의 동맹(아스돗 사람들)이 합류한다. 아마 도비야와 게셈이 각각 지원을 얻으려고 암몬 사람과 아라비아 사람과의 연줄을 이용할 것이다(2:19). 예전에 블레셋 성읍이었던 아스돗이 이 시점에는 페르시아의 통치를 받는 지방의 이름이다(참고. 13:23). 이 대적들이 다함께 뭉칠 때, 이스라엘의 남은 자 공동체는 이제 그들의 수를 능가하는 세력들에 의해 사방으로 위협을 받게 된다(참고. 수 11:1-5). 이제 이 공동체는 어떻게 할까? 느헤미야가 이전에 기도하고 행동했듯이(느 2:4-5), 사람들은 기도와 결합된 24시간 자기방어를 위한 신중한 행동으로 반응한다(4:9).

4:10-14 "유다 사람들은 이르기를"이란 말은 이것이 정기적으로 반복되는 노래이거나 속담임을 시사한다. 진척에도 불구하고 끝없이 이어지는 일의 요구는 '의기소침한 피로'와 작업을 완수할 능력이 없다는 남은 자 공동체의 솔직한 시인을 초래한다.[92] "흙무더기가 아직도 많거늘"이라는 불

92 McConville, *Ezra, Nehemiah, and Esther*, 91. 맥콘빌을 비롯한 일부 주석가들은 4:10이 그 작업의 진척을 막기 위해 만든 노래라고 제안한다. 클라인스는 종종 탄식에 나오는 그 노래의 운율적 성격을 잘 설명한다(*Ezra, Nehemiah, Esther*, 162).

평은 기드온 골짜기를 내려다보는 동쪽 경사면을 따라 즐비한 집들의 파괴가 특히 심했다는 사실을 반영할 수 있다. 이 거처들은 바벨론의 포위 공격에 직면해 성읍 방어막을 보강하기 위해 해체되었고 특히 성벽 근처의 집들이 그랬다(참고. 렘 33:4). 느헤미야가 아닥사스다에게 권한을 부여받은 것을 감안하면, 산발랏과 그의 동맹들이 실제로 공격을 했을지 여부를 묻는 것은 요점을 벗어난 질문이다. 노동의 어려움과 더불어 가능한 공격의 위협 그리고 죽이려는 욕망은 사기에 부정적 영향을 미치게 된다.

본문은 유다 사람들이 어떻게 이러한 커진 위협을 실제로 알게 되었는지에 대해서는 침묵한다. 느헤미야 4:12은 해석상의 과제를 야기하지만, 이 구절은 예루살렘의 곤경에 공감하는 유다인들이 예루살렘의 적들 근처에 살기에 그들의 공모를 알고 있어서 갈수록 더 괴로워하고 종종 그들의 염려를 소통하기 위해 모인다는 것("그 각처에서 와서 열 번이나")을 시사한다. 그들은 무력에 의한 위협이 심해지는 것을 알고 예루살렘에서 건축공사 중인 사랑하는 이들의 안전을 우려한다. "너희가 우리에게로 와야 하리라"라는 그들의 메시지는 주변의 성읍과 마을 출신의 사람들(참고. 3:2, 5, 7)에게 예루살렘 과업을 버리고 비교적 안전한 집으로 돌아오라는 부름에 해당한다.[93]

이 해석은 이어지는 느헤미야의 행동을 이해하도록 해준다. "일을 못하게"(4:11, 새번역) 하려는 살해 위협에 관한 정보와 예루살렘 밖에 사는 이들이 일을 포기할 가능성(12절, 참고. 22절)을 감안해서, 느헤미야는 전략적인 공사 중지(13-14절, 참고. 15절)를 포함한 대안적인 전술(13절)을 채택한다. 이 본문이 어렵긴 하지만, 약간 쌓아올리고('낮은 곳에') 바깥에서 잘 볼 수 있는("빈터에", 새번역) 성벽을 끼고 있는 어느 지점에 그가 "종족을 따라"(13절) 사람들을 무장시키고 배치시킨다. 이는 싸울 태세를 갖춘 통일된 무력의

93 Williamson, *Ezra, Nehemiah*, 226, Blenkinsopp, *Ezra-Nehemiah*, 249. 이 해석은 예루살렘 성벽 건축자들이 고향 마을을 방어하기 위해 그들의 특정한 성읍이나 마을로 돌아오라는 재촉을 받고 있다는 견해보다 더 개연성이 있다.

인상을 줄 터이고 적들에게 기습 공격의 이점이 사라졌다는 것을 보여줄 수 있다. 또한 사람들을 성벽을 따라 여러 취약 장소에 나누는 것보다 한 장소에 모은 것은 14절 초반에 나오는 세 개의 동사를 더 잘 이해하게 해준다. 느헤미야가 온 공동체의 사기를 북돋우기 위해 '돌아보고' '일어나서' '말하는' 모습을 묘사하는 구절이다.[94]

공동체의 방어를 수립하는 지혜가 하나님에 대한 신뢰의 결여를 암시한 적은 전혀 없다. 그들은 주님이 "지극히 크시고 두려우신" 분임을 기억하는 가운데, 그분이 언약에 신실하시고(1:5; 9:32; 단 9:4) 과거에 그랬듯이 현재도 그분의 백성을 방어하실 것임도 기억한다. 주님의 암묵적(implied) 임재는 그들 역사의 이전 시기에 그랬듯이(참고. 출 14:13; 민 14:9; 신 3:22; 7:21; 20:3-4; 수 10:25) 사람의 두려움을 내쫓을 뿐 아니라 공동체로 하여금 그들에게 가장 귀한 가족을 위해 싸우도록 기운을 북돋우기도 한다(느 4:14, 참고. 삼하 10:12).

4:15-23 개요

첫 두 장면(1-6, 7-14절)처럼 마지막 장면도 "우리의 대적이…들으니라"(참고. 1, 7절)라는 말로 시작된다. 이어지는 내용은 두 대목으로 나눌 수 있다. 첫째(16-21절)는 "일하[였다]"(16절)와 "공사하[였다]"(21절)로 다양하게 번역된 동일한 히브리어 어구에 의해 묶여있다.[95] 여기서는 느헤미야가 공동체에 일어날 수 있는 충돌을 대비하면서 일꾼들과 무기들이 모두 두드러지게 나타난다(19-20절). 마지막 대목은 느헤미야의 안전에 대한 지속적인 관심을 이야기한다(22-23절).

4:15 이 구절은 이어지는 내용의 서문에 해당한다. 앞에서 대적들은 성벽

94 Williamson (*Ezra, Nehemiah*, 226-227)과 Blenkinsopp (*Ezra-Nehemiah*, 249-250)은 비슷한 접근을 한다.

95 또 다른 대안은 ESV가 그러듯이 4:21을 마지막 대목(4:21-23)의 첫 구절로 삼는 것이다.

건축 프로젝트의 진척에 대해 들었을 때 분노와 추가 행동으로 반응했다(1-3, 7-8절). 이제는 침묵으로 반응한다. 성벽이 올라감에 따라 예전의 위협들은 허물어진다. 적들은 한때 재건축하려는 하나님의 백성의 "계획을 막[을]" 수 있었으나(스 4:5) 더 이상은 그럴 수 없다. 하나님이 느헤미야의 전략(참고. 느 4:10-14 주석)에 복을 주시고, 느헤미야가 기도한 대로(느 4:4) 한동안 산발랏과 도비야의 조롱을 잠잠케 하셔서 "그들의 꾀[목적]를 폐하[신다][좌절시키신다]"(참고. 시 33:10-11). 13-14절에 암시된 공사 중지가 이제는 반전되어 작업이 다시 시작된다.

4:16-18 "그때로부터"(16절)란 시간 표시는 이제 네 번째 전술의 전환을 가리킨다.[96] 느헤미야는 그 프로젝트가 완료될 때까지 공사를 어떻게 진척시킬지 구상한다(참고. 6:15). 그는 사기를 유지하면서 공사와 방어의 균형을 맞추기 위해 여러 조치를 취한다. 느헤미야의 종들의 절반이 '건축의 일을 하는' 동안 느헤미야가 다른 절반은 물러나게 해서 공격에 대비해 가시적인 경계 태세를 갖추게 하는 것은 현명하다. "내 수하 사람들"(혹은 "종자들", 4:16, 23; 5:10, 16; 13:19)이 누구를 가리키는지는 분명치 않지만 느헤미야의 총독 역할에 필요한 그의 사적 민병대로 일하는 이들을 묘사할 수 있다(참고. 2:9).[97] 이들의 무기, 곧 일할 능력을 제한하는 방패와 쇠사슬 갑옷을 포함한 무기들은 보다 공식적으로 무장한 부대를 시사한다(참고. 4:13). 느헤미야는 그의 종들뿐 아니라 각각 맡은 임무가 있는 세 집단에 대해서도 조치를 취한다. 첫째, '지도자들'(16절, 개역개정은 "민장")은 따로 서서 성벽의 구체적인 구획을 따라 진전되는 상황을 감독하고 잠재적인 위험을 감

96 이전의 세 전술은 다음과 같다. 산발랏의 첫 구두적 조롱에 대응하기 위한 기도와 공사(4:1-6), 규합된 세력의 일반적 위협에 비추어 기도하고 파수꾼을 세우는 것(4:7-9) 그리고 구체적인 정보에 직면하여 그들의 사기를 말로 북돋우는 것과 함께 가시적인 세력을 무장시키는 것(4:10-14) 등이다. 통찰력 있는 이런 사항들은 Kidner, *Ezra and Nehemiah*, 101에 나온다.

97 Clines, *Ezra, Nehemiah, Esther*, 163에 나오는 제안이다.

시한다.[98] 다음으로, "짐을 나르는 자"들, 즉 보급품을 가져오거나 돌무더기를 치우는 사람들은 쉽게 휘두르는 무기를 사용할 필요성을 유지하면서 그렇게 한다. 마찬가지로 건축하는 자들은 공사를 계속 하려면 두 손이 모두 필요했기에 허리에 무장했다(18절).

4:19-20 위협이 감소되긴 했지만, 느헤미야는 그들이 성벽 둘레에 분산되어 있음을 감안해서 모두에게 경계심을 늦추지 말라고 강조한다. 그가 이전에 귀족들, 관리들[99] 그리고 나머지 사람들에게 "주를 기억하고" 또 싸우라고 권면했듯이(14절), 이제는 동일한 세 그룹에게 나팔 소리를 들으면 싸우기 위하여 그에게 모이라고 간청한다(18, 20절, 참고. 삿 3:27; 6:34). 느헤미야는 시종일관 "우리 하나님이 우리를 위하여 싸우시리라"(참고. 출 14:14; 신 1:30; 수 10:14, 42; 대하 32:5-8)라는 닳고 닳은 격언을 받아들이도록 격려한다.

4:21 이 구절은 앞의 내용을 요약하는 만큼 이 대목의 결론으로 간주된다. 이는 "우리가[즉, 느헤미야와 그의 종들이]…공사[했다]"(참고. 16절, '내 수하 사람들이 건축의 일을 했다')는 거의 동일한 언어를 구사한다. 이는 16절처럼 종들의 절반은 경계를 선다는 것을 되풀이하는데, 이는 나머지 절반은 일한다는 것을 암시한다.[100] 느헤미야의 종들이 새벽부터 황혼까지 일하고 경계한다(21절)는 말은 이번 장의 마지막 대목으로 넘어간다.

98 흔히 부족의 대표들로 간주되는 이 '지도자들'[사림(*sarim*)]은 3:9, 12, 14, 15, 16, 17, 18, 19의 성벽 건축에서 일관되게 "다스리는 [자]"로 번역되어 있다. 다른 번역본들에서는 '관리들', '총독' 그리고 '방백들'로 번역된다(2:9; 4:16; 7:2; 9:32, 34, 38; 11:1; 12:31, 32). 에스라 9:1-2 주석도 보라.

99 "귀족들"과 "민장들"(4:14, 19)에 대해서는 각주 55를 참고하라. 블렌킨솝(*Ezra-Nehemiah*, 252)은 특히 "민장들"[관리들, 세가님(*Seganim*)]에 대해 좋은 평가를 내린다.

100 이 평가는 다음 책과는 별도로 내린 것이다. C. F. Keil, *The Books of Ezra, Nehemiah, and Esther*, trans. Sophia Taylor, Biblical Commentary on the Old Testament by C. F. Keil and F. Delitzsch (1873, repr. Grand Rapids, MI: Eerdmans, 1966), 206.

4:22-23 "내가 또…말하기를"이라는 표현으로 느헤미야는 다시 한번 백성에게 말하고(참고. 19-20절) 마지막 전략을 실행하여 일꾼들에게 그 도성 안에 머물도록 요청한다. 도망에 대한 염려 때문일 수 있고(참고. 12절), 건축자들을 예루살렘 안에 묶어두면 "낮에는 일하[게]"(22절) 해서 효율성을 높이게 될 것이다. 하지만 여행을 제한하는 일차적 이유는 도성의 안전을 위해서다. 이 호소는 또한 그 도성 밖에 사는 이들의 안전도 도모할 터인데, 그들은 가까운 마을들로 날마다 출퇴근함으로써 스스로 위험에 처할 수 있어서다.

마지막 구절은 느헤미야와 그의 지원팀(친척이나 종이나 파수꾼)의 인내와 준비태세를 강조하기 위해 그들의 모범적인 리더십을 부각시킨다. 23절의 마지막 절(節)인 "각각 병기를 잡았느니라"는 충분히 명료하고 문맥에 잘 들어맞는다. 단, '그의 오른손에'(ESV 참고. 개역개정에는 없음)로 번역된 마지막 히브리어 단어를 어떻게 해석할지는 여전히 어렵다.[101] ESV에 번역되어 있듯이, 쉴 때에도 그들은 자기 오른손에 무기를 들고 옷을 완전히 입은 채로 늘 준비되어 있다는 것을 시사한다.

101 마지막 어구는 '각각 그의 무기 물'(each his weapon the water, 참고. ESV 난외주)로 나온다. 이 때문에 대다수 영어 번역본은 '각각 그의 무기'로 번역하는데, 마지막 단어 '물'을 어떻게 취급하느냐에 따라 차이점이 생긴다. 일부 번역본은 그 단어를 그대로 유지해서 각 사람이 '물에도'(NASB, NJPS) 무기를 가져간다, 또는 보다 명백히 '그가 물을 향해 갔을 때에도', 즉 물을 마시러 갔을 때에도(NIV, NET, 개정개역) 무기를 가져간다는 의미로 해석한다. 이는 모종의 라틴어 벌게이트역의 표현 일부를 다시금 따른 것이다(KJV, CSB). 끝으로, 일부 번역본은 '각각 그의 오른손에……잡았다'(ESV, NRSV, NJB)는 구술형식으로 수정된 것을 받아들인다. 이에 대한 근거는 이 마지막 접근을 받아들이는 Williamson의 주석(*Ezra, Nehemiah*, 221)과 Blenkinsopp의 주석(*Ezra-Nehemiah*, 250)에 자세히 설명되어 있다.

응답

이번 장을 움직이는 메시지, 곧 "우리 하나님이 우리를 위하여 싸우시리라"라는 메시지는 씨앗처럼 우리의 마음속에 심어야 한다. 그래서 그 씨앗이 점점 자라고 우리가 세상 속으로 나아갈 때 종종 상기할 수 있어야 한다. 주님이 우리를 위해 싸우실 것이란 사실은 우리가 세상에서 반대를 직면할 것이라고 분명히 알려준다. 이것이 바로 이번 장에서 느헤미야에게 일어나는 일이다.

처음부터 느헤미야는 예루살렘의 안녕을 추구하다가 산발랏의 큰 근심(불쾌함)과 야유와 반란의 고발에 직면한다(2:10, 19). 이는 곧 큰 분노로 진화해서 한동안 조롱으로 끝난다(4:1-3). 만일 이 책략이 주 예수께 대항할 때도 사용된다면(마 27:29, 41; 막 10:34), 그분의 제자들 개개인과 교회도 그보다 못한 것을 예상해서는 안 된다(마 10:24-25; 벧후 3:1-3; 유 1:17-18). 그리고 이런 반대는 항상 한 번에 끝나는 것이 아니다. 단락 개관에 나오는 표1이 보여주듯이, 악의를 품은 조롱자들은 적응력이 있고 끊임없이 시도한다. 우리는 우리의 대적들이 처음에 실패했다가 다른 전략을 개발한다고 해서 놀라면 안 된다. 성벽이 연결되자(느 4:6) 이제 "심히 분노[한]" 일련의 세력들이 다함께 연결되어(=공모하여) 살해의 위협까지 가하고 있다(7, 11절). 세계의 많은 지역에 있는 교회는 그런 위협을 너무도 잘 알고 있다.

느헤미야와 백성은 주님이 자신들의 방어자이심을 알고 그분께 기도한다(4-5, 9절). 이것이 자명한 진술로 보일지 모른다. 하지만 기도해야 할 것을 상기해야 하는 것은 우리가 조롱을 당할 때 종종 곧바로 기도하지 않기 때문이다. 그 대신 하나님이 실제로 우리를 위해 싸우실지를 의심하면서 우리 스스로 방어해야 한다고 고집한다. 물론 이번 장이 잘 보여주듯이 자기방어가 필요한 때도 있을 수 있다. 하지만 자기방어가 하나님을 의지하는 것보다 앞서면 안 된다. 우리는 엄청난 역경에 직면하여 우리의 '미약한' 능력에 도움이 필요함을 시인한다. 느헤미야는 위해의 위협에 직면하여 하나님께 적들을 심판해달라고 간청함으로써 시편(예. 시 5:10; 35:4-8;

58:6-9; 59:11-17; 109:6-20)에 자주 나오고 특히 예레미야 18:18-23에 나오는 자세를 취한다. 느헤미야가 자신의 상황을 하나님께 의탁하는 것은 개인적인 보복을 위해서가 아니라 주님이 아브라함을 저주하는 자들의 책략을 좌절시키고(창 12:3) 그분의 거룩한 이름을 변호하시도록 하기 위해서다(느 4:5, 참고. 출 34:6-7). 우리가 열방의 분노(시 2:1-3)를 하나님께 의탁하는 것은 그분이 주 예수님, 그 왕을 만유의 통치자(시 2:6-8)로 세우셔서 그분을 통해 마지막 공의가 실현될 것(시 2:9)임을 알기 때문이다. 그동안 우리는 그분이 연약하고 미약한 백성을 사용해 세상에 번영을 가져오시도록 호소한다(고전 1:26-29; 고후 10:10).[102]

그들은 하나님이 그분의 백성을 위해 싸우신다는 것을 알고 담대히 조치를 취한다. 이번 장에서 기도는 여러 번에 걸쳐 건축공사와 방어조치와 결합된다(느 4:4-6, 9). 이따금 부서진 세계와 엄청난 반대가 우리의 연약함과 결합되어 우리의 사기를 꺾곤 한다. 이런 순간에는 주님이 우리에게 주신 과업이 감당할 수 없는 것처럼 보일 수 있다. 느헤미야의 사람들 경우에는 거대한 돌무더기와 끝없는 프로젝트가 그들의 시야를 지배한다(10-11, 19절). 이에 반응하여 느헤미야는 그들에게 눈을 들고 "지극히 크시고 두려우신 주를 기억하[라]"(14절)고 권면한다. 이 언어는 하나님이 그 백성과 맺으신 언약적 약속과, 곧 반드시 사람의 두려움을 내쫓으시는 그분의 임재를 상기시킨다(신 7:21). 더 나아가, 느헤미야의 명령에 따라 그들은 서로 지원하고 방어하는 힘으로 하나가 되고(느 4:13), 그들이 사랑하는 이들을 위한 싸움이 또한 믿음의 싸움이라는 것을 기억한다(딤전 6:12; 딤후 4:7). 우리는 "우리를 위하여 싸우[실]"(느 4:20) "주를 기억[할]"(4:14) 때에만 비로소 자유로이 우리의 역할을 담당하고(16-18절) "저마다 하던 일"(15절, 새번역)로 돌아갈 수 있다.

102 시편에 나오는 저주에 관한 미묘하고 간결한 논의를 보려면 C. John Collins, "Introduction to the Psalms", in *ESV Study Bible*, 939을 참고하라.

1 그때에 백성들이 그들의 아내와 함께 크게 부르짖어 그들의 형제인
유다 사람들을 원망하는데 2 어떤 사람은 말하기를 우리와 우리 자녀
가 많으니 양식을 얻어먹고 살아야 하겠다 하고 3 어떤 사람은 말하기
를 우리가 밭과 포도원과 집이라도 저당 잡히고 이 흉년에 곡식을 얻
자 하고 4 어떤 사람은 말하기를 우리는 밭과 포도원으로 돈을 빚내서
왕에게 세금을 바쳤도다 5 우리 육체도 우리 형제의 육체와 같고 우리
자녀도 그들의 자녀와 같거늘 이제 우리 자녀를 종으로 파는도다 우
리 딸 중에 벌써 종 된 자가 있고 우리의 밭과 포도원이 이미 남의 것
이 되었으나 우리에게는 아무런 힘이 없도다 하더라

1 Now there arose a great outcry of the people and of their wives against
their Jewish brothers. 2 For there were those who said, "With our sons
and our daughters, we are many. So let us get grain, that we may eat
and keep alive." 3 There were also those who said, "We are mortgaging
our fields, our vineyards, and our houses to get grain because of the
famine." 4 And there were those who said, "We have borrowed money
for the king's tax on our fields and our vineyards. 5 Now our flesh is

as the flesh of our brothers, our children are as their children. Yet we are forcing our sons and our daughters to be slaves, and some of our daughters have already been enslaved, but it is not in our power to help it, for other men have our fields and our vineyards."

6 내가 백성의 부르짖음과 이런 말을 듣고 크게 노하였으나 7 깊이 생
각하고 귀족들과 민장들을 꾸짖어 그들에게 이르기를 너희가 각기 형
제에게 높은 이자를 취하는도다 하고 대회를 열고 그들을 쳐서 8 그들
에게 이르기를 우리는 이방인의 손에 팔린 우리 형제 유다 사람들을
우리의 힘을 다하여 도로 찾았거늘 너희는 너희 형제를 팔고자 하느
냐 더구나 우리의 손에 팔리게 하겠느냐 하매 그들이 잠잠하여 말이
없기로 9 내가 또 이르기를 너희의 소행이 좋지 못하도다 우리의 대
적 이방 사람의 비방을 생각하고 우리 하나님을 경외하는 가운데 행
할 것이 아니냐 10 나와 내 형제와 종자들도 역시 돈과 양식을 백성에
게 꾸어 주었거니와 우리가 그 이자 받기를 그치자 11 그런즉 너희는
그들에게 오늘이라도 그들의 밭과 포도원과 감람원과 집이며 너희가
꾸어 준 돈이나 양식이나 새 포도주나 기름의 백분의 일을 돌려보내
라 하였더니 12 그들이 말하기를 우리가 당신의 말씀대로 행하여 돌려
보내고 그들에게서 아무것도 요구하지 아니하리이다 하기로 내가 제
사장들을 불러 그들에게 그 말대로 행하겠다고 맹세하게 하고 13 내가
옷자락을 털며 이르기를 이 말대로 행하지 아니하는 자는 모두 하나
님이 또한 이와 같이 그 집과 산업에서 털어 버리실지니 그는 곧 이렇
게 털려서 빈손이 될지로다 하매 회중이 다 아멘 하고 여호와를 찬송
하고 백성들이 그 말한 대로 행하였느니라

6 I was very angry when I heard their outcry and these words. 7 I took
counsel with myself, and I brought charges against the nobles and the officials. I said to them, "You are exacting interest, each from his

brother." And I held a great assembly against them 8 and said to them,
"We, as far as we are able, have bought back our Jewish brothers who
have been sold to the nations, but you even sell your brothers that they
may be sold to us!" They were silent and could not find a word to
say. 9 So I said, "The thing that you are doing is not good. Ought you
not to walk in the fear of our God to prevent the taunts of the nations
our enemies? 10 Moreover, I and my brothers and my servants are
lending them money and grain. Let us abandon this exacting of interest.
11 Return to them this very day their fields, their vineyards, their olive
orchards, and their houses, and the percentage of money, grain, wine,
and oil that you have been exacting from them." 12 Then they said, "We
will restore these and require nothing from them. We will do as you
say." And I called the priests and made them swear to do as they had
promised. 13 I also shook out the fold[1] of my garment and said, "So may
God shake out every man from his house and from his labor who does
not keep this promise. So may he be shaken out and emptied." And all
the assembly said "Amen" and praised the Lord. And the people did as
they had promised.

14 또한 유다 땅 총독으로 세움을 받은 때 곧 아닥사스다 왕 제이십년
부터 제삼십이년까지 십이 년 동안은 나와 내 형제들이 총독의 녹을
먹지 아니하였느니라 15 나보다 먼저 있었던 총독들은 백성에게서, 양
식과 포도주와 또 은 사십 세겔을 그들에게서 빼앗았고 또한 그들의
종자들도 백성을 압제하였으나 나는 하나님을 경외하므로 이같이 행
하지 아니하고 16 도리어 이 성벽 공사에 힘을 다하며 땅을 사지 아니
하였고 내 모든 종자들도 모여서 일을 하였으며 17 또 내 상에는 유다
사람들과 민장들 백오십 명이 있고 그 외에도 우리 주위에 있는 이방

족속들 중에서 우리에게 나아온 자들이 있었는데 18 매일 나를 위하여
소 한 마리와 살진 양 여섯 마리를 준비하며 닭도 많이 준비하고 열흘
에 한 번씩은 각종 포도주를 갖추었나니 비록 이같이 하였을지라도
내가 총독의 녹을 요구하지 아니하였음은 이 백성의 부역이 중함이었
더라 19 내 하나님이여 내가 이 백성을 위하여 행한 모든 일을 기억하
사 내게 은혜를 베푸시옵소서

14 Moreover, from the time that I was appointed to be their governor
in the land of Judah, from the twentieth year to the thirty-second year
of Artaxerxes the king, twelve years, neither I nor my brothers ate the
food allowance of the governor. 15 The former governors who were
before me laid heavy burdens on the people and took from them for
their daily ration[2] forty shekels[3] of silver. Even their servants lorded it
over the people. But I did not do so, because of the fear of God. 16 I also
persevered in the work on this wall, and we acquired no land, and all
my servants were gathered there for the work. 17 Moreover, there were
at my table 150 men, Jews and officials, besides those who came to us
from the nations that were around us. 18 Now what was prepared at my
expense[4] for each day was one ox and six choice sheep and birds, and
every ten days all kinds of wine in abundance. Yet for all this I did not
demand the food allowance of the governor, because the service was
too heavy on this people. 19 Remember for my good, O my God, all that
I have done for this people.

1 Hebrew *bosom* *2* Compare Vulgate; Hebrew *took from them for food and wine after* *3* A *shekel* was about 2/5 ounce or 11 grams *4* Or *prepared for me*

단락 개관

외부의 반대에 직면하여 다함께 연합하는 모습을 그린 앞장의 초상화에 물감이 채 마르기도 전에 그 다음 그림을 위한 스케치가 시작된다. 앞의 두 장에 나타난 연합의 모습은 공동체 내의 일부 사람이 현 상황을 경제적 이익을 위해 다른 구성원들을 착취하는 바람에 후자의 불평으로 금방 바뀐다.

이번 장의 구조는 단도직입적이다. 첫 장면은 세 그룹에서 일어난 '큰 부르짖음'으로 시작된다(느 5:1-5). 일부는 충분한 양식이 없어서 고생하고, 다른 이들은 기근으로 인해 자신들의 땅과 집을 유지하기 어려워하며, 마지막 그룹은 왕에게 세금을 낼 수 없다. 느헤미야의 반응이 그 다음 장면(6-13절)의 시작을 표시한다. 상황의 심각성은 '귀족들과 관리들'의 경제적 행습의 불의함에 대해 그들을 책망하는 것으로 표현되어 있다. 느헤미야의 책망과 권고는 그들에게 더 나은 길을 찾고 진정한 회개에 이르도록 도전한다. 이 긍정적인 결과는 느헤미야로 하여금 총독으로 복무하는 전 기간에 자신의 행습을 분명히 밝히도록 격려한다(14-18절). 그는 그의 백성에 대한 염려와 하나님에 대한 두려움으로 인해 자신의 재정적 희생을 감수했다고 명백히 증언한다. 이번 장은 느헤미야가 하나님께 자신의 행실을 기억해달라고 간구하는 첫 기도로 끝난다(19절).

단락 개요

II. 공동체가 칙령에 따라 성전, 토라 그리고 성벽을 재건하다(스 2:1-느 7:73a)
- D. 세 번째 이동: 느헤미야의 사역이 시작되다(느 1:1-7:4)
  - 5. 총독 느헤미야가 모두에 대한 "관심"을 보여주다(5:1-19)
    - a. 경제적 역경이 큰 부르짖음으로 표현되다(5:1-5)
    - b. 느헤미야가 불의한 행습으로 인해 리더십을 책망하다(5:6-13)
    - c. 느헤미야가 총독의 식비를 거부하다(5:14-18)
    - d. 느헤미야가 하나님께 자신의 행실을 기억해달라고 첫 기도를 드리다(5:19)

주석

5:1 '큰 부르짖음'은 이번 장을 시작하는 계기가 되는 사건이다. 이 표현은 상당한 수준의 정서적 고통을 가리키고 보통은 전쟁이나 불의의 맥락에서 나온다(창 27:34; 출 3:9; 11:6; 12:30; 삼상 4:13-14; 왕하 8:5; 렘 48:3-5; 49:21; 습 1:10). 이 구두적 항의는 예루살렘에 대한 외부인의 갑작스런 공격에서 나오지 않고 "그들의 아내[들]"이 명백히 합류한 남자들("백성들")로부터 나오고 내부적으로 "그들의 형제인 유다 사람들"을 겨냥한 것이다. 여러 요인으로 인해 잠겨있던 불평이 표면으로 떠오르게 된 듯하다. 첫째, 성벽 건축 과정은 이런 혼란을 야기하기에는 너무 짧긴 했지만(참고. 6:15) 느헤미야가 건축자들에게 예루살렘에 머물도록 요구(4:22)한 것은 적은 인력으로 현지 농장을 꾸리는 사람들에게 더 많은 압력을 가할 것이다. 남편

이 부재한 아내들은 8월/9월의 포도, 대추야자, 늦은 무화과 추수에 상당한 부담을 느낄 것이다. 이는 또한 채권자들이 지불을 강요하기에 이상적인 시기다.[103] 더 나아가, 예루살렘의 곤경에 공감하지 못하는 적대적인 이웃들이 현지 사람들과의 상업적 거래를 제한했다고 우리가 추측할 수 있다. 이런 앞선 요인들은 저변에 깔린 문제, 말하자면 양식 확보의 필요성을 증대시키는 기근의 상황을 더욱 악화시킬 뿐이다.

5:2-4 히브리어로 읽으면 이 구절들은 각각 동일한 단어들로 시작되고 불평의 내용을 점점 더 상세하게 묘사한다. 기본적인 문제는 양식과 돈이다. 첫째 그룹(2절)에는 공동체 내에서 가장 절박한 사람들이 속해 있다. 그들은 땅이 없고 유일한 관심사는 그들의 자녀를 '살려 두기' 위해 곡식을 구하는 것이다. 첫째 그룹과 비슷한 둘째 그룹은 '곡식을 구해야'(3절) 할 기본적인 필요성을 전자와 공유한다. 하지만 전자와 달리 그들은 아직 밭과 포도원을 갖고 있다. 그러나 그것들이 그들의 유일한 소득의 근원이므로 그들은 "흉년"[기근, 라아브(*ra'ab*)] 때문에 집과 더불어 그 두 가지를 "저당 잡히고"[아라브(*'arab*)] 있다. 기근의 이유는 명시된 적이 없다(참고. 학 1:6, 10-11; 2:17). 이와 달리 마지막 그룹의 문제의 초점은 자산을 담보물로 잡히고 돈을 빌릴 필요가 있다는 것에 있다. 그들에게 양식은 충분히 있으나 왕의 세금이 지체되어 이제 돈을 빌려서라도 정해진 연례 세금을 납부해야 하는 듯이 보인다.[104] 빚을 갚을 수 없는 사람들은 채권자에게 밭과 포도주를 잃을 수 있는 위험에 처해 있다.

103 일부 주석가들은 5:1-13이 역사적으로 옮겨놓은 것이고 훗날 느헤미야가 총독을 되었을 때로부터 온다고 주장한다. 주된 논증 하나는 성벽 건축 기간이 그런 위기가 발생하기에는 너무 짧다는 것이다. 그 기간이 짧은 것은 확실하다. 하지만 성벽은 엘룰월의 제25일(9월 중순경)에 완공되었는데, 이는 건축이 7월 중순에 시작되었다는 뜻이다. 불평은 추수의 중요한 시점인 8월이나 9월에 발생했을 것이다. 윌리암슨(*Ezra-Nehemiah*, 235-236)은 이 본문의 현행 역사적 배경을 지지하는 긴 논의를 제공한다. 이와 비슷한 주장이 Blenkinsopp, *Ezra-Nehemiah*, 256에도 나온다.

104 이 명사가 에스라 4:13, 20에서는 "관세"로 번역되어 있다.

5:5 "우리 육체도 우리 형제의 육체와 같고 우리 자녀도 그들의 자녀와 같거늘"이라는 말은 그 세 그룹 모두에 닥친 영향을 요약한다. 이 표현은 가장 강한 종류의 동일성 진술을 사용하며 그들이 가족이란 점을 명백한 말로 주장한다(참고. 왕상 22:4; 왕하 3:7). 경제적인 이익을 챙긴 "형제인 유다 사람들"이 그들의 절박한 상태, 즉 가족의 빚을 갚을 때까지 큰 자녀들을 채무 노예로서 채권자에게 넘겨주기로 서약하지 않을 수 없는 그들의 사정을 감지하길 바란다. 물론 이것이 자산의 상실보다 나은 선택인 것은 사실이다. 후자는 영원히 자녀들을 되찾지 못하게 할 것이기 때문이다. 아울러 이런 종류의 채무 지불은 모세의 율법 내에서 허용되고 규제되어 있긴 하지만 이스라엘 사람을 "형제"로 대우해야 한다는 특별한 규정도 있다[출 21:2-11; 레 25:39-46(참고. 왕하 4:1-2); 신 15:12-18]. 현재 호소하고 있는 것은 바로 이런 친족 관계다.[105]

안타깝게도, 일부 딸들은 "벌써 종된 자가 있[다]"고 하는데, 이는 그 부모에게 엄청나게 무겁고 고통스러운 짐인 것이 틀림없다. 일부 채권자들은 이미 토지의 생산물을 받았고 어쩌면 되갚지 않은 대출로 인해 토지 자체까지 받았기 때문에 "우리에게는 아무런 힘이 없도다"(즉, '도움은 우리의 권한 안에 있지 않다')라는 관용구는 자기 자녀를 종으로 넘긴 이들은 지불할 수 있는 다른 방도가 없다는 것을 보여준다(참고. 신 28:32). 요컨대, 비극적인 현실은 그들의 유다인 형제들 중 일부가 외국의 압제자 역할을 떠맡았다는 것이다. 사람들과 자산의 상실과 더불어 "형제[들]"(느 5:1, 5, 7, 8)에 대한 언급은 자연스럽게 다음 장면으로 이어진다.

5:6-13 개요

'큰 부르짖음'(1-5절)에 비추어 느헤미야는 먼저 공동체의 지도자들과 다툰

105 구약의 노예제에 대해서는 다음 주석서들을 보라. J. G. McConville, *Deutronomy*, ApOTC 5 (Downers Grovr, IL: IVP Academic, 2002), 261-263, Jay Sklar, *Leviticus*, TOTC 3 (Downers Grove, IL: IVP Academic, 2014), 307-310.

다(6-11절). 그들의 긍정적인 반응(12절) 이후 이 장면은 느헤미야의 경고가 제정되는 것(13절)으로 마무리된다.

5:6-11 이 책의 이 지점까지 느헤미야는 대적들의 폭발하는 분노(4:1, 7)에도 불구하고 스스로를 '화난 상태'로 묘사한 적이 없다. 이제 공동체 내의 불우한 사람들이 "그들의 형제인 유다 사람들"(5:1)에게 억압을 당하자, 그는 "백성의 부르짖음"으로 인해 분노를 표현한다. 이어지는 반응에서 느헤미야는 그들을 권고할 뿐 아니라 공동체의 분쟁을 다루는 모델을 제공하기도 한다.

5장

자칫하면 폭발할 수 있는 상황에 직면한 느헤미야는 윤리적인 상황이 분명하고(9절) 총독으로서 "귀족들과 민장들"[106]에 도전하는 데 필요한 권위(2:16; 4:14, 19; 7:5)가 있는데도 불구하고 잠시 멈추고 성찰한다(7절). 이 죄과는 공식적인 소송에는 못 미치고 간결한 질책에 더 가깝지만 여전히 논쟁이 되고 있다.[107] 아울러 구체적인 죄과들(5:10-11)을 놓고도 논쟁이 일어난다. 그는 이자를 받고(즉, '이자를 요구하고', ESV, 참고. NIV) 돈을 빌려주는 것, 즉 주님의 명백한 가르침(출 22:25-27; 레 25:35-37; 신 23:19-20)에 반대되는 행습을 책망하고 있을 수 있다.[108] 이와 다른 견해는, 대출은 합법적인 방식으로 이뤄졌으나 사람들이 '담보물을 압류하고'(NET) 있다고 해석한다.[109] 대출을 보증하기 위해 담보물을 주고받는 것은 이상적이진 않아도

106 이 그룹들에 관해서는 각주 55에 나오는 짧은 논의를 보라.

107 예컨대, 펜샴(Fensham)은 느헤미야가 제기한 죄과를, 일부 재판관도 피고인 중에 속하기 때문에 일반 법정에서 다룰 수 없는 "소송"으로 해석한다(*Ezra and Nehemiah*, 193). 다른 주석가들은 이것을 보다 비공식적인 것으로 본다(Clines, *Ezra*, *Nehemiah*, *Esther*, 168).

108 모세오경 본문들은 "이자"[네쉐크(*neshek*)] 또는 어원이 같은 동사 '이자를 받고 빌려주다'[나샤크(*nashak*)]에 해당하는 보다 전형적인 히브리어 명사를 사용한다. 느헤미야 5장은 그 대신 다른 명사 마샤(*masha*, 5:7)와 어원이 같은 동사 나샤(*nashah*, 5:10)를 사용하고, 이는 '이자를 요구하는'(5:7), '꾸어주는'(5:10) 그리고 '요구하는'(5:11)으로 번역되어 있다.

109 이 입장은 다음 주석들이 취한다. Clines, *Ezra*, *Nehemiah*, *Esther*, 168-169, Williamson, *Ezra*, *Nehemiah*, 233, Blenkinsopp, *Ezra-Nehemiah*, 259.

(잠 22:26-27) 일정한 지침 내에서는 허용될 수 있었다(참고. 출 22:25-27; 신 24:6, 10-13, 17). 이제 그 선을 넘어서 채권자들이 사람들의 담보물과 재산을 압류하는 중이다. 이는 가난한 자들이 가족의 생계를 유지하는 능력에 영향을 미친다(참고. 5:11). 세 번째 견해는 그들이 '대출금 상환을 독촉하고 있다'(NJPS)는 것이고, 어쩌면 즉각적인 지불을 요구하고 있다고 주장한다.

어쨌든 '큰 부르짖음'(1절)이 '큰 집회'("대회", 7절)로 귀결된다. 피해자들과 "형제인 유다 사람들"(1, 8절)인 가해자들이 가족 모임에 다함께 모인다. 가족적인 표현은 친척 관계의 역기능이 낳은 고뇌를 증폭시킨다. 느헤미야가 먼저 현재 노예 상태에 있는 이들의 문제를 다룬다(8-9절, 참고. 5절). 느헤미야는 스스로를 귀족들과 관리들과 뚜렷이 대조되는 위치에 놓고, 빚을 갚기 위해 팔린 '유다인 형제들'을 도로 찾는(즉, '속량하는') 이들 가운데 포함시킨다. 그들은 빈곤해서 그들 자신을 속량할 능력이 없다(레 25:47-49). '팔다'(느 5:8)란 동사의 반복은 그 상황의 양립할 수 없는 성격을 보여준다. 마치 이방인에게 노예로 팔린 것이 충분히 괴롭지 않은 것처럼, 경제적 이권을 가진 형제들이 실제로 파는 행위, 즉 금지된 행위(출 21:8; 레 25:42; 신 24:7)를 하고 있다! 피고인들의 죄책감으로 인한 침묵이 있은 후, 그런 행위가 "좋지 못하도다"라는 느헤미야의 평가는 가해자들이 자신들의 죄책이 책망받을 만하다는 것을 알고 있음을 드러낸다. 그들이 자기네 형제들에게 피해를 주고 있는 것이다. 이런 행위는 또한 그들이 "우리 하나님을 경외하는 가운데 행[하지]"(느 5:9) 않고 있음을 보여준다. 세상에서 주님의 자비를 반영하지 못한 이 엄청난 실패는 하나님의 은혜로운 법을 따라야 할 이스라엘의 선교적 목적(신 8:6; 10:12; 13:4; 대하 6:31; 렘 44:7)의 핵심을 뒤흔든다. 열방이 이스라엘을 "지혜와 지식이 있는 백성"으로 알고 그 백성을 그분의 가르침으로 빚어내실 하나님께 놀라기보다는(신 4:5-8) 오히려 '비방'을 할 뿐이다(참고. 느 1:3; 2:17; 4:4).

'더욱이'(5:10, ESV 참고, 개역개정에는 없음)란 말과 함께 느헤미야는 시선을 재산의 상실로 돌린다(3-5, 11절). 그 자신이 "돈과 양식"을 빌려준 것 자체는 모세의 율법과 상반되지 않는다. 오히려 문제는 일부 사람이 다른 이들의 불행한 곤경에서 이익을 챙기고 있다는 것이다(참고. 레 25:35-38; 겔 22:12). "우리가…그치자"(느 5:10)는 말은 느헤미야가 이익을 보는 이들 가운데 포함된다는 것을 시사할 수 있다. 다른 한편, 그는 즉시 '[우리가 아닌] '너희'가 요구해온'(11절, ESV 참고)이라는 책망과 함께 그 자신을 배제시킨다. "돌려보내고"(12절)라는 그의 요청은 모두에게 회개하고 현재 경제적 위험에 빠진 이들을 축복하는 연민어린 반응을 보이라는 요청이다. 느헤미야는 먼저 담보물 또는 채무자의 지불 능력이 없어서 압류한 모든 토지와 재산을 즉시 돌려주라고 한다. '그 백분율'["the percentage"(ESV), 문자적으로는 "백분의 일"(개역개정)]을 돌려주라는 두 번째 요청은 덜 확실하다. 이는 연간 12퍼센트에 기초한 매월 1퍼센트의 이자를 가리키거나 명시되지 않은 이자의 분량을 가리킬 수 있다. 어쨌든 이번 장은 구체적인 모세오경 본문들(참고. 출 22:25-27; 신 15:10-11)을 인용해서 그 원리를 '말해주기'보다는 서술적 행동을 통해 그 원리들을 '보여준다'.

5장

5:12a 채권자들은 어떤 논쟁도, 어떤 반대 제안도, 어떤 구두적 반발도 내놓지 않는다. 오로지 그들은 "우리가 당신의 말씀대로 행하여 돌려보내[겠다]"라고 명백히 반응할 뿐이다. 이는 진정한 회개를 시사한다. 느헤미야가 과연 모든 빚의 탕감을 요구하고 있는지 여부는 논쟁의 여지가 있다. 그들이 채무자에게 "아무것도 요구하지 아니하리이다"라는 말은 채권자들이 기꺼이 본래의 대출금도 완전히 탕감하겠다는 것임을 암시할 수 있다. 이 해석도 가능하지만, 그들이 여전히 원금의 지불은 기대하면서도 그들이 상환의 보증으로 압류한 것을 기꺼이 내놓겠다는 뜻일 수도 있다.[110]

110 윌리암슨은 이렇게 말한다. "만일 상환 대신에 압류한 재산을 돌려주도록 되어 있다면, 이는 또한 원금의 탕감을 포함한다는 뜻임이 분명하다"(*Ezra, Nehemiah*, 241). 일부 주석가들은 "아무것도 요구하지 아니하리이다"라는 말을 '담보물로'로 수식하면서 느헤미야가 모든 채무의 탕감을 하나의 선물로 요구할 수 없었을 것이라고 주장한다. 이 해석에 따르면, 채권자들은 원금의 상환은 기대하되 상환의 보증으로 압류했던 것은 포기한다는 뜻이 된다. Clines, *Ezra, Nehemiah, Esther*, 169, Leslie C. Allen and Timothy S. Laniak, *Ezra, Nehemiah, Esther*, NIBCOT 9 (Peabody, MA: Hendrickson, 2003), 111, 114.

5:12b-13 느헤미야는 먼저 제사장들 앞에서 맹세하도록 요구함으로써 마무리한다(참고. 스 10:5).[111] 다음으로, '팔다'(느 5:8)라는 동사의 삼중적 반복으로 표현된 그들의 죄과는 '털다'[나아르(*na'ar*), 13절]라는 동사의 삼중적 사용에 직면한다. (자기 주머니를 비우는 것처럼) '나도 털었다'는 그의 상징적 행동에서 하나님을 동사의 주어로 삼아 "[그분이] 털어버리실지니"라는 경고로 이동하는 느헤미야는 맹세한 자들에게 "빈털털이가 되고 말 것"(새번역)이라는 위협으로 마무리한다. 이는 그들이 소유한 모든 것을 잃을 것이란 뜻이다. 주목할 점은, 하나님이 이 동사의 주어로 나올 때는 언제나 심판을 가리킨다(욥 38:13)는 것이고, 이는 출애굽 당시에 하나님이 바로의 군대를 '털어버리신'(즉, "엎으시니") 것을 포함한다(출 14:27; 시 136:15).[112] 요컨대, 그들이 만일 약속한 대로 행하지 않는다면(느 5:12) 그들은 이스라엘의 원형적인 적들 중 하나가 경험한 심판과 비슷한 심판을 당하게 될 것이다. 피해자와 회개하는 자를 포함한 온 공동체가 "아멘"으로 응답하고, 이어지는 찬송은 그들이 "그 말한 대로" 행했다는 내러티브 평가와 합류하게 된다.

5:14-18 앞에서 서술된 이 사건은 느헤미야가 훗날 잠시 멈추고 총독으로서 그의 관대함에 대해 성찰할 수 있는 기회를 준다. 도입부(14-15절)와 결말(18절)에 반복되는 용어들은 느헤미야가 그의 선임자들의 관대함 결여와는 대조되는 동료 유대인에 대한 자신의 관대함에 초점을 두고 있음을 분명히 한다.

첫 구절들(14-15절)은 느헤미야가 "유다 땅 총독"[113]으로 일한 첫 임기에 해당하는 12년의 기간(주전 445-433년)을 그리고 있다. 이는 그가 이전에 총독으로 복무한 것을 처음으로 검증해준다(2:1, 7, 9). (13:6이 분명히 밝히듯

111 5:12b의 "그들"은 분명히 제사장들이 아니라 맹세를 한 "귀족들과 민장들"을 일컫는다.

112 '털어버렸다'로 번역된 것에 대해서는 출애굽기 14:27과 시편 136:15에 붙은 ESV 각주를 보라.

113 "총독"으로 번역된 아람어 명사 페하와 다른 용어들에 관해서는 에스라 5:3-5 주석을 참고하라.

이, 훗날 어느 시점에 그는 두 번째 임기를 시작해서 미지의 기간에 복무하게 될 것이다.) 더욱이 "나보다 먼저 있었던 총독들"(5:15)에 대한 언급은 에스라-느헤미야서에 줄곧 나오는 총독들에 대한 언급과 일치한다. 추가로 명시된 바가 없어서 이전 총독들이 단지 유다 지방과 관련된 총독들(스 5:8, 참고. 스 2:1//느 7:6; 1:3; 11:3)만 포함하는지[예컨대, 세스바살(스 5:14)과 스룹바벨(학 1:1)], 아니면 더 폭넓게 닷드내(스 5:6, 6:6) 또는 다른 익명의 "총독들"(스 4:9; 8:36; 느 2:7, 9; 3:7)까지 포함하는지는 확실치 않다.

더 중요한 점은 이 대목이 특히 그의 선임자들의 행실과 대조되는 느헤미야의 행실에 초점을 두고 있다는 것이다. 무엇보다 느헤미야는 자신과 자신의 가족(즉, "내 형제들")이 "총독에게 당연히 지급되는 양식"(5:14, 현대인의성경)을 삼가기로 결심했다. 이 어구는 보통 공직자에게 제공되는 양식을 포기하는 것을 강조하기 위해 18절에서도 반복된다. 이것은 그의 선임자들이 행한 일이 아니다. 그는 반복되는 동사[카바드(*kabad*), '무겁게 하다']를 사용해서 이전 총독들이 백성의 섬김을 '무겁게' 만들었다고 말한다(15, 18절, 참고. 왕상 12:10, 14). 페르시아의 맥락에서 이 무거운 짐은 수명이 비교적 짧은 성벽 건축을 가리키지 않고 제국 세금의 부과를 가리킨다. 총독들은 왕의 세금을 부과했을 뿐 아니라(느 5:4, 참고. 스 4:13, 20) 지방 행정, 프로젝트 그리고 그들 집안의 양식 등을 위해 부가적인 세금을 거두는 것도 허용되었다. 후자와 관련해 이전 총독들은 따라서 날마다 "은 사십 세겔"[114]을 취하는 행동을 했었다. 예측할 수 있듯이 하위의 세금 징수원들은 더욱 억압적이었다(참고. 느 9:37; 눅 22:25). 이런 상황에서 느헤미야는 두 개의 큰 계명을 따라 다르게 행동했다. 하나님에 대한 경외가 형제들에 대한 사랑으로 표현된 것이다(느 5:15, 참고. 8-9절). 임기 내내 그는 필요 이상의 세금을 부과하여 상황을 악화시키는 것을 거부했다.

114 '그들의 일일 양식으로'(5:15, 참고. ESV 난외주)란 어구는 어려운 본문상의 이슈를 안고 있다. 현행 번역은 라틴어 벌게이트와 5:18에 나오는 비슷한 어구 "매일"에 기반을 두고 있다. 이 일일 소득은 대체로 날마다 은 450그램에 달했다(Clines, *Ezra*, *Nehemiah*, *Esther*, 171).

느헤미야의 연민 어린 배려에 더하여 두 가지 사항이 그의 총독직 성격을 잘 보여준다. 첫째, 페르시아 시대에 총독은 왕처럼 행동할 것으로 기대되었다. 날마다 식탁에서 150명을 접대하는 것이 이에 대한 명백한 예다. 참석한 자들은 "유다 사람들과 관리들"(새번역)인데, 이들은 아마 다른 곳(2:16; 4:14, 19; 5:7; 7:5)에 언급된 "귀족들과 민장들"과 일치할 것이다. 아울러 과거에 왕, 태수, 또는 총독을 섬겨서 토지를 하사받았던 페르시아 사람들과, 어쩌면 유다인들도 포함했을 것이다.[115] 여기에 나온 양식의 분량은 고대 근동 왕족의 표준으로는 소박하지만 상당한 규모이고 남은 것은 다른 이들에게 다시 분배될 것이다.[116] "이방 족속들"(5:17)에 관해 말하자면, 이는 페르시아의 외교관들 또는 그 지방의 외부로부터 예루살렘을 방문하는 유다인들을 접대하는 것이 총독 느헤미야의 책임이라는 것을 부각시킨다. 이것이 "나를 위하여"(또는 '내 비용으로', 18절, ESV 참고) 준비되었다는 것은 그 음식이 그가 지방 장관으로서 쓸 수 있었던 농지에서 생산되었다는 것을 가리킨다. 전반적으로, 그는 자신에게 지급되는 양식을 거절했다고 14-15절에서 언급한 요점을 되풀이한다.

둘째, 느헤미야의 총독 직책은 성벽 건축에 헌신한 것을 그 특징으로 삼았다. 이 점은 이 대목의 중앙에 위치한 16절에 나오는데, 이 구절은 느헤미야와 지원하는 수행원들("내 모든 종자들", 참고. 4:16)이 성벽 공사에 전력하는 모습을 묘사한다. 땅을 사지 않았다는 언급은 전반적인 물질 획득의 거부를 역설하고, 앞서 느헤미야가 대출이 필요한 사람들로부터 토지를 사지 않았다는 말(5:3, 5, 11)과 일치하며, 그 자신을 그의 선임자들과 대조시키는 또 하나의 방식인 듯하다.

5:19 공적 사역에 대한 느헤미야의 무거운 짐은 그의 노력과 희생이 실패

115 Lisbeth S. Fried, "150 Men at Nehemiah's Table? The Role of the Governor's Meals in the Achaemenid Provincial Economy," *JBL* 137/4 (2018): 821-831.

116 이 점을 얘기하는 프라이드는 고기의 양이 날마다 대충 360킬로그램은 될 것이라고 한다("150 Men", 827).

할 수도 있는 가능성을 포함한다. 이제 다른 곳(참고. 13:14, 22, 31)에 나오듯이, 우리는 느헤미야가 하나님께 호소하는 내용을 엿듣게 된다. 자기의 삶을 위해서도 그렇거니와 그가 신실하게 대표하고 섬겼던 이들의 삶에서도 하나님이 그분의 뜻에 따라 자신의 전반적인 행실이 열매를 맺게 해달라고 부탁하는 호소다.

응답

느헤미야는 총독의 역할을 수행하면서 빈곤층의 부르짖음에 귀 기울였고(5:1-5), 죄 있는 자들에게 회개하도록 권고했으며(6-13절), 다른 이들을 위해 자신의 특권을 포기했다(14-18절). 이 세 가지 실상은 모두 주 예수님의 사역에서 쉽게 볼 수 있고, 우리는 그리스도의 몸으로서 그분의 형상을 지니는 만큼 그 연장선에서 교회의 특징이 되어야 한다.

첫째, 하나님의 백성은 억압받는 자의 부르짖음을 들어야 한다. 하나님은 과거에 이스라엘의 부르짖음을 무시하지 않으셨고(출 3:7; 느 9:9), 성경, 특히 시편은 그분이 고통 중에 있는 우리의 소리를 들으신다는 약속으로 가득하다(시 18:6; 25:14-18; 31:7; 81:7; 106:44; 107:1-43). 하나님의 백성은 이런 면에서 하나님의 행동을 본받아야 한다. 이번 장을 시작하는 '큰 부르짖음'(느 5:1)은 심한 고뇌와 상실로 가득 차 있다. 느헤미야는 현재의 재정 문제로 경제적 고통을 당하는 이들을 탓하기보다 "백성의 부르짖음…을 듣고"(6절) 그들이 직면한 불의에 적절한 분노로 반응을 보였다. 지역 회중들은 그 자체 너머에 있는 필요에 주목하는 일이 매우 중요하다. 하지만 우리의 일차적 책임은 하나님의 백성 가운데서 고통의 부르짖음을 듣는 것이다. 우리가 "서로 사랑하[는]" 모습을 보여줌으로써 세상을 향해 그리스도의 형상을 나타낸다(요 13:34-35; 요일 3:17).

둘째, 하나님의 백성은 회개에 관심을 가져야 한다. 느헤미야의 용기 있고 연민 어린 반응을 통하여 주님이 도전하시고, 회개를 불러일으키시고,

궁극적으로 공동체에 풍성함을 회복시키신다. 느헤미야의 접근 방식을 주목하라. 느헤미야는 분노에도 불구하고 잠시 멈춘 채 어떤 조치를 취할지 깊이 생각한다. 그래서 사적인 질책에 이어 공적인 논의와 책망이 뒤따랐다. 이 모든 상황에서 그는 그 자신의 공모를 시인하는 것도 마다하지 않는다. 아울러 "돌려보내라"(느 5:11)라는 실제적 권고에서 공동체에 주는 이번 장의 유일한 명령이 나온다는 것도 주목할 만하다. 이에 대한 성경적 근거가 명시적으로 나온 적은 없으나 모세오경의 많은 본문이 이 내러티브 전체의 윤리를 뒷받침해준다(참고. 5:6-11 주석). 회개하라는 권고는 처음에는 자기를 정당화하는 변명이 아니라 침묵의 반응으로 응답되고 진정한 회개의 진술로 이어진다. "우리가…돌려보내고"(12절). 과거에 선지자적 고발을 불러온 것은 부분적으로 이웃에 대한 불의였다(암 4:1; 8:4-6; 사 5:8-10; 10:1-4; 렘 22:11-17; 겔 18장). 이제는 회개와 함께 열매를 맺고 새로운 삶을 영위할 희망이 생긴다.

끝으로, 하나님의 백성은 남들을 위해 자신의 특권을 기꺼이 포기해야 한다. 느헤미야는 자신의 백성에게 부과된 무거운 짐을 고려하여 총독으로서 양식을 받는 특권을 거부했다. 그 이유는 "하나님을 경외하므로"라고 단순하지만 강력하게 진술되어 있다. 심지어 예루살렘을 재건하라는 하나님의 소명을 다할 때(느 5:16)도 느헤미야는 자신의 리더십이 허용했을 만한 방식으로 남들을 이용하지 않았다. 그는 남들을 위해 희생하는 삶을 영위했다. 이와 비슷하게, 교회가 더 넓은 사역의 목표를 위해 그 자체의 재정적 안정이나 사회적 위상을 희생할 때, 그것은 세상을 향해 그리스도를 나타내는 것이다(빌 2:3-8). 하나님을 사랑하고 이웃을 사랑하라는 두 개의 큰 계명(마 22:36-40)이 이번 장 내내 진동하고 있다. 하나님의 구속적 사랑이 동기가 되어 남들을 위해 사랑을 베풀고 희생을 감수하는 모습이다. 첫 번째 출애굽에서 그러셨듯이, 주님은 다시 한번 남은 자에게 그 땅에서 어느 정도의 자유를 회복시켜주셨다. 그런데 그들이 감히 어떻게 그 자유를 동료들을 노예로 만드는 데 사용할 수 있겠는가? 언약을 지키시는 하나님이 그들을 그분의 백성이 되도록 선택하셨다. 이는 그들이 "하나님을 경외하는"(느 5:9, 15) 길로 걷고, 그분의 계명을 지키고 순종하며, 그들의 형제들과 그분을 향한 사랑을 굳게 지켜야 한다는 것을 의미한다. 이는 여전히 성경적 제자도의 끈질긴 표현으로 남아있고(벧전 2:16-17) "사랑의 견본이 되라"[117]는 우리의 소명을 다하는 방식이고, 세상을 향해 새로운 인간성의 모델이 되는 모습이다.

117 McConville, *Ezra, Nehemiah, and Esther*, 100.

6:1 산발랏과 도비야와 아라비아 사람 게셈과 그 나머지 우리의 원수
들이 내가 성벽을 건축하여 허물어진 틈을 남기지 아니하였다 함을
들었는데 그때는 내가 아직 성문에 문짝을 달지 못한 때였더라 2 산발
랏과 게셈이 내게 사람을 보내어 이르기를 오라 우리가 오노 평지 한
촌에서 서로 만나자 하니 실상은 나를 해하고자 함이었더라 3 내가 곧
그들에게 사자들을 보내어 이르기를 내가 이제 큰 역사를 하니 내려
가지 못하겠노라 어찌하여 역사를 중지하게 하고 너희에게로 내려가
겠느냐 하매 4 그들이 네 번이나 이같이 내게 사람을 보내되 나는 꼭
같이 대답하였더니 5 산발랏이 다섯 번째는 그 종자의 손에 봉하지 않
은 편지를 들려 내게 보냈는데 6 그 글에 이르기를 이방 중에도 소문
이 있고 가스무도 말하기를 너와 유다 사람들이 모반하려 하여 성벽
을 건축한다 하나니 네가 그 말과 같이 왕이 되려 하는도다 7 또 네가
선지자를 세워 예루살렘에서 너를 들어 선전하기를 유다에 왕이 있다
하게 하였으니 지금 이 말이 왕에게 들릴지라 그런즉 너는 이제 오라
함께 의논하자 하였기로 8 내가 사람을 보내어 그에게 이르기를 네가
말한 바 이런 일은 없는 일이요 네 마음에서 지어낸 것이라 하였나니

9 이는 그들이 다 우리를 두렵게 하고자 하여 말하기를 그들의 손이
피곤하여 역사를 중지하고 이루지 못하리라 함이라 이제 내 손을 힘
있게 하옵소서 하였노라

6:1 Now when Sanballat and Tobiah and Geshem the Arab and the rest
of our enemies heard that I had built the wall and that there was no
breach left in it (although up to that time I had not set up the doors in
the gates), 2 Sanballat and Geshem sent to me, saying, "Come and let us
meet together at Hakkephirim in the plain of Ono." But they intended
to do me harm. 3 And I sent messengers to them, saying, "I am doing a
great work and I cannot come down. Why should the work stop while
I leave it and come down to you?" 4 And they sent to me four times in
this way, and I answered them in the same manner. 5 In the same way
Sanballat for the fifth time sent his servant to me with an open letter
in his hand. 6 In it was written, "It is reported among the nations, and
Geshem[1] also says it, that you and the Jews intend to rebel; that is why
you are building the wall. And according to these reports you wish to
become their king. 7 And you have also set up prophets to proclaim
concerning you in Jerusalem, 'There is a king in Judah.' And now the
king will hear of these reports. So now come and let us take counsel
together." 8 Then I sent to him, saying, "No such things as you say have
been done, for you are inventing them out of your own mind." 9 For
they all wanted to frighten us, thinking, "Their hands will drop from the
work, and it will not be done." But now, O God,[2] strengthen my hands.

10 이후에 므헤다벨의 손자 들라야의 아들 스마야가 두문불출하기로
내가 그 집에 가니 그가 이르기를 그들이 너를 죽이러 올 터이니 우리
가 하나님의 전으로 가서 외소 안에 머물고 그 문을 닫자 저들이 반드

시 밤에 와서 너를 죽이리라 하기로 11 내가 이르기를 나 같은 자가 어
찌 도망하며 나 같은 몸이면 누가 외소에 들어가서 생명을 보존하겠
느냐 나는 들어가지 않겠노라 하고 12 깨달은즉 그는 하나님께서 보
내신 바가 아니라 도비야와 산발랏에게 뇌물을 받고 내게 이런 예언
을 함이라 13 그들이 뇌물을 준 까닭은 나를 두렵게 하고 이렇게 함으
로 범죄하게 하고 악한 말을 지어 나를 비방하려 함이었느니라 14 내
하나님이여 도비야와 산발랏과 여선지 노아댜와 그 남은 선지자들 곧
나를 두렵게 하고자 한 자들의 소행을 기억하옵소서 하였노라

10 Now when I went into the house of Shemaiah the son of Delaiah,
son of Mehetabel, who was confined to his home, he said, "Let us meet
together in the house of God, within the temple. Let us close the doors
of the temple, for they are coming to kill you. They are coming to kill
you by night." 11 But I said, "Should such a man as I run away? And
what man such as I could go into the temple and live?[3] I will not go
in." 12 And I understood and saw that God had not sent him, but he had
pronounced the prophecy against me because Tobiah and Sanballat had
hired him. 13 For this purpose he was hired, that I should be afraid and
act in this way and sin, and so they could give me a bad name in order
to taunt me. 14 Remember Tobiah and Sanballat, O my God, according
to these things that they did, and also the prophetess Noadiah and the
rest of the prophets who wanted to make me afraid.

15 성벽 역사가 오십이 일 만인 엘룰월 이십오일에 끝나매 16 우리의
모든 대적과 주위에 있는 이방 족속들이 이를 듣고 다 두려워하여 크
게 낙담하였으니 그들이 우리 하나님께서 이 역사를 이루신 것을 앎
이니라 17 또한 그때에 유다의 귀족들이 여러 번 도비야에게 편지하였
고 도비야의 편지도 그들에게 이르렀으니 18 도비야는 아라의 아들 스

가냐의 사위가 되었고 도비야의 아들 여호하난도 베레갸의 아들 므술
람의 딸을 아내로 맞이하였으므로 유다에서 그와 동맹한 자가 많음이
라 19 그들이 도비야의 선행을 내 앞에 말하고 또 내 말도 그에게 전하
매 도비야가 내게 편지하여 나를 두렵게 하고자 하였느니라

6장

15 So the wall was finished on the twenty-fifth day of the month Elul, in
fifty-two days. 16 And when all our enemies heard of it, all the nations
around us were afraid and fell greatly in their own esteem, for they
perceived that this work had been accomplished with the help of our
God. 17 Moreover, in those days the nobles of Judah sent many letters to
Tobiah, and Tobiah's letters came to them. 18 For many in Judah were
bound by oath to him, because he was the son-in-law of Shecaniah
the son of Arah: and his son Jehohanan had taken the daughter of
Meshullam the son of Berechiah as his wife. 19 Also they spoke of his
good deeds in my presence and reported my words to him. And Tobiah
sent letters to make me afraid.

7:1 성벽이 건축되매 문짝을 달고 문지기와 노래하는 자들과 레위 사
람들을 세운 후에 2 내 아우 하나니와 영문의 관원 하나냐가 함께 예
루살렘을 다스리게 하였는데 하나냐는 충성스러운 사람이요 하나님
을 경외함이 무리 중에서 뛰어난 자라 3 내가 그들에게 이르기를 해가
높이 뜨기 전에는 예루살렘 성문을 열지 말고 아직 파수할 때에 곧 문
을 닫고 빗장을 지르며 또 예루살렘 주민이 각각 자기가 지키는 곳에
서 파수하되 자기 집 맞은편을 지키게 하라 하였노니 4 그 성읍은 광
대하고 그 주민은 적으며 가옥은 미처 건축하지 못하였음이니라

7:1 Now when the wall had been built and I had set up the doors, and the
gatekeepers, the singers, and the Levites had been appointed, 2 I gave
my brother Hanani and Hananiah the governor of the castle charge over

Jerusalem, for he was a more faithful and God-fearing man than many.
3 And I said to them, "Let not the gates of Jerusalem be opened until the sun is hot. And while they are still standing guard, let them shut and bar the doors. Appoint guards from among the inhabitants of Jerusalem, some at their guard posts and some in front of their own homes."
4 The city was wide and large, but the people within it were few, and no houses had been rebuilt.

1 Hebrew *Gashmu* *2* Hebrew lacks *O God* *3* Or *would go into the temple to save his life*

단락 개관

이 본문의 단원은 성벽 완공으로 마무리되는데, 이는 에스라-느헤미야서(느 1:1-7:4)에 나오는 '세 번째 이동'이다.[118] 에스라서에서 그랬듯이(스 4:1-24; 5:3-5), 외부의 적대자들이 이 프로젝트가 추진되는 동안 줄곧 공동체를 위협한다. 이 모습은 그들이 성벽 공사의 진전에 관해 '들었을' 때마다 특히 명백하게 드러난다.[119] 이 반대 세력의 주된 지도자들은 산발랏과 도비야와 게셈이다(느 2:19). 이제 이 사람들(6:1)은 느헤미야가 작업을 완수하지 못하게 방해하려고 마지막 공격을 감행한다. '두려워하다'가 6:1-19의 구조를 만드는 핵심 동사이고 인간에 대한 두려움을 묘사하기 위해 첫 세 대목 각각의 마지막 구절에 나온다(6:1-9, 10-14, 15-19). 마지막 대목이 하

118 첫 번째 이동은 스룹바벨 아래서의 제단과 성전의 건축을 묘사했고(스 3-6장), 두 번째 이동은 에스라에 의한 율법의 가르침 아래 백성의 복원을 묘사했다(스 7-10장).

119 2장, 4장 그리고 6장에서 줄곧 적들이 건축의 진전에 대해 듣고 부정적으로 반응하는 모습에 대해서는 4:1-23 단락 개관을 보라.

나냐를 '하나님을 경외하는 사람'(7:2)으로 인정하는 순간 그 동사가 거꾸로 뒤집어진다. 이는 첫째 유형을 피하도록 돕는 둘째 유형의 두려움이다.

적들은 성벽이 거의 완공되었다는 소식을 듣고 일련의 편지를 보내 느헤미야와 만나려고 여러 번 시도한다. 그들은 그를 두렵게 해서 공사를 중단시키려고 한다. 느헤미야는 자신을 해치려는 그들의 의도를 간파해서 그들의 접근을 모두 물리친다(6:1-4). 그는 산발랏의 마지막 편지의 소문을 부인하고, 산발랏의 동기를 분명히 밝히고, 주님께 힘을 달라고 기도한다(6:5-9).

다음으로, 스마야는 "그들이 너를 죽이러" 오기 때문에 느헤미야를 성전에서 만나도록 유인하기 위해 예언을 말하는 선지자로 고용된다(6:10). 느헤미야는 비열한 동기를 알아채고 도비야와 산발랏이 그 배후에 있다는 것을 알고는 만나기를 거절한다(6:11-13). 첫째 대목과 같이 둘째 대목도 기도로 끝난다(6:14, 참고. 6:9).

셋째 대목에 이르면 이번에는 성벽이 하나님의 도우심으로 완공되었다는 소식을 '들었기' 때문에 두려워하는 자는 바로 적들이다(6:15-16). 하지만 이 좋은 소식마저 귀족들과 도비야 사이의 추가적인 편지 교환 이후 느헤미야와의 의사소통으로 이어진다. 마지막으로 느헤미야는 그 편지들이 "나를 두렵게 하고자" 보내졌다는 결론을 내린다(6:17-19).

마지막 대목은 문짝을 달았다고 언급함으로써 첫째 대목과 연결된다(7:1, 참고. 6:1). 이후 느헤미야는 관리들을 임명하고 도성을 위해 안전장치를 마련한다. 이 단원은 예루살렘이 여전히 주민으로 가득 차고 충분한 가옥을 지을 필요가 있다는 말로 마무리된다(7:4).

단락 개요

II. 공동체가 칙령에 따라 성전, 토라 그리고 성벽을 재건하다(스 2:1-느 7:73a)

D. 세 번째 이동: 느헤미야의 사역이 시작되다(느 1:1-7:4)

6. 대적이 느헤미야를 두렵게 하려 해도 성벽 공사를 중단시킬 수 없다(6:1-7:4)

a. 대적들이 두렵게 하려고 편지를 쓰다(6:1-9)

b. 선지자들이 두렵게 하려고 기만하다(6:10-14)

c. 성벽 완공, 도비야가 두렵게 하려고 편지를 쓰다(6:15-19)

d. 느헤미야가 예루살렘의 안전을 위해 행동하다(7:1-4)

주석

6:1-4 이제 성문에 문짝을 다는 일만 남은 상황에서 대적들이 전술을 바꾸어 느헤미야에게 직접 독촉한다. 도비야와 모든 적대 세력을 대표하는 듯한 산발랏과 아라비아 사람 게셈이 느헤미야와의 만남을 요청한다(2절).[120] 산발랏은 그 당시에 사마리아의 총독일 것이다(참고. 2:9-10 주석). 그 만남의 목적이나 "하끄비림"(공동번역, ESV)의 정확한 위치는 알려져 있지 않다.[121] 그 장소가 "오노 평지"(참고. 스 2:33//느 7:37; 11:35)에 있다는 것은 사마리아와 아스돗과 같은 적대적 지방들로 둘러싸인 유다의 북서쪽 경계

120 산발랏과 도비야에 대해서는 2:9-10 주석을 참고하라. "아라비아 사람 게셈"에 대해서는 2:19-20 주석을 참고하라.

121 이곳은 욥바란 항구도시의 남동쪽에 있는 마을 Kafr Ana라는 주장이 있다.

근처, 곧 유다의 바깥에 속한다는 뜻인 듯하다.[122] 거기에 가려면 느헤미야가 남은 작업을 그냥 두고 "내려가[야]"(6:3) 할 것이라고 하는데, 이는 지리적으로 예루살렘의 높은 지대에서 하강하는 것을 가리키는 듯하다. 느헤미야는 대적들이 나쁜 일을 꾸미고 있다고 명백히 말한다(2절). 이 사람들의 과거 행태와 제안한 만남 장소의 거리를 감안하면 그런 평가를 내리기가 어렵지 않을 것이다. 어째서 예루살렘에서 만나지 않는 것일까?

느헤미야의 외교적이지만 간결한 응답은 그 제안을 직접 거부하지 않는다(3절). 그 대신 그는 자신이 없으면 중단될 그 작업을 강조한다. 이들의 지속적인 시도에도 불구하고(4절), 느헤미야는 그들과의 만남으로 자신의 행동 방침이 저지되는 것을 허용하지 않는다. 성벽을 완공하는 것이 그가 권한을 받고 돌아온 이유다(2:8; 5:16). 느헤미야는 자신의 소명을 "큰 공사"(새번역)로 생각하며 그 규모를 언급하고(참고. 4:19) 다른 곳에서는 "선한 일"이라 부른다. 그것은 하나님의 선하심이 함께해야 진척될 수 있기 때문이다(2:18).

6:5-8 '이와 같이'(5절, 개역개정에는 없음)[123]라는 어구는 그와 비슷한 시도를 예상케 한다. 그 대신 다른 접근이 채택된다. 이 다섯 번째 편지의 명시된 목표, 곧 "함께 의논하자"란 말은 산발랏이 여전히 느헤미야와의 접견을 요구하고 있음을 보여준다(7b절, 참고. 2절). 그런데 그 만남을 강요하기 위해 그는 "봉하지 않은"(즉, 개봉된) 편지를 쓴다. 보통 가죽이나 파피루스에 쓴 공식 문서는 그 내용을 보호하고 진정성을 표시하기 위해 밀봉되고 진흙 도장이 찍혔다. 밀봉되지 않는 편지는 소문을 부추길 것이기 때문에 자연스레 느헤미야로 하여금 그 내용이 어디까지 공개적으로 알려졌을지 의

122 그 장소가 유다의 안쪽인지 바깥쪽인지는 논쟁의 대상이다. 거기에 정착한 유배자들에 대한 언급(스 2:33; 느 11:35)은 오노가 유다 지방 내에 있다는 것을 시사할 수 있다. 그곳은 욥바의 남동쪽으로 약 11킬로미터, 예루살렘의 북서쪽으로 약 43킬로미터 그리고 사마리아의 남서쪽으로 약 40킬로미터 떨어져 있었다.

123 이 어구는 6:4에 두 번 나온다(ESV 참고, 개역개정에는 한 번).

아해 하게 만들 것이다. 산발랏은 아닥사스다가 그 편지의 내용에 대해 보고받을 것이라는 망령을 불러일으켜서 느헤미야가 만나도록 강요할 목적으로 자기가 염려하는 체한다(7b절). 이 내용은 "여러 민족 사이에"(새번역) 퍼져 있고 유명한 인물인 게셈[124](6절)이 확증하는, 느헤미야의 반역 선동에 관한 소문을 포함한다. "여러 민족"은 여기서 유다를 둘러싼 지방의 대적들을 가리킨다(4:7; 5:9).

산발랏은 대명사 "너"(6:6)를 세 번이나 사용해서 소문에 따르면 느헤미야가 바로 반역을 선동해서 스스로 왕권을 차지하려는 인물이라고 밝히려고 한다. 바로 그 이유로 '네가 성벽을 건축하고 있다'(참고. 2:19)는 것이 산발랏의 주장이다. 느헤미야는 그 저변에 깔린 협박을 알아챘다. 아닥사스다가 그의 성벽 건축에 대한 이런 해석을 듣고 그것이 사실이라고 생각할 수 있다는 것이다. 산발랏은 이전 편지를 통해 아닥사스다에게 알려졌던 유다인의 반역 혐의를 알고 있는 듯하다. 그 고발이 예전에 성벽 건축을 중단시킨 적이 있다(스 4:13, 16, 21-22). 산발랏은 이제 똑같은 것을 바라고 있다.

이런 "소문"은 또한 느헤미야가 그의 왕적 지위를 선언하기 위해 선지자들을 "세[웠다]"(즉, 임명했다 또는 지명했다)고 주장한다(느 6:7). 명시되진 않지만 어쩌면 이 소문이 메시아의 왕권에 대한 선지자적 약속(학 2:20-23; 슥 6:12-13)을 이용하는 것일지도 모른다. 느헤미야는 그것을 명백히 부인하면서 산발랏에게 "네 마음에서 지어낸 것"(느 6:8, 참고. 왕상 12:33), 즉 이런 혐의는 완전한 날조라고 그를 비난한다. 느헤미야는 아닥사스다에게 충성하는 인물이고 다윗 혈통이 없는 만큼 왕좌를 주장하지도, 원하지도 않는 것이 분명하다.

6:9 '두려워하다'라는 핵심 단어가 처음 나온다(9, 13, 14, 19절; 7:2). 이 두려움의 궁극적 목적은 "그들의 손이 피곤하여…이루지 못하[게]" 하려는

124 "가스무"(개역개정, ESV 각주)는 여기서 히브리어 이름을 가리키는데, 이를 대다수 해석자들은 게셈과 같은 것으로 본다.

것임을 느헤미야가 금방 알아챘다. 이 비유적인 언어는 '낙심시키다' 또는 '사기를 떨어뜨리다'(참고. 스 4:4)란 뜻이다. 적들은 성벽 건축자들의 손이 약해지고 공사가 중단되기를 바란다. 이전의 시도들을 볼 때 산발랏과 일행은 이런 일이 생길 때까지 어떤 일도 서슴치 않을 것임을 알 수 있다(느 4:7-9, 11). 시종일관 느헤미야와 그의 공동체는 주님이 보호하실 것을 믿는다(2:4; 4:4-5, 9; 6:14). 따라서 "내 손을 힘 있게 하옵소서"란 느헤미야의 마지막 요청은 하나님께 드리는 기도임을 알 수 있고, 이는 낙심을 물리치려는 간구이며 주님에 대한 그의 암묵적 신뢰를 보여준다.[125]

6:10-13 도비야와 산발랏은 전략을 바꾸어 스마야를 고용해서 느헤미야를 해치는 예언을 하게 한다(13절). 도입부에 여러 불확실한 요소가 나온다(10절). 스마야는 그의 혈통을 제외하고 알려진 바가 없다. 그가 제사장인지, 또는 미지의 선지자인지도 확실치 않다. 그의 이름은 에스라-느헤미야서 안에서도 비교적 흔한 편이다.[126] 이어지는 내용이 예언에 초점을 맞추는 것을 감안하면 선지자일 가능성이 더 높다(12, 14절). 그리고 느헤미야가 왜 스마야의 집에 들어가는지, 스마야가 왜 "두문불출 하[는지]" 또는 누구에 의해 그러는지(참고. 렘 36:5)에 대한 설명도 전혀 없다. 우리가 이런 제약을 어떻게 해석하든지 간에,[127] 스마야는 느헤미야에게 '함께 하나님의

125 ESV 각주가 말하듯이, '아 하나님'(ESV)은 히브리어에 없는 어구다. 헬라어 번역본(칠십인역)은 "그러나 이제 나는 내 손을 힘 있게 했다"로 번역될 수도 있다. 히브리어에 '아 하나님'이 없기 때문에 일부 영어 번역본은 이를 하나의 기도가 아니라 느헤미야의 결심으로 번역한다(예. NAB: "그러나 그 대신, 나는 이제 나의 노력을 배가했다").

126 스마야는 에스라와 함께 돌아온 지도자들 중의 하나(스 8:13, 16, 참고. 스 2:60), 외국인 아내를 취한 제사장(스 10:21) 그리고 언약을 봉인한 제사장(느 10:8) 등의 이름이다. 이 마지막 두 사람은 동일한 제사장일 가능성이 있다. 다른 곳에서는 그 이름이 선지자 진영(왕상 12:22; 렘 26:20; 29:24-32)과 레위인 진영(대상 9:14; 15:11; 24:6; 느 11:15) 둘 다에 나온다.

127 이 절은 '그리고 그가 틀어박혀 있었다'(ESV 참고)라고 나오는데, 여기에 ESV는 '그의 집에'를 덧붙인다. 윌리암슨은 '틀어박혀 있었다'로 해석된 이 동사를 해석하는 법에 대한 여러 연구에 기초해 여섯 가지 제안의 목록을 제공한다(*Ezra*, *Nehemiah*, 249). 그는 약간 망설이면서 이렇게 결론짓는다. 그 표현을 '괴롭힘을 당하다, 근심스럽다'로 해석하는 견해가 문맥에 가장 잘 맞는다고 하면서 "'심히 근심스러운 듯이 보였던' 사람"으로 번역한다(245).

전에서 만나자'(참고. 느 6:2)고 제안한다.

다음 내용은 좀 더 분명하다. 스마야는 충격을 주려고 느헤미야의 목숨이 암살의 위협을 받고 있다고 두 번 반복하지만 암살자가 누군지는 밝히지 않는다. 협의자로는 산발랏과 게셈과 도비야를 포함해야 한다. 제단의 뿔에서 피난처를 찾을 수 있으나(왕상 1:50-53; 2:28), 그것은 성전 내부가 아니라 개방된 안뜰에 놓여 있다. 따라서 느헤미야는 성소의 법이 적용되는 상황에 있지 않을 것이다(참고. 출 21:12-14). 오히려 스마야는 느헤미야에게 '성전 내부'에, 즉 성소 안에 숨으라고 제안하는 중이다.

느헤미야는 두 개의 수사적 질문으로 답변한다(느 6:11). 첫째, 피신하려고 성전으로 "도망하[는]" 것은 그의 성품과 총독의 직책과 상반될 것이다. 그런 처신은 아닥사스다에게서 받은 권한(5:14)과 하나님의 은혜로운 승인의 명백한 증거(2:8, 20)에 위배될 것이다. 느헤미야가 만일 실제로 위협을 당하고 있다면 그에게는 유능한 무장 경호원들이 있다(2:9; 4:23). 둘째 수사적 질문으로 느헤미야는 성전에 들어가는 것의 위험에 대해 말한다. 평신도로서 그곳에 들어가는 것은 성소를 더럽히게 되어 그는 법적인 죽음의 위협 아래 놓이게 될 것이다(참고. 민 18:1-7). 그뿐만 아니라 거룩한 하나님과의 접촉은 죽음을 초래할 수 있다(출 33:20; 신 5:24-25).[128] 느헤미야는 그 모든 행동(도망하는 것과 성소를 더럽히는 것)을 "범죄"(느 6:13)로, 하나님에 대한 신뢰의 결여로 보고 있다.

이전의 속임수의 경우(8-9절)처럼, 느헤미야는 "하나님께서 [그를] 보내신 바가 아니[다]"(12절, 참고. 렘 14:14-15; 28:15)라는 것을 즉시 알아챈다. 산발랏에 따르면, 선지자들이 '너에 관해'(느 6:7) 선포했다고 한다. 이전 사건에 근거해 느헤미야는 스마야 역시 '나를 해치는'(12절) 예언을 하기 위해 고용되었다는 것을 추론한다.[129] 더 나아가 그는 복잡한 논리를 설명한다.

128 다른 번역본은 "생명을 보존하[다]"를 죽는 것과 대조시키지 않고 '살기 위하여'란 뜻의 목적절로 간주한다. 6:11에 대한 ESV 각주를 보라(참고. NASB, NET). 이렇게 해석하면, 느헤미야는 첫 번째 수사적 질문의 요점을 강화시키는 셈이다.

두려움은 거짓 선지자들의 목표(13-14절)지만 그 자체가 목적이 아니다. 두려움이 도망을 유도하고, 도망이 느헤미야가 성소에서 웅크리고 앉아 성결의 기준을 위반하는 모습으로 끝나게 되기를 바란다. 만일 이런 '죄'를 범한다면, 그것은 적들로 하여금 느헤미야의 좋은 이름을 조롱하는 최후의 멋진 기회를 제공할 것이다(참고. 2:17, 19; 4:1-5; 5:9). 그러면 공개적인 수치는 공동체의 지원을 약화시키고 더 나아가 성벽 완공을 지체시키거나 멈추게 할 것이다.

6:14 느헤미야는 보복을 거부한 채 두 번째로 "기억하옵소서"라는 기도를 드린다(참고. 5:19; 13:14, 22, 29, 31). 그들의 기만전술에도 불구하고, 느헤미야는 하나님을 신뢰하는 가운데 도비야와 산발랏을 주님의 손에 맡기고 그분의 보복을 간청한다(참고. 4:4; 렘 11:18-20).[130] 이 기도에서 그는 그들의 동맹들도 포함시킨다. (그녀의 이름이 왜 선정되는지는 모르지만) 노아댜란 이름을 가진 여선지자를 포함한 수많은 거짓 선지자다(참고. 겔 13:17-19). 이제 핵심 단어가 이 대목을 마감한다. 이 모든 사람이 "나를 두렵게 하고자"(느 6:14, 참고. 9절)했다고 한다.

6:15-16 불과 52일 만에 '성벽 공사가 끝났다'. 바로 여섯 째 달(8월/9월)인 엘룰월에 끝난 것이다. 이제 '우리의 모든 대적이 들었다'(16절)[131]는 말이 마지막으로 나온다. 이 대적들은 한때 경멸과 두려움을 퍼뜨리는 자들이었다. 마침내 상황이 반전되었다. 이제 그들은 한때 이스라엘에 주입시

129 본문 내에서 이 추론을 추적하는 더 상세한 논증을 보려면 Shepherd and Wright, *Ezra and Nehemiah*, 75-76과 거기에 언급된 문헌을 참고하라. 이와 달리, 하나님이 이런 통찰을 느헤미야에게 주셨다고 보는 것도 가능하다.

130 6:12, 14에서 처음으로 도비야가 산발랏 앞에 언급된다. 이는 도비야와 공동체의 연줄(참고. 6:17-19)을 감안하면, 도비야가 느헤미야를 멈추게 하려는 마지막 시도에서 주도권을 잡는 것을 시사할 수 있다. 성전에 대한 언급(6:10)은 또한 마지막 장에 나오는 그의 역할(13:4-9)을 암시할 수 있다. 다른 한편, 산발랏은 이 책에서 가족의 연줄(13:28)로 한 번 더 언급되고는 완전히 사라진다.

131 이 개념이 널리 퍼져있는 것에 대해서는 4:1-23 단락 개관에 나오는 표1을 참고하라.

키길 바랐던 두려움과 낙담을 경험한다.[132] 이 모든 일이 "우리 하나님의 도움으로"(새번역) 이루어졌기 때문에 이 대적들의 두려움은 한층 더 커졌다. 기도를 통해 대적의 조롱이 도로 그들 자신의 머리 위에 떨어진 것이다(4:4-5). 예루살렘을 향한 하나님의 '선하심'[토바(*tobah*), 참고. 6:17-19 주석]과 그로 인한 민족들 사이의 두려움은 다시금 선지자 예레미야를 통해 선포된 그분의 말씀(렘 33:9, 참고. 스 1:1)을 성취한다.

6:17-19 "그때에"란 어구는 이 구절들이 그 기간 내내 일어난 사태와 관련된 것임을 시사한다. 건축 프로젝트는 분명히 일부 귀족들의 지지를 받았다(4:14, 19).[133] 중요한 관리인 "베레갸의 아들 므술람"(6:18)도 그 프로젝트에 대해 열정을 보였었다(3:4, 30). 다른 지도자들은 위협적인 소문 때문에 충성심을 옮겼을 수도 있다(6:6-7). 일부 "유다의 귀족들"이 도비야와의 지속적인 교신 때문에 선정되었으나(17절, 참고. 13:17) 그 편지의 내용은 명시되지 않았다. 도비야는 그의 아들과 더불어 예루살렘의 중요한 가족들과 탄탄한 사회적 연줄을 맺고 있는 것이 명백하다.[134] 스가냐(참고. 3:29; 7:10)와 므술람과의 명백한 혼인 관계가 정확히 어떻게 유다에 있는 자들로 도비야에게 "충성할 것을 맹세하[게]"(현대인의성경) 했는지는 불확실하다. 이 "맹세"는 보다 열린 무역 정책을 원하는 이들이 그와 맺은 협정을 가리키거나 도비야의 경제적 이익을 도모할 다른 종류의 사업적 연줄을 가리킬 수 있다.[135]

132 "[그들이 보고] 크게 낙담하였으니"라는 관용어는 구약에서 여기에만 나온다. 이는 치욕을 당했다는 뜻이고 '그들이 생각하고 크게 낙담했다'(ESV), '그들의 자신감을 잃었다'(NIV), 또는 '크게 낙심했다'(NET) 등으로 다양하게 번역되어 있다.

133 "귀족들"에 관해서는 각주 55를 참고하라.

134 도비야는 동료 유다인이거나 암몬 조상을 둔 사람이란 것을 상기하라. 만일 후자라면, 이는 유다인의 외국인과의 혼혈 결혼의 또 다른 실례가 된다. 참고. 2:9-10 주석.

135 Kidner, *Ezra and Nehemiah*, 111, Clines, *Ezra*, *Nehemiah*, *Esther*, 177. 후자의 주장은 Blenkinsopp, *Ezra-Nehemiah*, 274에 나온다.

귀족들의 행동은 긍정적으로나 부정적으로 볼 수 있다. 긍정적으로 보면, 귀족들과 도비야의 편지 교환은 느헤미야와의 화해를 중재하려는 시도를 가리킬 수 있다.[136] 따라서 귀족들은 "[그의] 선행"[토보타브(*tobotayw*)][137]을 거론해서 도비야에 대한 느헤미야의 의견을 전환시키려고 한다. 부정적으로 보면, 그 편지들은 실제로 느헤미야의 대적들에게 그의 전략과 계획과 행동을 계속 알리는 기능을 할 수 있다. 사실 도비야가 예루살렘의 '유익'(토바, 개역개정은 "흥왕")에 그토록 관심이 있다면 어째서 그는 처음에 느헤미야의 등장에 그토록 불쾌해 했는가(2:10)? 귀족들이 어떤 동기를 품고 있든지 간에 도비야의 목표는 언제나 느헤미야를 협박하는 것이었다(6:19). 이것이 이번 장의 나머지 부분에 일관되게 나오는 목적이다(참고. 9. 16절).

7장

7:1-4 마지막 대목은 그 도성의 안전과 인구 증가에 대한 느헤미야의 관심을 표현한다. 여기서 이 대목을 7:5-73a가 아니라 6:1-19과 함께 다루는 데는 여러 이유가 있다. 첫째, 이는 성벽이 건축되었다는 것을 반복하며 다시 맞춘 문에 관한 새로운 정보를 더해준다(참고. 6:1, 15). 둘째, '두려워하다'란 핵심 동사가 마지막으로 사용되어 있다(7:2, 새번역 참고). 셋째, 그 다음에 나오는 7:5-73a는 "계보"란 딱지가 붙어 이 대목과 분리되고, 거기에는 둘째 단락 전체(스 2:1-느 7:73a)를 마감하는 사람들의 명단이 다시 나온다. 특히 1-3절은 '임명'이라는 주제로 함께 묶인다.

첫째, 문지기들, 노래하는 자들 그리고 레위 사람들(느 7:1, 참고. 스 2:70//느 7:73a; 스 7:7; 느 10:28; 12:47; 13:5)이 임명되는데, 누가 그리고 무슨 목적으로 임명하는지는 말하지 않는다.[138] 보통 문지기들이 음악가들과 레위인

136 펜샴은 이를 "외교적 협상"으로 부른다(*Ezra and Nehemiah*, 208). Williamson, *Ezra, Nehemiah*, 261도 이와 비슷한 입장을 제시한다.

137 이 동사 구문은 도비야에 대한 그들의 긍정적 보고가 계속되고 있었다는 것을 가리킨다.

138 이 그룹들에 대한 논의는 에스라 2:40-42 주석을 참고하라.

들과 함께 언급될 때는 성전을 안전하게 지키는 문지기들을 가리킨다. 하지만 이 문맥은 도성의 문을 지키는 그들의 역할을 시사한다. 그들의 과업은 도성을 지키는 일에 합류하는 노래하는 자들과 레위 사람들의 존재로 보강된다(13:22). 후자의 언급은 안전한 "거룩한 성"(11:1) 내에서 성전 예배를 드릴 필요성이 늘 있다는 것을 암시한다.

느헤미야는 또한 두 사람에게 "예루살렘을 다스리[는]" 책임을 맡긴다(7:2). 느헤미야의 형제인 하나니는 처음에 그에게 무너진 성벽에 관한 소식을 가져왔던 사람들 가운데 있었다(1:2). 그러므로 성벽 건축이 끝났을 때 그가 다시 등장하는 것은 적절하다. 두 번째 사람 하나냐는 "영문[성채]의 관원"으로 나온다. 여기서 "관원"(governor)이란 용어는 정치적 임명직을 가리키지 않는다. 그 당시에 느헤미야가 유다의 총독이기 때문이다(5:14).[139] 그 대신 이 용어는 하나냐가 맡은 요새(즉, '성채')의 지휘관 역할을 지칭하고, 이는 아마 성전과 연관이 있을 것이다(참고. 2:8; 3:1). 느헤미야의 선택은 하나님에 대한 뛰어난 경외심과 분명한 신뢰성에 바탕을 두고 있다(참고. 출 18:21).

느헤미야 7:3의 후반부는 성벽을 따라 지은 특정한 초소들과 그들의 집 근처의 위치에서 경계를 설 도성 주민들의 마지막 임명을 언급한다(참고. 3:23, 28, 29). 이 부분은 명확하다. 하지만 이 구절의 전반부는 덜 확실하다. '열었다'와 '닫았다'라는 동사는 모종의 이례적인 행습과 관련이 있는 것이 분명하지만 말이다. 느헤미야는 하나니와 하나냐에게 일반적인 경우처럼 새벽에 예루살렘 성문을 열지 말고 해가 높이 뜰 때까지 몇 시간 동안 기다리라고 명령하는 것으로 보인다(참고. 삼상 11:9, 11). 그리고 하루가 끝날 때가 되면 성문을 완전히 닫고 파수꾼들이 근무를 서도록 요구한다.[140]

마지막 구절은 세 개의 주제를 간명하게 다룬다. 도성의 크기, 인구 그

139 "총독"[사르(*sar*)]으로 번역되는 명사는 보통 관리, 지도자, 군주 또는 다른 권위 있는 직책을 가리킨다. 3장에서는 여러 번 "다스리는 [자]"로 번역되어 있다. 특히 3:9, 12이 적실한데, 거기서는 "예루살렘 지방의 절반을 다스리는 자"로 두 사람을 언급한다. 어쩌면 하나니와 하나냐가 현재 그런 역할을 맡고 있을 것이다.

리고 주택이다. 성벽으로 둘러싸인 도성을 "광대[한]"(즉, 넓은, 삿 18:10; 대상 4:40) 곳으로 평가하는 것은 '그 안에' 있는 줄어든 인구에 비해 그렇다는 것이다. 최근의 분석에 따르면, 페르시아 시대의 정착지는 둘러싸인 다윗 성만 포함했고 인구는 400-500명으로 추산된다. 이 당시에 서쪽 언덕은 점유되지 않은 상태였다.[141] 일부 사람은 이미 도성에 있는 자기네 집에서 살고 있었기에(느 7:3, 참고. 3:23, 28, 29) 마지막 절("미처 건축하지 못하였음이니라")은 더 많은 주택 건축이 필요함을 시사하는 것이 틀림없다. 아마 소수의 주민이 독특한 보안 조치의 제도가 필요한 이유일 것이다.[142] 어쨌든 이어지는 계보는 예루살렘의 재건축이 장차 인구 증가를 포함할 것임을 암시한다(참고. 11장).

140 이와 달리 해석할 수도 있다. 성문을 '해가 뜨거울 때'까지 닫아두라고 명하는 게 아니라 하루 중 가장 뜨거운 시간 동안, 즉 백성과 파수꾼들이 쉬고 있고 도성이 공격에 가장 취약한 때에는 성문을 열어두지 말라는 것으로 볼 수도 있다. 그러므로 이처럼 매우 취약한 시간에 파수꾼이 성문을 지키도록 요구받고 있다. 이 해석을 지지하는 논증은 Williamson, *Ezra, Nehemiah*, 266-267과 Blenkinsopp, *Ezra-Nehemiah*, 274-275에 나온다. 후자는 이렇게 번역한다. "예루살렘 성문은 하루 중 가장 뜨거운 시간 동안 열어두지 말 것이나, 그들이 여전히 경계 근무를 하는 동안에는 성문을 닫고 성문에 빗장을 질러야 한다"(274).

141 Ussishkin, "Nehemiah's City Wall," 116-117. 그 도성의 규모에 대한 견해는 성벽 건축의 범위에 달려 있을 터인데, 이는 논쟁적인 토픽이다. 느헤미야 3:1-32 단락 개관과 각주 61을 보라.

142 Clines, *Ezra, Nehemiah, Esther*, 178.

응답

하나님의 백성은 온 땅에서 하나님 나라를 전진시키고 그분의 영광을 증언하는 예배 공동체로 부름을 받았다(대상 28:8; 시 8:1-2; 계 5:13). 그 사명은 이런 목표를 멸시하거나 그 성취 과정을 의문시하는 자들의 분노를 일으키는 것이 확실하다. 그 사명의 성취는 오직 기도, 끈기 그리고 주님의 보호에 대한 신뢰를 통해서만 가능하다.

성벽의 완공은 적대자들이 미묘하게 느헤미야를 직접 공격하고 그에게 두려움을 일으키고 그의 주의를 산만하게 하려는 모습으로 이어진다(느 6:9, 14, 19). 그런 주의산만은 가장 헌신된 목사들과 회중들과 기관들까지 탈선시킬 가능성이 있다. 적대적인 전략들[해치려고 "서로 만나자"는 요청(6:2, 7, 10), 거짓 혐의(6:6-8), 거짓 선지자들의 꾸며낸 살해의 협박(6:10)]은 지도자를 습격해서 공동체의 결의를 약화시키고 "손이 피곤하여 역사를 중지하고 이루지 못하[게]"(6:9) 하려는 것이다. 이전의 공격이 실제로 그런 결과를 낳았고(스 4:4)[143] 협박이 성벽 재건을 그만두게 하는 데 성공했었다(스 4:12, 21).

기도는 그런 반대에 직면할 때 우리의 적절한 반응이다. 예전에 그랬듯이(느 1:4-11; 2:4; 4:4-5, 9) 느헤미야는 다시 약한 손을 강하게 하실 수 있는 유일한 분인 주님께 기도한다(6:9). 그럼에도 느헤미야는 도비야와 산발랏이 과연 수그러들지 확신하지 못한다. 스스로 보복하길 원치 않는 느헤미야는 주님께 도비야와 산발랏의 행실을 기억하시고 그들을 심판해달라고 기도한다(6:14). 우리는 주님께 복음의 진보에 반대하는 자들을 멈추게 해달라고 호소하면서도 약함 가운데 강함을 위해 기도해야 한다.

느헤미야는 아직도 할 일이 남아있다는 것을 알고 기도할 뿐 아니라 주님의 일을 계속 추진한다(7:1-4). 그는 지도자로서 소명의 중요성을 깨닫고 다른 모든 것을 그 소명의 완수에 종속시킨다. 이 경우에는 성벽이 완공되

143 에스라-느헤미야서에서 '손이 피곤하다'(즉, '손을 떨어뜨리다' 또는 '낙담시키다')란 관용구는 에스라 4:4과 느헤미야 6:9에 만 나온다.

었으나 인구를 증가시키는 일(11장)과 언약을 갱신하는 일(8-10장)이 남아 있다. 건축 프로젝트는 그 자체가 목적이 아니다. 제단과 성전과 성벽이 제자리를 찾는 것과 함께 "즐거워하는 소리"가 그 도성에 회복되어야 하고(렘 33:10-11, 참고. 느 12:43) 예루살렘은 예배하는 공동체로 다시 가득 차야 한다(7:4). 그리스도 안에 있는 하나님의 은혜의 복음을 증언하는 일에 헌신한 사람들(행 20:24)도 마찬가지로 끈질기게 인내해야 한다. 이 "큰 공사"를 멈추게 할 만한 우선적인 일은 거의 없다(느 6:3-4, 새번역).

느헤미야는 그 도성의 복구를 지원하기 위해 기도하고 안전장치를 만든다(7:1-3, 참고. 4:9). 하지만 그는 이 모든 일이 "우리 하나님의 도움으로"(6:16, 새번역) 이루어진다는 것을 확신하는 가운데 그렇게 한다. 대적들의 괴롭힘과 "이방 사람의 비방"(5:9)에도 불구하고 그토록 빠르게 공사를 완료할 수 있었던 것은 오로지 주님의 지속적인 보호 때문에 가능했을 것이다. 대역전의 하나님이 그분의 양 떼를 두렵게 하려는 자들을 두렵게 만드실 것이다. 우리는 그분의 일에 관해 기도하고 또 그 일을 계속 추진한다. 하지만 사역의 모든 성공은 궁극적으로 그분의 보호 덕분이다. "우리의 도움은 천지를 지으신 여호와의 이름에 있도다"(시 124:8).

5 내 하나님이 내 마음을 감동하사 귀족들과 민장들과 백성을 모아 그
계보대로 등록하게 하시므로 내가 처음으로 돌아온 자의 계보를 얻었
는데 거기에 기록된 것을 보면
5 Then my God put it into my heart to assemble the nobles and the
officials and the people to be enrolled by genealogy. And I found the
book of the genealogy of those who came up at the first, and I found
written in it:

6 옛적에 바벨론 왕 느부갓네살에게 사로잡혀 갔던 자들 중에서 놓임
을 받고 예루살렘과 유다에 돌아와 각기 자기들의 성읍에 이른 자들
곧 7 스룹바벨과 예수아와 느헤미야와 아사랴와 라아먀와 나하마니와
모르드개와 빌산과 미스베렛과 비그왜와 느훔과 바아나와
6 These were the people of the province who came up out of the
captivity of those exiles whom Nebuchadnezzar the king of Babylon
had carried into exile. They returned to Jerusalem and Judah, each to
his town. 7 They came with Zerubbabel, Jeshua, Nehemiah, Azariah,

Raamiah, Nahamani, Mordecai, Bilshan, Mispereth, Bigvai, Nehum,
Baanah.

함께 나온 이스라엘 백성의 명수가 이러하니라 8 바로스 자손이 이천
백칠십이 명이요 9 스바댜 자손이 삼백칠십이 명이요 10 아라 자손이
육백오십이 명이요 11 바핫모압 자손 곧 예수아와 요압 자손이 이천
팔백십팔 명이요 12 엘람 자손이 천이백오십사 명이요 13 삿두 자손이
팔백사십오 명이요 14 삭개 자손이 칠백육십 명이요 15 빈누이 자손이
육백사십팔 명이요 16 브배 자손이 육백이십팔 명이요 17 아스갓 자
손이 이천삼백이십이 명이요 18 아도니감 자손이 육백육십칠 명이요
19 비그왜 자손이 이천육십칠 명이요 20 아딘 자손이 육백오십오 명이요
21 아델 자손 곧 히스기야 자손이 구십팔 명이요 22 하숨 자손이 삼백
이십팔 명이요 23 베새 자손이 삼백이십사 명이요 24 하립 자손이 백십
이 명이요 25 기브온 사람이 구십오 명이요 26 베들레헴과 느도바 사람
이 백팔십팔 명이요 27 아나돗 사람이 백이십팔 명이요 28 벧아스마웻
사람이 사십이 명이요 29 기럇여아림과 그비라와 브에롯 사람이 칠백
사십삼 명이요 30 라마와 게바 사람이 육백이십일 명이요 31 믹마스 사
람이 백이십이 명이요 32 벧엘과 아이 사람이 백이십삼 명이요 33 기타
느보 사람이 오십이 명이요 34 기타 엘람 자손이 천이백오십사 명이요
35 하림 자손이 삼백이십 명이요 36 여리고 자손이 삼백사십오 명이요
37 로드와 하딧과 오노 자손이 칠백이십일 명이요 38 스나아 자손이 삼
천구백삼십 명이었느니라

The number of the men of the people of Israel: 8 the sons of Parosh,
2,172. 9 The sons of Shephatiah, 372. 10 The sons of Arah, 652.
11 The sons of Pahath-moab, namely the sons of Jeshua and Joab, 2,818.
12 The sons of Elam, 1,254. 13 The sons of Zattu, 845. 14 The sons of
Zaccai, 760. 15 The sons of Binnui, 648. 16 The sons of Bebai, 628.

17 The sons of Azgad, 2,322. 18 The sons of Adonikam, 667. 19 The sons
of Bigvai, 2,067. 20 The sons of Adin, 655. 21 The sons of Ater, namely
of Hezekiah, 98. 22 The sons of Hashum, 328. 23 The sons of Bezai,
324. 24 The sons of Hariph, 112. 25 The sons of Gibeon, 95. 26 The men
of Bethlehem and Netophah, 188. 27 The men of Anathoth, 128. 28 The
men of Beth-azmaveth, 42. 29 The men of Kiriath-jearim, Chephirah,
and Beeroth, 743. 30 The men of Ramah and Geba, 621. 31 The men of
Michmas, 122. 32 The men of Bethel and Ai, 123. 33 The men of the
other Nebo, 52. 34 The sons of the other Elam, 1,254. 35 The sons of
Harim, 320. 36 The sons of Jericho, 345. 37 The sons of Lod, Hadid, and
Ono, 721. 38 The sons of Senaah, 3,930.

39 제사장들은 예수아의 집 여다야 자손이 구백칠십삼 명이요 40 임멜
자손이 천오십이 명이요 41 바스훌 자손이 천이백사십칠 명이요 42 하
림 자손이 천십칠 명이었느니라
39 The priests: the sons of Jedaiah, namely the house of Jeshua, 973.
40 The sons of Immer, 1,052. 41 The sons of Pashhur, 1,247. 42 The sons
of Harim, 1,017.

43 레위 사람들은 호드야 자손 곧 예수아와 갓미엘 자손이 칠십사 명
이요 44 노래하는 자들은 아삽 자손이 백사십팔 명이요 45 문지기들은
살룸 자손과 아델 자손과 달문 자손과 악굽 자손과 하디다 자손과 소
배 자손이 모두 백삼십팔 명이었느니라
43 The Levites: the sons of Jeshua, namely of Kadmiel of the sons
of Hodevah, 74. 44 The singers: the sons of Asaph, 148. 45 The
gatekeepers: the sons of Shallum, the sons of Ater, the sons of Talmon,
the sons of Akkub, the sons of Hatita, the sons of Shobai, 138.

46 느디님 사람들은 시하 자손과 하수바 자손과 답바옷 자손과 47 게
로스 자손과 시아 자손과 바돈 자손과 48 르바나 자손과 하가바 자손
과 살매 자손과 49 하난 자손과 깃델 자손과 가할 자손과 50 르아야 자
손과 르신 자손과 느고다 자손과 51 갓삼 자손과 웃사 자손과 바세아
자손과 52 베새 자손과 므우님 자손과 느비스심 자손과 53 박북 자손
과 하그바 자손과 할훌 자손과 54 바슬릿 자손과 므히다 자손과 하르
사 자손과 55 바르고스 자손과 시스라 자손과 데마 자손과 56 느시야
자손과 하디바 자손이었느니라

46 The temple servants: the sons of Ziha, the sons of Hasupha, the sons
of Tabbaoth, 47 the sons of Keros, the sons of Sia, the sons of Padon,
48 the sons of Lebana, the sons of Hagaba, the sons of Shalmai, 49 the
sons of Hanan, the sons of Giddel, the sons of Gahar, 50 the sons of
Reaiah, the sons of Rezin, the sons of Nekoda, 51 the sons of Gazzam,
the sons of Uzza, the sons of Paseah, 52 the sons of Besai, the sons of
Meunim, the sons of Nephushesim, 53 the sons of Bakbuk, the sons of
Hakupha, the sons of Harhur, 54 the sons of Bazlith, the sons of Mehida,
the sons of Harsha, 55 the sons of Barkos, the sons of Sisera, the sons of
Temah, 56 the sons of Neziah, the sons of Hatipha.

57 솔로몬의 신하의 자손은 소대 자손과 소베렛 자손과 브리다 자손과
58 야알라 자손과 다르곤 자손과 깃델 자손과 59 스바댜 자손과 핫딜
자손과 보게렛하스바임 자손과 아몬 자손이니

57 The sons of Solomon's servants: the sons of Sotai, the sons of
Sophereth, the sons of Perida, 58 the sons of Jaala, the sons of Darkon,
the sons of Giddel, 59 the sons of Shephatiah, the sons of Hattil, the sons
of Pochereth-hazzebaim, the sons of Amon.

60 모든 느디님 사람과 솔로몬의 신하의 자손이 삼백구십이 명이었느
니라

60 All the temple servants and the sons of Solomon's servants were 392.

61 델멜라와 델하르사와 그룹과 앗돈과 임멜로부터 올라온 자가 있으
나 그들의 종족이나 계보가 이스라엘에 속하였는지는 증거할 수 없
으니 62 그들은 들라야 자손과 도비야 자손과 느고다 자손이라 모두
가 육백사십이 명이요 63 제사장 중에는 호바야 자손과 학고스 자손과
바르실래 자손이니 바르실래는 길르앗 사람 바르실래의 딸 중의 하나
로 아내를 삼고 바르실래의 이름으로 불린 자라 64 이 사람들은 계보
중에서 자기 이름을 찾아도 찾지 못하였으므로 그들을 부정하게 여겨
제사장의 직분을 행하지 못하게 하고 65 총독이 그들에게 명령하여 우
림과 둠밈을 가진 제사장이 일어나기 전에는 지성물을 먹지 말라 하
였느니라

61 The following were those who came up from Tel-melah, Tel-harsha,
Cherub, Addon, and Immer, but they could not prove their fathers'
houses nor their descent, whether they belonged to Israel: 62 the sons
of Delaiah, the sons of Tobiah, the sons of Nekoda, 642. 63 Also, of the
priests: the sons of Hobaiah, the sons of Hakkoz, the sons of Barzillai
(who had taken a wife of the daughters of Barzillai the Gileadite and
was called by their name). 64 These sought their registration among
those enrolled in the genealogies, but it was not found there, so they
were excluded from the priesthood as unclean. 65 The governor told
them that they were not to partake of the most holy food until a priest
with Urim and Thummim should arise.

66 온 회중의 합계는 사만 이천삼백육십 명이요 67 그 외에 노비가 칠

천삼백삼십칠 명이요 그들에게 노래하는 남녀가 이백사십오 명이 있
었고 68 말이 칠백삼십육 마리요 노새가 이백사십오 마리요 69 낙타가
사백삼십오 마리요 나귀가 육천칠백이십 마리였느니라

66 The whole assembly together was 42,360, 67 besides their male and
female servants, of whom there were 7,337. And they had 245 singers,
male and female. 68 Their horses were 736, their mules 245,[1] 69 their
camels 435, and their donkeys 6,720.

7장

70 어떤 족장들은 역사를 위하여 보조하였고 총독은 금 천 드라크마
와 대접 오십과 제사장의 의복 오백삼십 벌을 보물 곳간에 드렸고
71 또 어떤 족장들은 금 이만 드라크마와 은 이천이백 1)마네를 역사
곳간에 드렸고 72 그 나머지 백성은 금 이만 드라크마와 은 이천 마네
와 제사장의 의복 육십칠 벌을 드렸느니라

70 Now some of the heads of fathers' houses gave to the work. The
governor gave to the treasury 1,000 darics[2] of gold, 50 basins, 30
priests' garments and 500 minas[3] of silver.[4] 71 And some of the heads
of fathers' houses gave into the treasury of the work 20,000 darics
of gold and 2,200 minas of silver. 72 And what the rest of the people
gave was 20,000 darics of gold, 2,000 minas of silver, and 67 priests'
garments.

73 이와 같이 제사장들과 레위 사람들과 문지기들과 노래하는 자들과
백성 몇 명과 느디님 사람들과 온 이스라엘 자손이 다 자기들의 성읍
에 거주하였느니라

73 So the priests, the Levites, the gatekeepers, the singers, some of the
people, the temple servants, and all Israel, lived in their towns.

1) 1마네는 50세겔

1 Compare Ezra 2:66 and the margins of some Hebrew manuscripts; Hebrew lacks *Their horses... 245* *2* A *daric* was a coin weighing about 1/4 ounce or 8.5 grams *3* A *mina* was about 1 1/4 pounds or 0.6 kilogram *4* Probable reading; Hebrew lacks *minas of silver*

단락 개관

이번 장은 성경 내러티브에서 반복 현상이 작동하는 한 방식을 보여주는 본보기다. 처음 에스라 2장(스 2:1-70)에서 만났던 명단이 이제 느헤미야 7:5-73a, 곧 에스라-느헤미야서의 둘째 큰 단락(스 2:1-느 7:73a)을 마감하는 대목에서 반복되고 있다.[144] 그 큰 단락은 세 차례에 걸친 백성의 큰 이동과 각 이동과 관련된 세 가지 중요한 과업에 관해 얘기한다. 다름 아닌 성전(스 3:1-6:22), 토라(스 7:1-10:44) 그리고 성벽(느 1:1-7:73a)이다.[145] 느헤미야서에 나오는 명단은 지도자들, 평신도들 그리고 성전 담당 인사의 이름들과 수를 기록할 뿐 아니라 그들을 "처음으로"(느 7:5) 돌아온 사람들로 밝히고 있다. 이는 주전 538년에 있었던 단 한 번의 귀환을 가리키지 않고 에스라 1-6장에 서술된 연대적 기간 전체를 종합한 것 같다. 두 목록을 다룰 때 주석가들이 독자들에게 에스라 2:1-70 주석을 먼저 가리키는 것은 타당하다. 여기서도 자세한 사항들에 대해서는 그 행습을 따르지만 일반적인 의문들은 여전히 많다. 큰 단락의 시작과 끝을 표시하는 문제 말고도 우리는 이 명단들을 특별한 문학적 및 역사적 맥락에서 어떻게 봐야 할까? 이는 무슨 유형의 텍스트인가? 그 기원에 대해서는 어떻게 말할 수 있을

144 에스라-느헤미야서에 나오는 출처들에 관한 논의는 에스라서 서론을 참고하라.

145 에스라 2장에 나오는 더 상세한 논의를 보라. 구조에 관한 견해는 Eskenazi, *Age of Prose*, 37-40에 빚진 것이다.

까? 두 명단의 차이점은 무엇인가? 에스라-느헤미야서의 이 지점에서, 이 명단은 이야기가 전개됨에 따라 어떤 기능을 하는가?

예술 작품의 위치와 발표는 작품의 해석에 영향을 미친다. 에스라 2장과 느헤미야 7장의 개별적 맥락들도 마찬가지다. 이 장들은 구조적으로 에스라-느헤미야서를 하나로 묶어주고 있지만, 각 장이 속해 있는 서로 다른 문학적 및 역사적 맥락들이 더 많은 고려사항을 불러일으킨다. 이 명단은 에스라 2장에 처음 나오는데, 그 장은 에스라-느헤미야서의 두 번째 큰 단락을 시작하는 곳이고 역사적으로 유배시절을 되돌아보고 성전 완공을 내다보는 전환기(주전 538-516년)에 놓여있다. 이 사건은 에스라와 느헤미야의 사역들에 앞서 약 57년 전에 일어났던 일이다. 이 명단이 처음 나타난 대목에 묘사된 공동체는 하나님과 왕의 선포로 첫 여정을 떠났고 두 번째 출애굽 공동체에 해당한다. 그 공동체는 새로운 출발을 상징하는 주님의 남은 자이며 에덴의 회복에 비유되는, 하나님의 갱신 약속을 성취하는 새로 심은 씨앗이다(렘 24:5-7; 31:27-28; 겔 36:35). 이 명단에 포함된 사람들은 "일제히"(스 3:1) 모이고, 선지자적 명령에 귀를 기울이고 성전을 재건한다(스 6:14-15).

느헤미야 7장에 나온 명단은 동일한 '그림'이긴 해도 다른 문학적 및 역사적 화랑에 걸려있다. 한편으로 그것은 에스라-느헤미야서의 두 번째 큰 단락의 결말에 해당한다. 에스라서에 나오는 첫 명단은 스룹바벨의 지도 아래 제단과 성전을 건축하기 위해 돌아갔던 공동체를 묘사했다. 거의 백 년이 지난 후, 그 명단이 반복된 다음에 성벽이 총독 느헤미야의 지도 아래 완공되었다(느 6:15; 7:1). 하지만 느헤미야서에서 이 명단은 결말 이상의 기능을 한다. 그것은 느헤미야 시대의 사람들과 과거의 사람들 간의 목적과 통일의 연대를 상징한다. 이와 더불어, 이제 도성이 성벽으로 안전하게 된 만큼 예루살렘을 다시 주민으로 채우는 데 필요한 사람들에게 초점을 둔다(7:4, 73; 11:1-2).[146] 끝으로, 이 명단은 새로운 시작으로 연결되는 전환점이고 이어지는 내용을 준비시킨다. 에스라서의 앞부분에서는 "일제히"(one man)가 제단을 건축하기 위해 모인 공동체를 상징했다. 이제 느헤미야서에서 그들이 다시 "일제히"(8:1) 모이는데, 이번에는 물리적 구조물을 만들기 위해서가 아니라 온전한 언약 갱신을 위해서다(7:73b-10:39).

단락 개요

II. 공동체가 칙령에 따라 성전, 토라 그리고 성벽을 재건하다(스 2:1-느 7:73a)

E. 유배자들의 명단이 되풀이되다(느 7:5-73a)

1. 느헤미야가 감동을 받아 계보에 따라 등록시키다(7:5)
2. 유배상태에서 풀려나서 올라온 그 지방 사람들(7:6-7a)
3. 이스라엘 백성의 남자들의 수(7:7b-38)
4. 성전 담당 인사(7:39-60)
5. 자기네 가문을 입증할 수 없던 사람들(7:61-65)
6. 요약문(7:66-73a)

146 한 학자는 이렇게 말한다. "동일한 인구조사 명단을 두 번 인용하는 것은 서로 다른 두 시대 간의 연속성을 제공한다. 두 경우 모두에서, 그 명단은 그들이 그 땅에 다시 들어가서 성전 건축을 시작하든지(스 2:1-3:1), 또는 예루살렘을 다시 주민으로 채우려고 준비하든지(느 7:6-72; 11:1) 간에, 유배 이후 시대의 진정한 이스라엘의 구성원들을 확인하는 역할을 하기 때문이다"(Duggan, *Covenant Renewal*, 33). 11:1-2은 예루살렘을 다시 주민으로 채울 필요성에 대한 관심을 표명하므로 7장(특히 7:4-5, 73)의 연장선상에 있다는 데 대체로 합의한다(Clines, *Ezra*, *Nehemiah*, *Esther*, 211, Williamson, *Ezra*, *Nehemiah*, 344-345, Blenkinsopp, *Ezra-Nehemiah*, 322-323).

주석

7:5 이 구절은 구약에서 "계보"[야하스(*yakhas*)]로 번역된 명사의 유일한 사례를 담고 있다. 이보다 더 흔한 동사(야하스)는 역대기, 에스라서 그리고 느헤미야서에만 나오는데, 이는 누군가가 계보 명단에 기록된 것을 묘사하거나 더 간단하게 "계보"(참고. 스 8:1)로 번역된다.[147] 그러므로 느헤미야는 그 본문을 '인구조사'(참고. 출 30:12; 민 1:2, 49)로 보기보다는 '계보의 책'[세페르 하야하스(*sefer hayyakhas*)]으로 밝힌다. 그는 어디서 이 계보를 찾았는지 알려 주진 않지만 자신의 내러티브 목적을 위해 그것을 사용한다.

일인칭 진술(즉, "내 마음", '내가 찾았다', ESV 참고)이 느헤미야서에 나오는 명단의 이유를 제공한다. 고레스의 첫 칙령이 주님에 의해 선동되었고(스 1:1) 훗날 아닥사스다의 칙령도 마찬가지로 '왕의 마음속에서 일하시는'(스 7:21, 27) 하나님께 자극을 받았던 것처럼, 느헤미야 역시 그 마음속의 동기와 이어지는 행동이 하나님의 인도하심이라는 것을 알아챘다.[148] 이전과 마찬가지로(느 2:12) 하나님은 다시 한번 이 지도자의 마음에 작용하시되 느헤미야가 공동체를 모아 계보대로 등록하도록 결심하게 만드신다. 바로 이 목적과 느헤미야의 족보 발견이 에스라 2장의 명단과 느헤미야 7장의 명단 간의 중요한 차이점을 보여준다.

7:6-73a 에스라 2:1-70 주석을 참고하라.

147 대상 4:33; 5:1, 7, 17; 7:5, 7, 9, 40; 9:1, 22; 대하 12:15; 31:16, 17, 18, 19; 스 2:62; 8:1, 3; 느 7:5, 64.

148 이 맥락에서 키드너는 "성경의 모든 등장인물 중에 느헤미야는 아마 '하나님의 임재 연습'에 관해 가장 명시적일 것"이라는 놀라운 진술을 한다(*Ezra and Nehemiah*, 112).

보충 설명

에스라 2장과 느헤미야 7장의 계보에 관하여

해석의 역사에서 다양한 연구가 이루어 졌지만 에스라 2장 또는 느헤미야 7장이 본래의 명단이나 위치를 묘사하는지 여부에 대해 합의에 이르지 못했다.[149] 두 명단 간의 세부적인 차이점에 주목하는 것은 이 주석서의 목적을 벗어나는 것이지만 그 차이점들을 사소한 것에서 좀 더 중요한 것까지 스펙트럼에 따라 분류할 수는 있다.

한편으로, 두 명단 간의 사소한 차이는 전치사, 접속사 그리고 정관사와 같은 언어적 요소들의 존재나 부재를 포함한다. 이따금 동사의 형태가 양자 간에 조금 다르기도 하다(스 2:2; 느 7:7).

우리의 스펙트럼을 따라 움직이면 두 계보에 열거된 이름들은 약간의 상이점이 있어도 비교적 일관성을 유지한다는 사실을 볼 수 있다. 많은 경우 이름들은 철자와 위치의 순서에서 정확히 일치한다. 다른 경우들에는 이름의 철자가 약간 다르거나 순서가 위치의 변경으로 인해 다르게 나온다(참고. 스 2:16-20과 느 7:21-25). 보다 실질적인 편차는 다음의 경우에 나온다. (1) 어떤 이름이 한 명단에는 나오지만(예. 스 2:30의 막비스, 느 7:7의 나하마니) 다른 명단의 병행 구절에는 나오지 않는 경우. (2) 한 명단에 나오는 어떤 이름이 다른 명단에서는 극적으로 다른 경우(예. 스 2:18에 나오는 "요라"가 느 7:24에서는 "하립"으로 나온다).

이제는 두 명단에 더 분명히 나타나는 유사점과 차이점을 살펴볼 차

149 일부 주석가는 처음에 느헤미야 7장에 있던 본래 명단이 나중에 에스라 2장에 자리를 잡았다고 주장한다(Clines, *Ezra*, *Nehemiah*, *Esther*, 44-45, Williamson, *Ezra*, *Nehemiah*, 28-32, 267-269). 다른 주석가들은 먼저 에스라 2장에 삽입되어 있다가 나중에 느헤미야 7장에 엮어 넣었다고 한다(Blenkinsopp, *Ezra-Nehemiah*, 83, 43-44). 물론 공동 저자나 편집자[즉, 역대기 저자나 다른 저자(들)]가 한 명단이나 서로 다른 두 명단을 각 문맥에 접붙임을 했을 가능성도 있다. 이 마지막 입장은 다음 주석가가 견지한다. Paul L. Reddit, *Ezra-Nehemiah*, SHBC 9b (Macon, GA: Smyth & Helwys, 2014), 74-79.

례다. 예컨대, "이스라엘 백성"을 묘사하는 에스라 2:2b-35과 느헤미야 7:7b-38에 주어진 수치들은 열다섯 군데에서 일치한다. 일부 명수는 한 자리 수(즉, 수 하나가 많거나 적다)의 차이를 보이는데, 일의 자리, 십의 자리, 백의 자리, 또는 천의 자리가 다르다.[150] 이는 서기관의 오독으로 설명하는 것이 가장 낫다.[151] 다른 한편, 제사장들의 이름과 수는 각 명단에 똑같이 나오고(참고. 스 2:36-39; 느 7:39-42), 성전 일꾼들과 솔로몬 신하의 자손을 합친 수도 마찬가지다(참고. 스 2:58; 느 7:60). 중요한 점은 모든 회중의 최종 합계가 둘 다 42,360명이란 사실이다(스 2:64; 느 7:66).[152]

끝으로, 에스라 2:68-69과 느헤미야 7:70-72에 나오는 각각의 결론부가 가장 주목할 만한 차이점을 보여준다. 이를 이해할 수 있는 것은 각 명단이 그 자체의 독특한 맥락에 맞춰져 있기 때문이다. 에스라 2:68과 느헤미야 7:70, 71 모두 '족장들의 우두머리 중 일부'(필자의 번역)로 시작하지만 곧바로 갈라진다. 에스라서에서는 초점이 귀환과 성전에 맞춰져 있는 만큼 새로운 역사적 및 문학적 순간이 "예루살렘에 있는 여호와의 성전 터에 이르러"(스 2:68)란 말의 추가로 특징지어져 있다. 이어서 하나님의 성전을 위한 자원 예물에 대한 언급이 나온다. 다른 한편, 느헤미야서에 나오는 맥락의 강조점은 이처럼 귀환과 성전에 명백히 두지 않고 보다 일반적인 것에 두며, 지도자들이 '그 작업'(느 7:70)과 '그 작업의 기금'(7:71)에 기

150 예컨대, 다음의 경우에는 수 하나가 다르게 나온다. 아도니감은 일의 자리에서 하나가 다르다[666(스 2:13), 667(느 7:18)]. 비그왜는 십의 자리와 일의 자리가 다르다[2056(스 2:14), 2067(느 7:19)]. 삭두는 백의 자리가 다르다[945(스 2:8), 845(느 7:13)]. 아스갓은 천의 자리와 백의 자리가 다르다[1222(스 2:12), 2322(느 7:17)].

151 Kidner, *Ezra and Nehemiah*, 42, 48, Clines, *Ezra*, *Nehemiah*, *Esther*, 45, Blenkinsopp, *Ezra-Nehemiah*, 85-86.

152 이 합계는 제1 에스드라스 5:41에도 똑같이 나온다. 만일 따로따로 더하면, 각 명단의 합계가 42,360명과 같지 않다는 것을 주목하라. 에스라 2:3-60에 나오는 수를 합하면 29,818명이 되고, 느헤미야 7:8-62에 나오는 수를 합치면 31,089명이 된다. 제1 에스드라스에 나오는 합계는 30,143명이다(Kidner, *Ezra and Nehemiah*, 48). 본문은 그 차이점에 대한 이유를 말하지 않고, 그 불일치에 대한 합의에도 도달하지 못했다. 일부 주석가는 그 합계에 여자들도 포함되어 있다고 주장해왔다(Williamson, *Ezra*, *Nehemiah*, 37-38). 제1 에스드라스 5:41에 따르면, 그 합계는 12살 이상의 이스라엘 사람들을 포함했다고 한다.

여했다고만 기록되어 있다. 이와 같이 느헤미야의 명단은 총독이 '그 기금에'(7:70) 기여한 것을 상세히 말하는데, 이는 에스라서에는 나오지 않는다(스 2:69).

응답

에스라 2장에 대한 응답에서는 구속받은 공동체에 대한 그분의 약속을 지키시는 하나님의 신실하심, 공동체의 맥락에서 개인의 역할 그리고 재건된 성전에서 예배하는 백성으로서의 공동체에 초점을 두었다. 이런 사항들이 물론 느헤미야 7장에 나오는 반복된 명단에도 적용되지만, 후자에 나오는 다른 맥락과 주제들이 새로운 고려사항을 내놓게 한다. 그렇다면 느헤미야 7장의 명단은 그 맥락에서 어떻게 이야기를 진전시키는가?

이 지점에서 백성은 공사가 완료되었다고 믿고 성벽 완공을 축하할 것으로 생각하며, 그 구조물의 완공이 최고점에 해당한다고 믿고 싶었을 것이다. 우리가 그런 절정의 순간을 기뻐하는 것은 옳지만, 성공을 완성으로 착각한 나머지 무한정 안식할 기회로 생각하면 안 된다. 등산객과 자전거 타는 사람은 '거짓 정상'을 너무나 잘 안다. 아래에서는 정상으로 보이던 것이 도달하면 긴 등반의 또 다른 단계에 불과한 것을 알게 된다. 이는 느헤미야 시대의 백성에게도 적용된다. 선한 일이 많이 이루어졌으나 남은 일도 여전히 많다. 그렇지 않으면 12:27-13:3의 봉헌식이 이 지점에서 거행될 것이다. 다행스럽게도, 그들은 예루살렘을 다시 주민으로 채우는 일(11장)과 더불어 모세의 율법 아래서의 심층적인 회복, 온전한 회개 그리고 언약 갱신(8-10장)이 필요하다는 것을 알고 있다. 하나님의 백성이 어떤 작업이 잘 끝난 것에 즐거워하는 것은 옳지만, 만일 그들의 사명이 완수되었다고 믿는다면 무기력 상태에 빠지게 된다.

그 대신 하나님이 우리 안에서 또는 우리를 통해 무엇을 완수하시든지 간에, 그것은 적절한 때에 더 많은 그 나라의 사역을 촉진해야 한다. 이는 하나님의 백성이 그 땅에 돌아온 한편, 계보에 기록된 이들은 하나님의 도성을 진정한 예배자들로 다시 채우기 위해 기꺼이 희생해야 한다는 뜻이다(11:1-2). 그래서 에스라-느헤미야서의 이 순간은 하나의 원형(archetype)으로 작동한다. 이 계보는 진정한 이스라엘, 아브라함 가족의 진정한 구성원을 대표한다(느 7:61). 그리스도의 몸의 지체들인 우리는 그 백성, 곧 아브라함의 자손들(롬 4:11-12)이자 마음의 할례를 받은 자들(롬 2:28-29)에 포함되어 있다. 따라서 우리는 어떻게 무기력증의 위험에 저항할지 스스로에게 묻고 우리의 역사적 순간에 참된 예배자들로 하나님의 도성을 채우기 위해 일하고 기도하게 된다.

궁극적으로, 그리스도 안에서 구원의 은혜를 받은 모든 민족에 속한 신자들은 장차 하나님이 건축하신 그 도성에 거주할 것을 바라본다(히 11:10, 16; 12:22). 그러나 그 도성은 이 도성보다 더 놀랍다. 첫째 명단이 성전으로 이어지고 둘째 명단이 예루살렘의 인구증가로 이어지는 것처럼, "이기는 자"는 하나님의 성전에 있는 기둥인 동시에 새 예루살렘에 사는 주민이 된다(계 3:12). 이를 염두에 두고 우리는 우리 안에서 그리고 우리를 통해 이뤄지는 하나님의 사역 자체를 목적으로 보면 안 된다. 우리는 "자기를 기쁘게 하[기]"(롬 15:1) 위해 존재하거나 일하는 것이 아니라, 그리스도께서 돌아오실 때까지 상호사랑을 통해 그리고 우리가 부름 받은 다양한 장소에서 주님을 섬김으로써 "우리 주 예수 그리스도의 아버지께 영광을 돌리[기]"(롬 15:6) 위해 존재하거나 일하고 있다(고전 15:58; 고후 9:8; 엡 4:28; 골 3:23; 살전 4:11).

7장

8:1 이스라엘 자손이 자기들의 성읍에 거주하였더니 일곱째 달에 이르러

7:73b And when the seventh month had come, the people of Israel were in their towns.

모든 백성이 일제히 수문 앞 광장에 모여 [1)]학사 에스라에게 여호와께
서 이스라엘에게 명령하신 모세의 율법책을 가져오기를 청하매 2 일
곱째 달 초하루에 제사장 에스라가 율법책을 가지고 회중 앞 곧 남자
나 여자나 알아들을 만한 모든 사람 앞에 이르러 3 수문 앞 광장에서
새벽부터 정오까지 남자나 여자나 알아들을 만한 모든 사람 앞에서
읽으매 뭇 백성이 그 율법책에 귀를 기울였는데 4 그때에 학사 에스라
가 특별히 지은 나무 강단에 서고 그의 곁 오른쪽에 선 자는 맛디댜와
스마와 아나야와 우리야와 힐기야와 마아세야요 그의 왼쪽에 선 자는
브다야와 미사엘과 말기야와 하숨과 하스밧다나와 스가랴와 므술람
이라 5 에스라가 모든 백성 위에 서서 그들 목전에 책을 펴니 책을 펼
때에 모든 백성이 일어서니라 6 에스라가 위대하신 하나님 여호와를

송축하매 모든 백성이 손을 들고 아멘 아멘 하고 응답하고 몸을 굽혀
얼굴을 땅에 대고 여호와께 경배하니라 7 예수아와 바니와 세레뱌와
야민과 악굽과 사브대와 호디야와 마아세야와 그리다와 아사랴와 요
사밧과 하난과 블라야와 레위 사람들은 백성이 제자리에 서 있는 동
안 그들에게 율법을 깨닫게 하였는데 8 하나님의 율법책을 낭독하고
그 뜻을 해석하여 백성에게 그 낭독하는 것을 다 깨닫게 하니

8장

8:1 And all the people gathered as one man into the square before the
Water Gate. And they told Ezra the scribe to bring the Book of the
Law of Moses that the Lord had commanded Israel. 2 So Ezra the priest
brought the Law before the assembly, both men and women and all
who could understand what they heard, on the first day of the seventh
month. 3 And he read from it facing the square before the Water Gate
from early morning until midday, in the presence of the men and the
women and those who could understand. And the ears of all the people
were attentive to the Book of the Law. 4 And Ezra the scribe stood on a
wooden platform that they had made for the purpose. And beside him
stood Mattithiah, Shema, Anaiah, Uriah, Hilkiah, and Maaseiah on his
right hand, and Pedaiah, Mishael, Malchijah, Hashum, Hashbaddanah,
Zechariah, and Meshullam on his left hand. 5 And Ezra opened the
book in the sight of all the people, for he was above all the people, and
as he opened it all the people stood. 6 And Ezra blessed the Lord, the
great God, and all the people answered, “Amen, Amen,” lifting up their
hands. And they bowed their heads and worshiped the Lord with their
faces to the ground. 7 Also Jeshua, Bani, Sherebiah, Jamin, Akkub,
Shabbethai, Hodiah, Maaseiah, Kelita, Azariah, Jozabad, Hanan,
Pelaiah, the Levites,[1] helped the people to understand the Law, while
the people remained in their places. 8 They read from the book, from

the Law of God, clearly,[2] and they gave the sense, so that the people understood the reading.

9 백성이 율법의 말씀을 듣고 다 우는지라 총독 느헤미야와 제사장 겸
학사 에스라와 백성을 가르치는 레위 사람들이 모든 백성에게 이르기
를 오늘은 너희 하나님 여호와의 성일이니 슬퍼하지 말며 울지 말라
하고 10 느헤미야가 또 그들에게 이르기를 너희는 가서 살진 것을 먹
고 단 것을 마시되 준비하지 못한 자에게는 나누어 주라 이날은 우리
주의 성일이니 근심하지 말라 여호와로 인하여 기뻐하는 것이 너희의
힘이니라 하고 11 레위 사람들도 모든 백성을 정숙하게 하여 이르기를
오늘은 성일이니 마땅히 조용하고 근심하지 말라 하니 12 모든 백성이
곧 가서 먹고 마시며 나누어 주고 크게 즐거워하니 이는 그들이 그 읽
어 들려준 말을 밝히 앎이라

9 And Nehemiah, who was the governor, and Ezra the priest and scribe,
and the Levites who taught the people said to all the people, "This day
is holy to the Lord your God; do not mourn or weep." For all the people
wept as they heard the words of the Law. 10 Then he said to them, "Go
your way. Eat the fat and drink sweet wine and send portions to anyone
who has nothing ready, for this day is holy to our Lord. And do not
be grieved, for the joy of the Lord is your strength." 11 So the Levites
calmed all the people, saying, "Be quiet, for this day is holy; do not be
grieved." 12 And all the people went their way to eat and drink and to
send portions and to make great rejoicing, because they had understood
the words that were declared to them.

13 그 이튿날 뭇 백성의 족장들과 제사장들과 레위 사람들이 율법의
말씀을 밝히 알고자 하여 학사 에스라에게 모여서 14 율법에 기록된

바를 본즉 여호와께서 모세를 통하여 명령하시기를 이스라엘 자손은
일곱째 달 절기에 초막에서 거할지니라 하였고 15 또 일렀으되 모든
성읍과 예루살렘에 공포하여 이르기를 너희는 산에 가서 감람나무 가
지와 들감람나무 가지와 화석류나무 가지와 종려나무 가지와 기타 무
성한 나무 가지를 가져다가 기록한 바를 따라 초막을 지으라 하라 한
지라 16 백성이 이에 나가서 나뭇가지를 가져다가 혹은 지붕 위에, 혹
은 뜰 안에, 혹은 하나님의 전 뜰에, 혹은 수문 광장에, 혹은 에브라임
문 광장에 초막을 짓되 17 사로잡혔다가 돌아온 회중이 다 초막을 짓고
그 안에서 거하니 눈의 아들 여호수아 때로부터 그날까지 이스라엘
자손이 이같이 행한 일이 없었으므로 이에 크게 기뻐하며 18 에스라는
첫날부터 끝날까지 날마다 하나님의 율법책을 낭독하고 무리가 이레
동안 절기를 지키고 여덟째 날에 규례를 따라 성회를 열었느니라

13 On the second day the heads of fathers' houses of all the people, with
the priests and the Levites, came together to Ezra the scribe in order
to study the words of the Law. 14 And they found it written in the Law
that the Lord had commanded by Moses that the people of Israel should
dwell in booths[3] during the feast of the seventh month, 15 and that they
should proclaim it and publish it in all their towns and in Jerusalem, "Go
out to the hills and bring branches of olive, wild olive, myrtle, palm,
and other leafy trees to make booths, as it is written." 16 So the people
went out and brought them and made booths for themselves, each on
his roof, and in their courts and in the courts of the house of God, and in
the square at the Water Gate and in the square at the Gate of Ephraim.
17 And all the assembly of those who had returned from the captivity
made booths and lived in the booths, for from the days of Jeshua the
son of Nun to that day the people of Israel had not done so. And there
was very great rejoicing. 18 And day by day, from the first day to the

last day, he read from the Book of the Law of God. They kept the feast seven days, and on the eighth day there was a solemn assembly, according to the rule.

1) 히, 서기관

1 Vulgate; Hebrew *and the Levites* *2* Or *with interpretation*, or *paragraph by paragraph* *3* Or *temporary shelters*

단락 개관

백성이 주님의 명령과 페르시아 왕들의 칙령에 따라 건축 프로젝트를 완수했다. 마지막 단락[느 7:73b(개역개정은 8:1)-13:31]은 에스라-느헤미야서의 피날레를 장식한다. 이 단락 전체는 이전의 주제들을 통합하는데, 거기에는 하나님의 말씀 아래서의 죄에 대한 깨달음과 언약의 갱신, 제사장들과 레위인들 아래서의 온전한 예배, 예루살렘을 다시 주민으로 채우는 것, 성벽 봉헌식 그리고 지속적인 개혁의 필요성 등이 포함된다. 이런 주제들이 네 개의 큰 제목 아래 다시 얘기되고 있다. 언약 갱신(7:73b-10:39), 예루살렘에 자리 잡은 사람들과 제사장과 레위인의 명단(11:1-12:26, 참고. 7:4-5), 성벽 봉헌식(12:27-43) 그리고 느헤미야의 개혁(12:44-13:31)이다.

이 단락은 하나님의 말씀에 초점을 두고 언약 갱신에 착수하는 복원된 공동체와 함께 시작된다. 이번 장에서 느헤미야의 일인칭 기사(느헤미야 비망록)가 한시적으로 중단됨에 따라 에스라가 그 이야기로 되돌아온다.[153] 율법 낭독과 초막절 행사(7:73b-8:18)에 이어 구속-역사적인 언약적 고백(9:1-37)이 나오고 이후에 언약의 봉인과 의무(9:38-10:39)로 마무리된다.

153 편리한 제목인 '느헤미야 비망록'은 느헤미야 1:1-7:73a; 12:27-43; 13:4-31에 나오는 일인칭 기사들에 적용된다. 느헤미야 서론의 '장르와 문학적 특징'을 보라.

8장의 큰 주제는 일곱째 달의 첫째 날과 둘째 날에 열린 성경 가르침 사역을 통한 사람들의 갱신이다(8:2, 13). 첫째, 백성이 율법 낭독과 설명을 듣기 위해 모인다(7:73b-8:12). 이어서 에스라가 백성이 율법을 공부하도록 돕는다. 그들은 초막절을 규정된 대로 지키지 못한 것을 인식하고 그 해결책을 만든다(8:13-18). 이틀에 걸친 행사는 '크게 기뻐하는 모습'으로 끝난다(8:12; 17). 핵심 단어는 "백성", "율법"(즉, 토라) 그리고 '깨닫다' 등이다(8:2, 3, 7, 8, 9, 12).

단락 개요

III. 공동체가 기뻐하다: 언약 갱신과 공동체 복원(느 7:73b-13:31)

A. 언약 갱신(느 7:73b-10:39)

1. 율법을 낭독하고 초막절을 지키다(느 7:73b-8:18)

a. 율법을 낭독하다, 백성이 깨닫고 기뻐하다(7:73b-8:12)

(1) 백성을 모으다, 율법을 낭독하고 깨닫게 되다(7:73b-8:8)

(2) 백성이 '크게 즐거워하며' 축하하다(8:9-12)

b. 율법을 공부하다, 초막절을 지키다(8:13-18)

(1) 백성을 모으다, 율법을 공부하다(8:13-15)

(2) 초막절을 '크게 즐거워하며' 지키다(8:16-18)

주석

7:73b-8:3(개역개정은 8:1-3) 이 구절들은 일반적 서론으로, 메시지를 전달하고 듣는 사람들뿐 아니라 그 배경(율법 낭독의 시기와 장소)도 묘사한다. 7:73b("이스라엘 자손이 자기들의 성읍에 거주하였더니 일곱째 달에 이르러", 새번역, ESV 참고, 개역개정은 이 어구를 8:1에 배치함-옮긴이 주)은 이전 장의 결말로 보기보다는 이어지는 장의 서문으로 보는 것이 최선이다.[154] 에스라서에 나온 패턴과 같이, 백성이 "일제히" 모이는 모습은 느헤미야서에서 긴 명단 이후에 나오고(참고. 7:6-73a과 7:73b-8:1), 둘 다 일곱째 달에 일어난다. 하나가 된 공동체, "모든 백성"이 바로 이 절정의 순간에 참여한다[8:1, 3, 5(3번), 6, 7(2번), 9(2번), 11, 12, 13, 16].[155] 그들은 도성의 동쪽 면에 위치한 수문에서 모이는데, 그곳은 도성의 물 공급원인 기혼 샘을 통해 물을 얻을 수 있는 길을 제공한다(참고. 3:26; 8:1, 3, 16; 12:37). 이 때문에 그 장소는 공동체 생활의 중심지이다.[156]

엘룰월(8월/9월), 즉 여섯째 달(6:15)에 성벽이 완공되어 생긴 흥분은 이스라엘 달력에서 가장 거룩한 달인 일곱째 달의 첫째 날과 둘째 날[8:2, 13, 티슈리(9월/10월)]로 명시된 이 행사들로 자연스럽게 이어진다.[157] 연도는 명시되지 않았지만 아마 주전 445년에 일어났을 것이다.

일곱째 달의 첫째 날은 역사적으로 거룩한 집회와 안식의 날이었으며 백성에게 이 가장 거룩한 달을 준비하도록 상기시키는 나팔 소리와 함께 시작되었다(레 23:24-25). 백성이 그 집회에 필수적 존재임을 보여준다. 왜

154 Clines, *Ezra, Nehemiah, Esther*, 181, Williamson, *Ezra, Nehemiah*, 277, Blenkinsopp, *Ezra-Nehemiah*, 282.

155 여기에 열거된 구절들 대다수에는 "모든 백성"이 나온다. "백성"이 핵심 단어로 두드러진다는 견해는 Eskenazi, *Age of Prose*, 97의 지지를 받는다.

156 Kidner, *Ezra and Nehemiah*, 114-115.

157 일곱째 달과 연관된 중요한 명절들에 대해서는 에스라 3:4-6a 주석을 참고하라.

냐하면 에스라에게 율법 책을 가져오도록 요청함으로써(느 8:1) 총회를 개시하는 주체는 지도자들이 아니라 "회중"(8:2)이기 때문이다. 예전에 그랬듯이, 에스라는 다른 이들의 접근을 받은 후에야 비로소 율법을 가르치는 행동을 취한다(참고. 스 9:1). 예루살렘으로 처음 돌아오던 당시에 에스라는 백성에게 "네 하나님의 율법"을 가르치기 위해 바벨론에서 예루살렘까지 율법 책을 가져가는 권한을 아닥사스다에게 받았었다(스 7:12, 25-26). 이제 에스라는 이 내러티브로 돌아와서 다시 한번 서기관과 제사장으로서, 율법의 낭독자와 선생으로서 자신에게 맡겨진 의무를 수행한다(느 8:1, 2, 4, 5, 6, 8, 13). 더 중요한 점은 에스라가 주님께 받은 소명을 이룬다는 것이다(스 7:6, 10, 12, 참고. 신 33:10).[158]

백성이 그들의 요청을 알리고 에스라가 그 요청에 반응하지만, 처음부터 끝까지 중앙 무대를 차지하는 것은 다름 아닌 하나님 말씀(즉, 율법 또는 토라)의 살아있는 메시지다(참고. 느 8:1, 18). 강조점은 그 메시지에 대한 백성의 굶주림과 그 의미에 대한 그들의 '깨달음'에 있다(8:2, 3, 7, 8, 9, 12). 그들은 '들었고' 또 "귀를 기울였[던]" 사람들로 밝혀져 있다(8:2-3). 율법 낭독은 여러 시간 동안 계속 진행된다(8:3). 그것은 처음에 "여호와께서 이스라엘에게 명령하신 모세의 율법책"(8:1)으로 불리고 있는데, 이는 이번 장에서 가장 긴 호칭이다.[159]

158 에스라는 "네 하나님의 율법"을 가르치도록 주전 458년에 예루살렘으로 돌아갈 권한을 받았다(스 7:25). 그런데 이 순간에 율법을 가르치기 전에 그는 어째서 약 13년을 지체한 것일까? 이 당혹스러운 지체로 인해 많은 주석가는 느헤미야 8장(그리고 아마 9-10장까지)의 텍스트가 역사적으로 또 문학적으로 에스라 비망록과 연결되어 있었고 그 편집 역사의 어느 시점에 느헤미야서의 이 지점으로 옮겨졌다고 생각한다. 윌리암슨은 이 관점을 "널리 퍼져있고 온전히 정확한 학문적 합의"라고 부른다(*Ezra, Nehemiah*, 285). 더 상세한 논증을 보려면 같은 책, 282-287과 Blenkinsopp, *Ezra-Nehemiah*, 45, 284, 286을 참고하라. 이 복잡한 논증들과 다양한 견해를 평가하기엔 지면이 부족하다(참고. 느헤미야서 서론의 '해석상 과제'). 이와 다른 입장에 대해서는 각주 163에 나오는 참고문헌을 보라.

159 이번 장의 다른 곳에서는 그것이 "율법"(8:2, 7, 9, 13), "율법책"(8:3), "하나님의 율법"(8:8), "여호와께서 모세를 통하여 명령하신 율법"(8:14) 그리고 "하나님의 율법책"(8:18)으로 불린다. "모세의 율법"이란 호칭은 여호수아 8:31, 32, 23:6; 열왕기하 14:6; 23:25; 말라기 4:4에도 나온다.

8:4-8 이제 낭독에 관한 세부사항을 알려준다. 이 집회는 하나님의 말씀에 초점을 둔 존엄하고 엄숙한 행사다. 그 말씀은 문자 그대로 백성 위에 올려 있다(4-5a절). 만든 강단은 높기도 하고 군중 앞에 서서 그들을 바라보는 에스라와 열세 명의 지도자(평신도인 듯)를 수용할 만큼 넓기도 하다. 이 사람들은 아마 에스라의 율법 낭독을 도울 것이다.[160] 두루마리(즉, "책")를 여는 순간 백성이 즉시 일어난다. 그들은 곧 신성한 왕의 말씀을 들을 것임을 알고 있다(5b절; 출 33:10). 더 나아가, 기도와 송축에 종종 손을 드는 것이 수반되는 것처럼(시 28:2; 63:4; 134:2) 여기서도 마찬가지다. 에스라가 "위대하신 하나님"을 송축하고 높이고(느 8:6, 참고. 신 10:17; 스 5:8; 느 1:5; 9:32; 시 95:3; 렘 32:18; 단 2:45; 9:4; 딤 2:13) 백성은 신체적인 반응을 보인다. 그들이 위로는 손을 들어 찬송하고 이어서 아래로는 머리와 몸을 땅에 엎드린 채 순종적인 예배를 드린다(창 24:48; 출 4:31; 12:27; 34:8; 대하 20:18). 에스라가 주님을 송축할 때 그들이 얼마나 강렬한 긍정을 표현하는지는 "아멘 아멘"(느 8:6; 대상 16:36; 시 41:13; 72:19; 89:52)이라는 그들의 응답으로 알 수 있다.

율법책의 낭독은 물론 필요하지만 그 말씀을 깨닫는 것도 반드시 필요하다. 이 대목(느 8:2-3)의 첫 부분에 "알아[듣다]"로 번역된 동사가 두 번 나오는 것은 끝부분(7-8절)에 두 번 반복되는 표현("깨닫[다]")과 균형을 이룬다. 강단 위에 선 열세 명의 도우미는 열세 명의 레위인에 대한 언급과 나란히 나온다.[161] 그들은 자신의 본분을 어떻게 이행하는가? 레위인들은 가르치는 의무(신 33:10)를 수행하기 위해 "제자리에 서 있는"(느 8:7) 백성들 가운데서 움직인다. 마지막 구절(8절)이 전체를 요약해준다. 이 구절에

160 Kidner, *Ezra and Nehemiah*, 115. 만일 이들이 제사장이나 레위인이었다면, 본문이 그렇게 지칭했을 것이다(Williamson, *Ezra, Nehemiah*, 289).

161 8:7의 히브리어 텍스트에는 '그리고 레위인들'(참고. ESV 난외주)로 나온다. 대다수의 현대 번역본과 주석가들은 접속사('그리고')를 지워서 '레위인들'을 그 명단에 나오는 모든 사람에게 적용되는 호칭으로 삼는다. 이 입장을 지지하는 견해로는 Clines, *Ezra, Nehemiah, Esther*, 184를 보라. 그는 이 이름들 대다수는 이 책에 나오는 다른 레위인 명단들에도 나온다고 말한다.

서 해석상의 의문은 전반부에 '명백히'("clearly", ESV 참고, 개역개정에는 없음)로 번역된 동사형[메포라쉬(*meporash*)]를 둘러싸고 제기된다. 이 단어의 기본적인 뜻 하나는 '구별하다, 분명히 하다, 또는 명백히 하다'(참고, 레 24:12; 민 15:34)이다. 이 해석에 따르면, 강단 위에 선 사람들이 또렷하고 신중한 방식으로 낭독하기 때문에 청중들이 잘 이해할 수 있다는 뜻이다. 이와 달리, 그 동사의 또 다른 뜻은 '분리하다' 또는 '부분들로 나누다'이다. 이는 낭독을 조직적으로 대목별로 수행한다는 뜻이다. 이 두 개의 개념 모두 나름의 가치가 있는 듯하다.[162] 분명한 사실은 강단 위에 선 사람들이 낭독을 하고 레위인들이 들은 내용의 뜻을 설명하고(즉, "그 뜻을 해석하여"), 그 결과 백성이 깨닫게 된다는 것이다.

8장

8:9-12 이제 느헤미야가 가르치는 자들과 함께 있는 것이 언급된다.[163] 에스라와 레위인들이 다시 언급되고, 레위인의 가르치는 사역이 되풀이된다(9절). 아울러 백성도 다시 한번 두드러지게 나타난다. 새롭고 또 놀라운 모습은 선포된 율법의 말씀을 듣고 보이는 강렬한 반응이다. 그들의 애도, '울다'와 '슬퍼하다'라는 단어의 반복 그리고 지도자들이 슬퍼하는 공동체에 위로와 연민을 베풀어야 한다는 사실에는 격심한 감정이 뚜렷이 나타난다. 공동체가 이처럼 크게 슬퍼하는 이유는 곧 분명히 드러날 것이다. 모

162 이런 대안들에 대해서는 ESV 각주를 보라. 블렌킨솝(*Ezra-Nehemiah*, 288)은 '명백히'란 뜻을 선호하고 윌리암슨(*Ezra, Nehemiah*, 116)은 '대목별로'란 뜻을 선택한다. 어쩌면 양자 모두 적절할 수도 있다(Kidner, *Ezra and Nehemiah*, 116). 널리 견지되진 않지만 '번역하다'란 뜻도 또 하나의 견해이다. 이 견해에 따르면, 히브리어로 낭독된 것이 레위인들에 의해 아람어로 번역된다는 것이다(참고. NASB, Fensham, *Ezra and Nehemiah*, 217). 에스라 4:18에 나오는 어원이 같은 아람어 동사를 중심으로 이와 비슷한 견해들이 제기된다(참고. 스 4:17-22 주석).

163 느헤미야 8:9과 12:26, 36이 에스라와 느헤미야가 함께 언급되고 동시대인으로 활동하는 것으로 나타나는 유일한 장소들이다. 이 사실과 8:9, 10의 단수 동사들('그가 말했다', ESV 참고)에 근거해 일부 학자들은, 이 구절과 더 넓은 텍스트가 삽입된 것이라 원문이 아니라고 결론짓는다. 성경 텍스트와 더불어 에스라와 느헤미야가 "상대방의 인생 과업에 불가분의 역할"을 한다는 사실을 활발하게 변호하는 입장은 Eskenazi, *Age of Prose*, 98-99에 나온다. 아울러 키드너는 부록에서 에스라와 느헤미야의 "간헐적인 협력"에 대해 제기되는 텍스트와 문법 관련 도전에 대해 다루고 있다(*Ezra and Nehemiah*, 163-165).

든 백성이 언약을 지키시는 주님에 대한 믿음을 저버린 죄를 절실히 깨닫기 때문이다(9:1-2, 32-33, 참고. 스 10:11; 느 1:6-7).

장차 상한 마음을 토로하고 죄를 자백할 때가 올 것이다. 현재로선 기쁨과 안식의 반응을 보이라는 격려를 받는다. 뜻밖의 이유에서다. 백성은 일곱째 달의 첫째 날은 거룩한 날로 구별되었다는 말을 세 번이나 듣는다(레 23:23-25; 민 29:1-6). 그런 거룩한 집회는 우울함이나 낙심이 아니라 기쁨으로 이어져야 한다(민 10:10). 슬픔도 사라져야 하는 것은 그들의 죄악에도 불구하고 하나님이 계속해서 그분의 백성을 도우셨기 때문이다(느 6:16). 이스라엘의 거룩한 분은 언제나 은혜롭고 신실하시며, 그분은 여전히 그들의 피난처(즉, "힘," 사 12장)가 되신다. 이 상황에서 그들의 요새이신 주님 안에서 기뻐한다는 것은 맛있는 식품("살진 것")과 음료, 즉 하나님이 장차 주실 풍성한 복의 맛보기(사 25:4-6; 55:1-2)와 함께 즐거워하며 예배한다는 것을 의미한다. 그리고 이것은 그들만을 위한 것이 아니다. 그들은 또한 다른 이들에게 "나누어 주[어야]"(일부를 보내야) 한다. 이것은 아마도 공동체의 기쁨에 동참할 수 없는 가난한 자와 나그네의 필요를 채워주는 일을 말할 것이다(참고. 에 9:19, 22; 렘 31:13).

이 모든 것은 순종적인 공동체의 반응을 이끌어낸다. 이전의 네 명령어, "가서…먹고…마시되…나누어 주라"(느 8:10)는 마지막 구절(12절)에서 명시적으로 순종된다. '깨닫다'란 동사가 이전 대목(2-3절, 7-8절)의 처음과 끝에 나왔듯이, 이 명령어들이 이 대목을 열고 또 닫는다(9, 12절). 하나님 말씀의 가르침이 그들의 마음속에 새겨졌고, 그들은 하나님이 그분의 율법의 "말씀"을 통해 그들에게 전달하고 계시는 것을 깨닫는다. 이번 장은 "모든 백성"에 강조점을 둔 채 시작했던 대로 끝난다. 하지만 이제 그들은 "크게 즐거워하[며]"(12절) 흩어진다.

8:13-15 백성이 흩어지고(12절) 확대 가족의 우두머리들이 이튿날에 다 함께 모인다. 이 가문의 지도자들은 공동체 전체를 대표한다(13절; 스 1:5; 3:12; 4:2, 3; 8:1). 그들이 '그 서기관'(the scribe, 개역개정은 "학사"), 성경학자(참고.

스 7:10)에게 다가오는 것은 율법을 듣기 위해서만이 아니라 그 말씀을 '공부하고'(ESV) 또는 '통찰력을 얻고'(NASB) 싶어서다(느 8:13, 참고. 렘 8:7). 이 언어는 느헤미야 8:8에 나오는 레위인의 사역, 즉 "그 뜻을 해석하[는]" 것이나 '통찰력을 주는'(NASB) 것과 비슷하다. 하나님의 율법에서 찾아낼 것이 더 많이 있었고 큰 집회는 그렇게 하기에 비효율적이다. 실제적으로 보면, 소그룹의 지도자들이 가르침을 받은 후 중요한 가르침을 그들의 가문별로 전할 수 있었다(신 4:10; 6:7; 시 78:4-8).

그들은 "여호와께서 모세를 통하여 명령하[신]" 것을 공부함으로써 공동체가 그동안 '초막절'을 지키는 것을 무시했다는 것을 알게 된다. 이 명절은 불과 13일 동안 지키도록 되어 있었을 뿐이다! 네 편의 모세 텍스트가 초막절을 묘사한다. 이 경우에 "기록한 바"(느 8:15)를 보고 공부한 것은 무엇보다 레위기 23:33-36, 39-43인 것으로 추정된다. 이 구절들이 느헤미야 8:13-18과 가장 직결되는 것은 둘 다 다음의 네 요소를 언급하고 있어서다. (1) "종려나무 가지"와 기타 "무성한 나무 가지"를 모으는 것(15절, 레 23:40), (2) "초막에서 거할지니라"라는 명령(느 8:14; 레 23:42-43), (3) "기뻐하[라]"는 요청(느 8:17; 레 23:40), (4) 여덟째 날의 "성회"(엄숙한 집회, 느 8:18; 레 23:36). 아마 두 번째 텍스트인 신명기 31:9-13도 읽었을 것이다. 거기서는 일곱째 해마다 초막절 동안 "이 율법을…온 이스라엘에게" 낭독하라고 모세가 명한다. 초막절을 언급하는 세 번째 모세오경 텍스트는 신명기 16:13-17이며, 이는 "절기를 지킬 때…즐거워하[라]"(신 16:14, 참고. 출 23:16; 34:22)고 요청하는 점은 같지만 성격상 요약문에 가깝다. 마지막 텍스트는 민수기 29:12-38인데, 이 본문은 "초막절"이란 단어는 사용하지 않아도 분명히 그 명절을 묘사하고 첫 날부터 여덟째 날까지 요구되는 제사의 세부사항을 제공한다.[164] 이 네 개의 텍스트 중에 어느 것을 읽었든지 간에 하나님 말씀의 내용을 모든 백성에게 알리는 것("그 말을 이스라엘 자손이

164 사실 민수기 29장은 일곱째 달에 여러 명절을 지키는 동안 요구되는 제사들에 대한 세부사항을 제공한다. 초막절의 중요한 의미에 대해서는 에스라 3:4-6a 주석을 참고하라.

사는 모든 마을과 예루살렘에 널리 알려야 한다는 것", 느 8:15, 새번역, 참고. 신 31:12-13)에 강조점을 두는 것은 분명하다. 이 경우에는 성경적 가르침을 중심으로 삼은 결과 온 공동체를 위해 중요한 명절이 복원되기에 이른다.

8:16-18 족장들은 이런 가르침을 그들의 집안에 전달한다. 공동체는 앞의 네 가지 명령(참고. 10, 12절)에 세심한 주의를 기울였다. 이제는 "나가서…취하여[가져다가]…짓되"라는 요청에도 직접 순종한다(15, 16절). 초막절을 지키는 일은 폭넓은 지지를 받는다. 처음 돌아온 지 거의 한 세기가 지났는데도 회중은 여전히 스스로를 "사로잡혔다가 돌아온"(17절; 스 2:1; 3:8; 8:35; 느 1:2, 3) 사람들이라 부른다. 초막을 지은 장소는 집("지붕"과 "뜰"), 공공장소로는 "하나님의 전 뜰" 그리고 끝으로 성문 앞의 널찍한 광장들이다.[165] 이처럼 집과 공공장소에 지었다는 것은 리더십이 그 명절을 지킬 필요성을 "널리 알[리라]"(8:15, 새번역, 참고. 레 23:2, 4, 24, 37에 나오는 '공포하라')는 요청에 순종한다는 것을 보여준다.

그들이 "여호수아 때로부터" 이제까지의 기간에 초막에서 살았던 적이 없었다는 느헤미야 8:17의 진술을 문자적으로 해석해서는 안 된다. 그 명절은 솔로몬 시대(왕상 8:2, 65-66; 대하 7:8-10; 8:13)와 비교적 최근(스 3:1, 4)에도 지켜진 적이 있다. 그 대신 그 진술은 여호수아의 공동체와 유배시대 이후 귀환자들 간의 유사점을 끌어내려는 것이다. 각 공동체가 유배생활에서 정착생활로 이동하기 때문이다(참고. 수 8:34-35; 호 12:9). 여호수아 시대와 같이, 하나님은 다시금 그분의 순례 백성을 새로운 출애굽 공동체로 보존하고 정착시켜서 다함께 모여 그분 앞에 경배하게 만드신 것이다. 마침내 약속된 아브라함 자손이 그 땅으로 돌아온 것이다(느 9:8; 창 12:7;

165 농촌 지역에서 예루살렘으로 들어오는 사람들이 이런 공공 영역들에서 지은 것 같다(Williamson, *Ezra, Nehemiah*, 296). "수문"(8:1)의 위치에 대해서는 7:37b-8:3 주석을 보라. "에브라임 문"(왕하 14:13//대하 25:23)은 느헤미야 3장의 성벽 건축에 언급되어 있지 않다. 그 정확한 위치는 알려져 있지 않다. 하지만 12:38-39에서 그 위치를 성벽 넓은 곳과 옛문 사이에 두는 것은 성벽의 북서쪽 구간에 있었던 것을 시사한다. 당시의 집은 편평한 지붕을 갖고 있었고 종종 중앙 뜰 둘레에 지어졌다.

13:15-16; 17:7-8; 렘 3:14; 29:14).

이 장은 서로 연관된 두 장면으로 마무리된다. 명절의 첫 날부터 마지막 날까지 에스라는 계속해서 백성에게 율법을 낭독하며 율법이 공동체 생활의 중심임을 강조한다. 이에 걸맞게 본문은 그들이 율법에 순종하여 칠일 내내 명절을 지키고 여덟째 날에는 율법에 적힌 대로 "규례를 따라 성회[엄숙한 집회]"(느 8:18, 참고. 레 23:36; 민 29:35)로 끝낸다고 말한다. 하나님의 말씀과 그분에 대한 순종이 하나님 백성의 토대이다.

응답

7:5-73a의 인구조사는 예루살렘을 다시 주민으로 채우기 위한 준비과정이었다. 하지만 그것은 또한 이번 장 내내 두드러지게 나오는 "모든 백성"(8:1, 3, 5, 6, 9, 11, 12, 13)이 "일제히"(1절) 다시 모이는 놀라운 순간으로 이끌기도 한다. 과거에는 그들이 제단을 재건하고 "초막절"을 지킬 때 "일제히" 모인 적이 있다(스 3:1-4). 현 상황에서 독특한 점은 그들이 물리적 구조물을 재건하기 위해서가 아니라 "율법책"에 담긴 가르침 아래서 영적으로 새롭게 되려고 하나님을 바라보기 위해 모인다는 것이다. "율법책" 역시 이번 장에 두드러지게 나온다. 이 장은 두 부분(느 7:73b-8:12, 13-18)으로 나눠져 있는데, 각 부분은 백성의 모임, 하나님의 말씀을 가르치는 일 그리고 그 선포에 대한 백성의 반응을 강조한다.

주님은 거듭해서 그분의 백성을 그분의 가르침을 "듣지 않았던" 자들로 특징짓곤 하셨다(삿 2:17; 시 81:8-16; 잠 5:13; 사 65:12; 66:4; 렘 7:22-28; 17:23; 34:14; 44:5). 그들은 완고하고 또 믿지 않았다. 그 결과 하나님은 그들을 그들의 완악한 마음에 내버려두셨고(시 81:12; 롬 1:24-25) 포로로 잡혀가게 하셨다(왕하 21:8-15; 렘 36:29-31). 하지만 심판이 그 이야기의 끝이 아니다. 이제 무언가 새로운 것이 일어났다(참고. 대하 34:14-21). 공동체가 낭독되는 그 말씀을 들으려고 모였을 때 그들은 죄를 깨닫고 눈물을 흘리게 된다

(느 8:9-10). 부드러운 마음과 죄의 자각에 대한 이런 표현은 '그들이 다 나를 알 것이라'(렘 31:34)라는 새로운 언약의 약속이 일찍 성취된 모습일 수도 있다.[166] 그들은 하나님의 말씀에 주의를 기울일 뿐 아니라 그동안 무시되었던 가르침에 순종하기도 한다(느 8:2-3, 14-16). 이런 반응은 하나님의 영의 사역이 아니고는 도무지 설명할 수 없다.

이번 장에 나오는 백성의 행위들(모임, 가르침, 반응)은 모든 문화적 및 역사적 상황에서 그리스도를 구원자와 주님으로 영접하는 모든 사람의 특징이 되어야 한다(히 10:24-25). 궁극적으로, 우리가 모여서 하나님의 말씀을 배우는 것은 그 자체가 목적이 아니고 예배하는 공동체가 되는 우리 소명의 중요한 일부이다(느 8:6). 이 모든 것은 '큰 기쁨'(12, 17절)과 선포된 말씀에 대한 순종(13절 이하)을 낳는다.

예수님의 이름을 부르는 이들은 예배할 때 자신들이 그분 몸의 지체, 곧 아브라함의 자손으로서 하나님이 부르시고 보존하신 백성(롬 4:9-18; 9:6-8; 11:17-20; 갈 3:29)인 것을 즐거워한다. 우리는 또한 하나님께서 그분의 은혜로운 말씀을 통해 가르침을 주시고 성령으로 우리 안에서 일하셔서 세상에는 어리석은 것인 십자가의 메시지를 우리가 모여 듣길 원하게 하시는 것을 기뻐한다(고전 2:12-16; 막 4:10-20). 하나님이 어떤 사람들을 부르셔서 그 말씀을 '연구하고' 그것을 다른 이들에게 가르치게 하신 것으로 인해 그분을 찬양한다(느 8:13; 엡 4:11-14; 딤후 2:2). 서기관이자 제사장인 에스라는 스스로를 가장 중요한 존재로 만들지 않는다. 오히려 그는 자기가 그 말씀의 종, 곧 다른 이들을 위해 성경을 열고 해설하도록 부름받은 사역자인 것을 알고 있다(행 6:4).

끝으로, 우리가 예배할 때 하나님의 말씀을 통해 죄를 깨닫고 슬퍼하고

166 "하나님이 말씀하고 계시는 내용을 '깨달았다'는 것이 그 계기를 만든 것이다. 그것은 맹목적인 종교성에서 어느 정도의 신-인간 간의 교제로 나아가는 한 발걸음이었다. 그것이 완전히 꽃피우는 것은 '그들이 다 나를 알 것이라'라는 확신이 수반되는 새 언약에 이를 때다. 그러나 옛 언약은 이미 그 후계자에 대한 상당한 약속을 품고 있었다." Kidner, *Ezra and Nehemiah*, 118.

우는 것(느 8:9-11)은 때로는 적절한 반응이지만, 우리는 또한 슬퍼하는 가운데 은혜를 기억해야 한다. 이스라엘에게 "성일"(거룩한 날)은 잔치를 즐기고 "나누어 주[며]"(음식의 일부를 보내면서) 기뻐하도록 부름 받은 날이다. 이처럼 초막절을 마무리하는 "성회"(엄숙한 집회)는 '큰 기쁨'(17절; 대하 7:8-10)과 연합되어 있다. 그리스도인 회중은 특히 매주 안식일을 경축할 때 그렇게 기뻐해야 한다. 우리는 예배 시간에 성경의 가르침 아래서 모이고 기뻐한다. 그로 인해 우리는 슬픔과 유배가 끝이 아님을 기억하게 된다. "여호와로 인하여 기뻐하는 것이 너희의 힘이니라"(느 8:10; 사 35:10).

1 그달 스무나흗날에 이스라엘 자손이 다 모여 금식하며 굵은 베 옷을
입고 티끌을 무릅쓰며 2 모든 이방 사람들과 절교하고 서서 자기의 죄
와 조상들의 허물을 자복하고 3 이날에 낮 사 분의 일은 그 제자리에
서서 그들의 하나님 여호와의 율법책을 낭독하고 낮 사 분의 일은 죄
를 자복하며 그들의 하나님 여호와께 경배하는데 4 레위 사람 예수아
와 바니와 갓미엘과 스바냐와 분니와 세레뱌와 바니와 그나니는 단에
올라서서 큰 소리로 그들의 하나님 여호와께 부르짖고 5 또 레위 사람
예수아와 갓미엘과 바니와 하삽느야와 세레뱌와 호디야와 스바냐와
브다히야는 이르기를 너희 무리는 마땅히 일어나 영원부터 영원까지
계신 너희 하나님 여호와를 송축할지어다 주여 주의 영화로운 이름을
송축하올 것은 주의 이름이 존귀하여 모든 송축이나 찬양에서 뛰어남
이니이다

1 Now on the twenty-fourth day of this month the people of Israel were
assembled with fasting and in sackcloth, and with earth on their heads.
2 And the Israelites[1] separated themselves from all foreigners and stood
and confessed their sins and the iniquities of their fathers. 3 And they

stood up in their place and read from the Book of the Law of the Lord their God for a quarter of the day; for another quarter of it they made confession and worshiped the Lord their God. 4 On the stairs of the Levites stood Jeshua, Bani, Kadmiel, Shebaniah, Bunni, Sherebiah, Bani, and Chenani; and they cried with a loud voice to the Lord their God. 5 Then the Levites, Jeshua, Kadmiel, Bani, Hashabneiah, Sherebiah, Hodiah, Shebaniah, and Pethahiah, said, "Stand up and bless the Lord your God from everlasting to everlasting. Blessed be your glorious name, which is exalted above all blessing and praise.

9장

6 오직 주는 여호와시라 하늘과 하늘들의 하늘과 일월 성신과 땅과 땅 위의 만물과 바다와 그 가운데 모든 것을 지으시고 다 보존하시오니 모든 천군이 주께 경배하나이다 7 주는 하나님 여호와시라 옛적에 아브람을 택하시고 갈대아 우르에서 인도하여 내시고 아브라함이라는 이름을 주시고 8 그의 마음이 주 앞에서 충성됨을 보시고 그와 더불어 언약을 세우사 가나안 족속과 헷 족속과 아모리 족속과 브리스 족속과 여부스 족속과 기르가스 족속의 땅을 그의 씨에게 주리라 하시더니 그 말씀대로 이루셨사오매 주는 의로우심이로소이다

6[2] "You are the Lord, you alone. You have made heaven, the heaven of heavens, with all their host, the earth and all that is on it, the seas and all that is in them; and you preserve all of them; and the host of heaven worships you. 7 You are the Lord, the God who chose Abram and brought him out of Ur of the Chaldeans and gave him the name Abraham. 8 You found his heart faithful before you, and made with him the covenant to give to his offspring the land of the Canaanite, the Hittite, the Amorite, the Perizzite, the Jebusite, and the Girgashite. And you have kept your promise, for you are righteous.

9 주께서 우리 조상들이 애굽에서 고난받는 것을 감찰하시며 홍해에
서 그들의 부르짖음을 들으시고 10 이적과 기사를 베푸사 바로와 그의
모든 신하와 그의 나라 온 백성을 치셨사오니 이는 그들이 우리의 조
상들에게 교만하게 행함을 아셨음이라 주께서 오늘과 같이 명예를 얻
으셨나이다 11 또 주께서 우리 조상들 앞에서 바다를 갈라지게 하사
그들이 바다 가운데를 육지같이 통과하게 하시고 쫓아오는 자들을 돌
을 큰물에 던짐 같이 깊은 물에 던지시고 12 낮에는 구름 기둥으로 인
도하시고 밤에는 불기둥으로 그들이 행할 길을 그들에게 비추셨사오
며 13 또 시내산에 강림하시고 하늘에서부터 그들과 말씀하사 정직한
규례와 진정한 율법과 선한 율례와 계명을 그들에게 주시고 14 거룩
한 안식일을 그들에게 알리시며 주의 종 모세를 통하여 계명과 율례
와 율법을 그들에게 명령하시고 15 그들의 굶주림 때문에 하늘에서 그
들에게 양식을 주시며 그들의 목마름 때문에 그들에게 반석에서 물을
내시고 또 주께서 옛적에 손을 들어 맹세하시고 주겠다고 하신 땅을
들어가서 차지하라 말씀하셨사오나

9 "And you saw the affliction of our fathers in Egypt and heard their cry
at the Red Sea, 10 and performed signs and wonders against Pharaoh
and all his servants and all the people of his land, for you knew that
they acted arrogantly against our fathers. And you made a name for
yourself, as it is to this day. 11 And you divided the sea before them,
so that they went through the midst of the sea on dry land, and you
cast their pursuers into the depths, as a stone into mighty waters.
12 By a pillar of cloud you led them in the day, and by a pillar of fire
in the night to light for them the way in which they should go. 13 You
came down on Mount Sinai and spoke with them from heaven and
gave them right rules and true laws, good statutes and commandments,
14 and you made known to them your holy Sabbath and commanded

them commandments and statutes and a law by Moses your servant.
15 You gave them bread from heaven for their hunger and brought water
for them out of the rock for their thirst, and you told them to go in to
possess the land that you had sworn to give them.

16 그들과 우리 조상들이 교만하고 목을 굳게 하여 주의 명령을 듣지
아니하고 17 거역하며 주께서 그들 가운데에서 행하신 기사를 기억하
지 아니하고 목을 굳게 하며 패역하여 스스로 한 우두머리를 세우고
종 되었던 땅으로 돌아가고자 하였나이다 그러나 주께서는 용서하시
는 하나님이시라 은혜로우시며 긍휼히 여기시며 더디 노하시며 인자
가 풍부하시므로 그들을 버리지 아니하셨나이다 18 또 그들이 자기들
을 위하여 송아지를 부어 만들고 이르기를 이는 곧 너희를 인도하여
애굽에서 나오게 한 신이라 하여 하나님을 크게 모독하였사오나 19 주
께서는 주의 크신 긍휼로 그들을 광야에 버리지 아니하시고 낮에는
구름 기둥이 그들에게서 떠나지 아니하고 길을 인도하며 밤에는 불기
둥이 그들이 갈 길을 비추게 하셨사오며 20 또 주의 선한 영을 주사 그
들을 가르치시며 주의 만나가 그들의 입에서 끊어지지 않게 하시고
그들의 목마름을 인하여 그들에게 물을 주어 21 사십 년 동안 들에서
기르시되 부족함이 없게 하시므로 그 옷이 해어지지 아니하였고 발이
부르트지 아니하였사오며

16 "But they and our fathers acted presumptuously and stiffened their
neck and did not obey your commandments. 17 They refused to obey
and were not mindful of the wonders that you performed among them,
but they stiffened their neck and appointed a leader to return to their
slavery in Egypt.[3] But you are a God ready to forgive, gracious and
merciful, slow to anger and abounding in steadfast love, and did not
forsake them. 18 Even when they had made for themselves a golden[4]

9장

calf and said, 'This is your God who brought you up out of Egypt,' and
had committed great blasphemies, 19 you in your great mercies did not
forsake them in the wilderness. The pillar of cloud to lead them in the
way did not depart from them by day, nor the pillar of fire by night to
light for them the way by which they should go. 20 You gave your good
Spirit to instruct them and did not withhold your manna from their
mouth and gave them water for their thirst. 21 Forty years you sustained
them in the wilderness, and they lacked nothing. Their clothes did not
wear out and their feet did not swell.

22 또 나라들과 족속들을 그들에게 각각 나누어 주시매 그들이 시혼
의 땅 곧 헤스본 왕의 땅과 바산 왕 옥의 땅을 차지하였나이다 23 주
께서 그들의 자손을 하늘의 별같이 많게 하시고 전에 그들의 열조에
게 들어가서 차지하라고 말씀하신 땅으로 인도하여 이르게 하셨으므
로 24 그 자손이 들어가서 땅을 차지하되 주께서 그 땅 가나안 주민들
이 그들 앞에 복종하게 하실 때에 가나안 사람들과 그들의 왕들과 본
토 여러 족속들을 그들의 손에 넘겨 임의로 행하게 하시매 25 그들이
견고한 성읍들과 기름진 땅을 점령하고 모든 아름다운 물건이 가득한
집과 판 우물과 포도원과 감람원과 허다한 과목을 차지하여 배불리
먹어 살찌고 주의 큰 복을 즐겼사오나

22 "And you gave them kingdoms and peoples and allotted to them
every corner. So they took possession of the land of Sihon king of
Heshbon and the land of Og king of Bashan. 23 You multiplied their
children as the stars of heaven, and you brought them into the land that
you had told their fathers to enter and possess. 24 So the descendants
went in and possessed the land, and you subdued before them the
inhabitants of the land, the Canaanites, and gave them into their hand,

with their kings and the peoples of the land, that they might do with
them as they would. 25 And they captured fortified cities and a rich land,
and took possession of houses full of all good things, cisterns already
hewn, vineyards, olive orchards and fruit trees in abundance. So they
ate and were filled and became fat and delighted themselves in your
great goodness.

26 그들은 순종하지 아니하고 주를 거역하며 주의 율법을 등지고 주
께로 돌아오기를 권면하는 선지자들을 죽여 주를 심히 모독하였나이
다 27 그러므로 주께서 그들을 대적의 손에 넘기사 그들이 곤고를 당
하게 하시매 그들이 환난을 당하여 주께 부르짖을 때에 주께서 하늘
에서 들으시고 주의 크신 긍휼로 그들에게 구원자들을 주어 그들을
대적의 손에서 구원하셨거늘 28 그들이 평강을 얻은 후에 다시 주 앞
에서 악을 행하므로 주께서 그들을 원수들의 손에 버려두사 원수들에
게 지배를 당하게 하시다가 그들이 돌이켜 주께 부르짖으매 주께서
하늘에서 들으시고 여러 번 주의 긍휼로 건져내시고 29 다시 주의 율
법을 복종하게 하시려고 그들에게 경계하셨으나 그들이 교만하여 사
람이 준행하면 그 가운데에서 삶을 얻는 주의 계명을 듣지 아니하며
주의 규례를 범하여 고집하는 어깨를 내밀며 목을 굳게 하여 듣지 아
니하였나이다 30 그러나 주께서 그들을 여러 해 동안 참으시고 또 주
의 선지자들을 통하여 주의 영으로 그들을 경계하시되 그들이 듣지
아니하므로 열방 사람들의 손에 넘기시고도 31 주의 크신 긍휼로 그들
을 아주 멸하지 아니하시며 버리지도 아니하셨사오니 주는 은혜로우
시고 불쌍히 여기시는 하나님이심이니이다

26 “Nevertheless, they were disobedient and rebelled against you and
cast your law behind their back and killed your prophets, who had
warned them in order to turn them back to you, and they committed

great blasphemies. 27 Therefore you gave them into the hand of their enemies, who made them suffer. And in the time of their suffering they cried out to you and you heard them from heaven, and according to your great mercies you gave them saviors who saved them from the hand of their enemies. 28 But after they had rest they did evil again before you, and you abandoned them to the hand of their enemies, so that they had dominion over them. Yet when they turned and cried to you, you heard from heaven, and many times you delivered them according to your mercies. 29 And you warned them in order to turn them back to your law. Yet they acted presumptuously and did not obey your commandments, but sinned against your rules, which if a person does them, he shall live by them, and they turned a stubborn shoulder and stiffened their neck and would not obey. 30 Many years you bore with them and warned them by your Spirit through your prophets. Yet they would not give ear. Therefore you gave them into the hand of the peoples of the lands. 31 Nevertheless, in your great mercies you did not make an end of them or forsake them, for you are a gracious and merciful God.

32 우리 하나님이여 광대하시고 능하시고 두려우시며 언약과 인자하심을 지키시는 하나님이여 우리와 우리 왕들과 방백들과 제사장들과 선지자들과 조상들과 주의 모든 백성이 앗수르 왕들의 때로부터 오늘까지 당한 모든 환난을 이제 작게 여기지 마옵소서 33 그러나 우리가 당한 모든 일에 주는 공의로우시니 우리는 악을 행하였사오나 주께서는 진실하게 행하셨음이니이다 34 우리 왕들과 방백들과 제사장들과 조상들이 주의 율법을 지키지 아니하며 주의 명령과 주께서 그들에게 경계하신 말씀을 순종하지 아니하고 35 그들이 그 나라와 주께서 그들

에게 베푸신 큰 복과 자기 앞에 주신 넓고 기름진 땅을 누리면서도 주
를 섬기지 아니하며 악행을 그치지 아니하였으므로 36 우리가 오늘날
종이 되었는데 곧 주께서 우리 조상들에게 주사 그것의 열매를 먹고
그것의 아름다운 소산을 누리게 하신 땅에서 우리가 종이 되었나이다
37 우리의 죄로 말미암아 주께서 우리 위에 세우신 이방 왕들이 이 땅
의 많은 소산을 얻고 그들이 우리의 몸과 가축을 임의로 관할하오니
우리의 곤란이 심하오며

9장

32 "Now, therefore, our God, the great, the mighty, and the awesome
God, who keeps covenant and steadfast love, let not all the hardship
seem little to you that has come upon us, upon our kings, our princes,
our priests, our prophets, our fathers, and all your people, since the time
of the kings of Assyria until this day. 33 Yet you have been righteous
in all that has come upon us, for you have dealt faithfully and we have
acted wickedly. 34 Our kings, our princes, our priests, and our fathers
have not kept your law or paid attention to your commandments and
your warnings that you gave them. 35 Even in their own kingdom, and
amid your great goodness that you gave them, and in the large and rich
land that you set before them, they did not serve you or turn from their
wicked works. 36 Behold, we are slaves this day; in the land that you
gave to our fathers to enjoy its fruit and its good gifts, behold, we are
slaves. 37 And its rich yield goes to the kings whom you have set over
us because of our sins. They rule over our bodies and over our livestock
as they please, and we are in great distress.

1 Hebrew *the offspring of Israel* *2* Septuagint adds *And Ezra said* *3* Some Hebrew manuscripts; many Hebrew manuscripts *and in their rebellion appointed a leader to return to their slavery* *4* Hebrew *metal*

단락 개관

느헤미야 7:73b-10:39의 언약 갱신은 느헤미야서의 마지막 단락(7:73b-13:31)에 속한 네 단원 중 첫째이다. 이 단원이 시작될 때 일곱째 달의 첫 이틀 동안 율법이 두 번 낭독되고 또 설명된다. 공동체는 울음, 기쁨 그리고 무시되었던 초막절 행사로 반응한다(8:18).

이런 율법에 대한 새로운 관심에 이어 이번 장(9:1-37)은 언약 갱신의 핵심인 예배와 고백에 대해 이야기한다. 세 번째로 백성은 율법 낭독을 들으라는 레위기 가르침 아래 다함께 모인다(1절, 참고. 8:1, 13). 이는 기도의 요청으로 귀결된다(9:1-5). 그 기도는 찬양, 회개 그리고 하나님의 끊임없는 신실하심(특히 그 땅을 주신 것)과 그분을 사랑하지 못한 백성의 변함없는 실패를 나열하는 긴 고백을 포함한다(6-31절). 이 고백은 하나의 구속-역사적 요약으로 구성되어 있고, 이는 구약 전체에서 성경 이야기의 가장 완전한 개관이다.[167] 그 시대 구분을 보여주기 위해 ESV는 다섯 대목으로 나누고 있다. 창조에서 아브라함을 부르기까지(6-8절), 출애굽에서 시내산까지(9-15절), 반역과 광야생활(16-21절), 그 땅의 점령[22-25절(여호수아서)], 불순종, 자비 그리고 선지자적 경고의 순환[26-31절(사사기에서 열왕기까지)]이다. 전환의 표시인 '이제'(ESV 참고, 개역개정에는 32절의 끝 부분에 나옴)로 시작되는 마지막 대목은 그 역사를 현 순간까지 끌어온다. 이 대목은 최종적인 고백 및 탄식과 하나님의 구출에 대한 암묵적 간구의 기능을 한다(32-37절).

167 느헤미야 9장은 출애굽에서 유배까지 다루는 시편 106편과 같은 역사적 시편에 비견될 수 있다(참고. 시 106:7, 47). 구약을 요약한 다른 대목으로는 신명기 1-3장; 여호수아 24:2-13; 사무엘상 12:6-13; 시편 78편; 105편; 136편 등을 들 수 있다. 그것이 산문인지, 시(詩)인지에 대한 장르의 문제와 다른 분류의 문제는 Williamson, *Ezra, Nehemiah*, 305-307에 길게 논의되어 있다.

단락 개요

III. 공동체가 기뻐하다: 언약 갱신과 공동체 복원(느 7:73b-13:31)

A. 언약 갱신(느 7:73b-10:39)

2. 구속-역사적 언약 고백(9:1-37)

a. 낭독, 고백 그리고 기도의 요청과 함께하는 집회(9:1-5)

b. 창조에서 아브라함 언약까지(9:6-8)

c. 출애굽과 홍해 횡단에서 시내산까지(9:9-15)

d. 반역과 40년 광야 시절(9:16-21)

e. 약속의 땅: 주님의 선하심의 표현(9:22-25)

f. 죄, 예속, 간구 그리고 구원의 순환(9:26-31)

g. 주님의 "큰 복"에 비춰본 간청과 탄식(9:32-37)

9장

주석

9:1-5 앞장과 같이 여기서도 먼저 배경과 관련된 사람들(1-3절)을 묘사한 후 예배를 인도하는 레위인들의 행동을 기술한다. 본문은 이 집회가 어디서 열리는지 말하지 않는다. "그달"이란 언급은 일곱째 달(8:2, 13)을 가리킨다. 이 행사가 스물넷째 날에 열린다는 것은 스물둘째 날에 열린 이전의 "성회"(8:18) 직후에 개최된다는 뜻이다. 그날은 초막절의 칠일이 지난 여덟째 날이었다(레 23:33-36).

기뻐하는 모습이 참회하는 모습으로 바뀌었음에도 불구하고 이런 행동은 앞장과 일관성이 있다. 앞에 나온 울음과 슬픔의 반응은 율법 낭독이 미친 영향을 보여주었다(느 8:9-12). 이 반응이 이제는 금식(참고. 스 8:21-23; 10:6), 베옷 그리고 백성의 머리에 얹은 티끌(에 4:1; 욘 3:5-6; 단 9:3)을 통해 표현된다. 이런 모습은 애도와 회개, 죽음과 장사의 외적 형태이다. 백성(문자적으로, "이스라엘 자손", 참고. 느 9:2 ESV 난외주)이 줄곧 주된 초점의 대상이다. 그들이 외국인들과 "절교하[는]" 것은 혼인관계(참고. 스 9:1-2; 10:1-2)를 말하는 게 아니라 하나님 앞에 나오기 위한 분리이고 신앙을 고백하는 모든 공동체에 적용된다(느 10:28, 참고. 스 6:21). 그들은 먼저 '서고' 또 '낭독한'(느 8:4-5; 9:3-5) 후 이번에는 죄를 '고백하고' 또 '예배한다'. 이는 하루의 상당 시간에 걸쳐 진행된다(9:3, 참고. 8:3). 여기서 에스라의 이름이 나오지 않는 것은 확실히 뜻밖이다(하지만 9:6 ESV 난외주를 참고하라). 하지만 레위인들은 앞장에서 그랬듯이(8:7) 다시금 그들의 몫을 담당하고 8장과 9장의 양립 가능성을 확증해준다.[168]

"[레위인의] 단[문자적으로, '상승']"(9:4)은 그런 경우에 백성 앞에서 레위인들을 높이기 위해 사용된, 달리 알려진 적이 없는 계단을 가리킬 수 있다.[169] 레위인이 여덟 명씩 두 차례 언급되어 있는데 그중에 다섯 명이 공유되고 있다. 한 세트는 공개적으로 구출해달라고 부르짖는 소리로("큰 소리로…부르짖고", 4b절, 참고. 삼상 28:12; 삼하 19:4; 에 4:1; 겔 11:13) 시작한다. 이후 둘째 세트는 찬송하라고 권유하고("일어나…송축할지어다", 느 9:5b) 이어지는 죄 고백의 기도와 함께 고통스러운 부르짖음을 말로 표현한다(참고. 37절).[170] 기도를 이끄는 송영이 언약을 지키시는 주님의 "영화로운 이름"을 높이는 찬송

168 일부 해석자들은 8장에 비추어 9장을 읽는 것이 왜 부적절한지 이유를 제공한다. 그 이유들에는 기쁨에서 참회로의 갑작스러운 전환, 에스라의 부재 그리고 에스라서의 전형적인 용어(참고. 스 9:1-2, 10:8, 11, 16)인 '자손'과 '분리'(느 9:2) 같은 언어 등이 포함된다. 그들의 결론은 느헤미야 9장이 에스라 8-10장에서 옮겨놓은 본문이라는 것이다. 이 가운데 일부는 이 본문에 대한 주석과 느헤미야서의 서론(해석상 과제)에서 다룬 바 있다. 이에 대한 충분한 논의를 보려면 Williamson, *Ezra*, *Nehemiah*, 308-310을 참고하라.

169 키드너는 훗날의 헤롯 성전과의 유사성을 제안하는데, 헤롯 성전에는 여성 구역에서 이스라엘 구역으로 이끄는 15개의 계단이 있었다(*Ezra and Nehemiah*, 121). 미쉬나에 따르면, 레위인들이 이 계단들 위에서 노래하곤 했다고 한다. '플랫폼'(NASB, NJPS)이란 번역은 8:4의 나무 강단을 시사할 수 있다. 하지만 '플랫폼'으로 번역된 단어는 9:4에서 "단"으로 번역된 단어와 다른 명사이고, 후자는 좀 더 영구적인 구조물이란 뜻이 있다(Williamson, *Ezra*, *Nehemiah*, 311).

170 예수아, 바니(즉, 비누니) 그리고 갓미엘은 레위인 지도자들이었다(참고. 10:9; 12:8). 스바냐와 세레뱌와 더불어 이 이름들이 별도의 명단들에 나오는 다른 사람들을 가리킬 가능성은 없는 듯하다.

처럼 시작된다(5b절).[171] 이어지는 죄 고백은 하나님의 이름을 송축하기 위해서다.

9:6 송영(5b절)이 단순하되 심오한 선포로 이어진다. "오직 주는 여호와시라." 그 이름으로 불릴 만한 분은 비할 데 없는 유일한 하나님밖에 없다(왕하 19:15). 창세기 1장처럼 이 기도는 하늘에서 땅으로 이동하면서 주님을 유일한 창조주이자 '모든'(4번) 피조물의 보존자로 고백한다. 기도는 전반적으로 하나님이 행하신 일을 주로 열거한다('주님이 지으셨다', '주님이 선택하셨다' 등). 경배하는 "천군"은 천사 일꾼들(왕상 22:19; 시 8:5)이나 모든 천체(참고. 창 2:1)를 가리킬 수 있다. 아이러니하게도, 이스라엘 사람들은 창조주에 대한 경배를 그분이 만드신 "천군"에 대한 경배로 바꿔버렸었다. 그런 경배가 언약적 불순종의 두드러진 모습이었고 결국 유배를 초래했던 것이다(신 4:19-20; 왕하 17:16; 21:3-5; 23:4; 렘 8:2; 19:13).

9:7-8 "주는 하나님 여호와시라"라는 어구가 6절과 7절을 함께 묶어준다. 만물을 창조하신 하나님(6절)은 또한 특별히 아브람을 선택하셨다(7절). 아담을 창조하셔서 동산에 두셨던 그 하나님(창 2:7-9, 15)이 또한 아브람을 선택하셔서 메소포타미아에서 약속의 땅으로 인도하셨다(창 11:28, 31; 신 10:15). 하나님은 아브람의 자손을 통해 만물을 구속하고 재창조하실 목적을 세우셨다. 그러면 창세기 3-11장의 반역이 모두 치유될 것이다.

주님은 아브람을 아브라함("여러 민족의 아버지")으로 개명하심으로써 아브라함과 맺은 영원한 언약의 약속들을 요약하셨다(창 17:1-5; 22:17-18). 그 언약은 "가나안 족속…의 땅"을 주는 것, 아브라함의 후손이 그 비옥한 땅에 거주하게 하는 것 그리고 복을 주는 것, 특히 아브라함의 하나님과 그의 자손의 하나님이 되리라는 약속을 포함했다(창 12:1-3; 15:18-21; 17:6-8;

171 참고. 대상 16:29; 시 66:1-4; 72:18-19; 96:7-9.

26:3; 출 6:7; 렘 7:23). '주다'(나탄)란 동사가 하나님이 주어로 나오는 모든 고백에서 줄곧 핵심 단어로 나타난다.[172]

하나님은 아브라함과 언약을 맺을 뿐 아니라 그의 마음도 평가하신다. 아브라함은 믿음으로 하나님을 따라 걷겠다는 의향을 줄곧 보여주었다(창 15:6). 때때로 이것은 '할례 받은 마음'(신 10:16; 30:6; 롬 2:28-29; 4:9-12)이라 불린다. 이 모두가 유배시대 이후의 백성에게 적실한 것은 그들도 아브라함처럼 메소포타미아에서 먼 길을 왔기 때문이다. 그들은 그들의 조상 아브라함이 보여준 믿음에 의해 더욱 격려를 받는다. 더 중요한 점은 하나님이 여전히 그분의 말씀에 충실하시고 그분의 약속을 지키신다는 사실로 위안을 받는 것이다(느 9:8). 그들은 지금도 아브라함의 자손으로 살고 있고 주님은 지금도 그들의 주님이시다. 이 맥락에서 가장 중요한 점은 주님이 여전히 신실하셔서 그들로 그 땅에 돌아오게 하셨다는 것이다.

9:9-11 이 구절들의 언어는 분명히 출애굽기 1-15장을 상기시킨다. 하나님은 그들의 비참한 상태를 보시고(출 2:23-25; 3:7) "이적과 기사"를 행하셨다. 그분의 백성을 노예상태에서 구속하기 위해 이런 기적을 행하신 것이다(출 7:3-4; 신 6:22; 26:8; 34:11). 하나님은 "홍해에서 그들의 부르짖음"(느 9:9; 출 14:10-15)을 들으시고 물을 가르셨다. 그분의 백성은 바다 한가운데를 통과했으나 그들의 적은 '큰 물에 던져진 돌'처럼 던져졌다(느 9:11; 출 15:5, 10; 사 43:15-17). 노예상태와 자유, 심판과 구원과 같은 주제들은 유배시대 이후 기도하는 청중에게 적실한 것들이다. 하나님은 지금도 노예상태에서 도움을 구하는 그들의 부르짖음을 들으실 것이다(느 9:4, 36).

이 구원의 목적은 구원자로서 주님의 영광이 그때처럼 "오늘[까지]" 널

172 주님이 19번 나오는 '주다'란 동사 중 17번의 주어이다. 9:8(2번), 10("베푸사"), 13, 15(2번), 20(2번), 22, 24, 27(2번), 30, 35(2번), 36, 37("세우신"). 하나님은 언약, 땅, 이적과 기사, 계명, 양식과 물, 그분의 선한 영, 나라들과 족속들, 원수들에 대한 승리와 원수들의 손에 당한 패배, 구원자들 그리고 그분의 큰 복을 주신다. 이스라엘이 이 동사의 주어로 나오는 곳에서는 반역을 '일으키는 것'(giving)을 말한다. 9:17("세우고"), 29["내밀며"(돌이켰다, ESV 참고)].

리 퍼지는 것이었다(10b절, 참고. 5b절). 이집트 사람들은 그들의 조상을 학대함으로 "교만하게 행[했다]".[173] 이런 행위는 모세의 장인, 이드로가 이미 알고 있던 것이다(출 18:11). 그러나 이드로가 주님이 그분의 백성을 구속하신 강력한 방법에 대해 알게 되었을 때, 그는 유배시대 이후의 공동체와 똑같은 결론에 도달했다. "이제 내가 알았도다 여호와는 모든 신보다 크시[다]"(출 18:10-11, 참고. 느 9:32과 출 14:17-18).

9:12-15 이 구절들은 시내산으로의 여정과 거기서 율법을 주신 장면을 요약한다(출 13-31장). 구름 기둥과 불기둥과 '주님이 강림하셨다'는 사실은 하나님의 임재, 구출, 인도 그리고 보호를 가리킨다(출 13:21-22; 14:19, 참고. 출 3:8). 하지만 주님은 또한 광야에서 '하늘로부터 내려오는 양식'과 물로 그들의 신체적 필요를 채우셨는데, 이는 출애굽기 16-17장(특히 16:4; 17:6)에 나오는 사건들을 언급하는 것이 분명하다.

더 중요한 점은 주님이 다시금 그분의 언약의 약속들을 지키셨다는 것이다. 그분은 아브라함에게 땅의 모든 족속이 그로 말미암아 복을 얻을 것이라고 약속하셨다(창 12:3). 그런데 어떻게 하시는가? 하나의 중요한 방식은 주님이 최근에 구출한 백성을 위해 그분의 가르침을 모세에게 주려고 친히 강림하시는 것이다(느 9:13-14; 출 19:20). 특히 강조되는 것은 "거룩한 안식일"이다(느 9:14; 출 20:8-11; 31:13-17; 느 13:15-22). 하나님의 율법을 받은 것과 더불어, 은혜로운 선물로 주겠다고 맹세하신 그 땅을 차지하게 된 것이 다시 한번 강조되고 있다(9:8, 15; 출 6:8). 여기서 하나님은 그들을 제사장들과 거룩한 나라(출 19:5-6)로 삼으실 것이다. 요컨대, 그곳에서 이 계명들을 순종할 때에야 비로소 주님이 새로운 인류, 곧 은혜와 공의를 겸비하고 모든 민족에게 복이 되는 백성을 빚어내실 것이다(느 9:8, 15, 참고. 출 19:5-6;

173 이 동사의 뜻은 더 큰 권위, 여기서는 주님께 도전하는 교만이다(출 18:11; 렘 50:29). ESV는 이 동사를 훗날의 이스라엘에게 적용해서 '주제넘게 행했다'(느 9:16, 29)라고 번역한다. 이집트처럼 이스라엘의 교만은 분명한 명령에도 불구하고 주님을 완전히 무시하게 만들었다(예. 신 1:43).

신 4:1-8).

9:16-31 하나님의 은혜에 주목한 후 마지막 세 대목은 인간의 불순종과 주님의 자비로운 반응("그들" 대 "주")을 번갈아 말한다. 이는 이 단락 전체의 A-B-C-B′-A′ 패턴에 분명히 나타나고, 중앙에는 땅에 대한 약속이 놓여 있다(표2).

인간의 불순종	하나님의 반응
(A) "교만하고"(16절, '주제넘게 행했다', ESV)	"은혜로우시며 긍휼히 여기시며"(17절)
(B) "크게 모독하였[다]"(18절)	"크신 긍휼로"(19절)
(C) 그 땅은 주님의 선물이다(22-25절)	
(B′) "심히 모독하였나이다"(26절)	"크신 긍휼로"(27절)
(A′) "교만하여"(29절, '주제넘게 행했다', ESV)	"크신 긍휼로", "은혜로우시고 불쌍히 여기시는"(31절)

표2. 불순종과 은혜의 교차구조

9:16-17a, 18 냉혹한 평가가 점점 쌓인다. 이집트 사람들처럼 그들이 "교만[했다]"(16, 29절, 참고. 각주 173). 그들이 "목을 굳게 하[였다]"(참고. 29절). 이는 마음을 완악하게 하는 것과 비슷하다(대하 36:13). 금송아지 사건 이후에 그들의 상태를 이와 비슷한 말로 묘사한다(출 32:9; 33:3, 5; 34:9). 이 관용구는 불신과 거의 동의어이고(신 10:16; 왕하 17:14 이하; 대하 30:8-9; 잠 29:1) 하나님의 말씀을 듣길 거부하는 것에 비유된다(렘 7:26; 17:23; 19:15).[174] 여기서는 후자의 뜻이 두드러지게 나타난다. 그들은 그들이 받은 선한 가르침

174 이 관용구는 주인의 뜻에 거부하는 짐승을 가리킬 수 있다. 이는 때때로 "목이 곧은" 또는 "완고[한]"으로 번역된다(신 9:6, 13; 31:27; 사 48:4). 스데반은 그것을 마음과 귀에 할례 받지 못한 상태와 동일시하고 그것을 성령에 저항하는 것으로 해석한다(행 7:51).

(13-14절)에 '순종하기를'(문자적으로, '듣기를', 느 9:16, 17) 거부한 것이다. 그들은 그들이 구출 받을 때의 이적과 기사를(9-11절) 잊어버렸다("기억하지 아니하고"). 아마 가장 극적인 모습은 그들이 우상숭배로 하나님을 "크게 모독[해서]"(18절) 하나님의 것들에 대한 경멸을 나타낸 것일 테다.[175]

두 개의 중요한 실례가 언급된다. 첫째, 정탐꾼들의 보고에 이어 다른 리더십을 세우려고 한 것이다(민 13-14장; 특히 14:4). 이는 "종 되었던 땅[이집트]으로 돌아[갈]" 목적으로 모세의 권위를 배척한 것과 그들의 배은망덕한 모습을 보여주었다(느 9:17).[176] 더 중요한 점은 그것이 하나님의 땅의 선물을 받아들이길 거부하는 모습을 보여주었다는 것이다. 둘째, 금송아지 사건(18절; 출 32-34장; 특히 32:4, 8)이 우상숭배의 '전형적' 패러다임을 제공한 것이다(출 20:3-4).

9:17b, 19-21 "그러나 주께서는"(17b절)과 '…때에도'(18a절, ESV 참고)는 주님의 반응을 보여준다. 그들의 '큰 모독'(18, 26절)이 언급될 때마다 그분의 "크신 긍휼"(19, 27절)이 응답한다. 사실, 반역 사건에 대한 서술 전체가 "은혜로우시며 긍휼히 여기시[는]" 주님(17, 31절)을 그 틀로 삼고 있다. 이 용어들이 하나님의 자비로운 특징, 곧 용서, 인내 그리고 끊임없는 신실하심(17b절) 등과 같은 특징의 맨 앞에 나오고, 이는 반역의 두 실례(16-17a, 18절) 사이의 쐐기 역할을 한다. 주님에 대한 이 묘사는 금송아지 사건을 필두로 구약 전체에서 일관된 증언의 가닥을 형성한다(출 34:6; 시 86:15; 103:8; 145:8; 욜 2:13; 욘 4:2).

175 여기서 "모독"으로 번역된 명사는 드물게 나온다(9:18, 26; 왕하 19:3//사 37:3; 겔 35:12). 다른 영어 번역본은 '불경건함'(impieties), '도발'(provocations), '모욕'(insults) 그리고 '경멸'(contempt)로 번역한다. 그 의미는 주님을 배척한 상황(민 14:22-23; 16:30; 사 1:4)과 특히 언약을 깨는 상황(신 31:20)에 나오는 어원이 같은 동사로부터 도출할 수 있다. 이것은 불신과 비슷하다(민 14:11). 따라서 이 명사는 반역적인 행동의 결과를 묘사하는 셈이다.

176 히브리어에는 '그들의 반역에서'(참고. KJV, NIV, NJPS)로 나온다. 일부 고대 사본들의 지지를 받아 한 철자를 바꾸면 '이집트에서'가 되고, 대다수 영어 번역본이 수정판을 받아들였다. 민수기 14:4에 나오는 비슷한 언어도 이를 지지한다.

실제적으로 말하면, 이는 그들이 주님을 배척했음에도 불구하고 주님은 "그들을 버리지 아니하셨[다]"는 뜻이다(느 9:17, 19, 31). 이것은 다음의 사실로 입증된다. 이런 반역들이 묘사된(16-18절) 후에도 하나님의 자비는 인도하는 기둥들(19절, 참고. 12절), 그분의 가르침(20a절, 참고. 13-14절),[177] 신체적 부양(20b-21절, 참고. 15a절) 그리고 그 땅을 주심(22-25, 15b절)[178] 등으로 나타난 그분의 임재를 통해 계속 이어졌다는 사실이다. 이 기간 내내 그들은 "부족함이 없[었다]"(21절; 신 2:7; 8:9). 이는 참으로 놀라운 은혜가 아닐 수 없다!

9:22-25 땅에 대한 약속이 이제는 완전한 주목을 받는다. 15b절에 나오는 "차지하[다]", "땅" 그리고 "주[었다]"라는 핵심 단어들이 이월된다.[179] 그 땅에 대한 주목은 유배시대 이후의 공동체에게 그 중요성을 보여준다(36-37절). 여기에는 실패, 죄, 또는 반역이 언급되지 않는다. 그 대신 하나님의 행동에 감사하는 믿음의 반응으로 "차지하[다]"는 말이 반복되는 가운데 순종이 강조되어 있다.

- 하나님("주")이 주셨다, 나누어 주셨다//그들이 차지하였다(22절, ESV 참고, 민 21:21-31, 33-35; 신 2:24-3:11).
- 하나님이 그들의 자손을 많게 하셨고(참고. 느 9:8), 그들을 인도하여 이르게 하셨다, 그들에게 들어가서 차지하라고 말씀하셨다(23절, 참고. 신 7:1-2)//그들이 들어가서 차지했다(느 9:24).

177 율법(9:13-14)은 여기서 "주의 선한 영을 주사 그들을 가르치시[는]"(9:20a) 것과 병행한다. 이 맥락에서 '가르치다'[사칼(*sakal*)]로 번역된 동사는 율법의 공부와 준수로부터 생기는 성공과 관련이 있다(수 1:7-8, Williamson, *Ezra*, *Nehemiah*, 314). 하나님의 선한 영의 사역은 다른 곳에서 주님이 그분의 뜻을 가르치는 일과 연결되어 있다(시 143:10, 참고. 시 51:11-13).

178 하나님의 신실하심에 대한 이런 다양한 표현이 9:16-18의 반역의 앞(9:12-15)과 뒤(9:19-21)에 반복되고 또 병행된다는 주석은 Williamson, *Ezra*, *Nehemiah*, 314-325에 나온다.

179 Williamson, *Ezra*, *Nehemiah*, 316.

- 하나님이 가나안 주민들이 그들 앞에 복종하게 하시고…그들의 손에 넘기셨다(24절)//그들이 점령하고 차지했다(25절; 수 1-12장).

절정에 해당하는 느헤미야 9:25은 하나님의 흘러넘치는 은혜를 요약한다. 신명기 6:10-11을 되풀이하는 이 과분한 항목들은 안전(견고한 성읍들), 비옥함(풍부한="기름진" 땅), 주거지(집), 물(이미 판 우물) 그리고 양식(포도원 등)을 가리킨다. 마지막 동사들이 요약으로 이끈다. "[그들은] 주의 큰 복을 즐겼[다]." 하나님이 그분의 백성을 새로운 에덴에 두셨다.

9장

9:26-31 개요

사사기에서 열왕기하까지의 기간이 가장 폭넓은 획으로 그려져 있다. 사사기의 특징인 죄, 예속, 간구 그리고 구원의 순환(삿 2:11-23)은 전(全) 역사의 전형이다.[180] 이 순환이 느헤미야 9:26-28에 두 번 반복되어 있다. 29-31절에서 죄와 예속을 언급함으로써 이 순환이 세 번째로 시작되지만 이와 관련된 간구와 구원은 마지막 대목(32-37절)을 위해 남겨둔다.

9:26 '그럼에도 불구하고'(ESV 참고)는 하나님의 "큰 복"(25절)과 그들의 불순종(신 6:10-12; 8:7-20) 간의 대조적 모습을 표시한다. 주님의 율법[토라(*torah*)]의 배척이나 수용은 곧 주님의 배척이나 수용을 의미했다(느 9:26, 29). 이런 모습은 때때로 특히 선지자의 경고에 대한 난폭한 배척으로 뚜렷이 드러났다(왕상 18-19장; 왕하 6:31; 17:13-20; 대하 24:20-22; 렘 26:20-23; 마 23:30, 37). 백성이 회개하고 순종하길 거부하는 모습(참고. 느 9:16-17)이 다시금 "크게 모독"(참고. 18절)으로 묘사되어 있고, 이는 지속적인 우상숭배를 시사한다(참고. 왕상 12:28; 왕하 17:16; 호 13:2). 그러나 다시 한번 그들의 죄가 하나님의 "크신 긍휼"(느 9:26-27, 참고. 18-19절)을 직면하게 되었다.

180 사사기와 다른 연결고리들은 '안식'(삿 3:11, 30; 5:31; 8:28)과 '다시 악을 행했다'(삿 3:12; 4:1; 10:6; 13:1)를 포함한다.

9:27-28 위에서 묘사된 순환이 각 구절에서 되풀이되고 있다. 이제 주님은 대적들이 그들을 압도하게 하심으로(27, 28절) 그들의 끊임없는 죄(26, 28절)에 대해 징계하신다.[181] 이집트에서 그랬듯이(9절), 백성은 다시 "부르짖[었고]"(느 9:27, 28, 참고. 삿 2:18) '주께서 들으셨다'(27, 28절). 주님은 억압하는 압제자들에게 '구원한 구원자들'로 대응하셨다(참고. 삿 2:16; 3:9, 15). 이 순환이 반복되었다는 것은 마지막 절, "여러 번 주의 긍휼로 건져내시고"(느 9:28, 참고. 30절)에서 나타난다.

9:29-31 그 순환이 세 번째로 나올 때는 오직 죄와 예속만 나타난다(하지만 31절도 보라). 다시금 선지자들이 회개를 불러일으키려고 경고한다(29절; 왕하 17:13, 15; 암 4:6-13; 슥 1:1-4). 이는 삶과 죽음의 문제였다(참고. 레 18:5; 신 30:15-20). 순종은 삶을 수용하는 길로서 언제나 이스라엘 앞에 놓여 있었으나, 그것은 하나님의 은총을 획득하는 수단이 아니라 이미 그들을 구속하신 분을 사랑하는 길로 제시된 것이다. 언약적 신실함은 하나님과의 교제를 유지시키고 그들을 그분의 은총의 덮개 아래 지켜주었다(신 4:1; 5:33; 8:1; 암 5:14; 요 14:21).

그들은 다시 선지자의 메시지를 거부했다. 광야 시절에 그랬듯이 그들은 '교만하게 행했고'[182] 또 '순종하지 않았다'(느 9:29, 참고. 16-17절). 그들은 하나님의 선한 가르침을 받아들이기보다는 "주의 규례를 범[했다]"(29절). 하나님은 그들에게 좋은 선물들을 많이 '주셨건만' 그들은 그분에게 오직 배척만 '드렸다'. 이 모습은 다시금 굳은 목(16-17절)과 고집하는 어깨의 은유로 표현된다. 멍에를 거부하는 짐승과 같다.[183] 그들을 가르치셨던 그 영

181 이번 장에서 처음으로 '그들을 주었다'(넘겨주었다)는 어구가 부정적 의미를 지닌다. 이는 9:27에 강조되어 있는데, 이 구절은 이렇게 번역될 수도 있다. "그러므로 주께서 그들을 그들의 '압제자들'의 손에 넘기사 그들이 그들을 '압제했고' 그들이 '압제'를 당하여…"

182 참고. 각주 173

183 "고집하는 어깨를 내밀며"라는 절에서 '내밀었다'란 동사는 히브리어 단어 '나탄'(*natan*, '주다')을 번역한 것이다. 9:7-8 주석에서 말했듯이 이는 핵심 단어다.

(Spirit, 20절)은 또한 선지자들을 통해 그들에게 경고하셨던 그 영이었다(슥 7:11-14, 참고. 대하 24:19; 렘 6:10; 11:7; 벧후 1:21). 주님의 오래 참으심이 "여러 해"에 걸쳐 지속되었다고 하는데, 이는 왕정 시대 전체를 가리키는 듯하다.[184] 그 결과는 그들이 "귀[를] 기울이지 않았[다]"(새번역, 즉 가르침에 주의를 기울이지 않았다)는 것이다. 예레미야는 이것을 "할례를 받지 못[한]" 귀를 가진 것과 동일시했다(렘 6:10; 행 28:25-27).

사사기 시대에 그랬듯이(느 9:27), 그들은 '그 땅의 백성들'(ESV 참고)에게 종속되었는데, 이는 앗수르와 바벨론 유배를 말한다.[185] 하지만 심판은 결코 주님의 백성에게 끝이 아니다. 궁극적으로, 에스라-느헤미야서가 책으로 존재하는 것과 회복된 공동체의 이 기도 자체는 하나님이 남은 자를 보존하신 것을 확증한다. 그래서 간구와 구원이 여기에 명시적으로 언급되지 않지만, 주님의 "크신 긍휼"을 언급하고 그분을 "은혜로우시고 불쌍히 여기시는" 하나님(17, 31절)으로 부르는 것은 곧 이어질 간구의 기반을 형성한다.

9:32-37 개요

이 구절들은 이제 그동안 누락된 간구를 제공함으로써 19-31절에서 시작된 앞의 순환을 마무리한다. 현 세대는 하나님이 다시 한번 그들의 압제자로부터 구원해주시도록 간접적으로 호소한다.

9:32-35 다른 내러티브 요약문을 보면, '그리고 이제'(And now, ESV 참고)는 과거에 대한 개관에서 현재의 백성에 대한 도전으로 전환되는 것을 표시한다(신 4:1; 수 24:14; 삼상 12:13, 16). 현재의 고백에서는 현 세대로부터 나오는 주된 간청을 표시하는데, 내용인즉 하나님께 "우리가 당한…[축적된] 환

184 '참았다'(즉, 연장하다, 늘이다, 계속하다)란 동사는 시편 36:10; 109:12; 예레미야 31:3에서 '한결같은 사랑'을 목적어로 삼고 있다.

185 '그 땅의 백성들'에 대해서는 에스라 4:4-5 주석을 참고하라.

난"을 최소화하지 말아달라고 요청하는 것이다.[186]

그들의 간구는 전능하시되 자비로우신 하나님의 성품에 근거를 둔다. 그분은 만물보다 훨씬 높이 계신 "우리 하나님"이시다(신 10:17). 하지만 그분은 또한 언약적 신실함으로 그분의 백성에게 가까이 오시는 주님이시다(느 9:17, 32, 참고. 1:4-5; 렘 32:18). 유배시대 이전 공동체와 마찬가지로 그들은 하나님의 징계를 받을 만한 존재였다는 것에 동의한다. 앗수르와 바벨로니아는 주전 8세기에서 5세기까지 그들을 압제했었고 이제는 페르시아 아래서 절정에 이르렀다. 이 경우에도 하나님은 이스라엘을 다루는 모든 점에서 공의롭고 신실하셨다(느 9:33, 참고. 8b절).

34-35절은 그들의 일차적 범죄를 요약한다. 그들은 하나님의 말씀을 배척했고 우상을 숭배했다. 후자는 종종 외국 신들의 숭배(즉, 섬김)와 연관되는 "섬기[다]"와 "악행"이라는 언어에서 추론한 것이다(삿 2:19; 시 106:28-29; 렘 2:26-27; 11:9-17). 이런 모습은 주님의 "큰 복"과 특히 풍요로운 땅("기름진 땅", 참고. 느 9:25)을 감안하면 더더욱 괘씸하다.

9:36-37 '심한 곤란'(37절)에 대한 마지막 탄식은 27절부터 나오는 핵심 단어군(압제하다, 압제자 등)을 되풀이한다. 그들 조상들의 죄뿐 아니라 "우리의 죄"도 이런 사태를 불러왔다. 두 번 나오는 "우리가 오늘날 종이 되었[다]"(36절, 참고. 렘 2:14)는 말은 그 땅의 풍성한 선물을 상기시키는 어구를 둘러싸고 있다. 느헤미야 9:22-25의 복이 이제 역전되었다. 그들은 그들의 의지를 '그 땅의 백성들'에게 행사하기보다 이제 하나님께서 그들 위에 "세우신"(즉, '주신') 왕들에게 예속되어 있다.[187] 그들은 더 이상 그 땅의 소출이나 그들의 몸조차 통제할 수 없다. 후자는 강제 노동이나 군대 복무를

186 "환난"이란 명사가 다른 곳에서는 이집트 사람들 아래서, 광야의 여정에서 그리고 바벨론 유배 중에 겪은 경험을 묘사한다(출 18:8; 민 20:14; 애 3:5).

187 "[그들이] 임의로"(9:24b, 37)로 번역된 말은 동일한 히브리어 어구이다. 이스라엘이 한때는 자기네 의지를 남들에게 행사할 수 있었으나 지금은 남들이 그들의 의지를 이스라엘에게 행사하는 중이다.

가리키는 것 같다(레 26:17; 신 28:30b-31; 39-40, 48). 그들은 미처 말하지 않은 구원의 필요성을 하나님의 자비에 맡긴다. 그들은 과거와 현재의 언약적 불충함을 고백한 만큼 이제 언약을 갱신할 준비가 되어 있다(느 10장).[188]

응답

이 기도는 온 공동체의 고백이자 부르짖음이다. 이는 연대기적으로 창조부터 유배시대 이후 현재까지 이르는 구속-역사적 요약의 형태를 취한다. 이 이야기는 이스라엘 복음의 맨 앞쪽을 다시 들려주는데, 주님이 맺으신 언약 관계에 관한 좋은 소식이다. 초기 교회가 그 소식을 궁극적으로 예수 그리스도 안에서 성취된 복음 전파에 엮어 넣은 것처럼 우리 역시 그것이 우리 이야기의 시작 부분임을 기억할 필요가 있다(행 7:2-53; 13:17-41).[189] 백성이 이미 그들의 이야기를 알고 있는데도 고백을 통해 그것을 다시 들려주는 것은 무슨 의미가 있을까? 달리 말하면, 그들의 과거를 기도에 담는 것은 무슨 유익이 있을까?

그들의 이야기를 기도에 담는 것은 그들의 정체성을 형성하고 유배시대 이후 공동체를 영적으로 개혁하는 데 도움이 된다. 이는 그들을 하나님의 백성으로 규정짓고 그 자리에 둔다. 하나님의 선한 율법에 대한 관심(느 9:3, 13)이 에스라와 레위인들의 이전 가르침을 통해 새롭게 일어났었다(8:2-3, 13). 그 가르침에 비추어, 그들이 예전의 징계와 "오늘날 종이 [된]"(9:33, 36) 그들의 현 상황을 탄식하는 순간 그들 조상들과의 불가분의 관계를 기억하게 된다. 이 모든 것은 "우리의 죄로 말미암아"(37절) 정당화된다. 그들의 역사 전체는 하나님의 말씀에 주의를 기울이길 거부하

188 영어와 한국어 번역본에 나오는 느헤미야 9:38이 히브리어 성경에서는 10:1이라서 다음 장과 함께 다뤄질 것이다.

189 이야기 요약의 기능에 관해서는 다음 글을 보라. Michael D. Williams, "Story Summaries: Key Points for Understanding the Bible's Big Story and Our Place within It," *Presbyterion* 45/1 (Spring 2019): 41-58.

는 모습, 거듭된 선지자의 경고에도 불구하고 그분께 돌아가길 거부하는 모습 그리고 특히 그 땅을 포함한 그분의 선물들에 감사하며 신실하게 살기를 거부하는 모습을 예증한다(8, 15, 22-25, 35-37절). 그 이야기에 비춰보면 그들이 회개할 필요가 있다는 것이 명명백백해진다.

그들은 자신들의 이야기를 기도에 담는 것을 통해 그분의 약속을 지키시는 하나님을 증언하기도 한다. 예수 그리스도로 끝나는 이 약속들(고후 1:20)은 만물의 창조자이자 지탱자이신 주님과 함께 시작되는데(느 9:6, 32), 그분은 아브라함과 그의 자손들을 선택하사 언약을 맺으시며(7-8절) 그들을 통해 열방에 복을 주겠다고 약속하셨던 분이다(창 12:3). 그래서 죄의 고백은 물론 중요하지만 그것이 이스라엘의 일차적 소명은 아니다. 오히려 그들은 먼저 하나님의 영광을 증언하고, 그분의 "영화로운 이름"과 "큰 복"을 찬송하고(느 9:5, 25, 35), 그로 인해 하나님을 열방에 알림으로써 모든 민족을 축복하도록(참고. 행 26:16-18) 부름을 받았다. 이 증언의 핵심은 그들을 이집트의 속박에서 구출하신 그분의 기적을 지속적으로 이야기하는 것이다(느 9:9-11; 시 96:2-3). 더 나아가, 그들은 그분의 선한 계명에 순종함으로써 열방의 한복판에 놓인 새로운 인류를 형성하게 될 것이다(느 9:13-14, 22-25). 그런즉 그들은 '큰 환난' 중에도 하나님이 공의롭고 신실하시고 과거에 그분의 약속을 지키셨다는 것을 기억하게 된다(8, 33절). 그리고 그분이 미래에 다시 그렇게 행하실 것이 확실하다.

이것은 결국 그들로 "크신 긍휼"(19, 27, 31절)의 하나님께 소망을 품게 한다. 유배시대 이후 공동체는 그들의 이야기를 기도에 담음으로써 주님의 긍휼로 인해 그분의 이야기에서 그들이 담당할 몫이 아직도 있다는 것을 기억한다. 사실 광야시절에 지은 중대한 죄들을 계기로 하나님이 "은혜로우시며 긍휼히 여기시[는]"(17, 31절) 분임이 분명히 드러났다. 그분은 거듭해서 스스로를 다함없는 인내의 하나님이고, 그들의 지속적인 불순종을 용서하고, 그들이 부르짖을 때 그들을 구원할 준비가 되어 있는 하나님이심을 보여주셨다(27절). 그래서 이제 그들이 다시금 하나님께 부르짖고 있는 것이다(4절). 과거에 하나님의 가르침을 경멸했던 모습과 대조적으로 그들은 하나님께 돌아왔고 다시금 그분의 율법을 받아들일 준비가 되어 있다. 그들은 "견고한 언약을 세[울]"(38절) 준비를 하고 다시 한번 그들 시대에 하나님의 복의 중재자가 되려고 한다.

오늘날 그리스도 안에 있는 유대인과 이방인은 하나님이 창조하고 선택하고 구속하고 축복하고 용서하고 회복시키신 백성의 구성원들로 계속 존재한다. 사실 하나님은 "그들을 아주 멸하지"(31절) 아니하셨다. 이것이 복음 이야기의 맨 앞쪽이고 메시아이신 예수님의 오심으로 절정에 이른다(행 7:52-53; 13:16-33). 바로 우리의 정체성을 빚어내는 이야기다. 따라서 유배 시대 이후 공동체와 같이, 우리도 개인적으로 또 공동체적으로 환난을 당할 때(느 9:37) 동일하신 주님이 여전히 은혜로우시고 자비로우시며 용서할 준비가 되어 있으신(17b절) 우리 하나님이심을 확신하고 부르짖을 필요가 있다. 우리는 주님의 이런 위대한 행위를 이야기하고 그분의 선한 율법을 받아들임으로써(13절) 그분의 백성을 돌보시는 선한 손길을 증언하게 된다. 끝으로, 우리는 그분의 자비와 우리 조상의 죄를 기억함으로써 필요할 때 회개하고 열방 가운데 그분의 영광을 선포하는 사명에서 우리의 몫을 담당하게 된다.

9:38 우리가 이 모든 일로 말미암아 이제 견고한 언약을 세워 기록하고 우리의 방백들과 레위 사람들과 제사장들이 다 인봉하나이다 하였느니라

9:38[1] "Because of all this we make a firm covenant in writing; on the sealed document are the names of[2] our princes, our Levites, and our priests.

10:1 그 인봉한 자는 하가랴의 아들 총독 느헤미야와 시드기야, 2 스라
야, 아사랴, 예레미야, 3 바스훌, 아마랴, 말기야, 4 핫두스, 스바냐, 말
룩, 5 하림, 므레못, 오바댜, 6 다니엘, 긴느돈, 바룩, 7 므술람, 아비야,
미야민, 8 마아시야, 빌개, 스마야이니 이는 제사장들이요 9 또 레위
사람 곧 아사냐의 아들 예수아, 헤나닷의 자손 중 빈누이, 갓미엘과
10 그의 형제 스바냐, 호디야, 그리다, 블라야, 하난, 11 미가, 르홉, 하사
뱌, 12 삭굴, 세레뱌, 스바냐, 13 호디야, 바니, 브니누요 14 또 백성의 우
두머리들 곧 바로스, 바핫모압, 엘람, 삿두, 바니, 15 분니, 아스갓, 베배,
16 아도니야, 비그왜, 아딘, 17 아델, 히스기야, 앗술, 18 호디야, 하숨, 베

새, 19 하립, 아나돗, 노배, 20 막비아스, 므술람, 헤실, 21 므세사벨, 사독,
얏두아, 22 블라댜, 하난, 아나야, 23 호세아, 하나냐, 핫숩, 24 할르헤스,
빌하, 소벡, 25 르훔, 하삽나, 마아세야, 26 아히야, 하난, 아난, 27 말룩,
하림, 바아나이니라

10:1[3] "On the seals are the names of[4] Nehemiah the governor, the son of
Hacaliah, Zedekiah, 2 Seraiah, Azariah, Jeremiah, 3 Pashhur, Amariah,
Malchijah, 4 Hattush, Shebaniah, Malluch, 5 Harim, Meremoth,
Obadiah, 6 Daniel, Ginnethon, Baruch, 7 Meshullam, Abijah, Mijamin,
8 Maaziah, Bilgai, Shemaiah; these are the priests. 9 And the Levites:
Jeshua the son of Azaniah, Binnui of the sons of Henadad, Kadmiel;
10 and their brothers, Shebaniah, Hodiah, Kelita, Pelaiah, Hanan,
11 Mica, Rehob, Hashabiah, 12 Zaccur, Sherebiah, Shebaniah, 13 Hodiah,
Bani, Beninu. 14 The chiefs of the people: Parosh, Pahath-moab, Elam,
Zattu, Bani, 15 Bunni, Azgad, Bebai, 16 Adonijah, Bigvai, Adin, 17 Ater,
Hezekiah, Azzur, 18 Hodiah, Hashum, Bezai, 19 Hariph, Anathoth,
Nebai, 20 Magpiash, Meshullam, Hezir, 21 Meshezabel, Zadok,
Jaddua, 22 Pelatiah, Hanan, Anaiah, 23 Hoshea, Hananiah, Hasshub,
24 Hallohesh, Pilha, Shobek, 25 Rehum, Hashabnah, Maaseiah, 26 Ahiah,
Hanan, Anan, 27 Malluch, Harim, Baanah.

28 그 남은 백성과 제사장들과 레위 사람들과 문지기들과 노래하는
자들과 느디님 사람들과 및 이방 사람과 절교하고 하나님의 율법을
준행하는 모든 자와 그들의 아내와 그들의 자녀들 곧 지식과 총명이
있는 자들은 29 다 그들의 형제 귀족들을 따라 저주로 맹세하기를 우
리가 하나님의 종 모세를 통하여 주신 하나님의 율법을 따라 우리 주
여호와의 모든 계명과 규례와 율례를 지켜 행하여 30 우리의 딸들을
이 땅 백성에게 주지 아니하고 우리의 아들들을 위하여 그들의 딸들

10장

을 데려오지 아니하며 31 혹시 이 땅 백성이 안식일에 물품이나 온갖
곡물을 가져다가 팔려고 할지라도 우리가 안식일이나 성일에는 그들
에게서 사지 않겠고 일곱째 해마다 땅을 쉬게 하고 모든 빚을 탕감하
리라 하였고

28 "The rest of the people, the priests, the Levites, the gatekeepers, the
singers, the temple servants, and all who have separated themselves
from the peoples of the lands to the Law of God, their wives, their sons,
their daughters, all who have knowledge and understanding, 29 join
with their brothers, their nobles, and enter into a curse and an oath to
walk in God's Law that was given by Moses the servant of God, and
to observe and do all the commandments of the Lord our Lord and his
rules and his statutes. 30 We will not give our daughters to the peoples
of the land or take their daughters for our sons. 31 And if the peoples of
the land bring in goods or any grain on the Sabbath day to sell, we will
not buy from them on the Sabbath or on a holy day. And we will forego
the crops of the seventh year and the exaction of every debt.

32 우리가 또 스스로 규례를 정하기를 해마다 각기 세겔의 삼 분의 일
을 수납하여 하나님의 전을 위하여 쓰게 하되 33 곧 진설병과 항상 드
리는 소제와 항상 드리는 번제와 안식일과 초하루와 정한 절기에 쓸
것과 성물과 이스라엘을 위하는 속죄제와 우리 하나님의 전의 모든
일을 위하여 쓰게 하였고 34 또 우리 제사장들과 레위 사람들과 백성
들이 제비 뽑아 각기 종족대로 해마다 정한 시기에 나무를 우리 하나
님의 전에 바쳐 율법에 기록한 대로 우리 하나님 여호와의 제단에 사
르게 하였고 35 해마다 우리 토지 소산의 맏물과 각종 과목의 첫 열매
를 여호와의 전에 드리기로 하였고 36 또 우리의 맏아들들과 가축의
처음 난 것과 소와 양의 처음 난 것을 율법에 기록된 대로 우리 하나

님의 전으로 가져다가 우리 하나님의 전에서 섬기는 제사장들에게 주
고 37 또 처음 익은 밀의 가루와 거제물과 각종 과목의 열매와 새 포도
주와 기름을 제사장들에게로 가져다가 우리 하나님의 전의 여러 방에
두고 또 우리 산물의 십일조를 레위 사람들에게 주리라 하였나니 이
레위 사람들은 우리의 모든 성읍에서 산물의 십일조를 받는 자임이며
38 레위 사람들이 십일조를 받을 때에는 아론의 자손 제사장 한 사람
이 함께 있을 것이요 레위 사람들은 그 십일조의 십 분의 일을 가져다
가 우리 하나님의 전 곳간의 여러 방에 두되 39 곧 이스라엘 자손과 레
위 자손이 거제로 드린 곡식과 새 포도주와 기름을 가져다가 성소의
그릇들을 두는 골방 곧 섬기는 제사장들과 문지기들과 노래하는 자들
이 있는 골방에 둘 것이라 그리하여 우리가 우리 하나님의 전을 버려
두지 아니하리라

32 "We also take on ourselves the obligation to give yearly a third
part of a shekel[5] for the service of the house of our God: 33 for the
showbread, the regular grain offering, the regular burnt offering, the
Sabbaths, the new moons, the appointed feasts, the holy things, and
the sin offerings to make atonement for Israel, and for all the work of
the house of our God. 34 We, the priests, the Levites, and the people,
have likewise cast lots for the wood offering, to bring it into the house
of our God, according to our fathers' houses, at times appointed, year
by year, to burn on the altar of the Lord our God, as it is written in the
Law. 35 We obligate ourselves to bring the firstfruits of our ground
and the firstfruits of all fruit of every tree, year by year, to the house
of the Lord; 36 also to bring to the house of our God, to the priests who
minister in the house of our God, the firstborn of our sons and of our
cattle, as it is written in the Law, and the firstborn of our herds and of
our flocks; 37 and to bring the first of our dough, and our contributions,

10장

the fruit of every tree, the wine and the oil, to the priests, to the chambers of the house of our God; and to bring to the Levites the tithes from our ground, for it is the Levites who collect the tithes in all our towns where we labor. 38 And the priest, the son of Aaron, shall be with the Levites when the Levites receive the tithes. And the Levites shall bring up the tithe of the tithes to the house of our God, to the chambers of the storehouse. 39 For the people of Israel and the sons of Levi shall bring the contribution of grain, wine, and oil to the chambers, where the vessels of the sanctuary are, as well as the priests who minister, and the gatekeepers and the singers. We will not neglect the house of our God."

1 Ch 10:1 in Hebrew *2* Hebrew lacks *the names of 3* Ch 10:2 in Hebrew *4* Hebrew lacks *the names of 5* A *shekel* was about 2/5 ounce or 11 grams

단락 개관

느헤미야 8-10장은 대체로 언약 갱신으로 간주될 수 있고, 이는 여러 차례의 율법 낭독으로 촉발된 절정의 순간에 해당한다. 스물넷째 날에 실시된 율법책의 세 번째 낭독(9:1)은 금식과 고백과 예배로 귀결된다. 반역과 하나님의 한결같은 사랑으로 점철된 이스라엘의 역사가 구속-역사적 언약 고백으로 빚어진 기도를 통해 이야기된다. 주님의 한결같은 사랑이 그들을 버리지 않으셨지만(9:17, 19, 31) 주님이 그들의 '큰 환난'(9:37)에 어떻게 반응하실지는 그분의 자비로운 성품에 맡겨져 있다.

그들은 과거를 뒤돌아본 후 그들의 의무를 성찰하고 주님의 백성으로서 그들의 언약을 갱신하기로 결심한다. 이번 장의 전반부는 언약 문서를 기록하겠다는 결의(9:38)로 시작되고 그 문서에 서명한 이들의 이름들로 이어진다(10:1-27). 후반부는 언약의 내용을 보여준다. 주님의 계명들에 대한 전반적 헌신(10:28-29)으로 시작해서 통일된 백성의 상세한 약속들(10:30-39a)로 마무리된다. 먼저 혼혈 결혼을 거부하겠고(10:30) 안식일 행습을 개혁하겠다는(10:31) 약속에 이어, 그들이 성전과 연관된 어떤 의무들을 이행하겠다는 서약(10:32-39a)이 따라온다. 마지막 구절은 재 헌신을 요약한다. "우리가 우리 하나님의 전을 버려두지 아니하리라"(10:39b).

단락 개요

III. 공동체가 기뻐하다: 언약 갱신과 공동체 복원(느 7:73b-13:31)
- A. 언약 갱신(느 7:73b-10:39)
  - 3. 갱신된 언약의 봉인과 약속(9:38-10:39)
    - a. 언약을 맺고 봉인하겠다는 결심(9:38-10:27)
      - (1) 글로 맺은 언약(9:38)
      - (2) 이름들로 봉인된 언약(10:1-27)
    - b. 온 공동체의 언약적 약속(10:28-39)
      - (1) 온 공동체가 저주의 맹세를 하다(10:28-29)
      - (2) 약속(10:30-39)
        - (a) 혼혈 결혼을 거부하는 것(10-30)
        - (b) 안식일을 지키는 것(10:31)
        - (c) 하나님의 집에 삼 분의 일 세겔을 바치는 것(10:32-33)
        - (d) 주님의 집에 예물을 가져오는 것(10:34-39a)
        - (e) 요약: "우리가 우리 하나님의 전을 버려두지 아니하리라"(10:39b)

주석

9:38[190] "이 모든 일로 말미암아"는 일곱째 달의 첫 날에 열린 율법 낭독(8:2), 그달의 스물둘째 날에 끝나는 초막절 행사(8:18) 그리고 그달의 스물넷째 날에 있었던 고백의 기도로부터 다른 내용으로 전환되는 지점이다. 이후의 언약 갱신은 율법에 다시 헌신한 백성으로서 실행하는 8-9장의 결말에 해당한다.[191] 그들이 현재 겪고 있는 '큰 곤란'(9:37)이 선두가 되어 언약을 갱신하려는 결정으로 이어진다. 명시적인 대명사("우리")는 온 공동체가 이 "견고한 언약"을 맺으려는 결의에 관여하고 있음을 보여준다.

"언약"[베리트(*berit*)]을 가리키는 표준 단어가 여기서는 사용되지 않는다. 이번 장이 언약 갱신 행사를 묘사한다는 견해는 언약 맺기에 전형적인 "세[우다]"[카라트(*karat*), cutting]란 동사의 현존이 뒷받침해준다.[192] 이후에 '믿음(신실함), 지지'[아마나('*amana*)][193]란 뜻을 지닌 단어가 따라온다. 이를 종합하면, 이 어구는 '백성의 (일방적이고) 자발적인 행위'[194]로서 글로 기록된 '신실한(즉, 견고한) 것을 만드는 모습'(즉, "견고한 언약"을 세우는 모습)을 가리킨다. 서명인의 범주들(지도자들, 레위인들, 제사장들)[195]은 이어지는 상세한 명단에 반영되어 있다. '봉인된 문서'는 밀랍이나 진흙에 남긴 개인적 각인 또는 어쩌

190 영어(와 한국어) 번역본의 9:38은 히브리어 성경의 10:1과 같다.

191 많은 학자가 10장의 언약 갱신이 연대기적으로 13장 이후에 가장 잘 들어맞는다고 주장한다(Clines, *Ezra, Nehemiah, Esther*, 199-200, Williamson, *Ezra, Nehemiah*, 330-331, Blenkinsopp, *Ezra-Nehemiah*, 311, Allen and Laniak, *Ezra, Nehemiah, Esther*, 138-139). 이와 대조적으로, 에스케나지(*Age of Prose*, 124-125)와 더간(*Covenant Renewal*, 257, 289)은 10장에서 공동체가 채택한 규정들은 실제로 13:4-31에서 느헤미야가 나중에 착수한 관련 개혁들에 근거를 제공한다고 주장한다.

192 '언약을 세우다'란 관용구는 구약에 널리 퍼져있다. 참고. 창 15:18; 출 24:8; 수 24:25; 삼하 5:3; 느 9:8.

193 이 단어가 '동의'란 뜻을 지니는 경우는 9:38밖에 없다. 이와 연관된 뜻은 11:23에 나오는데, 거기서는 '정해진 규정'(ESV) 내지는 '확고한 규칙'(NASB)으로 번역되어 있다.

194 Eskenazi, *Age of Prose*, 104.

195 "지도자들"(새번역, 개역개정은 "방백들")로 번역된 명사에 대해서는 에스라 9:1-2(거기서는 이 명사가 '관리들'로 번역됨) 주석을 참고하라. 제사장들과 레위인들에 대해서는 에스라 2:36-42 주석을 참고하라.

면 실제적인 서명을 가리킬 수 있다.[196] 그 문서를 봉인한 이들은 이제 엄숙한 동의의 형태로 주님의 가르침 안에 거하겠다는 결심을 약속한다.

10:1 연합된 백성이 주도권을 잡았다는 사실은 네 그룹에 속한 84명의 이름을 지닌 문서가 입증한다. 느헤미야와 시드기야가 명단의 맨 앞에 나오는 것은 행정당국자의 역할을 부각시키기 위함인 듯하다. 느헤미야에게 "총독"이란 용어가 구체적으로 사용되거나 적용된 것은 이번이 처음은 아니다(참고. 8:9).[197] 시드기야는 달리 알려진 바가 없다. 그는 느헤미야 아래의 주요 관리이거나 "서기관 사독"(13:13, 참고. 스 4:8)과 동일한 인물로서 느헤미야의 비서일 수 있다.

10장

10:2-8 이어서 둘째 그룹인 21명의 제사장 이름이 나온다. 이 명단 가운데 스룹바벨과 예수아와 연관된 제사장 집안의 명단(12:1-7)이나 예수아의 후계자인 요야김의 명단(12:12-21)에 나오지 않는 사람은 단 여섯 명밖에 없다. 달리 말하면, 언약을 봉인하는 제사장의 이름 중 열다섯은 개개인보다는 가문의 이름들이나 "제사장 가문의 우두머리"(12:7, 새번역)를 묘사한다.[198] 에스라가 명단에 포함되지 않은 것은 스라야나 아사랴와 같은 별도의 제사장 분과(스 7:1, 참고. 대상 6:14)에 포함되어 있기 때문일 것이다. 그렇지 않으면, 에스라의 늘린 형태인 아사랴(Azariah)가 그를 지칭할 수 있다. 바스훌과 아마랴(즉, 이멜, 느 10:3)는 하림(5절)과 더불어 네 제사장 집안 가운데 포함되어 있다(스 2:36-39). 여기에 열거된 다른 이름들은 에스라-느

196 '…의 이름들'(ESV 참고)이란 어구가 9:38의 히브리어에는 나오지 않지만 함축된 것으로 보고 추가된 것이다(참고. ESV 난외주).

197 이것이 페르시아어 용어 "총독"[핫티르샤타(*hattirshat*)="the Tirshatha"(KJV)]이 나오는 마지막 경우이다. "총독"으로 번역되는 다양한 용어에 대해서는 에스라 2:63 주석; 5:3-5 주석을 참고하라.

198 어느 명단에도 포함되지 않은 여섯 명은 바스훌, 말기야, 오바댜, 다니엘, 바룩 그리고 므술람이다. 이 주석에서 말했듯이, 바스훌은 또한 에스라 2:38에 따르면 제사장 집안의 이름이기도 했다. 키드너는 느헤미야 10:2-8, 12:1-7, 12-21에 나오는 모든 이름을 비교하는 유익한 표를 제공한다(Kinder, *Ezra and Nehemiah*, 134).

헤미야서의 다른 곳에 나오지만(예. 다니엘, 스 8:2) 개개인 간의 상관관계는 여전히 불확실하다.

10:9-13 이어서 17명의 레위인 이름이 나온다. 첫 세 명의 이름(예수아, 빈누이, 갓미엘)은 동료 레위인인 "그의 형제"(10절)로부터 구별되어 있다. 이 세 사람은 첫 번째 귀환 때 스룹바벨과 합류한 이들이다(스 2:40; 느 12:1, 8). 예수아와 갓미엘은 "헤나닷의 자손"과 첫 성전 공사의 조직을 맡았었다(스 3:9). 그들이 여기서는 레위인 가문의 조상의 이름들을 대변한다.

하지만 이 명단에는 개인적 이름들로 보이는 것도 있다. 적어도 열 명의 이름은 율법을 가르치거나(느 8:7) 예배와 고백을 인도하는(9:4-5) 레위인들 중에서 찾아볼 수 있다.[199] 흥미로운 점은 이 레위인들 가운데 하사뱌(10:11)와 세레뱌(12절)가 들어있다는 것이다. 이들은 부족한 레위인 계층에 기꺼이 합류한 사람들일 수 있다(스 8:18-19). 하사뱌는 또한 성벽의 건축자이기도 하다(느 3:17). 두 이름 모두 "레위 족속의 지도자들"(12:24) 가운데 포함되어 있다. 이 다양한 상황에 나오는 중첩되는 이름들이 동일한 사람들을 지칭하는지 여부는 알기가 어렵다.[200]

10:14-27 서명인의 대다수는 평신도 대표들, 곧 44명의 "백성의 우두머리들"이다(14절, 참고. 8:13). 이는 아마 "우리의 방백들[지도자들]"(9:38)의 동의어일 것이다. 이들 중 일부의 이름은 이 책의 다른 곳에 나오는 조상의 이름들로 나타난다. 예를 들어보자. (1) (분니, 앗술, 호디야를 제외하고) 바로스부터 막비아스까지 21명의 이름은 에스라 2장//느헤미야 7장에 나오는 공동체의 주요 명단들에 거의 같은 순서로 나온다. (2) 13명의 이름은 느헤미야 3장에 나오는 성벽 건축자들의 명단에 거의 동일한 순서로 나타

199 Noss and Thomas, *Ezra and Nehemiah*, 463.

200 Kinder, *Ezra and Nehemiah*, 125.

난다. (3) 4명의 이름은 느헤미야 8:4에 나오는 에스라의 평신도 지도자들 가운데 속해 있다[하숨(10:18), 므술람(20절), 아나야(22절) 그리고 마아세야(25절)].[201] 공동체를 통일시키는 이런 방식은 그들을 연대기적으로 묶어주고 과거의 귀환자들을 현재 복원된 사람들과 결합시킨다. 이는 9장의 고백 기도에서 과거와 현재가 합류되는 방식과 비슷하다.

10:28-39 개요

10장

모든 회중이 대표들과 함께(9:38절) "저주[의] 맹세"(10:28-29)를 하기로 결심한다. 이번 장의 마지막 대목은 네 범주로 구성된 구체적 의무들을 단언한다(30-39a절). 이 대목은 요약문으로 마무리된다(39b절).

10:28-29 백성, 제사장들, 레위인들 그리고 기타 등등(스 7:7; 느 7:73)의 전통적인 구분은 이제 모든 사람이 관련되어 있음을(비록 10:1-27의 명단에는 명시적으로 언급되지 않지만) 분명히 하기 위해 제시된다. 이 명단은 자녀들을 포함하면서 끝나는데, 그들의 존재는 첫 번째 율법 낭독 모임에서 "알아들을 만한 모든 사람"(8:2)에 함축되어 있었다. 가운데 절(節)은 회중의 회개를 반영한다. 주님께 충성하는 모든 사람이 하나님의 율법(토라) 쪽으로 나아가기 위해 '그 땅의 백성들'(참고. 9:24, 30)이 부추기는 유인'으로부터' '그들 자신을 분리시켰다'(참고. 스 6:21; 9:1-2; 사 56:1-8).

백성과 더불어 하나님의 율법이 느헤미야 8-10장 전체에서 중요한 역할을 수행한다.[202] 백성은 이 정직하고, 진정하고, 선한 계명들(9:13, 16, 26)을 거역했었다. 이제 그들은 서명인들("그들의 형제 귀족들")과 서로 팔짱을

201 Blenkinsopp, *Ezra-Nehemiah*, 313. 에스라 2장과 느헤미야 7장과 비교할 때 이름과 순서의 차이에 관한 상세한 논의는 Clines, *Ezra, Nehemiah, Esther*, 203-204를 보라. 클라인스는 10:14부터 10:27까지의 이름들은 개인적 이름이 아니라 가문의 이름일 것으로 믿는다. 이 견해에 따르면, 므술람(10:20)부터 끝까지의 이름들은 첫 귀환 이후 1세기 동안 개발된 새로운 친족 이름들이다. 3장과 10장에 나오는 이름들을 비교하는 표가 Williamson, *Ezra, Nehemiah*, 329에 나온다.

202 참고. 각주 159.

끼고 그들의 회개를 세 가지 행동으로 특징짓는다. 즉 모세의 가르침 안에서 걷고, 그것을 지키고, 그것을 행하는 것이다. 이런 행동은 다함께 하나님의 율법을 온 공동체의 생활방식으로 깊이 받아들인다는 것을 표현한다. 율법을 그들의 공적인 삶과 사적인 삶의 중심으로 회복시키는 것은 하나님께서 그들을 세상으로부터 하지만 세상을 위해 구별시키신 목적의 열쇠가 된다(레 18:4; 26:3; 신 6:4-10; 11:22-24; 수 22:5). 물리적 및 영적 회복은 선지자들을 통해 예언된 것이다(겔 11:16-20; 36:24-28).

이 중대한 약속은 "저주[의] 맹세"로 묶이게 된다. 맹세[쉐부아(*shebu'ah*)]는 이어지는 공식 조항들을 지키겠다는 선서된 약속이다(느 10:30 이하; 대하 15:12-14). 저주[알라(*'alah*)]는 만일 그들이 그 맹세를 깬다면 그들에게 형벌을 내려달라고 하나님께 호소하는 것이다. 그 형벌들은 명시되어 있지 않다. 이전의 고백은 "우리가 당한 모든 일"에서 하나님이 공의로우시다는 것을 강조했었다(느 9:32-33; 단 9:11).[203] 언약적 불순종이 초래하는 그러한 심판들은 여기서 염두에 두고 있는 형벌인 것 같다(레 26:14-45; 신 27:15-26; 29:10-21).

10:30-39 개요

공동체에 적실한 네 범주의 의무를 받아들인다. 백성은 혼혈 결혼을 거부하고(30절), 안식일과 관련된 의식을 지키고(31절), 하나님의 집에 물품을 공급하기로(32-39a절) 약속한다. 마지막 조항은 성전 세금의 부과(32-33절)와 주님의 집에 가져오는 예물(34-39a절)로 나눠질 수 있다. 이번 장은 결론적 진술(39b절)로 마감된다. 이제 살펴볼 것처럼, 때때로 이 공동체는 모세오경을 통해 알려진 가르침을 취해다가 현재의 언약 갱신에 적용한다.[204]

203 '저주'와 '맹세'란 두 명사가 구약에서 함께 나오는 곳은 민수기 5:21; 느헤미야 10:29; 다니엘 9:11뿐이다.

204 맥콘빌은 알려진 율법들이 유배시대 이후 공동체에 의해 다시 적용되는 방식에 관한 훌륭한 논의를 제공한다(*Ezra, Nehemiah, Esther*, 133-134). 더간이 말하듯이, "이 조항 중 어느 것도 모세오경에 나오는 텍스트를 축자적으로 인용하지 않는다. 그 조항들 각각은 오히려 그 법률에 대한 해석적 독법을 보여준다(*Covenant Renewal*, 288).

10:30 분리에 관한 일반적 성명(28절; 9:2)은 혼혈 결혼에 대한 거부로 귀결된다. 이 의무를 맨 앞에 놓은 것은 그들의 거룩해지려는 새로운 결의를 보여준다. 주님은 금송아지 사건(출 34:10-17)의 여파로 그런 혼인과 연루된 위험을 부각시키신 적이 있다. 그 땅 원주민들 사이에서의 혼혈 결혼은 모세도 금지한 바 있다(신 7:1-6). 보다 최근에는 에스라가 혼혈 결혼의 위반으로 말미암아 그 공동체를 바로잡은 적이 있고(스 9-10장) 나중에 느헤미야도 그럴 것이다(느 13:23-29). 백성은 이런 모세의 금지사항을 순종하기로 명시적으로 약속한다. 여기에 표명된 관심은 민족적이거나 인종적인 것이 아니라 종교적인 것이다. 이스라엘의 역사가 증명했듯이, 혼혈 결혼은 사실상 거짓 예배와 우상숭배를 부추겼기 때문이다.[205]

10:31 첫 번째 약속과 마찬가지로, 안식일 준수는 모세 언약의 표징으로 하나님의 백성에게 강한 정체성의 표지였다(출 20:8-11; 31:12-17; 신 5:12-15). 백성은 그 중요성을 이해하고 있으며 최근에 그들의 고백에서 "거룩한 안식일"을 언급한 바 있다(느 9:14). 안식일을 더럽히는 것은 거듭된 선지자의 경고를 불러온 심각한 언약의 위반이었다(렘 17:19-27; 겔 20:12-13, 16, 20, 21, 24). 일의 중지에 관한 안식일의 가르침은 상업이나 식품 구입의 문제를 다루지 않았다. 하지만 장사를 계속 하고픈 욕망은 안식일에 대한 분노와 심지어 불의까지 불러일으켰다(암 8:4-7, 참고. 사 58:13-14). 공동체 내의 장사 금지는 이미 추정되어 있었음이 확실하다. 하지만 회개하는 백성의 입장에서는 '그 땅의 백성들'로부터 물품을 구입하는 것이 과연 타당한지 여부는 중요한 적용 질문일 터이다. 그들은 적당히 타협하기보다 외부인과의 안식일 거래를 모두 금지하고 이를 다른 거룩한 날들까지 확장하기로 결심했다(참고. 느 13:15-22).

구별된 백성이 되려고 안식일 원칙을 지키는 것은 안식년에 '모든 빚

205 우리는 이 주제의 신학적 중요성을 되풀이하지 않겠다. 참고. 에스라 6:19-21 주석; 9:1-2 주석; 9:1-15 응답.

의 강제 징수'(the exaction of every debt)뿐 아니라 토지 경작과 추수의 중지까지 연장된다. 전자는 모든 빚의 탕감을 함축한다.[206] 이런 일곱째 해의 준수는 이미 모세의 가르침의 일부였다(레 25:1-7; 신 15:1-18). 백성이 이런 원칙을 동일한 연도에도 적용시키려고 하는지 여부는 불분명하다. "너희 중에 가난한 자가 없[게]"(신 15:4) 하려는 빚 탕감의 목적은 최근에 빚의 위기에 연루된 공동체(느 5:1-13)와 가난한 자에 대한 그들의 배려(8:10)에 적실할 터이다.[207]

10:32-33 이번 장에 나오는 의무의 나머지 부분은 성전 세금으로 시작되는 성전 후원과 관련이 있다. 32-39절 사이의 모든 구절은 하나같이 "우리 하나님의[또는 여호와의] 전[집]"이란 어구를 담고 있다.

"우리가 또 스스로 규례를 정하기를"(32절, 문자적으로, '명령들')이란 언어는 온 공동체가 성전을 지원할 책임을 떠맡는 모습을 보여준다. 이어지는 구두적인 보완책, 즉 '해마다 (성전 세금을) 바치다'라는 것은 주된 행동을 표현한다. 페르시아 왕들은 예전에 성전의 기능을 위해 재정을 공급했었다(스 6:7-10; 7:11-24; 8:25-30). 이 기간에 동전의 사용이 점차 늘어나고 아마 왕의 지원이 줄어들면서 백성은 이제 예배 처소를 유지하기 위해 세겔의 삼 분의 일을 바치기로 스스로 서약한다. 예배야말로 그들 소명의 핵심이기 때문이다. 모세오경에는 그런 세금을 요구하는 명시적 율법이 없다. 과거에는 자원 예물이 성막 봉사를 위해 환영을 받았었다(출 25:1-2; 36:3-5). 출애굽기 30:11-16에서는 '회막 봉사를 위해' 인구조사 기간에 각 성인에게 반 세겔이 부과되었다(출 30:16, 참고. 출 38:25; 대하 24:4-14). 회중이 이 출애굽기 구절의 정신을 적용하고 그것을 확장해서 연례 세금까지 포함하는

206 Clines, *Ezra, Nehemiah, Esther*, 206. 이 관용구는 '그리고 우리가 모든 손의 빚을 포기할 것이다'라고 번역될 수 있다. 말하자면, 빚을 갚을 대상인 채권자의 손에 들린 증서나 빚을 포기한다는 뜻이다(Noss and Thomas, *Ezra and Nehemiah*, 470).

207 Shepherd and Wright, *Ezra and Nehemiah*, 92-93.

것일 수 있다.

이 기금은 여기에 열거된 일곱 개의 요소를 지원할 것이다(느 10:33). "진설병"은 영구적 감사 제물로 성소의 상 위에 두는 열두 줄의 떡을 묘사한다(출 25:23-30). 여기에 언급된 다른 것들은 대체로 민수기 28-29장을 따른다. 이것들은 날마다("항상"), 주마다("안식일"), 달마다("초하루") 드리는 것 그리고 절기 제물을 포함한다. "성물"(거룩한 것들)은 다른 공적인 제물들과 관련이 있다(대하 29:33; 35:13). "속죄제"는 특별한 공적 행사 때의 정화나 참회를 가리킨다(대하 29:20-21; 스 6:16-17; 8:35).[208] 끝으로, 마지막 어구(느 10:33b)에 나오는 "일"[멜라카(*mela'kah*)]은 성전 건물의 유지를 가리키는 듯하다(왕하 12:15).[209]

10:34-39 개요

"가져다가"(ESV는 "bring", 34, 35, 36, 37, 39절)란 동사가 다섯 번 나오는 것이 이 구절들을 하나로 묶어준다. 이는 주님의 집에 가져오는 예물과 기증품을 의미한다.[210] 이 예물들은 나무 예물(34절), 첫 열매, 처음 난 것 그리고 "제사장들에게" 가져오는 다른 기증품(35-37a), 아울러 레위인의 일을 위한 십일조(37b-39a) 등으로 분화되어 있다. 요약문이 이번 장을 마무리한다(39b절).

10:34 제단의 불은 영속적으로 타오르게 되어 있었다. "율법에 기록한 대로"(34절; 레 6:8-13)라고 언급되어 있다. 하지만 모세오경의 율법 중에 나무가 어떻게 공급되어야 하는지 명령하는 곳은 없다. 공동체는 연차별 근

208 이 "속죄제"가 속죄일에 드리는 제사를 가리킬 가능성이 희박한 것은 후자는 "정해진 절기들" 가운데 포함될 것이기 때문이다(Clines, *Ezra, Nehemiah, Esther*, 208, Blenkinsopp, *Ezra-Nehemiah*, 317). 반 세겔을 바치는 성전 세금은 신약 시대까지 계속 이어진다(마 17:24-27).

209 Williamson, *Ezra, Nehemiah*, 336.

210 10:38에 나오는 "가져다가"란 단어는 다른 동사를 번역한 것이다.

무 교대를 통해 가문별로 노동을 분배하기 위해 제비뽑기로 이 의무를 수행한다(참고. 수 9:27). 다시금 율법의 함의가 당대의 필요에 적용된다.

10:35-37a 이제 초점이 제사장들을 후원하기 위해 "제사장들에게"(36, 37a절) 가져오는 예물로 바뀐다. 그것은 토지의 첫 열매와 함께 시작된다. 이스라엘은 초봄의 보리든지 늦봄의 밀이든지 "네 토지에서 처음 거둔 열매의 가장 좋은 것"을 가져가라는 명령을 받았다(출 23:19; 34:22, 26; 레 23:9-22; 신 26:1-11). 후자는 맥추절이라 불렸다(출 23:16; 34:22; 레 23:15-22). 그들 곡물의 첫 열매를 바침으로써 그들은 자신들의 공급자이자 가장 좋은 것을 받으실 만한 유일한 분인 주님께 감사드렸다.[211] 느헤미야 10:35에 나오는 약속의 범위는 '모든 과일'을 포함하는 것으로 확장된다.

처음 난 것은 첫 열매와 비슷하다(36절). 첫 유월절을 보낸 후 주님이 이스라엘에게 모든 처음 난 것을 거룩하게 구별하라고(즉, 성별하라고) 명령하셨다. 이는 그들에게 하나님이 이집트에서 그들의 처음 난 것을 구원하신 것을 상기시켰다(출 13:1-2, 11-16). 그것들은 주님께 속하기 때문에 정결한 짐승의 처음 난 것은 제물로 바쳐야 하고 불결한 짐승과 처음 난 자녀는 값으로 대속되어야 한다(출 34:19-20; 민 18:15-17). 이는 유배시대 이후 공동체가 출애굽 당시에 구속된 이들과 연대를 맺고 있음을 보여준다.

이 목록은 가장 좋은(즉, 최상급의) 여러 농산물을 "제사장들에게…여러 방에"(느 10:37a, 참고. 민 18:12; 신 18:4)[212] 가져가는 것으로 마무리된다. 반죽 제물 역시 첫 열매와 비슷하게 그 땅에 들어갈 때의 하나님의 공급을 상기시킨다(민 15:20-21, 참고. 레 7:14). 요컨대, 이 모든 기증품은 민수기 18:12-20에 기록된 대로 제사장들이 성전에서 섬김에 따라 그들을 후원하는 것이다.

211 Sklar, *Leviticus*, 282-284에 나오는 논의를 보라.

212 느헤미야 10:37b, 38, 39에 나오는 "방들"[리쉬코트(*lishkot*)]이란 단어는 곳간으로 사용되는 방들을 명시한다(참고. 느 13:4-5).

10:37b-39a 37a절에 나오는 "가져[가다]"(ESV는 "to bring")란 단어는 레위인에게 가져가는 땅의 생산물의 십일조(또는 십분의 일)까지 확장된다(37b절).[213] 제사장용 기증품에 대한 고대의 가르침(민 18:12-20) 뒤에 레위인을 위한 십일조에 관한 비슷한 가르침(민 18:21-24)이 따라왔다. 이 십일조는 성막에서 그들의 봉사에 대한 보상의 기능을 했다. 유배시대 이후 공동체는 레위인들에게 예루살렘 바깥의 십일조를 거두는 책임을 주는 것이 분명하다. 이 수집은 제사장들의 감독을 받는데, 이는 모든 당사자가 책임을 지게 하기 위해서일 것이다.[214] 민수기 18:26에 기초해 레위인들은 그들이 받는 십일조의 십 분의 일을 성전 구역 내에 있는 곳간에 직접 가져갈 책임이 있다(느 10:38; 민 18:26). "왜냐하면"(느 10:39a, ESV 참고)은 이것을 이전의 의무들과 연결시키고, "여러 방에"란 어구는 마지막으로 언급된다(37, 38, 39a절). 이런 식으로 이 구절은 평신도와 레위인 모두가 바친 모든 품목을 요약한다.

10장

10:39b "우리가 우리 하나님의 전을 버려두지 아니하리라"라는 말은 성전 예배를 유지하고 성전 담당 인사를 후원하겠다는 새로운 헌신으로 32-39a절을 요약해준다. 그렇게 하지 못한 실패는 유배시대 이후 선지자들의 글에 거듭해서 나오는 주제이다. 학개와 스가랴는 하나님의 집의 재건을 촉구하고 그 집을 무시할 때의 위험을 말한다(스 6:14; 학 1:2-6; 2:17-19; 슥 1:16-17; 4:8-9; 8:9-13). 말라기를 통해 주님은 "창고에 들[이는]" 십일조를 가져오지 않는 모습을 정죄하신다(말 3:8-10). 나중에 느헤미야는 레위인을 위한 십일조가 무시되는 모습과 관련하여 "하나님의 전이 어찌하여 버린 바 되었느냐"고 묻게 될 것이다(느 13:10-14).

213 10:37의 히브리어에는 '가져가다'란 동사가 한 번밖에 안 나오는데 ESV에는 두 번 나온다. 이 번역본은 '그리고 가져가다'가 레위인에게 주는 기증품에 적용된다는 것을 분명히 하려고 두 번째 단어를 추가한 것이다.

214 "아론의 자손 제사장"이란 어구는 대제사장을 지칭할 수 있지만(Clines, *Ezra, Nehemiah, Esther*, 210) 윌리암슨은 "아론의 제사장은 한 사람이 아닌 다수가 있었다"고 말한다(*Ezra, Nehemiah*, 325).

응답

선지자의 말이 에스라-느헤미야서에 나오는 일련의 사건들을 불러일으킨다(스 1:1). 제단과 성전의 재건(스 1-6장), 율법 아래서의 복원(스 7-10장) 그리고 성벽의 재건축(느 1-7장)은 모두 느헤미야 8-10장 내의 정점인 언약 갱신의 순간으로 이끄는 이정표들이다. 하나님의 가르침에 대한 새로운 열정이 영적으로 무기력한 공동체를 변화시킨다. 궁극적으로 그것은 그들에게 하나님의 한결같은 사랑을 상기시키는 죄의 고백과 기도로 이끌어준다(느 9:17, 32, 참고. 1:5). 하나님은 그들을 버리지 않으셨다(9:31). 그들은 하나님의 신실하심과 분명한 배려에 어떻게 반응해야 할까? 그들은 적어도 세 가지 방식으로 주님께 그들 자신을 헌신함으로써 그분의 은혜에 반응해야 한다.

첫째, 그들은 주님의 말씀에 헌신해야 한다. 율법으로 돌아가는 것은 곧 주님께 돌아가는 것이기 때문이다(참고. 9:26, 29). 구약의 제자도 언어(걷다, 지키다, 행하다)의 사용은 그들의 새롭게 순종하려는 마음을 확증한다(10:29, 참고. 9:13). 이런 식으로 온전히 통일된 공동체가 이 "견고한 언약"에 서명함으로써 그 입장을 취한다(9:38; 10:28-29). 그런 공적인 경건 행위를 제쳐놓으면 안 된다. 그들은 방금 조상들의 행실을 이야기한 만큼 그들 자신의 죄가 어디로 이끌었는지를 알고 있다(9:30, 37). 기독교 교단들, 교회들 그리고 개개인은 여기서 그처럼 공적인 방식으로 하나님과 그분의 말씀에 스스로를 재헌신하는 데 필요한 선례를 찾게 된다. 그렇게 함으로써 우리는 늘 주님이 필요한 존재임을, 그분의 말씀으로 우리를 빚어내고 그분의 영으로 우리를 지켜줄 필요가 있는 존재임을 고백한다. 그렇지 않으면, 우리는 떨어져 나갈 것이다.

우리 자신을 주님께 헌신한다는 것은 또한 그분의 사명을 받아들이는 것을 의미한다. 이 공동체는 구별된 백성이 되는 동시에 열방에 증언하는 백성이 되는 장기적인 사명에 다시 헌신한다(출 19:5-6; 신 7:1-10). 소극적으로, 그들은 자기 자신을 '그 땅의 백성들'로부터 분리시킨다(느 10:28, 참고.

9:2). 에스라는 이전의 고백 기도에서, 거룩한 자손에 대한 위협 때문에 백성에게 열방과 혼혈 결혼을 하지 말라고 요구했다(스 9:12). 이제는 그렇게 하겠다는 명시적인 결심을 하는 것은 바로 온 공동체다(느 10:30). 더 나아가 그들은 외국인으로부터 물품을 구입하지 않음으로써 안식일을 거룩하게 지키겠다는 헌신을 표명한다(10:31). 이처럼 본인을 세상으로부터 구별시키되 세상 속에 빛과 소금으로 머물라는 부르심은 오늘날의 교회에게도 계속 유효하다(마 5:13-16; 요 17:14-21; 요일 2:15). 우리가 스스로의 정체성을 드러내는 방법은 예수 그리스도를 우리의 주님으로 고백하는 것(롬 10:8-13), 예배의 날을 영예롭게 하는 것, 세례를 통해 그분과 연합하는 것, 주님의 만찬에 참여하는 것 그리고 무엇보다도 그분께 순종하는 것이다. 우리는 범사에 우리가 하나님의 백성임을 공개적으로 진술한다.

이 백성은 열방으로부터 분리되고 하나님의 율법 쪽으로 나아간다(느 10:28-29). 이 움직임은 자연스럽게 그분을 예배하려는 지속적인 헌신으로 이어진다. 물론 주님을 찬송하는 것이 그들 정체성의 핵심 측면이자 귀환의 목표였다(스 1:3; 3:10-11; 느 8:6; 9:3, 6). 그 중요성은 그 주제에 할애된 텍스트의 분량과 "우리 하나님의 전"(10:32-39)이란 어구의 반복으로 분명히 드러난다. 그들이 채택한 의무는 정기적이고 특별한 예배에 재정을 공급하기 위해 기꺼이 바치는 '성전 세금'(10:32-33), 제단용 나무를 공급하는 실질적인 노동 분업(10:34) 그리고 성전에서 섬기는 이들을 후원하기 위해 늘 예물을 "가져[가는]" 다양한 약속(10:35-39)을 포함한다. 시종일관 율법의 정신을 받들고 그것이 그들의 언약 갱신에 적용된다. 우리도 오늘날 하나님의 집에서 그분을 예배하는 것을 위해 헌금하고, 노동하고, 후원하겠다는 헌신에 동참하도록, 특히 교회를 지도하는 이들의 신체적 필요를 후원하도록 교회의 권면을 받는다(고전 9:13-14; 갈 6:6). 그렇게 함으로써 우리는 느헤미야 10장에 나오는 이스라엘 사람들과 같이 한 목소리로 "우리가 우리 하나님의 전을 버려두지 아니하리라"(39절)라고 고백하게 된다.

11:1 백성의 지도자들은 예루살렘에 거주하였고 그 남은 백성은 제비
뽑아 십 분의 일은 거룩한 성 예루살렘에서 거주하게 하고 그 십 분의
구는 다른 성읍에 거주하게 하였으며 2 예루살렘에 거주하기를 자원
하는 모든 자를 위하여 백성들이 복을 빌었느니라

11:1 Now the leaders of the people lived in Jerusalem. And the rest of
the people cast lots to bring one out of ten to live in Jerusalem the holy
city, while nine out of ten[1] remained in the other towns. 2 And the
people blessed all the men who willingly offered to live in Jerusalem.

3 이스라엘과 제사장들과 레위 사람들과 느디님 사람들과 솔로몬의
신하들의 자손은 유다 여러 성읍에서 각각 자기 성읍 자기 기업에 거
주하였느니라 예루살렘에 거주한 그 지방의 지도자들은 이러하니
4 예루살렘에 거주한 자는 유다 자손과 베냐민 자손 몇 명이라 유다
자손 중에는 베레스 자손 아다야이니 그는 웃시야의 아들이요 스가랴
의 손자요 아마랴의 증손이요 스바댜의 현손이요 마할랄렐의 오대 손
이며 5 또 마아세야니 그는 바룩의 아들이요 골호세의 손자요 하사야

의 증손이요 아다야의 현손이요 요야립의 오대 손이요 스가랴의 육대
손이요 실로 사람의 칠대 손이라 6 예루살렘에 거주한 베레스 자손은
모두 사백육십팔 명이니 다 용사였느니라
3 These are the chiefs of the province who lived in Jerusalem; but in the
towns of Judah everyone lived on his property in their towns: Israel,
the priests, the Levites, the temple servants, and the descendants of
Solomon's servants. 4 And in Jerusalem lived certain of the sons of
Judah and of the sons of Benjamin. Of the sons of Judah: Athaiah the
son of Uzziah, son of Zechariah, son of Amariah, son of Shephatiah,
son of Mahalalel, of the sons of Perez; 5 and Maaseiah the son of
Baruch, son of Col-hozeh, son of Hazaiah, son of Adaiah, son of
Joiarib, son of Zechariah, son of the Shilonite. 6 All the sons of Perez
who lived in Jerusalem were 468 valiant men.

7 베냐민 자손은 살루이니 그는 므술람의 아들이요 요엣의 손자요 브
다야의 증손이요 골라야의 현손이요 마아세야의 오대 손이요 이디엘
의 육대 손이요 여사야의 칠대 손이며 8 그다음은 갑배와 살래 등이니
모두 구백이십팔 명이라 9 시그리의 아들 요엘이 그들의 감독이 되었
고 핫스누아의 아들 유다는 버금이 되어 성읍을 다스렸느니라
7 And these are the sons of Benjamin: Sallu the son of Meshullam, son
of Joed, son of Pedaiah, son of Kolaiah, son of Maaseiah, son of Ithiel,
son of Jeshaiah, 8 and his brothers, men of valor, 928.[2] 9 Joel the son of
Zichri was their overseer; and Judah the son of Hassenuah was second
over the city.

10 제사장 중에는 요야립의 아들 여다야와 야긴이며 11 또 하나님의 전
을 맡은 자 스라야이니 그는 힐기야의 아들이요 므술람의 손자요 사

독의 증손이요 므라욧의 현손이요 아히둡의 오대 손이며 12 또 전에
서 일하는 그들의 형제니 모두 팔백이십이 명이요 또 아다야이니 그
는 여로함의 아들이요 블라야의 손자요 암시의 증손이요 스가랴의 현
손이요 바스훌의 오대 손이요 말기야의 육대 손이며 13 또 그 형제의
족장된 자이니 모두 이백사십이 명이요 또 아맛새이니 그는 아사렐
의 아들이요 아흐새의 손자요 므실레못의 증손이요 임멜의 현손이며
14 또 그들의 형제의 큰 용사들이니 모두 백이십팔 명이라 하그돌림
의 아들 삽디엘이 그들의 감독이 되었느니라

10 Of the priests: Jedaiah the son of Joiarib, Jachin, 11 Seraiah the son
of Hilkiah, son of Meshullam, son of Zadok, son of Meraioth, son of
Ahitub, ruler of the house of God, 12 and their brothers who did the
work of the house, 822; and Adaiah the son of Jeroham, son of Pelaliah,
son of Amzi, son of Zechariah, son of Pashhur, son of Malchijah, 13 and
his brothers, heads of fathers' houses, 242; and Amashsai, the son of
Azarel, son of Ahzai, son of Meshillemoth, son of Immer, 14 and their
brothers, mighty men of valor, 128; their overseer was Zabdiel the son
of Haggedolim.

15 레위 사람 중에는 스마야이니 그는 핫숩의 아들이요 아스리감의
손자요 하사뱌의 증손이요 분니의 현손이며 16 또 레위 사람의 족장
삽브대와 요사밧이니 그들은 하나님의 전 바깥일을 맡았고 17 또 아삽
의 증손 삽디의 손자 미가의 아들 맛다냐이니 그는 기도할 때에 감사
하는 말씀을 인도하는 자가 되었고 형제 중에 박부갸가 버금이 되었
으며 또 여두둔의 증손 갈랄의 손자 삼무아의 아들 압다니 18 거룩한
성에 레위 사람은 모두 이백팔십사 명이었느니라

15 And of the Levites: Shemaiah the son of Hasshub, son of Azrikam,
son of Hashabiah, son of Bunni; 16 and Shabbethai and Jozabad, of the

chiefs of the Levites, who were over the outside work of the house of
God; 17 and Mattaniah the son of Mica, son of Zabdi, son of Asaph,
who was the leader of the praise,[3] who gave thanks, and Bakbukiah,
the second among his brothers; and Abda the son of Shammua, son of
Galal, son of Jeduthun. 18 All the Levites in the holy city were 284.

19 성 문지기는 악굽과 달몬과 그 형제이니 모두 백칠십이 명이며
20 그 나머지 이스라엘 백성과 제사장과 레위 사람은 유다 모든 성읍
에 흩어져 각각 자기 기업에 살았고 21 느디님 사람은 오벨에 거주하
니 시하와 기스바가 그들의 책임자가 되었느니라
19 The gatekeepers, Akkub, Talmon and their brothers, who kept watch
at the gates, were 172. 20 And the rest of Israel, and of the priests and
the Levites, were in all the towns of Judah, every one in his inheritance.
21 But the temple servants lived on Ophel; and Ziha and Gishpa were
over the temple servants.

22 노래하는 자들인 아삽 자손 중 미가의 현손 맛다냐의 증손 하사뱌
의 손자 바니의 아들 웃시는 예루살렘에 거주하는 레위 사람의 감독
이 되어 하나님의 전 일을 맡아 다스렸으니 23 이는 왕의 명령대로 노
래하는 자들에게 날마다 할 일을 정해 주었기 때문이며 24 유다의 아
들 세라의 자손 곧 므세사벨의 아들 브다히야는 왕의 수하에서 백성
의 일을 다스렸느니라
22 The overseer of the Levites in Jerusalem was Uzzi the son of Bani,
son of Hashabiah, son of Mattaniah, son of Mica, of the sons of Asaph,
the singers, over the work of the house of God. 23 For there was a
command from the king concerning them, and a fixed provision for the
singers, as every day required. 24 And Pethahiah the son of Meshezabel,

of the sons of Zerah the son of Judah, was at the king's side[4] in all
matters concerning the people.

25 마을과 들로 말하면 유다 자손의 일부는 기럇 아르바와 그 주변 동
네들과 디본과 그 주변 동네들과 여갑스엘과 그 마을들에 거주하며
26 또 예수아와 몰라다와 벧벨렛과 27 하살수알과 브엘세바와 그 주변
동네들에 거주하며 28 또 시글락과 므고나와 그 주변 동네들에 거주
하며 29 또 에느림몬과 소라와 야르뭇에 거주하며 30 또 사노아와 아둘
람과 그 마을들과 라기스와 그 들판과 아세가와 그 주변 동네들에 살
았으니 그들은 브엘세바에서부터 힌놈의 골짜기까지 장막을 쳤으며
31 또 베냐민 자손은 게바에서부터 믹마스와 아야와 벧엘과 그 주변
동네들에 거주하며 32 아나돗과 놉과 아나냐와 33 하솔과 라마와 깃다
임과 34 하딧과 스보임과 느발랏과 35 로드와 오노와 장인들의 골짜기
에 거주하였으며 36 유다에 있던 레위 사람의 일부는 베냐민과 합하였
느니라
25 And as for the villages, with their fields, some of the people of Judah
lived in Kiriath-arba and its villages, and in Dibon and its villages,
and in Jekabzeel and its villages, 26 and in Jeshua and in Moladah and
Beth-pelet, 27 in Hazar-shual, in Beersheba and its villages, 28 in Ziklag,
in Meconah and its villages, 29 in En-rimmon, in Zorah, in Jarmuth,
30 Zanoah, Adullam, and their villages, Lachish and its fields, and
Azekah and its villages. So they encamped from Beersheba to the
Valley of Hinnom. 31 The people of Benjamin also lived from Geba
onward, at Michmash, Aija, Bethel and its villages, 32 Anathoth, Nob,
Ananiah, 33 Hazor, Ramah, Gittaim, 34 Hadid, Zeboim, Neballat, 35 Lod,
and Ono, the valley of craftsmen. 36 And certain divisions of the Levites
in Judah were assigned to Benjamin.

12:1 스알디엘의 아들 스룹바벨과 예수아와 함께 돌아온 제사장들과
레위 사람들은 이러하니라 제사장들은 스라야와 예레미야와 에스라
와 2 아마랴와 말룩과 핫두스와 3 스가냐와 르훔과 므레못과 4 잇도와
긴느도이와 아비야와 5 미야민과 마아댜와 빌가와 6 스마야와 요야립
과 여다야와 7 살루와 아목과 힐기야와 여다야니 이상은 예수아 때에
제사장들과 그들의 형제의 지도자들이었느니라

12:1 These are the priests and the Levites who came up with Zerubbabel
the son of Shealtiel, and Jeshua: Seraiah, Jeremiah, Ezra, 2 Amariah,
Malluch, Hattush, 3 Shecaniah, Rehum, Meremoth, 4 Iddo, Ginnethoi,
Abijah, 5 Mijamin, Maadiah, Bilgah, 6 Shemaiah, Joiarib, Jedaiah,
7 Sallu, Amok, Hilkiah, Jedaiah. These were the chiefs of the priests
and of their brothers in the days of Jeshua.

8 레위 사람들은 예수아와 빈누이와 갓미엘과 세레뱌와 유다와 맛다
냐니 이 맛다냐는 그의 형제와 함께 찬송하는 일을 맡았고 9 또 그들
의 형제 박부갸와 운노는 직무를 따라 그들의 맞은편에 있으며 10 예
수아는 요야김을 낳고 요야김은 엘리아십을 낳고 엘리아십은 요야다
를 낳고 11 요야다는 요나단을 낳고 요나단은 얏두아를 낳았느니라

8 And the Levites: Jeshua, Binnui, Kadmiel, Sherebiah, Judah, and
Mattaniah, who with his brothers was in charge of the songs of
thanksgiving. 9 And Bakbukiah and Unni and their brothers stood
opposite them in the service. 10 And Jeshua was the father of Joiakim,
Joiakim the father of Eliashib, Eliashib the father of Joiada, 11 Joiada
the father of Jonathan, and Jonathan the father of Jaddua.

12 요야김 때에 제사장, 족장 된 자는 스라야 족속에는 므라야요 예레
미야 족속에는 하나냐요 13 에스라 족속에는 므술람이요 아마랴 족속

에는 여호하난이요 14 말루기 족속에는 요나단이요 스바냐 족속에는
요셉이요 15 하림 족속에는 아드나요 므라욧 족속에는 헬개요 16 잇도
족속에는 스가랴요 긴느돈 족속에는 므술람이요 17 아비야 족속에는
시그리요 미냐민 곧 모아다 족속에는 빌대요 18 빌가 족속에는 삼무아
요 스마야 족속에는 여호나단이요 19 요야립 족속에는 맛드내요 여다
야 족속에는 웃시요 20 살래 족속에는 갈래요 아목 족속에는 에벨이요
21 힐기야 족속에는 하사뱌요 여다야 족속에는 느다넬이었느니라

12 And in the days of Joiakim were priests, heads of fathers' houses:
of Seraiah, Meraiah; of Jeremiah, Hananiah; 13 of Ezra, Meshullam; of
Amariah, Jehohanan; 14 of Malluchi, Jonathan; of Shebaniah, Joseph;
15 of Harim, Adna; of Meraioth, Helkai; 16 of Iddo, Zechariah; of
Ginnethon, Meshullam; 17 of Abijah, Zichri; of Miniamin, of Moadiah,
Piltai; 18 of Bilgah, Shammua; of Shemaiah, Jehonathan; 19 of Joiarib,
Mattenai; of Jedaiah, Uzzi; 20 of Sallai, Kallai; of Amok, Eber; 21 of
Hilkiah, Hashabiah; of Jedaiah, Nethanel.

22 엘리아십과 요야다와 요하난과 얏두아 때에 레위 사람의 족장이
모두 책에 기록되었고 바사 왕 다리오 때에 제사장도 책에 기록되었
고 23 레위 자손의 족장들은 엘리아십의 아들 요하난 때까지 역대지
략에 기록되었으며 24 레위 족속의 지도자들은 하사뱌와 세레뱌와 갓
미엘의 아들 예수아라 그들은 그들의 형제의 맞은편에 있어 하나님의
사람 다윗의 명령대로 순서를 따라 주를 찬양하며 감사하고 25 맛다냐
와 박부갸와 오바댜와 므술람과 달몬과 악굽은 다 문지기로서 순서대
로 문안의 곳간을 파수하였나니 26 이상의 모든 사람들은 요사닥의 손
자 예수아의 아들 요야김과 총독 느헤미야와 제사장 겸 학사 에스라
때에 있었느니라

22 In the days of Eliashib, Joiada, Johanan, and Jaddua, the Levites

were recorded as heads of fathers' houses; so too were the priests in the reign of Darius the Persian. 23 As for the sons of Levi, their heads of fathers' houses were written in the Book of the Chronicles until the days of Johanan the son of Eliashib. 24 And the chiefs of the Levites: Hashabiah, Sherebiah, and Jeshua the son of Kadmiel, with their brothers who stood opposite them, to praise and to give thanks, according to the commandment of David the man of God, watch by watch. 25 Mattaniah, Bakbukiah, Obadiah, Meshullam, Talmon, and Akkub were gatekeepers standing guard at the storehouses of the gates. 26 These were in the days of Joiakim the son of Jeshua son of Jozadak, and in the days of Nehemiah the governor and of Ezra, the priest and scribe.

1 Hebrew *nine hands* *2* Compare Septuagint; Hebrew *Jeshaiah, and after him Gabbai, Sallai, 928* *3* Compare Septuagint, Vulgate; Hebrew *beginning* *4* Hebrew *hand*

단락 개관

'인구 다시 채우기'라는 주제는 성벽 완공 이후의 장을 열고 닫았다(느 7:4-5, 73a). 하지만 그 줄거리는 하나님의 율법 아래 공동체 회복이라는 필수 과업을 생각하느라고 잠시 멈추었다(7:73b-10:39). 여러 번에 걸친 율법 낭독은 "견고한 언약"의 기록으로 마무리되었다(9:38). 이 회개하는 백성은 하나님의 율법 안에서 걷고, 그것을 지키고, 행하기로(10:29) 그리고 하나님의 집을 내버려두지 않기로(10:39b) 다시 헌신했다.

이 내러티브는 이제 예루살렘의 인구 다시 채우기와 하나님의 집을 돌보는 일로 되돌아간다(11:1-12:26). 그것은 여러 명단을 묶어주고 두 부분으로 구성되어 있다. 첫째 부분은 인구 다시 채우기라는 주제를 직접 다룬다(11:1-36). 스스로 예루살렘으로 이주한 사람들(11:1-2)은 문지기들과 성전 일꾼들(11:19-21)과 더불어 평신도들(11:4-9), 제사장들(11:10-14) 그리고 레위인들(11:15-18)을 포함한다. 이후에 레위인의 감독들, 노래하는 자들 그리고 왕의 명령에 관한 설명이 나온다(11:22-24). 첫째 부분은 마을들의 두 번째 목록과 예루살렘 바깥에 위치한 유다와 베냐민의 정착지와 함께 끝난다(11:25-36). 이처럼 예루살렘 너머로 확대된 것은 9장에 널리 퍼져있는 땅에 대한 약속의 중요성을 시사한다.

이 단락의 둘째 부분은 하나님의 집을 돌보는 일을 다루는데, 이는 제사장들과 레위인들의 집계 명단으로 입증되고 있다(12:1-26). 이 구절들은 제사장들과 레위인들의 네 명단(12:1-9, 10-11, 12-21, 24-25), 출처에 대한 언급(12:22-23) 그리고 결론(12:26)을 포함한다. 맥락에 비추어 읽으면, 제사장들과 레위인들의 이 명단은 에스라-느헤미야서에 나오는 주요 명단들 중 마지막으로 11:1-36의 기록을 보완하고 절정에 해당하는 성벽 봉헌식(12:27-47)에서 뚜렷이 나타나는 제사장과 레위인의 봉사로 전환된다.

단락 개요

III. 공동체가 기뻐하다: 언약 갱신과 공동체 복원(느 7:73b-13:31)
- B. 예루살렘과 그 주변 마을들에 거주하다, 제사장과 레위인의 명단(느 11:1-12:26)
  - 1. 예루살렘과 주변 마을들에 주민이 거주하다(11:1-36)
    - a. 선택된 사람들과 자원하는 사람들(11:1-2)
    - b. 예루살렘에서 살았던 사람들(11:3-24)
    - c. 예루살렘 밖의 마을들에서 살았던 사람들(11:25-36)

2. 제사장과 레위인의 명단(12:1-26)

a. 스룹바벨과 예수아와 함께 올라온 제사장들과 레위인들 (12:1-9)

b. 대제사장의 계보(12:10-11)

c. 출처들에 관한 짧은 언급(12:22-23)

d. 요야김 시대의 레위인들(12:24-26)

11장

주석

11:1-36 개요

예루살렘(1-24절)과 주변 마을들(25-36절)에 재정착한 사람들의 명단이 이 문맥에서 어색하게 보일 수 있다. 하지만 언약 갱신(10장)에 이어 예루살렘 정착이 따라오는 논리는 신명기에 나오는 언약 갱신에서 여호수아서-사사기에 나오는 가나안 정착 기간으로의 이동과 약간 비슷한 듯하다.[215]

11:1-2 일부 "지도자들"(9:32, 34에는 "방백들")이 예루살렘에 살기로 결정했으나 다른 주민들도 필요하다. 조상들은 한때 그 땅을 배분하기 위해 제비를 뽑았고(민 26:55-56; 수 14:2) 최근에는 나무 예물을 위한 근무 일정을 정하기 위해 제비뽑기를 했다.[216] 이제는 하나님이 그 도성에 주민을 채우기 위해 예루살렘으로 누구를 '데려오실지'("bring", 개역개정에는 이 의미가 드러나지 않음) 결정하려고 제비를 뽑는다. 이 핵심 동사('가져오다, 데려오다')는 최

215 Shepherd and Wright, *Ezra and Nehemiah*, 95.

216 같은 책.

근에 주님의 집으로 가져오는 첫 열매의 예물과 기증품을 언급한 바 있다(느 10:34-39). 이 가운데 일부는 "우리 산물의[땅에서 나오는] 십일조"(10:37-38)라 불렸다. 이제 열 가정 중 하나, 즉 십일조가 살아있는 제물로 드려진다. 그들은 거룩한 전이 아니라 예루살렘, 곧 "거룩한 성"(11:1, 18; 사 48:2; 욜 3:17; 단 9:24)으로 데려옴을 당하는 한편, 열 가정 중 아홉은 다른 성읍들에 남아있게 된다.

여기에 나오는 히브리어 동사 '나다브'(*nadab*, '기꺼이 바쳤다', 느 11:2)는 성전 건축을 위해 자원 예물을 드리는 것에 사용된 단어(대상 29:5-6, 9; 스 1:6; 2:68)라서 희생의 이미지가 지속된다. 더욱 눈에 띄는 것은 군사적 맥락에 나오는 자원 봉사(삿 5:2, 9, 참고. 시 110:3)라는 의미가 내포되어 있다는 사실이다. 이처럼 선택되고 자원하는 가족들은 하나님이 그들의 헌신에 번영을 주실 것이라는 복을 받는 것이 정당하다. 귀환자들의 경우, 조상의 땅을 포기한 것과 더불어 농업 소득도 상당히 줄어든 만큼(참고. 느 11:3) 이주로 인한 기존의 혼란이 더욱 심해질 것이다.

11:3-6 예루살렘 안팎에 사는 두 그룹이 다시 소개된다(3절). 이는 이어지는 두 단원(4-24절, 25-36절)을 준비하게 만든다. 각 그룹은 에스라 2장과 느헤미야 7장에 나온 공동체의 전통적 계층들로 구성되어 있다[즉, 평신도("이스라엘"), 제사장들, 레위인들 등].[217] 그들의 신분을 가족의 이름(바로스, 스바댜 등)으로 밝히기보다는 지파와 종족의 이름을 사용해서 출애굽/정착의 이미지를 상기시킨다.[218] "그 지방의 지도자들"(11:3)은 4-24절에 줄곧 열거된 다양한 가족의 우두머리들이다. 그들은 예루살렘 밖에 거주하는 이들, 곧 각각 "자기 [고유한] 기업", 말하자면, 그의 조상의 소유지(3, 20절; 레 25:10; 대상 9:2)에 남아있는 자들과 대조를 이룬다.

217 평신도와 성전 담당 인사에 관한 논의는 에스라 2:1-70 주석에 나온다.

218 Shepherd and Wright, *Ezra and Nehemiah*, 96.

평신도 지파들인 유다와 베냐민(느 11:4)은 남쪽 왕국에 충성을 다했고(왕상 12:21-23) 귀환자를 대표하는 지파들이었다(스 1:5). 역대상 9:2-21에 나오는 병행 명단은 북쪽 지파들인 에브라임과 므낫세를 포함하는데(대상 9:3), 이는 온 이스라엘을 대표하는 지파들로 삼은 것 같다.[219] 유다의 두 자손, 아다야와 마아세야는 각각 그들의 종족, 베레스와 셀라로 그 신분이 밝혀진다.[220] 베레스의 자손을 "용사"로 묘사하고 있는데, 이 말은 이 책들의 다른 곳(스 8:22; 느 2:9; 11:14)에서 군사적 의미를 내포하고 있다. 예루살렘의 방어는 그곳을 주민으로 채우는 일의 중요한 측면이다(7:2-3, 참고. 4:13에서는 종족별로 방어태세가 갖춰진다).[221]

11장

11:7-9 살루는 이름이 밝혀진 유일한 베냐민 자손이다(참고. 대상 9:7-9). 베냐민의 용사는 유다의 용사를 합친 것보다 거의 두 배나 된다(느 11:8).[222] "감독"(참고. 14, 22절)인 요엘과 "그 다음 지위에 있는"(현대인의성경) 유다는 군사 지도자인 하나니와 하나냐(7:2)를 계승했을 것이다. 이보다 가능성이 적은 대안은 유다가 그 도성의 "제이구역"(새번역) 또는 '새로운 구역'(참고. NIV)을 관리한다고 보는 것이다.

11:10-14 평신도 지도자들 다음에 나오는 명단은 예루살렘의 인구를 다

219 역대상 9:2-21에 나오는 명단은 느헤미야 11:4-19에 나오는 이름들 중 약 절반을 공유한다.

220 베레스는 다말에게서 태어난, 유다의 아들이었다(창 38:12-29). 셀라는 그의 가나안 여자, 수아에게서 태어난, 유다의 아들이었다(창 38:1-6, 26). 모음이 약간 바뀌면 "셀라 종족"(Shelanite, 참고. 민 26:20)이 아니라 "실로 사람"(Shilonite, 느 11:5)이 된다.

221 Williamson, *Ezra, Nehemiah*, 348. 이와 달리, 그것은 특별한 성품, 능력, 또는 재산을 가진 사람들을 가리킬 수 있다.

222 11:7-8에 두 개의 본문비평 이슈들이 나온다. 이 본문의 히브리어는 '여사야, 그 다음은 갑배, 살래, 928'(참고. ESV 난외주)로 번역될 수 있다. "[그리고] 그 다음은"(개역개정, NASB)보다 '그리고 그의 형제들'로 읽는 것이 그 구절과 대목(11:12, 13, 14, 19)의 맥락에서 의미가 더 잘 통한다. 더 나아가, "갑배", "살래"란 이름들은 11:6에 나오는 어구와 비슷하게 '용사들'(men of valor)이란 어구의 변형으로 간주될 수 있다. 일부 영어 번역본은 히브리어 본문을 그대로 번역한다(KJV, NASB, NIV, NJPS). 다른 번역본들은 첫째 수정안은 받아들이되 '그리고 그의 형제들, 갑배, 살래'(NEB, NAB, NRSV)라는 둘째 수정안은 거부한다.

시 채운 구성원들의 제사장 집안들을 소개한다.[223] 이 명단에 접근하는 한 방식은 다섯 제사장 집안(여다야, 야긴, 스라야, 아다야 그리고 아맛새)으로 보는 것이다.[224] 마지막 두 이름은 스룹바벨과 함께 돌아온 중요한 바스훌과 임멜의 제사장 집안과 연관되어 있는 한편, 유배 이전 시대의 "여다야"는 예수아의 집안과 연결되어 있다(느 7:39-42//스 2:36-39). 이 가운데 여러 이름은 다윗이 세운 예전의 제사장 분과들에도 나온다(대상 24:7, 17). 이 첫째 접근에 따르면, "하나님의 전을 맡은 자"는 스라야를 가리키고 이후의 이름들은 유배 이전 시대의 마지막 대제사장으로서 그의 계보를 추적한다(왕하 25:18; 렘 52:24, 참고. 스 7:1-2). 이와 달리, 만일 야긴이 '…의 아들'을 서기관이 잘못 필사한 것이라면, 첫 명단은 더 나아가 대제사장으로 분류되는 여다야의 계보를 제공할 수도 있다. 문제는 유배시대 이후의 대제사장 가운데 이 이름을 찾을 수 없다는 것이다. 그러므로 여다야는 다른 곳에서 엘리아십의 후계자(느 12:10)이자 느헤미야의 동시대인(13:28)인 요야다 내지는 여호야다라는 다른 철자들로 알려진 인물이라고 주장되고 있다.[225]

어쨌든 기꺼이 예루살렘에 거주하는 822명은 성전 내에서의 예배 업무, 즉 '그 전의 일'(the work of the house)과 연관된 사람들을 포함한다. 이어지는 다른 이들은 가르침이나 방어와 같은 덜 의례적인 의무를 맡을 수 있다. "큰 용사들"이란 어구는 11:6에 표현된 것보다 이 가족들에게 더 강한 군사적 역할의 의식을 부여한다.[226]

223 이 명단에는 해석상의 과제가 여럿 나온다. 펜샴이 다양한 난점에 관한 간명한 논의를 제공한다(*Ezra and Nehemiah*, 245-246).

224 역대상 9:10-13에 나오는 병행 대목이 입증하듯이, 만일 요야립(즉, 여호야립)이 여다야의 아버지가 아니라 별개의 제사장 집안으로 간주된다면, 이 수가 다섯이 아니라 여섯이 될 수 있다(Blenkinsopp, *Ezra-Nehemiah*, 321).

225 블렌킨솝이 첫 번째 해석을 대표하고(*Ezra-Nehemiah*, 325-326), 클라인스가 후자를 대표한다(*Ezra, Nehemiah, Esther*, 215-216). 후자의 견해는 또한 "그들의 형제[들]"을 '그의 형제들'로 수정하기를 요구한다. 후자의 해석과 관련된 수정사항 중 어느 것도 본문의 근거를 찾을 수 없다. 본문상의 과제들이 있음에도 불구하고, 노스와 토마스는 번역가들에게 본문을 있는 그대로 받아들이도록 격려한다(*Ezra and Nehemiah*, 485).

11:15-18 여섯 명의 레위인이 언급되어 있다. 스마야(참고. 대상 9:14)는 세 명의 레위인 지도자 중에 첫째이다. 이어서 최근에 백성에게 율법을 가르쳤고(느 8:7) 앞서 에스라의 사역에 함께했던(스 10:15, 23) 삽브대와 요사밧이 나온다. 이 두 사람은 "하나님의 전 바깥 일"(느 11:16)을 감독한다. 이것은 아마 건물의 물리적 관리와 십일조와 예물의 수집을 가리킬 것이다(10:38).

여기서는 노래하는 자들이 레위인들 가운데 속해 있다(참고. 7:44; 12:8-9). 아삽의 자손과 오랫동안 연관되었던 이름(참고. 대상 9:15; 대하 29:13)인 맛다냐는 찬송의 지휘자로서 특별히 언급되어 있다.[227] "그의 형제들 가운데서…버금가는 지휘자"(새번역)인 박부갸는 교창식 찬양대의 지휘자 역할을 가리키는 것 같다(느 12:9, 25, 참고. 스 3:11).[228] 압다는 여두둔과 혈연관계에 있다. 후자는 아삽과 헤만과 더불어 다윗이 예배를 인도하도록 임명한 세 집안이었다(대상 25:1).

11:19-21 악굽과 달몬은 문지기들의 대표적인 집안 이름들이다(스 2:42// 느 7:45; 12:25). 문지기의 직무는 폭이 넓지만 일차적으로 성전의 은과 신성함을 보호한다(대상 9:17-34). 때로는 문지기들이 레위인들로 나온다(대상 9:26; 대하 23:4; 34:12-13).

"그 나머지 이스라엘 백성"(느 11:20)은 그 도성 밖의 "자기 기업"(3절)에 거주하는 제사장들과 레위인들과 더불어 남은 평신도들을 가리킨다. 따라서 이 구절은 예루살렘에 거주하는 사람들의 명단을 마무리한다. 보통은 "성전 막일꾼들"(새번역, 개역개정은 "느디님 사람")이 문지기들 직후에 나

226 마지막 두 논점은 Kidner, *Ezra and Nehemiah*, 130에 개진되어 있다.

227 ESV는 히브리어에 한 자음을 약간 고쳐서 '시작' 대신에 '찬송'으로 읽는다(참고. ESV 난외주). 하지만 '시작에서 지휘자'(NASB)란 말이 찬양대 리더십을 가리키는 전문 용어를 보존할 수 있다.

228 Noss and Thomas, *Ezra and Nehemiah*, 488. 노래하는 자들과 문지기들과 그들의 레위인과의 관계에 관해서는 에스라 2:40-42 주석을 참고하라.

오는데(참고. 3절; 스 2:43-53; 7:7, 24; 느 7:46-56, 73a), 여기서는 세 가지 부록(11:21-24) 중 첫째로 11:20 뒤에 나온다. "성전 막일꾼들"이 앞의 명단에 포함되지 않은 것은 그들이 이미 예루살렘에 있는 "오벨", 곧 예루살렘 성전 단지의 남동쪽 언덕에 살고 있기 때문이다(참고. 3:26-27).[229]

11:22-24 두 번째 사항은 맛다냐의 증손(참고. 17절)인 웃시가 노래하는 레위인들의 감독이라고 밝힌다(참고. 9, 14b, 17절). 그의 합창 감독은 "하나님의 전 일"(22절)로 규정되어 있다. "명령"(23절)은 다윗이 애초에 음악가들을 조직할 때 내린 명령(12:24; 대상 25장)을 가리키거나 페르시아 왕이 자신을 위한 기도와 제사 그리고 예배에 대해 만든 규정(스 6:10; 7:20, 23)을 가리킨다. '정해진 양식'(ESV 참고)은 느헤미야 12:47에 나온 대로 노래하는 자들을 위한 정기적 지원을 명시하거나 그들의 규칙적인 의무의 조직(개역개정, NIV)을 가리킬 것이다.

마지막 사항은 분명히 페르시아 왕을 가리킨다. 브다히야는 달리 알려진 바가 없다. 그의 임무가 왕의 곁(즉, '손', 11:24 ESV 난외주)에 있는 것이라는 말은 그가 지방의 사태를 페르시아 당국에 대변한다는 것을 의미한다.[230] 그는 유다의 세 번째이자 마지막 종족인 세라의 자손이며 4-5절에는 나오지 않는다(대상 9:6).

11:25-36 개요

예상대로 이제 '유다의 마을들'이 나온다(3, 20절). 이 마을들에는 유다 자손(25-30절)과 베냐민 자손(31-36절)이 거주한다. "동네들"(새번역에는 '촌락들')은 더 작은 정착지들과 거기에 딸린 공동체들을 모두 가리킨다(참고. 25절).

229 Breneman, *Ezra*, *Nehemiah*, *Esther*, 259. 성전 일꾼들에 관한 논의는 에스라 2:43-54 주석을, 오벨에 관해서는 느헤미야 3:27 주석을 보라.

230 그는 느헤미야보다 두 세대가 늦은 총독일 것으로 추측된다(Clines, *Ezra*, *Nehemiah*, *Esther*, 219).

11:25-30 디본에서 에느림몬까지의 마을들은 네게브에 위치한 남부지방이고, 나머지 마을들(소라에서 아세가까지)은 서쪽의 쉐펠라에 있다.[231] 기럇 아르바(25절, 즉, 헤브론)와 브엘세바는 최남단에 위치한 마을들로, 유배시대 이전의 유다에 속해 있었으나 이제는 이두매 지방에 속해 에돔-아라비아의 통제 아래 있다(참고. 2:19).[232] 최북단에 위치한 힌놈의 골짜기는 예루살렘의 남쪽과 서쪽의 경계를 정한다(참고. 수 15:8).

이 목록은 유다의 이상적인 지방 경계들을 표시한다. 지명된 열일곱 장소의 대다수는 유다를 위한 할당지역이 묘사된 여호수아 15:13-39에 거의 똑같은 순서로 나온다.[233] 이것은 사람들이 "장막을 쳤[다]"(느 11:30)는 묘사(이는 그들의 정착을 묘사하는 이례적인 방식이다)와 더불어 고대의 토지 정착을 상기시키려는 시도일 수 있다. 사람들이 중앙에 위치한 예루살렘("거룩한 성", 1, 18절)을 중심으로 장막을 친 것으로 묘사되어 있다. 이는 예전에 중앙에 배치된 회막을 중심으로 백성에게 구역이 할당된 것과 비슷하다(수 15-19장, 특히 18:1). "따라서 우리의 목록은 우리가 에스라-느헤미야서를 읽을 때 여러 지점에서 관찰한 출애굽-정착 패턴과 매우 잘 들어맞는다…성소를 중심으로 장막을 친 그 땅의 개념, 광야 여정 동안 배열된 모습의 재현은 고대의 전통에 기반을 두고 있다."[234]

11장

11:31-36 베냐민 자손이 거주한 15개의 마을 대다수는 산지와 해변의

231 클라인스는 11:25-36에 나오는 대다수의 장소가 요새화되어 있다고 믿는다(*Ezra, Nehemiah, Esther*, 220-221). 쉐펠라는 해변의 평지와 중부의 산지 사이의 경사진 지역이다.

232 Blenkinsopp, *Ezra-Nehemiah*, 329.

233 물론 여호수아 15장, 에스라 2장//느헤미야 7장, 느헤미야 3장에 나오는 많은 장소 이름이 11:25-36에는 나오지 않는다. 그리고 11:25-30에 나오는 일부 이름은 에스라-느헤미야서의 다른 곳에 나타나지 않는다. 여러 장소는 페르시아의 유다 지방 바깥에 있을 것이다. 윌리암슨은 이 전부와 관련된 난점들에 대한 간략한 논의와 이 목록이 어떻게 생겼을지에 관한 선택사항들의 간명한 목록을 제공한다(*Ezra-Nehemiah*, 349-350).

234 Blenkinsopp, *Ezra-Nehemiah*, 330. 윌리암슨 역시 이 해석을 지지하면서 이렇게 말한다. "백성이 광야 시절의 원형적인 예배 공동체의 견지에서 묘사되어 있다"(*Ezra, Nehemiah*, 353). 마을들의 위치에 관한 상세한 논의는 Blenkinsopp(330-332)을 참고하라.

평지에 위치해 있다(참고. 스 2:26-33). 게바에서 벧엘에 이르는 길은 대체로 예루살렘에서 북쪽으로 이동하여 베냐민의 본래 할당지역인 중부 산지로 들어간다. 아나돗에서 아나냐까지는 그 도성의 약간 북동쪽에 위치하며 북부에서 남부에 이르는 궤도를 따라간다. 라마와 하솔(수 11:1의 하솔이 아님)은 게바의 바로 서쪽에 위치해 있다. 깃다임에서 오노까지는 해변의 평지에 놓여 있고, 일부는 그 지방의 북서쪽 경계의 바깥에 위치해 있다.[235] 레위 가문들 중 일부가 예전에는 유다에 있었으나 이제는 베냐민 가운데 거주하고 있다는 말과 함께, 거룩한 성을 중심으로 예배하는 공동체의 그림이 완성된다(느 11:36).[236]

12:1-26 개요

제사장들과 레위인들의 네 명단(1-9절, 10-11절, 12-21절, 24-26절)이 예루살렘과 그 주변 지방의 주민들의 명단에 첨부되어 있다. 이 명단들은 스룹바벨과 예수아 아래서의 첫 귀환(1절)으로부터 최근의 느헤미야와 에스라 아래서의 성벽 완공과 언약 갱신(26절)까지 제사장과 레위인의 성전 봉사의 연속성을 강조한다.

12:1-9 네 개의 제사장 가문 내지는 종족의 이름들이 주전 538년에 스룹바벨과 예수아와 함께 돌아온 사람들로 밝혀져 있었다(스 2:36-39//느 7:39-42). 이제 12:1-7은 22개의 가족 이름으로 구성된 보다 폭넓은 명단을 제공한다. 이것들은 개인적인 이름들로 제시될 뿐 아니라 스룹바벨 당시에 알려진 제사장 분과들의 회복도 묘사한다(스 6:18). 핫두스(느 12:2)와 철자상의 차이를 제외하면 요야김의 시기에 나온 이름들(12-21절)과 상당한 중

235 오노의 위치에 대해서는 느헤미야 6:1-4 주석을 참고하라.

236 Shepherd and Wright, *Ezra and Nehemiah*, 97.

첩이 있다. 분명히 이 이름들은 제사장 분과의 이름들로 계속 이어진다.[237] "에스라"(1, 13절)에 대해서는 10:2-8 주석을 참고하라. 10:2-8에 나오는 언약의 서명인들과 일치되는 이름이 상당히 있지만, 잇도(12:4, 16)와 요야립에서 여다야까지의 마지막 여섯 이름은 거기에 나오지 않는다.[238]

이어서 여덟 개의 레위 가족 이름이 나온다(8-9절). 예수아, 빈누이 그리고 갓미엘은 세 명의 가족 우두머리들이다(참고. 10:9). 유다(=호다위야) 역시 가족 이름으로 포함될 수 있다(스 2:40//느 7:43). 여기에 나열된 첫 번째 귀환자들 가운데 속해 있는 나머지 네 이름은 또한 나중에 마주한 사람들로 나온다. 세레뱌는 에스라와 함께 돌아왔고 최근의 언약 갱신에서 섬긴 바 있다(스 8:24; 느 8:7; 9:4-5; 10:12). 이들은 맛다냐와 함께 감사의 찬송을 담당하는 예배 음악가들로 활동한다. 박부갸와 운노가 교창식 찬양대를 완성한다(참고. 11:17).

12장

12:10-11 예수아의 아버지, 여호사닥은 유배 당시 대제사장이었다(대상 6:4-15). 이 명단은 그 대제사장 혈통의 포괄적 연장이 아니라 선택적 연장이다. 이는 첫 귀환 때 예수아의 직무(주전 538년)로부터 덜 확실한 얏두아(약 400년과 이후)까지 걸쳐있다. 엘리아십은 예수아보다 거의 백년이 늦은 느헤미야 시대의 대제사장으로 알려져 있었다(느 3:1, 주전 445년). 요야김은 주전 5세기 초 예수아와 엘리아십 사이에 존재하고 에스라가 도착할 때 직무를 수행하는 것 같다.[239] 얏두아(11절)뿐 아니라 요나단과 요하난(12:11,

237 12:1-7, 12-21과 10:2-8을 비교하는 도표를 보려면 Kidner, *Ezra and Nehemiah*, 134을 참고하라. 블렌킨솝은 그의 도표에 역대상 24장을 더한다(*Ezra-Nehemiah*, 337). 이 명단들 사이의 구성상의 역사와 관계에 관한 다양한 입장에 대해서는 전문적인 주석들을 보라.

238 12:6과 12:19에서 번역되지 않은, 요야립 앞에 나오는 '그리고'[와우(*waw*)]란 접속사(ESV 참고)의 존재는 이 마지막 여섯 이름이 후대의 편집과정에서 첨가된 것을 표시할 수 있다(Williamson, *Ezra*, *Nehemiah*, 362, Blenkinsopp, *Ezra-Nehemiah*, 335).

239 Williamson, *Ezra*, *Nehemiah*, 364, Blenkinsopp, *Ezra-Nehemiah*, 338.

23)의 정체성에 관한 역사적 의문은 계속 남아있다.[240]

12:12-21 요야김(참고. 12:10-11 주석) 시대에 제사장 분과들("제사장 가문의 우두머리들", 12절, 새번역)은 22개의 이름으로 밝혀져 있다. 앞에서 우리는 예수아 시대에 속한 22개의 병행하는 이름들(1-7절)을 살펴보았는데, 그 가운데 단지 핫두스(2절)만 12:12-21의 명단에 빠져 있다(아마 전승과정에서 우연히 실종되었을 것이다). 한 쌍으로 나오는 이름들(예. 스라야/므라야, 예레미야/하나냐 등)은 첫째 이름이 제사장 분과(또는 가족 이름)를 가리키는 한편 둘째는 요야김 시대에 가족을 대표했던 제사장의 개인적 이름을 제공하는 것을 분명히 한다. 아울러 앞에서 말했듯이, 요야립부터 여다야까지(6-7절)는 언약의 서명인들(10:2-8) 가운데 나오지 않는다. 이 개인적인 이름들의 거의 대부분은 우리에게 알려져 있지 않다. 하지만 스가랴는 그의 사역이 대제사장 예수아와 중첩되었던 선지자를 가리킬 수 있다(스 5:1; 6:14). 스가랴의 조부(슥 1:1, 7)인 잇도는 여기에 제사장 분과의 이름으로 나온다(참고. 느 12:4). 미냐민 분과의 가문의 우두머리는 전승과정에서 실종되었다(17절).

12:22-23 이어서 출처에 관한 여러 언급이 나온다. 앞 단락(12-21절)에는 요야김이 대제사장직을 맡던 기간의 제사장들이 '가문별 우두머리들'(12-21절)로 열거되어 있었다. 이 메모는 더 나아가 독자에게 제사장들이 그랬듯이 레위인들도 개인이 아니라 가족의 이름으로 등록되었다는 것을 알려

240 논쟁 중인 에스라와 느헤미야의 연대기에서 요나단과 요하난과 그들의 역할에 관해서는 에스라서의 서론을 참고하라. 얏두아의 정체성에 관해서는 다양한 주장이 존재한다. 요세푸스(*Antiquities* 11.302, 325-332)는 그를 페르시아 시대의 말엽인 다리우스 3세 코도마누스(주전 336-331년)의 통치 기간에 알렉산더 대왕(주전 약 333년)의 인사를 받는 대제사장으로 둔다. 만일 대제사장의 명단이 완전하다면, 이는 가능하되 대제사장의 직무 기간을 너무 길게 만들 것이다. 그래서 윌리암슨(*Ezra, Nehemiah*, 363)과 블렌킨솝(*Ezra-Nehemiah*, 336-338)은 요세푸스의 연대는 정확해도 12:10-11에 나온 명단은 불완전하다고(말하자면, 한 세대 또는 그 이상을 뛰어넘는다고) 주장한다. 이와 달리, 요세푸스가 그의 연대를 잘못 기록했든지 얏두아란 이름을 가진 대제사장이 한 명 이상이었을 가능성이 있다. 키드너(*Ezra and Nehemiah*, 135, 160)는 이 접근을 취하면서 이 명단은 느헤미야의 생애 동안 또는 그 직후였던 다리우스 2세 노투스(주전 423-404년)의 통치보다 더 나가지 않는다고 주장한다. 이 해석에 따르면 얏두아란 이름을 가진 사람이 두 명이었다.

준다.[241] 이러한 기록은 엘리아십부터 그의 아들 요하난까지의 기간에 걸쳐 있었다(23절). 후자는 12:10-11 주석에 간략히 언급되어 있다. 얏두아처럼 그의 이름은 그의 정체성에 대한 의문을 제기하게 한다. 엘레판틴 파피루스(주전 470년)에 있는 한 편지에 따르면, 요하난은 주전 410년에 대제사장으로 섬겼고 "여호하난"[242]으로 지칭되어 있다. 이 구절들은 더 나아가 레위 가족 이름들이 "역대지략"에 기록되어 있었다고 주장하는데, 이는 성경의 책이 아니라 성전의 한 공문서를 가리키는 것 같다. "바사[페르시아] 왕 다리오"의 지시 대상은 불확실하다. 만일 다리우스 1세(주전 522-486년)를 지칭한다면, 이 역사적 표지는 이미 마주친 명단들(1-7절, 12-21절)의 문맥에 들어맞고 제사장의 등록이 일찍이 그의 통치 때에 재개되었다는 것을 가리킨다(참고. 스 6:1, 18).[243]

12장

12:24-26 여기에 네 명 내지 어쩌면 다섯 명의 레위 가문 지도자가 나온다("지도자들", 12, 22, 23절에서는 "족장").[244] 예수아와 갓미엘은 조상의 이름들(스 2:40; 3:9)이자 개인적인 이름들인데, 이들은 예배를 인도하고(느 9:4-5) 언약에 서명하는(10:9-12, 참고. 스 8:18-19) 하사비야(=하삽느야)와 세레뱌와 함께 나왔다. "맞은편에 있[다]"(참고. 느 12:9)는 것은 다시금 교차적 찬양을 가리킨다. 다윗이 일찍이 노래하는 자들과 문지기들을 조직했었다(스 3:10; 대상 25-26장; 대하 8:14). 전자를 세운 것은 예언의 가르침에 따른 것이었다(대하 29:25). "순서를 따라"라는 어구는 다른 곳에서 문지기들의 교대 근무

241 Williamson, *Ezra, Nehemiah*, 361.

242 윌리암슨에 따르면 그를 에스라 10:6의 여호하난과 혼동하면 안 된다(*Ezra, Nehemiah*, 151-154).

243 다른 대안들은 다음과 같다. 다리우스 2세 노투스(주전 423-404년)일 경우에는 요하난이 대제사장으로 일한 시기와 어울린다. 그리고 다리우스 3세 코도만누스(주전 336-331년)일 경우에는 요세푸스에 따르면 얏두아의 역사적 시기와 잘 들어맞는다. 윌리암슨은 다리우스 1세라고 주장한다(*Ezra, Nehemiah*, 364-365).

244 만일 12:24에 나오는 "…의 아들"이란 어구가 "빈누이"(참고. 12:8)를 서기관이 잘못 필사한 것이라면 다섯 명이 된다. 이는 타당한 듯이 보인다. 예수아를 갓미엘(스 2:40; 3:9; 느 7:43; 9:4, 5)의 아들로 밝히는 다른 본문은 없고 두 이름 모두 느헤미야 10:9; 12:8에 빈누이와 함께 나온다.

에 적용된다(참고. 대상 26:16). 여기서는 찬양대의 감사와 찬송(대상 23:30)과 연결되어 있고, 이는 느헤미야 12:31을 준비하는 과정이다.

25절에 나오는 처음 세 명의 레위인 이름은 11:17에 나오는 이름들과 동일하다고(오바댜=압다) 보는 것이 최선이다. 이와 마찬가지로 11:19에 문지기 가문 이름들로 나오는 달몬과 악굽에 이제 므술람(=살룸, 스 2:42//느 7:45; 대상 9:17)이 합류한다.

요야김 시대의 제사장 집안들은 이미 알려진 바 있다(느 12:12-21). 앞의 내용을 요약하는 역사적인 언급(26절)은 22-25절에 나온 레위 집안들이 요야김 시대부터 섬겼다는 것을 강조한다. 이제 모두가 느헤미야와 에스라의 다음 사역에 합류해서 그 기간 내내 성전 예배를 갱신하는 데 하나가 되었다는 것을 보여준다.

응답

백성이 새로운 활력을 품고 하나님의 말씀, 사명 그리고 예배에 다시 헌신했다(느 10장). 이 헌신은 하나님의 은혜와 그들이 겪는 '큰 환난'(9:37)의 상태에 대한 반응으로 "우리가 우리 하나님의 전을 버려두지 아니하리라"(10:39)라는 진술에서 절정에 이른다. 11:1-12:26에 나오는 명단들(에스라-느헤미야서에 담긴 마지막 명단들)은 바로 그 약속이 지켜지고 있음을 보여준다. 긍정적으로 말하자면, 백성이 하나님의 도성에 다시 주민을 보충하고, 그분의 땅을 다시 채우고, 그분의 선물을 기억함으로써 하나님의 집을 돌보고 있다.

하나님의 집을 돌보겠다는 약속은 실질적이고 때로는 값비싼 믿음의 행위가 없으면 무의미하다. 그 도성을 주민으로 다시 채우는 일은 이미 느헤미야의 관심사였다(7:4, 73a). 하지만 느헤미야, 에스라 또는 다른 어떤 지도자도 백성에게 실질적인 행동을 취하도록 요청하지 않았다. 사실 백성의 지도자들은 이미 예루살렘에 거주하고 있다(11:1). 이제 여러 명단을 통해 압도적으로 등장하는 백성이 이 성별의 행위와 함께 중앙 무대를 차지한다. 주님이 예루살렘에 인구를 채우기 위해 그들의 마음을 감동시키시고 다양한 사람이 반응을 보인다. 예전에 십일조를 하나님의 집에 가져왔던 것처럼(10:38) 백성은 이제 "거룩한 성"에 가져오는 살아있는 십일조가 되었다(11:1, 18). 그 대가가 값비쌀지라도 하나님의 백성은 그분의 세계가 건강하고 번영하는 모습을 보기 위해 그들 자신을 전심으로 바쳐야 한다(롬 12:1).

그 백성은 또한 하나님의 땅을 다시 채움으로써 그분의 집을 돌보게 된다. 이스라엘은 오래 전에 "생육하고 번성하여 땅에 충만하라"(창 1:28)는 명령을 받았었다. 그 확장은 먼저 여호수아의 사역 아래 가나안에 들어가는 그들의 순종을 통해 목격되었다(참고. 느 8:17). 정착에 대한 암시가 이 대목에 줄곧 나온다. 그 암시들은 언약 맺기로부터 그 도성과 마을들에 거주하기(신명기에서 여호수아서까지의 이동으로), 여호수아 15장에도 나오는 수많은 성읍이 느헤미야 11:25-36에도 나오는 것, 백성이 한때 회막을 중심으로 장막을 쳤던 것처럼 현재 거룩한 성을 중심으로 장막을 친 것(수 15-19장; 18:1) 그리고 레위인들이 백성들 가운데 흩어진 것(느 11:36, 참고. 수 21:41) 등을 포함한다. 요컨대, 그들은 그 지방 전역으로 확장됨으로써 다시금 풍부한 소출이 외국의 왕들에게 가지 않을 것이라는 약속의 땅에 대한 희망을 품었다.[245] 신약의 관점에서 보면, 이것은 신자들이 온 땅이 하나님의 영광으로 가득한 것을 보길 갈망하는 것, 모든 민족 출신의 사람들이 그리스도를 주님으로 삼고 그분께 최상의 것을 드리는 것과 통한다.

끝으로, 회복된 공동체는 하나님이 그분의 백성에게 주신 다양한 은사를 기억함으로써 하나님의 집을 돌보겠다는 약속을 이행한다. 구체적으로 말하면, 반복되는 제사장과 레위인 이름들(느 12:1-26)은 초기 독자들에게 하나님이 스룹바벨 치하에서 돌아온 초창기부터 목회적 돌봄을 제공하

245 Allen and Laniak, *Ezra, Nehemiah, Esther*, 145.

기 위해 세우신 수많은 종을 상기시켜줄 것이다. 하나님은 그분의 백성에게 제사를 드리고, 그분의 말씀을 가르치고, 예배를 인도할 지도자들을 끊임없이 공급하셨다. 이는 교회의 성격을 반영한다. 주님은 그분의 백성에게 교회와 세상을 번영케 할 수 있는 은사를 주신다는 것이다. 사실 주님은 우리에게 그분이 주시는 은사들을 통해 그분의 교회를 세우실 것이라는 확신을 주신다(엡 4:11-12). 우리가 결코 당연시하면 안 되는 약속이다. 무엇보다도, 여기에 언급된 제사장 혈통(느 12:10-11)의 선물은 결국 하나님의 아들이자 우리의 큰 대제사장이신 예수님 안에서 완성된다(히 4:14).

12:27 예루살렘 성벽을 봉헌하게 되니 각처에서 레위 사람들을 찾아 예
루살렘으로 데려다가 감사하며 노래하며 제금을 치며 비파와 수금을
타며 즐거이 봉헌식을 행하려 하매 28 이에 노래하는 자들이 예루살
렘 사방 들과 느도바 사람의 마을에서 모여들고 29 또 벧길갈과 게바
와 아스마웻 들에서 모여들었으니 이 노래하는 자들은 자기들을 위하
여 예루살렘 사방에 마을들을 이루었음이라 30 제사장들과 레위 사람
들이 몸을 정결하게 하고 또 백성과 성문과 성벽을 정결하게 하니라

12:27 And at the dedication of the wall of Jerusalem they sought the
Levites in all their places, to bring them to Jerusalem to celebrate the
dedication with gladness, with thanksgivings and with singing, with
cymbals, harps, and lyres. 28 And the sons of the singers gathered
together from the district surrounding Jerusalem and from the villages
of the Netophathites; 29 also from Beth-gilgal and from the region
of Geba and Azmaveth, for the singers had built for themselves
villages around Jerusalem. 30 And the priests and the Levites purified
themselves, and they purified the people and the gates and the wall.

31 이에 내가 유다의 방백들을 성벽 위에 오르게 하고 또 감사 찬송하
는 자의 큰 무리를 둘로 나누어 성벽 위로 대오를 지어 가게 하였는
데 한 무리는 오른쪽으로 분문을 향하여 가게 하니 32 그들의 뒤를 따
르는 자는 호세야와 유다 지도자의 절반이요 33 또 아사랴와 에스라와
므술람과 34 유다와 베냐민과 스마야와 예레미야이며 35 또 제사장들
의 자손 몇 사람이 나팔을 잡았으니 요나단의 아들 스마야의 손자 맛
다냐의 증손 미가야의 현손 삭굴의 오대 손 아삽의 육대 손 스가랴와
36 그의 형제들인 스마야와 아사렐과 밀랄래와 길랄래와 마애와 느다
넬과 유다와 하나니라 다 하나님의 사람 다윗의 악기를 잡았고 학사
에스라가 앞서서 37 샘문으로 전진하여 성벽으로 올라가는 곳에 이르
러 다윗 성의 층계로 올라가서 다윗의 궁 윗길에서 동쪽으로 향하여
수문에 이르렀고

31 Then I brought the leaders of Judah up onto the wall and appointed
two great choirs that gave thanks. One went to the south on the
wall to the Dung Gate. 32 And after them went Hoshaiah and half
of the leaders of Judah, 33 and Azariah, Ezra, Meshullam, 34 Judah,
Benjamin, Shemaiah, and Jeremiah, 35 and certain of the priests' sons
with trumpets: Zechariah the son of Jonathan, son of Shemaiah, son
of Mattaniah, son of Micaiah, son of Zaccur, son of Asaph; 36 and his
relatives, Shemaiah, Azarel, Milalai, Gilalai, Maai, Nethanel, Judah,
and Hanani, with the musical instruments of David the man of God.
And Ezra the scribe went before them. 37 At the Fountain Gate they
went up straight before them by the stairs of the city of David, at the
ascent of the wall, above the house of David, to the Water Gate on the
east.

38 감사 찬송하는 다른 무리는 왼쪽으로 행진하는데 내가 백성의 절

반과 더불어 그 뒤를 따라 성벽 위로 가서 화덕 망대 윗길로 성벽 넓
은 곳에 이르고 39 에브라임 문 위로 옛 문과 어문과 하나넬 망대와 함
메아 망대를 지나 양문에 이르러 감옥 문에 멈추매 40 이에 감사 찬송
하는 두 무리가 하나님의 전에 섰고 또 나와 민장의 절반도 함께 하였
고 41 제사장 엘리아김과 마아세야와 미냐민과 미가야와 엘료에내와
스가랴와 하나냐는 다 나팔을 잡았고 42 또 마아세야와 스마야와 엘르
아살과 웃시와 여호하난과 말기야와 엘람과 에셀이 함께 있으며 노래
하는 자는 크게 찬송하였는데 그 감독은 예스라히야라 43 이날에 무리
가 큰 제사를 드리고 심히 즐거워하였으니 이는 하나님이 크게 즐거
워하게 하셨음이라 부녀와 어린아이도 즐거워하였으므로 예루살렘
이 즐거워하는 소리가 멀리 들렸느니라

38 The other choir of those who gave thanks went to the north, and I
followed them with half of the people, on the wall, above the Tower of
the Ovens, to the Broad Wall, 39 and above the Gate of Ephraim, and by
the Gate of Yeshanah,[1] and by the Fish Gate and the Tower of Hananel
and the Tower of the Hundred, to the Sheep Gate; and they came to
a halt at the Gate of the Guard. 40 So both choirs of those who gave
thanks stood in the house of God, and I and half of the officials with
me; 41 and the priests Eliakim, Maaseiah, Miniamin, Micaiah, Elioenai,
Zechariah, and Hananiah, with trumpets; 42 and Maaseiah, Shemaiah,
Eleazar, Uzzi, Jehohanan, Malchijah, Elam, and Ezer. And the singers
sang with Jezrahiah as their leader. 43 And they offered great sacrifices
that day and rejoiced, for God had made them rejoice with great joy;
the women and children also rejoiced. And the joy of Jerusalem was
heard far away.

44 그날에 사람을 세워 곳간을 맡기고 제사장들과 레위 사람들에게

돌릴 것 곧 율법에 정한 대로 거제물과 처음 익은 것과 십일조를 모든
성읍 밭에서 거두어 이 곳간에 쌓게 하였느니 이는 유다 사람이 섬기
는 제사장들과 레위 사람들로 말미암아 즐거워하기 때문이라 45 그들
은 하나님을 섬기는 일과 결례의 일을 힘썼으며 노래하는 자들과 문
지기들도 그러하여 모두 다윗과 그의 아들 솔로몬의 명령을 따라 행
하였으니 46 옛적 다윗과 아삽의 때에는 노래하는 자의 지도자가 있어
서 하나님께 찬송하는 노래와 감사하는 노래를 하였음이며 47 스룹바
벨 때와 느헤미야 때에는 온 이스라엘이 노래하는 자들과 문지기들에
게 날마다 쓸 몫을 주되 그들이 성별한 것을 레위 사람들에게 주고 레
위 사람들은 그것을 또 성별하여 아론 자손에게 주었느니라

44 On that day men were appointed over the storerooms, the
contributions, the firstfruits, and the tithes, to gather into them the
portions required by the Law for the priests and for the Levites
according to the fields of the towns, for Judah rejoiced over the priests
and the Levites who ministered. 45 And they performed the service
of their God and the service of purification, as did the singers and the
gatekeepers, according to the command of David and his son Solomon.
46 For long ago in the days of David and Asaph there were directors of
the singers, and there were songs[2] of praise and thanksgiving to God.
47 And all Israel in the days of Zerubbabel and in the days of Nehemiah
gave the daily portions for the singers and the gatekeepers; and they
set apart that which was for the Levites; and the Levites set apart that
which was for the sons of Aaron.

13:1 그날 모세의 책을 낭독하여 백성에게 들렸는데 그 책에 기록하기
를 암몬 사람과 모압 사람은 영원히 하나님의 총회에 들어오지 못하
리니 2 이는 그들이 양식과 물로 이스라엘 자손을 영접하지 아니하고

도리어 발람에게 뇌물을 주어 저주하게 하였음이라 그러나 우리 하나님이 그 저주를 돌이켜 복이 되게 하셨다 하였는지라 3 백성이 이 율법을 듣고 곧 섞인 무리를 이스라엘 가운데에서 모두 분리하였느니라

13:1 On that day they read from the Book of Moses in the hearing of the people. And in it was found written that no Ammonite or Moabite should ever enter the assembly of God, 2 for they did not meet the people of Israel with bread and water, but hired Balaam against them to curse them—yet our God turned the curse into a blessing. 3 As soon as the people heard the law, they separated from Israel all those of foreign descent.

1 Or *of the old city* *2* Or *leaders*

12장

단락 개관

주전 538년에 처음으로 그 땅에 돌아온 이후 거의 100년이 흐르는 동안 많은 일이 발생했다. 스룹바벨과 예수아 아래서 제단과 성전이 재건되었고, 제사장 겸 서기관인 에스라가 율법과 함께 돌아와서 백성이 회개하도록 이끌었으며, 총독 느헤미야는 큰 반대에 직면하는 가운데 성벽이 완공되도록 감독했다. 에스라-느헤미야서의 마지막 단락(느 7:73b-13:31)에 이르면 백성은 새로운 때가 도래했다고 느낀다.

하나님 말씀의 사역으로 촉발된 이 새로운 날이 언약의 갱신(7:73b-10:39)으로 진지하게 시작되고 예루살렘과 그 주변에 거주하는 것(11:1-12:26)으로 귀결된다. "하나님의 전을 버려두지"(10:39) 않겠다고 약속했던 평신도, 제사장, 레위인 그리고 성전 인사의 일부는 그들 자신을 "거룩한 성"에 들어가는 살아있는 십일조로 바친다(11:1, 18). 이제 세 번째 에피소

드(12:27-13:3)에서는 이번 단락의 절정의 순간뿐 아니라 에스라-느헤미야서 전체의 클라이맥스도 만나게 된다. 이 그룹들은 제각기 다시금 그들의 몫을 담당한다. 하지만 백성이 감사를 드리려고 모일 때 제사장들과 레위인들이 인도하는 공동체의 행사(11:1-12:26)에 강조점을 둔다.

이 에피소드의 전반적인 구조는 상당히 단도직입적이다. 전체는 두 부분으로 구성되어 있다. 성벽 봉헌식(12:27-43)과 "그날"의 행사들(12:44-13:3)이다. 성벽 봉헌식의 첫 장면은 제사장들과 레위인들이 모이는 모습에 초점을 두고 정화된 공동체로 끝난다(12:27-30). 두 찬양대의 행진이 둘째 장면에 나온다(12:31-43). 에스라는 남쪽으로 가는 그룹을 인도하는 한편(12:31-37), 느헤미야는 북쪽으로 이동하는 그룹을 따라간다(12:38-39). 두 찬양대가 큰 기쁨과 함께 '그날에' 드릴 제사를 위해 하나님의 집에서 다함께 합류한다(12:40-43).

둘째 부분도 두 장면으로 나누어 다룰 수 있다. 첫째 장면(12:44-47)에서는 앞서 약속한(참고. 10:32-39) 십일조, 기증품 그리고 양식을 정리할 준비가 갖춰진다. 이 장면은 이것들이 레위인과 제사장을 위해 "성별"(즉, 구별)되었다는 말과 함께 마무리된다. 이 '분리'라는 주제가 마지막 장면으로 흘러 들어가서 다시 "그날"에 모세의 율법을 낭독한 결과 이스라엘이 구별된 백성이 되라는 부르심을 진지하게 받아들이게 된다(13:1-3).

단락 개요

III. 공동체가 기뻐하다: 언약 갱신과 공동체 복원(느 7:73b-13:31)

C. 성벽 봉헌식과 "그날"의 행사들(느 12:27-13:3)

1. 성벽 봉헌식(12:27-43)

a. 회중이 봉헌식을 위해 모이다(12:27-30)

b. 두 찬양대의 행진(12:31-43)

2. "그날"에 열린 두 행사: 양식 공급과 정결 예식(12:44-13:3)

a. 양식 공급: 성전 담당 인사를 위한 기증(12:44-47)

b. 정결 예식: 모세의 책을 낭독하고 적용하다(13:1-3)

12장

주석

12:27-30 이 도입 부분은 이어지는 행사를 위한 준비과정을 묘사한다. 이제 '즐겁게' 열리는 성벽 봉헌식이 있다는 것과 레위인들이 음악으로 인도하기 위해 모인다는 것 그리고 온 공동체와 성문과 성벽을 위해 정결 예식이 치러진다는 것(스 6:16-18)을 알게 된다. 많은 학자는 여기에 서술된 것과 비슷한 행사가 왜 여섯째 달(엘룰월, 느 6:15)에 성벽이 완공된 직후에 열리지 않는지 의아해 한다. 가장 간단하게 응답하자면, 봉헌식이 연기된 것은 예루살렘에 다시 주민을 채우고 그 도성을 안전하게 지킬 필요가 있었기 때문이라고 할 수 있다(7:3-5, 73; 11:1-24). 이는 또한 일곱째 달에 율법을 낭독(8:2; 9:1)한 데에서 발생한 느헤미야 8-10장의 강력한 행사들에 의해 지연되었다.

레위인 가운데 284명은 예루살렘에 살고 있으나(11:18) 다른 많은 사람은 그 도성 주변의 마을들에 거주하고 있다(11:3, 20). 그 행사의 규모로 인해 더 많은 레위인이 예루살렘으로 올라올 필요가 있다(참고. 스 8:17). 음악과 노래로 감사의 순서를 인도하는 레위인의 역할은 이전에 예상된 것이었고(스 3:10-13; 느 11:17, 22-23; 12:24) 오래 전에 다윗이 명령한 적이 있었다(대상 15:16; 대하 29:25). '노래하는 자들의 자손'(느 12:28, ESV 참고)이란 어구는 음악가 길드의 구성원으로서의 역할을 가리킨다. 내레이터가 처음에는 그들이 살고 있던 장소를 "각처에서"(27절)란 일반적인 말로 묘사한다. 이는 '지역'(개역개정은 "들")과 "마을"(28절)'에서' 그리고 벧길갈과 '지방'(문자적으로 '들판', 29절)'에서'라고 분명히 밝혀진다. 이 장소들은 남쪽(베들레헴 근처의 느도바), 동쪽(벧길갈) 또는 북쪽(게바, 아스마웻) 등 예루살렘에서 조금 떨어진 곳들이다.[246] 성전에서 가장 가까운 레위인들이 그 행사에서 섬기라는 요청에 가장 쉽게 응답한 것은 이해할 만하다.

성벽 봉헌식은 정결 예식과 함께 시작된다(30절). 이 예식은 이전의 죄 고백(9장)과 공동체의 거룩한 소명 그리고 "거룩한 성"(11:1, 8) 내에서 '그들 자신을 분리시킨'(9:2; 10:28; 13:3) 것 때문에 예상되었던 것이다. 제사장들과 레위인들이 스스로를 정화시켜야 할 필요성(12:30; 13:22)은 우리가 이런 행위(스 6:19-21)를 마지막으로 목격한 에스라 6:20에 비교될 수 있다. 이전에 나온 제사장들과 레위인들의 명단은 이어지는 정결 예식과 봉헌식을 수행함으로써 섬길 수 있는 사람들에게 주님이 양식을 공급하시는 모습(느 12:1-26, 참고. 44b절)을 암시한다. 정결 예식의 정확한 순서는 나오지 않는다. 그 예식은 금식, 성행위의 자제, 물을 뿌리고 자기 옷과 몸을 씻는 것, 또는 속죄제를 포함할 것이다(출 19:10, 14-15; 민 8:7-8). 이와 마찬가지로, 성벽과 성문을 위한 정결 예식도 알려진 바가 없다.

246 벧길갈이 만일 여리고 근처의 길갈과 관련이 있다면 가장 멀리 떨어진 곳일 테다(약 30킬로미터).

12:31-43 개요

둘째 장면(31-43절)은 느헤미야의 일인칭 이야기로 되돌아오는데, 우리가 7:5 이후 그의 목소리를 처음 듣는 것과 함께 시작된다. 느헤미야가 "감사 찬송하는" 두 찬양대를 임명한 것은 한 핵심 단어를 부각시킨다. 12:27에서 "감사"로 번역된 한 단어는 이어지는 각 부분의 첫 단어로 나온다(31, 38, 40절). 각 경우에 이 단어는 찬양대의 목적이 바로 "감사 찬송하는" 것에 있음을 가리킨다. 그들이 "성벽 위로" 올라갔다는 것은 순회해서 그 꼭대기에 이르렀다는 말이다. 느헤미야의 성벽 일부를 발굴한 바에 따르면 성벽은 그런 행렬을 수용할 만큼 넓었다고 한다.

12:31-37 첫째 찬양대는 느헤미야가 한때 그랬던 것처럼(2:13) 골짜기 문으로 나가서 분문을 향해 남쪽으로 이동한다.[247] 찬양대 뒤에는 평신도 지도자인 호세야와 다른 평신도 지도자들의 절반이 따라오고 그 다음에는 에스라가 이끄는 나팔을 잡은 일곱 명의 제사장이 뒤따른다(12:33-35a, 36b).[248] 스가랴(35b절)는 "아삽의 육대 손"으로 나오는데, 그가 음악 지휘자의 역할을 맡고 있음을 가리킨다. 그의 뒤에는 여덟 명의 "그의 형제들"[36a절, ESV는 "his relatives"(그의 친척들)]이 따라온다. 이는 그들이 가족 구성원이 아니라 동료 레위인임을 가리킨다(참고. 12:8, 24). 나팔이 제사장들

247 이번 장 전체의 지형학에 관한 논의는 느헤미야 3:1-32 주석을 참고하라.

248 "또 제사장들의 자손 몇 사람"(12:35)이란 어구에 나오는 "또"라는 접속사는 앞의 내용을 설명하는 것으로 보는 것이 최선이라서 '즉, 나팔을 든 제사장들의 자손 몇 사람'으로 번역될 수 있다. 이 해석에 따르면, 그 어구는 이어지는 이름들을 나팔수들로 가리키는 것이 아니다. 오히려 앞에 언급된 일곱 명의 제사장를 가리킨다. 이는 다음 사실들의 지지를 받는다. (1) 아삽의 자손으로 나오는 스가랴는 레위인이고 제사장이 아니었다. (2) 나팔을 부는 것은 제사장의 직무였다(민 10:8; 대상 15:24; 대하 29:26; 스 3:10). 이 설명은 윌리암슨(*Ezra*, *Nehemiah*, 367)과 블렌킨솝(*Ezra-Nehemiah*, 343)의 지지를 받는다. 예컨대, NAB는 이렇게 번역한다. '뒤를 따르는 자는 호세야와…아사랴, 에스라, 므술람과 더불어…스마야, 그리고 예레미야, 나팔을 잡은 제사장들, 그리고 또한 요나단의 아들 스마야…' "제사장들의 자손"이란 어구는 그들의 제사장 계급의 멤버들(예. 느 12:28의 "노래하는 자들[의 자손]")임을 의미한다. 내레이터가 이 명단에 나오는 둘째 제사장인 "에스라"를 '그들 앞에'(즉, 제사장들 앞에, 12:36) 있었던 "서기관"(새번역)과 동일시할 수도 있다. 이런 경우에는 양쪽 행진(둘째 행진은 12:41을 참고하라) 모두 제사장의 수를 일곱으로 유지하게 될 것이다.

의 특권이었듯이(민 10:8; 대상 16:6; 스 3:10), 레위인들은 "다윗의 악기"(참고. 대하 29:26)를 갖고 있다. 노래하는 자들이 먼저 나오고 음악가들이 마지막에 나오는 순서는 시편 68:25의 행진에 반영되어 있다. 샘문에서의 행진(느 12:37)은 불분명하다. "성벽으로 올라가는 곳"은, 성벽이 가팔라서 그들이 포기하고 계단을 통해 다윗 성으로 들어가서 북쪽의 어느 지점에서 성벽과 다시 만나서 마침내 수문에 이르게 된다는 것을 시사할 수 있다.

12:38-39 둘째 감사 찬양대는 성벽을 따라 북쪽으로, 즉 정반대 방향으로 이동한다. 그 구성은 남쪽 행렬의 구성을 그대로 반영한다. 찬양대 뒤로 평신도 지도자인 느헤미야와 "백성의 절반"이 따라간다(38절, 참고. 32절). 똑같은 순서로 서술되지는 않지만, 둘째 행렬 역시 나팔을 잡은 일곱 명의 제사장, 레위인 음악 지휘자(예스라히야) 그리고 그와 함께하는 여덟 명의 레위인("노래하는 자")을 동반하고 있다(41-42절). 여기에 언급된 모든 장소의 이름은 에브라임 문(그러나 각주 165를 보라)과 감옥 문을 제외하고 3장에 담긴 성벽 건축 에피소드에도 나온다. 후자의 정체는 알려진 바가 없지만 함밉갓 문(참고. 3:31)과 동일시하는 것이 최선일 듯하다.[249]

12:40-43 양편의 '큰 찬양대'(31절)와 악기를 잡은 레위인들(36, 42절)이 화답하는 감사를 드린다(참고. 24절). 제사장들은 느헤미야와 "민장"(관리)들과 나란히 그들의 나팔을 잡고 함께하며 "하나님의 전"[250]에 서 있는 모든 백성을 대표한다. 이것은 일상적인 의식이 아니라 처음부터 "즐거[움]"(기쁨, 27절)으로 채색된 봉헌식이다. 이 핵심 단어는 그 명사(두 번)와 동사(세

249 감옥 문을 집회 장소로 "감옥"과 연관시키는 것은 타당하지만 가능성이 별로 없는 것은 후자는 훨씬 남쪽에 있고 성전이 아니라 왕궁과 관계가 있기 때문이다(렘 32:2). Blenkinsopp, *Ezra-Nehemiah*, 347.

250 일부 학자는 평신도들이 성직자로부터 분리되어 성전 뜰에 서 있었던 것이 틀림없다고 주장한다(참고. 8:16). 에스케나지(*Age of Prose*, 120)는 그 도성 자체가 이제는 "하나님의 전"으로 간주되고 있다고 주장한다. "거룩한 성"을 둘러싸는 성벽과 성문들이 정화된 것처럼(11:1, 18, 참고. 3:1) 백성도 정화되었으므로(12:30) 그 집에 들어갈 수 있다.

번)가 모두 나오는 가운데 43절의 장대한 피날레에 풍부하게 나타난다. 또한 이 동사는 마치 에스라-느헤미야서 전체를 감싸는 것처럼 다른 건축 프로젝트들과도 연결된다. 예컨대, 제단과 성전을 완공했을 때에 드린 제사(스 3장; 6장)가 여기에 나온 "큰 제사"와 병행을 이룬다. 더구나, 이 에피소드에서 줄곧 감사[토다(*todah*)]에 강조점을 두는 것은 그 제사들이 감사하기 때문에 드리는 화목제물(레 7:11-15)임을 시사한다. 그것은 성전을 재건한 이후의 유월절에 그랬듯이(스 6:22), 하나님이 '그들로 즐거워하게' 하신 그 '큰 기쁨' 때문에 드려진 것이다. 끝으로, 부녀들과 어린아이들도 포함시킨 것은 공동체의 기쁨을 표현하고 그 결과 예전에 제단 완공 때 백성들 가운데 들렸던 분간할 수 없던 소리(스 3:12-13)가 이제는 '멀리서 들리는 예루살렘이 즐거워하는 소리'가 된다.

12장

12:44-47 43절과 44절에 나오는 "이날에"(44절은 "그날에")란 시간 표시와 "즐거워하[다]"란 핵심 동사는 이 장면을 앞의 장면과 연결시킨다.[251] 백성들은 언약 갱신에서 하나님의 집에 그들의 첫 열매들, 기증품들 그리고 "율법에 정한"(44절, 참고. 10:35-39) 십일조를 가져오기로 서약했었다. 이제 이런 양식을 모으고, 관리하고, 분배할 관리인들이 임명된다(참고. 13:13). 이 예물들은 노래하는 자들과 문지기들은 물론 제사장들과 레위인들을 포함해 "섬기는" 모든 자에게 주어진다(12:47). 이 사역은 레위인의 '정결 예식'(45절, 참고. 30절; 대상 23:27-32)과 더불어 최근 봉헌식에서의 연합 봉사와 다른 직무("하나님을 섬기는 일")의 수행을 포함한다. 이런 기증품은 의무감에서 드려질 뿐 아니라 신실하게 섬기는 이들로 인해 하나님께 감사하고 기

251 내가 이렇게 말하는 것은 12:43에 나오는 행사가 분명히 피날레이고, 12:44-13:3을 뒤의 내용(13:4-31)보다 앞의 내용(즉, 12:27-43)과 함께 다루는 것을 정당화할 필요가 있어서다. 마지막에 나오는 이 본문 단원들을 다루는 방식은 주석가들에 따라 상당한 차이가 있다. 13:1-3 주석도 보라. 12:44-13:31을 한 본문 단원으로 취급하는 주석가들은 12:44-13:3과 이후의 내용 간의 사전적이고 주제적인 연결고리에 주목한다. 이는 성전 방의 사용과 오용, 레위인을 위한 양식 공급, 안식일 활동 그리고 외국인과의 부적절한 혼인 등을 포함한다.

뻐하는 마음에서 나온 것이기도 하다.[252]

다윗의 명령을 따라 노래하는 자들과 문지기들이 조직되었고, 솔로몬도 그의 아버지의 명령을 좇았다(대상 6:31-32; 25:1-26:32; 대하 8:14, 참고. 느 12:24-25). 예스라히야(42절)와 아삽의 아들 스가랴(35절)가 합창 지휘를 맡은 것은 유배시대 이후에 새로 생긴 일이 아니었다. 오히려 그들은 다윗이 노래로 하나님을 찬양하도록 임명했던 자들의 우두머리였던 존경스러운 아삽까지 거슬러 올라가는 음악 지휘와 '찬송하는 노래와 감사하는 노래'의 전통을 이어간다(대상 15:16-18; 16:4-6). 아삽의 자손이 하나님과 남은 공동체를 섬기는 일에 헌신한 모습은 이미 이전의 본문(느 7:44; 11:17, 22)에 분명히 나타난 적이 있다.

마지막 구절은 12:44을 확장해서 성전에서 섬기는 모든 사람에게 일용할 양식이 공급된다는 것을 상기시킨다. 노래하는 자들에게 날마다 필요한 양식(11:23)을 주라는 왕의 명령은 이제 문지기들까지 포함한다.[253] 스룹바벨과 느헤미야의 "때"에 대한 언급은 이런 조치가 그들 각각이 총독으로 섬기는 역사적 시기를 특징짓는다는 것을 가리킨다. 끝으로, 예물이 레위인들을 위해 "성별" 혹은 구별되었고, 레위인들로부터 '십일조의 십일조'가 제사장들("아론 자손")을 위해 "성별"(구별)되었다. 이것은 백성이 서약하고 율법이 요구하는 것이며 "온 이스라엘"의 거룩한 의무이다(참고. 10:38; 민 18:26-28).

13:1-3 공동체의 정화(참고. 12:30)라는 주제와 "그날"(참고. 12:43, 44)과의 사전적 연결고리는 12:47에서 두 번 반복되는 "성별하[다]"[마크디쉼(*maqdishim*), 즉, 구별하다]란 동사와 더불어 이 마지막 장면을 앞의 두 장면과

252 11:1-12:26에 대한 응답 단락에서 그분의 백성을 위해 목회적 돌봄을 제공하는 하나님께 감사하는 것은 12:1-26에 나오는 제사장과 레위인의 명단에 대한 초기 독자들의 적절한 반응일 것이라고 말한 적이 있다.

253 '그날에 속한 한 날의 일'이란 어구가 11:23과 12:47에 똑같이 나온다. 이 어구에 대해서는 11:22-24 주석을 참고하라(역주).

연결시킨다.[254] 율법책의 낭독이 이 책의 마지막 단락(참고. 8:3, 8, 18; 9:3)의 초반부터 영향을 미친 것을 감안하면, 여기서 다시 그 공개적인 낭독이 공동체 행동에 중요한 역할을 한다는 것은 놀랍지 않다. 최근에 언약의 의무를 다시 확증할 때 맨 처음 '그 땅의 백성들'과 혼혈 결혼을 하지 않겠다는 구체적인 약속을 했다(10:30). 한때 에스라가 다뤘던 이 영역에서의 불순종(스 9-10장)은 느헤미야에 의해 다시 다뤄질 필요가 있을 것이다(느 13:23-27).

그런데 구체적인 모세의 권고는 혼인 관계를 넘어 "모든 이방 민족들"(3절, 현대인의성경)로부터의 분리를 포함한다. 인용된 본문은 신명기 23:3-5을 거의 축어적으로 요약한 것이다.[255] 거기에는 암몬 사람과 모압 사람이 "하나님의 총회"에서 제외되어야 한다는 명령이 나오는데, 이는 언약 공동체가 예배, 율법 낭독, 또는 명절을 위해 모인 것을 의미한다(참고. 느 8:2, 17).[256] 하지만 이것은 종족들에 대한 절대적인 배제는 아니다. 이는 이스라엘과 합류하려는 모든 이방인이 환영받았다는 사실에서 그 증거를 찾을 수 있고 그중 대표적인 본보기가 바로 모압 여자인 룻이다(룻 1:16-17; 스 6:21; 느 10:28, 참고. 신 23:7-8).

하나님은 아브라함에게 그의 자손이 열방에 복이 될 것이라고 약속하셨다(창 12:1-3). 하지만 그 동일한 약속에서 아브라함을 모욕하는 자들이 저주를 받을 것이라고 했다. 여기서는 후자의 상황을 염두에 두고 있다. 그 이유는 암몬과 모압이 이스라엘에게 대접을 베푸는 데 실패했고(민 21:21-26) 이스라엘을 저주하려고 선지자 발람을 고용하여 노골적으로 그들에게 해를 끼치려고 했기 때문이라고 한다(민 22-24장). 이와 같이 "암몬 사람"인 도비야가 이끄는 느헤미야의 대적들도 그를 해롭게 하려고 한 선지자를

13장

254 Shepherd and Wright, *Ezra and Nehemiah*, 101.

255 에스라가 분리의 맥락에서 신명기 23:6을 인용하는 에스라 9:12-15 주석을 참고하라.

256 Christopher J. H. Wright, *Deuteronomy*, NIBC 4 (Peabody, MA: Hendrickson, 1996), 247. 엄밀히 말하면, 모압이 발람을 고용했고, 아모리 사람(암몬 사람이 아니라)이 통과하는 것을 거부했다. 발람이 암몬 사람이나 암몬의 거주자였다는 전통 아래서 암몬이 모압과 함께 포함될 수 있다(Clines, *Ezra, Nehemiah, Esther*, 237).

고용했었다(느 6:12). 이는 13:4-9에서 느헤미야가 도비야를 축출하는 배경에 해당한다.[257]

'그 땅의 백성들'로부터 분리되라는 명령과 이스라엘을 반대하는 자들과의 갈등이 에스라-느헤미야서 전체에 점철되어 있다(스 3:3; 4:1-24; 5:3-4; 6:21; 9:1-2; 10:2-3, 10-11; 느 2:1-20; 4:1-23; 6:1-19; 9:2; 10:28). 여기서 순종이 중요한 이유는 이스라엘이 너무나 자주 하나님의 언약을 온전히 받아들이지 않았고 그로 인해 주님의 구별되고 거룩한 백성이 되라는 선교적 소명(출 19:5; 신 4:1-8; 6:20-25; 7:1-11)을 무시해왔기 때문이다.

응답

유배시대 이후 선지자 스가랴는 주님이 그분의 백성을 다시 모으시고 그들과 함께 살며 "예루살렘과 유다 족속에게 은혜를 베풀" 것이라는 약속을 되풀이했다(슥 8:1-8, 14-15, 참고. 렘 23:3-4; 29:10-14).[258] 그날이 도래했다. 백성이 언약을 갱신했고, 그 결과 하나님의 집을 버려두지 않겠다는 약속을 했다(느 10:39). 그 거룩한 공간은 확장되어 "거룩한 성" 자체를 포함한다(11:1, 18). 그 백성이 하나님의 말씀에 새롭게 헌신하게 되고 거룩한 성에 "사람의 씨"(거룩한 씨)가 다시 뿌려짐을 통해 백성은 새로운 시대의 도래를 기뻐한다(렘 31:27, 38). 하나님이 이 회복된 남은 자를 통해 그리고 그들을 위해 이루신 모든 일이 그들로 하여금 기쁘고 감사하고 성별된 백성이 되도록 동기를 부여한다.

하나님과 상관없이, 건축된 건물이 신뢰와 자만의 대상이 되는 위험은 항상 존재한다(렘 7:1-7). 성벽 봉헌식은 인간의 성취를 기뻐하는 행사가 아

257 Blenkinsopp, *Ezra-Nehemiah*, 351.

258 주제를 말하는 다른 예언의 본문들을 열거한 것을 보려면 에스라 8:1-36 응답을 참고하라.

니고 성벽 완공도 그 자체가 목적이 아니다. 성벽을 기념하기 전에, 백성이 새롭게 되고 다시 헌신하는 일(느 8-10장)과 예루살렘을 주민으로 채우는 일(11:1-12:26)이 이뤄져야 했다. 그때에야 비로소 하나님이 그들 삶의 중심으로 복원되고 그들의 성취가 올바른 맥락 안에 놓일 수 있었다. 두 행렬은 그 도성 전체를 돌고 그들의 손으로 이룬 작업을 주님께 바친다. 그들이 기뻐하는 모습은 12:43에 그 단어가 거듭되는 것을 통해 뚜렷이 나타난다. 참된 기쁨은 통제하거나 가공하거나 조작할 수 없는 법이다. 그 근원은 '그들로 기뻐하게 만드신' 하나님 안에 있다. 바울이 빌립보 성도들에게 기뻐하라고 요구할 때(빌 4:4) 그는 구약의 신앙과 대비시켜 말하는 것이 아니라 기쁨이 언제나 주님의 선하심에 대한 올바른 반응이기 때문에 그렇게 한 것이다.[259]

자연스럽게, 감사의 노래는 하나님이 이루신 일에 대한 기쁨에서 흘러나오고 우리의 예물을 그분께 가져가는 실천적인 행동으로 이끈다(느 12:44, 47; 시 107:22; 사 51:3; 살전 3:9). 찬양대의 "감사 찬송하는 자"(느 12:31, 38, 40)들이라는 호칭이 12:27에서는 단순히 "감사"로 번역된다. 우리가 우리 삶에 나타난 하나님의 일로 인해 그분께 감사하여 찬양의 노래를 부를 때 우리는 그 고대 전통(12:46)에 합류하는 셈이다. 더 나아가, "하나님의 전"을 위해 제사장들과 레위인들에게 예물을 주는 것은 온 백성이 언약 갱신 때에 받아들인 의무다(10:32-39). 그러나 그 예물들은 또한 그들이 그들 가운데 행한 제사장들과 레위인들의 사역에 대해 "즐거워하기"(기뻐하기) 때문에 감사해서 제공한 것이기도 하다(12:44). 오늘날에도 신약 교회는 교회에서 목사와 지도자로 섬기는 이들의 일용할 필요를 공급하기 위해 헌금을 함으로써 그 훌륭한 전통에 합류하는 특권을 갖고 있다. 이와 마찬가지로, 교회의 더 폭넓은 사역들, 교회의 예배와 제자훈련은 영적인 유익을 얻는 이들로부터 물질적 지원을 받을 필요가 있다(고전 9:11-14). 예

259 McConville, *Ezra, Nehemiah, Esther*, 142.

배의 기쁨은 그 예배를 지원하는 헌금의 기쁨으로 이어져야 한다.[260]

예물을 구별하는 백성은 제사장들과 레위인들에 의해 정화되어 구별된다(느 12:30, 참고. 출 19:10). 그들은 예배를 통해 하나님을 만날 준비가 되고, 예배는 성소의 벽 너머로 영향을 미치는 것이 틀림없다. 그 영향은 모세의 책에 순종하여 스스로를 성별하는 모습을 통해 나타난다(느 13:1-3). 보배로운 소유가 되고 거룩한 백성이 되라는 하나님의 명령은 폐지된 적이 없다(신 7:1-11; 14:2; 벧전 2:9). 이제 그들은 거룩한 총회에 외국 혈통의 사람들이 들어오는 것을 허락하지 않음으로써 하나님의 뜻에 순종한다. 이런 식으로 이 에피소드는 주 예수 그리스도를 사랑하는 사람들을 위해 심오한 신학적 역학과 함께 마무리된다. 대제사장이신 그리스도에 의해 정화된 하나님의 백성은 하나님을 위해 구별되었고, 그분의 말씀에 순종하며, 그분의 집에서 그분과 함께 살게 될 운명이다. 유감스럽지만, 하나님을 미워하고, 그분의 백성을 저주하고, 그분의 말씀을 듣길 거절하는 자들은 결국 '온 이스라엘로부터 분리될' 것이다(느 13:3, 참고. 출 20:5; 마 25:41-46; 살후 1:8). 이 진리에 비추어, 우리는 시편 저자와 함께 다음의 노래를 부르면서 우리 자신을 더욱 더 주님께 드리게 된다.

> 너희는 시온을 돌면서 그곳을 둘러보고 그 망대들을 세어 보라
> 그의 성벽을 자세히 보고 그의 궁전을 살펴서 후대에 전하라
> 이 하나님은 영원히 우리 하나님이시니 그가 우리를 죽을 때까지 인도하시리로다(시 48:12-14).

260 Allen and Laniak, *Ezra, Nehemiah, Esther*, 161.

13장

4 이전에 우리 하나님의 전의 방을 맡은 제사장 엘리아십이 도비야와
연락이 있었으므로 5 도비야를 위하여 한 큰 방을 만들었으니 그 방은
원래 소제물과 유향과 그릇과 또 레위 사람들과 노래하는 자들과 문
지기들에게 십일조로 주는 곡물과 새 포도주와 기름과 또 제사장들에
게 주는 거제물을 두는 곳이라 6 그때에는 내가 예루살렘에 있지 아니
하였느니라 바벨론 왕 아닥사스다 삼십이년에 내가 왕에게 나아갔다
가 며칠 후에 왕에게 말미를 청하고 7 예루살렘에 이르러서야 엘리아
십이 도비야를 위하여 하나님의 전 뜰에 방을 만든 악한 일을 안지라
8 내가 심히 근심하여 도비야의 세간을 그 방 밖으로 다 내어 던지고
9 명령하여 그 방을 정결하게 하고 하나님의 전의 그릇과 소제물과 유
향을 다시 그리로 들여놓았느니라

4 Now before this, Eliashib the priest, who was appointed over the
chambers of the house of our God, and who was related to Tobiah,
5 prepared for Tobiah a large chamber where they had previously put
the grain offering, the frankincense, the vessels, and the tithes of grain,
wine, and oil, which were given by commandment to the Levites,

singers, and gatekeepers, and the contributions for the priests. 6 While
this was taking place, I was not in Jerusalem, for in the thirty-second
year of Artaxerxes king of Babylon I went to the king. And after some
time I asked leave of the king 7 and came to Jerusalem, and I then
discovered the evil that Eliashib had done for Tobiah, preparing for him
a chamber in the courts of the house of God. 8 And I was very angry,
and I threw all the household furniture of Tobiah out of the chamber.
9 Then I gave orders, and they cleansed the chambers, and I brought
back there the vessels of the house of God, with the grain offering and
the frankincense.

10 내가 또 알아본즉 레위 사람들이 받을 몫을 주지 아니하였으므로
그 직무를 행하는 레위 사람들과 노래하는 자들이 각각 자기 밭으로
도망하였기로 11 내가 모든 민장들을 꾸짖어 이르기를 하나님의 전이
어찌하여 버린 바 되었느냐 하고 곧 레위 사람을 불러 모아 다시 제자
리에 세웠더니 12 이에 온 유다가 곡식과 새 포도주와 기름의 십일조
를 가져다가 곳간에 들이므로 13 내가 제사장 셀레마와 서기관 사독과
레위 사람 브다야를 창고지기로 삼고 맛다냐의 손자 삭굴의 아들 하
난을 버금으로 삼았나니 이는 그들이 충직한 자로 인정됨이라 그 직
분은 형제들에게 분배하는 일이었느니라 14 내 하나님이여 이 일로 말
미암아 나를 기억하옵소서 내 하나님의 전과 그 모든 직무를 위하여
내가 행한 선한 일을 도말하지 마옵소서

10 I also found out that the portions of the Levites had not been given
to them, so that the Levites and the singers, who did the work, had
fled each to his field. 11 So I confronted the officials and said, "Why
is the house of God forsaken?" And I gathered them together and set
them in their stations. 12 Then all Judah brought the tithe of the grain,

wine, and oil into the storehouses. 13 And I appointed as treasurers over
the storehouses Shelemiah the priest, Zadok the scribe, and Pedaiah
of the Levites, and as their assistant Hanan the son of Zaccur, son of
Mattaniah, for they were considered reliable, and their duty was to
distribute to their brothers. 14 Remember me, O my God, concerning
this, and do not wipe out my good deeds that I have done for the house
of my God and for his service.

15 그때에 내가 본즉 유다에서 어떤 사람이 안식일에 술틀을 밟고 곡
식단을 나귀에 실어 운반하며 포도주와 포도와 무화과와 여러 가지
짐을 지고 안식일에 예루살렘에 들어와서 음식물을 팔기로 그날에 내
가 경계하였고 16 또 두로 사람이 예루살렘에 살며 물고기와 각양 물
건을 가져다가 안식일에 예루살렘에서도 유다 자손에게 팔기로 17 내
가 유다의 모든 귀인들을 꾸짖어 그들에게 이르기를 너희가 어찌 이
악을 행하여 안식일을 범하느냐 18 너희 조상들이 이같이 행하지 아니
하였느냐 그래서 우리 하나님이 이 모든 재앙을 우리와 이 성읍에 내
리신 것이 아니냐 그럼에도 불구하고 너희가 안식일을 범하여 진노가
이스라엘에게 더욱 심하게 임하도록 하는도다 하고

15 In those days I saw in Judah people treading winepresses on the
Sabbath, and bringing in heaps of grain and loading them on donkeys,
and also wine, grapes, figs, and all kinds of loads, which they brought
into Jerusalem on the Sabbath day. And I warned them on the day when
they sold food. 16 Tyrians also, who lived in the city, brought in fish and
all kinds of goods and sold them on the Sabbath to the people of Judah,
in Jerusalem itself! 17 Then I confronted the nobles of Judah and said to
them, “What is this evil thing that you are doing, profaning the Sabbath
day? 18 Did not your fathers act in this way, and did not our God bring

all this disaster[1] on us and on this city? Now you are bringing more
wrath on Israel by profaning the Sabbath."

19 안식일 전 예루살렘 성문이 어두워갈 때에 내가 성문을 닫고 안식
일이 지나기 전에는 열지 말라 하고 나를 따르는 종자 몇을 성문마다
세워 안식일에는 아무 짐도 들어오지 못하게 하였으므로 20 장사꾼들
과 각양 물건 파는 자들이 한두 번 예루살렘 성 밖에서 자므로 21 내가
그들에게 경계하여 이르기를 너희가 어찌하여 성 밑에서 자느냐 다시
이같이 하면 내가 잡으리라 하였더니 그 후부터는 안식일에 그들이
다시 오지 아니하였느니라 22 내가 또 레위 사람들에게 몸을 정결하게
하고 와서 성문을 지켜서 안식일을 거룩하게 하라 하였느니라 내 하
나님이여 나를 위하여 이 일도 기억하시옵고 주의 크신 은혜대로 나
를 아끼시옵소서

19 As soon as it began to grow dark at the gates of Jerusalem before the
Sabbath, I commanded that the doors should be shut and gave orders
that they should not be opened until after the Sabbath. And I stationed
some of my servants at the gates, that no load might be brought in
on the Sabbath day. 20 Then the merchants and sellers of all kinds of
wares lodged outside Jerusalem once or twice. 21 But I warned them
and said to them, "Why do you lodge outside the wall? If you do so
again, I will lay hands on you." From that time on they did not come on
the Sabbath. 22 Then I commanded the Levites that they should purify
themselves and come and guard the gates, to keep the Sabbath day holy.
Remember this also in my favor, O my God, and spare me according to
the greatness of your steadfast love.

23 그때에 내가 또 본즉 유다 사람이 아스돗과 암몬과 모압 여인을 맞

아 아내로 삼았는데 24 그들의 자녀가 아스돗 방언을 절반쯤은 하여도
유다 방언은 못하니 그 하는 말이 각 족속의 방언이므로 25 내가 그들
을 책망하고 저주하며 그들 중 몇 사람을 때리고 그들의 머리털을 뽑
고 이르되 너희는 너희 딸들을 그들의 아들들에게 주지 말고 너희 아
들들이나 너희를 위하여 그들의 딸을 데려오지 아니하겠다고 하나님
을 가리켜 맹세하라 하고 26 또 이르기를 옛적에 이스라엘 왕 솔로몬
이 이 일로 범죄하지 아니하였느냐 그는 많은 나라 중에 비길 왕이 없
이 하나님의 사랑을 입은 자라 하나님이 그를 왕으로 삼아 온 이스라
엘을 다스리게 하셨으나 이방 여인이 그를 범죄하게 하였나니 27 너
희가 이방 여인을 아내로 맞아 이 모든 큰 악을 행하여 우리 하나님께
범죄하는 것을 우리가 어찌 용납하겠느냐

23 In those days also I saw the Jews who had married women of
Ashdod, Ammon, and Moab. 24 And half of their children spoke the
language of Ashdod, and they could not speak the language of Judah,
but only the language of each people. 25 And I confronted them and
cursed them and beat some of them and pulled out their hair. And I
made them take an oath in the name of God, saying, "You shall not
give your daughters to their sons, or take their daughters for your sons
or for yourselves. 26 Did not Solomon king of Israel sin on account of
such women? Among the many nations there was no king like him,
and he was beloved by his God, and God made him king over all Israel.
Nevertheless, foreign women made even him to sin. 27 Shall we then
listen to you and do all this great evil and act treacherously against our
God by marrying foreign women?"

28 대제사장 엘리아십의 손자 요야다의 아들 하나가 호론 사람 산발
랏의 사위가 되었으므로 내가 쫓아내어 나를 떠나게 하였느니라 29 내

하나님이여 그들이 제사장의 직분을 더럽히고 제사장의 직분과 레위
사람에 대한 언약을 어겼사오니 그들을 기억하옵소서
28 And one of the sons of Jehoiada, the son of Eliashib the high priest,
was the son-in-law of Sanballat the Horonite. Therefore I chased him
from me. 29 Remember them, O my God, because they have desecrated
the priesthood and the covenant of the priesthood and the Levites.

30 내가 이와 같이 그들에게 이방 사람을 떠나게 하여 그들을 깨끗하
게 하고 또 제사장과 레위 사람의 반열을 세워 각각 자기의 일을 맡게
하고 31 또 정한 기한에 나무와 처음 익은 것을 드리게 하였사오니
30 Thus I cleansed them from everything foreign, and I established the
duties of the priests and Levites, each in his work; 31 and I provided for
the wood offering at appointed times, and for the firstfruits.

내 하나님이여 나를 기억하사 복을 주옵소서
Remember me, O my God, for good.

1 The Hebrew word can mean *evil, harm*, or *disaster*, depending on the context

단락 개관

성벽 봉헌식은 분명히 에스라-느헤미야서의 클라이맥스다. 정화된 거룩한 공동체의 모든 구성원이 거룩한 도성에 모여(느 12:30) 하나님이 일으키신 기쁨을 누리는 순간이다(12:27-43). "그날"의 기념식에 이어 "그날"에 일어나는 것으로 묘사된 두 사건이 따라온다. 이 사건들은 규정(12:44-47)과 정화(13:1-3)란 두 주제 아래 요약되어 있다. 이 주제들은 또한 이전의 언약 의무들에도 나왔는데, 그 대목은 성전 봉사를 위한 십일조의 공급(10:32-39), 그 땅의 백성들로부터의 정화, 후자에 포함되는 안식일의 준수(10:30-31)에 초점을 두었다. 이 본문들과 주제들은 두 영역에서의 개혁을 묘사하는 13:4-31로 이어지는 문학적 다리를 제공한다. 느헤미야는 먼저 정화와 성전을 위한 공급을 위해 단행한 개혁들을 묘사하고(13:4-14) 이후 안식일과 분리의 영역에서 수행된 개혁들을 묘사한다(15-29절).

느헤미야가 일인칭으로 부르는 "내"가 거의 모든 구절에 나온다. 이 부분은 네 편의 발췌 대목(4-14, 15-22, 23-29, 30-31절)으로 구성되어 있고 각 대목은 "기억하옵소서"라는 느헤미야의 기도로 끝난다(14, 22, 29, 31절).[261] 첫 세 편은 또한 느헤미야가 직면한 문제의 기본 형태, 그가 관여하는 도전(11, 17, 25절) 그리고 그가 제정하는 결의안을 공유한다. 각 경우에 외국의 영향이 내포되어 있다. 첫째 발췌 대목은 성전과 관련이 있는데, 성전의 오용(4-9절)과 레위인의 성전 봉사를 위한 양식 공급의 실패(10-13절)이다. 둘째 대목에서 느헤미야는 안식일을 더럽히는 문제를 다룬다(15-22a절). 셋째 장면에서는 혼혈 결혼의 문제가 평신도 계층(23-27절)과 제사장 계층(28-29절)에서 다시 발견되고 있다. 마지막 요약문은 다시 한번 정화와 규정이라는 주제들을 강조하고 느헤미야의 마지막 기도로 끝난다(30-31절).

261 이 구조적 특징이 13:4-14을 다함께 다루는 근거이고, 모두가 "내 하나님의 전…을 위하여"(13:14) 이뤄지는 일이다.

단락 개요

III. 공동체가 기뻐하다: 언약 갱신과 공동체 복원(느 7:73b-13:31)

D. 느헤미야의 개혁: 성전, 안식일, 결별(느 13:4-31)

1. 성전에 관한 개혁(13:4-14)
    a. 성전의 방을 청소하다(13:4-9)
    b. 레위인을 위한 지원의 결여로 성전이 버려지다(13:10-13)
    c. 기도: "나를 기억하옵소서"(13:14)
2. 안식일에 관한 개혁(13:15-22)
    a. 문제: 안식일에 물품을 거래하는 것(13:15-16)
    b. 유다의 귀족과 맞서다(13:17-18)
    c. 해결: 느헤미야의 관행이 안식일의 신성함을 지키다(13:19-22a)
    d. 기도: "이 일도 기억하시옵고"(22b절)
3. 외국인 아내와의 결별에 관한 개혁(13:23-29)
    a. 언어의 혼용과 혼인의 혼합(13:23-24)
    b. 맞서다(13:25a)
    c. 해결(13:25b-28)
    d. 기도: "그들을 기억하옵소서"(13:29)
4. 개혁의 요약: 정결 예식과 양식 공급(13:30-31)

주석

13:4-5 "이전에"라는 시간 표시가 예상된 연대기적 순서를 방해한다. 이 내용을 회상으로 읽는다면, 이는 4-14절[262](또는 4-31절 전체)에 나온 사건들이 예전에 일어났다는 것을 시사하고, '이것'은 "그날"(12:43, 44; 13:1)이란 반복 어구로 다함께 묶이는 12:27-13:3에 나온 성벽 봉헌식과 다른 사건들을 가리키는 셈이다. 이제까지 묘사된 사건들의 순서에는 문제가 전혀 없다.[263] 느헤미야가 아닥사스다 왕의 "삼십이 년"(주전 433년, 참고. 5:14)에 왕을 알현하러 간 동안에 4-14절(또는 4-31절)의 사건들이 발생했다고 말하는 6절에 이르러 긴장이 생긴다. 만일 그렇다면 12:27-43에 나온 성벽 봉헌식은 주전 433년에 느헤미야가 돌아온 후에 열린 것이다. 그런데 성벽은 주전 445년에 완공되었다(우리는 성벽 봉헌식이 완공된 직후에 열렸을 것으로 예상할 법하다). 아마도 언약 갱신의 약속들(9:38-10:39)과 예루살렘의 재정착(11:1-12:26) 이후에 느헤미야가 주전 433년에 바벨론으로 여행했을 것이다(13:6). 그는 예루살렘에 돌아온 후 공동체의 여러 과실을 보고 깜짝 놀랐다. 백성의 영적 건강을 위해 그는 그들이 이전에 언약 갱신의 일환으로 받아들였던 그 의무들에 기초해 일련의 개혁을 단행한다. 4-14절(또는 4-31절)에 서술된 이런 개혁이 단행된 후에야 비로소 성벽 봉헌식이 열린 것이다.[264]

느헤미야는 예루살렘에 돌아온 후 성전 구역이 의례적으로 오염된 것을

13장

262 13:10-14를 13:4-9와 함께 배치한 것은 전자는 별도의 연대기적 소개가 없고 그 내러티브의 다음 장면을 가리키는 동사형으로 시작되기 때문임을 주목하라. 영어 번역본들은 이를 '나도'(ESV, NASB, NIV) 또는 '내가 그래서'(NJPS)로 표현한다.

263 에스케나지는 13:4-31 전체를 "종결부"로 묘사하며 "에스라-느헤미야서의 이 종결부는 사후 생각처럼 절정에 해당하는 행사의 개최 이전의 시기로 되돌아간다"고 한다(*Age of Prose*, 123). 윌리암슨은 13:4이 마지막 편집자가 붙인 것이라고 주장하면서도 13:4-31은 12:26-13:3의 절정의 "과거완료"로 제시되어 있다고 말한다(*Ezra, Nehemiah*, 383-384). 노스와 토마스는 이렇게 말한다. "여기에(즉, 13:4)에 묘사된 상황은 12:27-13:3에 기록된 성벽 봉헌식과 사건들 이전에 일어났다"(*Ezra and Nehemiah*, 534).

264 여기에 개관된 가설적인 사건의 순서는 Shepherd and Wright, *Ezra and Nehemiah*, 103에 제안되어 있다.

직면했다. 제사장들과 레위인들을 위한 성전 보급품과 양식을 저장하는 '큰 방'에 그 내용물이 없어진 것이다. 이는 제사장인 엘리아십에게 그 '방들'에 대한 권한이 주어졌기 때문에 가능했다.[265] 이 대목에 "방"이란 단어가 많이 나오는 것은 이 단어가 두드러지는 다른 대목(10:37-39)을 상기시킨다. 거기서 백성은 '우리 하나님의 전'의 여러 방을 그들이 나중에 봉헌식에서 바친 십일조와 온갖 기증품으로 채우기로 동의했었다(12:44). 그런데 터무니없게도 이제 도비야가 거주하기 위해 성전 보급품이 제거된 상태였던 것이다.[266]

13:6-7 여기에 명시되지 않은 엘리아십과 도비야의 관계 이외에는 그의 동기에 대해 더 말할 것이 없다. 여담으로 느헤미야는 이런 사건이 그가 주전 433년에 아닥사스다를 알현하러 간 상당 기간에 일어났다고 설명한다. 그는 돌아온 후 이 사건에 대해 알게 되고 여러 이유로 그것을 "악"[267] 이라고 부른다. 첫째, 이 거룩한 공간은 오로지 제사장들과 레위인들만 사용할 수 있었다(참고. 6:11). 둘째, 도비야는 암몬과 연줄이 있었으므로(2:10, 19; 4:3) 모세가 총회에서 배제시킨 것과 관련이 있었다(13:1). 그의 존재는 성전의 구역 자체를 더럽힐 것이다. 끝으로, 도비야는 그 기간 내내 그 공동체의 안녕에 끊임없이 반대했다. 그는 심지어 느헤미야를 해치기 위해 한 선지자를 고용하는 일에 앞장서기도 했다(6:12, 참고. 13:2).

13:8-9 느헤미야가 이스라엘 백성의 안녕을 구한다고 해서 한때 '불쾌했던'[와예라(*wayyera'*), 개역개정은 "근심하더라"] 도비야(2:10)는 이제 느헤미야의 '분노'(와예라)를 경험한다. 느헤미야는 일방적으로 그리고 즉시 "도비야가

265 주석가들은 이 엘리아십이 동일한 이름의 대제사장과 동일시되면 안 된다는 것에 대체로 동의한다.

266 도비야에 대한 논의는 느헤미야 2:9-10 주석을 참고하라.

267 노스와 토마스는 이 대목에 줄곧 "악"으로 번역된 명사가 많이 나오고(13:7, 17, 18, 27) 어원이 같은 동사가 13:8("나는 몹시 화가 나서", 새번역)에 나오는 것에 주목한다(*Ezra and Nehemiah*, 536).

쓰는 방의 세간"[켈레 벳 토비야(*kele bet-tobyyah*), 새번역]을 바깥으로 내던진다. 이 어구는 "하나님의 전의 그릇"[켈레 벳 하엘로힘(*kele bet ha'elohim*)]과 이전에 옮겨진 다른 내용물이 돌아오는 장면에 정확히 반영되어 있다. 그 방의 복원과 올바른 사용은 느헤미야의 명령으로 그 방이 의례적으로 정화된 후에야 일어난다(참고. 대하 29:15-19). 느헤미야가 현직 총독으로 또는 이전의 권한에 기초해 공식적으로 움직이는지는 분명치 않다.

13:10 느헤미야는 또한 레위인들과 노래하는 자들이 마땅히 받을 십일조를 받지 못하고 있다는 사실을 알게 된다. 이를 발견한 계기는 정결케 된 방에 물품을 돌려놓은 것에 의해 촉발되었을 수 있다(9절).[268] 이는 공급과 분배의 문제를 모두 암시한다(참고. 12-13절). 현행 제도 아래서는 레위인들이 공동체의 십일조를 받아서 예루살렘으로 운송하는 책임을 가지고 있다(10:37b-38). 하지만 백성은 예전에 약속한 대로 그것들을 가져오지 않았다(10:35-39, 참고. 12:44). 그 결과 성전의 '일을 맡았던'(참고. 12:45) 사람들이 그들의 일터를 버리고 그들의 성읍에 있는 밭에 일하러 간다(참고. 7:73; 11:20; 12:28-29).[269]

13:11 레위인들이 예배를 인도하는 중추 역할을 하는 것을 감안하면, 그들을 잃는 것은 공동체의 영적 건강에 해로울 것이다(참고. 12:27, 40-42). 이에 반응하여 느헤미야는 책임이 있다고 생각하는 평신도 지도자들("민장들")과 맞선다.[270] 이는 이 대목(13:11, 17, 25)에서 '맞섰다'(개역개정은 "꾸짖어")란 동사가 처음 나오는 구절이다. 이것은 공식적인 법적 소송이 아니라 불

268 클라인스는 도비야를 내쫓은 후 복구된 물품의 목록(13:9)에서 "곡식, 포도주 그리고 기름"(13:5, 12)과 같은 레위인용 십일조가 눈에 띄게 빠져있다고 신중하게 말한다(*Ezra, Nehemiah, Esther*, 240).

269 이런 곳이 레위인의 성읍들과 관계가 있다는 암시는 없다.

270 '귀족들과 관리들'에 관해서는 각주 55를 참고하라. 느헤미야가 13:17에서 '귀족들'과 맞설 것이다. 그는 예전에 5:7에서 두 그룹 모두와 맞선 적(즉, 그들을 고소한 적)이 있다. 그는 13:25에서 '유다 사람들'과 맞설 것이다(참고. 13:23).

충분한 십일조에 대한 논증과 책망이다(참고. 말 3:8-10). "하나님의 전이 어찌하여 버린 바 되었느냐"라고 하는 수사적 질문은 레위인들이 그들의 의무로부터 도망한 것을 가리키는 고발이다(느 13:10). 여기에는 또한 공동체가 언약 갱신 때의 추가 약속("우리가 우리 하나님의 전을 버려두지 아니하리라",[271] 10:39)을 지키지 못했다는 뜻도 함축되어 있다. 느헤미야는 신속한 조치를 취해 당면한 문제를 해결한다. 말하자면, 레위인들을 모아 성전에 있는 근무처로 복귀시켜서 그들의 부족을 해결하는 것이다.

13:12-13 단기적으로는, 성전의 곳간에 십일조가 쇄도해서 양식 공급이 재개된다(12절). 장기적인 분배의 문제에 대해서는 느헤미야가 의심할 여지없이 성실한 네 명으로 구성된 팀을 임명한다. 이 임명은 나중에 봉헌식에서 확증된다(참고. 12:44).[272] 대표들(제사장, 서기관, 레위인, 노래하는 자)은 동료 성전 일꾼들에게 주어야 할 "몫"의 수집, 조직 및 공정한 분배에 관심이 있는 지지층의 단면을 보여준다(13:10).[273]

13:14 느헤미야가 드린 "기억하옵소서"라는 기도는 각 발췌 대목의 끝(14, 22, 29, 31절)에 나오는 구조적 표지를 제공한다. 적극적으로 보면, 느헤미야는 하나님께서 언제나 자신의 신실한 행동을 기억해주시도록 호소한다(참고. 1:8; 5:19). 이 "선한 행실"[274]은 "내 하나님의 전"과 "그 모든 직무를 위하여"[275]란 어구들이 분명히 보여주듯이 방금 서술된 행위들이다. 소극

271 10:39에서 "버려두[다]"로 번역된 동사가 13:11에서는 "버린 바 되[다]"로 번역되어 있다. 후자의 경우 수동태는 관리들과 백성이 주의를 기울이지 않았다는 것을 가리킨다.

272 Shepherd and Wright, *Ezra and Nehemiah*, 104.

273 Blenkinsopp, *Ezra-Nehemiah*, 356.

274 '헤세드'를 '선한 행실'(ESV 참고)로 번역한 것은 이 단어가 하나님을 향한 사랑(즉, 언약적 신실성에 동기를 둔 헌신의 행위, 참고. 대하 32:32; 35:26)과 관련하여 덜 자주 사용되는 경우에 해당한다.

275 마지막 어구는 애매모호하고 '그의 직무'(ESV), '그것의 직무'(NASB) 또는 '그것의 수반자들'(NJPS)로 번역될 수 있다. 마지막 둘은 성전 직무 또는 그들을 지도하는 자들을 언급한다.

적으로 보면, 그는 이런 행실이 지워지지 않도록, 마치 하늘의 비망록에 기록되는 것처럼(말 3:16) 요청한다. 이 기도는 이기적이거나 오만한 것이 아니라 하나님께서 자신의 일을 축복하셔서 장기적인 열매를 맺게 해달라는 요청이다(참고. 히 6:10). 키드너가 말하듯이 "'잘 했다'는 하나님의 말씀을 듣는 것은 야망 중에서 가장 순수하고 가장 깨끗한 것이다".[276]

13:15-16 느헤미야가 직면한 두 번째 문제에 해당하는 사건들은 "그때에" 일어난다. 이는 시기적으로 앞의 내러티브와 느슨하게 연결된다. 느헤미야는 온갖 상품을 준비하고, 싣고, 예루살렘으로 운반하는 분주한 활동을 목격한다. 그런데 불행하게도 이런 일이 안식일에 벌어진다. 상인으로 유명한 페니키아인(두로와 시돈 사람들, 사 23:2-3, 8, 겔 27:1-3)이 언급되는 것은 외국의 영향을 가리키기 위해서다. 그들은 예루살렘에서(아마 어문에서, 느 3:3) 물고기와 다른 물품을 파는 상점을 운영해왔다.[277]

13:17-18 이 상업은, 고발성 질문으로 묘사되고 '유다의 귀족들'(참고. 13:11 주석)을 겨냥한 두 번째 맞닥뜨림을 초래한다. 느헤미야가 그날을 더럽히는 모습을 "악"으로 부르는 것은 주님이 명령하신 거룩한 언약의 표징(22절; 출 20:8-11; 31:12-17)인 안식일을 백성이 지키지 않고 있어서다. 아울러 그들은 외국인과의 안식일 거래를 거부해야 한다는 새로 채택한 의무(참고. 느 10:31)를 무시하고 있다. 하지만 아모스(암 8:5)와 예레미야(렘 17:21-22)가 증언하듯이 이것은 최근의 문제가 아니다. 후자는 안식일을 거룩하게 지키는 것이 그의 청중에게 삶과 죽음의 문제라고 말한다. 지속적인 안식일 폄하가 예루살렘의 멸망을 초래할 것이다(렘 17:27). 느헤미야는 하나님의 진노가 새로 임할 수 있다고 경고한다(참고. 스 9:14; 10:14). 그들은

13장

276 Kidner, *Ezra and Nehemiah*, 143.

277 Blenkinsopp, *Ezra-Nehemiah*, 360.

바로 그 "악"[라(*ra'*)]을 행해서 그들의 조상이 그들에게 초래했던 이 "재앙"[라아(*ra'ah*)], 즉, 유배와 예루살렘의 멸망을 영속화시키고 있는 것이다.

13:19-22a 하나님의 심판의 위협으로 인해 느헤미야가 조치를 취한다. 첫째, 그는 안식일 내내 성문을 닫아서 예루살렘에 접근하지 못하게 한다. 그는 짐을 진 사람이 들어오지 못하게 하려고 그의 몇몇 경호원들을 배치시켜서 단기적인 보안을 추가한다.[278] 다음으로, 그는 상인들에게 무력으로나 체포로 "잡아들이겠[다]"(새번역)고 위협해서 그들을 흩어지게 한다. 이는 효과적인 방법임이 분명하다. 끝으로, 장기적인 대책(참고. 19절)의 일부로 레위인 문지기들은 성전의 신성함을 유지하는 책임의 일환으로 그들 자신을 정결케 하고 성문을 지키라는 명령을 받는다(11:1, 18; 12:30; 사 52:1; 욜 3:17).[279]

13:22b 앞에 나온 "기억하옵소서"라는 기도는 성전을 보살피기 위해 취한 느헤미야의 '행실'(헤세드)에 초점을 두었다(14절). 이 기도에서는 느헤미야가 하나님께 "나를 아끼시옵소서"라고 또는 그분의 '한결같은 사랑'(헤세드)에 기초해 연민을 베풀어달라고 요청한다. 이 상황에서는 하나님의 언약적 사랑이 나타날 필요성을 충분히 감지할 수 있다. 느헤미야는 현재 백성 가운데서 안식일을 무시하는 행습, 즉 부분적으로 과거에 유배를 초래했던 그 행습을 바로잡아야 하기 때문이다(참고. 13:17-18 주석).

13:23-24 "그때에 내가 또 본즉"이란 말로 세 번째 개혁에 관한 기록이 두 번째처럼 시작된다(참고. 15절). 유다의 남자들이 다시 외국 여자들과 결혼하고 있다. 이는 그들이 '그 땅의 백성들'과 결혼하지 않겠다는 이전의

278 4:10(16)에 대한 윌리암슨의 주장은 느헤미야의 "종자[들]"이 훈련되고 무장해서 느헤미야에게 개인적 충성을 바치는 사람들이라는 것이다(*Ezra, Nehemiah*, 227-228).

279 Williamson, *Ezra, Nehemiah*, 396.

서약(10:30-31)을 번복하는 것이다.[280] 암몬 사람과 모압 사람이 모세오경의 목록들 가운데 언급되지 않은 것은 그 목록들은 그 땅 내의 주민들과의 결혼을 금지했기 때문이다(출 34:11-16; 신 7:1-5). 하지만 그들이 에스라서의 목록(스 9:1-2)에 포함된 것은 신명기 23:3-4, 6의 영향으로 그 범위가 확대되었기 때문인 듯하다.

아스돗은 유다의 서쪽에 있는 페르시아 지방의 이름이다(참고. 느 4:7-9 주석). 아스돗 사람과의 혼인이 특별히 언급되는 것은 이 합일로 인한 일부 자녀들의 언어 습득에 영향을 주었기 때문이다. 아스돗 방언은 모압과 암몬 방언들에 비해 히브리어와 덜 비슷해서 그런 것 같다.[281] 느헤미야에게 중요한 점은 "유다 방언"인 히브리어를 잃어버리면 사회적 및 종교적 정체성에 해로운 영향을 미치리라는 것이다. 일차적으로 이는 성경을 이해할 수 없는 것 또는 예배에 의미 있게 참여하지 못하는 것으로 귀결될 터이다. 불과 한 세대 만에 주님에 대한 지식을 상실하는 것은 너무나 급작스러운 전락일 수 있다(참고. 삿 2:10).

13장

13:25 느헤미야의 세 번째 '맞닥뜨림'은 외국 아내들과 결혼한 유다 사람들과의 대면이다. 외국인과의 혼인 소식에 대한 에스라의 반응은 공동체를 위한 슬픔과 고백과 함께 내면에 초점을 맞춘 것이었다(스 9:3-15). 그 과정은 공동체의 결정에 의해 선정된 그룹이 회개하고 외국인 아내들과 결별하는 것으로 끝났다(스 10:2-5, 9-15). 느헤미야의 반응은 독재적이고 외면에 초점을 두고 있다. 그는 신체적 처벌을 시행하고 머리털을 뽑는데, 후자는 수염을 뽑는 것을 말하는 듯하다. 후자의 행습은 사법적 조치이기보다는 공공연한 치욕을 표현한다. 느헤미야는 에스라 개혁 당시의 강요

280 여기에 사용된 '결혼했다'란 동사는 외국인과의 혼인과 관련해서만 나오는 것(스 10:2, 10, 14, 17, 18; 느 13:23, 27)을 보면 그 합일의 부당함을 시사한다.

281 "아스돗 방언"이 무슨 뜻인지는 불분명하다. 일부 주석가는 그것이 블레셋 사람이 한때 사용했던 언어와 역사적 연계성이 있는 비(非)셈족 언어라고 주장한다(Williamson, *Ezra*, *Nehemiah*, 398). "유다 방언"에 대해서는 왕하 18:26, 28을 보라.

된 이혼 대신에 현재의 범법자들을 처벌하고 미래의 범법자를 예방하려는 것인 듯하다. 느헤미야가 언급하는, 하나님께 대한 맹세는 신명기 7:3에 근거를 두고 있고 이 성경을 그의 현재 상황에 적용하는 것이다(느 13:25b). 다른 이들도 이미 비슷한 맹세를 한 적이 있다(10:30, 참고. 스 9:12).

13:26-27 일부 학자는 느헤미야의 반응이 과도하고 심지어 외국인 혐오증이라고 해석한다. 하지만 솔로몬이 느헤미야의 조치 논리를 해석하는 렌즈를 제공한다. 느헤미야는 인간의 행위와 하나님의 은혜 둘 다에 대한 균형 잡힌 견해를 갖고 있다. 솔로몬은 그 자신과 그의 통치를 축복한 주님의 사랑을 받은 인물이었다(삼하 12:24-25; 왕상 3:12-13; 4:20-34). 불행하게도, 솔로몬은 주님을 사랑하면서도(왕상 3:3) 모압 여자들과 암몬 여자들을 포함한 "이방의 많은 여인"도 사랑했고(왕상 11:1-2), 그들의 신들을 사랑하기 시작했다(11:4-8). 그의 영적 간음은 언약적 불충함[즉, "범죄하는 것"(ESV는 "act treacherously", 거역하다), 느 13:27][282]의 적나라한 실례가 되었다. 이것이 초래하는 왕국 분열의 심판(왕상 11:9-12)은 이스라엘과 유다에게 하나의 격변이었고 궁극적으로는 그들이 현재 겪는 고통으로 이어질 것이었다. 이 슬픈 궤도에서 백성이 그들 왕의 선례를 좇아서 '스스로 그 땅의 백성들과 섞인' 바람에 열방과 구별되지 못한 것이다(호 7:8).[283] 그로 인해 그들은 선교적 목적을 잃고 말았다. 이는 자연스럽게 느헤미야가 이 대목을 마감하는 큰 것에서 작은 것으로의 논증으로 이어진다. 만일 그 눈부신 솔로몬마저 이 "큰 악"을 저지르고 거역할 수 있었다면, 우리가 그와 같이 계속 죄를 짓고 이전의 왕들을 비롯한 우리 조상들처럼(느 9:33-35) 주님의 공의로운 심판을 자초하는 것은 얼마나 어리석은가.

282 '거역하다'(배반의 행동을 하다)에 대한 논의는 에스라 9:1-2 주석을 참고하라. 요컨대, 이 동사는 주님과 그분의 명령에 대한 포괄적 배척을 묘사한다.

283 Kidner, *Ezra and Nehemiah*, 144.

13:28 금지된 혼인의 주제가 특정한 사례를 통해 계속 이어진다. 엘리아십은 느헤미야 시대에 대제사장이었고(3:1), 그의 아들 여호야다(=요야다)는 그의 후계자였다(12:10-11). 여호야다가 이 당시에 이미 대제사장인지 여부는 불확실하다. 이 구절에 나오는 "대제사장"은 둘 중 어느 한 사람을 가리킬 수 있어서다. 어느 쪽이든 이 결혼은 독자의 반감을 일으켜야 마땅하다. 대제사장은 결혼과 관련해 더 엄중한 기준을 따르게 되어 있다. 특히 그는 "자기 백성 중에서"(즉, 지파 중에서, 레 21:14) 배우자를 택해야 마땅하다. 그래야 레위 지파에 완전히 속한 족보를 가진 자손을 얻을 수 있다(출 29:29-30; 느 7:64). 아울러 대제사장이 '그의 자손을 더럽히지 않을 것'을 보장한다(레 21:13-15).[284]

문제를 악화시키는 것은 익명의 신부가 호론 사람 산발랏의 딸이란 사실이다. 만일 그가 당시에 사마리아의 총독이라면, 산발랏의 딸은 외국인 아내로 간주될 수 있을 것 같다.[285] 이런 식으로, 이 큰 대목은 앞과 뒤에 도비야와 산발랏을 언급하고 있는데, 이들은 혼인 관계를 통해 영향력을 행사했던, 느헤미야 사역의 두 대적이었다(참고. 느 6:18). 이 개혁은 고발성 질문이나 대화로 끝나지 않고 느헤미야가 격렬하게 여호야다의 아들을 공동체에서 추방하는 것으로 끝난다.

13:29 이 "기억하옵소서"라는 기도는 앞에 나온 기도들(14, 22절)과 다르다. 이는 앞에 나온 적대자들을 겨냥한 저주(참고. 4:4-5 주석, 6:14)와 약간 비슷하다. "그들"이란 말은 13:28에 언급된 사람들을 가리키고, 아마도 믿음 없는 행동이나 의심스러운 족보로 제사장 직분을 더럽히는 그 어떤 제사장도 포함할 것이다(7:64). "제사장의 직분과 레위 사람에 대한 언약"은 모

13장

284 Sklar, *Leviticus*, 266.

285 참고. 느헤미야 2:9-10 주석. 산발랏의 조상은 불확실하지만 일찍이 앗수르에 의해 북부에 정착했던 이들의 후손일 수 있다(왕하 17:24; 스 4:1-3). 그의 아들들의 이름이 들라야와 셀레먀라는 것은 성경 외적 텍스트로부터 알려진 바 있다. '야'(-iah)로 끝나는 이 이름들은 산발랏이 스스로를 주님의 예배자로 밝혔다는 것을 시사할 수 있다(Clines, *Ezra, Nehemiah*, 144).

세오경에 나오지 않지만 "레위와 맺은 언약"(새번역)은 말라기 2:4-9에 언급되어 있다. 그 언약은 레위의 자손이 주님을 경외하고, 그분의 이름을 두려워하고, 생활과 말에서 하나님 앞에 의롭게 사는 것을 포함했다. 이런 생활방식은 하나님의 백성을 가르친 모든 사람에게 요구되는 것이었다. 느헤미야는 이제 주님께 그런 제사장, 곧 이방인과 결혼해서 스스로 하나님의 백성을 가르칠 자격을 잃어버린 제사장을 넘겨드린다.[286]

13:30-31a '정화'와 '규정'이란 용어들이 느헤미야서의 마지막 단락을 잘 요약한다. 이 용어들은 4-31절에 적용될 뿐 아니라 12:44-47과 10:32-39의 규정들과 더불어 13:1-3과 10:30-31의 정화까지 거슬러 올라간다. 느헤미야는 그 공동체("그들")를 "이방 사람의 부정"(새번역)으로부터 정화시켰다.[287] 암몬 사람 도비야는 성전에서 쫓겨났고 그 방들이 "정결하게" 되었고(13:4-9) 안식일이 성별되었으며, 외국인 상인들이 해산되었고 레위인들은 스스로를 정결케 했고(15-22절) 평신도들은 외국인과의 혼인으로 인해 책망을 받았고(23-27절) 대제사장의 후손들이 추방되었다(28절). 이제 남은 것은 규정을 만드는 일이었다. 그래서 느헤미야가 합당한 예배를 보증하기 위해 제사장과 레위인의 특별한 직무를 '설정했다'(30절, 참고. 12:45; 13:11). 끝으로, 그는 "정한 기한에" 첫 열매(참고. 10:35)와 더불어 나무를 바치도록(참고. 10:34) '규정했다'.[288] 이 두 가지는 언약 갱신 때에 눈에 띄는 의무였으나 느헤미야의 부재 동안 그 수집이 소멸되고 말았다(참고. 13:5, 9; 12:45).

286 Clines(*Ezra*, *Nehemiah*, *Esther*, 249)와 Williams(*Ezra*, *Nehemiah*, 401)과 더불어 여러 주석가가 말라기와의 연관성을 말한다.

287 "그들"은 최근에 언급된 제사장들과 레위인들(13:29)을 가리킬 수 있지만 이는 요약문으로 온 공동체에 적용해도 무방하다.

288 '규정하다'란 동사가 히브리어 본문에는 없다. '그리고 나는…한 의무와 나무를 바치는 것에 대해…설정했다.'

13:31b 여기에 느헤미야의 마지막 호소가 나온다. 이 책에 담긴 가장 짧은 "기억하사"라는 기도(참고. 14, 22절)에서 느헤미야는 모든 것을 주님께 넘겨드리면서 (5:19에서 그랬듯이) 자신의 모든 신실한 행동들을 기억해달라고 요청한다. 이 행동들은 하나님이 그를 통해 이루신 모든 것 또는 조금 전에 서술한 정화와 규정의 사건들을 포함할 수 있다. 만일 이런 사건들이 봉헌식 전에(13:4) 일어났다면, 12:44-47과 13:1-3의 공동체적 결정은 그의 기도에 대한 응답일 수 있다. 느헤미야의 이름을 지닌 이 책이 보존된 것은 확실히 하나님이 그의 기도에 응답하셨다는 것을 보여준다.

응답

거룩한 백성이 되어야 할 하나님 백성의 소명은 타협될 수 없다(엡 1:4-6; 벧전 1:15-16; 2:9-10). 이 소명은 에스라-느헤미야서의 시대에 살았던 사람들에게 적실했던 만큼 다른 모든 시대에도 적실하다. 페르시아 시대의 한 특정한 순간에 하나님이 그분의 백성을 구속하고 회복시키셔서 거룩한 성의 거룩한 성벽 내에서 정화된 예배 공동체로서 제대로 기능하도록 하신다(느 11:1; 12:30). 그것은 기념할 만한 일이다.

하지만 주님이 재림하실 때까지는 최후의 기념식이 없다. 13:4-31에 기록된 사건들은 "이전에"(13:4) 일어나지만 그 본문은 기념식(12:27-47) 다음에 배치되어 있다. 이 순서는 각 세대에 속한 신자들에게 기념식이 부주의함을 초래하지 않도록 예방하라고 권고한다. 교회는 언제나 주님의 말씀을 읽고 들어야 하고(13:1), 언제나 회개하고 개혁되어야 한다. 우리는 "나그네로 있을 때를 두려움으로 지내[야]"(벧전 1:17) 하는 만큼 그리스도께서 이루신 우리의 구원으로 인해 결코 안일함과 부주의함에 빠지면 안 된다.

느헤미야가 없는 동안에 다양한 방식으로 성별(聖別)을 무시하는 행습이 공동체에 스며들었다. 영향력 있는 적이었던 암몬 사람 도비야(느 13:4;

2:10; 6:17-19)는 그의 대인관계를 이용해서 성전 안으로 슬그머니 들어왔다. 사실 주님의 집은 이런 식으로 버려졌을 뿐 아니라 레위인을 위한 십일조와 관련해서도 버려졌다. 한때 맺었던 약속이 금방 잊혔고(10:35-39) 주님을 섬기는 일이 영향을 받았다(13:10-11). 이는 안식일의 오용을 포함했다. 안식일을 통해 하나님은 그분의 백성에게 안식을 주시고, 과거에 베푸신 복을 생각하고, 그분의 공급을 더욱 신뢰하고, 열방과 구별되는 그분의 백성의 정체성을 표현할 기회를 제공하신다.[289] 안식일을 지키지 못한 것은 아마 혼혈 결혼의 불순종과 얽혀져 있을 것이다. 그 백성의 거룩한 소명에 비춰볼 때 이 이슈는 너무도 심각해서 에스라와 느헤미야는 그것을 다루지 않을 수 없다. 심지어 대제사장의 가족까지 연루되어 있다.

하나님 백성의 구별된 특성, 소명 그리고 증언이 이 모든 문제의 중심에 있다면, 그 각각에 대한 느헤미야의 강경한 반응은 충분히 이해할 수 있다. 하나님의 기구가 성전의 방에서 옮겨지고 현재 도비야가 거주하고 있다는 것이 무슨 뜻인지를 생각해보라. 그래서 느헤미야는 그의 세간을 내어던지고 성전을 깨끗케 하지 않을 수 없다(8-9절). 다른 한편, 느헤미야는 대제사장의 아들이 제사장 직분을 더럽혔기 때문에 그를 공동체에서 쫓아낸다(28절). 이는 확실히 주 예수님이 성전을 깨끗케 하신 비슷한 행동을 상기시킨다(요 2:13-17). 우리의 위대하고 거룩하신 대제사장은 사탄을 무찌르고 우리를 깨끗케 씻기 위해 세상에 오셨다(히 10:19-22; 요일 1:7-9). 그분은 우리를 그분의 거룩한 성전의 지체들로 삼으셨고(고전 3:16-17; 엡 2:19-22) 우리를 위해 우리가 스스로 얻을 수 없던 '안식일의 안식'을 얻으셨다(히 4:9-11). 그분의 자비에 대한 반응으로, 우리는 "우리 하나님의 전을 버려두지 아니[해야]"(느 10:39) 하고 계속해서 '우리의 소망'을 고백해야 한다(히 10:23). 그리스도의 몸에 속한 각 지체는 그분을 위해 성별되고 세상으로부터 구별된 살아있는 십일조가 되도록(롬 12:1-2) 그리고 선한 일에 열중하고

289 McConville, *Ezra*, *Nehemiah*, *Esther*, 147.

은혜의 방편 안에서 행하도록 부름을 받았다. 그리고 우리는 느헤미야와 함께 "[우리] 하나님이여 [우리]를 기억하사 복을 주옵소서"라고 기도한다.

13장

에 스 더
ESV 성경 해설 주석
에릭 오틀런드 지음
ESV EXPOSITORY COMMENTARY

ESV Expository Commentary

Esther

에스더서 서론

개관

에스더서는 개인적 모욕을 이유로 페르시아 제국에 사는 모든 유다인의 죽음을 도모하는 하만의 책략(에 3:6)으로부터 하나님의 백성을 구출하는 이야기를 들려준다. 이 책은, 하나님의 백성이 이방 왕의 권위 아래 자문을 구할 제사장이나 그들을 위해 싸울 군대도 없이 유배생활 동안 구출을 받는 성경의 흔한 주제를 묘사한다. 또한 주님이 아브라함의 자손 중 일부가 그에 관해 잊어버린 듯한 가운데 그들에게 베푸신 친절을 보여준다. 뒤에서 주장하겠지만, 이 책이 유독 하나님에 대해 침묵하는 것을 하나님이 개입하시지 않았다는 표징으로 해석하지 않고 페르시아에 사는 유다인이 아브라함의 하나님께 대한 특별한 충성심이 없는 채 그들의 관습과 인종적 정체성과 관련해서만 유대적임을 보여주는 표징으로 해석하는 것이 최선이다. 그들의 영적 둔감함이 낳은 한 결과는 하나님이 그분의 백성에게 주시는 진정한 승리가 말로 표현되지 않고 오히려 가려지는 것이다. 이를 계기로 유배생활을 하는 오늘날의 신자들(참고. 벧전 1:1)도 어떻게 적대적 환경 속에서 하나님의 구출을 바라볼 수 있을지 그리고 그들을 둘러싼 비신자들 가운데서 하나님의 명성을 전하기 위해 어떻게 그분에 대해 말할 수 있을지 깊이 생각하게 된다.

저자

에스더서의 저자는 그의 텍스트 안에서 그 자신에 대해 아무것도 밝히지 않는다. 페르시아 생활에 관한 여러 세부사항이 그가 거기서 살았다는 것을 암시하고, 8-9장에 나오는 부림절에 대한 관심은 그가 유다인이었음을 시사한다. 어쩌면 저자는 하나님이 그분의 백성을 구출하시는 것에 초점을 두려고 그 자신의 신상을 가리는 것일 수 있다.

저작 연대와 배경

페르시아 왕 아하수에로는 주전 486년부터 465년까지 다스린 크세르크세스 1세로 더 잘 알려져 있다('크세르크세스'와 '아하수에로'는 그의 페르시아 이름을 그리스어와 히브리어로 번역한 것이다). 이 책은 그 왕이나 다른 주요 등장인물들의 죽음을 기록하지 않지만 부림절이 한동안 거행된 후 기록된 것처럼 보인다(9:19). 아하수에로 통치의 말년이 저작 시기일 가능성이 가장 많다.

이 책의 목적은 부림절이 생겨난 원초적 상황을 설명해서 그 뜻이 결코 잊히지 않게 하는 것이다. 저자는 백성이 계속해서 부림절을 지키면서 그 명절을 유발한 큰 구원을 결코 잊지 않기를 바란다.

장르와 문학적 특징

아마 잘 알려져 있진 않을 테지만 에스더서의 장르를 분류할 때 가장 유익한 두 방식은 역사 소설과 디아스포라 이야기이다. 에스더서를 역사 소설로 거론한다는 것은 그 역사적 진실성을 폄하하는 것이 결코 아니다. 왕의 역대기에 대한 세 번의 언급(2:23; 6:1; 10:2)은 그 내러티브의 주요 사건들이 검증될 수 있다는 것을 의미한다. 오히려 이 용어는 에스더서를 에스라서나 느헤미야서 같은 보다 단도직입적인 기사들과 구별하도록 도와준다. 이 책의 유머, 생생한 성격 묘사 그리고 풍부한 우연의 일치와 반전 등은 저자가 우리에게 믿을 만한 역사를 이야기 형식으로 제공하고 있다는 것을 의미한다. 그래서 우리는 내레이터가 우리에게 가르치는 것이 무엇인지 배우기 위해 등장인물들과 플롯을 가진 이야기를 통해 이 책을 읽으려고 한다.

그런데 무슨 종류의 이야기인가? 구약의 다른 곳에서는 유다인의 유배생활이 지닌 위험과 가능성에 초점을 맞추고 있다. 이 점에서 다니엘서(특히 단 1-6장)는 에스더서와 비교하기에 가장 좋은 성경 본문이다. 두 책 모두 약속의 땅에서 사는 유익, 즉 상비군과 하나님께로부터 메시지를 받는 선지자 등이 없이 그들에게 적대적일 수 있을 외국의 환경에서 몸부림치는 유다인의 모습을 보여준다. (창세기에 나오는 요셉 이야기가 선례일 수 있고, 정경이 아닌 토비트서가 또 다른 좋은 디아스포라 이야기다.) 에스더서와 다니엘서는 서로 다른 방식으로 하나님의 세상 개입을 그리고 있는데 둘 다 (예컨대) 외국 궁전에서 높은 지위를 가졌던 에스라와 느헤미야와는 다른 방식으로 지혜롭게 유배생활을 하는 데 초점을 둔다. 따라서 우리는 에스더서가 그 이야기를 통해 어떻게 유배생활을 성공적으로 영위하는 모습을 그리는지 살펴보게 된다.

이 이야기의 중요한 특징 중 하나는 촘촘한 구조다. 유다인에게 가장 위험한 지점까지 내려가는 플롯의 하강이 왕의 잠 못 이루는 밤을 전환점으로 한 그들의 구출에 완벽하게 반영되어 있다.

(A) 아하수에로의 위대함(1:1-2)
(B) 두 차례의 잔치(남자와 여자를 위한)(1:3-9)
(C) 하만의 승진(3:1)
(D) 유다인에게 불리한 칙령(3:7-15)
(E) 모르드개가 에스더에게 유다인을 해치려는 음모를 알려주다(4:1-9)
(F) 에스더가 왕과 하만과 함께하는 첫째 잔치(5:1-8)
(G) 전환점: 왕의 잠 못 이루는 밤(6:1)
(F′) 에스더가 왕과 하만과 함께하는 둘째 잔치(7:1)
(E′) 에스더가 아하수에로에게 유다인을 해치려는 음모를 알려주다(7:3-6)
(D′) 유다인에게 유리한 칙령(7:7-8:14)
(C′) 모르드개의 승진(8:15-17)
(B′) 이틀간의 부림에 열린 두 차례의 잔치(9:1-32)
(A′) 모르드개의 위대함(10:1-3)[1]

이 교차 구조는 이 이야기의 중요한 시점에 배치된 일련의 향연을 중심으로 세워져 있다. 와스디가 이 책의 첫 두 잔치가 열리는 동안 스스로를 과시하길 거부함으로써 또 다른 잔치가 열리고 에스더가 그녀의 자리에 앉도록 허용된다(2:18). 에스더의 둘째 잔치가 벌어지는 동안 하만의 음모가 폭로되는 한편, 모르드개의 승진이 잔치를 수반하게 된다(8:17). 끝으로, 앞서 말했듯이 이 책의 행복한 결말은 유다인의 구출이 부림절로 기념되는 장면이다. 본서의 촘촘한 구조가 그 주된 주제를 분명히 하는 역할을 한다.

1 Michael V. Fox, *Character and Ideology in the Book of Esther*, 2nd, ed. (Grand Rapids, MI: Eerdmans: 2001), 157에서 각색함.

바로 유다인의 운명이 완벽하게 대칭적으로 반전되는 것이다(9:1, 22). 이 책의 잔치들도 그와 마찬가지로 각각 권력의 반전현상을 잘 보여준다.

이전의 성경 내러티브에서 보였던 간결하고 꾸밈없는 양식은 에스더서에서 재현되지 않는다. 내레이터는 궁전에서 사용되던 언어를 닮아서 그런지(또는 패러디?) 보다 복잡한 방식으로 표현한다.

끝으로, 이 책은 성경에서 가장 유머러스한 책들 중 하나라는 점에 주목할 필요가 있다. 아하수에로 왕과 그의 갈팡질팡하는 비능률적인 거만함, 또는 하만이 모르드개를 위해 세운 교수대에 스스로 매달리는 모습 등 이야기의 여러 지점에서 우리가 웃지 않을 수 없다. 이런 코믹한 요소들과 하만의 유다인에 대한 끔찍한 증오의 병치는 물론 예상치 못한 것이다. 그러나 이것은 내레이터가 세운 전략의 일부일 수 있다. 하만과 그가 유다인에게 가진 증오에 우스운 점은 전혀 없지만, 이 책의 막간에 나오는 코믹한 장면들은 일종의 방출 효과가 있다. 이 책은 구출이 성사되는 동안 가장 두려운 상황의 한복판에서도 우리로 하여금 웃게 만든다.

신학

에스더서의 핵심 신학적 주제는 하나님 백성의 구출이다. 그리고 그들의 구출뿐 아니라 그들의 곤경의 완전한 반전이기도 하다. 이 책은 왕 다음의 권세를 가진 하만의 살인 계획 앞에서 무력한 페르시아의 유다인과 함께 시작된다. 이 책에 상세히 서술되는 정확한 반전은 저자의 세계관을 보여준다. 유다인이 결국 구출되리라는 것이다(4:14).

구출이라는 주제는 섭리라는 주제와 연관되어 있다. 너무나 많은 우연의 일치와 반전이 정확한 시기에 일어나기에 유다인의 구출을 (아무리 작은 일이라도) 만물을 통제하는 하나님의 손길로 돌릴 수밖에 없다. 유다인 에스더가 수백 명의 젊은 여자들 가운데 왕비로 선택되는 것, 왕이 잠 못 이루는 밤 동안 보상받지 못한 모르드개의 공로를 회상하는 것, 하만이 모르드개를 위해 세운 교수대에 매달리는 것, 하만이 에스더에게 애원하는 순간에 왕이 들어와서 하만이 그녀를 강간하고 있다고 착각하는 것 등이 그렇다. 물론 하나님이 그분의 백성을 위해 행동하시는 것으로 직접 언급된 적은 없다. 에스더서는 성경에서 하나님을 직접 언급하지 않는 유일한 책으로 잘 알려져 있다. 그 이유는 이후에 나오는 해석상 과제에서 논의할 예정이다. 이 지점에서는 하나님이 페르시아 왕궁의 세력 정치를 통해 그분의 백성을 구원하기 위해 일하고 계시다는 결론을 도무지 피할 수 없다는 것만 언급되어야 한다.

이 책의 결말은 부림절에 유다인의 구출을 축하하는 행사에 크게 주목한다. 유다인은 모르드개와 에스더의 행동에 관해 얘기할뿐더러 즐거운 행사와 가난한 자에게 주는 선물로 그들의 구출을 재연하고 또 구현하기도 한다(9:22). 비록 옛 언약의 잔치와 명절들이 새 언약의 신자들에게 구속력이 없을지라도, 새 언약은 하나님이 그리스도 안에서 우리를 구원하신 것을 상징적으로 또 기쁘게 재현하는 두 의례(세례와 성만찬)를 갖고 있다.

이 책의 또 다른 주제는 페르시아 왕궁에서의 모르드개와 에스더의 행실이다. 이 주석은 모르드개와 에스더가 하만의 음모에서 구출된 중요한 복을 제대로 활용하지 못한다고 주장하겠지만, 그렇다고 두 사람이 이야기 내내 용기와 기량을 보여준다는 사실을 부인하는 것은 아니다. 이것은 모르드개가 (아마 개인적인 위험을 무릅쓰고) 왕을 살해하려는 음모를 폭로한 후 그로 인해 보상이 주어지지 않을 때도 불평하지 않고 일하는 모습에서 쉽게 볼 수 있다. 에스더의 경우에는 왕이 총애하는 자문관의 음모를(그가 승인했던) 폭로할 때 여러 함정을 피하면서 과민하고 현명치 못한 남편을 완벽하게 돕는 모습이다. 내레이터는 어느 쪽이든 불완전한 모습을 얼버무리지 않고 우리에게 유배생활에서, 특히 하나님의 백성이 적대적 공격을 받을 때 필요한 기량과 재치를 보여주는 듯하다.

아브라함의 자손이 더 이상 하나님을 기억하지 않을 때도 하나님은 그들을 사랑하고 돌보신다는 것을 도무지 놓칠 수 없다. 주님의 옛 약속, 곧 그분의 백성을 축복하는 자들에게 복 주시고 그들을 저주하는 자들을 저주하겠다는 약속은 여전히 유효하다. 비록 아브라함에게 주신 옛 약속이 말하듯이(창 12:2-3) 페르시아의 유다인이 열방에 복이 되는 모습을 온전히 보여주지 못할지라도 그렇다. 여러 우연의 일치는 페르시아 유다인의 구출이 단지 모르드개와 에스더의 전략이 낳은 결과만이 아니라는 것을 보여준다. 하나님은 비록 이 책의 등장인물들이 알아채지 못할지라도 그분의 백성을 구원하기 위해 일하고 계신다.

끝으로, 내레이터가 그의 이야기의 여러 지점에서 양성(兩性) 간의 관계에 초점을 맞추고 있음을 주목해야 한다. 고대 세계의 다른 지역처럼 페르시아도 지극히 가부장적인 사회였다. 우리는 모든 아내가 남편에게 순종해야 한다는 법이 제정된 것을 보게 되고(에 1:20), 에스더는 남은 생애 동안 왕의 후궁에 들어갈 때 확실히 합의한 적이 없다(2:8, 16에 나오는 수동태 동사들을 보라). 실제로 이 책의 묘사 중 일부는 페르시아의 가부장제에 대한 노골적인 조롱을 내포하고 있다. 주석이 보여줄 것처럼, 아하수에로 왕은 그 자신의 영예에 사로잡혀 있어도 결코 스스로 행동하거나 생각조차 하지 않고 언제나 주변에 있는 자들의 충고를 좇아 행동한다. 특히 자기 백성을 구하기 위해 남편을 치켜세울 줄 아는 에스더의 영향을 받는다(7:3-6; 8:4-6). 왕과 그의 자문관들이 와스디의 순종 거부에 얼마나 위협을 느끼는지(1장), 또는 그들이 본래 남성의 권위를 주장하려던 칙령을 통해 그들의 무력함을 어떻게 광고하는지를 보고 웃지 않을 수 없다. 물론 에스더서를 사도들의 남자의 머리됨에 관한 진술(엡 5:22-23; 벧전 3:1-6), 또는 일부 사역을 남자들에게 국한시키는 것(딤전 2:12)과 대립시켜 해석하는 일은 합당치 않겠지만, 에스더가 (모르드개와 함께) 여성이 사실상 무력한 상황에서 그녀의 백성을 구하기 위해 일하는 모습을 보여줌으로써 남녀 관계에 대한 성경의 묘사에 기여하는 것은 분명하다. 내레이터는 우리가 페르시아의 왕족 남성 엘리트의 분별없는 익살스러움과 거만함, 치명적일 수 있는 부주의함을 놓치기를 원치 않는다. 훗날 주도권을 잡게 될 모르드개와 에스더 간의 변화하는 관계도 본 주석서에서 줄곧 주목을 받을 것이다.

성경의 다른 본문 및 그리스도와의 관련성

하나님의 백성을 대적으로부터 구원하는 것은 구약에 나오는 일정한 주제다. (몇몇 실례만 들자면) 출애굽, 사사기의 영적 능력을 받은 군사 지도자들 그리고 블레셋과 벌인 사울과 다윗의 전쟁들에서 성경은 반복적으로 하나님이 그분의 백성을 파멸시키려는 자들로부터 그들을 구원하시는 모습을 보여준다. 에스더서는 이 주제에 대한 한 변형을 제공하는데, 이번에는 하나님의 백성이 약속의 땅 바깥에 있는 적대적인 사회에서 살 때 하나님이 그들을 구원하시는 모습을 보여준다. 그것은 떠들썩한 페르시아 왕궁의 정상적인 흐름 속에서 전적으로 '무대 배후'에서 이뤄지는 구원이다. 비록 페르시아에서 영위되는 유다인의 삶은 그들 조상들과는 크게 달랐을지라도, 변함없는 하나님의 구원 약속은 여전히 유효했다.

새 언약 안에 있는 하나님의 백성은 비록 정치 단체로 구성되지 않고 물리적 전쟁에 관여하지도 않지만, 우리가 이 현재의 악한 시대를 견딜 때 동일한 약속이 우리에게 적용된다(빌 1:28; 살후 1:5-10; 계 19:11-12). 이것이 아마 에스더서와 신약의 주된 연관성일 것이다. 새 언약의 신자들은 모든 지상의 시험에서 다 구원받을 것이란 약속을 받진 않았지만(롬 8:35-36), 주 예수님은 '이 현재의 어둠'(엡 6:12) 속에서 그분의 백성을 영적 죽음에서 분명히 구원하신다. 상상할 수 있는 가장 큰 운명의 반전 속에서, 죽음과 심판을 받아야 마땅한 우리는 우리의 어두운 순간에도 우리를 구원하기 위해 일하시는 하나님으로부터 정반대의 것을 받는다. 부림절의 기쁨은 더 큰 적으로부터의 더 큰 구원 행위 이후에 있을 더 큰 잔치에서 열릴 더 큰 행사의 암시라고 할 수 있다(계 19:1-8).

이밖에는 에스더서와 신약에 나오는 등장인물들과 사건들 간에 구체적인 유형론적 연관성을 많이 찾을 수 없다. 에스더가 미인 대회에서 우승하고 한 남자와 공식적으로 혼인하기 전에 그 사람과 잠자리를 함께하는 만큼 그리스도를 예시한다고 보기는 어렵다. 모르드개는 여러 면에서 훌륭한 사람이지만 그가 공적인 명예를 받는 것(에 6:10-11)을 제외하고는 어느 시점에서도 장차 도래할 더 큰 구원자를 예시하는 모습은 없다. 그들과 그리스도 사이에는 비슷한 모습보다 대조적인 모습이 더 많다.

에스더서 설교하기

에스더서는 적어도 세 가지 방식으로 유익한 설교를 할 수 있다. 가장 중요한 첫째 방식은 이렇다. 목사는 하나님의 구원이라는 전반적인 성경적 주제를 주지시키고, 그 구원이 이방 사회에서 살며 일하는 하나님의 백성의 일을 통해, 등장인물 중 아무도 알아채지 못하는 일련의 우연의 일치를 통해 어떻게 실현되는지 설명할 수 있다. 이는 오늘날의 회중들에게, 우리가 신약이 묘사하듯 비방과 학대(벧전 3:9-17)에 취약한 유배자(나그네)들로(벧전 1:1) 살아가는 어려운 처지에 있다는 것을 일깨워줄 수 있다.

에스더서가 하나님의 새 언약 백성에게 유익할 수 있는 둘째 방식은 유배지에서 지혜롭게 사는 것이 어떤 모습인지를 보여주는 것이다. 에스더서, 에스라서, 느헤미야서 그리고 다니엘서와 같은 유배시대 이후의 책들은 이방 사회에 살며 일하는 것을 결코 정죄하진 않지만, 특히 에스더서는 그 사회를 위험할 수 있는 곳으로 그리고 있다. 이런 면에서 왕의 목숨을 노린 음모를 모르드개가 폭로하는 것은 실로 의미심장하다(에 2:21-23). 모르드개는 왕에게 과분한 충성심을 보이고 승진이 그냥 지나가도 결코 불평하지 않는다. 모르드개가 마침내 그 음모의 폭로로 영예를 얻을 때 그가 보인 반응은 기록되어 있지 않다. 그는 그냥 일하러 돌아갈 뿐이다(6:12). 다른 한편, 에스더는 노련하게 왕을 조종하고 아하수에로의 과민한 자존심을 상하게 하지 않으면서 하만의 음모를 폭로한다. 모르드개와 에스더를 통해, 우리는 지혜로운 유배생활에 필요한 용기와 지략을 보게 된다.

끝으로, 모르드개가 하만의 공격을 받을 때 반복적으로 자신을 유다인으로 밝히는 모습(3:4, 6, 10, 13; 5:13; 6:10, 13)은 우리에게 교회 안에서 반(反) 유대주의를 경계해야 한다는 교훈을 준다. 민족적 및 인종적 정체성이 하나님 앞에서 우리의 지위를 결정하진 않지만(마 21:33-46), 그의 인종적 백성에게 주신 하나님의 약속은 여전히 깨어지지 않고 있기에 결국 온 이스라엘이 구원을 받을 것이다(롬 11:26). 우리가 바울의 말을 어떻게 해석하든지 간에 그렇다. 당시에 유다인을 해치려던 하만의 계획은 그 자신에게로 돌아갔다. 이는 하나님의 백성을 해치려는 책략을 세울 사람에 대한 분명한 경고다.

해석상 과제

에스더서의 가장 큰 해석상 과제는 하나님에 대한 명시적 언급이 없다는 것이다. 사실 토라, 약속의 땅, 성전 또는 구약의 다른 영웅들에 대한 언급도 전혀 없다. 4장에는 금식을 선포하는 장면이 나오지만 금식 중의 기도나 금식 후의 하나님께 예배하는 것에 대한 언급이 없다. 모르드개와 에스더가 음식 법을 지킨다거나 안식일을 준수한다는 말도 없다. 아울러 다른 페르시아 사람들이 그들이 유대인인 것을 알았는지 여부도 분명하지 않다. 그들이 만일 이런 율법을 지켜왔다면, 그들은 이야기의 초반에 스스로를 페르시아 사람들과 구별했을 것이 확실하다. 구속 역사의 비슷한 단계에 기록된 에스라서, 느헤미야서 그리고 다니엘서는 이런 면에서 에스더서와 확연한 대조를 이룬다. 이런 신학적 사안들에 대한 침묵을 어떻게 해석할 것인가?

확실히 하나님은 때때로 조용히 눈에 띄지 않는 방식으로 일하신다. 예컨대, 사사기 14:4에서는 그 이야기의 등장인물 중 아무도 하나님이 남몰래 그들을 지시하고 계셔서 사건이 그렇게 펼쳐지고 있다는 것을 알지 못한다고 명백히 말한다. 에스라서의 내레이터도 적어도 부분적으로는 하나님을 직접 언급하지 않음으로써 그분의 조용하고 미묘한 사역에 대해 비슷하게 암시하고 있는 것이 틀림없다. 더 나아가, 하나님이 언급되지 않을 때라도 우리가 그분의 활동을 가정하도록 되어 있다면(내레이터에게 그런 의도가 있다고 나는 믿는다), 우리는 등장인물들의 종교적 행위에 대해서도 같은 방식으로 가정해야 할 것이다. 에스더서의 아람어 타르굼(히브리어를 구사하지 못하는 유대인을 위한 성경 본문의 번역과 윤색)과 헬라어 칠십인역은 우리가 이런 등장인물들로부터 기대할 만한 종교적 행위와 발언을 많이 더한다. 이를테면, 칠십인역은 에스더가 모르드개에게 금식을 선포하도록 말한 후(에 4:16) 모르드개의 긴 기도를 기록한 다음, 에스더가 왕과 잠자리를 함께하는 것을 싫어하고 율법의 음식 규정을 지키고 있다고 말하는 대목에 에스더의 기도를 삽입한다. 이와 비슷하게, 에스더서의 제1타르굼은 6장에서 유다인 여자들의 기도 때문에 하나님이 왕에게서 잠을 빼앗았다고 더한다. 그러나 이런 번역자들이 에스더서에 그들의 기대에 맞추어 본문을 더했을지라도, 내레이터는 (예컨대) 마치 하만의 바람이 이뤄질 것처럼 보일 때 에스더와 모르드개가 열심히 기도하고 있었다는 것을 우리가 이해할 것이라고 생각했을 수 있다. 또 다른 본보기는 4:14에 담긴 모르드개의 매우 신학적인 진술에 나온다. 주석에서 논의될 것처럼, 모르드개는 유다인이 결국 구출될 것이라는 확신을 표현하기 위해 신학적으로 풍부한 단어를 사용한다. 아마 우리도 이 문장을, 바울이 빌립보 교인의 기도로 "내가 풀려나리라는 것"(빌 1:19, 새번역)을 기대하는 것과 비슷하게 읽어야 할지도 모른다. 이는 명시적이진 않아도 그를 위한 하나님의 행동을 언급하는 것이 분명하다.

이런 해독의 문제는 우리가 하나님의 이름이 나올 것으로 기대할 법한 데 그 이름이 언급되지 않는 경우가 너무도 많다는 것이다. 이 책의 끝에 이르면 침묵이 귀를 먹먹하게 만들고 만다. 만일 내레이터가 우리에게 모르드개와 에스더가 우리의 기대처럼 독실하게 행동한다고 가정하도록 요구한다면, 그는 너무 많이 요청하고 있는 것이다. 이를테면, 에스더는 왕의 후궁에서 자신을 유다인으로 구별시켜줄 율법의 어느 것도 분명히 지키지 않고(사실 그녀는 스스로를 유다인으로 밝힌 적이 없다) 심지어는 한 남자를 기쁘게 할 수 있는지 확인하기 위해 그와 잠자리까지 함께 한다(에 2:16-17). 금식 기간에 기도에 대한 언급이 기록되어 있지 않고(4:16) 유다인의 운명이 반전된 후에 찬송에 대한 언급도 없다(9:1). 하나님의 승인 없이 새로운 명절이 유다인의 의례 달력에 추가된다(9:20-23). 이 책은 하나님의 위대하심이 아니라 모르드개의 위대함만 거론하는 것으로 끝난다(10:2-3). 8:17에 나오는 몇몇 페르시아 사람의 전향조차 애매모호하다. 이 구절에 관한 주석에서 논의되겠지만, 이는 아마 일부 페르시아 사람들이 단지 유다의 관습을 채택했다는 뜻일 것이다. 사실 우리는 이 책을 단지 문화적으로만 유다적인 유다인들의 이야기로 읽는 것이 가능하다. 즉, 조상의 몇몇 전통들은 지켰지만 아브라함의 하나님에 대한 지식은 잃어버린 유다인들의 이야기로 말이다. (이는 그 책을 세속적으로 만들지 않고 등장인물만 그렇게 만들 것이다.) 부림절은 구체적인 종교적 활동 없이도 지켜질 수 있었던 것 같다(크리스마스가 일부 가정에서 지켜지는 모습과 비슷하게). 이 책은 하나님의 백성과 주변의 이방인이 하나님을 찬송하는 것으로 끝나지 않고 이제는 안전하게 된 유다인과 함께 끝난다. 물론 행복한 결말이지만 그보다 더 나을 수도 있었던 결말이다(참고. 사 45:22-23).

이는 내레이터가 우리를 불편한 결론, 즉 그가 기록하는 구출은 진정한 승리였으나 부분적 승리였을 뿐이라는 결론으로 이끌고 있음을 시사한다. 성경의 큰 맥락에서 보면, 하나님이 모르드개와 에스더를 통해 그분의 백성을 구출하시려고 '무대 뒤에서' 일하고 계시는 것을 볼 수 있다. 그러나 페르시아의 유다인을 위한 군사적 및 문화적 승리가 영적인 승리이기도 했다면 어땠을까? 이 책이 많은 페르시아 사람이 명시적으로 모르드개와 에스더의 하나님과 동조하고 모르드개가 그의 백성뿐 아니라 이방인들의 유익을 위해 일하는 모습으로 끝났다면 어땠을까? 이는 이어서 하나님이 그분의 백성을 위해 일하실 때 그 백성은 어떻게 하나님을 가장 많이 영화롭게 할 수 있을까 하는 이슈를 제기한다. 구약의 많은 본문은 하나님의 백성이 그들을 위해 개입하시는 하나님을 찬송하는 말을 강조한다(시 96:7-

10; 145:6-7; 사 43:10-11; 45:20-25; 66:20). 우리는 하나님이 그분의 용감한 종들인 에스더와 모르드개를 통해 이루신 기쁜 구원을 폄하하지 않으면서도 이런 질문을 던질 수 있다. 우리는 어떻게 하나님이 그분의 백성을 구출하신 사건을 최대한 활용하여 그분의 나라를 가장 잘 섬기는 결과를 도출할 수 있을까? 우리는 이제 본 주석서의 여러 지점에서 이 애매모호한 주제와 씨름하게 될 것이다.

에스더서를 해석할 때 겪는 두 번째 어려움은 그 영웅들의 도덕적 모호성과 폭력이다. 모르드개는 하나만 빼놓고 페르시아 관료로서 그리고 그의 백성을 위해 분별력과 이타심을 갖고 행동한다. 그 예외는 3장에서 하만에게 절하기를 거부하는 모습이다. 모르드개는 아마 원칙에 따라 그렇게 하길 거부하고 있을 것이다. 주석에서 논의하듯이, 본문에 분명히 나오진 않지만 모르드개가 절하지 않는 이유는 하만이 아각 사람이란 사실, 사무엘상 15장에서 사울이 살려준 아말렉 왕 아각의 자손이란 사실과 관계가 있는 것 같다. (모르드개는 사울의 아버지 기스의 자손이란 점이 이런 연관성을 강화시켜준다.) 모르드개의 그의 백성에 대한 충성심은 그로 하여금 이스라엘에 적대감을 품었던 아말렉 족속에 속한 이 사람 앞에 무릎을 꿇기 어렵게 했을 것이다. 모르드개의 거부가 이해할 만하고 또 어느 의미에서 정당화된다 하더라도, 그런 행동이 지혜로운지 여부를 묻는 것은 여전히 타당하다. 그의 행동이 페르시아에 사는 모든 유다인을 위험에 빠뜨리기 때문이다. 모르드개는 정부 관리로서 많은 상관의 도덕성과 상관없이 그들 앞에서 무릎을 꿇어야 했을 것이다. 이 주제는 주석에서 더 많이 논의될 것이다.

다른 한편, 에스더는 5-7장에서 그녀의 백성을 위해 용기와 큰 기량으로 행동한다. 하지만 그것에 앞서 그녀가 왕의 후궁으로 이끌려가서 왕과 잠자리를 함께하는 것에 대해 어떻게 느끼는지는 전혀 나오지 않는다. 어쩌면 그녀가 거기서 보내는 시간을 몹시 싫어했을지도 모르지만 미인대회에 참가하는 것을 즐겼을 수도 있다. 그런데 더 골치 아픈 문제는 에스더가 9:13에서 왕에게 살육의 날을 하루 더 요청한다는 사실이다. 에스더의 다른 요청들은 도덕적으로 정당화되고 또 비판하기 어려울 수 있지만, 유다인의 대적들에게는 유다인을 공격할 수 있는 날이 하루밖에 주어지지 않았는데 싸울 날을 하루 더 요청할 만한 이유는 보복 외에는 없는 듯하다. 에스더는 잔인할 뿐더러 유다인의 대적과 별로 다르지 않은 방식으로 행하는 것 같다. 그녀의 이름을 딴 이 책은 하나님이 전적으로 불완전한 사람들을 통해 구원하시는 모습을 보여주고, 독자로 하여금 유배생활 중인 그분의 백성을 위한 하나님의 구원 행위가 어떻게 하면 우리의 박해자에 대한 보복이 아니라 그런 구원을 감행하시는 하나님에 대해 말하는 모습으로 더 잘 표현될 수 있을지 성찰하게 한다.

개요

I. 무대 설정과 배경: 와스디 왕비의 폐위(1:1-22)
- A. 아하수에로가 관리들과 백성을 위해 잔치를 열다(1:1-9)
- B. 와스디가 왕의 명령을 거부하다(1:10-12)
- C. 와스디에게 불리한 칙령(1:13-22)

II. 에스더가 왕비가 되다(2:1-23)
- A. 미인대회(2:1-4)
- B. 에스더와 모르드개의 소개(2:5-7)
- C. 에스더가 대회에서 성공하다(2:8-20)
- D. 모르드개가 왕을 구출하다(2:21-23)

III. 유다인을 해치려는 하만의 음모(3:1-15)
- A. 모르드개가 하만에게 절하기를 거부하다(3:1-6)

B. 왕이 유다인을 몰살시키려는 하만의 계획을 승인하다(3:7-11)

C. 유다인에게 불리한 법령(3:12-15)

IV. 모르드개가 왕에게 탄원하도록 에스더를 설득하다(4:1-17)

A. 모르드개의 눈물(4:1-3)

B. 에스더가 모르드개로부터 음모에 관한 정보를 얻다(4:4-8)

C. 에스더가 모르드개를 돕는 일에 저항하다(4:9-12)

D. 모르드개가 에스더가 돕도록 설득시키다(4:13-17)

V. 에스더가 왕에게 탄원하기 시작하다(5:1-14)

A. 에스더가 왕을 위해 잔치를 베풀고 둘째 잔치를 요청하다(5:1-8)

B. 하만이 모르드개의 교수형을 계획하다(5:9-14)

VI. 전환점: 아하수에로가 모르드개를 영예롭게 하다(6:1-14)

A. 아하수에로가 모르드개를 영예롭게 하기로 결심하다(6:1-3)

B. 아하수에로가 모르드개를 영예롭게 하도록 하만에게 지시하다(6:4-9)

C. 하만이 모르드개를 영예롭게 하다(6:10-14)

VII. 에스더의 둘째 잔치와 하만의 교수형(7:1-10)

A. 에스더가 하만의 음모를 폭로하다(7:1-6)

B. 하만이 교수형을 당하다(7:7-10)

VIII. 하만의 칙령에 대한 대응책이 마련되고 유다인이 그들의 대적을 살해하다(8:1-9:18)

A. 에스더가 하만에 대응하는 칙령을 쓰도록 허락받다(8:1-8)

B. 칙령의 내용(8:9-14)

C. 칙령의 결과(8:15-17)

D. 칙령의 실행(9:1-10)

E. 하만의 열 아들을 교수형에 처하고 두 번째 살육의 파도가 일다(9:11-18)

IX. 결말: 부림절이 제정되다(9:19-10:3)

A. 승리가 부림절로 기념되다(9:19-32)

B. 후기: 모르드개의 위대함(10:1-3)

1 이 일은 아하수에로 왕 때에 있었던 일이니 아하수에로는 인도로부
터 구스까지 백이십칠 지방을 다스리는 왕이라 2 당시에 아하수에로
왕이 수산 궁에서 즉위하고 3 왕위에 있은 지 제삼년에 그의 모든 지
방관과 신하들을 위하여 잔치를 베푸니 바사와 메대의 장수와 각 지
방의 귀족과 지방관들이 다 왕 앞에 있는지라 4 왕이 여러 날 곧 백팔
십 일 동안에 그의 영화로운 나라의 부함과 위엄의 혁혁함을 나타내
니라 5 이날이 지나매 왕이 또 도성 수산에 있는 귀천간의 백성을 위
하여 왕궁 후원 뜰에서 칠일 동안 잔치를 베풀새 6 백색, 녹색, 청색 휘
장을 자색 가는 베 줄로 대리석 기둥 은고리에 매고 금과 은으로 만든
걸상을 화반석, 백석, 운모석, 흑석을 깐 땅에 진설하고 7 금 잔으로 마
시게 하니 잔의 모양이 각기 다르고 왕이 풍부하였으므로 어주가 한
이 없으며 8 마시는 것도 법도가 있어 사람으로 억지로 하지 않게 하
니 이는 왕이 모든 궁내 관리에게 명령하여 각 사람이 마음대로 하게
함이더라 9 왕후 와스디도 아하수에로 왕궁에서 여인들을 위하여 잔
치를 베푸니라

1 Now in the days of Ahasuerus, the Ahasuerus who reigned from India
to Ethiopia over 127 provinces, 2 in those days when King Ahasuerus
sat on his royal throne in Susa, the citadel, 3 in the third year of his reign
he gave a feast for all his officials and servants. The army of Persia
and Media and the nobles and governors of the provinces were before
him, 4 while he showed the riches of his royal glory and the splendor
and pomp of his greatness for many days, 180 days. 5 And when these
days were completed, the king gave for all the people present in Susa
the citadel, both great and small, a feast lasting for seven days in the
court of the garden of the king's palace. 6 There were white cotton
curtains and violet hangings fastened with cords of fine linen and
purple to silver rods[1] and marble pillars, and also couches of gold and
silver on a mosaic pavement of porphyry, marble, mother-of-pearl,
and precious stones. 7 Drinks were served in golden vessels, vessels
of different kinds, and the royal wine was lavished according to the
bounty of the king. 8 And drinking was according to this edict: "There
is no compulsion." For the king had given orders to all the staff of his
palace to do as each man desired. 9 Queen Vashti also gave a feast for
the women in the palace that belonged to King Ahasuerus.

10 제칠일에 왕이 주흥이 일어나서 어전 내시 므후만과 비스다와 하
르보나와 빅다와 아박다와 세달과 가르가스 일곱 사람을 명령하여
11 왕후 와스디를 청하여 왕후의 관을 정제하고 왕 앞으로 나아오게
하여 그의 아리따움을 뭇 백성과 지방관들에게 보이게 하라 하니 이
는 왕후의 용모가 보기에 좋음이라 12 그러나 왕후 와스디는 내시가
전하는 왕명을 따르기를 싫어하니 왕이 진노하여 마음속이 불붙는 듯
하더라

10 On the seventh day, when the heart of the king was merry with wine,
he commanded Mehuman, Biztha, Harbona, Bigtha and Abagtha,
Zethar and Carkas, the seven eunuchs who served in the presence of
King Ahasuerus, 11 to bring Queen Vashti before the king with her
royal crown,[2] in order to show the peoples and the princes her beauty,
for she was lovely to look at. 12 But Queen Vashti refused to come at
the king's command delivered by the eunuchs. At this the king became
enraged, and his anger burned within him.

13 왕이 사례를 아는 현자들에게 묻되 (왕이 규례와 법률을 아는 자에
게 묻는 전례가 있는데 14 그때에 왕에게 가까이 하여 왕의 기색을 살
피며 나라 첫 자리에 앉은 자는 바사와 메대의 일곱 지방관 곧 가르스
나와 세달과 아드마다와 다시스와 메레스와 마르스나와 므무간이라)
15 왕후 와스디가 내시가 전하는 아하수에로 왕의 명령을 따르지 아니
하니 규례대로 하면 어떻게 처치할까 16 므무간이 왕과 지방관 앞에서
대답하여 이르되 왕후 와스디가 왕에게만 잘못했을 뿐 아니라 아하수
에로 왕의 각 지방의 관리들과 뭇 백성에게도 잘못하였나이다 17 아하
수에로 왕이 명령하여 왕후 와스디를 청하여도 오지 아니하였다 하는
왕후의 행위의 소문이 모든 여인들에게 전파되면 그들도 그들의 남편
을 멸시할 것인즉 18 오늘이라도 바사와 메대의 귀부인들이 왕후의 행
위를 듣고 왕의 모든 지방관들에게 그렇게 말하리니 멸시와 분노가
많이 일어나리이다 19 왕이 만일 좋게 여기실진대 와스디가 다시는 왕
앞에 오지 못하게 하는 조서를 내리되 바사와 메대의 법률에 기록하
여 변개함이 없게 하고 그 왕후의 자리를 그보다 나은 사람에게 주소
서 20 왕의 조서가 이 광대한 전국에 반포되면 귀천을 막론하고 모든
여인들이 그들의 남편을 존경하리이다 하니라 21 왕과 지방관들이 그
말을 옳게 여긴지라 왕이 므무간의 말대로 행하여 22 각 지방 각 백성

의 문자와 언어로 모든 지방에 조서를 내려 이르기를 남편이 자기의
집을 주관하게 하고 자기 민족의 언어로 말하게 하라 하였더라
13 Then the king said to the wise men who knew the times (for this was
the king's procedure toward all who were versed in law and judgment,
14 the men next to him being Carshena, Shethar, Admatha, Tarshish,
Meres, Marsena, and Memucan, the seven princes of Persia and Media,
who saw the king's face, and sat first in the kingdom): 15 "According
to the law, what is to be done to Queen Vashti, because she has not
performed the command of King Ahasuerus delivered by the eunuchs?"
16 Then Memucan said in the presence of the king and the officials, "Not
only against the king has Queen Vashti done wrong, but also against
all the officials and all the peoples who are in all the provinces of King
Ahasuerus. 17 For the queen's behavior will be made known to all
women, causing them to look at their husbands with contempt,[3] since
they will say, 'King Ahasuerus commanded Queen Vashti to be brought
before him, and she did not come.' 18 This very day the noble women
of Persia and Media who have heard of the queen's behavior will say
the same to all the king's officials, and there will be contempt and wrath
in plenty. 19 If it please the king, let a royal order go out from him, and
let it be written among the laws of the Persians and the Medes so that
it may not be repealed, that Vashti is never again to come before King
Ahasuerus. And let the king give her royal position to another who is
better than she. 20 So when the decree made by the king is proclaimed
throughout all his kingdom, for it is vast, all women will give honor to
their husbands, high and low alike." 21 This advice pleased the king and
the princes, and the king did as Memucan proposed. 22 He sent letters
to all the royal provinces, to every province in its own script and to

every people in its own language, that every man be master in his own household and speak according to the language of his people.

1 Or *rings* *2* Or *headdress* *3* Hebrew *to disdain their husbands in their eyes*

단락 개관

내레이터는 와스디가 남편을 불쾌하게 한 후 에스더가 왕비가 되는 길이 열린 경위를 보여준다. 내레이터가 이 단계에서 묘사한 자만하고 거드름을 피우는 페르시아 궁궐의 모습은 우스울 뿐이다. 그러나 우리는 이미 여성들이 대우받는 방식과 페르시아 통치자들의 어리석음에서 잠재적인 위험을 간파하고 있다.

단락 개요

I. 무대 설정과 배경: 와스디 왕비의 폐위(1:1-22)
  A. 아하수에로가 관리들과 백성을 위해 잔치를 열다(1:1-9)
  B. 와스디가 왕의 명령을 거부하다(1:10-12)
  C. 와스디에게 불리한 칙령(1:13-22)

주석

1:1-4 이 책의 첫 문장은 가장 복잡한 문장들 중 하나다. 내레이터는 단순히 우리에게 왕의 잔치에 대해 얘기하는 대신 아하수에로 왕국의 방대한 범위를 보여주면서 그 맥락을 설정한다. 인도와 구스('에티오피아')는 구약 세계의 동쪽 경계와 남쪽 경계를 형성했다. 더 나아가, 이 왕국은 127개 지방에 필요한 복잡한 관료제를 갖추고 있는 만큼 시골 벽지와는 정반대의 모습이다. 2절은 이 어마어마한 제국의 왕에 초점을 맞춘다. 우리는 그의 왕국에서 가장 크고 중요한 부분에 몸담은 이 왕의 안정되고 영광스러운 통치를 상상하게 된다.

아하수에로 왕이 그의 궁궐 관리들과 군대를 위해 잔치를 베푼다(3절). 많은 계층의 신하들과 군인들이 이 파티가 얼마나 큰 규모였는지를 암시한다. 그러나 이 잔치는 아하수에로 편에서 선의로 베푼 것이 아니다. 그는 스스로를 과시하는 중이다. 4절을 직역하면 '[아하수에로가] 그의 왕국의 영화로운 부요와 그의 위대함의 찬란한 위엄을 여러 날, 180일 동안 과시했다'가 될 것이다. 이 연장된 어구는 페르시아 궁궐의 부요, 사치 그리고 쾌락주의적 과잉상태를 의미한다. 수백 명을 참석시키는 이 거대한 파티의 목적은 다름 아닌 왕의 호화로운 자기 과시다. 그것도 무려 180일 동안이나 계속된다. 역사상 가장 큰 왕국 중 하나의 정부가 반년 동안 오로지 파티만 즐기고 있다는 뜻이다.

1:5-8 페르시아 사회의 상위 계층을 위한 파티를 끝낸 후, 아하수에로는 도성에 사는 모든 사람을 위해 또 다른 파티를 베푼다. 첫째 파티에 수백 명이 참석했다면, 이번 파티에는 수천 명이 참석했을 것이다. 내레이터가 그 장면을 영화 촬영기사처럼 훑어본다. 궁궐의 정원이 대리석 기둥의 은고리에 걸린, 가장 값비싼 재료로 만든 커튼에 둘러싸여 있다(5-6a절). 가구는 오로지 왕만 감당할 수 있을 만한 것이고(6b절) 잔은 모두 금으로 만든 것들이다(7절). 그뿐만 아니라 왕이 모두에게 술을 무료로 제공하고 왕

의 비용으로 일주일 내내 누구나 자기가 원하는 만큼 마실 수 있다(8절). 이런 세부사항은 이 파티의 목적이 첫째 파티와 똑같다는 것을 보여준다. 도무지 상상하기 어려운 과도한 수준으로 자기를 과시하는 것이다. 이미 내레이터는 모르드개와 에스더가 살고 있는 상황에 대해 우리가 어떤 인상을 품도록 이끌고 있다. 우리가 이 제국의 부요함에 깊은 인상을 받을지는 몰라도 그것을 흠모하진 않을 것이다. 또한 8절은 처음으로 아하수에로의 수동적 모습을 암시한다. 이 본보기는 비교적 하찮을지라도 왕이 남들에게 마음대로 하도록 허용하는 많은 예 중에 첫째 것이다.

1:9 와스디 또한 잔치를 베푸는데, 이는 자기를 시중드는 여자들을 위한 것으로 왕궁의 다른 장소에서 열린다. 그녀는 곧 궁궐의 다른 모든 사람과 구별되겠지만, 이야기의 초반부에는 궁궐의 일부로 등장한다.

1:10-11 무대가 설정되고 우리는 이제 이야기 전체를 움직이게 하는 갈등에 관해 듣게 된다. 왕이 일주일 동안 포도주를 마셨으므로(10절) 아내에게 그녀의 미모를 모든 이에게 보이도록 명령할 때는 맑은 정신이 아니다. 10절에 추가된 세부사항, 곧 이 명령이 그 이름이 모두 열거된 왕의 측근인 내시들을 통해 전달된다는 것은 이번 장 내내 울려 퍼지는 공허한 위엄과 과장된 과시의 분위기를 연장시킨다. 내레이터는 와스디가 그 파티에 동등한 인물로서가 아니라 하나의 대상으로 초대받고 있음을 시사한다. 11절에 나오는 "보이게 하라"라는 동사는 4절에 나오는 것과 똑같이 그녀가 왕의 재물처럼 자랑삼아 과시될 것임을 의미한다. 그녀가 왕후의 관을 쓰고 나타난다는 것이 이를 확증한다. 말하자면, 그녀의 외모를 보이는 목적은 그녀의 매력을 과시하는 것이다. 아하수에로는 그 나라의 부요함을 자랑하길 원했듯이 자기 아내도 자랑하고 싶었던 것이다. 그는 나라와 아내를 동일한 기본 범주에 속하는 것으로, 곧 자기 재산으로 생각하는 것이 분명하다.

1:12 그러나 와스디가 단번에 거절한다. 그 이유는 진술되어 있지 않다. 이따금 주석서들에서 그녀가 오만하여 불순종한다는 글을 발견할 수 있지만, 그녀에게 추파만 던지길 원하는 술 취한 큰 남자 집단 앞에서 뽐내며 걷지 않기로 한 그녀의 결정은 충분히 공감할 수 있다. 자기 아내에게 이런 것을 요구하는 남편은 도대체 어떤 부류일까? 그러나 우리는 즉시 아하수에로의 심기를 건드린 결과를 알게 된다. 와스디는 자기 위엄을 보존하려 했지만, 그 결과 그녀에게 격심한 분노를 가져온다. 이 분노에 사용된 용어는 종종 하나님이 취하시는 가장 엄숙한 심판 행위를 묘사하곤 한다(시 89:46; 사 64:9; 렘 4:4; 애 5:22, 그러나 창 40:2에 나오는 바로의 분노도 참고하라). 따라서 이런 용어의 사용은 왕의 진노를 아이러니하게 비틀어놓는다. 하나님은 그분의 진노에 대한 타당한 이유가 있으시나 아하수에로는 그렇지 않다는 것이다.

1:13-15 왕은 자문관들에게 그의 '문제'에 대해 말한다. 우리는 아하수에로가 스스로 행동할 능력이 없고 언제나 남들이 그를 위해 대신 생각하게 하는 모습을 거듭해서 보게 될 것이다. 아울러 왕이 15절에서 말하는 내용을 듣기 전에 왕의 상담관들, 그들의 역할과 지위 그리고 왕이 그들에게 의지하는 습관 등을 묘사하는 또 다른 길고 복잡한 문장도 주목해야 한다. 이 사람들이 왕을 직접 대면한다는 것(14절)은 그들이 초대받지 않아도 왕좌에 나아갈 수 있다는 것을 의미하며 이는 다른 누구에게도 주어지지 않은 특권이다(4:11). 그들은 또한 시대를 분별하고 "법과 재판에 관하여 잘 아는"(새번역) 만큼 그 나라에 대해 정통한 법의 전문가들이다. 이 '위기'를 해결하기 위한 그들의 충고를 들을 때까지는 이런 묘사가 인상적으로 들린다.

1:16-20 왕은 자신의 가짜 문제를 공식적인 왕실 정책의 견지에서 진술한다. 그는 관계상의 충고를 구하는 대신 이 반역에 대해 법적 원리에 따라 어떤 조치를 취해야 하는지 물어본다(15절). 그 사건에 대한 므무간의

해석과 해결책의 제안은 페르시아 왕궁과 그것을 운영하는 사람들에 관해 많은 것을 보여준다. 왕의 편에서 이 경솔한 행동에 대한 원만한 해결책을 찾게 하는 대신, 므무간의 첫 진술은 와스디가 왕에게 '죄를 지었다'(개역개정과 ESV는 "잘못했[다]", 이 흔한 어원은 일례로 다윗이 시 51:2, 5, 9에서 자기 죄를 언급하는 데 사용된다)고 말하는 것으로 번역될 수 있다. 므무간에 따르면, 남편이 아내에게 하는 어떤 명령이든 아내가 거절하는 것은 도덕적 잘못에 상당한다. 그뿐만 아니라 므무간은 와스디가 온 제국에 속한 모든 사람에게 잘못했다고 말한다(에 1:16)! 이 죄가 너무 커서 누구나 와스디가 행한 일을 들으면 어느 여자도 자기 남편을 다시는 존경하지 않고 그를 경멸적으로 대할 뿐이라고 한다(17절). 바로 이날, 므무간은 기존 질서에 대한 방대한 반역이 일어나기 시작해서 가정과 국가에서 예의범절과 조화가 오직 심한 경멸로 전락할 것이라고 경고한다(18절). 이것은 물론 히스테리성의 광적인 과잉 해석이다. 와스디는 나오길 거절해서 남편을 모욕하고 있는 것이 아니다. 오히려 남편이 자신의 요청으로 그녀를 모욕한 것이다. 아울러 그의 두려움이 현실적이란 것도 믿기가 어렵다. 그런데 만일 현실적이라면, 이는 페르시아의 아내들이 남편들에게 품은 존경의 수준에 대해 무엇을 말하는 것일까? 이 남자들은 아내들로부터 받는 절대 순종의 견지에서 정의된 존경에 사로잡혀 있어서 그 어떤 실패도 남편을 모욕한다고 느끼는 것이다. 내레이터는 여자의 타당한 거절조차 위협거리로 느끼는 페르시아 남성의 지배가 얼마나 취약하고 불안정한지를 명백히 보여주고 있다.

이 임박한 재난을 피하기 위해 무엇을 해야 할까? 왕은 아내를 추방하고 폐위시킴으로써 자신의 권위를 주장해야 한다(19절). 그녀가 소환될 때 오길 거절했으므로 그녀는 다시는 왕의 존전에 오도록 허용되면 안 되고 그녀의 직책을 다른 사람에게 주어야 한다. (므무간에 따르면) 그렇게 할 때에만 비로소 이 위기를 극복하고 질서를 회복해서 아내들이 남편들을 존경할 수 있게 된다고 한다(20절). 왕의 칙령이 왕국의 구석구석까지 선포되어야 하고 절대로 변경될 수 없게 해야 한다. 이런 페르시아 법의 특이한 성격(참고. 단 6:8, 12, 15)은 나중에 문제를 야기할 것이다.

우리가 므무간이 제안한 칙령을 읽어보면, 내레이터가 페르시아 왕족의 가부장제를 폭로한 것이 풍자에 가깝다는 것을 알게 된다. 무엇보다 유머러스한 점은, 므무간의 충고가 이 추정된 방대한 반역을 진압하기는커녕 페르시아의 모든 시민에게 127개 지방을 주관하는 남자(왕)가 그의 아내에 의해 좌절되었다는 것을 알도록 보증한다는 것이다. 그의 충고는 이 소문의 함의를 억압하려 하다가 오히려 그것을 널리 퍼뜨리게 될 것이다. 게다가 이 남자들은 정말로 정중한 결혼처럼 아름답고 복잡한 것이 엄명에 의해 창조될 수 있다고 생각하는 것일까? 그리고 그들은 그것이 어떻게 시행되길 기대하는가? 아울러 와스디를 능가하는 왕비의 유일한 자격은 왕의 모든 변덕에 대한 전적인 순종이란 점을 알게 된다. 그들이 여자들로부터 구하는 "존경"(에 1:20)은 빈껍데기에 불과하고, 그들이 존경을 확보하려는 방식은 그것을 아무런 의미도 없게 만든다.

1:21-22 아하수에로는 물론 이런 것을 전혀 알지 못한다. 그는 문자 그대로 "므무간의 말대로"(21절) 행함으로써 다시금 그의 수동적 모습을 보여준다. 메신저들을 모든 곳에 보내 새로운 칙령을 선포하게 한다. 페르시아에서 많은 인종 집단이 자기네 언어를 사용하며 살고 있다는 사실을 알게 되고, 이에 대해서는 나중에 다룰 예정이다. 그 칙령이 남편들로 자기 집을 주관하게 하고 남편의 언어를 일상에서 쓰게 하라는 것으로 요약될 때 마지막 유머러스한 손길이 더해진다. 결혼으로 인해 일부 가정에서는 비록 두 언어를 사용하게 되었을지 모르지만, 이것은 국가의 중대한 쟁점이 아니었다.

응답

이제까지는, 에스더가 왕족이 되어 가장 절박한 시기에 그녀의 백성을 위해 일하는 데 필요한 길이 열렸다. 그러나 우리는 아직 왕을 제외하고, 그 이야기의 주요 등장인물들 중 아무도 소개받지 못했다. 게다가 이번 장의 사건들은 훨씬 간략하게 요약될 수도 있었다. 어째서 우리에게 페르시아 왕궁의 연속극을 길게 소개하는 것일까?

내레이터는 장차 등장인물들이 직면하게 될 난관들을 우리가 상세히 보길 원하는 것이 분명하다. 왕은 거만하고, 피상적이고, 경솔하고, 현명하지 못하고, 쉽게 화를 내고, 우스꽝스러운 충고에 기뻐하는 인물이다. 그는 최고 권력자인데도 수동적이고 외부의 온갖 영향에 열려 있으며, 숙고하지 않은 채 변경될 수 없는 법을 만들 것이다. 우리는 또한 페르시아의 법령을 움직이는 것이 정의가 아니라 불안정한 통치자의 필요라는 것도 보게 된다. 더 나아가, 페르시아의 왕궁은 여자들에게 처신하기 쉬운 장소가 아니라는 것도 알게 된다. 그리고 이 이야기의 모든 것은 여자들로부터 존경과 순종을 받는 것에 사로잡힌 한 남자를 조종하는 에스더의 능력에 달려 있을 것이다. 여러 면에서 이곳은 또한 어이없는 세계이기도 하다. 그런데 이 이야기에 낯익은 독자들은 그런 세계에서 끔찍한 폭력이 발생하기가 얼마나 쉬운지를 이미 알고 있다.

내레이터는 아울러 와스디의 전략과 에스더의 전략 사이의 대조적인 모습도 설정한다. 아하수에로와 그의 주변 인물들이 독립심을 지닌 여자에게 얼마나 나쁘게 반응하는지를 독자가 보게 된다. 따라서 에스더가 그녀의 백성의 목숨을 구하려면 훨씬 약삭빠르게 처신해야 할 것이다.

모르드개와 에스더는 아무런 도움도 받지 못한 채 무언가 분명히 선한 일을 이루려 할 때 바로 이런 불안정한 과잉 세계, 때로는 우스꽝스럽고 때로는 무서운 세계 속으로 진입해야 한다. 우리가 새 언약의 신자들로서 이런 현 시대에 속한 세계 안에서 살며 일하는 상황도 별로 다를 바가 없다. 모르드개와 에스더는 이 책에서 페르시아 왕궁에 관여한다고 해서 결코 정죄를 받지 않는다. 그러나 그 나라가 아무리 위대하고 영광스러운 왕국인 듯 행세한다고 해도, 내레이터는 우리가 그 환경의 진정한 성격을 충분히 알기를 원한다.

[1] 그 후에 아하수에로 왕의 노가 그치매 와스디와 그가 행한 일과 그
에 대하여 내린 조서를 생각하거늘 [2] 왕의 측근 신하들이 아뢰되 왕은
왕을 위하여 아리따운 처녀들을 구하게 하시되 [3] 전국 각 지방에 관리
를 명령하여 아리따운 처녀를 다 도성 수산으로 모아 후궁으로 들여
궁녀를 주관하는 내시 헤개의 손에 맡겨 그 몸을 정결하게 하는 물품
을 주게 하시고 [4] 왕의 눈에 아름다운 처녀를 와스디 대신 왕후로 삼
으소서 하니 왕이 그 말을 좋게 여겨 그대로 행하니라

[1] After these things, when the anger of King Ahasuerus had abated, he
remembered Vashti and what she had done and what had been decreed
against her. [2] Then the king's young men who attended him said, "Let
beautiful young virgins be sought out for the king. [3] And let the king
appoint officers in all the provinces of his kingdom to gather all the
beautiful young virgins to the harem in Susa the citadel, under custody
of Hegai, the king's eunuch, who is in charge of the women. Let their
cosmetics be given them. [4] And let the young woman who pleases the
king[1] be queen instead of Vashti." This pleased the king, and he did so.

5 도성 수산에 한 유다인이 있으니 이름은 모르드개라 그는 베냐민 자
손이니 기스의 증손이요 시므이의 손자요 야일의 아들이라 6 전에 바
벨론 왕 느부갓네살이 예루살렘에서 유다 왕 여고냐와 백성을 사로
잡아 갈 때에 모르드개도 함께 사로잡혔더라 7 그의 삼촌의 딸 하닷사
곧 에스더는 부모가 없었으나 용모가 곱고 아리따운 처녀라 그의 부
모가 죽은 후에 모르드개가 자기 딸 같이 양육하더라 8 왕의 조서와
명령이 반포되매 처녀들이 도성 수산에 많이 모여 헤개의 수하에 나
아갈 때에 에스더도 왕궁으로 이끌려 가서 궁녀를 주관하는 헤개의
수하에 속하니 9 헤개가 이 처녀를 좋게 보고 은혜를 베풀어 몸을 정
결하게 할 물품과 일용품을 곧 주며 또 왕궁에서 으레 주는 일곱 궁녀
를 주고 에스더와 그 궁녀들을 후궁 아름다운 처소로 옮기더라 10 에
스더가 자기의 민족과 종족을 말하지 아니하니 이는 모르드개가 명령
하여 말하지 말라 하였음이라 11 모르드개가 날마다 후궁 뜰 앞으로
왕래하며 에스더의 안부와 어떻게 될지를 알고자 하였더라

5 Now there was a Jew in Susa the citadel whose name was Mordecai,
the son of Jair, son of Shimei, son of Kish, a Benjaminite, 6 who had
been carried away from Jerusalem among the captives carried away
with Jeconiah king of Judah, whom Nebuchadnezzar king of Babylon
had carried away. 7 He was bringing up Hadassah, that is Esther, the
daughter of his uncle, for she had neither father nor mother. The young
woman had a beautiful figure and was lovely to look at, and when her
father and her mother died, Mordecai took her as his own daughter. 8 So
when the king's order and his edict were proclaimed, and when many
young women were gathered in Susa the citadel in custody of Hegai,
Esther also was taken into the king's palace and put in custody of
Hegai, who had charge of the women. 9 And the young woman pleased
him and won his favor. And he quickly provided her with her cosmetics

and her portion of food, and with seven chosen young women from the king's palace, and advanced her and her young women to the best place in the harem.
10 Esther had not made known her people or kindred, for Mordecai had commanded her not to make it known.
11 And every day Mordecai walked in front of the court of the harem to learn how Esther was and what was happening to her.

12 처녀마다 차례대로 아하수에로 왕에게 나아가기 전에 여자에 대하여 정한 규례대로 열두 달 동안을 행하되 여섯 달은 몰약 기름을 쓰고 여섯 달은 향품과 여자에게 쓰는 다른 물품을 써서 몸을 정결하게 하는 기한을 마치며
13 처녀가 왕에게 나아갈 때에는 그가 구하는 것을 다 주어 후궁에서 왕궁으로 가지고 가게 하고
14 저녁이면 갔다가 아침에는 둘째 후궁으로 돌아와서 비빈을 주관하는 내시 사아스가스의 수하에 속하고 왕이 그를 기뻐하여 그의 이름을 부르지 아니하면 다시 왕에게 나아가지 못하더라

12 Now when the turn came for each young woman to go in to King Ahasuerus, after being twelve months under the regulations for the women, since this was the regular period of their beautifying, six months with oil of myrrh and six months with spices and ointments for women—
13 when the young woman went in to the king in this way, she was given whatever she desired to take with her from the harem to the king's palace.
14 In the evening she would go in, and in the morning she would return to the second harem in custody of Shaashgaz, the king's eunuch, who was in charge of the concubines. She would not go in to the king again, unless the king delighted in her and she was summoned by name.

15 모르드개의 삼촌 아비하일의 딸 곧 모르드개가 자기의 딸 같이 양
육하는 에스더가 차례대로 왕에게 나아갈 때에 궁녀를 주관하는 내시
헤개가 정한 것 외에는 다른 것을 구하지 아니하였으나 모든 보는 자
에게 사랑을 받더라 16 아하수에로 왕의 제칠년 시월 곧 데벳월에 에
스더가 왕궁에 인도되어 들어가서 왕 앞에 나가니 17 왕이 모든 여자
보다 에스더를 더 사랑하므로 그가 모든 처녀보다 왕 앞에 더 은총을
얻은지라 왕이 그의 머리에 관을 씌우고 와스디를 대신하여 왕후로
삼은 후에 18 왕이 크게 잔치를 베푸니 이는 에스더를 위한 잔치라 모
든 지방관과 신하들을 위하여 잔치를 베풀고 또 각 지방의 세금을 면
제하고 왕의 이름으로 큰 상을 주니라

15 When the turn came for Esther the daughter of Abihail the uncle
of Mordecai, who had taken her as his own daughter, to go in to the
king, she asked for nothing except what Hegai the king's eunuch, who
had charge of the women, advised. Now Esther was winning favor in
the eyes of all who saw her. 16 And when Esther was taken to King
Ahasuerus, into his royal palace, in the tenth month, which is the month
of Tebeth, in the seventh year of his reign, 17 the king loved Esther more
than all the women, and she won grace and favor in his sight more than
all the virgins, so that he set the royal crown[2] on her head and made her
queen instead of Vashti. 18 Then the king gave a great feast for all his
officials and servants; it was Esther's feast. He also granted a remission
of taxes to the provinces and gave gifts with royal generosity.

19 처녀들을 다시 모을 때에는 모르드개가 대궐 문에 앉았더라 20 에
스더는 모르드개가 명령한 대로 그 종족과 민족을 말하지 아니하니
그가 모르드개의 명령을 양육 받을 때와 같이 따름이더라 21 모르드
개가 대궐 문에 앉았을 때에 문을 지키던 왕의 내시 빅단과 데레스 두

사람이 원한을 품고 아하수에로 왕을 암살하려는 음모를 꾸미는 것을
22 모르드개가 알고 왕후 에스더에게 알리니 에스더가 모르드개의 이
름으로 왕에게 아뢴지라 23 조사하여 실증을 얻었으므로 두 사람을 나
무에 달고 그 일을 왕 앞에서 궁중 일기에 기록하니라

19 Now when the virgins were gathered together the second time,
Mordecai was sitting at the king's gate. 20 Esther had not made known
her kindred or her people, as Mordecai had commanded her, for Esther
obeyed Mordecai just as when she was brought up by him. 21 In those
days, as Mordecai was sitting at the king's gate, Bigthan and Teresh,
two of the king's eunuchs, who guarded the threshold, became angry
and sought to lay hands on King Ahasuerus. 22 And this came to the
knowledge of Mordecai, and he told it to Queen Esther, and Esther told
the king in the name of Mordecai. 23 When the affair was investigated
and found to be so, the men were both hanged on the gallows.[3] And it
was recorded in the book of the chronicles in the presence of the king.

1 Hebrew *who is good in the eyes of the king* *2* Or *headdress* *3* Or *wooden beam* or *stake*; Hebrew *tree* or *wood*. This Persian execution practice involved affixing or impaling a person on a stake or pole (compare Ezra 6:11)

단락 개관

우리는 이 이야기의 주요 등장인물인 모르드개와 에스더를 소개받고, 에스더가 무명의 지위에서 왕비가 되는 과정을 보게 된다. 하나님이 분명히 에스더의 삶에서 일하고 계시지만, 저자가 이 부분을 들려주는 방식은 하나님의 백성인 이 두 멤버에 대해 몇몇 의문을 제기하게 만든다.

단락 개요

II. 에스더가 왕비가 되다(2:1-23)
- A. 미인 대회(2:1-4)
- B. 에스더와 모르드개의 소개(2:5-7)
- C. 에스더가 대회에서 성공하다(2:8-20)
- D. 모르드개가 왕을 구출하다(2:21-23)

주석

2:1 이번 장의 시작은 1장의 끝과 비슷하다. 왕이 자기 아내에게 반응하고(이번에는 분노가 아닌 슬픔으로) 다른 이들로부터 할 일을 듣는다. 왕의 분노가 가라앉은 후 후회하는 모습은 없다. 그는 그녀가 행했던 일(그가 반응했던 모습이 아니라)과 그녀에 관해 무슨 칙령을 내렸는지(그가 그 칙령을 승인했음에도)만 기억할 뿐이다.

2:2-4 항상 그렇듯이, 아하수에로는 다른 사람들로부터 할 일을 듣게 된다. 전국 미인 대회를 열어서 새로운 왕비를 선택해야 한다는 것이다. 왕의 취약하고 과민한 명예심을 손상시킨 와스디와 화해하는 일은 전혀 고려되지 않는다. 다시 한번 페르시아 제국의 어이없는 허식이 완전히 드러난다.

2:5 우리의 두 영웅이 소개된다. 우리가 모르드개에 관해 알게 되는 첫째 사항은 그가 유다인이란 것이다. 이 명칭은 하만의 미움이 그에게 집중됨에 따라 갈수록 더 무게를 얻게 되겠지만, 이 지점에서 그것은 모르드개를 많은 비(非)페르시아 사람이 몸담은 제국에서 한 명의 소수자로 밝힐 뿐이

다(1:22). 그의 족보 역시 그를 기스의 자손으로 밝힌다. 사울 왕(기스의 아들)과의 연줄은 나중에 중요한 것으로 드러날 터이다.

2:6 모르드개가 유배 당시에 "사로잡[혀]" 온 사람들 가운데 있었다고 세 번이나(개역개정은 두 번) 말한다. 첫째 절(節)이 그 사실을 전달하기에 충분했을 텐데도 말이다. 이는 페르시아에서 모르드개가 처한 불안정하고 취약한 입장을 묘사한다. 그는 스스로의 선택으로 거기에 있는 것이 아니며 이스라엘 사람이 약속의 땅에서 누렸던 그 어떤 자원에도 의지할 수 없다. 이전의 페르시아 왕, 고레스가 이미 유다인에게 돌아가도록 허락했음에도 불구하고(이와 대조적인 모습은 느 1:4을 참고하라), 모르드개가 이스라엘로 돌아가고픈 열망 또는 그 운명에 대한 슬픔이나 근심을 표명한 적이 없다는 것은 의미심장하다. 이런 관심사들이 모르드개의 마음에 귀중했을 법도 한데 우리는 그런 이야기를 전혀 듣지 못한다. 이 책은 이방 사회에서의 그리고 그 사회를 위해 하나님 백성의 일을 지지하고 있음에도 불구하고 이 침묵은 주목할 만하다.

2:7 에스더는 먼저 유다인 이름(하닷사, '도금양'이란 뜻)으로 소개된 후 바벨론 이름으로 소개되는데, 후자는 메소포타미아의 여신 이쉬타르 또는 '별'을 가리키는 페르시아어 단어에서 유래한다. 그녀는 오직 육체적 아름다움(아하수에로의 대회에 나갈 자격)과 더불어 그녀를 입양한 그녀의 사촌과의 관계로만 묘사되어 있다.

2:8 에스더는 아름답게 꾸미는 과정을 위해 후궁으로 이끌려 간다. 여기서 수동형 동사가 중요하다. 그녀의 바람은 고려되지 않고 사실은 알려진 바도 없다. 아마 그녀는 사촌으로부터 훌륭한 영적 양육을 받았고, 따라서 후궁 생활이 그녀에게 고문과 같았을 수도 있다. 다른 한편, 그녀는 자신의 모든 꿈이 현실이 되고 있다고 생각했을지도 모른다. 우리로서는 알 길이 없다.

2:9 에스더는 주임 내시의 주목과 애정을 받았고, 후자는 수백 명의 젊은 여자 중에서 그녀를 골라내어 특별한 대우를 했다. 이는 우리에게 요셉(창 39:2, 23)과 다니엘(단 1:17-20)을 떠올리게 하고 에스더의 성공이 하나님으로부터 나온 것으로 해석하게 한다. 아울러 창세기 39장과 다니엘 1장과 달리 하나님이 명시적으로 언급되진 않아도 그분이 에스더를 통해 구속(救贖)을 이루실 것이란 기대를 우리에게 불러일으킨다.

2:10-11 우리는 등장인물들의 동기에 대해 또 다른 의문을 제기하게 된다. 모르드개는 왜 에스더에게 유다인의 정체성을 비밀로 하라고 일러주는 것일까? (다시금 이것이 영적 충성이 아니라 인종적 정체성의 견지에서 표현되어 있음을 주목하라.) 냉소적으로 읽으면, 모르드개는 에스더가 미인 대회에서 이길 기회를 놓칠까봐 염려하고 그의 백성의 유익을 위해 왕궁에서 높은 자리를 차지하길 원한다고 해석할 수 있다. 그러나 유다인이라는 사실 자체가 페르시아에서 살거나 일하는 데 어떤 걸림돌이 되었던 것 같지는 않다. 하만의 책략을 제외하면, 모르드개가 자신이 유다인임을 밝힐 때 그것이 특별한 문제였던 적이 없고 다른 유배시대 이후의 책에서 장애가 된 경우도 없다. 페르시아 전역이 반(反)유대주의 장소였던 것도 아닌 듯하다(참고. 3:15 주석). 오히려 모르드개가 궁중의 불안정하고 불공정한 성격을 알고 있어서 소수민족이 박해받을 수 있는 것에 대해 염려할 가능성이 더 많다. 이제 이런 염려는 충분한 근거가 있는 것으로 판명되지만 정작 부당한 반응을 유발하는 것은 모르드개라는 사실이 드러날 것이다.

2:12-14 미인 대회의 특별한 절차가 설명되어 있다. 일 년 동안 풍족한 미용을 받은 후, 대회 참가자는 자기가 왕비로 선택될 기회를 증진시키는 도움을 무엇이든 받을 수 있다. (젊은 여자들이 왕의 궁전으로 무엇을 갖고 가는지는 나오지 않지만 아마도 특별한 옷이나 최음제일 것이다.) 여자는 왕과 하룻밤을 보낸 후 후궁에 있는 다른 내시의 관리를 받게 될 것이다. 만일 왕이 그녀를 왕비로 고르기로 결정하지 않는다면 그녀는 거기서 평생을 보낼 것이다. 우

리는 2-3절에서 이 대회에 참가하는 주된 자격이 육체적 아름다움임을 알게 되었다. 이제는 "임금님 마음에 드는"(4절, 새번역) 것이 실제로 무엇인지를 알게 된다. 잠자리에서 왕을 즐겁게 하는 것이다. 우리는 또한 에스더가 왕과 첫 밤을 보낸 후 왕을 다시 볼 수 있는 가망이 지극히 희박하다는 것을 알게 된다.

2:15-16 에스더의 차례가 되었을 때, 그녀는 관리자가 권유하는 것 이외의 도움을 구하지 않는다. 그 직후에 그녀가 헤개의 눈(9절)뿐 아니라 그녀를 보는 모든 사람에게 총애를 받았다는 진술이 따라오는 것은 그녀의 성공을 암시하는 또 다른 신호로 해석되어야 한다. 에스더는 다른 여자들, 곧 왕을 성적으로 즐겁게 하는 것이면 무엇이든 가져가던 여자들과 다르다는 뜻이다. 그런데 에스더가 침실에서 페르시아 왕을 즐겁게 하는 데 성공하는 모습은 하나님께서 이방의 환경에서 성공하도록 허락하신 요셉과 다니엘 같은 다른 영웅들과 아이러니한 대조를 이룬다. 비록 하나님께서 에스더를 통해 많은 목숨을 구하기 위해 일하실지라도(참고. 창 45:7) 그리고 비록 에스더가 그 문제와 관련해 선택권이 주어지지 않았을지라도, 요셉이 보디발의 아내를 거부한 것(창 39장)과 다니엘과 그의 친구들이 정상적인 바벨론 음식을 거부한 것과는 현격한 차이가 있다.

에스더의 신원이 다시 유다인 조상과 그녀와 모르드개의 관계에 따라 밝혀져 있다(에 2:15a). 이 정보는 우리가 최근에 들은 것(7절)을 되풀이한다. 에스더가 아하수에로에게 갈 때 그녀의 유다인 조상을 기록하는 것은 그녀가 이방 왕의 성적 장난감으로 전락하는 밤을 더욱 거슬리고 불쾌하게 만드는 효과가 있다. 하지만 여기에 나온 정보가 오로지 그녀의 삶을 주관하는 남자들과 관계가 있다는 것을 주목하라. 그녀의 죽은 아버지, 그녀를 입양한 모르드개 그리고 왕이다. 15-16절에서 8절에 나온 '이끌다'란 동사를 반복하는 것은 모르드개가 그녀를 입양하는 것과 대조를 이룬다. 말하자면, 모르드개는 그녀를 이끌어 들였지만 이제 그녀는 왕에게 이끌려 간다. 에스더가 모르드개의 권위로부터 왕의 권위 아래로 이동하는 중이다. 에스더는 줄곧 수동적이고 그녀의 사촌이든, 왕이든, 그의 내시들이든 간에 그녀의 위에 서 있는 사람에게 수용적이고 고분고분하다.

2:17-18 그 대회의 본래 조건은 육체적 매력으로(4절) 또는 침실에서(14절) 왕을 즐겁게 하는 것을 포함했다. 에스더가 이 조건들을 모두 충족하는 것이 분명하지만, 여기에는 그녀가 이 조건들을 충족했다고 하지 않고 왕이 그녀를 사랑한다고 기록되어 있다. 이는 진실한 주목과 애정을 내포한다(참고. 창 24:67; 29:18; 아 1:7). 에스더는 단지 성적 노리개가 되는 대신에 뜻밖에도 왕으로부터 진정한 수준의 돌봄을 받는다. 지체 없이 그녀는 큰 잔치와 함께 관을 쓴 왕비가 된다. 이 책의 첫째 잔치는 와스디의 폐위를 초래했고, 둘째 잔치는 에스더가 와스디의 자리로 올라가는 장면이다.

세금 면제에 대한 언급은 이 내러티브에 손실을 주지 않은 채 생략될 수도 있었다. 이 책에는 유다인의 성공과 승진이 제국 전체에 유익을 줄 것이라는 몇몇 암시가 있다(에 3:15 주석을 참고하라). 2:18의 끝부분도 또 하나의 본보기로 읽어야 할 것이다.

2:19-20 에스더는 이제 펼쳐질 이야기를 위해 그녀가 있어야 할 곳에 있다. 그녀는 왕의 존전에서 '둘째 후궁'(19a절, 필자의 번역, 참고. 히브리어와 14절)으로 인도되지만, 그녀는 장차 하만의 음모를 좌절시킬 수 있는 그 왕국의 유일한 사람이다. 그녀의 정체성을 비밀로 삼는 일이 반복되는 것(20a절)은 여러 면에서 중요하다. 첫째, 그녀가 높은 자리에 올랐다고 해서 그 비밀을 누설하지는 않았다. 하만이 그 비밀을 알았더라면 왕이 사랑하는 아내의 민족을 공격하는 것에 대해 재고했을 터이고, 이 유다인 왕비가 개설한 두 잔치에 참석하는 것에 대해 더 많은 의심을 품었을 것이다. 20절은 또한 에스더가 왕에게 불려갔을지라도 모르드개를 잊지 않았음을 강조한다. 그녀의 새로운 지위는 그에 대한 순종을 깨지 않았다. 이 점은 모르드개가 에스더를 통해 왕에게 영향을 미칠 필요가 있을 때 무척 중요한 것으로 드러날 터이다.

모르드개가 대궐 문에 자리 잡았다는 것(19절)은 그가 정부 관료라는 것을 의미한다. 문은 왕궁의 행정 본부로서 여러 관리가 섬기는 큰 건물이었다.

2:21-23 저자는 왕을 암살시키려는 음모를 모르드개가 알게 되어 좌절시킨 이야기를 간략하게 전한다. 이 막간은 그 이야기 전개에 여러 면으로 기여한다. 페르시아 궁중 속 불안정과 위험을 강조할 뿐 아니라 모르드개가 왕에게 이르려고 에스더를 통해 일하는 첫 번째 경우를 보여준다. 이는 나중에 많은 유다인의 목숨을 구하게 될 전략이다. 반역자들을 교수형에 처하는 모습은 이 책의 주된 원흉의 운명을 불길하게 예시한다. 모르드개의 선한 행실이 기록되긴 했으나 페르시아의 정상적인 관습과 반대로 보상은 받지 못한다. 이는 훗날 가장 적절한 순간에 왕이 그의 간과를 기억하도록 할 것이다(6:3). 여기서 모르드개가 왕의 잘못 또는 모르드개가 입양한 사촌에 대한 대우와 상관없이, 왕에게 정직하고 충성스러운 모습을 보이는 것을 보게 된다. 음모를 폭로하는 일은 또한 용기가 필요했다. 만일 암살하려는 자들이 모르드개가 그들의 반역을 알고 있다는 것을 알았더라면, 그의 목숨이 위태로웠을 것이다. 끝으로, 모르드개는 왕에게 이런 선행을 한 후 승진이나 보상을 받지 못한 것에 관해 아무 말도 하지 않는다. 그는 자기 홍보에 관심이 없다. 모르드개는 이 이야기에서 줄곧 이런 자질을 보여줄 것이다.

응답

이번 장의 주된 목적은 하만의 음모를 좌절시킬 수 있는 유일한 인물로서 에스더를 딱 알맞은 장소에 두는 것이다. 이를 추진하기 위해 내레이터는 에스더가 무명의 인물에서 왕족이 되는 과정을 보여줘야 한다. 이제 에스더가 왕비가 되었으므로 하만과 하나님의 은밀한 구출에 관한 주된 줄거리가 진행될 수 있다.

그러나 그 과정에서 하나님이 매우 불완전한 사람들을 통해 미묘하지만 틀림없는 방식으로 일하시는 모습을 보게 된다. 에스더가 후궁에서 유일하게 아름다운 여자가 아니었는데도, 후궁을 주관하는 내시(2:9)와 그녀를 보는 모든 사람(15절)에게 총애를 받는 것과 미인 대회에서 이길 뿐 아니라 왕의 사랑(17절)을 받는 것은 모두 하나님, 곧 그분의 백성을 구출하기 위해 이미 일하고 계시는 그분의 일하심으로 돌려야 한다.

저자는 이 장들에서 명시적 평가를 내리지는 않지만 그의 침묵은 일련의 불편한 질문들을 제기한다. 이스라엘에 사는 유배시대 이후 공동체에 대한 유배자인 모르드개의 관심이나 그들을 위한 행동에 관해 왜 아무것도 기록되지 않았을까? 모르드개와 에스더는 그녀가 왕의 미인 대회에 징집되는 것에 대해 어떻게 느꼈을까? 에스더는 한 남자가 자신을 좋아하는지 여부를 알려고 그 남자와 잠자리를 함께하는 것에 대해 어떻게 느꼈을까? 이런 질문들 중 일부(예컨대, 에스더가 유다인의 정체성을 숨긴 것)에 대해서는 그럴 듯한 답변을 줄 수 있고 모르드개와 에스더가 어떤 면에서는 훌륭한 용기를 내어 행동하지만, 그들을 명백히 또는 완전히 영웅들로 흠모하기는 어렵다. 그럼에도 불구하고 이 결함 있는 사람들이 하나님을 알고 있다는 기색은 보이지 않지만, 하나님은 그런 사람들을 통해 일하고 계신다.

에스더의 수동적인 모습 역시 이번 장에서 줄곧 나타난다. 이 이야기는 장차 그녀가 모르드개와 함께 주도권을 쥐고 하만을 폭로하는 데 훌륭한 용기와 기량을 보여주는 모습을 비춰줄 것이다. 그러나 에스더의 새로운 자기주장이 이야기의 끝에 이르러 오싹한 방식으로 표현되는 장면도 볼 것이다. 이런 진전들에 대한 토대가 이번 장에 놓여졌다.

1 그 후에 아하수에로 왕이 아각 사람 함므다다의 아들 하만의 지위를
높이 올려 함께 있는 모든 대신 위에 두니 2 대궐 문에 있는 왕의 모든
신하들이 다 왕의 명령대로 하만에게 꿇어 절하되 모르드개는 꿇지도
아니하고 절하지도 아니하니 3 대궐 문에 있는 왕의 신하들이 모르드
개에게 이르되 너는 어찌하여 왕의 명령을 거역하느냐 하고 4 날마다
권하되 모르드개가 듣지 아니하고 자기는 유다인임을 알렸더니 그들
이 모르드개의 일이 어찌 되나 보고자 하여 하만에게 전하였더라 5 하
만이 모르드개가 무릎을 꿇지도 아니하고 절하지도 아니함을 보고 매
우 노하더니 6 그들이 모르드개의 민족을 하만에게 알리므로 하만이
모르드개만 죽이는 것이 부족하다고 생각하고 아하수에로의 온 나라
에 있는 유다인 곧 모르드개의 민족을 다 멸하고자 하더라

1 After these things King Ahasuerus promoted Haman the Agagite, the
son of Hammedatha, and advanced him and set his throne above all the
officials who were with him. 2 And all the king's servants who were at
the king's gate bowed down and paid homage to Haman, for the king
had so commanded concerning him. But Mordecai did not bow down

or pay homage. 3 Then the king's servants who were at the king's gate
said to Mordecai, "Why do you transgress the king's command?" 4 And
when they spoke to him day after day and he would not listen to them,
they told Haman, in order to see whether Mordecai's words would
stand, for he had told them that he was a Jew. 5 And when Haman saw
that Mordecai did not bow down or pay homage to him, Haman was
filled with fury. 6 But he disdained[1] to lay hands on Mordecai alone. So,
as they had made known to him the people of Mordecai, Haman sought
to destroy[2] all the Jews, the people of Mordecai, throughout the whole
kingdom of Ahasuerus.

7 아하수에로 왕 제십이년 첫째 달 곧 니산월에 무리가 하만 앞에서
날과 달에 대하여 부르 곧 제비를 뽑아 열두째 달 곧 아달월을 얻은지
라 8 하만이 아하수에로 왕에게 아뢰되 한 민족이 왕의 나라 각 지방
백성 중에 흩어져 거하는데 그 법률이 만민의 것과 달라서 왕의 법률
을 지키지 아니하오니 용납하는 것이 왕에게 무익하니이다 9 왕이 옳
게 여기시거든 조서를 내려 그들을 진멸하소서 내가 은 일만 달란트
를 왕의 일을 맡은 자의 손에 맡겨 왕의 금고에 드리리이다 하니 10 왕
이 반지를 손에서 빼어 유다인의 대적 곧 아각 사람 함므다다의 아들
하만에게 주며 11 이르되 그 은을 네게 주고 그 백성도 그리하노니 너
의 소견에 좋을 대로 행하라 하더라

7 In the first month, which is the month of Nisan, in the twelfth year of
King Ahasuerus, they cast Pur (that is, they cast lots) before Haman
day after day; and they cast it month after month till the twelfth month,
which is the month of Adar. 8 Then Haman said to King Ahasuerus,
"There is a certain people scattered abroad and dispersed among the
peoples in all the provinces of your kingdom. Their laws are different

from those of every other people, and they do not keep the king's laws,
so that it is not to the king's profit to tolerate them. 9 If it please the
king, let it be decreed that they be destroyed, and I will pay 10,000
talents[3] of silver into the hands of those who have charge of the king's
business, that they may put it into the king's treasuries." 10 So the king
took his signet ring from his hand and gave it to Haman the Agagite,
the son of Hammedatha, the enemy of the Jews. 11 And the king said to
Haman, "The money is given to you, the people also, to do with them
as it seems good to you."

12 첫째 달 십삼일에 왕의 서기관이 소집되어 하만의 명령을 따라 왕
의 대신과 각 지방의 관리와 각 민족의 관원에게 아하수에로 왕의 이
름으로 조서를 쓰되 곧 각 지방의 문자와 각 민족의 언어로 쓰고 왕의
반지로 인치니라 13 이에 그 조서를 역졸에게 맡겨 왕의 각 지방에 보
내니 열두째 달 곧 아달월 십삼일 하루 동안에 모든 유다인을 젊은이
늙은이 어린이 여인들을 막론하고 죽이고 도륙하고 진멸하고 또 그
재산을 탈취하라 하였고 14 이 명령을 각 지방에 전하기 위하여 조서
의 초본을 모든 민족에게 선포하여 그날을 위하여 준비하게 하라 하
였더라 15 역졸이 왕의 명령을 받들어 급히 나가매 그 조서가 도성 수
산에도 반포되니 왕은 하만과 함께 앉아 마시되 수산 성은 어지럽더라
12 Then the king's scribes were summoned on the thirteenth day of the
first month, and an edict, according to all that Haman commanded, was
written to the king's satraps and to the governors over all the provinces
and to the officials of all the peoples, to every province in its own script
and every people in its own language. It was written in the name of
King Ahasuerus and sealed with the king's signet ring. 13 Letters were
sent by couriers to all the king's provinces with instruction to destroy,

to kill, and to annihilate all Jews, young and old, women and children, in one day, the thirteenth day of the twelfth month, which is the month of Adar, and to plunder their goods. 14 A copy of the document was to be issued as a decree in every province by proclamation to all the peoples to be ready for that day. 15 The couriers went out hurriedly by order of the king, and the decree was issued in Susa the citadel. And the king and Haman sat down to drink, but the city of Susa was thrown into confusion.

1 Hebrew *disdained in his eyes* *2* Or *annihilate* *3* A *talent* was about 75 pounds or 34 kilograms

단락 개관

주요 등장인물들이 제자리를 차지하면서 이야기의 주된 행동이 펼쳐지기 시작한다. 모르드개가 하만을 무시해 자존심을 건드리자 하만이 페르시아의 모든 유대인을 죽이려는 음모를 꾸민다. 왕이 이 계획에 경솔하게 동의하는 바람에 일반 대중이 경악을 금치 못한다.

단락 개요

III. 유다인을 해치려는 하만의 음모(3:1-15)
  A. 모르드개가 하만에게 절하기를 거부하다(3:1-6)
  B. 왕이 유다인을 몰살시키려는 하만의 계획을 승인하다(3:7-11)
  C. 유다인에게 불리한 법령(3:12-15)

주석

3:1 왕이 왜 하만을 승진시키는지 그 이유는 나오지 않지만 어느 의미에서 그것은 이 이야기에 중요하지 않다. (8-9절에서 하만이 왕을 수사적으로 조종하는 내용을 읽고 나면 그가 자신의 승진을 위해 수작을 부리지 않았을까 하는 생각이 든다.) 처음 읽는 독자는 하만에 대해 아무것도 몰라서 그의 승진을 중요시하지 않을 것이다. 그러나 우리는 금방 그가 어떤 부류의 인물인지를 알게 되고 그런 인물을 높은 자리에 앉히는 아하수에로의 판단력에 대해 의문을 제기하게 된다. 하만의 새로운 지위 역시 중요한 것은 모든 다른 관리들 위에 있다는 것은 유다인을 해치려는 그의 계획에 대응할 권위를 아무도 갖고 있지 않다는 뜻이기 때문이다.

3:2 모르드개는 어째서 다른 관료들과 함께 하만 앞에 절하는 것을 거부했을까? 주석가들이 많은 제안을 내놓는다. 일부 주석가는 모르드개가 우상숭배를 피하고 있다고 생각한다. 그러나 모르드개는 외국 신을 숭배하도록 요구받는 것이 아니라 자기보다 권위가 높은 사람을 인정하도록 요구받고 있다. (왕 자신이 신이 아닌데 왜 한 신하가 신처럼 대우받게 하겠는가?) ESV는 이 구절을 '절하고 경의를 표했다'로 잘 번역하고 있으나, 그 동사들을 좀

더 직역하면 '무릎을 꿇었고' 또 '몸을 엎드렸다/굽실거렸다'가 된다. 경배의 모습은 포함되어 있지 않다. (왕하 5:18에 나오는 나아만의 요청은 둘째 동사의 신체적 행동을 보여준다.) 다른 주석가들은 모르드개가 교만하게 행동하고 있다고 생각하지만 모르드개는 여태까지 왕의 신하로 잘 처신해왔다. 그보다 권위가 높은 사람들에게 절하는 것은 아마 그의 직무의 정규적인 부분이었을 것이다. 상관 앞에서 절하는 단순한 행동이 모르드개를 짜증나게 만들었다고 상상하는 것은 타당성이 없다.

모르드개가 절하지 않은 이유는 하만에 관한 특별한 무엇이 있었기 때문이라고 가정하는 편이 더 낫다. 모르드개는 이미 하만에게 노출된 적이 있을 수 있고 하만이 페르시아에서 두 번째로 높은 지위를 차지하기에 얼마나 위험한 인물인지를 알고 있었을 수 있다. 하만이 아각 사람, 곧 아말렉 사람이었다는 사실은 그토록 강한 유다인 의식을 가진 사람을 분명히 괴롭혔을 것이다. 사실 이것은 다른 관리들이 모르드개에게 이 문제와 관련해 왜 왕에게 불순종하는지 묻자 그가 내놓은 이유다(에 3:4). 그런즉 모르드개의 행동을 무례함이나 오만함의 탓으로 돌리면 안 된다.

그런데 비록 모르드개의 이유가 이해할 만하고, 또 하만이 존경받기에 완전히 부적합하고 이스라엘의 옛 원수의 후손이라 할지라도 모르드개는 아마 과거에 그런 존경에 부적합한 많은 관리에게 절해야 했을 것이다. 더 나아가 '피해자를 비난하는' 일이 완전히 부적절할지라도, 모르드개의 행동은 결국 페르시아의 모든 유다인을 위험에 빠뜨린다. 우리는 이미 1장으로부터 이곳은 존경을 주고받는 일에 사로잡힌 문화라는 것을 알았다. 독자는 비록 모르드개가 절하지 않는 이유를 이해한다 할지라도, 그것 때문에 그를 흠모하기는 어렵다.

3:3-4 하만은 다른 신하들로부터 모르드개의 무례함에 대해 듣기 전까지는 그것을 알아채지 못한다. 마이클 폭스란 저자에 따르면, 이것이 하만의 자기중심적 자만심에 현실적 색채를 더한다고 하는데, 마치 그는 자기가 받은 존경으로 너무 높아져서 한 명의 반대자를 알아챌 수 없는 것처럼 되

었다고 한다.[2] 이 구절들에 나오는 사건들의 발생 순서는 정리하기가 어렵다. 3절에 나오는 다른 신하들의 질문은 다른 모든 사람처럼 절하라는 명령을 함축한다. 그러나 모르드개가 거듭해서 그들의 말을 듣기를 거부하자(4a절), 신하들이 하만으로 하여금 모르드개를 주목하게 한다. 그들은 과연 "모르드개의 일이 어찌 되나"[ESV는 "Mordecai's words would stand(모르드개의 말이 고수될지)]를 판단하려고 한다. 그들은 다른 신하들이 아마 알지 못하는 이전의 (이스라엘과 아말렉 간의) 인종적 적대감에 기초해 모르드개가 자기보다 권위가 높은 사람을 거역해도 과연 처벌을 모면할 수 있을지 여부를 알고 싶어 한다.

3:5-6 이 모욕으로 인해 스스로에게 보상하려는 하만의 계획은 그 속에 있는 끔찍하고 만족을 모르는 수준의 악을 드러낸다. 페르시아 궁궐에서는 평소에 상당수의 모욕과 사소한 보복이 있었을 것이다. 그러나 하만을 진정시킬 유일한 것은 모르드개의 죽음뿐 아니라 그와 관련된 모든 사람의 죽음이다! 지금까지 등장인물들의 내면의 동기에 관해 많은 질문을 던진 후, 이처럼 하만의 성품을 폭로하는 장면은 참으로 오싹한 느낌을 준다. 그리고 하만은 제국에서 변덕스럽고 현명하지 못한 왕 다음으로 큰 권세를 갖고 있다.

3:7 하만은 보복을 개시하기에 가장 알맞은 때를 찾기 위해 제비를 뽑는다. 이는 그의 미신적인 사고방식에 대한 흥미로운 통찰일 뿐 아니라 하나님이 그분의 백성의 대적들의 미움 속에서도 섭리적으로 일하고 계신다는 또 다른 암시이기도 하다(잠 16:33).

3:8-9 하만이 아하수에로 앞에서 그 '문제'에 올가미를 씌우는 모습은 교

2 Fox, *Character and Ideology*, 45. 폭스가 이번 장과 이 책 전체를 논의하는 내용은 탁월해서 여러 면에서 나에게 도움을 주었다.

묘한 속임수에 해당하는데, 왕의 주의를 그가 물어야 할 중요한 질문들에서 돌리기 위해 반쪽 진실과 거짓말을 섞어놓는다. 하만은 스스로를 왕의 친구로 나타내면서 그에게 애매모호한 위험, 곧 왕이 알지 못하는 "한[어떤] 민족"에 대해 알려준다. 익명으로 말하면 왕이 처형의 칙령에 서명하기가 더 쉬울 것이다. 하만에 따르면, 이 민족은 "여러 지방에 널리 흩어져 [살고]"(새번역) 있다. 이 무해한 듯한 어구는 아하수에로의 의심과 반감을 불러일으키도록 고안되어 있다. 그것은 도처에 흩어져 있으나 결코 쉽게 파악할 수 없는 잠복 중인 위협의 이미지다. 하만의 다음 진술, 즉 이 민족이 독특한 법을 갖고 있다는 말은 정확하다. 그러나 하만은 그것을 비틀어 유다인을 반역자로 묘사한다. 그들이 다른 법을 갖고 있어서 왕의 법에 반항한다는 것이다. 이것은 물론 전혀 사실이 아니다. 지난 장은 모르드개가 왕을 구하기 위해 자기 목숨을 거는 장면으로 끝났다. 그러나 이 민족이 다르다는 사실만으로도 반역의 암시를 그럴듯하게 만들고 그들의 몰살을 받아들이기 더 쉽게 만들기에 충분하다. 하만은 편견이 없는 곳에서 편견을 만들려고 애쓰는 중이다.

하만은 이어서 왕이 이 어떤 민족을 그냥 내버려두는 것은 유익하지 못하다고 말하는데, 이는 첫 눈에 약간 이상하게 보인다. 왕이 그들을 파멸시키는 것이 유익하다고 왜 말하지 않는 것일까? 만일 하만이 그렇게 말했다면, 왕은 이 소란이 어떤 것인지 직접 알아보려고 할 수 있다. 하만은 왕이 질문을 던질 만큼 호기심을 갖지 않고 자신의 거짓말을 노출시키지 않은 채 이 민족의 사형집행 영장에 서명하도록 그를 조종하기 위해 문제를 창안해야 한다. 그래서 하만은 사실상 왕이 알지 못하는 어떤 문제를 밝히고 있다고 말하면서, 왕이 동의하기만 하면 자신은 그 모든 세부사항으로 왕을 신경 쓰게 하고 싶지 않으며 자신이 그것을 해결할 수 있다고 한다. '조서를 내리게 해달라'는 수동형은 왕을 그 살해로부터 거리를 두게 하고, 몰살에 필요한 엄청난 비용을 내겠다는 제안은 하만을 관대하게 국가의 이익을 우선시하는 인물로 보이게 한다. 그런데 사실은 그 자신의 목표를 추진하고 있는 중이다. 그러나 왕은 이것을 알아채지 못할 것이다.

3:10-11 왕은 자신의 결정의 도덕성에 대한 약간의 성찰도 없이, 하만의 주장에 관한 단 하나의 질문도 없이 하만에게 그가 좋을 대로 하라는 백지수표를 건네준다. 그의 지지는 하만의 '관대함'에 대한 거절과 국가 재정으로 에스더 민족의 몰살 비용을 지불하겠다는 약속으로 입증된다. 하지만 4:7에 비춰보면, 이것은 단지 공손한 관례일 뿐이고 거래가 이뤄질 때 제안하고 거절하는 정교한 시스템의 일부로서 왕의 지지를 보여주는 모습일 수 있다.

하만은 다시금 아각의 자손, 곧 아말렉 사람으로 "유다인의 대적"으로 밝혀져 있다. 고대의 증오가 되살아난 것이다. 이제 선이 그어졌다. 이것이 바로 이 이야기에서 하만의 역할이다.

3:12-14 왕의 칙령이 모든 곳에 반포됨에 따라 페르시아의 대규모 관료제가 유다인을 파멸하기 위한 행동에 돌입한다. 9절에 나온 몰살 비용의 지불에 관한 하만의 진술은 공무원들이 그 일을 할 것임을 시사하는 데 비해, 13절은 일반 대중이 그 대량 학살에 참여하고 있다고 암시한다. 하만은 이제 자기가 좋을 대로 행할 자유재량을 가진 만큼 그 칙령이 페르시아 사회에 속한 누구나 대량 학살에 참여할 수 있게 허용하도록 변경되었을지 모른다. 12절은 비극적이게도 1장을 마무리하는 칙령을 상기시킨다. 이전의 칙령은 페르시아 왕의 엘리트층의 익살을 전달하는 그저 터무니없는 것이었는데, 이번 칙령은 실로 끔찍하기 짝이 없다. 1장을 상기시키는 두 번째 사항은 개인적 모욕이 국가적 위기로 확대되는 모습이다. 그러나 다시 말하자면, 이 내러티브의 첫째 부분은 유머러스했던 것에 비해 이 부분은 치명적으로 심각하다.

3:15 칙령이 전국 차원에서 반포될 때, 아하수에로는 마치 그들의 업적을 축하하는 듯 하만과 함께 또 다른 작은 잔치를 즐긴다. 이것은 이 책의 세 번째 향연, 즉 초반에 나온 전국적인 파티들과 에스더의 대관식에 열린 잔치 다음에 나오는 것이다. 아하수에로가 바깥의 소란을 의식하지 않은 채

느긋하게 즐기는 이 잔치는 독자의 마음을 괴롭게 한다.

그 칙령에 대한 대중의 반응은 대체로 페르시아가 칙령을 찬성하지 않거나 본래 반(反)유다적이지 않다는 것을 보여준다. 9:1-5은 일부 사람이 유다인에 대한 공격에 참여하려 했던 것을 보여주겠지만, 그 도성은 전반적으로 이 결정의 결과로 혼란에 빠져 있다.

응답

앞에서 언급했듯이, 페르시아는 본래 반(反)유대주의적인 장소가 아니다. 사실 모르드개의 인종적 정체성은 하만의 무한한 자존심을 무시한 행동에 부수적인 것일 뿐이다. 만일 또 다른 인종 집단의 멤버가 모르드개처럼 행동했더라면, 하만은 똑같이 그의 살인적인 보복을 그 집단에게 쉽게 집중했을 것이다. 이와 동시에, 에스더서는 거듭해서 박해의 대상이 되는 유다 민족에 초점을 맞춘다(3:4, 6, 10, 13; 4:7, 13-14, 16; 5:13; 6:10, 13; 8:1, 3, 5, 7, 11, 17; 9:1-3, 10). 이 본문이 하만의 아말렉 혈통을 부각시키는 것은 이스라엘 역사의 초기에 아말렉이 이스라엘을 박해했던 사실(출 17:8-16)을 상기시키고, 독자는 그 이후 유다인 박해의 길고 슬픈 역사, 지난 세기에 유럽에서 끔찍한 절정에 달했고 오늘까지 이어지는 역사에 대해 생각하지 않을 수 없다. "그들의 법은 다른 어떤 백성들의 법과도 다릅니다"(참고. 에 3:8, 새번역). 유다인의 독특함이 의심, 편견 또는 폭력의 근거가 되었던 적이 얼마나 많았는가! 그리고 때로는 교회가 참여했다. 그리스도인인 우리는 반유대주의가 우리 주변에서 왕성했을 때 우리가 반유대적인 태도나 행위에 참여하지 않았는지, 또는 그냥 방관만 하지 않았는지 자문해야 한다. 에스더서는 하나님이 아브라함의 자손을 옹호하시는 두려운 분이라는 것을 분명히 한다.

그러나 이 대목은 아브라함의 육체적 자손에게만 적용되지 않는다. 예수님은 세상이 그분에게 보여주었던 그 미움으로 그리스도인들을 미워할 것이라고 분명히 경고하신다. 우리가 그분께 충성하기 때문에 그렇다고 하신다(요 15:18). 오늘날의 예수님의 제자들도 (모르드개처럼) 절하지 않을 것인즉 그들에게 선택의 여지가 없고 세상의 폭력과 살인적 미움을 초래하는 상황에 처하지 않을 수 없을 것이다. 에스더서는 하나님이 그분의 백성을 구출하기 위해 어떻게 일하시는지를 보여준다. 이 경우에는 일련의 섭리적인 우연의 일치를 통해 일하신다. 우리는 특정한 인종적 유산이 아니라 주 예수님께 대한 공개적인 충성을 서약하는 만큼, 동일한 약속이 우리로 하여금 어떤 권위나 권력에 상관없이 하나님의 백성을 박해하는 자들의 진노를 두려워하지 않도록 담대하게 만든다.

1 모르드개가 이 모든 일을 알고 자기의 옷을 찢고 굵은 베 옷을 입고
재를 뒤집어쓰고 성 중에 나가서 대성통곡하며 2 대궐 문 앞까지 이르
렀으니 굵은 베 옷을 입은 자는 대궐 문에 들어가지 못함이라 3 왕의
명령과 조서가 각 지방에 이르매 유다인이 크게 애통하여 금식하며
울며 부르짖고 굵은 베 옷을 입고 재에 누운 자가 무수하더라

1 When Mordecai learned all that had been done, Mordecai tore his
clothes and put on sackcloth and ashes, and went out into the midst of
the city, and he cried out with a loud and bitter cry. 2 He went up to the
entrance of the king's gate, for no one was allowed to enter the king's
gate clothed in sackcloth. 3 And in every province, wherever the king's
command and his decree reached, there was great mourning among the
Jews, with fasting and weeping and lamenting, and many of them lay in
sackcloth and ashes.

4 에스더의 시녀와 내시가 나아와 전하니 왕후가 매우 근심하여 입을
의복을 모르드개에게 보내어 그 굵은 베 옷을 벗기고자 하나 모르드

개가 받지 아니하는지라 5 에스더가 왕의 어명으로 자기에게 가까이
있는 내시 하닥을 불러 명령하여 모르드개에게 가서 이것이 무슨 일
이며 무엇 때문인가 알아보라 하매 6 하닥이 대궐 문 앞 성 중 광장에
있는 모르드개에게 이르니 7 모르드개가 자기가 당한 모든 일과 하만
이 유다인을 멸하려고 왕의 금고에 바치기로 한 은의 정확한 액수를
하닥에게 말하고 8 또 유다인을 진멸하라고 수산 궁에서 내린 조서 초
본을 하닥에게 주어 에스더에게 보여 알게 하고 또 그에게 부탁하여
왕에게 나아가서 그 앞에서 자기 민족을 위하여 간절히 구하라 하니
9 하닥이 돌아와 모르드개의 말을 에스더에게 알리매 10 에스더가 하
닥에게 이르되 너는 모르드개에게 전하기를 11 왕의 신하들과 왕의 각
지방 백성이 다 알거니와 남녀를 막론하고 부름을 받지 아니하고 안
뜰에 들어가서 왕에게 나가면 오직 죽이는 법이요 왕이 그 자에게 금
규를 내밀어야 살 것이라 이제 내가 부름을 입어 왕에게 나가지 못한
지가 이미 삼십 일이라 하라 하니라

4 When Esther's young women and her eunuchs came and told her, the
queen was deeply distressed. She sent garments to clothe Mordecai,
so that he might take off his sackcloth, but he would not accept them.
5 Then Esther called for Hathach, one of the king's eunuchs, who had
been appointed to attend her, and ordered him to go to Mordecai to
learn what this was and why it was. 6 Hathach went out to Mordecai in
the open square of the city in front of the king's gate, 7 and Mordecai
told him all that had happened to him, and the exact sum of money
that Haman had promised to pay into the king's treasuries for the
destruction of the Jews. 8 Mordecai also gave him a copy of the written
decree issued in Susa for their destruction,[1] that he might show it to
Esther and explain it to her and command her to go to the king to beg
his favor and plead with him[2] on behalf of her people. 9 And Hathach

went and told Esther what Mordecai had said. 10 Then Esther spoke to
Hathach and commanded him to go to Mordecai and say, 11 "All the
king's servants and the people of the king's provinces know that if any
man or woman goes to the king inside the inner court without being
called, there is but one law—to be put to death, except the one to whom
the king holds out the golden scepter so that he may live. But as for me,
I have not been called to come in to the king these thirty days."

12 그가 에스더의 말을 모르드개에게 전하매 13 모르드개가 그를 시켜
에스더에게 회답하되 너는 왕궁에 있으니 모든 유다인 중에 홀로 목
숨을 건지리라 생각하지 말라 14 이때에 네가 만일 잠잠하여 말이 없
으면 유다인은 다른 데로 말미암아 놓임과 구원을 얻으려니와 너와
네 아버지 집은 멸망하리라 네가 왕후의 자리를 얻은 것이 이때를 위
함이 아닌지 누가 알겠느냐 하니 15 에스더가 모르드개에게 회답하여
이르되 16 당신은 가서 수산에 있는 유다인을 다 모으고 나를 위하여
금식하되 밤낮 삼일을 먹지도 말고 마시지도 마소서 나도 나의 시녀
와 더불어 이렇게 금식한 후에 규례를 어기고 왕에게 나아가리니 죽
으면 죽으리이다 하니라 17 모르드개가 가서 에스더가 명령한 대로 다
행하니라

12 And they told Mordecai what Esther had said. 13 Then Mordecai told
them to reply to Esther, "Do not think to yourself that in the king's
palace you will escape any more than all the other Jews. 14 For if you
keep silent at this time, relief and deliverance will rise for the Jews
from another place, but you and your father's house will perish. And
who knows whether you have not come to the kingdom for such a time
as this?" 15 Then Esther told them to reply to Mordecai, 16 "Go, gather
all the Jews to be found in Susa, and hold a fast on my behalf, and do

not eat or drink for three days, night or day. I and my young women
will also fast as you do. Then I will go to the king, though it is against
the law, and if I perish, I perish."[3] 17 Mordecai then went away and did
everything as Esther had ordered him.

1 Or *annihilation* *2* Hebrew *and seek from before his face* *3* Hebrew *if I am destroyed, then I will be destroyed*

단락 개관

하만이 왕 다음으로 큰 권세를 가졌기에 모르드개는 하만의 계획을 멈추게 할 어떤 일도 할 수 없다. 그는 망설이는 에스더에게 그녀의 백성을 위해 왕비의 직책을 사용하도록 설득한다.

단락 개요

IV. 모르드개가 왕에게 탄원하도록 에스더를 설득하다(4:1-17)
- A. 모르드개의 눈물(4:1-3)
- B. 에스더가 모르드개로부터 음모에 관한 정보를 얻다(4:4-8)
- C. 에스더가 모르드개를 돕는 일에 저항하다(4:9-12)
- D. 모르드개가 에스더가 돕도록 설득시키다(4:13-17)

주석

4:1-3 하만의 칙령은 이제 누구나 아는 것이고, 우리는 그 칙령에 대한 일반적인 반응에 대해 이미 들은 바 있다(3:15). 이제는 유다인의 반응에 대해 알게 된다. 찢은 옷, 베옷과 재 그리고 공개적인 울음은 구약에서 상상할 수 없는 비극에 대한 일반적인 반응이고(욥 1:20; 16:15; 시 35:13; 사 22:12; 58:5; 렘 6:26; 욜 1:8) 때로는 회개의 표징이다(왕상 21:27; 욘 3:6). 모르드개가 하만을 존경하지 않은 것에 대해 회개했을지 몰라도 에스더와의 대화에서는 그런 기색을 보이지 않는다. 모르드개는 이런 사태의 전환을 목격하고 견딜 수 없는 고통에 빠져있을 뿐이다. 그의 민족도 그대로 따라 한다(에 4:3). 구약의 다른 곳에서는 베옷을 입고 재를 뒤집어쓰는 행동이 기도의 전조로 나온다[특히 모르드개와 동시대인에 가까운 다니엘(단 9:3)을 참고하라]. 그러나 모르드개가 하나님께 말씀드리는 장면이나 하나님에 관해 말하는 장면은 아예 없다. 그의 대성통곡은 슬픔과 고통에서 나오는 불분명한 절규다.

모르드개가 궁궐 문에 자리를 잡은 것(에 4:2)은 다가오는 유다인의 재앙에 대해 무언가를 할 수 있는 당국자들에게 최대한 가까이 가려는 시도다. 모르드개가 정상적 옷차림을 하면 문 안으로 들어갈 수 있었겠지만 그 상황이 너무나 심각하고 절박해서 그렇게 하지 못한다.

4:4 모르드개의 계책이 작동하지만 에스더는 모르드개가 행하는 일에 대해 알게 되었을 때 이상한 반응을 보인다. 에스더는 심히(그리고 적절하게) 괴로워하면서도 입을 옷을 보내면 문제가 해결될 것처럼 옷을 보내기만 한다. 모르드개가 애도하는 이유는 그녀에게 중요하지 않은 듯이 보인다. 에스더가 후궁에서 지내면서 얄팍한 생각에 젖어있는 만큼 이는 놀랍지 않다. 이는 그녀 편에서의 피상적인 모습을 보여준다.

4:5-8 에스더가 후궁 안에서 지내는 것이 사실상 감금이란 것을 우리는

알게 된다. 그녀는 제국 전체가 아는 것을 전해 들어야 하고, 그녀는 종을 통해 모르드개와 소통해야 한다. 모르드개가 에스더에게 그녀의 민족을 위해 왕에게 탄원하라고 요청한다(8절). 그녀는 온 제국에서 하만의 칙령을 뒤집을 수 있을 만큼 높은 지위에 있는 유일한 사람이다. 슬픔과 고통을 표현하는 모르드개의 공개적 제스처는 그의 고통을 완화시킬 뿐 아니라 에스더에게 그 상황의 절박함을 이해시키기 위해서다.

4:9-12 에스더의 첫 반응은 그녀의 미성숙함을 보여준다. 만일 자신이 요청받지 않고도 왕에게 간다면 자기가 처형될 것이라는 사실을 누구나 알고 있다고(그녀는 이것을 모르드개에게 굳이 말할 필요가 없다고 시사한다) 그녀가 말하고, 왕이 이번 달에 그녀를 부르지 않았다고 한다. 에스더는 자신의 목숨이 위험하다는 것이 양해를 구할 수 있는 타당한 이유가 된다고 생각한다. 우리는 에스더가 모르드개로부터 어떤 반응을 예상했을지 궁금하다. 모르드개가 잘 이해한다고 말하고 다른 고위 관리에게 간청하거나 유배를 떠날 것으로 그녀가 생각했을까? 모르드개의 부탁은 어려운 일이되 부당한 것은 아니다. 모르드개가 그녀에게 "자기[그녀의] 민족"(8절)을 위해 탄원하도록 요청한 것을 주목하라. 그러나 만일 하만이 자기 목적을 달성한다면 모든 유다인이 다 죽을 터인데, 에스더는 자기 민족이 아니라 오직 그녀 자신만을 생각하고 있다. 곧 5:2에 이르면 그녀의 두려움이 근거가 없다는 것을 알게 되리라.

4:13-14 다음 구절들은 가장 잘 알려지고 가장 의미심장한 대목 중 하나로 모르드개가 에스더로 하여금 민족을 위해 자기 목숨을 걸도록 설득하는 장면이다.

첫째, "구원"으로 적절하게 번역된 용어는 종종 다른 곳에서 그분의 백성을 위한 하나님의 위대한 구원 행위에 사용되고 있다(참고. 출 6:6; 삿 6:9; 삼상 4:8; 왕하 17:39; 시 7:1; 22:8; 사 43:13). 이는 모르드개의 진술 가운데 신학적 진술에 가장 가까운 것이다. 그러나 그는 거기까지 이르지는 않는다. 모르드개는 이 구원이 "다른 데로 말미암아" 올 것이라고 말하는데, 이는 반드시 하나님을 가리키는 것은 아니다. 모르드개는 누가 그것에 영감을 주었는지 모른 채 자신의 전통에 속한 언어를 골라낸 것이다. 그것은 이런저런 '이유로' 유다인을 위해 일이 잘 풀릴 것이라고 말하는 셈이다. 모르드개는 일이 유다인에게 유리하게 풀리는 경향이 있다고 믿지만 이 믿음에 대한 이유는 내놓지 않는다. 이는 에스더 6:13에 나오는 하만의 자문관들과 아내의 진술과 다를 바가 없는 믿음임을 보여준다. 그럼에도 불구하고, 놓임과 구원이 오고 있다는 모르드개의 주장은 그가 알고 있는 바보다 더 진실이다.

둘째, 모르드개가 왜 에스더에게 그녀의 민족이 죽는다면 그녀도 살아남지 못할 것이라고 말하는지는 분명치 않다(4:13). 왕이 사랑하는 아내는 궁궐 안에 있어서 바깥의 폭력으로부터 무사하지 않겠는가? 일부 학자는 여기서 모르드개의 은근한 협박을 보았으나, 모르드개가 왕비에 대한 모종의 암살 음모를 꾸미고 있다고 상상하기는 어렵다. 만일 하만이 에스더가 유다인이란 것을 알게 되면 어떻게 할지에 대해 모르드개가 생각하고 있는 것 같다. 이 주장은 또한 그의 비인격적이고 빈약한 '신학'과 상관이 있을 수 있다. 유다인을 위해 일이 잘 풀리는 자연스런 경향이 있듯이, 다른 편에 있는 사람들에게는 위험이 있다고 생각하는 것이다. 에스더의 아버지 집이 멸망할 것이란 말은 에스더가 고아이고 형제나 자매가 없어서 그녀가 아버지의 마지막 남은 자식이란 것을 의미한다. 만일 그녀가 죽는다면, 그의 이름이 지워질 것이다.

셋째, 에스더가 그 자리에 앉은 것이 바로 이 위기 때문인지 여부를 묻는 모르드개의 질문은 독자에게 이제껏 이야기를 이끌어준(그리고 이 지점 이후에도 계속되는) 일련의 비범한 우연의 일치를 상기시키지 않을 수 없다. 모르드개는 진심으로 이런 질문을 던진다. 그렇다고 확신하는 것은 아니다. 그러나 내레이터는 에스더를 왕좌까지 이끌어온 것이 그저 비인격적이고 일반적인 성향이 아님을 독자가 보기를 원한다.

4:15-16 에스더가 납득했다. 그녀는 전국적인 금식을 요청하되 구약의 다른 곳에서 항상 수반되는 기도는 언급하지 않는다. 에스더는 모르드개의 얄팍한 '신학'을 받아들인 것 같다. 그녀는 기도 없이 금식 그 자체로 사태의 결과에 영향을 주리라고 기대하는 것이 분명하다. 그녀의 마지막 진술 역시 믿음에서 나오기보다는 단념에 가깝다. 그녀는 그 마주침에서 살아남을지 모르지만 기꺼이 해보려고 한다.

4:17 모르드개가 에스더의 명령한 모든 것을 다 행할 때 역할 전환이 일어나기 시작한다. 이는 에스더가 2장에서 보여준 고분고분한 모습에서 멀어지는 첫 발걸음이다. 모르드개와 에스더는 이제 동등한 관계로 행동하기 시작한다. 이 책의 끝에 이르면 모르드개는 에스더의 지도를 완전히 따르는 모습을 보일 것이다.

응답

본 주석서의 서론에서 에스더서와 다니엘서를 비교한 것은 둘 다 하나님의 백성이 유배 중에 어떻게 생존하고 번영할 수 있는지에 관심이 있기 때문이다. 이처럼 큰 유사성이 있지만 그 책들이 하나님이 일하시는 경위를 보여주는 모습은 대조적이다. 다니엘서에는 하나님 편에서 취하는 굉장한 행동들에 대한 묵시적 환상이 가득하지만, 에스더서에는 하나님이 그분의 백성을 구원하시기 위해 정상적인 사태의 흐름을 통해 눈에 띄지 않게 일하시는 모습을 보여준다. 비록 에스더와 모르드개가 그것을 완전히 알지는 못하지만, 하나님은 바로 이때를 위해 그녀를 왕비의 자리에 앉게 하셨다(4:14). 에스더는 장차 많은 유다인의 목숨을 구하기 위해 자신이 누리는 지위와 권력을 이용할 것이다. 이와 비슷하게, 이 세상에서 어떤 그리스도인들의 일과 증언이 하나님에게서 오는 비범하고 틀림없는 능력을 수반하게 될 수 있다. 아울러 그리스도인들이 위험에 처해 있을 때, 하나님은 우리가 교회를 위해 교회 밖에 있는 우리의 직책을 사용하길 원하실 수 있다.

그러나 에스더는 명백히 긍정적인 본보기는 아니다. 비록 그녀가 그것을 인식하지 못할 때에도 하나님이 그분의 백성을 구원하기 위해 그녀의 삶을 섭리적으로 인도하셨다는 것을 우리는 알 수 있기 때문이다. 따라서 우리는 박해받는 신자들을 위해 우리의 직업이나 생계 수단(어쩌면 우리의 목숨까지)을 걸도록 요구받을 때 에스더처럼 저항하고 또 숙명적인 태도를 취해서는 안 된다. 하나님이 우리가 처한 상황에서 어떻게 일하실지 미리 알 수는 없어도 그분이 우리의 선을 위해 모든 것을 행하신다는 것은 안다(롬 8:28).

1 제삼일에 에스더가 왕후의 예복을 입고 왕궁 안 뜰 곧 어전 맞은편
에 서니 왕이 어전에서 전 문을 대하여 왕좌에 앉았다가 2 왕후 에스
더가 뜰에 선 것을 본즉 매우 사랑스러우므로 손에 잡았던 금 규를
그에게 내미니 에스더가 가까이 가서 금 규 끝을 만진지라 3 왕이 이
르되 왕후 에스더여 그대의 소원이 무엇이며 요구가 무엇이냐 나라
의 절반이라도 그대에게 주겠노라 하니 4 에스더가 이르되 오늘 내가
왕을 위하여 잔치를 베풀었사오니 왕이 좋게 여기시거든 하만과 함
께 오소서 하니 5 왕이 이르되 에스더가 말한 대로 하도록 하만을 급
히 부르라 하고 이에 왕이 하만과 함께 에스더가 베푼 잔치에 가니라
6 잔치의 술을 마실 때에 왕이 에스더에게 이르되 그대의 소청이 무엇
이뇨 곧 허락하겠노라 그대의 요구가 무엇이뇨 나라의 절반이라 할지
라도 시행하겠노라 하니 7 에스더가 대답하여 이르되 나의 소청, 나의
요구가 이러하니이다 8 내가 만일 왕의 목전에서 은혜를 입었고 왕이
내 소청을 허락하시며 내 요구를 시행하시기를 좋게 여기시면 내가
왕과 하만을 위하여 베푸는 잔치에 또 오소서 내일은 왕의 말씀대로
하리이다 하니라

1 On the third day Esther put on her royal robes and stood in the inner
court of the king's palace, in front of the king's quarters, while the
king was sitting on his royal throne inside the throne room opposite
the entrance to the palace. 2 And when the king saw Queen Esther
standing in the court, she won favor in his sight, and he held out to
Esther the golden scepter that was in his hand. Then Esther approached
and touched the tip of the scepter. 3 And the king said to her, "What
is it, Queen Esther? What is your request? It shall be given you, even
to the half of my kingdom." 4 And Esther said, "If it please the king,[1]
let the king and Haman come today to a feast that I have prepared for
the king." 5 Then the king said, "Bring Haman quickly, so that we may
do as Esther has asked." So the king and Haman came to the feast that
Esther had prepared. 6 And as they were drinking wine after the feast,
the king said to Esther, "What is your wish? It shall be granted you.
And what is your request? Even to the half of my kingdom, it shall be
fulfilled."[2] 7 Then Esther answered, "My wish and my request is: 8 If
I have found favor in the sight of the king, and if it please the king[3] to
grant my wish and fulfill my request, let the king and Haman come to
the feast that I will prepare for them, and tomorrow I will do as the king
has said."

9 그날 하만이 마음이 기뻐 즐거이 나오더니 모르드개가 대궐 문에 있
어 일어나지도 아니하고 몸을 움직이지도 아니하는 것을 보고 매우
노하나 10 참고 집에 돌아와서 사람을 보내어 그의 친구들과 그의 아
내 세레스를 청하여 11 자기의 큰 영광과 자녀가 많은 것과 왕이 자기
를 들어 왕의 모든 지방관이나 신하들보다 높인 것을 다 말하고 12 또
하만이 이르되 왕후 에스더가 그 베푼 잔치에 왕과 함께 오기를 허락

받은 자는 나밖에 없었고 내일도 왕과 함께 청함을 받았느니라 13 그
러나 유다 사람 모르드개가 대궐 문에 앉은 것을 보는 동안에는 이 모
든 일이 만족하지 아니하도다 하니 14 그의 아내 세레스와 모든 친구
들이 이르되 높이가 오십 1)규빗 되는 나무를 세우고 내일 왕에게 모
르드개를 그 나무에 매달기를 구하고 왕과 함께 즐거이 잔치에 가소
서 하니 하만이 그 말을 좋게 여기고 명령하여 나무를 세우니라

9 And Haman went out that day joyful and glad of heart. But when
Haman saw Mordecai in the king's gate, that he neither rose nor
trembled before him, he was filled with wrath against Mordecai.
10 Nevertheless, Haman restrained himself and went home, and he sent
and brought his friends and his wife Zeresh. 11 And Haman recounted
to them the splendor of his riches, the number of his sons, all the
promotions with which the king had honored him, and how he had
advanced him above the officials and the servants of the king. 12 Then
Haman said, "Even Queen Esther let no one but me come with the
king to the feast she prepared. And tomorrow also I am invited by her
together with the king. 13 Yet all this is worth nothing to me, so long
as I see Mordecai the Jew sitting at the king's gate." 14 Then his wife
Zeresh and all his friends said to him, "Let a gallows[4] fifty cubits[5] high
be made, and in the morning tell the king to have Mordecai hanged
upon it. Then go joyfully with the king to the feast." This idea pleased
Haman, and he had the gallows made.

1) 히, 암마

1 Hebrew *If it is good to the king* *2* Or *done* *3* Hebrew *if it is good to the king* *4* Or *wooden beam*; twice in this verse (see note on 2:23) *5* A *cubit* was about 18 inches or 45 centimeters

단락 개관

지난 장에서 우리의 기대를 높인 후 에스더가 자기 백성을 위해 왕에게 탄원하길 지체함에 따라 이 이야기는 제자리걸음을 하고, 그동안 하만은 모르드개에게 보복할 계획을 계속 추진한다. 유다인의 운명은 곧 역전되겠지만 이번 장의 끝에 이르면 상황이 더욱 암울해 보인다.

단락 개요

V. 에스더가 왕에게 탄원하기 시작하다(5:1-14)
  A. 에스더가 왕을 위해 잔치를 베풀고 둘째 잔치를 요청하다(5:1-8)
  B. 하만이 모르드개의 교수형을 계획하다(5:9-14)

주석

5:1-2 삼일 간의 금식이 끝나고 에스더는 문자 그대로 "왕후의 예복"을 입는다(1절). 그녀가 "왕후 에스더"(2절)로서 왕 앞에 나오고 있다. 앞장에 나온 모르드개처럼, 그녀는 궁궐의 중심에 있는 왕좌에 최대한 가까이 다가간다(1절). 아하수에로가 그녀를 보자마자 자신의 규를 내밀고 가까이 오라고 한다(2절). 이는 처형될 수 있다는 그녀의 예상과 상충될 뿐 아니라 그녀의 요청에 대한 좋은 징조이기도 하다. 왕의 규를 내미는 것은 아하수에로가 3:10에서 하만의 요청에 대한 응답으로 자신의 인장 반지를 준 것을 상기시키고, 이는 에스더가 요청하는 바가 주어질 것을 시사한다. 그리

고 아하수에로가 만일 초대받지 않은 방문자를 처형하는 것에 관한 법을 이미 위반했다면, 그는 어쩌면 하만과 맺은 합의도 번복할 가능성이 있다.

5:3-8 왕은 에스더가 자신에게 어떤 요청을 가져왔다는 것을 알고 있다. 페르시아 왕궁의 과장된 양식에 따라 왕은 그녀에게 무엇을 요청하는지 물을 뿐 아니라 그것을 듣기도 전에 본질적으로 약속을 해버린다. "나라의 절반이라도"란 말은 그녀의 바람이 너무 어려울지라도 거절하지 않겠다는 뜻이다. 처음 읽는 독자는 에스더가 왕에게서 이런 말을 들은 후 곧 탄원을 시작할 것으로 기대할 터이다(4:8). 그런데 에스더는 그 대신 왕에게 잔치에 오기를 요청하여 우리를 놀라게 한다. 독자는 잘한다고 생각할 것이다. 아하수에로가 먹고 마시는 것을 좋아하므로 아내가 만찬 식탁에서 남편을 구슬리고 우려내는 것보다 더 나은 상황이 어디에 있겠는가? 더구나 이제까지 각 잔치는 권력의 변동이 일어나는 계기가 되어왔다. 따라서 우리는 잔뜩 기대했다가 다시금 이 잔치에서 그 기대가 틀어진다.

그러나 하룻밤 남편을 매혹하는 것이 에스더의 의도라면 왜 그녀가 하만까지 초대하는 것일까? 그는 그녀가 말하려고 하는 것을 분명히 방해하지 않을까? 또 다른 뜻밖의 사실이 우리를 기다리고 있다. 아하수에로가 식사를 하는 동안 다시금 약속을 하는데, 이는 에스더가 원하는 것은 무엇이든 이뤄질 것이라고 두 번이나 말하는 셈이다. 그러나 그녀 민족의 목숨을 구하기 위해 간청하기에 완벽한 기회로 보이는 것을 이용하는 대신, 에스더는 왕에게 두 번째 잔치에 오도록 요청하면서 그때 그녀가 원하는 바를 말하겠다고 약속한다(5:8). 왜 이렇게 지연하는 것일까? 에스더는 당황하고 초조해져서 자기가 정말로 원하는 바를 말할 수 없는 것일까?

본문은 이 문제에 대해 침묵하고 있지만, 잠시만 성찰해도 에스더가 처한 입장이 어렵다는 것을 이해할뿐더러 그녀의 전략도 약간은 파악할 수 있을 것이다. 아하수에로는 이미 변덕스럽고 불안정한 인물임이 드러났다. 왕은 상식이 거의 없어서 에스더는 다가오는 참극에 관해 그의 상식에 호소할 수 없는 형편이다. 비록 그녀가 유다인을 몰살시키지 않겠다는 약속을 받아낸다고 해도, 이미 수사적 기량을 보였던 하만이 나중에 왕을 자신의 본래 궤도로 되돌릴 수도 있을 것이다. 게다가, 왕의 자존심은 약간의 무시에도 과민하기 때문에 하만의 통탄할 책략을 승인한 것에 대해 왕에게 직접 도전하면 오히려 그의 분노를 유발하기만 할 것이다. 와스디는 왕이 자기주장이 강한 여자들을 (그들이 옳고 왕이 틀릴 때에도) 어떻게 다루는지 이미 배우지 않았던가! 따라서 에스더는 하만의 칙령을 지지하지 않도록 왕을 설득하되 그 자신의 역할을 지나치게 상기시키지 않도록 해야 한다. 아하수에로는 의지가 약한 만큼 하만에게 페르시아의 모든 유다인을 살해하도록 허락하는 한편, 에스더에게는 궁궐 속 특별한 보호를 약속함으로써 타협하는 편이 더 쉬울 수 있었을 것이다. 에스더는 자신의 과민하고 유치한 남편의 기분을 상하게 하지 않으면서 어떻게든 하만에게 영구적인 패배를 안겨주어야 한다.

아마도 이 때문에 에스더는 자기가 원하는 것을 드러내기 전에 두 차례의 잔치를 여는 것 같다. 그녀는 남편이 음식과 포도주를 좋아하는 것을 이용하고 궁금증을 채워주지 않은 채 그것을 높이고 있다. 7장에서 에스더가 드디어 자신의 요청을 밝힐 때가 되면 왕은 이미 세 번이나 그것을 맹세한 상황이 될 것이다. 그녀는 자기주장을 고집하는 대신 왕의 바람에 양보하는 자세를 취할 수 있다. 에스더가 하만에게 참석을 요청한 것도 그녀 편에서의 감탄할 만한 명민함을 보여준다. 그녀는 하만을 계속 지켜보면서 자기가 떠난 후 그가 왕을 조종하는 것을 방지하길 원하는 듯하다. 게다가 그녀가 하만 몰래 그를 비난한다면, 그는 교묘한 말로 곤경을 모면할 수도 있을 것이다. 7장과 함께 읽으면 에스더가 잔치를 두 번 요청한 것은 계산된 계획임을 알 수 있다.

5:9 하만은 기분 좋은 상태로 왕비의 향연에서 떠나고 에스더가 두 번째 잔치에서 약속한 폭로가 자신의 사악한 음모와 직접적인 관계가 있다는 사실을 전혀 감지하지 못한다. 그 이유를 우리는 12절에서 알게 된다. 하만은 왕만큼이나 남들로부터 경의와 존경을 받는 걸 좋아하고, 왕과 왕비

와 함께하는 잔치에 초대받은 유일한 손님인 것을 매우 우쭐해한다. 왕비의 의도에 대한 그의 완전한 오해는 불길하게 유머러스하다.

그러나 하만의 즐거운 기분이 금방 깨지고 만다. 그가 도성을 가로지를 때 많은 사람이 제국의 제2인자 앞에서 얼른 무릎을 꿇는데도 유독 모르드개만 이 위대한 사람 앞에서 차려 자세를 취하지 않고 또 두려워하는 기색도 전혀 보이지 않는다(참고. 3:1-6). 그래서 순식간에 하만이 분노한다.

5:10-13 하만은 친구들(과 독자)에게 자신이 화를 내는 이유를 밝힌다. 이 장면에서 하만은 여전히 두려운 사람이면서도 약간 병적인 인물로 보이기도 한다. 그의 관점에서 보면, 하만은 매력적인 삶을 영위해왔다. 이제 그가 받을 수 있는 다른 어떤 명예나 승진이나 영광은 왕이 되지 않은 상태에서는 받을 수 없다(11절). 게다가, 그는 왕의 잔치에 초대받은 유일한 인물이다. 그것도 한 번이 아니라 내일 다시 초대받기까지 했다(12절). "허락받은 자는 나밖에 없었고"(12절)라는 말에서 하만의 자부심이 뚜렷이 드러난다. 하만은 이미 자신의 대적인 모르드개에게 보복을 한 셈이다. 그뿐만 아니라 모르드개의 온 민족이 곧 멸절되고 말 것이다. 그러나 하만이 그 칙령이 시행되길 기다리는 동안에 모르드개가 여전히 살아있는 한, 하만이 얻은 모든 것이 존재하지 않을 수도 있다. 모르드개가 계속 살아있다면 하만은 자기 삶의 단 한 부분도 즐길 수 없다.

우리는 하만의 악이 만족을 모르는 것임에 주목한 바 있다(참고. 3:5-6 주석). 그의 성격의 이런 측면이 그의 영혼 전체를 전염시킨 것 같다. 하만이 행복해지려면 다른 무엇이 필요하겠는가? 이 사람의 자기연민은 절반은 무섭고 절반은 병적이다. 하만이 가장 미워하는 사람이 그의 생각과 행복을 지배하게 된 것이다. 하만은 아하수에로가 그랬듯이 자신의 한없는 자존심이 무시당할 때 다른 이들에게 무엇을 해야 할지 물어본다. 아하수에로가 자기 신하만큼 악하진 않아도, 하만이 그의 왕을 닮은 점은 하나 이상이다.

5:14 하만의 아내, 세레스에게 아이디어가 있다. 하만은 이미 모르드개를 처형시킬 허락을 받았으나, 세레스는 모르드개를 죽일 때 굴욕감과 모멸감을 주는 방법을 보여준다. 시체를 매장하지 않고 노출시키는 것은 고대 세계에서 지독한 비극으로 간주되었다(사울의 시체에 이런 일이 일어나지 않게 하려고 길르앗 야베스 주민들이 보여준 용기와 위험 부담을 주목하라, 삼상 31:11-13). 아하수에로는 이미 (부지중에) 모르드개에게 사형 선고를 내렸다. 그런즉 그를 교수형에 처해 모두가 볼 수 있도록 거기에 내버려두는 사형의 수단을 명시하는 것은 사소한 일일 것이다. 그럴 때에야 비로소 하만의 끔찍한 욕구가 충족되고 그의 사치스러운 생활이 다시 시작될 수 있다.

에스더의 잔치에 대한 하만의 해석이 지닌 아이러니는 5:14에 나오는 세레스의 말로 더욱 고조된다. 그녀가 하만에게 좋은 기분으로 에스더의 잔치에 참석하기 전에 모르드개를 매달도록 요청하라고 충고하기 때문이다. 그들이 모르는 사이에 하만은 에스더가 준비한 함정에 직접 빠지는 중이다.

응답

우리가 곧 보게 될 것처럼 다음 장은 이 이야기의 전환점이다. 왕이 잠 못 이루는 밤을 보낸 후 사태는 유다인에게 점점 더 유리하게 그리고 그들의 대적들에게는 불리하게 흘러갈 것이다. 그러나 내레이터는 우리를 그 지점까지 너무 빨리 데려가지 않는다. 에스더는 자신의 계획에 시동을 걸었지만, 지금까지 하만은 유다인의 지도자들 중 한 명의 모욕적인 죽음을 계획함으로써 그 민족에 대한 승리를 강화했을 따름으로 보인다. 에스더의 잔치에 대한 하만과 세레스의 아이러니한 오해는 다가오는 반전을 암시하지만, 이는 어디까지나 암시에 불과하다. 이 모든 사건의 배후에 하나님의 섭리의 바퀴가 돌아가고 있으나 그 바퀴는 서서히 돌아가고 있다. 우리도 마찬가지다. 우리가 하나님의 백성을 위해 세상에서 위험을 무릅쓸 때, 특히 그들의 목숨이 위험에 처해 있을 때, 우리 역시 어쩌면 상황이 악화될 때까지 기다려야 할지 모른다. 그러나 어떤 형태를 띠든 간에 하나님의 섭리에 따른 구원은 방해받지 않는다.

1 그날 밤에 왕이 잠이 오지 아니하므로 명령하여 역대 일기를 가져다
가 자기 앞에서 읽히더니 2 그 속에 기록하기를 문을 지키던 왕의 두
내시 빅다나와 데레스가 아하수에로 왕을 암살하려는 음모를 모르드
개가 고발하였다 하였는지라 3 왕이 이르되 이 일에 대하여 무슨 존귀
와 관작을 모르드개에게 베풀었느냐 하니 측근 신하들이 대답하되 아
무것도 베풀지 아니하였나이다 하니라 4 왕이 이르되 누가 뜰에 있느
냐 하매 마침 하만이 자기가 세운 나무에 모르드개 달기를 왕께 구하
고자 하여 왕궁 바깥뜰에 이른지라 5 측근 신하들이 아뢰되 하만이 뜰
에 섰나이다 하니 왕이 이르되 들어오게 하라 하니 6 하만이 들어오거
늘 왕이 묻되 왕이 존귀하게 하기를 원하는 사람에게 어떻게 하여야
하겠느냐 하만이 심중에 이르되 왕이 존귀하게 하기를 원하시는 자는
나 외에 누구리요 하고 7 왕께 아뢰되 왕께서 사람을 존귀하게 하시려
면 8 왕께서 입으시는 왕복과 왕께서 타시는 말과 머리에 쓰시는 왕관
을 가져다가 9 그 왕복과 말을 왕의 신하 중 가장 존귀한 자의 손에 맡
겨서 왕이 존귀하게 하시기를 원하시는 사람에게 옷을 입히고 말을
태워서 성 중 거리로 다니며 그 앞에서 반포하여 이르기를 왕이 존귀
하게 하기를 원하시는 사람에게는 이같이 할 것이라 하게 하소서 하
니라 10 이에 왕이 하만에게 이르되 너는 네 말대로 속히 왕복과 말을

가져다가 대궐 문에 앉은 유다 사람 모르드개에게 행하되 무릇 네가
말한 것에서 조금도 빠짐이 없이 하라 11 하만이 왕복과 말을 가져다
가 모르드개에게 옷을 입히고 말을 태워 성 중 거리로 다니며 그 앞에
서 반포하되 왕이 존귀하게 하시기를 원하시는 사람에게는 이같이 할
것이라 하니라

1 On that night the king could not sleep. And he gave orders to bring
the book of memorable deeds, the chronicles, and they were read
before the king. 2 And it was found written how Mordecai had told
about Bigthana[1] and Teresh, two of the king's eunuchs, who guarded
the threshold, and who had sought to lay hands on King Ahasuerus.
3 And the king said, "What honor or distinction has been bestowed
on Mordecai for this?" The king's young men who attended him said,
"Nothing has been done for him." 4 And the king said, "Who is in
the court?" Now Haman had just entered the outer court of the king's
palace to speak to the king about having Mordecai hanged on the
gallows[2] that he had prepared for him. 5 And the king's young men
told him, "Haman is there, standing in the court." And the king said,
"Let him come in." 6 So Haman came in, and the king said to him,
"What should be done to the man whom the king delights to honor?"
And Haman said to himself, "Whom would the king delight to honor
more than me?" 7 And Haman said to the king, "For the man whom
the king delights to honor, 8 let royal robes be brought, which the king
has worn, and the horse that the king has ridden, and on whose head a
royal crown[3] is set. 9 And let the robes and the horse be handed over to
one of the king's most noble officials. Let them dress the man whom
the king delights to honor, and let them lead him on the horse through
the square of the city, proclaiming before him: 'Thus shall it be done

to the man whom the king delights to honor.'" 10 Then the king said to
Haman, "Hurry; take the robes and the horse, as you have said, and do
so to Mordecai the Jew, who sits at the king's gate. Leave out nothing
that you have mentioned." 11 So Haman took the robes and the horse,
and he dressed Mordecai and led him through the square of the city,
proclaiming before him, "Thus shall it be done to the man whom the
king delights to honor."

12 모르드개는 다시 대궐 문으로 돌아오고 하만은 번뇌하여 머리를
싸고 급히 집으로 돌아가서 13 자기가 당한 모든 일을 그의 아내 세레
스와 모든 친구에게 말하매 그중 지혜로운 자와 그의 아내 세레스가
이르되 모르드개가 과연 유다 사람의 후손이면 당신이 그 앞에서 굴
욕을 당하기 시작하였으니 능히 그를 이기지 못하고 분명히 그 앞에
엎드러지리이다
12 Then Mordecai returned to the king's gate. But Haman hurried to
his house, mourning and with his head covered. 13 And Haman told
his wife Zeresh and all his friends everything that had happened to
him. Then his wise men and his wife Zeresh said to him, "If Mordecai,
before whom you have begun to fall, is of the Jewish people, you will
not overcome him but will surely fall before him."

14 아직 말이 그치지 아니하여서 왕의 내시들이 이르러 하만을 데리
고 에스더가 베푼 잔치에 빨리 나아가니라
14 While they were yet talking with him, the king's eunuchs arrived and
hurried to bring Haman to the feast that Esther had prepared.

1 Bigthana is an alternate spelling of *Bigthan* (see 2:21) *2* Or *wooden beam* (see note on 2:23) *3* Or *headdress*

단락 개관

모르드개와 에스더는 무대에서 내려가고, 왕은 섭리에 의해 모르드개가 자신의 목숨을 해치려는 음모를 폭로하는 공로를 세웠으나 보상을 받지 못했다는 사실(2:21-23)을 기억하게 된다. 이것은 일련의 사건들을 촉발시켜서 결국 유다인들의 구원으로 이어진다.

단락 개요

VI. 전환점: 아하수에로가 모르드개를 영예롭게 하다(6:1-14)
- A. 아하수에로가 모르드개를 영예롭게 하기로 결심하다(6:1-3)
- B. 아하수에로가 모르드개를 영예롭게 하도록 하만에게 지시하다(6:4-9)
- C. 하만이 모르드개를 영예롭게 하다(6:10-14)

주석

6:1-3 언뜻 보기에는 무해하고 이 이야기와 상관없는 듯한 세부사항이 나온다. 왕이 잠 못 이루는 밤을 보내려고 흥밋거리를 찾고 있는 모습이다. 그러나 그 밤의 낭독이 모르드개가 왕을 위해 용감하고 충성스러운 행동을 했으나 보상을 받지 못한 대목에 이르면, 독자는 하나님의 손이 또 다른 우연의 일치를 통해 그분의 백성을 대적으로부터 구하려고 일하고 계심을 보게 된다. 이는 모르드개와 에스더가 이 상황에서 일하고는 있지만 이 책의 결과가 단순히 그들의 수고에 대한 보상이 아니라는 것을 보여준

다. 그들이 승리를 '야기하는' 것이 아니다. 그들은 사실상 이번 장에 거의 개입하지 않는다.

6:4 페르시아 왕궁과 같이 위험한 곳에서 왕은 모르드개가 취한 행동에 보상하는 것이 자신에게 이익이 된다는 것을 안다. 그래서 왕은 모르드개를 영예롭게 한 적이 없다는 것을 알고 나서 즉시 행동을 취해 가까운 곳에 이 간과를 바로잡도록 도와줄 사람이 있는지 물어본다. 또 다른 완벽한 우연의 일치가 일어난다. 하만이 그 순간에 아하수에로가 이제 영예롭게 하길 원하는 바로 그 사람을 처형할 허락을 받으려고 오고 있다. 다시금 독자는 이런 환경을 조성하려고 하나님의 손이 일하고 계심을 보지 않을 수 없다.

6:5-6 스스로 결정한 적이 없는 아하수에로는 눈에 보이는 첫 사람에게 어느 특정한 사람을 어떻게 영예롭게 해야 할지 물어본다. 왕은 아마 그의 대표 자문관이 거기에 있어서 자기가 찾던 충고를 받는 것이 시의적절하다고 생각했을 것이다. 다른 한편, 하만은 최근의 사건들에 대해 계속해서 자기 확대적인 해석을 한다. 아니, 제국의 제2인자, 왕과 왕비와 함께하는 사적인 잔치에 초대받은 유일한 사람 이외에 왕이 영예롭게 하려는 사람이 어디에 있겠는가? 하만은 여기서 자신의 상처받은 자존심을 달랠 수 있는 방안을 보았을 것이다(5:13). 왕의 질문에 대한 하만의 해석은 그의 상상의 나래를 마음껏 발휘하여 자기가 원하는 보상을 다 만들어낼 수 있게 한다.

6:7-9 앞장에서 하만의 자기연민에 대해 논평하면서 하만이 스스로 행복해지기 위해 무엇을 더 원할 수 있을지 물어보았다. 여기서 하만이 자신의 한없는 자존심을 만족시키기 위해 바로 그 시나리오를 염두에 두고 있다는 것을 알게 된다. 적어도 한동안은 그랬다. 7절에 나오는 그의 요청은 문장의 단편으로 번역될 수도 있다. 마치 그 일이 그에게 일어난 것처럼 상상하며 그것을 음미하는 모습이다. '왕께서 존귀하게 하길 기뻐하는 그 사

람-그들로 왕복을 가져오게 하고'(ESV 참고). 왕의 옷을 입히고, 왕의 꽃마차를 태우고, 왕의 관을 씌우게 하라고 하만이 요청하는 것은 왕족처럼 대우하라는 뜻이다. 그리고 제국의 도성 중에 가장 공적인 장소(도성 광장, 9절. 개역개정은 "성 중 거리")에서 그처럼 공식적인 인정을 받게 하라고 한다. 제국의 제2인자에게는 그 이상 승진할 직책이 없다.

6:10-12 일련의 대칭적인 반전 중 첫째 장면을 보면, 하만은 자신이 영예롭게 될 방식을 상세히 묘사하는 대신 그가 모르드개를 영예롭게 할 방식을 묘사한 것이다. 모르드개는 하만이 매달게 해달라고 요청하러 왔던 바로 그 사람이다. "대궐 문에 앉은 유다 사람 모르드개"란 어구는 5:13에서 하만이 자기 불행의 근원을 묘사하기 위해 사용했던 그 어구다. 하만에게 있어서 자기가 가장 미워하던 적을 위해 상상했던 그 영예를 직접 수행하는 것보다 그를 더 완벽하게 또는 고통스럽게 굴욕을 안겨줄 수 있는 것이 있을까? 모르드개나 하만의 감정은 기록되어 있지 않다. 하지만 그 침묵은 우리로 하여금 하만이 도성 광장에서 모르드개의 영예를 외칠 때 느꼈을 분노와 치욕의 폭풍을 상상하게 만든다. 다른 한편, 모르드개는 그 행사가 끝날 때 그냥 대궐 문으로 돌아온다(6:12). 즉, 그의 일터로 되돌아온 것이다. 그는 2장 끝에서 음모를 폭로할 때 아무런 보상도 구하지 않았고 지금도 그것의 영향을 받지 않는 듯하다.

이와 대조적으로, 하만은 자기 얼굴을 가린 채(고통과 슬픔의 표시, 삼하 15:30; 렘 14:3-4)[3] 서둘러 집으로 간다. 그에게는 그것이 종말의 시작이다.

6:13 하만은 5장에 나오는 전략을 되풀이하여 자기 아내와 친구들에게 충고를 구한다. 모르드개의 유다인 혈통이 그들을 무겁게 억누른다. 만일 하만의 대적이 다른 민족 집단에 속했다면, 하만이 자기 권세를 되찾을 수

3 마이클 폭스는 페르시아 사람들 가운데 이런 행습이 있었다는 몇몇 증거가 있다고 한다(*Character and Ideology*, 79).

도 있을 것이라고 그들이 암시한다. 그런데 하만의 아내와 친구들은 확실히 유다인의 친구가 아닌데도 이것은 하만이 도무지 빠져나올 수 없는 소용돌이의 시작일 뿐이라고 확신한다.

이 페르시아 이방인들은 어째서 유다인의 성공을 그토록 확신하는 것일까? 그들이 어떤 패턴을 알아챌 만큼 페르시아의 유다인들과 충분한 접촉이 있었던 것일까? 그 이유는 금방 분명히 보이지는 않아도 내레이터는 유다인의 적들조차 인식하는 방식으로(비록 그들은 이 성공을 누구의 덕분으로 돌려야 할지 모를지라도) 하나님의 손이 일하고 계시는 것을 우리가 보기를 원한다. 모르드개가 유다인이란 사실 또한 이제는 공개되어 있다. 이것은 유다인을 해치려던 하만의 계획에 일어난 첫 번째 균열이다. 왕이 그토록 영예롭게 했던 사람이 어떻게 처형될 수 있을까?

6:14 또 다른 완벽한 타이밍에 일어나는 아이러니가 있다. 하만이 이 사건의 뜻을 곰곰이 생각할 겨를도 없이 서둘러 에스더의 둘째 잔치에 가야 한다는 것이다. 하만이 거기에 가는 동안 그의 머릿속에 어떤 생각이 떠올랐을지 궁금할 따름이다.

응답

에스더서는 반전(9:2, 22)의 책이고, 이번 장은 그 시작을 보여준다. 하만이 자신의 왜곡되고 거창한 설계 속에 걸려들어서 그가 빼앗으려던 목숨의 주인을 존귀케 하지 않을 수 없는 장면을 보면 통쾌함을 느끼게 된다. 모르드개는 이 책에서 명시적으로 하나님을 영화롭게 하거나 언급하지 않지만 존경을 받을 만한 사람이다. 이보다 훨씬 큰 반전들이 에스더서의 독자를 기다리고 있지만, 그것들은 훗날에 살았던 한 유대인의 반전들, 곧 모르드개처럼 군중에 의해 왕으로 환호를 받았으나 곧 죄인들의 자리에서 가시 면류관이 쓰인 인물의 반전들에 의해 미미해진다. 성경의 가장 큰 반전들은 에스더서에서 울려 퍼지고, 이는 이 책과 성경의 다른 본문 간의 강한 연결점 중 하나다.

이번 장은 또한 하나님이 그분의 백성을 파멸시키려는 적들로부터 구원하시기 위해 달리 어떻게 일하실 수 있을지에 대해 경탄하게 만든다. 하나님이 그분의 백성을 구원하시는 사건은 모르드개와 에스더의 위험 감수와 용기와 관련되어 있으나 그들의 개입이 반드시 필요했던 것은 아니다. 하나님의 느리지만 확실한 섭리를 살펴보면 오늘날의 그리스도인들도 모르드개와 에스더와 비슷한 상황에 처했을 때에 담대함을 얻을 수 있다. 하나님 백성의 대적들마저 하나님의 섭리 사역의 여파를 인식할 수 있다면, 우리 역시 그분의 백성이 공격을 당할 때 위험한 행동을 회피하면 안 된다.

1 왕이 하만과 함께 또 왕후 에스더의 잔치에 가니라 2 왕이 이 둘째
날 잔치에 술을 마실 때에 다시 에스더에게 물어 이르되 왕후 에스더
여 그대의 소청이 무엇이냐 곧 허락하겠노라 그대의 요구가 무엇이
냐 곧 나라의 절반이라 할지라도 시행하겠노라 3 왕후 에스더가 대답
하여 이르되 왕이여 내가 만일 왕의 목전에서 은혜를 입었으며 왕이
좋게 여기시면 내 소청대로 내 생명을 내게 주시고 내 요구대로 내 민
족을 내게 주소서 4 나와 내 민족이 팔려서 죽임과 도륙함과 진멸함
을 당하게 되었나이다 만일 우리가 노비로 팔렸더라면 내가 잠잠하였
으리이다 그래도 대적이 왕의 손해를 보충하지 못하였으리이다 하니
5 아하수에로 왕이 왕후 에스더에게 말하여 이르되 감히 이런 일을 심
중에 품은 자가 누구며 그가 어디 있느냐 하니 6 에스더가 이르되 대
적과 원수는 이 악한 하만이니이다 하니 하만이 왕과 왕후 앞에서 두
려워하거늘

1 So the king and Haman went in to feast with Queen Esther. 2 And
on the second day, as they were drinking wine after the feast, the
king again said to Esther, “What is your wish, Queen Esther? It shall

be granted you. And what is your request? Even to the half of my
kingdom, it shall be fulfilled." 3 Then Queen Esther answered, "If I
have found favor in your sight, O king, and if it please the king, let my
life be granted me for my wish, and my people for my request. 4 For we
have been sold, I and my people, to be destroyed, to be killed, and to be
annihilated. If we had been sold merely as slaves, men and women, I
would have been silent, for our affliction is not to be compared with the
loss to the king." 5 Then King Ahasuerus said to Queen Esther, "Who is
he, and where is he, who has dared[1] to do this?" 6 And Esther said, "A
foe and enemy! This wicked Haman!" Then Haman was terrified before
the king and the queen.

7 왕이 노하여 일어나서 잔치 자리를 떠나 왕궁 후원으로 들어가니라
하만이 일어서서 왕후 에스더에게 생명을 구하니 이는 왕이 자기에게
벌을 내리기로 결심한 줄 앎이더라 8 왕이 후원으로부터 잔치 자리에
돌아오니 하만이 에스더가 앉은 걸상 위에 엎드렸거늘 왕이 이르되
저가 궁중 내 앞에서 왕후를 강간까지 하고자 하는가 하니 이 말이 왕
의 입에서 나오매 무리가 하만의 얼굴을 싸더라 9 왕을 모신 내시 중
에 하르보나가 왕에게 아뢰되 왕을 위하여 충성된 말로 고발한 모르
드개를 달고자 하여 하만이 높이가 오십 규빗 되는 나무를 준비하였
는데 이제 그 나무가 하만의 집에 섰나이다 왕이 이르되 하만을 그 나
무에 달라 하매 10 모르드개를 매달려고 한 나무에 하만을 다니 왕의
노가 그치니라

7 And the king arose in his wrath from the wine-drinking and went into
the palace garden, but Haman stayed to beg for his life from Queen
Esther, for he saw that harm was determined against him by the king.
8 And the king returned from the palace garden to the place where

they were drinking wine, as Haman was falling on the couch where Esther was. And the king said, "Will he even assault the queen in my presence, in my own house?" As the word left the mouth of the king, they covered Haman's face. 9 Then Harbona, one of the eunuchs in attendance on the king, said, "Moreover, the gallows[2] that Haman has prepared for Mordecai, whose word saved the king, is standing at Haman's house, fifty cubits[3] high." And the king said, "Hang him on that." 10 So they hanged Haman on the gallows that he had prepared for Mordecai. Then the wrath of the king abated.

1 Hebrew *whose heart has filled him* *2* Or *wooden beam*; also verse 10 (see note on 2:23)
3 A *cubit* was about 18 inches or 45 centimeters

단락 개관

에스더가 하만에게 덫을 놓고 그를 폭로하는 데 성공한다. 또 다른 우연의 일치를 통해 왕은 자비를 구하는 하만의 호소를 잘못 해석하고 그를 처형시키게 된다.

단락 개요

VII. 에스더의 둘째 잔치와 하만의 교수형(7:1-10)
- A. 에스더가 하만의 음모를 폭로하다(7:1-6)
- B. 하만이 교수형을 당하다(7:7-10)

주석

7:1-2 이것은 왕이 에스더에게 무엇을 원하는지 세 번째로 묻는 순간이고, 에스더는 이미 자신의 요청을 밝히겠다고 약속한 바 있다(5:8). 에스더는 최선을 다해 덫을 놓았고 이제는 그것을 실행할 때다.

7:3 에스더는 자신의 요청을 가장 겸손한 말로 간접적으로 표현한다. 그녀는 처음에 자기 목숨과 자기 민족의 목숨을 살려달라고 간청한다. 아하수에로가 2절에서 그녀의 소원을 표현하려고 두 단어를 사용한 만큼, 에스더가 자신을 위한 "소청"(바람)과 자기 민족을 위한 "요구"(요청)를 나누는 것은 그녀의 목숨을 유다인의 목숨과 결부시켰음을 보여준다. 유다인을 죽이는 것은 곧 자신을 죽이는 것이라고 에스더가 말한다. 에스더는 왕비로서 누릴 법한 안전을 버리고 스스로 자기 민족과 함께 고난을 받기로 다짐한다.

7:4 아하수에로의 왕비가 목숨을 구해달라고 비는 것은 물론 왕에게 충격이었을 것이다. 어떤 설명이 필요했던 상황이라 에스더가 최대한 공손한 방식으로 그렇게 한다. 만일 유다인이 단지 노예로 팔리기만 했더라면 에스더가 굳이 무슨 말도 하지 않았을 터인데, 그것은 노예로 팔리는 유다인의 고통이 왕이 입게 될 손해와 비교하면 아무것도 아니었을 것이기 때문이라고 한다. 다만 그들이 몰살되도록 팔렸기 때문에 그녀가 감히 왕에게 그것에 대해 아뢰는 것이라고 에스더가 말한다. 에스더는 왕과 왕의 편익과 관련시켜 그 문제를 표현한다.

이 모든 것은 물론 과장된 것이다. 그러나 페르시아 왕궁의 관습은 아마 그런 과장법을 자주 사용했을 것이고, 에스더는 현재 지극히 예민한 자존심을 다루고 있다. 그녀는 가장 절박한 이유가 없으면 그 문제를 제기하지 않았을 것이라고 암시하면서 아하수에로의 자기 이익에 호소한다. 하지만 에스더는 아직 하만을 그녀의 대적으로 직접 거명하지 않았다. 그녀는 왕의 궁금증을 불러일으킨 후 이제 분노와 상처받은 느낌을 유발하고 있다. 그녀는 곧 그 분노를 의도된 대상에게로 향하게 할 것이다.

7:5 아하수에로가 왕비의 목숨을 위협하는 자가 누구인지 물을 때, 그는 하만에게 "한 민족"(3:8)을 해치는 계획을 법령으로 제정하도록 허락한 것을 기억하지 못하거나, 아직도 에스더가 유다인인 것을 알지 못해서(그녀는 7:3-4에서 유다인을 명시적으로 거론하지 않는다) 그 칙령이 왕비를 위협한다는 것을 알지 못하고 있다. 왕은 아내를 해치려는 음모에 관한 세부사항은 묻지 않는다. 그는 가능한 생명의 상실보다 왕족의 명예에 대한 범죄를 더 염려하는 것 같다.

7:6 이제 에스더가 덫을 되튀게 할 때다. 우리 앞에 앉은 "이 악한 하만"이 "대적과 원수"라고 그녀가 말한다. 그녀의 말은 각각 세 단어로 된 짧은 두 어구로 그녀의 분노로 인해 빨라진다.

아하수에로는 하만을 있는 그대로 보는 것이 중요하다. 비록 하만이 왕과 페르시아 제국의 친구로 용케 행세해왔을지라도, 에스더는 하만을 원수로, 이제껏 왕에게 불리한 음모를 꾸며온 자로 폭로하려고 애쓰는 중이다. 하만의 유일한 반응은 왕과 왕비 앞에서 말없이 공포에 떨고 있는 것이다.

7:7-8 이제 이 이야기의 결정적인 순간에 이르렀다. 하만의 음모가 그것에 대응할 권위를 가진 유일한 인물인 왕 앞에서 폭로되었다. 왕은 어떻게 할 것인가? 아하수에로의 분노 폭발이 용두사미로 끝나는 것은 처음 읽는 독자가 예상할 만한 것이 아니다. 그러나 그런 결말은 그에게 전혀 어색하지 않다. 이 책의 어느 지점에서도 그는 결정적 조치를 취하지 않을 것이다. 왕이 자리를 떠날 때, 하만은 자기가 왕의 호의를 못 받고 있음을 알 수 있다. 그러나 왕은 아직도 아무것도 행하지 않았다.

이번 장은 에스더가 목숨을 구해달라고 애걸하는 장면으로 시작되었다.

이제 하만이 자기보다 권세가 높은 유일한 인물에게 자기 목숨을 구해달라고 애걸한다. 모르드개가 절하지 않고(3:2) 일어나지도 않는다고(5:9) 화를 냈던 사람이 이제는 에스더 앞에서 일어서고 엎드리며 애걸복걸한다. "엎드[리다]"란 단어는 6:13에 나오는 것과 동일하다. 하만의 아내와 친구들이 예측한 일이 이제 문자 그대로 일어나는 중이다.

섭리에 따른 또 다른 우연의 일치로, 바로 이런 일이 벌어질 때 왕이 되돌아와서 완전히 잘못된 결론을 이끌어낸다. 참회하는 하만의 모습이 그에게 유리하게 여겨질 수도 있었으나, 아하수에로는 하만이 에스더 앞에 엎드린 자세를 자신의 영예와 소유(이 경우에는 그의 아내)의 견지에서 해석한다. 물론 이미 공포에 질린 하만이 왕이 생각하는 그런 행동을 한다는 것은 가능성이 지극히 희박하다. 그러나 아하수에로는 특히 여자들과의 관계에서 자신의 영예에 사로잡혀 있다. 아울러 고대 페르시아의 관습에 따르면 아무도 후궁 여자의 일곱 발걸음 이내에 다가오면 안 된다.[4] 남들이 있는 자리에서도 그렇다. 하만이 사회적 규약을 위반한 것 때문에 아하수에로가 그릇된 결론을 내리기가 더 쉬웠을 것이다. 아이러니하게도, 하만은 실제적인 범죄(페르시아의 유다인을 죽이려는 음모) 때문이 아니라 강간 미수라는 그릇된 혐의로 인해 처형될 것이다. 후자가 전자보다 아하수에로를 더 괴롭히는 듯이 보인다.

가까이에 다른 신하들도 있는 듯 보이지만, 에스더가 아마 하만의 혐의를 벗겨줄 수 있는 유일한 사람일 것이다. 그런데 그녀는 아무 말도 하지 않는다. 어떤 주석가들은 에스더가 진상을 밝히지 않은 것이 잘못이라고 한다. 하지만 만일 하만이 이 곤경을 벗어나고 처형을 모면한다면, 유다인의 파멸에 헌신하고 또 그것을 기뻐하는 사람이 결국 그의 목적을 달성할 수도 있다. 하만은 이 장면에서 엎드려 있으나 아직 완전히 패배한 것은 아니다. 아하수에로는 남의 영향을 잘 받고 변덕스러우며 에스더 민족

4 Edwin M. Yamauchi, *Persia and the Bible* (Grand Rapids, MI: Baker, 1990), 262.

의 파멸을 두고 유감이나 괴로움을 표명한 적이 없다는 것을 기억할 필요가 있다.

에스더가 침묵을 지키고 하만의 얼굴이 가려진다. 그는 앞서 왕궁에서 달아날 때 그의 얼굴을 가린 적이 있다(6:12). 이제 왕이 말하자 다른 신하들이 이 의례를 수행한다. 그의 운명은 결정되었다.

7:9-10 다시 한번 또 다른 목소리가 아하수에로가 할 일을 결정하도록 돕는다. 교수대는 누구나 알고 있는 것이 분명하다. 하만이 그것을 세운 목적도 마찬가지다. 하만이 이 교수대에 왕의 목숨을 구한 사람을 매달려고 했다는 사실은 아하수에로에게 쉬운 결정을 내리게 한다. 9-10절에 하만이 모르드개를 위해 이 교수대를 세웠다는 것이 두 차례 명시되어 있는데, 이는 하만의 운명이 인과응보임을 강조한다. 하만의 악이 그 자신을 함정에 빠뜨리는 만큼 이는 독자에게 만족감을 주도록 되어 있다. 현대적 감성은 물론 이를 어렵게 여길 수 있다. 그러나 아무리 마땅해도 누군가의 고통과 죽음을 즐기는 것은 왜곡된 모습이겠지만(그러는 것은 하만의 태도와 비슷하다!), 하나님의 정의를 보고 침울한 만족을 느끼는 것은 도덕적으로 추악한 것이 아니다. 성경이 거듭해서 증언하는 바에 따르면, 하나님은 악을 실행하는 자들이 그 악에 의해 파멸되는 방식으로 창조세계를 다스리신다고 한다. "함정을 파는 사람은 자기가 그 속에 빠지고"(잠 26:27, 새번역, 참고. 시 7:12-16; 9:15; 57:6; 잠 28:10). 현대인이 이 진리를 불편해 하는 것은 하나님이 땅에서 악을 심판하고 정의와 공의를 세우시는 것을 불편해 하는 것이다. 만일 하만이 교수대를 피하고 싶었다면, 그는 결코 그것을 세우지 말았어야 한다. 아울러 이 사람은 달리 평안을 찾을 수 없었기 때문에 하나님의 백성을 파멸시키기에 헌신한 인물임을 생각할 필요가 있다(에 5:13-14). 하나님의 백성이 구원받고 하만이 자기 목숨을 유지할 수 있는 시나리오를 상상하는 것이 과연 가능한가?

응답

하만의 처형과 함께 페르시아에서 하나님의 백성의 구원이 시작되었다. 에스더는 이번 장에서 가장 훌륭하고 명민한 모습을 보여주었다. 그녀는 하만을 있는 그대로 폭로하고, 하만의 책략은 그를 함정에 빠뜨린다. 놀랍게도, 에스더는 이 장 전반부의 주인공이지만 후반부에서는 수동적이다. 그녀는 왕이 그의 총애하는 자문관에 관한 진실을 보도록 이끌긴 해도 그의 죽음을 요구하진 않는다. 따라서 하나님이 그분의 백성 중 하나를 높여서 난폭한 박해로부터 그분의 백성을 구원하는 핵심 역할을 수행하게 하실 때(4:14), 그들이 영향을 미치는 시기는 지나가고 다른 세력이 일하게 되는 듯하다.

우리는 이번 장에서 악의 기만적 속성을 보게 된다. 에스더의 잔치에 대한 하만의 오해는 그를 곧바로 함정에 빠지게 하고 그의 운명을 확정짓는 것을 의미한다. 하나님이 그분의 백성에게 약속을 지키신다는 것은 부분적으로 악의 심판과 파멸을 포함한다. 사실 하나님이 악을 심판하지 않으신다면 그것은 그분의 약속에 신실하지 못하다는 뜻이다. 끝으로, 하나님이 페르시아에서 그분의 백성을 구원하는 장면(비록 그들이 그분을 잊어버린 것 같아도)을 통해, 우리는 하나님 편에서 훨씬 큰 영적 대적으로부터 훨씬 큰 구출을 감행하는 모습을 미리 보게 된다.

Esther
에스더
8:1-9:18

8장

8:1 그날 아하수에로 왕이 유다인의 대적 하만의 집을 왕후 에스더에
게 주니라 에스더가 모르드개는 자기에게 어떻게 관계됨을 왕께 아뢰
었으므로 모르드개가 왕 앞에 나오니 2 왕이 하만에게서 거둔 반지를
빼어 모르드개에게 준지라 에스더가 모르드개에게 하만의 집을 관리
하게 하니라

8:1 On that day King Ahasuerus gave to Queen Esther the house of
Haman, the enemy of the Jews. And Mordecai came before the king,
for Esther had told what he was to her. 2 And the king took off his
signet ring, which he had taken from Haman, and gave it to Mordecai.
And Esther set Mordecai over the house of Haman.

3 에스더가 다시 왕 앞에서 말씀하며 왕의 발 아래 엎드려 아각 사람
하만이 유다인을 해하려 한 악한 꾀를 제거하기를 울며 구하니 4 왕이
에스더를 향하여 금 규를 내미는지라 에스더가 일어나 왕 앞에 서서
5 이르되 왕이 만일 즐거워하시며 내가 왕의 목전에 은혜를 입었고 또
왕이 이 일을 좋게 여기시며 나를 좋게 보실진대 조서를 내리사 아각

사람 함므다다의 아들 하만이 왕의 각 지방에 있는 유다인을 진멸하
려고 꾀하고 쓴 조서를 철회하소서 6 내가 어찌 내 민족이 화 당함을
차마 보며 내 친척의 멸망함을 차마 보리이까 하니 7 아하수에로 왕이
왕후 에스더와 유다인 모르드개에게 이르되 하만이 유다인을 살해하
려 하므로 나무에 매달렸고 내가 그 집을 에스더에게 주었으니 8 너희
는 왕의 명의로 유다인에게 조서를 뜻대로 쓰고 왕의 반지로 인을 칠
지어다 왕의 이름을 쓰고 왕의 반지로 인친 조서는 누구든지 철회할
수 없음이니라 하니라

3 Then Esther spoke again to the king. She fell at his feet and wept and
pleaded with him to avert the evil plan of Haman the Agagite and the
plot that he had devised against the Jews. 4 When the king held out the
golden scepter to Esther, Esther rose and stood before the king. 5 And
she said, "If it please the king, and if I have found favor in his sight,
and if the thing seems right before the king, and I am pleasing in his
eyes, let an order be written to revoke the letters devised by Haman
the Agagite, the son of Hammedatha, which he wrote to destroy the
Jews who are in all the provinces of the king. 6 For how can I bear to
see the calamity that is coming to my people? Or how can I bear to see
the destruction of my kindred?" 7 Then King Ahasuerus said to Queen
Esther and to Mordecai the Jew, "Behold, I have given Esther the house
of Haman, and they have hanged him on the gallows,[1] because he
intended to lay hands on the Jews. 8 But you may write as you please
with regard to the Jews, in the name of the king, and seal it with the
king's ring, for an edict written in the name of the king and sealed with
the king's ring cannot be revoked."

9 그때 시완월 곧 삼월 이십삼일에 왕의 서기관이 소집되고 모르드개

가 시키는 대로 조서를 써서 인도로부터 구스까지의 백이십칠 지방
유다인과 대신과 지방관과 관원에게 전할새 각 지방의 문자와 각 민
족의 언어와 유다인의 문자와 언어로 쓰되 10 아하수에로 왕의 명의로
쓰고 왕의 반지로 인을 치고 그 조서를 역졸들에게 부쳐 전하게 하니
그들은 왕궁에서 길러서 왕의 일에 쓰는 준마를 타는 자들이라 11 조
서에는 왕이 여러 고을에 있는 유다인에게 허락하여 그들이 함께 모
여 스스로 생명을 보호하여 각 지방의 백성 중 세력을 가지고 그들을
치려하는 자들과 그들의 처자를 죽이고 도륙하고 진멸하고 그 재산을
탈취하게 하되 12 아하수에로 왕의 각 지방에서 아달월 곧 십이월 십
삼일 하루 동안에 하게 하였고 13 이 조서 초본을 각 지방에 전하고 각
민족에게 반포하고 유다인들에게 준비하였다가 그날에 대적에게 원
수를 갚게 한지라 14 왕의 어명이 매우 급하매 역졸이 왕의 일에 쓰는
준마를 타고 빨리 나가고 그 조서가 도성 수산에도 반포되니라

9 The king's scribes were summoned at that time, in the third month,
which is the month of Sivan, on the twenty-third day. And an edict
was written, according to all that Mordecai commanded concerning the
Jews, to the satraps and the governors and the officials of the provinces
from India to Ethiopia, 127 provinces, to each province in its own script
and to each people in its own language, and also to the Jews in their script
and their language. 10 And he wrote in the name of King Ahasuerus
and sealed it with the king's signet ring. Then he sent the letters by
mounted couriers riding on swift horses that were used in the king's
service, bred from the royal stud, 11 saying that the king allowed the
Jews who were in every city to gather and defend their lives, to destroy,
to kill, and to annihilate any armed force of any people or province that
might attack them, children and women included, and to plunder their
goods, 12 on one day throughout all the provinces of King Ahasuerus,

on the thirteenth day of the twelfth month, which is the month of Adar.
13 A copy of what was written was to be issued as a decree in every
province, being publicly displayed to all peoples, and the Jews were
to be ready on that day to take vengeance on their enemies. 14 So the
couriers, mounted on their swift horses that were used in the king's
service, rode out hurriedly, urged by the king's command. And the
decree was issued in Susa the citadel.

15 모르드개가 푸르고 흰 조복을 입고 큰 금관을 쓰고 자색 가는 베 겉
옷을 입고 왕 앞에서 나오니 수산 성이 즐거이 부르며 기뻐하고 16 유
다인에게는 영광과 즐거움과 기쁨과 존귀함이 있는지라 17 왕의 어명
이 이르는 각 지방, 각 읍에서 유다인들이 즐기고 기뻐하여 잔치를 베
풀고 그날을 명절로 삼으니 본토 백성이 유다인을 두려워하여 유다인
되는 자가 많더라
15 Then Mordecai went out from the presence of the king in royal robes
of blue and white, with a great golden crown[2] and a robe of fine linen
and purple, and the city of Susa shouted and rejoiced. 16 The Jews had
light and gladness and joy and honor. 17 And in every province and in
every city, wherever the king's command and his edict reached, there
was gladness and joy among the Jews, a feast and a holiday. And many
from the peoples of the country declared themselves Jews, for fear of
the Jews had fallen on them.

9:1 아달월 곧 열두째 달 십삼일은 왕의 어명을 시행하게 된 날이라 유
다인의 대적들이 그들을 제거하기를 바랐더니 유다인이 도리어 자기
들을 미워하는 자들을 제거하게 된 그날에 2 유다인들이 아하수에로
왕의 각 지방, 각 읍에 모여 자기들을 해하고자 한 자를 죽이려 하니

모든 민족이 그들을 두려워하여 능히 막을 자가 없고 3 각 지방 모든
지방관과 대신들과 총독들과 왕의 사무를 보는 자들이 모르드개를 두
려워하므로 다 유다인을 도우니 4 모르드개가 왕궁에서 존귀하여 점
점 창대하매 이 사람 모르드개의 명성이 각 지방에 퍼지더라 5 유다인
이 칼로 그 모든 대적들을 쳐서 도륙하고 진멸하고 자기를 미워하는
자에게 마음대로 행하고 6 유다인이 또 도성 수산에서 오백 명을 죽이
고 진멸하고 7 또 바산다다와 달본과 아스바다와 8 보라다와 아달리야
와 아리다다와 9 바마스다와 아리새와 아리대와 왜사다 10 곧 함므다
다의 손자요 유다인의 대적 하만의 열 아들을 죽였으나 그들의 재산
에는 손을 대지 아니하였더라

9:1 Now in the twelfth month, which is the month of Adar, on the
thirteenth day of the same, when the king's command and edict were
about to be carried out, on the very day when the enemies of the Jews
hoped to gain the mastery over them, the reverse occurred: the Jews
gained mastery over those who hated them. 2 The Jews gathered in their
cities throughout all the provinces of King Ahasuerus to lay hands on
those who sought their harm. And no one could stand against them,
for the fear of them had fallen on all peoples. 3 All the officials of the
provinces and the satraps and the governors and the royal agents also
helped the Jews, for the fear of Mordecai had fallen on them. 4 For
Mordecai was great in the king's house, and his fame spread throughout
all the provinces, for the man Mordecai grew more and more powerful.
5 The Jews struck all their enemies with the sword, killing and
destroying them, and did as they pleased to those who hated them. 6 In
Susa the citadel itself the Jews killed and destroyed 500 men, 7 and also
killed Parshandatha and Dalphon and Aspatha 8 and Poratha and Adalia
and Aridatha 9 and Parmashta and Arisai and Aridai and Vaizatha,

10 the ten sons of Haman the son of Hammedatha, the enemy of the
Jews, but they laid no hand on the plunder.

11 그날에 도성 수산에서 도륙한 자의 수효를 왕께 아뢰니 12 왕이 왕
후 에스더에게 이르되 유다인이 도성 수산에서 이미 오백 명을 죽이
고 멸하고 또 하만의 열 아들을 죽였으니 왕의 다른 지방에서는 어떠
하였겠느냐 이제 그대의 소청이 무엇이냐 곧 허락하겠노라 그대의 요
구가 무엇이냐 또한 시행하겠노라 하니 13 에스더가 이르되 왕이 만일
좋게 여기시면 수산에 사는 유다인들이 내일도 오늘 조서대로 행하
게 하시고 하만의 열 아들의 시체를 나무에 매달게 하소서 하니 14 왕
이 그대로 행하기를 허락하고 조서를 수산에 내리니 하만의 열 아들
의 시체가 매달리니라 15 아달월 십사일에도 수산에 있는 유다인이 모
여 또 삼백 명을 수산에서 도륙하되 그들의 재산에는 손을 대지 아니
하였고

11 That very day the number of those killed in Susa the citadel was
reported to the king. 12 And the king said to Queen Esther, "In Susa
the citadel the Jews have killed and destroyed 500 men and also the
ten sons of Haman. What then have they done in the rest of the king's
provinces! Now what is your wish? It shall be granted you. And what
further is your request? It shall be fulfilled." 13 And Esther said, "If it
please the king, let the Jews who are in Susa be allowed tomorrow also
to do according to this day's edict. And let the ten sons of Haman be
hanged on the gallows."[3] 14 So the king commanded this to be done.
A decree was issued in Susa, and the ten sons of Haman were hanged.
15 The Jews who were in Susa gathered also on the fourteenth day of
the month of Adar and they killed 300 men in Susa, but they laid no
hands on the plunder.

16 왕의 각 지방에 있는 다른 유다인들이 모여 스스로 생명을 보호하
여 대적들에게서 벗어나며 자기들을 미워하는 자 칠만 오천 명을 도
륙하되 그들의 재산에는 손을 대지 아니하였더라 17 아달월 십삼일에
그 일을 행하였고 십사일에 쉬며 그날에 잔치를 베풀어 즐겼고 18 수
산에 사는 유다인들은 십삼일과 십사일에 모였고 십오일에 쉬며 이날
에 잔치를 베풀어 즐긴지라

16 Now the rest of the Jews who were in the king's provinces also
gathered to defend their lives, and got relief from their enemies and
killed 75,000 of those who hated them, but they laid no hands on the
plunder. 17 This was on the thirteenth day of the month of Adar, and
on the fourteenth day they rested and made that a day of feasting and
gladness. 18 But the Jews who were in Susa gathered on the thirteenth
day and on the fourteenth, and rested on the fifteenth day, making that a
day of feasting and gladness.

1 Or *wooden beam* (see note on 2:23) *2* Or *headdress* *3* Or *wooden beam*; also verse 25 (see note on 2:23)

단락 개관

이 이야기는 하만의 죽음으로 끝날 수도 있었으나, 페르시아 법령은 그 누구도 철회하도록 허락되지 않았기에 모르드개와 에스더는 하만의 칙령에 대응하기 위해 두 번째 칙령을 써야만 한다. 그래서 유혈 분쟁이 뒤따른다.

단락 개요

VIII. 하만의 칙령에 대한 대응책이 마련되고 유다인이 그들의 대적을 살해하다(8:1-9:18)
- A. 에스더가 하만에 대응하는 칙령을 쓰도록 허락받다(8:1-8)
- B. 칙령의 내용(8:9-14)
- C. 칙령의 결과(8:15-17)
- D. 칙령의 시행(9:1-10)
- E. 하만의 열 아들을 교수형에 처하고 두 번째 살육의 파도가 일다(9:11-18)

주석

8:1-2 뜻밖의 전개가 가득한 이 책에 또 다른 작은 반전이 일어난다. 페르시아에서는 반역자의 재산이 왕에게 되돌아가고 왕이 원하는 대로 분배하게 된다. 아하수에로가 하만의 재산을 에스더에게 주고, 에스더는 모르드개를 그 청지기로 임명한다. 여기서 에스더가 모르드개에게 하만의 재산을 관리하도록 명할 때 모르드개와 에스더 간의 관계가 에스더 편의 수동성에서 리더십으로 바뀌는 것을 보게 된다.

8:3-6 하만은 처형되었으나 유다인을 해치려던 그의 계획은 아직도 법적으로 유효하다. 에스더는 예전에 왕의 발 앞에 엎드려 울었던 적이 없으나 이제는 그렇게 하면서 유다인의 다가오는 파멸을 철회하는 칙령을 내려달라고 간청한다. 그녀는 자신에 대한 왕의 감정("내가 왕의 목전에 은혜를 입[었다면]")을 그녀의 계획에 대한 그의 승인과 묶어놓으면서 그것은 단지 하만의

생각일 뿐이라는 것을 강조한다. 이는 그것을 더 뒤집기 쉽게 만든다. 하지만 그렇게 하는 것은 왕에게 페르시아의 관습, 즉 법적 칙령은 변경될 수 없다는 관습을 거스르도록 요청하는 것이다(1:19). 아하수에로는 그렇게 하는 것을 자신의 온전함을 위반하는 것으로 보았을 수 있다. 어떤 주석가들은 취소될 수 없는 법령이란 페르시아의 관행은 비실제적이고 성경 외적 자료에 언급된 적이 없어서 역사적으로 개연성이 낮다고 주장해왔다. 그러나 정부가 비실제적인 방식으로 운영된 적이 적지 않고, 아하수에로의 결정이 아무리 어리석거나 해로울지라도 그것을 변경할 수 없게 하는 것이 그의 과도한 자존심과 잘 어울린다. 페르시아 법령의 특이한 성격이 없으면 페르시아의 유다인을 구출하는 일이 여기서 완전히 종결될 수 있다. 그러나 그로 인해 이야기가 조금 더 길어질 것이다.

에스더와 모르드개의 본래 계획은 유혈 참사 없이 그 상황을 해결하는 것임을 강조해야겠다. 에스더가 유다인과 동일시되는 것이 다시 강조되어 있다(8:6).

8:7-8 수많은 유다인의 목숨이 걸려 있긴 하지만, 아하수에로는 자신의 칙령이 아무리 어리석어도 그것을 변경하지 않을 것이다. 그 대신 그는 모르드개와 에스더에게 그들의 민족을 보호하기 위해 원하는 칙령을 무엇이든 쓰도록 허락한다. 이는 그가 하만의 요청을 다루었던 방식과 같다(3:10-11). 그는 달리 유다인의 생존에 대해 염려하지 않는 듯하다.

8:9-11 모르드개는 유다인에게 하만의 칙령이 효력을 발휘하는 날에 무장 공격으로부터 그들 자신을 방어할 수 있는 왕의 권위를 주는데(11절), 이는 페르시아 관료제의 복잡한 성격을 그대로 드러낸다. 하만의 칙령을 무효로 만들 수 없기에, 이 칙령이 유다인들로 하여금 그들 자신을 방어하도록 허용하는 것이다. 이제까지는 이 분쟁에서 그들의 역할이 완전히 수동적이다.

앞에서 이 주석은 하만의 운명에 대한 현대인의 과민함에 반대해 하만의 처형이 하나님의 정의로 인한 것이라고 변호한 바 있다. 그러나 여자들과 자녀들의 죽음을 허용하는 것을 변호하기는 더 어렵다. 한편으로, 칙령의 목적은 자기방어(11절)이고, 9:12에는 남자들만 언급되어 있어서 칙령의 이 부분이 실제로 실행되었는지는 불분명하다. 이 책에 나오는 반전의 완전한 대칭구조에 따르면, 유다인을 완전히 몰살시키라는 칙령에 반해 그들 역시 그렇게 하라는 칙령이 나오는 듯하다(3:13-15과 8:11-14을 참고하라). 거룩한 전쟁이라는 주제 역시 그 칙령에 영향을 미친다. 사울이 아말렉 족속에 대해 마무리하지 않은 것이 마침내 해결될 것이다(출 17:16; 삼상 15:3). 하만을 아각 사람으로 두 번이나 밝히는 것(에 8:3, 5, 3:10 이후로 사용되지 않은 용어)도 이 주제를 강조한다.

다른 한편, 페르시아의 유다인들이 스스로를 방어할 필요가 있음을 부인하지 않고도, 우리는 모르드개의 반대 칙령의 이 측면이 오싹하게 느껴진다. 이 지점에서 유다인과 그들의 대적 간의 닮은 점이 나타나기 시작하는 것은 유감스럽다. 페르시아의 유다인이 그들의 대적과 똑같은 폭력을 저지를 수 있는 모습이다. 이야기가 진전될 때 그들의 행동에 대한 도덕적 정당화는 갈수록 더 흔들릴 것이다.

8:12-14 하만의 칙령이 그랬듯이, 유다인들이 그들의 적에게 보복할 수 있는 권한을 부여받을 때 페르시아 정부의 전권이 다 가동된다(13절). "원수를 갚[다]"란 단어는 이전의 잘못된 것을 바로잡는 것을 말한다(참고. 수 10:13; 삼상 24:12; 시 99:8; 렘 5:9). 모르드개는 불가피한 충돌에 직면하여 페르시아의 관직을 이용해 유다인에게 가능한 모든 이점을 제공한다.

8:15 앞서 모르드개의 복장을 언급할 때는 그가 베옷을 입고 재 가운데서 흐느껴 우는 모습이었다(4:1-2). 모르드개의 왕복은 이제 그 상황이 완전히 역전된 것을 보여준다. 모르드개가 영예롭게 된 것에 도성이 기뻐하는 모습은 이전에 왕의 칙령을 두고 소란했던 모습(3:15)과 정반대다. 모든 사람이 모르드개 같은 인물이 영향력 있는 직책을 가진 것을 즐거워하고 있다.

8:16-17 하만의 칙령이 페르시아의 유다인 가운데 일으킨 두려움과 고뇌(4:3) 역시 반전되고 있다. 이 책의 다른 곳에서도 권력 변동이 있을 때 잔치가 열리는데 이번에는 완전히 행복한 경우다.

많은 페르시아 사람이 유다인이 되는 것은 페르시아 유다인의 운명이 반전되는 과정을 계속 이어간다(8:17). 하지만 이 책의 다른 많은 시점과 마찬가지로 하나님의 대의의 승리라고 보기에는 애매모호한 점이 있다. 본문은 페르시아의 이방인들이 믿음과 회개를 통해 여호와께로 돌이켰다고 말하지 않고 다만 그들이 유다인의 관습과 관행을 채택했다고 말할 뿐이다. 이 책의 다른 곳에서 그러듯이, 내레이터는 하나님에 관해 명시적으로 얘기할 기회가 있을 때도 그렇게 하지 않는다. 우리는 이것을 유다인의 반전된 운명의 한 측면으로 보아야 하지만, 구약의 다른 개종 이야기들, 곧 단지 유다인의 정체성을 취하는 데 그치지 않고 주님에 대한 명시적인 충성에 초점을 두는 그런 이야기들(수 2:11; 왕하 5:15; 사 45:14)과 뚜렷한 대조를 이루는 것을 보지 않을 수 없다.

9장

9:1 이 책의 주된 가르침은 이 구절의 완벽한 반전 현상에 요약되어 있다. 유다인의 대적들이 유다인들을 파멸시키길 바랐던 바로 그날에 유다인들이 그들에 대한 지배권을 얻었다.

9:2-4 일반적으로 페르시아 유다인과 특히 모르드개에 대해 두려워했다는 두 개의 비슷한 진술이 나온다. 유다인이 전투를 위해 집결할 때 아무도 그들을 대항할 수 없었다(2절, 5절까지는 전투에 합류하지 않았지만 이미 그 결과를 알려준다). 둘째, 모르드개에 대한 두려움과 그의 페르시아 왕궁에서의 득세 때문에 관료들이 유다인을 지원한다(3-4절).

유다인의 대적을 엄습하는 두려움(2절)은 이스라엘 역사 초기의 전투들을 묘사하는 어구를 상기시킨다(참고. 출 15:16; 수 2:9; 삼상 11:7; 시 105:38). 유다인 전투원들 중 아무도 그것을 인식하지 않았을지라도, 구속 역사의 미완성된 부분이 아말렉 자손들을 대항하는 이 전투에서 해결될 것이다. 그러나 다시 한번 그런 이전의 전투 행위가 하나님의 명시적 재가를 받았다는 것을 주목하면 여기에는 모호한 성격이 있다. 이 전투에 대한 유일한 재가는 페르시아 국가에서 나온다. 비록 하나님이 그분의 백성을 구출하기 위해 일하고 계실지라도, 이 구출의 세부사항이 명백히 긍정적인 방식으로 묘사되어 있다고 주장하기는 어렵다.

9:5-10 칙령은 유다인이 스스로를 방어하도록 허용하게 되어 있지만, 유다인은 정해진 날에 방해나 제한이 없이("마음대로 행하고", 5절) 주도적으로 그들의 대적을 살해하는 듯이 보인다. 허용되었는데도 유다인이 재산을 빼앗지 않았다는 것(10절)은 예전에 사울과 백성이 아말렉 사람들을 파멸시키는 대신 약탈했던 잘못(삼상 15:3, 9)을 반전시킨다.

9:11-12 아하수에로는 자기 아내의 민족이 구원받은 것에 안도를 표명하지 않고 그의 나라에서 수많은 목숨을 잃은 것을 놓고 슬퍼하지도 않는다. 그 대신 유혈 사태의 수준에 깊은 인상을 받는 것 같다. 싸움을 둘째 날까지 연장한(13절) 유일한 이유는 그것이 지금까지 잘 진행되고 있다는 그의 느낌 때문이다.

9:13 에스더는 유다인에게 싸울 날을 하루 더 달라고 그리고 살육의 첫날에 이미 죽은 하만의 열 아들을 그 아버지처럼 교수대에 매달도록 요청한다. 두 가지를 모두 요청하는 에스더의 모습은 보복적이고 잔인하기까지 하다. 어느 것도 도덕적으로 정당화될 수 없다.

후자에 관해 말하자면, 심각한 범죄를 저지른 사람들의 시체를 매다는 것이 흔했다 할지라도(참고. 수 8:29; 10:26), 여기서 이것이 페르시아의 유다인을 해치려는 사람에게 경고의 역할을 하는 것 말고는 무슨 목적을 이룰지 상상하기가 어렵다. 에스더는 하만이 이런 운명에 처하는 것에 개입하지 않았다. 그런데 그녀가 그 대적의 아들들이 그렇게 되도록 요청하는 것은 상당한 변화가 아닐 수 없다.

두 번째 싸움의 날에 관해 말하자면, 하만의 본래 칙령은 단 하루 동안 유다인이 살해되도록 승인했던 만큼, 싸울 날을 하루 더 연장할 필요가 없다. 그녀의 의도는 유다인를 향한 분개를 품는 것으로 의심되는 사람들을 제거하는 등 예방과 처벌의 성격을 지닌 듯하다. 그런데 왕비가 어떤 사람들이 무슨 일을 저지를지 모른다고 의심하기 때문에 그들을 죽이는 것이 정당한가? 에스더가 하만의 음모를 폭로하고 그의 칙령을 철회해달라고 애걸하는 이유는 설득력이 있었다(에 7:4; 8:6). 그런데 여기서 그녀는 정당화의 논리 없이 자신의 요구사항을 다짜고짜 주장한다. 첫째 날의 싸움은 어느 정도 정당성이 있었다. 하지만 이번 싸움은 정당화될 수 없다. 이런 면에서 에스더가 그녀의 적과 비슷하게 행동하는 것은 슬픈 일이다.

9:14-18 왕이 에스더의 두 가지 요청을 모두 허락해서 그것들이 실행된다(14-15절). 싸움은 흩어진 유다인들이 몸담은 다양한 장소에서 발생한다(16-18절).

응답

그분의 백성을 구출하는 미묘하지만 분명한 하나님의 섭리의 손길과 그분이 도구로 사용하시는 사람들의 도덕적 불완전함을 둘러싼 에스더서의 애매모호한 성격이 이제 절정에 달했다. 한편으로, 페르시아 법률 제도의 경직성과 자신의 칙령을 위반하길 싫어하는 아하수에로의 입장을 감안하면, 모르드개가 다가오는 폭력의 위협에 대해 다른 어떤 조치를 취할 수 있었을지 상상하기가 어렵다. 그러나 에스더와 모르드개와 유다인들이 통치자인 아하수에로의 약점을 이용해서 적으로 간주되는 모든 사람을 제거하는 둘째 날의 싸움은 어떤 식으로도 정당화될 수 없다(9:14-15). 만일 에스더 당시의 유다인들이 장차 그들 조상의 하나님이 미래의 공격에서도 그들을 구출하실 것으로 믿고 그들의 안전보다 열방 가운데 그분의 명성과 영광에 더 관심이 있었더라면, 이 승리가 어떤 양상을 보였을까 하는 궁금증을 떨칠 수 없다. 에스더서가 하나님의 백성이 유배지에서 지혜롭게 사는 법에 관심이 있는 만큼, 복음서는 우리에게 우리를 둘러싼 이방인들의 적대감을 다루는 데 필요한 더 나은 틀을 분명히 제공한다(벧전 1:1; 2:13-17). 새 언약의 신자들은 그들을 영적 어둠에서 구출하신 하나님의 "아름다운 덕을 선포하[는]" 의무가 있음을 간과할 수 없다(벧전 2:9). 오늘날의 신자들은 에스더서의 등장인물들보다 하나님의 구원 행위의 더 나은 청지기가 되기를 바란다.

9:19 그러므로 시골의 유다인 곧 성이 없는 고을고을에 사는 자들이 아
달월 십사일을 명절로 삼아 잔치를 베풀고 즐기며 서로 예물을 주더라
9:19 Therefore the Jews of the villages, who live in the rural towns,
hold the fourteenth day of the month of Adar as a day for gladness and
feasting, as a holiday, and as a day on which they send gifts of food to
one another.

20 모르드개가 이 일을 기록하고 아하수에로 왕의 각 지방에 있는 모
든 유다인에게 원근을 막론하고 글을 보내어 이르기를 21 한 규례를
세워 해마다 아달월 십사일과 십오일을 지키라 22 이달 이날에 유다인
들이 대적에게서 벗어나서 평안함을 얻어 슬픔이 변하여 기쁨이 되고
애통이 변하여 길한 날이 되었으니 이 두 날을 지켜 잔치를 베풀고 즐
기며 서로 예물을 주며 가난한 자를 구제하라 하매
20 And Mordecai recorded these things and sent letters to all the Jews
who were in all the provinces of King Ahasuerus, both near and far,
21 obliging them to keep the fourteenth day of the month Adar and also

the fifteenth day of the same, year by year, 22 as the days on which the Jews got relief from their enemies, and as the month that had been turned for them from sorrow into gladness and from mourning into a holiday; that they should make them days of feasting and gladness, days for sending gifts of food to one another and gifts to the poor.

23 유다인이 자기들이 이미 시작한 대로 또한 모르드개가 보낸 글대
로 계속하여 행하였으니 24 곧 아각 사람 함므다다의 아들 모든 유다
인의 대적 하만이 유다인을 진멸하기를 꾀하고 부르 곧 제비를 뽑아
그들을 죽이고 멸하려 하였으나 25 에스더가 왕 앞에 나아감으로 말미
암아 왕이 조서를 내려 하만이 유다인을 해하려던 악한 꾀를 그의 머
리에 돌려보내어 하만과 그의 여러 아들을 나무에 달게 하였으므로
26 무리가 부르의 이름을 따라 이 두 날을 부림이라 하고 유다인이 이
글의 모든 말과 이 일에 보고 당한 것으로 말미암아 27 뜻을 정하고 자
기들과 자손과 자기들과 화합한 자들이 해마다 그 기록하고 정해 놓
은 때 이 두 날을 이어서 지켜 폐하지 아니하기로 작정하고 28 각 지
방, 각 읍, 각 집에서 대대로 이 두 날을 기념하여 지키되 이 부림일을
유다인 중에서 폐하지 않게 하고 그들의 후손들이 계속해서 기념하게
하였더라

23 So the Jews accepted what they had started to do, and what Mordecai
had written to them. 24 For Haman the Agagite, the son of Hammedatha,
the enemy of all the Jews, had plotted against the Jews to destroy
them, and had cast Pur (that is, cast lots), to crush and to destroy them.
25 But when it came before the king, he gave orders in writing that
his evil plan that he had devised against the Jews should return on his
own head, and that he and his sons should be hanged on the gallows.
26 Therefore they called these days Purim, after the term Pur. Therefore,

because of all that was written in this letter, and of what they had faced
in this matter, and of what had happened to them, 27 the Jews firmly
obligated themselves and their offspring and all who joined them, that
without fail they would keep these two days according to what was
written and at the time appointed every year, 28 that these days should
be remembered and kept throughout every generation, in every clan,
province, and city, and that these days of Purim should never fall into
disuse among the Jews, nor should the commemoration of these days
cease among their descendants.

29 아비하일의 딸 왕후 에스더와 유다인 모르드개가 전권으로 글을
쓰고 부림에 대한 이 둘째 편지를 굳게 지키게 하되 30 화평하고 진실
한 말로 편지를 써서 아하수에로의 나라 백이십칠 지방에 있는 유다
모든 사람에게 보내어 31 정한 기간에 이 부림일을 지키게 하였으니
이는 유다인 모르드개와 왕후 에스더가 명령한 바와 유다인이 금식하
며 부르짖은 것으로 말미암아 자기와 자기 자손을 위하여 정한 바가
있음이더라 32 에스더의 명령이 이 부림에 대한 일을 견고하게 하였고
그 일이 책에 기록되었더라
29 Then Queen Esther, the daughter of Abihail, and Mordecai the Jew
gave full written authority, confirming this second letter about Purim.
30 Letters were sent to all the Jews, to the 127 provinces of the kingdom
of Ahasuerus, in words of peace and truth, 31 that these days of Purim
should be observed at their appointed seasons, as Mordecai the Jew and
Queen Esther obligated them, and as they had obligated themselves
and their offspring, with regard to their fasts and their lamenting.
32 The command of Esther confirmed these practices of Purim, and it
was recorded in writing.

10:1 아하수에로 왕이 그의 본토와 바다 섬들로 하여금 조공을 바치게
하였더라 2 왕의 능력 있는 모든 행적과 모르드개를 높여 존귀하게 한
사적이 메대와 바사 왕들의 일기에 기록되지 아니하였느냐 3 유다인
모르드개가 아하수에로 왕의 다음이 되고 유다인 중에 크게 존경받고
그의 허다한 형제에게 사랑을 받고 그의 백성의 이익을 도모하며 그
의 모든 종족을 안위하였더라

10:1 King Ahasuerus imposed tax on the land and on the coastlands of
the sea. 2 And all the acts of his power and might, and the full account
of the high honor of Mordecai, to which the king advanced him, are
they not written in the Book of the Chronicles of the kings of Media and
Persia? 3 For Mordecai the Jew was second in rank to King Ahasuerus,
and he was great among the Jews and popular with the multitude of his
brothers, for he sought the welfare of his people and spoke peace to all
his people.

단락 개관

부림절은 유다인의 운명이 바뀐 것을 기념하기 위해 제정된다. 이 이야기는 페르시아에 사는 유다인의 영구적인 안전과 행복한 상황으로 마무리된다.

단락 개요

IX. 결말: 부림절이 제정되다(9:19-10:3)
  A. 승리가 부림절로 기념되다(9:19-32)
  B. 에필로그: 모르드개의 위대함(10:1-3)

9장

주석

9:19-23 싸움의 날이 약간 차이가 있어서(16-18절) 일부 유다인은 이 승리를 다른 날에 기념했다(19절). 모르드개는 자신의 권위를 이용해 이 기념일을 유다인의 운명이 반전된 것을 기념하는 영구적인 명절로 명기한다(20-22절). 그 승리를 안겨주신 하나님보다 승리 자체에 더 초점을 둔다. 유다인들이 모르드개의 결정을 받아들인다(23절).

9:24-26a 모세오경에 나오는 많은 명절과 절기는 의미심장한 이름을 갖고 있다(예. 유월절은 주님이 이집트에서 이스라엘 사람의 거처를 '넘어가신다'는 것을 가리킨다, 출 12:13). 그와 마찬가지로 부림이란 이름은 제비에 해당하는 [히브리어 단어 '고랄'(*goral*)이 아니라] 페르시아 단어 '부르'(*pur*)를 따라 지어진다. 하만이 유다인을 몰살하려고 음모를 꾸민 바로 그 수단이 유다인에 의해 명절 이름으로 전용된 것이다.

9:26b-28 페르시아의 유다인들이 모르드개의 결정을 수용하여 그들의 종교적인 해에 부림절을 영구적인 기념일로 추가한다.

9:29-32 에스더는 부림절과 관련하여 모르드개에게 자신의 권위를 더해

준다.

10:1 이 구절은 에스더의 대관식 때 허락된 세금 면제(2:18)를 상기시키지만, 이 정보가 이 맥락과 무슨 적실성이 있는지는 분명치 않다. 그 목적은 유다인의 운명이 바뀌었지만(9:2, 22) 페르시아 제국에서의 정상적인 생활은 계속 이어지고 있음을 보여주는 것일 수 있다. 사물은 바뀌면 바뀔수록 더 동일한 상태를 유지한다.

10:2-3 이 책은 에스더가 아니라 모르드개에게 초점을 맞추면서 끝난다(어쩌면 에스더는 왕비라서 더 이상 올라갈 곳이 없어서 그럴지 모른다). 한때 왕의 평범한 신하였던 사람이 이제는 왕 다음의 제2인자로 승진하여 유다인과 페르시아인 모두에게 중요한 인물이 되었다(2절). 본문은 모르드개의 리더십 아래서 유다인의 운명의 변화가 영구적 사실이 되었음을 보여준다. 모르드개가 그의 백성의 유익을 위해 쉼 없이 일했기 때문에 하만 이후 새로운 위협은 발생하지 않았다.

응답

구약은 하나님의 위대한 역사(役事)와 그것을 기념하는 명절과 절기 간의 깊은 연관성을 자주 보여준다. 이에 상응하는 새 언약의 행사는 더 적고 더 간단하지만(세례와 성만찬) 그것들이 덜 중요한 것은 아니다. 비록 그리스도인들은 부림절을 기념하지 않을지라도, 세례와 성만찬은 주님이 교회를 위해 이루신 구원에 기쁘게 들어가는 기회가 된다.

하지만 다시 한번 우리는 주님이 모세오경의 의례들 중에 늘 임재하시는 것과 부림절에서 그분의 부재 사이에 대조적 모습을 보지 않을 수 없다. 출애굽기와 신명기의 모든 명절은 주님이 이스라엘을 위해 이루신 일에 대한 예배의 행위로서 그분께 초점을 둔다. 하나님이 에스더서에서 분명히 일하고 계셨어도, 부림절은 그분의 이름을 단 한 번도 언급하지 않은 채 기념되고 또 예물을 주는 것이 가능했다. 어쩌면 그리스도인들은 부림절의 기쁨과 구원 속에서 장차 모든 성도를 사로잡을 기쁨(계 19:6-8), 즉 하나님이 그분을 미워하고 그분의 백성을 억압하는 영적 바벨론으로부터 우리를 구출하신 후 성도들이 누릴 기쁨(계 18장)의 불완전하되 틀림없는 암시를 찾을 수 있을 것이다.

이 책은 모르드개의 위대함을 말하면서 끝난다(에 10:2-3). 하나님이 이루신 다른 많은 구원 뒤에는 찬양이 따라온다(출 15장; 삿 5장). 하지만 여기서는 그 어떤 인간도 도모할 수 없었을 일련의 우연의 일치에 대해 하나님을 찬양하는 소리가 없는 것이 참으로 슬픈 일이다. 그토록 심각한 위협 이후 페르시아의 유다인들이 안전한 입지를 확보한 것은 진정 기념할 만한 이유가 되지만, 그리스도인들로서는 우리가 세상에서 살아갈 때 우리를 위해 일하시고 그분의 목적을 이루시는 하나님에 대해 말할 어떤 기회가 있는지 곰곰이 생각해보는 것은 적절하다.

성경구절 찾아보기

창세기

1장	379
1-2장	115
1:4	174
1:6	174
1:7	174
1:14	174
1:18	174
1:28	431
2:1	379
2:7-9	379
2:15	379
3-11장	379
3:1	28
3:15	102, 187
11:28	379
11:31	379
12:1-3	28, 227, 379, 445
12:2-3	479
12:3	302, 381, 390
12:6	79
12:6-7	78
12:7	66, 364
13:15-16	365
14:17-24	102
14:20	94
15:6	380
15:18	398주
15:18-21	379
17:1-5	379
17:6-8	379
17:7	227
17:7-8	365
17:7-9	187
17:13	227
17:19	227
19:30-38	192
22:17	94주
22:17-18	187, 379
24:40	114
24:48	360
24:67	509
26:3	380
27:34	308
29:2	114주
29:18	509
34:25	113
34:27	113
35:1	45
35:3	45
38:1-6	421주
38:12-29	421주
38:26	421주
39장	507, 508
39:2	114, 507
39:3	114
39:23	507
40:2	496
45:7	508

출애굽기

1-15장	380
1:12	102
2:21	187
2:23-25	380
3:7	317, 380
3:8	186, 381
3:9	308
3:17	186
3:21-22	46
4:21	143
4:22-23	25, 27
4:23	71
4:31	360
5:1	50, 71
6:1	245주
6:6	245주, 528
6:7	242, 380
6:8	381
6:23	170
7:3-4	143, 380
7:16	50, 71
8:1	50, 71
8:20	71
9:1	71
9:28	66
10:3	50
11:1-3	46
11:6	308
12:2	175
12:6	140
12:12-13	140
12:13	575
12:14-20	143
12:17	140
12:18	140
12:21	140
12:22	140
12:26-27	140
12:27	140주, 360
12:30	308
12:33-36	28
12:35-36	46
12:38	187
12:47	142
12:48	27
12:48-49	29, 142
13-31장	381
13:1-2	406
13:3	245주
13:3-10	29, 143
13:4	140
13:9	245주
13:11-16	406
13:14	245주
13:16	245주
13:21-22	381
14:8	41

14:10-15 380
14:13 297
14:14 299
14:17-18 381
14:19 381
14:27 314, 314주
14:31 245주
15장 577
15:5 380
15:10 380
15:16 567
16-17장 381
16:4 381
17:6 381
17:8-16 521
17:16 566
18:8 388주
18:10-11 381
18:11 381, 381주
18:21 334
19:5 111, 446
19:5-6 27, 43, 50, 274, 381, 408
19:6 214
19:8 206
19:10 440, 448
19:14-15 440
19:20 381
20-23장 155주
20:3-4 383
20:4-5 47
20:5 448
20:5-6 71, 173, 243
20:8-11 381, 403, 461
21:2-11 310
21:8 312
21:12-14 330
22:20 206
22:25-27 311, 312, 313
23:5 277주
23:15 140
23:16 79주, 363, 406
23:19 406
23:23 186
23:23-33 214
23:32-33 205
24:3 206
24:3-8 71
24:7 206
24:8 398주
24:13 172
25:1-2 404
25:8 50
25:23-30 405
28:28-30 68
28:36 214
29장 133
29:1 174
29:29-30 465
29:38-42 80
30:11-16 404
30:12 347
30:16 404
31:4 46
31:12-17 403, 461
31:13-17 381
32-34장 383
32:4 383
32:8 383
32:9 382
32:11 245주
32:12 209
32:13 66
32:13-14 245
32:14 209
33:3 382
33:5 382
33:10 360
33:15-16 44
33:20 330
34:1 247
34:6 383
34:6-7 173, 302
34:8 360
34:9 382
34:10-17 403
34:11-16 186, 463
34:15-16 205
34:18 140
34:19-20 406
34:22 363, 406
34:26 406
35:20-29 81
35:29 46, 69
35:32 46
36:3-5 404
38:25 404
39:30 175
40:34-38 142

레위기

4:1-5:13 133주
4:3-12 133
4:22-26 133
4:27 95주
5:14-19 211
5:15 187, 211
6:8-13 405
7:11-15 443
7:14 406
7:16-18 80
8장 133, 141
8:8 68
9:1-7 141
9:22-24 142
10:1-3 175
10:1-15 170주
10:8-11 174
10:10 142
10:17 190
11:44-45 213
11:45 27
11:47 142
14:13 190
15:19-24 192
15:31 133
16:21 204
18:4 402
18:5 386
18:24-30 192
20:22-26 208
20:23-24 214
20:24 66
20:24-26 142, 174
20:26 214
21:6 175
21:7 211
21:13-14 211
21:13-15 465
21:14 465
22:1-9 141
22:17-23 80
23장 80
23:2 364
23:4 364
23:9-22 406
23:15-22 406
23:23-25 79, 362
23:24 79, 364
23:24-25 358
23:26-32 79

23:33-36 29, 79, 363, 377
23:34 79주
23:36 79, 363, 365
23:37 364
23:39-43 79, 363
23:40 363
23:42-43 363
23:43 80
24:12 361
25:1-7 404
25:10 420
25:35-37 311
25:35-38 313
25:39-46 310
25:42 312
25:47-49 312
26장 243
26:3 402
26:11-12 225
26:14-39 190, 204
26:14-45 402
26:15 243
26:17 389
26:33 244
26:40 204주
26:40-45 204, 244
26:46 155주
27:21 206
27:28 206
27:29 206

민수기

1:2 347
1:49 347
3:1-4:49 174
3:6-9 65
3:9 65
3:10 64
3:36-37 175
4:16 170
5:21 402주
6:24-27 111
7장 133
7:6-9 175
8:5-19 174
8:5-22 141
8:7-8 440
8:19 65
9:6 141
9:14 142
10:8 441주, 442
10:9 94
10:10 362
13-14장 383
14:4 383, 383주
14:9 95, 297
14:11 383주
14:15 79
14:22-23 383주
15:20-21 406
15:34 361
16:30 383주
18장 133
18:1-7 330
18:12 406
18:12-20 406, 407
18:14 206
18:15-17 406
18:19 99주
18:21-24 407
18:26 407
18:26-28 444
20:14 388주
21:21-26 445
21:21-31 384
21:33-35 384
22-24장 445
24:8 94
25:4 209
25:7-8 170
26:20 421주
26:55-56 419
27:21 68
28-29장 405
28:6 80
28:11-15 80
29장 363주
29:1 79
29:1-6 362
29:12-38 80, 363
29:35 365
33:3 175

신명기

1-3장 376주
1:16-17 158
1:30 299
1:43 381주
2:7 384
2:24-3:11 384
2:30 41
3:22 297
4:1 155주, 386, 387
4:1-8 382, 446
4:5 155주
4:5-8 81, 312
4:8 155주
4:10 363
4:14 155주
4:19-20 379
4:27-28 244
4:29-31 244
4:34 245주
4:37 245주
4:45 155주
5:1 155주
5:12-15 403
5:15 245주
5:24-25 330
5:31 155주, 243
5:33 386
6:1 155주, 243
6:1-9 71
6:4-9 159, 187
6:4-10 402
6:5 119
6:7 363
6:10-11 385
6:10-12 385
6:11 193
6:13 245
6:20 155주
6:20-25 446
6:22 380
7:1-2 384
7:1-3 29, 205
7:1-5 186, 463
7:1-6 403
7:1-8 193
7:1-10 408
7:1-11 446, 448
7:3 188, 192, 463
7:6 214
7:6-8 187
7:6-11 71
7:8 143, 245주
7:9 242
7:9-11 71
7:10 243
7:11 155주, 243
7:19 245주
7:21 242, 297,

302
8:1 386
8:6 312
8:7-20 385
8:9 384
8:11 243
9:6 382주
9:10 204주
9:13 382주
9:18-19 243
9:26 245주
9:29 245, 245주
10:4 204주
10:6 170
10:12 312
10:15 379
10:16 71, 380, 382
10:17 242, 360, 388
10:20 245
11:1 119, 243
11:2 245주
11:8-12 193
11:12 113
11:22-24 402
11:32 155주
12:1 155주
12:5 131, 224
12:5-6 244
12:11 131, 224, 244
12:14 224
12:18 224
12:26 224
12:31 186
13:4 312
14:1-2 188주
14:2 214, 448
14:23 244
15:1-18 404
15:4 404
15:10-11 313
15:12-18 310
16:1 140
16:3 140
16:13 79주
16:13-15 29, 79, 80
16:13-17 363
16:14 363
16:16 79주
16:16-17 80
16:18 158
17:8-13 158
17:9-11 160
17:18-20 120
18:4 406
18:9 192
18:15 191
18:15-19 135
20:3-4 297
20:16-18 214
20:18 186
21:22-23 131
23:2 187
23:2-6 192
23:3-4 463
23:3-5 445
23:6 445주, 463
23:7-8 445
23:19-20 311
24:1-4 205, 205주 210
24:6 312
24:7 312
24:10-13 312
24:16 120
24:17 312
25:5-10 61주
26:1-11 406
26:8 245주, 380
26:16 155주
26:16-19 214
26:17 155주, 243
27-28장 243
27:1-8 78
27:2 114주
27:15-26 402
28:10 95
28:15-68 130, 190
28:30b-31 389
28:32 310
28:39-40 389
28:48 389
28:58 245
28:64 244
29:10-21 402
30:1-3 71
30:1-5 225, 243, 244, 247, 248주
30:2 243주
30:3 86, 243주
30:4 243주
30:6 71, 248, 248주, 380
30:15-20 386
30:16 243
31:3-6 186
31:6 44
31:9-13 363
31:10 79주
31:12-13 364
31:20 383주
31:27 382주
32:4-6 193
33:8 68
33:10 359, 360
34:11 380

여호수아

1-12장 385
1:1 172
1:1-6 186
1:5 44
1:6 66, 205
1:6-9 193
1:7 205
1:7-8 384주
1:8 114, 135, 265
1:9 205
2:9 567
2:10 206
2:11 567
3:10 186
4:24 95
5:10-11 140주
5:12 193
6:4-5 85
6:17-18 206
6:20 85
6:21 206
6:25 187, 214
7:1 29, 175, 187, 188, 206, 209
7:6 188
7:19 29
7:20 208
7:26 209
8:1 45
8:28-29 79
8:29 131, 568
8:30-35 78
8:31 359주

8:32 359주
8:34-35 364
9:1-2 79
9:23 65
9:27 65, 406
10:10 102
10:11 114주
10:13 566
10:14 299
10:25 297
10:26 568
10:26-27 131
10:42 299
11:1 426
11:1-5 295
14:2 419
14:9 193
15장 425주, 431
15-19장 425, 431
15:8 425
15:13-39 425
16:3 259주
16:5 259주
18:1 425, 431
21:41 431
21:43-45 186
22:5 242, 402
22:16-20 187
22:24 94주
23:6 28, 205, 359주
23:11-13 193
23:12-13 214
24:2-13 376주
24:14 387
24:14-28 71
24:25 398주
24:33 170

사사기

2:10 463
2:11-23 385
2:14-16 29
2:16 386
2:17 365
2:18 386
2:19 388
3:5-6 186
3:9 386
3:11 385주
3:12 385주
3:15 386
3:27 299
3:30 385주
4:1 385주
5장 577
5:2 81, 420
5:9 81, 420
5:31 385주
6:1 115
6:9 528
6:16 79
6:34 299
8:28 385주
10:6 385주
11장 260
13:1 115, 385주
14:4 482
18:9 45
18:10 335
20:1 79
20:8 79
20:11 79

룻기

1:4 187
1:16-17 445
4:13-22 187

사무엘상

2:10 104
4-6장 47주
4:5 85
4:8 528
4:13-14 308
11:7 79, 567
11:9 334
11:11 334
12:6-13 376주
12:12 113
12:13 387
12:16 387
14:29 190
14:41-42 68
15장 485
15:3 566, 568
15:9 568
15:19 28
15:24 208
17:26 293
17:45 293
24:12 566
28:6 68
28:12 378
30:23 113
31:11-13 539

사무엘하

5:3 398주
6:6-8 175
7:23 242
8:17 153주
10:1-14 260
10:12 263, 297
12:13 208
12:24-25 464
15:30 546
17:27-29 67주

19:4 378
19:14 79
19:31-40 67주
20:1 264
20:25 153

열왕기상

1:50-53 330
2:3 28
2:7 67주
2:10 279
2:28 330
3:3 464
3:12-13 464
4:20-34 464
4:21 100
6-8장 115
6:1 82, 83
6:1-38 29
6:2 128
6:14-18 113
6:20 128
6:36 113, 127
6:37 81, 83
7:12 113
7:51 29
8:1-11 50
8:2 79주, 80, 364
8:4 175
8:10-11 142
8:23 242
8:27-30 224
8:27-36 245
8:28 190
8:28-29 242
8:30 190
8:43 95, 95주
8:45 190

8:49 190
8:53 142, 174
8:54 189
8:57 44
8:58 243
8:60 95
8:62–63 133
8:65 80
8:65–66 364
9:11 46
9:20–21 66
11:1–2 464
11:1–13 187
11:4–8 464
11:9–10 120
11:9–12 464
11:43 279
12:10 315
12:14 315
12:16 264
12:19 208
12:20–21 93
12:21–23 421
12:22 329주
12:27 244
12:28 385
12:33 328
14:21 131
14:31 279
15:8 279
16:32–33 78주
17:8–9 214
18–19장 385
18:37 143
19:10 102, 195
19:14 102
19:21 172
21:22 294주
21:27 527
22:4 310
22:19 379

열왕기하

1:1 208
3:7 310
3:13 94주
4:1–2 310
5:1–19 187
5:15 214, 567
5:18 517
6:31 385
7:6 113
8:5 308
8:22 208
10:27 131
11:14 96
11:16 281
11:18–20 96
12:10–11 153주
12:15 405
14:6 359주
14:13 364주
16:3 192
16:7–9 99
17:13 192, 192주, 386
17:13–20 385
17:14 382
17:15 386
17:16 379, 385
17:19–23 120
17:20 115
17:23 192, 192주
17:24 465주
17:24–28 95
17:34 243
17:36 245주
17:37 243
17:39 528
18:7 115
18:18–27 153주
18:19–20 99
18:26 463주
18:28 463주
18:28–35 240
19:2–7 153주
19:3 383주
19:15 379
21:1–7 186
21:2 192
21:2–3 78주
21:3–5 379
21:6 294주
21:8–15 365
21:10–12 192
22:14 276
23:4 379
23:12–23 140주
23:19 294주
23:25 359주
23:26 209
23:34 41
24–25장 30
24:1 115
24:2 192
24:8 47주
24:12 61
24:13 46
24:14 60
24:19–20 115
24:20 99
25장 24
25:8–11 115
25:9–11 224
25:10 224
25:18 422
25:18–21 63주, 152
25:23 277
25:27–30 61

역대상

3:16–19 61
3:19 61주
4:13 63주
4:14 63주
4:33 347주
4:35 63주
4:40 335
4:41 66
5:1 347주
5:7 347주
5:17 347주
5:25 187
5:26 42
6:1–15 153주
6:4–15 427
6:14 399
6:15 62, 115
6:31 84
6:31–32 444
7:5 347주
7:7 347주
7:9 347주
7:40 347주
9장 65주
9:1 347주
9:2 65, 420
9:2–21 421, 421주
9:3 421
9:6 424
9:7–9 421
9:10–13 422주
9:14 329주, 423
9:14–34 65
9:15 423
9:17 430

9:17-34 423
9:22 347주
9:26 65주, 423
9:27 206
9:33 206
9:33-34 65주
9:35-44 65주
15:11 329주
15:16 65주, 440
15:16-18 444
15:19 65주
15:24 441주
15:27 65주
16:4 172
16:4-6 444
16:6 442
16:29 379주
16:34 29
16:34-35 84
16:36 360
16:37-42 29
22:4 81, 86
22:11-13 135
22:13 134
22:19 78, 262
23-26장 134
23:2-6 84
23:3-6 65주
23:13 174
23:24-32 174
23:27-32 443
23:28 206
23:30 430
24장 427주
24:1-6 170
24:6 329주
24:7 422
24:7-18 64
24:9 64
24:17 422
25장 424
25-26장 429
25:1 423
25:1-26:32 444
25:6 84
25:8 172주
26:16 430
28:8 193, 336
28:9 173
29:1-9 81
29:5 46
29:5-6 69, 420
29:6 46
29:9 46, 69, 420
29:14 46
29:17 46
29:24 211

역대하

2:7 46
2:14 46
5:1 175
5:5 175
5:12-13 65주
5:13 80, 84
6:10 78
6:31 312
6:40 242
7:8-10 364, 367
7:11 114
7:15 242
8:13 79주, 80, 364
8:14 429, 444
9:18 46
11:1-4 45
11:12 93
11:13-17 45
12:1 155
12:6 193
12:14 155
12:15 347주
13:5 99주
13:10 172
15:2 173
15:12-14 402
20:1 66
20:2 113
20:12 113
20:18 360
20:22 113
20:33 155
21:16 42
23:4 423
23:6 172
23:13 65주
23:18 80
24:4-14 404
24:6 69
24:13 295
24:18-19 172
24:19 387
24:20-22 385
25:23 364주
26:7 66
26:9 278
27:3 281주
28:20 113
29-30장 140주
29:10 209
29:13 423
29:15-19 459
29:20-21 405
29:25 429, 440
29:26 441주, 442
29:31 159
29:33 405
30:6-9 209
30:7-8 187
30:8-9 382
30:13-22 141
30:17 141
30:21 143
30:22 173
30:25 204주
31:15 281
31:16 347주
31:17 347주
31:18 347주
31:19 347주
32:5-8 299
32:32 460주
33:14 281주
34:12-13 84, 423
34:14-21 365
35:3 172주
35:3-6 141
35:13 405
35:26 460주
36:13 382
36:14-20 188
36:21 41
36:22-23 61주

에스라

1장 33, 39, 44, 46, 49, 76, 77, 157주, 237
1-2장 170, 227
1-6장 24, 30, 131, 139, 221주, 344, 408
1:1 21, 24, 26, 28, 39, 40, 41, 44, 45,

49주, 78, 92, 111, 120, 132, 224, 225, 246, 332, 347, 408
1:1–4 27, 39
1:1–11 21, 37-39
1:2 42, 44
1:2–4 26, 27, 39, 42, 43, 127, 170, 241
1:3 40, 43, 44, 44주, 49, 76, 94, 152, 153, 156, 409
1:4 40, 44, 45, 46
1:4–6 157
1:5 40, 45, 49주, 59, 64, 64주, 78, 93, 111, 133, 207, 210, 362, 421
1:5–6 27, 40, 45
1:5–11 28, 39, 40
1:6 45, 46, 81, 140, 156, 420
1:7 46, 47
1:7–8 40, 46, 158
1:7–11 29, 70
1:8 47, 58주, 83, 97주, 116, 116주
1:8–11 33
1:9 48
1:9–10 48
1:9–11 26, 40, 47
1:11 44, 48, 58주, 59, 60, 67, 77, 116, 139주
1:11–2:1 178
2장 22, 23주, 45, 58, 59, 64, 65주, 66, 70, 71, 76, 77, 170, 171, 212, 344, 344주, 345, 347, 348, 348주, 350, 400, 401주, 420, 425주
2장–느 7장 22주, 233주, 289
2:1 26, 69, 76, 77, 93주, 127주, 139, 139주, 176, 315, 364
2:1–2 60
2:1–2a 58, 59, 63
2:1–63 26, 27
2:1–70 22, 51, 52-57, 154주, 210, 344, 347, 420주
2:1–3:1 28, 346주
2:1–느 7:73a 21, 51, 76, 150, 237, 333, 344
2:2 34, 60, 61, 62, 139, 154, 170, 170주, 211, 348
2:2b 63, 64
2:2b–35 58, 63, 349
2:3 280
2:3–15 170
2:3–19 170
2:3–20 63
2:3–60 349주
2:8 349주
2:9 211
2:12 349주
2:13 349주
2:14 212주, 349주
2:16–20 348
2:18 348
2:21–35 63, 64
2:26–33 426
2:30 348
2:33 326, 327주
2:34 275
2:35 275
2:36 154, 211
2:36–38 64
2:36–39 64, 172, 211, 349, 399, 422, 426
2:36–42 211, 398주
2:36–58 58, 64
2:38 64, 399주
2:40 83, 83주, 400, 427, 429, 429주
2:40–42 64, 65주, 154, 172, 333주, 423주
2:41 65주
2:42 65주, 423, 430
2:43 65주, 154
2:43–53 424
2:43–54 64, 65, 280, 424주
2:43–58 211
2:50 66
2:55–57 64
2:55–58 65, 66, 211
2:58 64, 65주, 66, 173, 173주, 349
2:59–60 67
2:59–62 66, 71
2:59–63 58
2:60 260주, 329주
2:61 67주
2:61–63 67
2:62 347주
2:63 34, 67, 112주, 116주, 399주
2:64 66, 68, 140, 171, 210, 349
2:64–67 58, 68
2:64–70 68
2:65 65주, 66
2:68 81, 82, 83, 127, 156, 210, 349, 420
2:68–69 58, 68, 69, 77, 349
2:69 350
2:70 58, 64주,

65주, 66, 68, 69, 77, 333
3장 22, 34, 58, 76, 77, 78, 80, 116, 443
3-6장 22, 42, 51, 71, 76, 91, 108, 125, 132, 138, 150, 224, 289, 324주
3장-느 6장 71
3:1 22, 77, 78, 79, 80, 140, 345, 364
3:1-3 45주, 77
3:1-4 365
3:1-6 82주
3:1-6a 81
3:1-7 77
3:1-13 73-76, 76
3:1-6:22 344
3:2 28, 34, 61, 62, 78, 80, 83, 211, 274
3:2-6 176주
3:3 78, 80, 86, 91, 95주, 96, 111, 446
3:3-6 27
3:4 28, 79주, 80, 140, 364
3:4-6a 79, 358주, 363주
3:5 80, 81, 156
3:6 80, 108
3:6b 81
3:6b-7 81
3:7 81, 86, 258주
3:7-4:3 82주
3:8 33, 34, 60, 61, 62, 64주, 82, 83, 86, 176, 364
3:8-9 77, 82
3:8-13 81
3:9 62, 83, 83주, 400, 429, 429주
3:10 33, 64주, 65주, 82, 84주, 111, 134, 170, 429, 441주, 442
3:10-11 29, 409
3:10-11a 84
3:10-13 77, 440
3:11 27, 80, 84, 86, 140, 423
3:11-12 86
3:11b 84
3:11b-13 84
3:12 64주, 128, 132, 362
3:12-13 443
3:13 84, 85, 91, 132
4장 22, 64주, 91, 96, 102, 111, 265
4:1 26, 93, 94주, 96, 133, 139주, 176, 207
4:1-3 29, 93, 94주, 142, 465주
4:1-5 79, 186주
4:1-24 76, 87-91, 324, 446
4:2 95, 103, 210, 362
4:2-3 61, 94
4:3 62, 94주, 103, 210, 264, 362
4:3-5 82
4:4 86, 94, 94주, 96, 262, 329, 336, 336주
4:4-5 78주, 92, 94, 95, 103, 116, 117, 387주
4:5 92, 101, 298
4:5-6 27
4:6 79, 92, 96
4:6-23 96
4:7 96, 97, 97주, 112주
4:7-16 92
4:7-22 27
4:7-23 79, 92
4:7b 97
4:8 63주, 97, 130주, 153, 258, 399
4:8-11a 97
4:8-16 26, 96
4:8-22 264
4:8-6:18 92, 97, 139
4:9 63주, 98주, 112, 112주, 219, 315
4:9-10 97, 104
4:10 60주, 95주, 98, 98주
4:11 60주, 98주, 155, 156
4:11-16 222, 241
4:11a 97
4:11b 97, 98
4:12 92, 101, 115, 257, 336
4:12-13 257, 263
4:12-16 97, 98
4:13 99, 100, 104, 115, 130, 135, 161, 309주, 315, 328
4:14 99, 99주, 299
4:14-15 99
4:15 99, 100, 109, 115, 117
4:16 60주, 98주, 99, 115, 246, 328
4:17 60주, 63주, 98, 98주, 98주, 112주, 155
4:17-22 26, 29, 92,

96, 100, 361주
4:18 361주
4:19 100
4:19–20 299
4:20 48, 60주, 98주, 100, 309주, 315
4:21 100, 101, 125, 130, 245, 258, 336
4:21–22 135, 161, 257, 328
4:21–23 246, 263
4:21–24 224
4:21b 100
4:22 100, 246
4:23 63주, 92, 100, 101, 104, 112주, 113, 114, 130, 155, 156, 241
4:24 24, 82, 92, 101, 111, 116, 130, 132주
5장 64주, 109, 120, 125
5:1 111, 118, 428
5:1–2 27, 28, 30, 62, 82, 83, 111, 125, 135, 143
5:1–5 34
5:1–17 105-108, 109
5:1–6:18 22, 76, 108, 109, 114, 125, 139주
5:2 34, 62, 78, 111, 112, 211, 274
5:3 60주, 98, 98주, 111, 112, 112주, 113, 114, 115
5:3–4 114, 118, 446
5:3–5 27, 109, 111, 116주, 125, 129, 258주, 314주, 324, 399주
5:4 119
5:5 113, 114, 129, 130, 246
5:6 60주, 98주, 112, 112주, 156, 315
5:6–7a 114
5:6–10 114
5:6–17 26, 109, 125, 129, 241
5:6–6:18 113
5:8 60, 112, 113, 114, 114주, 259, 315, 360
5:9 115, 129
5:9–10 34, 113, 114, 118
5:10 119
5:11 27, 42, 50, 115, 117, 119, 120
5:11–12 115
5:11–17 114
5:12 27, 42, 50, 115, 134
5:12–13 27, 120
5:13 24, 115, 125, 127
5:13–14 116
5:13–16 115
5:14 33, 67, 112, 315
5:14–15 28, 158
5:14–16 34, 58주
5:15 27
5:15–16 127
5:16 33, 83, 116, 117, 120
5:17 117, 127
6장 125, 141, 142, 443
6:1 127, 429
6:1–5 109, 125, 127
6:1–12 241
6:1–18 109, 121-124, 125
6:2 27, 239주
6:3 24, 127
6:3–5 26, 127
6:4 113, 114
6:4b 129
6:5 113, 158
6:6 60주, 98주, 112, 112주, 315
6:6–7 129
6:6–12 26, 109, 125, 129
6:6–18 109
6:7 112, 114, 127
6:7–10 404
6:8 98주, 114, 130, 130주, 135
6:8–10 129
6:9 42, 130, 135, 176주
6:9–10 131, 158
6:10 42, 130, 424
6:11 131, 135
6:11–12 130, 131
6:11–12a 129
6:12 131
6:12a 131
6:12b 129, 131
6:13 60주, 98주, 109, 112, 112주, 125, 131
6:13–18 138
6:14 27, 62, 109, 114, 115, 135, 224, 225, 246, 407, 428
6:14–15 28, 131, 345
6:14–16 30
6:14–18 25, 29, 125, 131, 152, 176
6:15 24, 82, 140
6:16 132, 133,

140, 144, 176
6:16–17 176주, 293, 405
6:16–18 132, 439
6:16–21 26
6:17 45, 60, 135, 141
6:18 28, 133, 426, 429
6:19 93주, 139주
6:19–21 138, 139, 186주, 403주, 440
6:19–22 22, 27, 29, 76, 137-138, 138, 139주, 152, 175
6:20 64주, 93주, 139주, 141, 440
6:21 70, 93주, 96, 139주, 142, 144, 208, 212, 378, 401, 445, 446
6:21–22 187
6:22 27, 41, 46주, 103, 132, 138, 143, 443
7장 30, 96, 150, 151, 159, 161, 168, 184, 207
7–8장 22, 150, 154, 168, 237
7–10장 22, 24, 26, 51, 128, 132, 138, 150, 154, 168, 202, 224, 230, 231, 324주, 408
7:1 63, 63주, 97, 152, 399
7:1–2 422
7:1–5 26, 152
7:1–6 150, 152, 160
7:1–10 22, 156, 168
7:1–26 26주
7:1–28 145-150
7:1–10:44 344
7:5 152, 170
7:6 27, 28, 93주, 103, 152, 153, 154, 156, 156주, 160, 178, 184, 259, 359
7:7 27, 64주, 65주, 152, 153, 154, 158, 170주, 171, 333, 401, 424
7:7–8 31, 231
7:7–9 150
7:7–10 154
7:7–26 241
7:8 154, 185, 185주, 229, 230
7:9 23, 27, 31, 103, 153, 154, 175, 178, 184, 202, 259
7:10 25, 28, 31, 150, 154, 156주, 160, 184, 359, 363
7:11 114, 155, 156
7:11–12 155
7:11–20 155
7:11–24 404
7:11–26 151, 155, 168
7:12 42, 156, 158, 229, 359
7:12–20 155
7:12–26 26, 97주, 139, 155, 177
7:13 27, 156, 157, 175
7:13–20 155주
7:14 157, 157주, 158, 175, 184, 206, 213, 229
7:14–15 161
7:14–16 156
7:15 156, 157주, 161, 172, 173
7:15–16 157, 174, 176
7:15–20 158
7:16 60, 156, 161
7:17 158, 161, 176
7:17–19 156, 157
7:18 161
7:19 29, 158, 176
7:20 28, 156, 161, 424
7:21 42, 60주, 98주, 131, 156, 157, 158, 161, 207, 347
7:21–24 155, 157, 177
7:23 42, 153주, 158, 177, 424
7:24 65주, 100, 158, 424
7:25 60주, 98주, 156주, 158주, 359주
7:25–26 22, 155, 158, 175, 177, 206, 229, 359
7:26 131, 159, 213
7:27 27, 41, 159주, 161, 246, 347
7:27–28 27, 151,

159, 168, 191
7:27–9:15 26주, 203
7:28 27, 103, 153, 154, 161, 172, 178, 184, 186주, 188, 259
7:28–9:15 159, 203
7:28b 168, 169, 169주
8장 22, 150, 151, 157, 161, 168, 171, 176, 184, 212, 225주, 229
8–10장 378주
8:1 169, 171, 172, 210, 347, 347주, 362
8:1–14 26, 27, 154, 168, 169, 170, 178, 210
8:1–20 168
8:1–36 162-167, 446주
8:2 84주, 170, 170주, 171, 400
8:3 170, 280, 347주
8:7 204
8:13 329주
8:14 170
8:15 64주, 169주, 172주,175, 177, 188, 211
8:15–20 27, 65, 168, 169, 171, 175
8:16 172, 209, 329주
8:17 65주, 177, 440
8:17–18 177
8:18 27, 154, 177, 184, 259
8:18–19 174, 400, 429
8:18–20 171주, 174주, 178
8:19 280
8:20 65, 65주, 84주, 170, 173주, 186주, 211
8:21 177, 178
8:21–23 168, 173, 175, 176, 178, 377
8:22 27, 94주, 154, 173, 177, 178, 184, 259, 421
8:23 173, 174, 177
8:24 60, 173, 174, 174주, 176, 178, 186주, 427
8:24–30 168, 172, 173, 174, 175, 186주
8:25 157, 173, 174, 176, 177, 186주
8:25–27 26
8:25–30 404
8:26 174, 176
8:28 128, 178
8:28–29 175
8:29 64주, 173, 176, 178, 185, 186주, 206, 210
8:30 29, 64주, 174주, 176, 177
8:31 27, 29, 94주, 154, 177, 178, 184, 259
8:31–32 28, 175
8:31–34 168, 175
8:31–36 168
8:31b 173
8:32 152, 261
8:33 64주, 176, 177, 275, 280
8:33–34 176
8:34 171, 173, 176
8:35 26, 27, 45, 60, 93주, 139주, 171, 176, 293, 364, 405
8:35–36 168, 176, 185, 193
8:36 60주, 98주, 112주, 177, 258, 315
9장 23, 27, 150, 168, 184, 229
9–10장 22, 31, 32, 142주, 157, 237, 403, 445
9:1 64주, 96, 186, 186주, 208, 209, 359
9:1–2 29, 79, 142, 184, 185, 202, 204주, 207주, 243주, 299주, 378, 378주, 398주, 401, 403주, 446, 463, 464주
9:1–15 180-183, 403주
9:2 27, 58, 96, 150, 186, 186주, 187, 188, 195, 204, 210, 214, 243
9:3 188
9:3–4 184, 188, 202, 206
9:3–5 240
9:3–15 463
9:4 26, 28, 139주, 187,

193, 204, 205, 243, 245
9:4-5 203
9:4b 188
9:5 188, 189
9:5-7 184, 189, 207
9:5-15 184, 188, 202
9:6 188, 189, 204
9:6-7 188, 207주, 208, 208주
9:6-15 26, 226, 237, 241
9:7 27, 188, 189, 191, 204, 240
9:8 189, 190, 191, 194, 240, 244
9:8-9 25, 27, 28, 184, 190, 194, 202
9:9 189, 190, 191
9:10 188
9:10-11 29, 184, 191
9:10-12 231
9:11 96, 192, 192주
9:12 32, 188, 192, 194, 409, 464
9:12-15 184, 192, 445주
9:13 26, 188, 189, 190, 193, 204, 207주, 240
9:13-14 193, 194, 202, 207
9:14 27, 189, 190, 192, 461
9:14-15 209
9:15 188, 189, 190, 193, 204, 208, 240
10장 23, 150, 168, 184, 230주
10:1 28, 169주, 188, 204, 204주, 206, 207, 213, 242
10:1-2 378
10:1-4 202, 203
10:1-6 206
10:1-44 26주, 196-201
10:2 28, 79, 96, 187, 204, 204주, 243, 463주
10:2-3 207주, 446
10:2-5 463
10:3 205, 206, 245
10:3-4 28
10:4 205
10:5 64주, 175, 186주, 205, 206, 314
10:5-6 202, 205, 210
10:6 32, 33, 139주, 187, 205, 206주, 243, 281, 377, 429주
10:7 26, 93주, 139주, 169주
10:7-8 202, 206
10:8 139주, 159, 186주, 204주, 209, 378주
10:9 28, 133, 169주, 185, 185주, 210, 230, 239
10:9-11 202, 207
10:9-15 463
10:10 187, 189, 204주, 207, 212, 243, 463주
10:10-11 25, 27, 446
10:11 32, 96, 103, 205, 211, 362, 378주
10:11-12 213
10:12 204주
10:12-15 202, 208
10:13 209, 210
10:14 186주, 204주, 209, 210, 461, 463주
10:14-15 29
10:15 423
10:16 26, 93주, 139주, 210, 378주
10:16-17 202, 210
10:17 23, 31, 204주, 463주
10:18 62, 204주, 463주
10:18-22 210, 211
10:18-43 26
10:18-44 23, 202, 209주, 210, 213
10:19 189, 202, 211
10:20-22 211
10:21 329주
10:23 423
10:23-24 210, 211
10:24 65주
10:25 280
10:25-43 210, 211, 212주
10:26 204, 204주
10:29 209주, 212주
10:31 277
10:34 212주
10:40 211
10:44 211, 212, 230주

느헤미야

1-2장 222
1-6장 30, 132
1-7장 23, 128, 408
1:1 31, 152주,

220, 237, 238, 242, 255
1:1-3 219, 223, 253
1:1-11 234-236
1:1-7:4 138, 237, 324
1:1-7:5 238
1:1-7:5a 220, 223
1:1-7:73a 51, 344, 356주
1:1a 237, 238
1:1b-3 237, 239
1:1b-4 239주
1:2 60, 60주, 190, 238, 241, 334, 364
1:3 44, 60, 60주, 98, 101, 222, 224,237, 240, 244, 246, 256, 262, 312, 315, 364
1:4 42, 45, 240, 246, 255, 506
1:4-5 388
1:4-11 219, 228, 237, 336
1:4-11a 223
1:5 42, 45, 226, 241, 242, 246, 247, 248, 262, 263, 297, 360, 408
1:5-6 45, 222
1:5-11 226
1:6 45, 241, 242, 245, 247
1:6-7 222, 242, 246, 247, 362
1:6-10 253
1:7 222, 247
1:8 243, 244, 460
1:8-9 225, 243
1:8-10 241, 243
1:8-11 33, 246
1:8b 243
1:9 169주, 224, 225, 244, 247, 248
1:10 242, 243, 244, 247
1:10-11 248, 264
1:11 44, 114, 135, 242, 245, 247, 253, 257, 259, 276
1:11a 241, 245, 246
1:11b 220, 237, 246, 255
2장 265, 289, 324주
2-6장 289
2:1 97, 98, 140, 152주, 161, 221, 229, 237, 239, 239주, 242, 253, 255, 314
2:1-8 219, 224, 245, 253
2:1-20 223, 249-253, 446
2:2 253, 256
2:2-3 256, 260, 264
2:3 253, 256, 257
2:4 42, 253, 256, 259, 263, 264, 329, 336
2:4-5 224, 257, 295
2:5 156, 253, 256, 257
2:6 253, 256
2:6-8a 257
2:7 60주, 98주, 112주, 256, 259, 314, 315
2:7-8 92, 100, 135, 157주, 256
2:7-8a 253, 258
2:8 154, 156, 240, 246, 256, 264, 265, 274주, 275, 289, 327, 330, 334
2:8b 253, 259, 262
2:9 60주, 98주, 112주, 173, 253, 263, 290, 292, 298, 299주, 314, 315, 330, 421
2:9-10 253, 259, 292주, 326, 326주, 332, 458주, 465주
2:9-20 253
2:10 79, 219, 221, 254, 256, 259, 260, 263, 265, 290, 291, 292, 301, 333, 458, 468
2:11 261, 290
2:11-16 186주, 254, 261, 265, 279주
2:12 261, 265, 282, 289, 347
2:13 240, 261, 278, 441
2:13-15 272
2:14 261, 279
2:15 240, 261, 262
2:16 186주, 261, 262주, 311, 316
2:17 240, 256,

265, 312, 331
2:17–18 254, 262, 265, 271, 290
2:18 46주, 78, 154, 259, 262, 265, 282, 289, 327
2:19 79, 221, 222, 257, 259, 263, 265, 290, 291, 292, 295, 301, 324, 328, 331, 425, 458
2:19–20 219, 254, 263, 326
2:20 42, 78, 114, 135, 222, 253, 263, 264, 265, 282, 289주, 290, 330
3장 289, 334주, 364주, 400, 401주, 425주, 442
3–6장 219, 222
3:1 32, 78, 221, 258, 260주, 262, 271, 272, 273, 274주, 275주, 280, 281, 334, 427, 442주, 465
3:1–2 273
3:1–3 274주
3:1–15 279
3:1–32 223, 223주, 266-271, 291, 335주, 441주
3:2 262, 274, 275, 275주, 296
3:3 259, 271, 272, 275, 275주, 279, 289, 461
3:3–5 272, 275
3:4 277, 280, 281, 332
3:5 275, 276. 277, 280, 296
3:6 259, 271, 272, 275, 279, 289
3:6–12 272, 276, 293주
3:7 60주, 98주, 112주, 258, 275, 277, 296, 315
3:8 276, 277, 281
3:9 185, 277, 299주, 334주
3:10 272
3:11 277
3:12 277, 299주, 334주
3:13 240, 261, 271, 272, 275, 278
3:13–15 274주
3:14 271, 272, 275, 277, 278, 299주
3:15 84주, 170주, 240, 271, 272, 274, 275, 277, 278, 279, 299주
3:15–16 279
3:15–27 272, 275주, 278
3:16 84주, 170주, 274, 277, 278, 279, 299주
3:17 63주, 274, 277, 279, 299주, 400
3:17–18 278
3:17–21 279
3:18 277, 299주
3:19 274, 277, 279, 280, 280주, 299주
3:20 32, 277, 279
3:20–21 272, 280
3:21 275, 277, 279, 280
3:22–26 280
3:23 272, 279, 280, 334, 335
3:24 277, 279, 280, 280주
3:25 275주, 279, 280
3:26 65주, 272주, 275주, 279, 280, 358
3:26–27 424
3:27 276, 277, 279, 280, 424주
3:28 272, 279, 280, 281, 334, 335
3:28–32 273, 278, 281
3:29 272주, 279, 281, 332, 334, 335
3:30 277, 281, 332
3:31 65주, 272주, 275, 277, 279, 280, 280주, 281, 442
3:31–32 281
3:32 23주, 272주, 277, 280, 280주, 283
3:33–4:17 291주
3:34 293주
4장 289, 324주
4–6장 289
4:1 79, 221, 259, 271, 289, 290, 292, 292주,

293, 294, 295, 297, 311
4:1–3 223, 291, 298, 301
4:1–5 291, 331
4:1–6 289, 291, 297, 298주
4:1–9 282
4:1–23 219, 284-288, 289, 324주, 331주, 446
4:2 277주, 292, 293
4:3 290, 293, 458
4:4 290, 293, 295, 298, 312, 331
4:4–5 223, 257, 291, 293, 294, 301, 329, 332, 336, 465
4:4–6 302
4:5 290, 292, 292주, 294주, 302
4:6 290, 291, 294, 295, 301
4:6–8 295
4:6–14 289
4:6–23 223
4:7 79, 259, 263, 289, 290, 294, 295, 297, 301, 311, 328
4:7–8 271, 290, 294, 298
4:7–9 294, 298주, 329, 463
4:7–14 289, 294, 297
4:8 292, 295
4:9 257, 290, 294, 295, 301, 302, 329, 336, 337
4:10 295주, 462주
4:10–11 302
4:10–14 294, 295, 298, 298주
4:11 94, 290, 292, 296, 301, 329
4:12 296, 300
4:13 296, 298, 302, 421
4:13–14 296, 298
4:14 186주, 242, 262주, 276, 290, 297, 299, 299주,302, 311, 316, 332
4:15 94주, 290, 296, 297, 302
4:15–23 289, 290, 297
4:16 297, 298, 299, 299주, 316, 462주
4:16–18 298, 302
4:16–21 297
4:18 299
4:19 186주, 262주, 299주, 302, 311, 316, 327, 332
4:19–20 297, 299, 300
4:20 299, 302
4:21 297, 297주
4:21–23 297주
4:22 296, 300, 308
4:22–23 297, 300
4:23 112주, 298, 300, 330
5장 219, 289, 311주
5:1 308, 310, 311, 312, 317
5:1–5 307, 310, 317
5:1–13 309주, 404
5:1–18 223
5:1–19 303-306
5:2 262, 309
5:2–4 309
5:3 309, 316
5:3–5 312
5:4 315
5:5 310, 312, 316
5:6 317
5:6–11 311, 318
5:6–13 307, 310, 317
5:7 186주, 262주, 310, 311, 311주, 312, 316, 459주
5:8 310, 312, 314
5:8–9 312, 315
5:9 94주, 311, 312, 319, 328, 331, 337
5:10 298, 311주, 312, 313
5:10–11 311
5:11 311주, 312, 313, 316, 318
5:12 311, 313, 314, 318
5:12a 313
5:12b 314주
5:12b–13 314
5:13 311, 314
5:14 33, 62, 112, 112주, 220, 259, 315, 330, 334, 457
5:14–15 314, 316
5:14–18 307, 314, 317
5:15 112주, 315, 315주, 319
5:16 169주, 298, 316, 318, 327

5:17 186주, 262주, 316
5:18 112주, 314, 315, 315주, 316
5:19 223, 257, 307, 316, 331, 460, 467
6장 289, 324주
6:1 94주, 240, 259, 263, 271, 289, 290, 324, 325, 333
6:1–2 79, 221
6:1–4 325, 326, 426주
6:1–9 290, 324
6:1–9a 223
6:1–14 282, 289
6:1–19 219, 324, 333, 446
6:1–7:4 320-324
6:2 259, 263, 326, 327, 330, 336
6:3 327
6:3–4 337
6:4 327, 327주
6:5 221, 259, 327
6:5–6 263
6:5–8 327
6:5–9 222, 325
6:6 257, 263, 328
6:6–7 246, 332
6:6–8 336
6:7 79, 328, 330, 336
6:7b 327, 328
6:8 328
6:8–9 330
6:9 103, 257, 262, 290, 325, 328, 331, 333, 336, 336주
6:9b 223
6:10 290, 325, 329, 331주, 336
6:10–13 223, 290, 329
6:10–14 324
6:11 330, 330주, 458
6:11–13 325
6:12 221, 259, 260주, 290, 329, 330, 331주, 446, 458
6:13 328, 329, 330
6:13–14 331
6:14 221, 223, 257, 259, 260주, 290, 293, 325, 328, 329, 329, 331, 331주, 336, 465
6:15 231, 290, 298, 308, 333, 345, 358, 439
6:15–16 224, 325, 331
6:15–19 223, 324
6:16 94주, 219, 222, 224, 227, 290, 331, 333, 337, 362
6:16–17 290
6:17 260주, 332
6:17–18 260
6:17–19 325, 331주, 332, 468
6:18 275, 281, 332, 465
6:19 260주, 328, 333, 336
7장 23주, 66, 71, 345, 346주, 347, 348, 348주, 350, 400, 401주, 420, 425주
7–13장 222
7:1 65주, 240, 290, 325, 333, 345
7:1–3 333, 337
7:1–4 219, 237, 333, 336
7:1–5 223
7:2 239, 258, 274주, 299주, 325, 328, 333, 334, 421
7:2–3 421
7:3 334, 335
7:3–5 439
7:4 224, 325, 337, 345, 430
7:4–5 346주, 356, 417
7:5 169주, 186주, 262주, 311, 316, 344, 347, 347주, 441
7:5–73a 51주, 219, 333, 338-344, 344, 365
7:6 93주, 139, 315
7:6–72 346주
7:6–72a 223주
7:6–73a 22, 51, 223, 225, 347, 358
7:7 34, 61, 62, 63, 63주, 348
7:7b–38 349
7:8–62 349주
7:10 332
7:13 349주
7:17 349주
7:18 349주
7:19 349주
7:21–25 348
7:24 348
7:37 326
7:37b–8:3 364주
7:39–42 64, 349,

422, 426
7:43 83, 427, 429주
7:44 65주, 423, 444
7:45 65주, 423, 430
7:46 65주
7:46-56 424
7:60 65주, 349
7:61 351
7:62 260주
7:64 347주, 465
7:65 112주
7:66 68, 349
7:67 65주
7:70 112주, 349, 350
7:70-72 349
7:71 349
7:73 64주, 65주, 345, 346주, 401, 439, 459
7:73-8:13 230주
7:73a 333, 417, 424, 430
7:73b 358
7:73b-8:1 79, 358
7:73b-8:3 358, 364주
7:73b-8:12 357, 365
7:73b-8:18 223, 229, 352-356, 356
7:73b-10:39 219, 229, 230, 346, 356, 376, 417, 437
7:73b-13:3 227
7:73b-13:31 21, 219, 356, 376, 437
8장 26주, 32, 185주, 225, 230, 230주, 357, 359주, 378, 378주
8-9장 398, 447
8-10장 225주, 337, 350, 396, 401, 408, 439, 447
8-12장 30
8-13장 23, 23주
8:1 346, 358, 359, 364주, 365, 376
8:1-2 185주
8:1-3 222, 358
8:1-8 226
8:2 230, 231, 357, 358, 359, 359주, 377, 398, 401, 439, 445
8:2-3 229, 359, 360, 362, 366, 389
8:3 357, 358, 359, 359주, 365, 378, 445
8:4 359, 378주, 401
8:4-5 378
8:4-5a 360
8:4-8 360
8:5 358, 359, 365
8:5b 360
8:6 358, 359, 360, 365, 366, 409
8:7 173, 357, 358, 359, 359주, 360, 360주, 378, 400, 423, 427
8:7-8 172, 172주, 360, 362
8:8 100주, 222, 357, 359, 359주, 360, 363, 445
8:9 31, 32주, 64주, 67, 112주, 156, 229, 230, 231, 357, 358, 359, 359주, 361, 361주, 362, 365, 399
8:9-10 366
8:9-11 367
8:9-12 361, 377
8:10 132, 276, 361주, 362, 364, 367, 404
8:11 358, 365
8:12 132, 357, 358, 359, 362, 364, 365, 366
8:13 64주, 357, 358, 359, 359주, 362, 363, 365, 366, 376, 377, 389, 400
8:13-15 362
8:13-18 357, 363, 365
8:14 80, 222, 230, 359주, 363
8:14-16 366
8:15 363, 364
8:16 358, 364, 442주
8:16-18 364
8:17 60, 132, 357, 363, 364, 366, 367, 431, 445
8:18 222, 226, 359, 359주, 363, 365, 376, 377, 398, 445
9장 376주, 378, 378주, 401, 418, 440
9-10장 26주, 230, 359주
9:1 230, 376, 396, 439
9:1-2 362
9:1-3 377
9:1-5 230, 376, 377

9:1–5a 223, 226, 228
9:1–37 229, 356, 368-375, 376
9:2 187, 204, 222, 378, 378주, 403, 409, 440, 446
9:3 222, 378, 389, 409, 445
9:3–5 378
9:4 378, 378주, 380, 390, 429주
9:4–5 83, 173, 400, 427, 429
9:4b 378
9:5 390, 429주
9:5–37 226
9:5b 378, 379, 381
9:5b–37 223, 228
9:6 224, 378, 379, 390, 409
9:6–8 376
9:6–31 376
9:7 379
9:7–8 379, 386주, 390
9:8 364, 380, 380주, 381, 384, 390, 398주
9:8b 388
9:9 317, 380, 386
9:9–11 380, 383, 390
9:9–15 376
9:10 380주
9:10b 381
9:11 380
9:12 384
9:12–15 381, 384주
9:13 243, 380주, 389, 391, 401, 408
9:13–14 381, 383, 384, 384주, 390
9:14 381, 403
9:15 380주, 381, 390
9:15a 384
9:15b 384
9:16 381주, 382, 383, 401
9:16–17 226, 385, 386
9:16–17a 382, 383
9:16–18 384, 384주
9:16–21 376
9:16–31 382
9:17 226, 380주, 382, 383, 384, 387, 388, 390, 396, 408
9:17b 383, 391
9:18 382, 383, 383주, 385
9:18–19 385
9:18a 383
9:19 226, 382, 383, 384, 390, 396
9:19–21 383, 384주
9:19–31 387
9:20 380주, 387
9:20a 384, 384주
9:20b–21 384
9:21 384
9:22 380주, 384
9:22–25 376, 382, 384, 388, 390
9:23 384
9:24 96, 380주, 384, 385, 401
9:24b 388주
9:25 385, 388, 390
9:26 226, 382, 383, 383주, 385, 386, 401, 408
9:26–27 385
9:26–28 385
9:26–31 376, 385
9:27 94, 380주, 382, 383, 386, 386주, 387, 388, 390
9:27–28 226, 386
9:28 94주, 386
9:29 222, 380주, 381주, 382, 385, 386, 408
9:29–30 226
9:29–31 385, 386
9:30 94주, 96, 115, 380주, 386, 401, 408
9:31 226, 382, 383, 384, 386, 387, 390, 391, 396, 408
9:32 222, 226, 242, 247, 297, 299주, 360, 376, 381, 388, 390, 408, 419
9:32–33 362, 402
9:32–35 387
9:32–37 376, 385, 387
9:33 388, 389, 390
9:33–34 222
9:33–35 464
9:34 299주, 419
9:34–35 388
9:35 380주, 390
9:35–37 390
9:36 380, 380주, 388, 389
9:36–37 226, 384, 388
9:37 222, 315, 378, 380주, 388, 388주, 389, 391, 396, 398, 408, 430

9:38 64주, 223, 299주, 389주, 391, 396, 398, 398주, 399주, 400, 401, 408, 417
9:38–10:39 222, 356, 392-396, 457
10장 389, 398주, 401주, 409, 419, 430
10:1 67, 112주, 229주, 238, 399
10:1–27 63, 223, 225, 396, 401
10:2 63, 229주
10:2–8 399, 399주, 427, 427주, 428
10:3 399
10:5 399
10:6 171
10:8 329주
10:9 83, 378주, 427, 429주
10:9–12 429
10:9–13 400
10:10 400
10:11 280, 400
10:11–12 174주
10:12 400, 427
10:14 280, 400, 401주
10:14–27 400
10:16 63
10:18 401
10:20 401, 401주
10:22 401
10:25 63주, 97주, 401
10:27 63, 401주
10:28 64주, 65주, 96, 333, 378, 403, 408, 440, 445, 446
10:28–29 66, 397, 401, 408, 409
10:28–39 223, 401
10:29 222, 226, 243, 276, 402주, 408, 417
10:30 96, 174주, 192, 222, 397, 402, 403, 409, 445, 464
10:30–31 226, 455, 463, 466
10:30–39 402
10:30–39a 397, 401
10:31 96, 222, 397, 402, 403, 409, 461
10:32 404
10:32–33 402, 404, 409
10:32–39 222, 404, 409, 438, 447, 455, 466
10:32–39a 397, 402, 407
10:33 405
10:33b 405
10:34 64주, 405, 409, 466
10:34–39 405, 420
10:34–39a 402
10:35 405, 406, 466
10:35–37a 405, 406
10:35–39 409, 443, 459, 468
10:36 405, 406
10:37 405, 407, 407주
10:37–38 420
10:37–39 458
10:37a 406, 407
10:37b 406주, 407
10:37b–38 459
10:37b–39a 405, 407
10:38 64주, 206, 405주, 406주, 407, 423, 431, 444
10:38–39 172
10:39 65주, 219, 226, 227, 405, 406주, 409, 430, 437, 446, 460, 460주, 468
10:39a 407
10:39b 397, 401, 402, 405, 407, 417
11장 335, 337, 350
11:1 129, 226, 228, 274, 299주, 334, 346주, 420, 425, 430, 431, 437, 440, 442주, 446, 462, 467
11:1–2 223, 224, 345, 346주, 351, 418, 419
11:1–24 419, 439
11:1–36 418, 419
11:1–12:26 220, 227, 356, 410-417, 417, 430, 437, 438, 444주, 447, 457
11:2 81, 156, 420
11:3 64주, 65주, 66, 315, 420, 423, 424, 439
11:3–6 420
11:3–24 223
11:4 421
11:4–5 424
11:4–9 418
11:4–19 421주
11:4–24 420
11:5 421주
11:6 421주, 422

11:7-8 421주
11:7-9 421
11:8 421, 440
11:9 424
11:10-14 418, 420
11:11 63
11:12 64, 421주
11:13 421주
11:14 421, 421주
11:14b 424
11:15 329주
11:15-18 418, 423
11:16 423
11:17 424, 427, 430, 440, 444
11:18 226, 274, 420, 425, 431, 437, 439, 442주, 446, 462
11:19 65주, 421주, 430
11:19-21 418, 423
11:20 64주, 420, 423, 424, 439, 459
11:21 65주
11:21-24 424
11:22 65주, 421, 424, 444
11:22-23 440
11:22-24 418, 424, 444주
11:23 65주, 398주, 424, 444, 444주
11:24 153, 424
11:25 424, 425
11:25-30 424, 425, 425주
11:25-36 223, 418, 419, 420, 424, 425주, 431
11:30 425
11:31-36 424, 425
11:35 326, 327주
11:36 426, 431
12:1 34, 62, 63, 64주, 400, 426, 427
12:1-7 399, 399주, 426, 427주, 428, 429
12:1-9 418, 426
12:1-26 220, 223, 225, 418, 426, 431, 440, 444주
12:2 426, 428
12:3 63
12:4 427, 428
12:6 427주
12:6-7 428
12:7 62, 399
12:8 378주, 400, 429주, 441
12:8-9 423, 427
12:9 423, 429
12:10 62, 273, 422
12:10-11 32, 33, 418, 426, 427, 428, 428주, 429, 432, 465
12:11 427
12:12 63, 428, 429
12:12-21 399, 399주, 418, 426, 426, 427주, 428, 429, 430
12:13 427
12:16 427
12:17 428
12:19 427주
12:22 64주, 429
12:22-23 32, 33, 221, 418, 428
12:22-25 430
12:23 220, 428, 429
12:24 84주, 170, 400, 424, 429주, 440, 441, 442
12:24-25 418, 444
12:24-26 426, 429
12:25 65주, 423, 430
12:26 31, 62, 112, 112주, 156, 229주, 361주, 418, 426, 430
12:26-13:3 457주
12:27 133, 293, 440, 441, 442, 447, 459
12:27-30 226, 438, 439
12:27-43 134, 220, 223, 229, 356, 356주, 438, 443주, 455, 457
12:27-47 223, 418, 467
12:27-13:3 220, 350, 433-437, 438, 457, 457주
12:28 65주, 440, 441주
12:28-29 459
12:29 65주, 440
12:30 64주, 141, 220, 228, 240, 440, 442주, 443, 444, 448, 455, 462, 467
12:31 32, 229주, 240, 299주, 430, 441, 442, 447
12:31-37 438, 441
12:31-43 238, 438, 441
12:32 299주, 442
12:33 229주
12:33-35a 441
12:35 441주, 444
12:35b 441
12:36 31, 32, 32주, 84주, 170, 229주, 361주, 441주, 442
12:36a 441
12:36b 441

12:37 84주, 170주, 240, 358, 442
12:38 31, 32, 276, 293, 441, 442, 447
12:38–39 364주, 438, 442
12:39 274주, 276
12:40 32, 186주, 262주, 441, 447
12:40–42 459
12:40–43 438, 442
12:41 441주
12:41–42 442
12:42 65주, 442, 444
12:43 133, 226, 227, 228, 293, 337, 443, 443주, 444, 447, 457
12:44 64주, 133, 281, 443, 444, 447, 457, 458, 459, 460
12:44–47 222, 438, 443, 455, 466, 467
12:44–13:3 438, 443주
12:44–13:31 356, 443주
12:44b 440
12:45 65주, 84주, 170, 443, 459, 466
12:46 65주, 84주, 170, 447
12:47 65주, 333, 424, 443, 444, 444주, 447
13장 96, 398주
13:1 133, 260, 457, 458, 467
13:1–3 222, 438, 443주, 444, 448, 455, 466, 467
13:1–13 223
13:2 458
13:3 79, 440, 445, 448
13:4 260, 260주, 457주, 467
13:4–5 406주, 456
13:4–9 331주, 446, 455, 457주, 466
13:4–14 455, 455주, 457
13:4–31 220, 223, 227, 238, 356주, 398주, 443주, 449-454, 455, 457, 457주, 466, 467
13:5 64주, 65주, 260주, 333, 459주, 466
13:6 97, 220, 221, 314, 457
13:6–7 458
13:7 260, 260주, 281, 458주
13:8 260주, 458주
13:8–9 458, 468
13:9 459, 459주, 466
13:10 65주, 459, 460
13:10–11 468
13:10–13 455
13:10–14 222, 407, 457주
13:11 169주, 186주, 227, 262주, 455, 459, 460주, 461, 466
13:12 459주, 460
13:12–13 459, 460
13:13 64주, 176, 280, 399, 443
13:14 223, 257, 317, 331, 455, 455주, 460, 462, 465, 467
13:15 462
13:15–16 461
13:15–18 222
13:15–22 381, 403, 455, 466
13:15–22a 223, 455
13:15–29 455
13:16 275
13:17 332, 455, 458주, 459, 459주
13:17–18 461, 462
13:18 458주
13:19 298, 462
13:19–22a 462
13:22 141, 257, 317, 331, 334, 440, 455, 460, 461, 465, 467
13:22b 223, 462
13:23 204주, 295, 459주, 463주
13:23–24 462
13:23–27 32, 79, 187, 214, 445, 455, 466
13:23–28 222, 223
13:23–29 403, 455
13:25 32, 455, 459, 459주, 463
13:25b 464
13:26–27 464
13:27 204주, 243, 458주, 463주, 464
13:28 32, 221, 259, 260주, 331주, 422, 465, 466, 468
13:28–29 274, 293, 455
13:29 223, 257, 331, 455,

	460, 465, 466주,
13:30	64주, 466
13:30-31	455
13:30-31a	223, 466
13:31	257, 317, 331, 455, 460
13:31b	223, 467

에스더

1장	479, 505, 517, 520
1:1	60
1:1-2	476
1:1-4	494
1:1-22	489-493
1:2	239, 494
1:3	494
1:3-9	476
1:4	494, 495
1:5	239
1:5-6a	494
1:5-8	494
1:6b	494
1:7	494
1:8	495
1:9	495
1:10	495
1:10-11	495
1:11	495
1:12	496
1:13-15	496
1:14	157주, 496
1:15	496
1:16	497
1:16-20	496
1:17	497
1:18	497
1:19	497, 565
1:20	479, 497, 498
1:21	498
1:21-22	498
1:22	506
2장	530, 546
2:1	505
2:1-23	500-504
2:2-3	508
2:2-4	505
2:3	239
2:4	508, 509
2:5	505
2:6	506
2:7	506, 508
2:8	479, 506, 508
2:9	507, 508, 511
2:10-11	507
2:12-14	507
2:14	509
2:15	511
2:15-16	508
2:15a	508
2:16	479
2:16-17	484
2:17	511
2:17-18	509
2:18	476, 509, 576
2:19	510
2:19-20	509
2:19a	509
2:20	509
2:20a	509
2:21-23	481, 510, 544
2:23	131주, 475
3장	485
3:1	476, 516
3:1-6	538
3:1-15	512-515
3:2	516, 554
3:3	518
3:3-4	517
3:4	482, 517, 521
3:4a	518
3:5-6	518, 538
3:6	473, 482, 521
3:7	140, 518
3:7-15	476
3:8	521, 553
3:8-9	516, 518
3:9	520
3:10	482, 521, 535, 566
3:10-11	520, 565
3:12	520
3:12-14	520
3:13	482, 520, 521
3:13-15	566
3:15	239, 507, 509, 520, 527, 566
4장	482
4:1	377, 378
4:1-2	566
4:1-3	527
4:1-9	476
4:1-17	523-526
4:2	527
4:3	527, 567
4:4	527
4:5-8	527
4:7	520, 521
4:8	528, 536
4:9-12	528
4:11	256, 496
4:13	529
4:13-14	521, 528
4:14	477, 483, 531, 556
4:15-16	530
4:16	483, 484, 521
4:17	530
5장	546
5-7장	485
5:1	535
5:1-2	535
5:1-8	476
5:1-14	532-534
5:2	528, 535
5:3-8	536
5:8	536, 552
5:9	537, 554
5:10-13	538
5:11	538
5:12	537, 538
5:13	482, 521, 545, 546
5:13-14	555
5:14	131주, 539
6장	483
6:1	475, 476
6:1-3	544
6:1-14	541-543
6:3	510
6:4	131주, 545
6:5-6	545
6:7	545
6:7-9	545

6:9 546
6:10 482, 521
6:10-11 481
6:10-12 546
6:12 481, 546, 555
6:13 482, 521, 529, 546, 554
6:14 547
7장 537
7:1 476
7:1-2 552
7:1-10 549-551
7:2 552
7:3 552
7:3-4 553
7:3-6 476, 479
7:4 552, 569
7:5 553
7:6 553
7:7-8 553
7:7-8:14 476
7:9-10 131주, 555
8-9장 474
8:1 521
8:1-2 564
8:1-9:18 557-563
8:3 521, 566
8:3-6 564
8:4-6 479
8:5 521, 566
8:6 565, 569
8:7 131주, 521
8:7-8 565
8:9-11 565
8:11 521, 565, 566
8:11-14 566
8:12-14 566
8:13 566
8:15 566
8:15-17 476
8:16-17 567
8:17 476, 484, 521, 567
9:1 477, 484, 567
9:1-3 521
9:1-5 521
9:1-32 476
9:2 547, 567, 576
9:2-4 567
9:3-4 567
9:5 567, 568
9:5-10 568
9:10 521, 568
9:11-12 568
9:12 566
9:13 485, 568
9:13-14 131주
9:14-15 569
9:14-18 569
9:16-18 569, 575
9:19 362, 474, 575
9:19-23 575
9:19-10:3 571-574
9:20-22 575
9:20-23 484
9:22 362, 477, 478, 547, 576
9:23 575
9:24-26a 575
9:25 131주
9:26b-28 575
9:29-32 575
10:1 576
10:1-3 476
10:2 475, 576
10:2-3 484, 576, 577

욥기

1:20 188, 527
2:13 188
16:15 527
38:13 314

시편

1:3 135
2:1-3 302
2:2 98
2:6-8 302
2:9 302
5:7-8 178
5:10 301
7:1 528
7:12-16 555
8:1-2 336
8:5 379
9:15 555
13:2-3 190
18:6 317
20:7 174
22:8 528
24편 86
24:1 66
24:3 190
25:14-18 317
28:2 360
31:7 317
33:10-11 298
33:18 113
35:4 189주
35:4-8 301
35:13 527
36:10 387주
38:9-10 190
40:8 208
41:13 360
45:9 258주
48:12-14 448
50:14 208
51:2 497
51:5 497
51:9 497
51:11-13 384주
51:16-17 159
57:6 555
58:6-9 302
59:11-17 302
63:4 360
66:1-4 379주
66:3 242
68:25 442
72:8-11 104
72:10 100
72:18-19 379주
72:19 360
77:19-20 86
78편 376주
78:4-8 363
78:8 155
79편 85
81:7 317
81:8-16 365
81:12 365
85:1-3 294
86:15 383
89:46 496
89:52 360
92:4 143
95:3 360

96:2-3 390
96:7-9 379주
96:7-10 484-485
99:8 566
103:8 383
105편 376주
105:38 567
106편 376주
106:7 376주
106:28-29 388
106:34-39 187
106:44 317
106:47 376주
107:1-43 317
107:22 447
109:6-20 293, 302
109:12 387주
110:3 420
112편 155
118편 84주
119편 155
119:137 193
121:3 49
124:8 337
130:2 242
134:2 360
136편 84주, 376주
136:10-15 245주
136:15 314, 314주
137편 48, 85
141:2 189주
143:10 384주
145:6-7 485
145:8 383
147편 289

잠언

3:5-6 178
5:13 365
16:33 518
21:1 41, 143, 161
22:26-27 312
26:27 555
28:10 555
29:1 382
30:1 238
31:1 238

전도서

1:1 238

아가

1:7 509

이사야

1:4 383주
5:8-10 318
6:5 243
6:13 187
10:1-4 318
10:5-11 143
12장 362
13:17 42
15:2 188
21:13-17 263
22:12 527
23:2-3 461
23:8 461
25:4-6 362
31:5 191
35:10 227, 367
37:3 383주
37:17 242
40:3-4 173, 178
41:2 42, 225
41:25 42
43:5 244
43:5-7 177
43:10-11 485
43:13 528
43:14-21 46
43:15-17 380
44:1-5 119
44:26 282, 283
44:26-28 78, 289
44:26-45:1 225
44:28 42, 282
45:13 42
45:14 567
45:16 189주
45:17 189주
45:20-25 485
45:22-23 484
48:2 420
48:4 382주
48:20-21 46, 71
49:6 215
50:7 189, 189주
51:3 447
51:9 49
51:11 49
52:1 462
52:8-12 71
52:11-12 144, 178
52:13-53:12 119
53:12 195, 213
54:7 177, 225
55:1-2 362
56:1-8 214, 401
56:8 177, 225
58:2-14 173
58:5 527
58:8 295
58:12 78, 225
58:13-14 403
59:12-13 208
60:7 159, 159주
60:10-13 86
60:13 159, 159주
60:14 224
60:19-21 29
61:4 225, 262
62:6-7 265
63:17-19 111
64:6 192
64:9 496
65:12 365
66:2 188, 205
66:4 365
66:5 188
66:20 485

예레미야

1:1 238
2:14 388
2:26-27 388
3:14 365
4:4 496
5:6 208
5:9 566
6:4 45
6:10 387
6:13-15 189
6:26 527
7:1-7 446
7:3-7 49
7:22-28 365
7:23 242, 380
7:25 119
7:25-26 192
7:26 382
8:2 379
8:7 363
8:8-12 189
8:22 295

9:13-16 244
11:1-17 144
11:4 242
11:6-11 133
11:7 387
11:9-11 50
11:9-17 388
11:18-20 331
14:3-4 546
14:14-15 330
17:19-27 403
17:21-22 461
17:23 365, 382
17:27 461
18:18-23 293, 302
19:2 278
19:13 379
19:15 382
20:4-5 49
21:3-7 49
21:7 115
22:11-17 318
23:3 70, 244
23:3-4 446
23:7-8 71
24:5-7 345
24:7 242
24:9 240
25:1 41, 47주
25:4 192주
25:7 41
25:8-11 225
25:11-12 132
25:11-14 41
25:12-14 225
26:20 329주
26:20-23 385
27장 47
27:6 47
27:11-12 275주
27:16 47
27:16-22 47
28:3 47
28:6 47
28:15 330
29:1 60, 241
29:10-14 28, 41, 49, 132, 225, 446
29:14 244, 365
29:19 192주
29:24-32 329주
30:1-3 49
30:3 28, 86
30:10 119
30:16-17 295
30:17 295
30:18 49
31:3 387주
31:8 70, 244
31:9 173
31:10 244
31:13 362
31:17-20 49
31:27 45, 70, 76, 446
31:27-28 28, 187, 345
31:32 247
31:33 29, 242
31:34 366
31:38 274주, 446
31:40 281
32:2 280, 442주
32:18 360, 388
32:21 245주
32:37 177, 225, 244
32:37-44 29
32:39-40 226
32:42-44 41
33:4 296
33:6 295
33:9 70, 332
33:10-11 84, 86, 337
33:25-26 187
34:1 98
34:14 365
35:2 281
35:4 281
35:15 192주
36:5 329
36:26 63주
36:29-31 365
37:21 277
38:4 96
39:9-10 172
40:7 277
40:8 63주
44:5 365
44:7 312
48:3-5 308
49:21 308
50:9 42
50:29 381주
51:11 42
51:59 63주
51:61 63주
52:24 422
52:24-27 63주

예레미야애가

1:1-3 48
1:17 192
2:8-9 292
3:5 388주
4:22 49
5:22 496

에스겔

1:2 61
11:13 378
11:16-17 225
11:16-20 244, 402
11:17 177
11:19 226
11:22-25 142
12:15 244
13:5 191
13:17-19 331
16:47 192
18장 318
20:12-13 403
20:16 403
20:18-26 244
20:20 403
20:21 403
20:24 403
22:12 313
22:15 244
22:30 191
27:1-3 461
28:25-26 119
34:11-16 244
35:12 383주
36:17 192주
36:17-18 192
36:24 244
36:24-28 402
36:25 189
36:26-28 226
36:28 228
36:33 29
36:35 345
37:1-14 190
37:21 244

37:26 70
39:23–24 49
39:25–28 49
42:15–20 128
43:1–10 142
43:18–27 133주
44:23 160
47:13–48:29 128
48:30–35 128

다니엘
1장 507
1–6장 34, 475
1:2 47주
1:6–7 34
1:17–20 507
2:4 257
2:18 42
2:19 42
2:37 42
2:44 42
2:45 360
3:9 257
5:2–3 258주
5:10 257
5:23 258주
6:6 257
6:8 497
6:12 497
6:15 497
6:21 257
9:3 377, 527
9:4 242, 297, 360
9:11 402, 402주
9:20 242
9:21 189주
9:24 420

호세아
2:6 191
2:16–20 187
2:19–20 191
2:23 70, 76
7:8 464
12:9 364
13:2 385

요엘
1:8 527
2:12–13 188
2:13 383
3:17 420, 462

아모스
1:1 238
3:7 192주
4:1 318
4:6–11 85
4:6–13 386
5:14 386
8:4–6 318
8:4–7 403
8:5 461
8:10 193
9:11 262

요나
1:8 63
3:5–6 377
3:6 527
3:9 209
4:1 260주
4:2 383

미가
2:12 177, 225
4:6 177, 225
4:6–7 244
7:11 191주

스바냐
1:10 276, 308
3:18–20 225, 244
3:19 177

학개
1:1 34, 62, 67, 82, 112, 315
1:1–2 116
1:2–6 407
1:3–6 111
1:4 82
1:6 309
1:9 82
1:10–11 309
1:12 44, 62, 82, 190, 273
1:12–15 111, 118
1:14 34, 42, 44, 62, 67, 112
1:14–15 83
1:15 111, 132주
2:2 34, 62, 67, 112
2:3 44, 85, 128
2:4 62
2:14 133
2:15–18 82
2:17 309
2:17–19 407
2:18 81
2:20–23 328
2:21 34, 62, 67, 112

스가랴
1:1 428
1:1–4 386
1:7 428
1:16–17 407
3:1 62
3:8 62
4장 62
4:8–9 111, 407
4:9 82, 132
6:11 62
6:12–13 328
7:11–14 387
8:1–5 191
8:1–8 446
8:6 190
8:9–13 81, 407
8:14–15 446
10:8–10 49, 177, 225, 244
12:9 113
14:10 274주
14:16 79주, 113
14:18 79주
14:19 79주

말라기
1:6 211
2:1–4 211
2:4–7 25
2:4–9 465
2:7–9 160
3:8–10 407, 459
3:16 460
4:4 359주

마태복음
1:12–13 62
1:23 44

2:4 153주
3:12 177, 227
4:1–10 102
5:5 227
5:13–16 409
5:14 194
5:16 214
10:5–6 213
10:16 103
10:24–25 301
13:24–30 71
13:30 177, 227
13:47–50 177, 227
15:22–28 213
16:18 283
17:24–27 405주
18:7–9 213
21:33–46 482
22:36–40 318
23:23 159
23:30 385
23:37 385
25:31–32 177, 227
25:41–46 448
26:3–4 102
26:19–30 144
27:29 301
27:41 301
28:19–20 134

마가복음

1:15 85, 135
4:10–20 366
10:34 301

누가복음

3:27 62
4:25–27 215
4:36 247
5:17 153주
15:17–24 178
15:18 208
22:25 315

요한복음

2:13–17 468
5:2 274
6:14 135
7:2 79주
10:7–8 213
10:16 177, 227
11:51–52 177, 227
11:55 141
13:34–35 317
14:2–3 227
14:6 213
14:15 193
14:21 386
15:18 522
15:18–25 102
17:14–17 194
17:14–21 409

사도행전

1:8 215
2:23 102
2:29–33 283
2:42 155
3:1 189주
4:7 119
4:12 213
4:19–21 119
4:24 224
6:1 70
6:4 160, 366
6:7 70
7:2–53 389
7:51 382주
7:52–53 391
9:1 102
9:23 102
10:38 247
12:24 70
13:16–33 391
13:17–41 389
13:46–48 215
15:15–17 227
15:15–18 177
16:5 70
19:18–20 70
20:24 337
26:16–18 390
28:25–27 387

로마서

1:24–25 365
2:28–29 71, 351, 380
3:23 120
4:9–12 380
4:9–18 366
4:11–12 351
4:16 195
5:12 120
6:23 120, 136
8:1 115
8:28 531
8:35–36 480
9:4 25
9:6–8 71, 366
10:8–13 409
11:17–20 366
11:17–24 215
11:26 482
12:1 431
12:1–2 194, 468
12:2 103
12:3–8 283
15:1 351
15:6 351
15:16 178

고린도전서

1:2 178
1:18 247
1:24 247
1:26–29 302
2:12–16 366
3:7 76
3:10–11 50
3:16 120
3:16–17 50, 468
5:7 144
5:9–10 194
6:14 247
6:14–18 144
9:11–14 447
9:13–14 409
10:16–21 144
10:26 66
11:20–29 144
12장 283
15:58 351

고린도후서

1:20 390
2:15–16 194
5:11 119
5:21 195
6:14–7:1 103, 194, 213
6:16 120
6:16–18 103주
8:1–2 134
9:8 351
10:10 302

갈라디아서

3:16 187, 214, 215, 227
3:19 215
3:28-29 70
3:29 366
6:6 409
6:16 30

에베소서

1:4 194
1:4-6 467
1:19-21 247
2:19-22 50, 120, 468
3:20 135
4:11-12 118, 432
4:11-14 366
4:11-16 283
4:28 351
5:22-23 479
5:26 227
5:27 194
6:12 102, 480

빌립보서

1:19 483
1:28 102, 480
2:3-8 318
2:10-11 104
3:10 247
3:20 194
4:4 447

골로새서

3:11 215
3:23 351

데살로니가전서

3:9 447
4:11 351
5:23 178

데살로니가후서

1:4-10 135
1:5-10 480
1:8 448
2:1 177, 227

디모데전서

1:7 153주
1:13 102
2:5-6 195
2:12 479
6:12 302

디모데후서

2:2 366
2:15 160
2:15-21 178
4:7 302

디도서

2:13 360
2:14 227

히브리서

1:3 247
2:14 102
4:9-11 468
4:14 432
4:16 246
6:10 460
9:11-14 85
10:10 85
10:10-14 179
10:19-22 468
10:23 468
10:24-25 366
11:8-10 194
11:10 351
11:16 351
12:2 136
12:22 351
12:22-24 195

야고보서

4:4 265

베드로전서

1:1 227, 473, 481, 570
1:3-5 161
1:15-16 178, 194, 213, 467
1:17 227, 467
2:4-6 50, 120
2:4-9 136
2:9 448, 570
2:9-10 50, 467
2:9-12 214
2:11 227
2:12 214
2:13-16 119
2:13-17 570
2:16-17 319
3:1-6 479
3:9-17 481
3:14-16 119
5:1-3 178
5:8-9 102

베드로후서

1:21 387
3:1-3 118, 301

요한일서

1:7-9 227, 468
1:9 248
2:15 214, 409
3:17 317
4:10 136

요한이서

1:10 194

유다서

1:17-18 301

요한계시록

2:10-11 102
3:12 351
5:13 336
12:9 102
18장 577
19:1-8 480
19:6-8 577
19:11-21 480
21:1-4 50, 228, 282
21:2-4 227
21:15-16 134
21:22-27 50
21:24-27 86
21:26 70

국제제자훈련원은 건강한 교회를 꿈꾸는 목회의 동반자로서 제자 삼는 사역을 중심으로 성경적 목회 모델을 제시함으로 세계 교회를 섬기는 전문 사역 기관입니다.

ESV 성경 해설 주석

에스라-에스더

초판 1쇄 인쇄 2025년 12월 3일
초판 1쇄 발행 2025년 12월 10일

지은이 W. 브라이언 오커 · 에릭 오틀런드
옮긴이 홍병룡

펴낸이 오정현
펴낸곳 국제제자훈련원
등록번호 제2013-000170호(2013년 9월 25일)
주소 서울시 서초구 효령로68길 98(서초동)
전화 02) 3489-4300 **팩스** 02) 3489-4329
이메일 dmipress@sarang.org

ISBN 978-89-5731-932-1
978-89-5731-889-8 94230(세트)

※ 책값은 뒤표지에 있습니다. 잘못된 책은 구입하신 곳에서 교환해드립니다.